I0124781

von Stradonitz Kekulé

Lehrbuch der organischen Chemie

Oder der Chemie der Kohlenstoffverbindungen

von Stradonitz Kekulé

Lehrbuch der organischen Chemie
Oder der Chemie der Kohlenstoffverbindungen

ISBN/EAN: 9783743394421

Hergestellt in Europa, USA, Kanada, Australien, Japan

Cover: Foto ©Andreas Hilbeck / pixelio.de

Weitere Bücher finden Sie auf **www.hansebooks.com**

Lehrbuch

der

Organischen Chemie.

Von

Dr. Aug. Kekulé,

o. Professor der Chemie an der Staatsuniversität zu Gent.

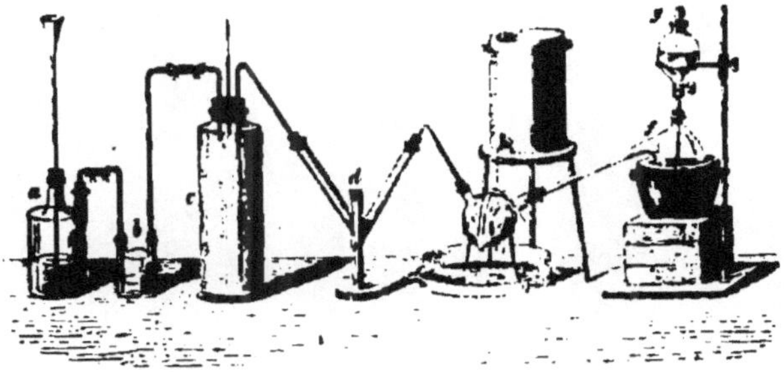

Mit in den Text eingedruckten Holzschnitten.

Zweiter Band.

Erste Lieferung.

Erlangen.

Verlag von Ferdinand Enke

1863.

Inhaltsverzeichniss.

Zweiter Band, zweite Lieferung.

Fünfte Gruppe.

Verbindungen zweiatomiger Dioxykohlenwasserstoffradicale: $\Theta_n\overset{''}{H}_{2n-4}\Theta_2$.

Mit den im vorigen Kapitel beschriebenen Säuren und folglich auch 1105.
mit den zweiatomigen Alkoholen (Glycolen) lauft eine Reihe von Säuren parallel, deren einzelne Glieder zu den entsprechenden Säuren jener Gruppe in derselben Beziehung stehen wie jene Säuren selbst zu den zweiatomigen Alkoholen. Auch hier wiederholt sich also dieselbe Zusammensetzungsdifferenz, die zwischen den fetten Säuren und den einatomigen Alkoholen stattfindet (vgl. §. 999).

Zweiatomige Alkohole.	Zweiatomige Säuren.	
	einbasisch.	zweibasisch.
$\Theta_2H_6\Theta_2$ Glycol.	$\Theta_2H_4\Theta_3$ Glycolsäure.	$\Theta_2H_2\Theta_4$ Oxalsäure.
$\Theta_3H_8\Theta_2$ Propylglycol.	$\Theta_3H_6\Theta_3$ Milchsäure.	$\Theta_3H_4\Theta_4$ Malonsäure.
$\Theta_4H_{10}\Theta_2$ Butylglycol.	$\Theta_4H_8\Theta_3$ Butylactinsäure.	$\Theta_4H_6\Theta_4$ Bernsteinsäure.

Der Hauptcharakter dieser Säuren und gleichzeitig ihre wichtig- 1106.
sten Beziehungen können in einfacher Weise durch typische Formeln ausgedrückt werden, welche denjenigen der Glycole entsprechend gebildet sind.

Allgemein.	Oxalsäure.	Bernsteinsäure
$\left.\begin{matrix}\Theta_n\overset{''}{H}_{2n-4}\Theta_2\\ H_2\end{matrix}\right\}\Theta_2$	$\left.\begin{matrix}\overset{''}{\Theta_2\Theta_2}\\ H_2\end{matrix}\right\}\Theta_2$	$\left.\begin{matrix}\Theta_4\overset{''}{H}_4\Theta_2\\ H_2\end{matrix}\right\}\Theta_2$

Dass solche Formeln nicht gleichzeitig alle Umwandlungen dieser Säuren ausdrücken, bedarf wohl kaum besonderer Erwähnung: sie umfassen nur die Beziehungen zu nahe verwandten Körpern von gleichviel Kohlenstoffatomen.

Aehnlich wie es zum Hervortretenlassen mancher Beziehungen der fetten Säuren und der einbasisch-zweiatomigen Säuren für geeignet gefunden wurde, die für gewöhnlich gebrauchten rationellen Formeln bisweilen weiter aufzulösen und statt der Θ, H und Θ enthaltenden Radicale, ein Kohlenwasserstoffradical neben dem Radical der Kohlensäure (ΘΟ) anzunehmen. so bieten auch für die jetzt zu besprechenden Säuren nach denselben Principien weiter aufgelöste Formeln bisweilen Vortheile dar. Aber während bei jenen Körpern, bei welchen die in einfacheren Metamorphosen als Radicale fungirenden Atomgruppen nur e i n Atom Sauerstoff enthalten, auch nur e i n Kohlenstoffatom als mit Sauerstoff zu Carbonyl verbunden angenommen wurde; müssen hier, wo die bei einfacheren Metamorphosen unangegriffen bleibenden Reste z w e i Sauerstoffatome enthalten, auch z w e i Kohlenstoffatome in solcher Weise getrennt und mithin das Radical Carbonyl zweimal angenommen werden. Gerade dadurch, ob die Kohlenstoffatome mit Wasserstoff oder mit Sauerstoff gebunden sind, ist die bei tiefergehenden Metamorphosen hervortretende Verschiedenheit der einzelnen im Molecül enthaltenen Kohlenstoffatome bedingt.

Für gewisse Betrachtungen sind also weiter aufgelöste Formeln von Vortheil *). Z. B.:

Bernsteinsäure.	Allgemein.	Typus.
$\left.\begin{array}{r} \overset{''}{\Theta_2}H_4 \\ \overset{''}{\Theta\Theta} \\ \overset{''}{\Theta\Theta} \\ H_2 \end{array}\right\}\Theta_2$	$\left.\begin{array}{r} \overset{''}{\Theta_n}H_{2n} \\ \overset{''}{\Theta\Theta} \\ \overset{''}{\Theta\Theta} \\ H_2 \end{array}\right\}\Theta_2$	$\begin{array}{l} \left.\begin{array}{l} H \\ H \end{array}\right\}\Theta \\ H \\ H \\ H \\ H \\ \left.\begin{array}{l} H \\ H \end{array}\right\}\Theta \end{array} = 2H_2 + 2H_2\Theta$

1107. Die wichtigsten dieser Gruppe angehörigen Verbindungen sind die Säurehydrate selbst; man kennt bis jetzt die folgenden:

---

*) Der eigentliche Sinn solcher weiter aufgelösten Formeln wird am besten verständlich, wenn man auf die in Rede stehenden Körper die früher mehrfach gebrauchte graphische Darstellung anwendet (vgl. z. B. I. S. 165). Man sieht dann leicht, dass für das erste Glied dieser homologen Säurereihe, für die Oxalsäure, bei welcher kein an die Kohlenstoffatome direct gebundener Wasserstoff mehr vorhanden ist, die beiden Gruppen: ΘΘ zu Einem Radical $\Theta_2\Theta_2$ (= Oxalyl) verwachsen. Wollte man dieselben Ansichten möglichst direct durch Formeln wiedergeben, so hätte man:

Oxalsäure.	Bernsteinsäure.	Allgemein.
$\begin{array}{l} \quad H\}\Theta \\ \overset{''}{\Theta_2\Theta_2} \\ \quad H\}\Theta \end{array}$	$\begin{array}{l} H\}\Theta \\ \overset{''}{\Theta\Theta}\}\overset{''}{\Theta_2}H_4 \\ \overset{''}{\Theta\Theta}\}\Theta \\ H \end{array}$	$\begin{array}{l} H\}\Theta \\ \overset{''}{\Theta\Theta}\}\overset{''}{\Theta_n}H_{2n} \\ \overset{''}{\Theta\Theta}\}\Theta \\ H \end{array}$

Spätere Betrachtungen werden zeigen, dass solche Formeln das Gesammtverhalten dieser Säuren in klarer Weise zusammenfassen (vergl. z. B. §. 1109.).

Zweibasische Säuren: $\Theta_nH_{2n-2}\Theta_4 = \left.\begin{matrix}\overset{''}{\Theta_nH_{2n-4}\Theta_2}\\H_2\end{matrix}\right\}\Theta_2$.

Oxalsäure	$\Theta_2 H_2 \Theta_4$
Malonsäure	$\Theta_3 H_4 \Theta_4$
Bernsteinsäure	$\Theta_4 H_6 \Theta_4$
Brenzweinsäure	$\Theta_5 H_8 \Theta_4$
Adipinsäure	$\Theta_6 H_{10}\Theta_4$
Pimelinsäure	$\Theta_7 H_{12}\Theta_4$
Suberinsäure	$\Theta_8 H_{14}\Theta_4$
Anchoinsäure	$\Theta_9 H_{16}\Theta_4$
Sebacinsäure	$\Theta_{10}H_{18}\Theta_4$
—	—
Roccellsäure	$\Theta_{17}H_{32}\Theta_4$

Genauer untersucht sind nur die Oxalsäure und die Bernsteinsäure und etwa noch die Sebacinsäure und Brenzweinsäure.

Allgemeiner Charakter und genetische Beziehungen.

I. Der Hauptcharakter und die einfachsten Beziehungen dieser Säuren werden, wie oben erwähnt, durch typische Formeln ausgedrückt, welche diese Körper vom verdoppelten Wassertypus ableiten und Atomgruppen von der Form: $\Theta_nH_{2n-4}\Theta_2$ als zweiatomige Radicale annehmen. 1108.

Diese Säuren enthalten zwei Atome typischen, d. h. durch Radicale vertretbaren Wasserstoff. Beide Wasserstoffatome werden leicht durch Metalle ersetzt (vgl. §. 1059). Die Säuren sind also **zweibasisch**.

Als zweibasische Säuren geben sie zwei Arten von Salzen und ebenso zwei Aether, von welchen der eine eine einbasische Säure ist:

Oxalsäure.	Saures oxalsaures Kali.	Neutrales oxals. Kali.	Aethyloxalsäure.	Oxalsäureäthyläther.
$\left.\begin{matrix}\Theta_2\overset{''}{\Theta}_2\\H_2\end{matrix}\right\}\Theta_2$	$\left.\begin{matrix}\Theta_2\overset{''}{\Theta}_2\\HK\end{matrix}\right\}\Theta_2$	$\left.\begin{matrix}\Theta_2\overset{''}{\Theta}_2\\K_2\end{matrix}\right\}\Theta_2$	$\left.\begin{matrix}\Theta_2\overset{''}{\Theta}_2\\H.(\Theta_2H_5)\end{matrix}\right\}\Theta_2$	$\left.\begin{matrix}\Theta_2\overset{''}{\Theta}_2\\(\Theta_2H_5)_2\end{matrix}\right\}\Theta_2$
Bernsteinsäure.	**Saures bernsteins. Kali.**	**Neutrales bernsteins. Kali.**	**Aethylbernsteinsäure.**	**Bernsteinsäureäthyläther.**
$\left.\begin{matrix}\Theta_4\overset{''}{H}_4\Theta_2\\H_2\end{matrix}\right\}\Theta_2$	$\left.\begin{matrix}\Theta_4\overset{''}{H}_4\Theta_2\\H.K\end{matrix}\right\}\Theta_2$	$\left.\begin{matrix}\Theta_4\overset{''}{H}_4\Theta_2\\K_2\end{matrix}\right\}\Theta_2$	$\left.\begin{matrix}\Theta_4\overset{''}{H}_4\Theta_2\\H.(\Theta_2H_5)\end{matrix}\right\}\Theta_2$	$\left.\begin{matrix}\Theta_4\overset{''}{H}_4\Theta_2\\(\Theta_2H_5)_2\end{matrix}\right\}\Theta_2$

Bei Einwirkung wasserentziehender Substanzen und häufig schon beim Erhitzen verlieren die Säurehydrate Wasser und geben **Anhydride**. Z. B.:

Bernsteinsäure. Bernsteinsäure-anhydrid.

$$\left.\begin{array}{r}\Theta_4\overset{''}{H}_4\Theta_2\\ H_2\end{array}\right\}\Theta_2 \;=\; \Theta_4\overset{''}{H}_4\Theta_2.\Theta \;+\; H_2\Theta$$

Die Anhydride tauschen bei Einwirkung von Phosphorchlorid den typischen Sauerstoff gegen Chlor aus und erzeugen so Chloride. Z. B.:

Bernsteinsäure-anhydrid. Succinyl-chlorid.

$$\Theta_4\overset{''}{H}_4\Theta_2.\Theta \;+\; PCl_5 \;=\; \Theta_4\overset{''}{H}_4\Theta_2.Cl_2 \;+\; P\Theta Cl_3.$$

Für das erste Glied der Reihe, die Oxalsäure, kennt man weder das Anhydrid noch das Chlorid. Man erhält statt der Anhydrids stets dessen Spaltungsproducte: Kohlenoxyd und Kohlensäure:

Oxalsäure.

$$\left.\begin{array}{r}\Theta_2\overset{''}{\Theta}_2\\ H_2\end{array}\right\}\Theta_2 \;=\; \overset{''}{\Theta}\Theta \;+\; \overset{''}{\Theta}\Theta.\Theta \;+\; H_2\Theta.$$

Die Anhydride vereinigen sich mit Wasser und erzeugen so wieder Säurehydrate. Die Chloride (oder wenigstens das bis jetzt untersuchte Chlorid der Reihe, das Succinylchlorid) tauschen bei Einwirkung auf Wasser das Radical gegen zwei Atome Wasserstoff aus und bilden so Säurehydrate.

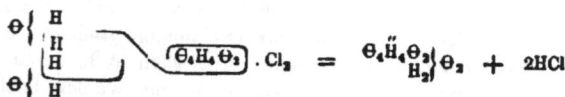

$$\begin{array}{l}\Theta\left\{\begin{array}{l}H\\ H\end{array}\right.\\ \Theta\left\{\begin{array}{l}H\\ H\end{array}\right.\end{array}\; (\Theta_4H_4\Theta_2).Cl_2 \;=\; \left.\begin{array}{r}\Theta_4\overset{''}{H}_4\Theta_2\\ H_2\end{array}\right\}\Theta_2 \;+\; 2HCl$$

Die Chloride dieser zweibasischen Säuren unterscheiden sich also in charakteristischer Weise von den Chloriden der einbasisch-zweiatomigen Säuren der vorigen Gruppe (vgl. §. 1064). Bei Einwirkung von Succinylchlorid auf Wasser wird kein dem Milchsäurechlorhydrat (Chlorpropionsäure) entsprechendes: Succinylchlorhydrat erzeugt; es entsteht vielmehr direct Bernsteinsäure. Die Ursache dieses verschiedenen Verhaltens ergibt sich aus den dort mitgetheilten Betrachtungen (§. 1059). Auch bei Behandeln von Bernsteinsäure mit Phosphorsuperchlorid entsteht kein Succinylchlorhydrat, sondern vielmehr Bernsteinsäureanhydrid. Die Reaction verläuft also nicht nach der ersten, sondern nach der zweiten der folgenden Formeln:

$$\left.\begin{array}{r}\Theta_4\overset{''}{H}_4\Theta_2\\ H_2\end{array}\right\}\Theta_2 \;+\; PCl_5 \;=\; \overset{\text{I.}}{\frac{H\;Cl}{\left.\begin{array}{r}\Theta_4\overset{''}{H}_4\Theta_2\left\{Cl\right.\\ H\end{array}\right\}\Theta}} \;\text{oder}\; \overset{\text{II.}}{\frac{H\;Cl}{\dfrac{\Theta_4\overset{''}{H}_4\Theta_2.\Theta}{H\;Cl}}} \;+\; P\Theta.Cl_3$$

Für einzelne Säuren der Reihe sind ausserdem noch Abkömmlinge bekannt, die wahrscheinlich den Aldehyden und den Acetonen der einbasischen (fetten) Säuren entsprechen. Vergl. bei Oxalsäure: Glyoxal und Glyoxalsäure und ferner bei Bernsteinsäure: Succinon, bei Suberinsäure: Suberon.

Die **amidartigen Verbindungen** der zweibasischen Säuren: $\Theta_nH_{2n-2}\Theta_4$ sind nachher in einem besonderen Kapitel zusammengestellt.

II. **Beziehungen zu Substanzen von gleichviel Kohlenstoffatomen.**

1) Die Säuren $\Theta_nH_{2n-2}\Theta_4$ stehen zu den im vorigen Kapitel besprochenen Säuren $\Theta_nH_{2n}\Theta_3$ und zu den Glycolen: $\Theta_nH_{2n+2}\Theta_2$ in ähnlicher Beziehung wie die fetten Säuren zu den einatomigen Alkoholen. Man kann daher erwarten, dass jedes Glycol und jede Säure der Milchsäurereihe bei geeigneter Oxydation die entsprechende zweibasische Säure: $\Theta_nH_{2n-2}\Theta_4$ liefern wird. Bis jetzt hat man nur das erste Glied der Reihe, die Oxalsäure durch Oxydation von Aethylglycol und von Glycolsäure erhalten können (vgl. §§. 965, 1068, 1070).

2) An die Bernsteinsäure schliessen sich zwei Säuren an, die zu ihr in derselben Beziehung stehen wie die Glycolsäure und die Glyoxylsäure zur Essigsäure (vgl. §§. 797, 798, 1068).

Bernsteinsäure	$\Theta_4H_6\Theta_4$
Aepfelsäure	$\Theta_4H_6\Theta_5$
Weinsäure	$\Theta_4H_6\Theta_6$

Dieselben Reactionen, durch welche es gelungen ist die Glycolsäure zu Essigsäure und ebenso die Milchsäure zu Propionsäure zu reduciren (§. 1078), gestatten auch die Reduction der Aepfelsäure und der Weinsäure zu Bernsteinsäure (Schmitt, Dessaignes). Ebenso gelingt es, die Bernsteinsäure durch indirecte Oxydation in Aepfelsäure und in Weinsäure umzuwandeln (Perkin und Duppa, Kekulé). Diese Uebergänge werden gelegentlich der Aepfelsäure und der Weinsäure näher besprochen (vgl. auch §. 1128).

3) Der Bernsteinsäure und der Brenzweinsäure entsprechen je zwei Säuren, die bei sonst gleicher Zusammensetzung zwei Atome Wasserstoff weniger enthalten:

		Diff. H_2.	
Bernsteinsäure	$\Theta_4H_6\Theta_4$	$\Theta_4H_4\Theta_4$	Fumarsäure und Maleïnsäure.
Brenzweinsäure	$\Theta_5H_8\Theta_4$	$\Theta_5H_6\Theta_4$	Itaconsäure und Citraconsäure.

Es wird gelegentlich der Fumarsäure und der Itaconsäure gezeigt werden, dass diese Säuren durch directe Addition von Wasserstoff in Bernsteinsäure und in Brenzweinsäure übergehen können (Kekulé).

III. **Beziehungen zu Substanzen, die 1 At. Θ weniger enthalten.**

1) Bei manchen Reactionen löst sich von den zweibasischen Säuren:

$C_nH_{2n-2}O_4$ ein Kohlenstoffatom mit dem anliegenden Sauerstoff als Kohlensäure los und es entsteht so eine einbasische Säure $C_nH_{2n}O_2$, welche 1 At. C weniger enthält.

Mit Sicherheit nachgewiesen ist eine solche Zersetzung nur bei den drei ersten Gliedern der Reihe:

Oxalsäure	$C_2H_2O_4$	=	CO_2	+	CH_2O_2	Ameisensäure.
Malonsäure	$C_3H_4O_4$	=	CO_2	+	$C_2H_4O_2$	Essigsäure.
Bernsteinsäure	$C_4H_6O_4$	=	CO_2	+	$C_3H_6O_2$	Propionsäure.

Die Oxalsäure und die Malonsäure zeigen diese Zersetzung schon beim Erhitzen; die Bernsteinsäure beim gelinden Erhitzen mit Kalkhydrat (Koch) *). Für die kohlenstoffreicheren Glieder der Reihe hat Gerhardt schon vor langer Zeit beim Erhitzen mit Kalihydrat ein Zerfallen in dieser Richtung beobachtet; aber es scheint bei allen diesen Umwandlungen schwer zu sein, die Zersetzung bei Bildung der nächst-kohlenstoffärmeren fetten Säure einzuhalten.

2) Man kennt bis jetzt keine allgemeine Reaction, durch welche umgekehrt auf synthetischem Weg die zweibasischen Säuren: $C_nH_{2n-2}O_4$ aus den nächst-kohlenstoffärmeren fetten Säuren erhalten werden könnten.

Hierher gehört indess die Bildung von Oxalsäure beim Erhitzen eines ameisensauren Salzes mit überschüssiger Base. — Vielleicht gelingt die Darstellung aller zweibasischen Säuren dieser Reihe durch Zersetzung der Cyansubstitutionsproducte der fetten Säuren.

IV. Beziehungen zu Substanzen, die zwei Atome Kohlenstoff weniger enthalten.

1) Einzelne der Säuren $C_nH_{2n-2}O_4$ zerfallen beim Erhitzen mit überschüssigem Aetzbaryt in der Weise, dass zwei Kohlenstoffatome mit dem anliegenden Sauerstoff als Kohlensäure austreten, während gleichzeitig ein Kohlenwasserstoff: C_nH_{2n+2} gebildet wird (Riche) Z. B.:

Suberinsäure	$C_8H_{14}O_4$	=	$2CO_2$	+	C_6H_{14}
Sebacinsäure	$C_{10}H_{18}O_4$	=	$2CO_2$	+	C_8H_{18}

Die so erhaltenen Kohlenwasserstoffe scheinen mit den Hydrüren der einatomigen Alkoholradicale nur isomer, aber nicht identisch zu sein (vergl. §. 1109).

2) Diesen Zersetzungen entsprechen die von Simpson aufgefundenen Synthesen. Zersetzt man nämlich die Cyanide der zweiatomigen Alkoholradicale durch Kali, so werden zwei Molecüle Ammoniak gebildet und es entsteht gleichzeitig die um 2 At. C reichere zweibasische Säure: $C_nH_{2n-2}O_4$. Z. B.:

*) Ann. Chem. Pharm. CXIX. 173.

Aethylencyanid	$\Theta_2H_4.\Theta_2N_2$	gibt	$\Theta_4H_6\Theta_4$ Bernsteinsäure.
Propylencyanid	$\Theta_3H_6.\Theta_2N_2$	„	$\Theta_5H_8\Theta_4$ Brenzweinsäure.

Man überzeugt sich leicht, dass die im Vorhergehenden erwähnten Beziehungen der zweibasischen Säuren $\Theta_nH_{2n-n}\Theta_4$ vollständig denjenigen, die früher für die einbasischen Säuren: $\Theta_nH_{2n}\Theta_2$ angegeben wurden, analog sind (vgl. §§. 818 ff.). 1109.

Für die Beziehungen zu Körpern von gleichviel Kohlenwasserstoffatomen ist diese Analogie an sich einleuchtend; für diejenigen zu Substanzen, die 1 oder 2 At. Θ weniger enthalten, wird sie aus folgenden Betrachtungen klar.

Die einatomigen (fetten) Säuren enthalten ein Atom an Sauerstoff gebundenen Kohlenstoff. Bei manchen Zersetzungen tritt dieser Kohlenstoff als Carbonylverbindung aus; der kohlenstoffhaltige Rest hat die Zusammensetzung eines einatomigen Alkoholradicals und es entsteht desshalb ein Kohlenwasserstoff, der als Hydrür eines solchen Radicals angesehen werden kann (vgl. bes. §. 795, 801).

Die zweibasischen Säuren $\Theta_nH_{2n-2}\Theta_4$ enthalten zwei Atome an Sauerstoff gebundenen Kohlenstoff, sie können gewissermassen als Vereinigung von zwei Molecülen der fetten Säuren angesehen werden. Bei Zersetzungen dieser zweibasischen Säuren kann entweder nur das eine dieser beiden Kohlenstoffatome, oder es können beide als Carbonylverbindung austreten. Im ersten Fall ist der mit 1 At. H vereinigte Rest die um 1 At. Θ ärmere fette Säure. Im zweiten Fall hat der Rest die Zusammensetzung eines zweiatomigen Kohlenwasserstoffs und bildet mit 2 At H den um 2 At. Θ ärmeren Kohlenstoff: Θ_nH_{2n+2}.

Die unter III besprochenen Zersetzungen sind also der halbe Weg zu den unter IV beschriebenen. Die ersteren sind dem Zerfallen der fetten Säuren insofern analog als ein At. Θ in Form von Kohlensäure austritt; für die zweiten besteht die Analogie darin, dass aller an Sauerstoff gebundene Kohlenstoff sich als Kohlensäure lostrennt. Beide Zersetzungen erfolgen, wie das entsprechende Zerfallen der fetten Säuren, nach dem §. 236 angegebenen Schema.

Die früher mehrfach benutzte graphische Darstellung lässt die Analogie dieser Beziehungen besonders deutlich hervortreten. Bis zu einem gewissen Grade ergibt sich dieselbe aus folgenden Formeln:

Einatomige Säuren:	$\left.\begin{matrix}\Theta\overset{\prime\prime}{\Theta}\{\Theta_n\overset{\prime}{H}_{2n+1}\\ H\end{matrix}\right\}\Theta$	$\Theta_n\overset{\prime}{H}_{2n+1}.H$	
Zweibasische Säuren:	$\begin{matrix}H\}\Theta\\ \Theta\overset{\prime\prime}{\Theta}\\ \}\Theta_n\overset{\prime\prime}{H}_{2n}\\ \Theta\overset{\prime\prime}{\Theta}\\ H\}\Theta\end{matrix}$	$\begin{matrix}H\}\Theta_n\overset{\prime\prime}{H}_{2n}\\ \Theta\overset{\prime\prime}{\Theta}\\ H\}\Theta\end{matrix}$	$\Theta_n\overset{\prime\prime}{H}_{2n}.H_2$
		(erstes Stadium.)	(zweites Stadium.)

Die diesen Zersetzungen entsprechenden Synthesen finden durch dieselben Betrachtungen ihre Erklärung. — Alle Cyanverbindungen enthalten ein Atom mit Stickstoff gebundenen Kohlenstoff (Cyan = ΘN). Bei Einwirkung von Alkalien tritt der Stickstoff aus und wird durch die Atomgruppe $H\Theta_2$ ersetzt. Es entsteht so die Gruppe $\Theta H\Theta_2$, die in Verbindung mit 1 At. H die Ameisensäure, in Verbindung mit einem einatomigen Alkoholradical eine fette Säure erzeugt. Die Cyanide der zweiatomigen Alkohole (z. B. Aethylencyanid = $\Theta_2H_4.(\Theta N)_2$) enthalten zwei Atome an Stickstoff gebundenen Kohlenstoff. Bei geeigneten Zersetzungen entsteht also derselbe Rest, der in der Ameisensäure und den fetten Säuren enthalten ist, zweimal. Die beiden Reste $\Theta H\Theta_2$ bleiben durch das zweiatomige Kohlenwasserstoffradical vereinigt und es entsteht so eine zweibasische Säure (z. B. aus Aethylencyanid die Bernsteinsäure: $\Theta_2H_4.2\Theta H\Theta_2 = \Theta_4H_6\Theta_4$).

Verschiedene Bildungs- und Zersetzungsweisen, die bis jetzt nur bei einzelnen Säuren der Reihe: $\Theta_nH_{2n-2}\Theta_4$ beobachtet worden sind, werden gelegentlich der betreffenden Säuren besprochen. Hier muss nur noch erwähnt werden, dass fast alle Glieder dieser Reihe durch Oxydation aus kohlenstoffreicheren Substanzen (namentlich Fetten) erhalten werden können und dass einzelne, z. B. die Oxalsäure und Bernsteinsäure auch fertig gebildet vorkommen.

Oxalsäure (Kleesäure, Sauerkleesäure): $\Theta_2H_2\Theta_4 = \left.\begin{matrix}\Theta_2\Theta_2\\ H_2\end{matrix}\right\}\Theta_2$.

1110. Aehnlich wie bei dem Anfangsglied der Reihe der fetten Säuren, der Ameisensäure (§. 830), so ist auch bei der Oxalsäure, dem ersten Glied der homologen Reihe $\Theta_nH_{2n-2}\Theta_4$, nur das Hydrat und die von ihm sich ableitenden Salze und Aetherarten bekannt; das Anhydrid dagegen und das Chlorid haben bis jetzt nicht erhalten werden können.

Man kennt ausserdem noch zwei durch Oxydation des Aethylalkohols entstehende Substanzen, das Glyoxal und die Glyoxalsäure, die beide zur Oxalsäure in naher Beziehung stehen (vgl. §. 1115).

Das Sauerkleesalz ist schon seit lange bekannt und besonders von Marggraf (1764), Savary (1773) und Wiegleb (1779) untersucht. Scheele erhielt die Oxalsäure zuerst durch Oxydation des Zuckers (1776) und erwies 1784 die Identität der so dargestellten Zuckersäure mit der Säure des Sauerkleesalzes. — Die Zusammensetzung der Oxalsäure wurde durch Dulong (1816), Döbereiner (1816) und Berzelius (1821) festgestellt.

Vorkommen. Die Oxalsäure ist eine der am weitesten verbreiteten Pflanzensäuren. Das Kalisalz findet sich namentlich in verschiedenen Rumex- und Oxalisarten; das Natronsalz in den meisten Species der Gattungen Salsola und Salicornia. Das Kalksalz ist in sehr vielen Pflanzen und zwar ebensowohl in Wurzeln, Rinden, Blättern etc. gefunden worden, häufig findet man es in den Pflanzenzellen in Form kleiner Krystalle. Einzelne Lichenarten sind besonders reich an oxalsaurem Kalk; durch ihre Verwesung entsteht das von Liebig als Thierschit bezeichnete

Mineral. Auch der in Braunkohlenlagern vorkommende Humboldit ist vegetabilischen Ursprungs.

Auch im animalischen Organismus ist die Oxalsäure häufig beobachtet worden. Ihr Kalksalz findet sich z. B im Harn, in der Allantoisflüssigkeit, im Schleim der Gallenblase etc.; es bildet häufig Harnsedimente und ist der Hauptbestandtheil der als Maulbeersteine bezeichneten Harnsteine.

Bildung. Die Oxalsäure ist, wie oben erwähnt, ein häufig auftretendes Oxydationsproduct anderer kohlenstoffhaltiger Verbindungen. Durch verhältnissmässig einfache Oxydation entsteht sie aus Aethylalkohol, Glycol, Glycolsäure etc., als Product tiefer eingreifender Oxydation wird sie aus fast allen kohlenstoffreicheren organischen Substanzen, in besonders reichlicher Menge aus den s g. Kohlenhydraten: Zucker, Stärkemehl, Holzfaser u. s. w. erhalten.

Theoretisch von besonderem Interesse ist die oben (§. 1108. III. 2 und §. 833) erwähnte Bildung aus Ameisensäure und die früher besprochene Zersetzung, welche das Cyan durch Wasser erleidet (§. 572).

Darstellung. Man erhielt die Oxalsäure früher aus dem aus Oxalis- oder Rumexarten dargestellten oxalsauren Kali (Sauerkleesalz), indem man mit Bleizucker fällte und den Niederschlag durch Schwefelsäure oder Schwefelwasserstoff zerlegte. Jetzt wird alle Oxalsäure durch Oxydation des Zuckers mit Salpetersäure oder durch Oxydation der Holzfaser mit Kalihydrat dargestellt.

Aus Zucker (Rohrzucker oder Stärkezucker). 1) Man übergiesst 1 Th. Zucker mit 8 Th. Salpetersäure von 1,38 spec. Gew., erwärmt zuletzt bis zum Kochen und dampft auf $^{1}/_{6}$ ein, worauf beim Erkalten die weisse Oxalsäure auskrystallisirt. Reichere Ausbeute wird erhalten, wenn man 1 Th. Zuckers mit 7—8 Th. Salpetersäure von 1,24 spec Gew., während 18 Stunden auf 52°—60° erhitzt. 2) Für Darstellung im Grossen ist es geeignet, den Zucker zuerst in Schwefelsäure von 1,2 spec. Gew. zu lösen und die Salpetersäure allmälig zur erwärmten Lösung zuzugiessen. Aus Holzfaser Seit einigen Jahren werden beträchtliche Mengen von Oxalsäure nach einem von J. Dale patentirten Verfahren dargestellt. Man erhitzt Holzfaser auf eisernen Platten mit einem Gemenge von Kalihydrat und Natronhydrat und behandelt das Product mit wenig Wasser, wobei oxalsaures Natron ungelöst bleibt. Dieses wird durch Kalk in oxalsauren Kalk übergeführt, das Kalksalz wird durch heisse verdünnte Schwefelsäure zersetzt und aus der filtrirten Flüssigkeit die Oxalsäure durch Erkalten krystallisirt *).

Eigenschaften. Die Oxalsäure krystallisirt leicht in grossen wasserhellen Krystallen des monoklinometrischen Systems Diese Krystalle enthalten zwei Molecüle Krystallwasser, $\Theta_2H_2\Theta_4 + 2H_2O$. Sie sind

*) Vgl. auch: Possoz, Jahresb. 1858. 242.

bei gewöhnlicher Temperatur luftbeständig, verwittern aber bei höherer Temperatur und hinterlassen beim Trocknen (100°) ein weisses Pulver von trocknem Oxalsäurehydrat: $\Theta_2H_2\Theta_4$.

Die Oxalsäure schmeckt stark sauer; sie ist in Wasser und Alkohol leicht löslich. Grössere Mengen wirken giftig.

1 Th. Oxalsäure löst sich in 15,5 Th. Wasser von 10°, in 9 Th. Wasser von 14°. Siedendes Wasser löst sie in fast jedem Verhältniss. Sie löst sich in salpetersäurehaltigem Wasser leichter, in verdünnter Schwefelsäure schwerer als in reinem Wasser.

Die krystallisirte Oxalsäure schmilzt bei etwa 98° in ihrem Krystallwasser; bei fortgesetztem Erhitzen sublimirt ein Theil als trocknes Hydrat, während die Hauptmasse Zersetzung erleidet. Die bei 100° getrocknete Säure sublimirt bei 165° in feinen weissen Nadeln, ein Theil wird stets zersetzt, um so mehr je höher die Temperatur.

1111. Zersetzungen. Die Oxalsäure erleidet, wie eben erwähnt, beim Erhitzen Zersetzung. Ein Theil zerfällt dabei in Kohlensäure und Ameisensäure, ein anderer liefert statt der Ameisensäure deren Zersetzungsproducte Kohlenoxyd und Wasser:

$$\Theta_2H_2\Theta_4 = \Theta\Theta_2 + \Theta H_2\Theta_2$$
$$\Theta_2H_2\Theta_4 = \Theta\Theta_2 + \Theta\Theta + H_2\Theta$$

Die Zersetzung verläuft in derselben Weise, wenn die Säure mit Platinschwamm, Bimsstein oder Sand gemischt und dann erhitzt wird. Wird Oxalsäure mit dem gleichen Gewicht Glycerin erhitzt, so tritt bei etwas über 100° Zersetzung ein, es entweicht nur Kohlensäure und der Rückstand, wahrscheinlich eine Verbindung von Ameisensäure mit Glycerin, liefert dann bei Destillation mit Wasser Ameisensäure (§. 832).

Lässt man wasserentziehende Substanzen, z. B. concentrirte Schwefelsäure oder Phosphorsäure auf Oxalsäure einwirken, so zerfällt die Säure geradeauf in Wasser und gleiche Volume Kohlenoxyd und Kohlensäure (§. 1004).

Eine ganz entsprechende Zersetzung findet auch bei Einwirkung von Phosphorsuperchlorid statt; man erhält: Kohlenoxyd, Kohlensäure, Salzsäure und Phosphoroxychlorid:

$$\Theta_2H_2\Theta_4 + PCl_5 = \Theta\Theta + \Theta\Theta_2 + 2HCl + P\Theta Cl_3$$

Das Phosphorsuperchlorid wirkt also auf Oxalsäure zunächst wie auf andere zweibasische Säuren (vgl §. 1108, I.), aber statt des Oxalsäureanhydrids: $\Theta_2\Theta_2.\Theta$, dessen Bildung, der Analogie nach, hätte erwartet werden können, erhält man dessen Zersetzungsproducte.

Die Zersetzung verläuft ganz in derselben Weise, wenn man die Reaction dadurch mässigt, dass man beide Körper in stark abgekühltem Aether, oder Schwefelkohlenstoff auf einander einwirken lässt, und es scheint danach, als habe das Oxalsäureanhydrid in den uns zugänglichen Bedingungen überhaupt keine Beständigkeit (Kekulé).

Phosphorchlorür wirkt ähnlich wie Phosphorchlorid; mit krystallisirter Oxalsäure liefert es krystallisirende phosphorige Säure (Hurtzig und Geuther) *).

$$\Theta_2H_2\Theta_4,\ 2H_2\Theta + PCl_3 = \Theta\Theta + \Theta\Theta_2 + 3HCl + \left.\begin{matrix}\overset{'''}{P}\\H_3\end{matrix}\right\}\Theta_3$$

Gegen Salpetersäure ist die Oxalsäure ziemlich beständig; man kann sie aus heisser Salpetersäure umkrystallisiren; bei anhaltendem Kochen wird sie langsam oxydirt.

Durch andere oxydirende Substanzen zerfällt die Oxalsäure leicht in Kohlensäure und Wasser.

Diese Oxydation erfolgt bei Gegenwart von Platinmohr langsam durch den Sauerstoff von Luft. Sie tritt rasch ein, wenn Manganhyperoxyd oder Bleihyperoxyd bei Gegenwart einer Säure auf Oxalsäure einwirken (Braunsteinprobe von Fresenius und Will). Z. B.:

$$\Theta_2H_2\Theta_4 + Mn_2\Theta_2 + H_2\Theta_4S = 2\Theta\Theta_2 + 2H_2\Theta + Mn_2O_4S$$

Wirken diese Hyperoxyde auf wässrige Oxalsäure ein, so entsteht Kohlensäure und oxalsaures Metalloxyd:

$$2\Theta_2H_2O_4 + Mn_2\Theta_2 = 2\Theta\Theta_2 + H_2O + \Theta_2Mn_2\Theta_4$$

Reibt man 4 Th. getrockneter Oxalsäure mit 21 Th. trocknem Bleihyperoxyd zusammen, so kommt die Masse ins Glühen. Auch übermangansaures Kali wirkt rasch oxydirend; ebenso Chromsäure und Vanadsäure.

Chlor wirkt auf trockne Oxalsäure nicht ein; bei Gegenwart von Wasser erfolgt leicht Zersetzung:

$$\Theta_2H_2\Theta_4 + Cl_2 = 2\Theta\Theta_2 + 2HCl.$$

Ebenso wirken Brom, unterchlorige Säure und die Chloride leicht reducirbarer Metalle. Desshalb fällt Oxalsäure aus Goldchlorid, besonders beim Kochen, metallisches Gold; und ebenso aus Platinchlorid, jedoch nur bei Einwirkung von directem Sonnenlicht, metallisches Platin. Mit Quecksilberchlorid erzeugt oxalsaures Ammoniak rasch Quecksilberchlorür.

Von Kalium oder Natrium wird trockne Oxalsäure beim Erhitzen unter Feuererscheinung zersetzt, es scheidet sich Kohle aus und entweicht Wasserstoff.

Wird Oxalsäure mit überschüssigem Kali- oder Barythydrat erhitzt, so entsteht unter Entwicklung von Wasserstoff kohlensaures Salz:

---

*) Ann. Chem. Pharm. CXI. 170.

oder:

$$Θ_2H_2Θ_4 = 2ΘΘ_2 + H_2$$

$$Θ_2K_2Θ_4 + 2KHΘ = 2ΘΘ_3K_2 + H_2$$

Erkennung. Oxalsäure und oxalsaure Salze werden leicht daran erkannt, dass sie beim Erwärmen mit Schwefelsäure ein Gemenge von Kohlenoxyd und Kohlensäure entwickeln. Lösungen von Oxalsäure oder oxalsauren Salzen geben mit Kalksalzen einen charakteristischen Niederschlag (vgl. oxalsauren Kalk).

1112. Oxalsaure Salze.

Die Oxalsäure ist eine der stärksten Säuren. Sie entwickelt mit trocknem Kochsalz beim Erwärmen Salzsäure und zersetzt wässrige Lösungen von Chlornatrium oder salpetersaurem Natron bis zur Bildung von saurem oxalsaurem Salz.

Die oxalsauren Salze sind vielfach, in neuerer Zeit wieder von Souchay und Lenssen *), untersucht worden. Als zweibasische Säure bildet die Oxalsäure mit den meisten einatomigen Metallen neutrale und saure Salze, mit Kalium und Ammonium liefert sie ausserdem übersaure Salze, die dem früher (§. 810, 856) beschriebenen sauren essigsauren Kali entsprechen. Mit zweibasischen Metallen bildet sie meistens nur ein Salz, mit Baryum und Strontium ausserdem saure, den übersauren Salzen der Alkalien entsprechende Salze.

	neutral.	sauer.	übersauer.
Kalisalze.	$\left.\begin{matrix}Θ_2\overset{''}{Θ_2}\\K_2\end{matrix}\right\}Θ_2$	$\left.\begin{matrix}Θ_2\overset{''}{Θ_2}\\H.K\end{matrix}\right\}Θ_2$	$\left.\begin{matrix}Θ_2\overset{''}{Θ_2}\\H.K\end{matrix}\right\}Θ_2 + Θ_2H_2Θ_4$
Barytsalze **).	$\left.\begin{matrix}Θ_2\overset{''}{Θ_2}\\\overset{''}{Ba}\end{matrix}\right\}Θ_2$	—	$\left.\begin{matrix}Θ_2\overset{''}{Θ_2}\\\overset{''}{Ba}\end{matrix}\right\}Θ_2 + Θ_2H_2Θ_4$

Man kennt ausserdem eine grosse Anzahl zum Theil schön krystallisirender Doppelsalze.

Mit Ausnahme der Alkalisalze sind die meisten oxalsauren Salze in Wasser unlöslich oder wenig löslich; sie lösen sich meist in verdünnten Säuren.

Beim Erhitzen erleiden alle oxalsauren Salze Zersetzung. Die Alkalisalze entwickeln Kohlenoxyd und hinterlassen kohlensaures Salz; die Salze derjenigen Metalle, deren kohlensaure Salze durch Hitze zersetzt werden, liefern: Kohlenoxyd, Kohlensäure und Metalloxyd (z. B. Zink, Magnesia); die oxalsauren Salze der leicht reducirbaren Metalle (Silber, Kupfer etc.) entwickeln Kohlensäure und hinterlassen Metall; das Bleisalz gibt Bleisuboxyd und entwickelt auf 3 Vol. Kohlensäure 1 Vol. Kohlenoxyd.

---

*) Ann. Chem. Pharm. XCIX. 31; C. 308; CII. 35 und 41; CIII. 308; CV. 245.

**) Vgl. I. §. 529 Anmerk.

In Betreff einzelner Salze mag noch Folgendes erwähnt werden.

Kalisalze. Das neutrale oxalsaure Kali: $\Theta_2K_2\Theta_4 + H_2\Theta$ oder $+ 3H_2\Theta$ bildet verwitternde in Wasser sehr lösliche Prismen. Das saure oxalsaure Kali: $\Theta_2HK\Theta_4 + H_2\Theta$ wird in grossen luftbeständigen Krystallen erhalten, die sich in 14 Th. siedendem Wasser lösen und in kaltem Wasser wenig löslich sind. Das übersaure oder vierfach saure oxalsaure Kali: $\Theta_2HK\Theta_4, \Theta_2H_2\Theta_4$ bildet ebenfalls grosse Krystalle und ist in Wasser noch weniger löslich.

Das saure Kalisalz findet sich im Saft der Oxalis- und Rumexarten. Das Sauerkleesalz (des Handels) wurde früher aus diesen Pflanzen dargestellt und war saures Salz; jetzt wird es stets aus künstlicher Oxalsäure bereitet und ist meist übersaures Salz.

Ammoniaksalze. Man kennt drei den Kalisalzen entsprechende Salze, die ihrer Zersetzungsproducte wegen interessant sind. Das saure Salz: $\Theta_2H(NH_4)\Theta_4 + H_2\Theta$ hinterlässt beim Erhitzen Oxaminsäure: das neutrale Salz: $\Theta_2(NH_4)_2\Theta_4 + H_2\Theta$ gibt beim Erhitzen Oxamid, während ein Theil weiter zerfällt zu Kohlenoxyd, Kohlensäure, Ammoniak, Cyan, Blausäure und Wasser (vgl. §. 1145).

Oxalsaurer Kalk: $\Theta_2Ca_2\Theta_4 + H_2\Theta$ und $+ 3H_2\Theta$. Lösungen von Oxalsäure und von oxalsauren Salzen fällen aus den Lösungen der Kalksalze, selbst aus Gypswasser, einen weissen, fein krystallinischen Niederschlag, der in neutralen und alkalischen Flüssigkeiten, in Essigsäure und überschüssiger Oxalsäure unlöslich ist, sich aber in Salzsäure oder verdünnter Salpetersäure löst. Das so gefällte Kalksalz enthält meist 1 Mol. $H_2\Theta$; der aus kalten sehr verdünnten Lösungen erhaltene Niederschlag enthält das Salz mit 3 Mol. Krystallwasser beigemischt. Das bei 100° getrocknete Salz ist stets $\Theta_2Ca_2\Theta_4 + H_2\Theta$.

Es wurde oben erwähnt, dass der oxalsaure Kalk häufig in Pflanzenzellen oder in thierischen Flüssigkeiten krystallisirt gefunden wird. Es ist diess stets das durch seine Krystallform (spitze Quadratoctaeder) leicht erkenntliche Salz mit 3 Mol. Krystallwasser welches immer dann entsteht, wenn der oxalsaure Kalk sich langsam aus Lösungen abscheidet.

Oxalsaures Blei und oxalsaures Silber: $\Theta_2Ag_2\Theta_4$ sind weisse Niederschläge; beide sind in Wasser, das Bleisalz auch in Essigsäure unlöslich. Das Silbersalz verpufft bei etwa 140°.

Aether der Oxalsäure.

Die Oxalsäure, als zweibasische Säure, bildet mit einatomigen Al- 1118.
koholen neutrale Aether und einbasische Aethersäuren. Man kennt bis jetzt die folgenden:

	Neutrale Aether.	Aethersäuren.	
Oxalsäure-methyläther:	$\left.\begin{matrix}\overset{''}{\Theta_2\Theta_2}\\(\Theta H_3)_2\end{matrix}\right\}\Theta_2$	$\left.\begin{matrix}\overset{''}{\Theta_2\Theta_2}\\H.(\Theta H_3)\end{matrix}\right\}\Theta_2$	Methyloxalsäure.
Oxalsäure-äthyläther:	$\left.\begin{matrix}\overset{''}{\Theta_2\Theta_2}\\(\Theta_2H_5)_2\end{matrix}\right\}\Theta_2$	$\left.\begin{matrix}\overset{''}{\Theta_2\Theta_2}\\H.(\Theta_2H_5)\end{matrix}\right\}\Theta_2$	Aethyloxalsäure.
Oxalsäure-amyläther:	$\left.\begin{matrix}\overset{''}{\Theta_2\Theta_2}\\(\Theta_5H_{11})_2\end{matrix}\right\}\Theta_2$	$\left.\begin{matrix}\overset{''}{\Theta_2\Theta_2}\\H.(\Theta_5H_{11})\end{matrix}\right\}\Theta_2$	Amyloxalsäure.

Man kennt ferner einen intermediären oder gemischten Aether, den

Oxalsäure-methyläthyläther: $\left.\begin{matrix}\Theta_2\Theta_2\\(\Theta H_3)(\Theta_2H_5)\end{matrix}\right\}\Theta_2$

Die **neutralen Aether** der Oxalsäure entstehen schon durch Einwirkung von entwässerter Oxalsäure auf den betreffenden Alkohol. Sie werden leichter gebildet, wenn statt des Alkohols ein ätherschwefelsaures Salz angewandt wird, wenn man Oxalsäure oder oxalsaures Salz mit dem betreffenden Alkohol und Schwefelsäure destillirt, oder endlich wenn man Oxalsäure im Alkohol löst und Salzsäure einleitet (vgl. §. 625).

Sie sind, in trocknem Zustand, ohne Zersetzung flüchtig, zerfallen aber bei Gegenwart von Wasser, von Basen oder von Säuren zu Oxalsäure und Alkohol; von Schwefelsäure werden sie leicht unter Bildung von Kohlenoxyd, in geeigneten Bedingungen auch unter Bildung von Ameisensäureäther zersetzt.

Mit Ammoniak liefern sie leicht Oxamid (§. 1146), oder Aether der Oxaminsäure (§. 1149).

Die **sauren Aether der Oxalsäure** sind bis jetzt wenig untersucht. Sie entstehen als Nebenproducte bei Darstellung der neutralen Aether; die Aethyloxalsäure auch bei Einwirkung alkoholischer Kalilösung auf Oxalsäure-äthyläther.

Neutrale Aether.

Oxalsäure-Methyläther *). Bei gewöhnlicher Temperatur fest, schmilzt bei 51°, siedet bei 162°.

Man destillirt ein Gemenge von gleichen Theilen Schwefelsäure, Oxalsäure und Holzgeist: oder man übergiesst 2 Th. Sauerkleesalz mit einem Gemisch von 1 Th. Holzgeist und 1 Th. Schwefelsäure, lässt einige Stunden stehen und destillirt. Gegen Ende der Destillation geht nahezu reiner Oxalsäure-methyläther über, der schon im Retortenhals krystallisirt. Das anfangs übergehende flüssige Product liefert bei freiwilligem Verdunsten ebenfalls krystallisirten Aether. Der Oxalsäuremethyläther bildet farblose rhombische Tafeln, er löst sich in Wasser, Alkohol und Aether. Die wässrige Lösung zersetzt sich rasch zu Oxalsäure und Holzgeist. Einwirkung von Ammoniak vgl. §. 1146.

Chlorsubstitutionsproducte **). Chlor wirkt bei gewöhnlichem Licht nur äusserst langsam auf geschmolzenen Oxalsäure-methyläther ein. Man erhält ein flüssiges Product, welches, seinen Zersetzungsproducten nach, Oxalsäure-dichlormethyläther ($\Theta_2(CHCl_2)_2\Theta_4$) zu sein scheint; es zerfällt nämlich mit Wasser geradeauf zu Kohlenoxyd, Oxalsäure und Salzsäure:

$$\Theta_4H_2Cl_4\Theta_4 + 2H_2\Theta = 2\Theta\Theta + \Theta_2H_2\Theta_4 + 4HCl.$$

---

*) Dumas und Peligot (1835). Ann. Chem. Pharm. XV. 32. Wöhler, ibid. LXXXI. 376.

**) Malaguti, ibid. XXXII. 49.

Im Sonnenlicht wirkt das Chlor leichter ein; man erhält perlmutterglänzende nach Carbonylchlorid riechende Blättchen von Oxalsäure-trichlormethyläther *): $\Theta_2(\Theta Cl_3)_2\Theta_4$. Diese zerfallen bei 350° zu Kohlenoxyd und Carbonylchlorid:

$$\Theta_4Cl_6\Theta_4 \;=\; \Theta\Theta \;+\; 3\,\Theta\Theta Cl_2$$

mit Alkohol liefern sie: Oxalsäureäther, Chlorameisensäureäther und Salzsäure. (Vgl. §§. 836, 1005):

$$\Theta_2(\Theta Cl_3)_2\Theta_4 + 4\,\Theta_2H_6\Theta = \Theta_2(\Theta_2H_5)_2\Theta_4 + 2\,\Theta Cl(\Theta_2H_5)\Theta_2 + 4\,HCl.$$

Oxalsäure-äthyläther. Dieser Aether ist flüssig, er siedet bei 186°; löst sich leicht in Alkohol und Aether, sehr wenig in Wasser.

Zur Darstellung **) des Oxalsäure-äthyläthers sind zahlreiche Methoden empfohlen worden. Chancel erhitzt Oxalsäure auf 180°—200° und lässt tropfenweise absoluten Alkohol zufliessen. Dumas destillirt saures oxalsaures Kali (1 Th.) mit Alkohol (1 Th.) und concentrirter Schwefelsäure (2 Th.). Toussaint empfiehlt: $2^1/_2$ Th. saures oxals. Kali, 4 Th. Alkohol und 4 Th. Schwefelsäure. Kolbe erhitzt ein Gemenge von 180 Gr. entwässerter Oxalsäure und 100 Gr. sauren schwefelsauren Kalis auf 150° — 180° und lässt ein Gemisch von 150 Gr. absoluten Alkohols und 25 Gr. Schwefelsäure allmälig zufliessen. Mitscherlich destillirt 1 Th. verwitterte Oxalsäure mit 6 Th. absolutem Alkohol bis die Temperatur auf 140° gestiegen, giesst den überdestillirten Alkohol zurück und erhitzt wieder bis die siedende Flüssigkeit 160° zeigt; der Rückstand ist dann Oxalsäureäther, der mit Wasser gewaschen wird. Löwig übergiesst entwässerte Oxalsäure ($1^3/_4$ Pfd.) mit absolutem Alkohol ($1^3/_4$ Pfd.), destillirt langsam bis das Thermometer 130° zeigt und destillirt dann rasch ab. Man erhält neben Oxalsäureäther viel Ameisensäureäthyläther und etwas Kohlensäureäthyläther. (2800 Gr. entwässerte Oxalsäure gaben 1800 Gr. Oxaläther und 600 Gr. Ameisenäther.). (Aus dem vor 120 übergehenden sauren Destillat kann durch kohlensaure Kali ein Gemenge von Ameisenäther und Oxaläther abgeschieden werden.) — Am bequemsten ist folgende Methode. Man löst entwässerte Oxalsäure in höchstens dem doppelten Gewicht absoluten Alkohols, sättigt mit trockner Salzsäure, fällt nach mehrstündigem Stehen mit Wasser und rectificirt den mehrmals gewaschenen Aether erst nach dem Entwässern mit Chlorcalcium. (Man erhält 60 — 70 % der berechneten Menge.) (Kekulé.)

Lässt man Oxalsäure mehrere Wochen mit absolutem Alkohol stehen, zweckmässig bei 40° — 50°, so werden beträchtliche Mengen Oxalsäureäther gebildet ***).

Der Oxalsäureäther zerfällt leicht in Oxalsäure und Alkohol. Diese Zersetzung erfolgt schon durch Wasser, in der Kälte langsam, rasch beim Erhitzen; sie wird beschleunigt durch Gegenwart von Säuren oder

*) Cahours, Ann. Chem. Pharm. LXIV. 313.

**) Chancel, ibid. LXXIX. 92; Dumas, ibid. X. 288; Toussaint, ibid. CXX. 237; Kolbe, ibid. CXIX. 172.

***) Vgl. Liebig, ibid. LXV. 350.

von Basen. Erhitzt man den Aether mit Schwefelsäure so entweicht Kohlenoxyd und Kohlensäure. Destillirt man mit überschüssiger Oxalsäure so wird unter Kohlensäureentwicklung Ameisenäther gebildet (Löwig). Trägt man Natrium oder Kalium in Oxalsäureäther ein so entsteht Kohlensäureäthyläther (§. 1008), während Kohlenoxyd entweicht.

Alkoholische Kalilösung erzeugt mit dem Aether das äthyloxalsaure Kali (§. 1114). Ammoniak bildet Oxamid (§. 1146) oder Oxamethan (§. 1149).

Durch Einwirkung von Natriumamalgam hat Löwig in neuester Zeit höchst merkwürdige Reductionsproducte erhalten; wesentlich Desoxalsäure: $\Theta_5H_6\Theta_8$ und neben dieser gährungsfähigen Zucker.

Chlorsubstitutionsproducte *). Lässt man im Sonnenlicht Chlor auf Oxalsäureäthyläther einwirken, so entsteht Oxalsäure-perchloräthyläther: $\Theta_2(\Theta_2Cl_5)_2\Theta_4$, der sich in farb- und geruchlosen Krystallplättchen ausscheidet, die bei 144° unter theilweiser Zersetzung schmelzen. Bei rascher Destillation zerfällt der Perchloroxaläther in Kohlenoxyd, Carbonylchlorid und Trichloracetylchlorid (§. 884):

Perchloroxaläther.				Trichloracetylchlorid.
$\Theta_6Cl_{10}\Theta_4$	$=$ $\Theta\Theta$	$+$ $\Theta\Theta Cl_2$	$+$	$2\,\Theta_2Cl_3\Theta.Cl.$

Durch Kali wird er zersetzt unter Bildung von Trichloressigsäure, Oxalsäure und Salzsäure. Auch Wasser und Alkohol wirken zersetzend. Einwirkung von Ammoniak vgl. §. 1149.

Oxalsäure-methyläthyläther: $\Theta_2(\Theta H_3)(\Theta_2H_5)\Theta_4$, wurde von Chancel **) durch Destillation eines Gemenges von äthyloxalsaurem Kali mit methylschwefelsaurem Kali erhalten. Er siedet bei 160° — 170°.

Oxalsäure-amyläther: $\Theta_2(\Theta_5H_{11})_2\Theta_4$, entsteht wenn Amylalkohol mit überschüssiger krystallisirter Oxalsäure erhitzt und die obere Schicht destillirt wird. Er siedet bei 262°, riecht stark nach Wanzen und verhält sich gegen Wasser und Ammoniak wie die entsprechende Aethylverbindung (Balard) ***).

Saure Aether der Oxalsäure.

1114. Aethyloxalsäure: $\Theta_2H(\Theta_2H_5)\Theta_4$. Wenn man einer alkoholischen Lösung von Oxalsäure-äthyläther vorsichtig eine alkoholische Lösung von Kalihydrat zusetzt, so scheiden sich Krystallplättchen von äthyloxalsaurem Kali ($\Theta_2K(\Theta_2H_5)\Theta_4$) aus, die mit starkem Alkohol gewaschen und aus verdünntem Alkohol umkrystallisirt werden können. Zersetzt man

*) Malaguti, Ann. Chem. Pharm. XXXVII. 66; LVI. 283.
**) ibid. LXXIX. 91.
***) ibid. LII. 314.

die alkoholische Lösung dieses Salzes mit Schwefelsäure, so erhält man eine Lösung von Aethyloxalsäure (Mitscherlich) *).

Auch bei Einwirkung von Ammoniak auf Oxaläther entsteht, neben Oxamid, äthyloxalsaures Salz (Liebig) **).

Die Aethyloxalsäure entsteht auch wenn Oxalsäure-äthyläther mit überschüssiger Oxalsäure oder wenn Oxalsäure mit Alkohol erwärmt wird. Sie zerfällt beim Erhitzen in Kohlensäure und Ameisensäure-äthyläther (Löwig) ***).

$$\Theta_2H(\Theta_2H_5)\Theta_4 = \Theta H(\Theta_2H_5)\Theta_2 + \Theta\Theta_2.$$

Dieselbe Zersetzung erfolgt sehr leicht, wenn die Säure mit Glycerin gemischt und auf 100° erhitzt wird (Church) †).

Ein Chlorsubstitutionsproduct der Aethyloxalsäure, die Perchloräthyloxalsäure: $\Theta_2H(\Theta_2Cl_5)\Theta_4$ ist von Malaguti durch Zersetzung des Perchloroxamethans (§. 1149) erhalten worden.

Amyloxalsäure: $\Theta_2H(\Theta_5H_{11})\Theta_4$ entsteht bei Einwirkung von Oxalsäure auf Amylalkohol. Man erhält ihr Kalksalz, wenn man die oben bei Oxalsäureamyläther erwähnte Oelschicht mit Kreide neutralisirt. Aus dem so erhaltenen krystallisirbaren Kalksalz werden durch doppelte Zersetzung andere Salze erhalten (Balard) ††).

Glyoxal und Glyoxalsäure.

An die Oxalsäure schliesen sich zwei höchst interessante aber bis jetzt verhältnissmässig wenig erforschte Körper an, die nach Allem was dermalen über ihr chemisches Verhalten bekannt ist zur Oxalsäure in etwa derselben Beziehung zu stehen scheinen wie der Aldehyd zur Essigsäure. Es sind diess das Glyoxal: $\Theta_2H_2\Theta_2$ und die Glyoxalsäure: $\Theta_2H_2\Theta_3$ Beide gehen in der That durch directe Sauerstoffaufnahme in Oxalsäure über: 1115.

Glyoxal	$\Theta_2H_2\Theta_2$	+	2Θ	=	$\Theta_2H_2\Theta_4$	Oxalsäure
Glyoxalsäure	$\Theta_2H_2\Theta_3$	+	Θ	=	$\Theta_2H_2\Theta_4$	„

Gerade so wie der Aldehyd den Uebergang bildet zwischen dem Aethylalkohol und der Essigsäure, so steht das Glyoxal in der Mitte zwischen Glycol und Oxalsäure; mit dem Unterschied jedoch, dass in der zweiatomigen Reihe der Aldehyd zweimal H_2 weniger enthält als der Alkohol und dass er sich mit zwei Atomen Θ verbindet, während die entsprechenden Differenzen in der einatomigen Reihe einmal H_2 und ein Atom Θ sind:

*) Ann. Chem. Pharm. XII. 319.
**) ibid. IX. 11.
***) Vgl. auch: Liebig, ibid. LXV. 350.
†) ibid. C. 256.
††) ibid. LII 318.

$\Theta_2H_6\Theta$	$\overbrace{\qquad}^{-\,H_2}$	$\Theta_2H_4\Theta$	$\overbrace{\qquad}^{+\,\Theta}$	$\Theta_2H_4\Theta_2$
Alkohol.		Aldehyd.		Essigsäure.

$\Theta_2H_6\Theta_2$	$\overbrace{\qquad}^{-\,2H_2}$	$\Theta_2H_2\Theta_2$	$\overbrace{\qquad}^{+\,2\Theta}$	$\Theta_2H_2\Theta_4$
Glycol.		Glyoxal.		Oxalsäure.

Die Glyoxalsäure ihrerseits nimmt zwischen der Glycolsäure und der Oxalsäure genau dieselbe Stelle ein, wie der Aldehyd zwischen dem Aethylalkohol und der Essigsäure:

$\Theta_2H_4\Theta_3$	$\overbrace{\qquad}^{-\,H_2}$	$\Theta_2H_2\Theta_3$	$\overbrace{\qquad}^{+\,\Theta}$	$\Theta_2H_2\Theta_4$
Glycolsäure.		Glyoxalsäure.		Oxalsäure.

Die Beziehungen dieser verschiedenen Substanzen treten noch klarer hervor in folgenden Betrachtungen:

Ein einatomiger Alkohol liefert durch Verlust von einmal H_2 einen Aldehyd, der durch Aufnahme von einem Atom Θ zu einer einbasischen Säure wird.

Ein zweiatomiger Alkohol kann entweder einmal H_2 oder zweimal H_2 verlieren und so zwei Aldehyde erzeugen. Für das Aethylglycol ist der erstere dieser Aldehyde bis jetzt unbekannt; er würde durch Aufnahme von einem Atom Θ die zweiatomige aber einbasische Glycolsäure liefern. Der zweite Aldehyd, das Glyoxal, liefert durch Aufnahme von einem Atom Θ die zweiatomige Glyoxalsäure; durch Aufnahme von zwei Atomen Θ die zweibasische Oxalsäure.

Andererseits kann für die Glycolsäure, deren eine Seite noch Alkoholnatur zeigt (§. 1069), ein durch Verlust von H_2 entstehender Aldehyd angenommen werden, der mit der erwähnten Glyoxalsäure identisch ist.

Alle diese Beziehungen erhellen aus folgender Tabelle:

Einatomige Reihe.

$\Theta_2H_6\Theta$ Alkohol.		$\Theta_2H_4\Theta_2$ Essigsäure.		
	$\Theta_2H_4\Theta$ Aldehyd.			

Zweiatomige Reihe.

$\Theta_2H_6\Theta_2$ Glycol.		$\Theta_2H_4\Theta_3$ Glycolsäure.		$\Theta_2H_2\Theta_4$ Oxalsäure.
	$\Theta_2H_4\Theta_2$ unbekannt.		$\Theta_2H_2\Theta_3$ Glyoxalsäure.	
		$\Theta_2H_2\Theta_2$ Glyoxal.		

Aus diesen Beziehungen ergibt sich direct, dass das Glyoxal sich von der Glycolsäure nur durch einen Mindergehalt von $H_2\Theta$ unterscheidet, dass es mithin isomer ist mit Glycolid (§. 1069).

Der erste bis jetzt unbekannte Aldehyd des Glycols wäre isomer mit Essigsäure und mit Dimethylenoxyd (§. 969).

Dass die Glyoxalsäure zur Glycolsäure und zur Oxalsäure wirklich in der angenommenen Beziehung steht, wird noch besonders wahrscheinlich durch ihr Verhalten zu siedendem Kalkwasser. Sie verwandelt sich dabei in ein Gemenge von Glycolsäure und Oxalsäure, erleidet also eine ganz ähnliche Spaltung wie diejenige, die früher vom Baldrianaldehyd erwähnt wurde (§. 917) und wie die später zu besprechende Spaltung des Bittermandelöls zu Benzoesäure und Benzylalkohol.

Will man die Beziehungen des Glyoxals und der Glyoxalsäure durch typische Schreibweise ausdrücken, so kann man sich folgender Formeln bedienen:

	Glyoxal.	Glyoxalsäure.	Oxalsäure.
	$\left.\begin{matrix}H\\ \Theta_2\Theta_2''\\ H\end{matrix}\right\}$	$\begin{matrix}H\}\\ \Theta_2\Theta_2''\\ H\}\Theta\end{matrix}$	$\begin{matrix}H\}\Theta\\ \Theta_2\Theta_2''\\ H\}\Theta\end{matrix}$
Typus:	$2H_2$	$H_2 + H_2\Theta$	$2H_2\Theta$

Das Glyoxal könnte als Aldehyd, die Glyoxalsäure als Halbaldehyd der Oxalsäure bezeichnet werden. Die Glyoxalsäure steht zur Oxalsäure in derselben Beziehung wie die schweflige Säure (als Hydrat) zur Schwefelsäure; dieselbe Beziehung wiederholt sich bei den später zu besprechenden Substanzen: Salicylige Säure und Salicylsäure (vgl. auch §. 201).

Das Glyoxal und die Glyoxalsäure wurden 1856 von Debus*) 1116.
entdeckt. Beide entstehen, neben Glycolsäure und Oxalsäure, bei Oxydation von Aethylalkohol mittelst Salpetersäure; die Glyoxalsäure hat Debus später auch durch Einwirkung von Salpetersäure auf Glycol erhalten.

Der Bildung der Glyoxalsäure scheint stets die Bildung von Glycolsäure vorauszugehen. Man erhält gewöhnlich, aus Alkohol sowohl als aus Glycol, ein Gemenge beider Säuren; aber man kann den Oxydationsprocess so mässigen, dass nur Glycolsäure und keine Glyoxalsäure entsteht, und man erhält umgekehrt, wenn die Oxydation lange fortgesetzt wird, nur wenig Glycolsäure aber ziemlich viel Glyoxalsäure (stets neben Oxalsäure).

---

*) Ann. Chem. Pharm. C. 1; CII. 20; CVII. 199; CX. 316; CXVIII. 253. Die Glyoxalsäure stellte Debus anfangs durch die Formel: $\Theta_2H_4\Theta_4$ dar. Später leitete er aus dem Gesammtverhalten und aus der Analyse des Ammoniaksalzes die hier gebrauchte Formel: $\Theta_2H_2\Theta_3$ ab. Debus nennt diese Säure Glyoxylsäure; wir bezeichnen sie ihrer nahen Beziehung zum Glyoxal und zur Oxalsäure wegen als Glyoxalsäure und reserviren den Namen Glyoxylsäure für die mit der Glycerinsäure homologe Säure: $\Theta_2H_4\Theta_4$ (vgl. §§ 798, 1068).

Darstellung von Glyoxal und Glyoxalsäure. 1) Aus Aethylalkohol. Man bringt in eine schmale und hohe Flasche 220 Gr. Alkohol von 80 pC. und schichtet vermittelst eines Trichters unter denselben 100 Gr. Wasser und dann unter dieses 200 Gr. rothe rauchende Salpetersäure. Man überlässt dann die Flasche an einem 20° — 22° warmen Ort sich selbst, bis sich die drei Schichten völlig gemischt haben, was nach 6 — 8 Tagen der Fall ist. Die Flüssigkeit enthält dann: Glycolsäure, Glyoxal, Glyoxalsäure und ausserdem Essigsäure, Aldehyd, Ameisensäure, Aetherarten etc. (vgl. §. 647). (Lässt man die Einwirkung bei der angegebenen Temperatur vor sich gehen und verarbeitet man das Product erst nach drei bis vier Wochen, so wird fast ausschliesslich Glyoxalsäure erhalten: wenn dagegen während der Reaction die Temperatur 15° — 17° beträgt und dann das Product verarbeitet wird sobald sich die drei Schichten gemischt haben, so erhält man wesentlich Glycolsäure).

Man dampft die so erhaltene Flüssigkeit dann auf dem Wasserbad zur Syrupconsistenz ein; entweder in kleinen Mengen, die 20 — 30 Gramm nicht übersteigen, oder in flachen, tellerförmigen Schalen. Man löst den Rückstand in wenig Wasser, neutralisirt mit Kreide und mischt mit etwa dem gleichen Volum Alkohol, wodurch die Kalksalze fast vollständig gefällt werden. Die Kalksalze werden ausgepresst und wiederholt mit Wasser ausgekocht. Beim Erkalten der filtrirten Auszüge krystallisirt glyoxalsaurer Kalk, entweder in prismatischen Krystallen oder wenn die Flüssigkeit zu concentrirt war in feinen Nadeln, die sich nach einigen Tagen in Prismen umwandeln. Die Mutterlaugen liefern nach theilweisem Verdunsten noch weiter glyoxalsauren Kalk; später ein undeutlich krystallinisches Pulver einer Verbindung von glycolsaurem und glyoxalsaurem Kalk. Zuletzt bleibt eine unkrystallisirbare Mutterlauge, aus welcher durch Kochen mit Kalkwasser, Fällen des Kalküberschusses mit Kohlensäure und Eindampfen, glycolsaurer Kalk krystallisirt werden kann.

Das Glyoxal findet sich in der oben erwähnten bei der Fällung der Kalksalze erhaltenen alkoholischen Flüssigkeit. Man dampft zur Trockne, nimmt den syrupartigen Rückstand mit absolutem Alkohol auf, um alle Kalksalze völlig zu entfernen, und dampft nochmals ein. Das so erhaltene rohe Glyoxal wird dann mit dem mehrfachen Volum einer concentrirten Lösung von saurem schwefligsaurem Natron vermischt; nach einigen Stunden scheiden sich weisse Krystallkrusten von schwefligsaurem Glyoxalnatron aus.

2) Aus Glycol. Schichtet man unter verdünntes Glycol (18 Gr. Glycol mit dem vierfachen Volum Wasser) rothe rauchende Salpetersäure (20 Gr.), so ist, wenn die Temperatur auf 30° regulirt wird, nach 4 — 5 Tagen die Oxydation beendigt. Man dampft in kleinen Mengen zur Trockne und verfährt weiter wie oben. Ein so erhaltenes Kalksalz enthielt auf 80 Th. glycolsauren Kalk 20 Th. glyoxalsauren Kalk.

1117. Glyoxalsäure: $\Theta_2H_2\Theta_3$. Die Glyoxalsäure kann aus dem Kalksalz durch Zusatz von Oxalsäure erhalten werden. Sie bleibt beim Verdunsten über Schwefelsäure als zäher, schwach gelb gefärbter Syrup, der beim Erhitzen zum Theil unzersetzt überdestillirt. Sie ist in Wasser ausnehmend löslich und mit Wasserdämpfen flüchtig.

Die bis jetzt bekannten Salze der Glyoxalsäure enthalten alle ein Aequivalent Metall. Die meisten sind wasserhaltig, nur das Ammoniaksalz ist wasserfrei.

Das glyoxalsaure Ammoniak: $\Theta_2H(NH_4)\Theta_3$ ist in Wasser leicht löslich und wird beim Verdunsten in Form kleiner prismatischer Krystalle erhalten. Der glyoxalsaure Kalk krystallisirt in Prismen oder dünnen Nadeln, die dieselbe Zusammensetzung zeigen ($\Theta_2HCa\Theta_3$, $H_2\Theta$) und in kaltem Wasser wenig löslich sind (bei 8° in 175 Theilen); er kann bis 170° erhitzt werden, ohne Zersetzung zu erleiden. Auch das Barytsalz: $\Theta_2HBa\Theta_3$, $H_2\Theta$ ist in kaltem Wasser wenig löslich. Das Silbersalz: $\Theta_2HAg\Theta_3$, $H_2\Theta$ ist ein weisser krystallinischer Niederschlag.

Ob die Glyoxalsäure Salze mit zwei Aequivalent Metall zu bilden im Stande ist, ist noch nicht entschieden. Das durch doppelte Zersetzung gefällte und in Wasser unlösliche Bleisalz: $\Theta_2Pb_2\Theta_3$, $H_2\Theta$ könnte möglicher Weise ein basisches Salz sein. — Aus der Lösung des Kalksalzes ($\Theta_2HCa\Theta_3$, $H_2\Theta$) fällt Kalkwasser einen weissen Niederschlag, der vielleicht das neutrale Kalksalz: $\Theta_2Ca_2\Theta_3$ ist; vielleicht beruht die Fällung auch darauf, dass das ursprüngliche Kalksalz durch Veränderung des Lösungsmittels unlöslich wird.

Die Glyoxalsäure oxydirt sich leicht zu Oxalsäure; sie giebt beim Kochen mit einer ammoniakalischen Silberlösung einen Silberspiegel. Wird glyoxalsaurer Kalk mit überschüssigem Kalkwasser gekocht, so entstehen äquivalente Mengen von unlöslichem oxalsaurem Kalk und von löslichem glycolsaurem Kalk:

Glyoxalsäure. Oxalsäure. Glycolsäure.

$$2\,\Theta_2H_2\Theta_3 + H_2\Theta = \Theta_2H_2\Theta_4 + \Theta_2H_4\Theta_3$$

Glyoxal: $\Theta_2H_2\Theta_2$. Man erhält das Glyoxal am zweckmässigsten 1118.
aus dem schwefligsauren Glyoxal-Baryt durch Ausfällen des Baryts mit der zur Zersetzung gerade hinreichenden Menge Schwefelsäure und Verdunsten des Filtrats. Das bei 100° getrocknete Glyoxal ist eine feste, durchsichtige, schwach gelb gefärbte und amorphe Masse, die an feuchter Luft zerfliesst und in Wasser, Alkohol und Aether sehr löslich ist.

Das Glyoxal geht durch Einwirkung von Alkalien schon in der Kälte leicht in Glycolsäure über:

$$\text{Glyoxal}\quad \Theta_2H_2\Theta_2 + KH\Theta = \Theta_2H_3K\Theta_3\quad \text{Glycolsaures Kali.}$$

Im Uebrigen ist es durch sein ganzes Verhalten als Aldehyd der Glyoxalsäure und der Oxalsäure charakterisirt. Es wird von verdünnter Salpetersäure zu Glyoxalsäure, von concentrirterer zu Oxalsäure oxydirt:

$$\text{Glyoxal:}\quad \Theta_2H_2\Theta_2 + \Theta = \Theta_2H_2\Theta_3\quad \text{Glyoxalsäure.}$$

$$\Theta_2H_2\Theta_2 + \Theta_2 = \Theta_2H_2\Theta_4\quad \text{Oxalsäure.}$$

Es gibt mit salpetersaurem Silberoxydammoniak einen schönen Silberspiegel und verbindet sich direct mit sauren schwefligsauren Salzen.

Von diesen Doppelverbindungen sind die Natron- und die Ammoniakverbindung durch Zusatz von saurem schwefligsaurem Salz zu Glyoxal erhalten worden; beide sind leicht krystallisirbar. Die Baryumverbindung scheidet sich in kleinen Krystallen aus, wenn concentrirte Lösungen von schwefligsaurem Glyoxal-Natron und von Chlorbaryum gemischt werden und einige Tage stehen bleiben; sie ist in kaltem Wasser schwer, in siedendem leicht löslich. Die Formeln dieser drei Verbindungen sind:

$$\Theta_2H_2\Theta_2,\ 2H(NH_4)S\Theta_3$$
$$\Theta_2H_2\Theta_2,\ 2HNaS\Theta_3 + H_2\Theta$$
$$\Theta_2H_2\Theta_2,\ 2HBaS\Theta_3 + 2^1/_2H_2\Theta$$

Aus der Natronverbindung ist das Glyoxal nicht durch kohlensaures Natron abscheidbar.

Auch gegen Schwefelwasserstoff, Schwefelammonium und Ammoniak verhält sich das Glyoxal wie ein Aldehyd. Die durch die beiden ersteren Reagentien entstehenden Producte sind noch nicht näher beschrieben. Bei Einwirkung von Ammoniak entstehen zwei Basen, das Glycosin: $\Theta_6H_6N_4$ und das Glyoxalin.

Giesst man zu einer syrupdicken und auf 60° — 70° erwärmten Lösung von Glyoxal das dreifache Volum warmer concentrirter Ammoniakflüssigkeit, so scheiden sich bald kleine nadelförmige Krystalle von Glycosin aus. Wird die Mutterlauge bei gelinder Wärme eingedampft und der unkrystallinische Rückstand mit warmer Oxalsäurelösung vermischt, so bilden sich schöne Krystalle von oxalsaurem Glyoxalin.

Das Glycosin: $\Theta_6H_6N_4$ ist ein weisses, aus kleinen Prismen bestehendes Krystallpulver, es sublimirt leicht in langen Nadeln und ist in kaltem Wasser fast unlöslich. Das salzsaure Glycosin bildet grosse in Wasser lösliche Krystalle; aus dieser Lösung fällt oxalsaures Ammoniak ein krystallinisches Pulver von oxalsaurem Glycosin. Ueberschüssiges Platinchlorid erzeugt ein gelbes Krystallpulver von Glycosinplatinchlorid: $\Theta_6H_6N_4,\ 2HCl,\ 2PtCl_2$.

Die Bildung des Glycosins aus Glyoxal erfolgt nach der Gleichung:

$$3\Theta_2H_2\Theta_2 + 4NH_3 = \Theta_6H_6N_4 + 6H_2\Theta.$$

Das Glycosin kann demnach durch die Formel:

$$\left.\begin{matrix}\overset{IV}{\Theta_2H_2}\\ \overset{IV}{\Theta_2H_2}\\ \overset{IV}{\Theta_2H_2}\end{matrix}\right\}N_4$$

ausgedrückt werden. Es ist dem früher besprochenen Acetonin (§. 925) und dem später zu beschreibenden Hydrobenzamid (oder dem mit diesem isomeren Amarin) einigermassen analog (vgl. auch §§. 245 und 289).

Das Glyoxalin entsteht in grösserer Menge als das Glycosin. Es bildet ein schön krystallisirendes oxalsaures Salz, aus welchem durch Kalk die an feuchter Luft zerfliessliche und schwer krystallisirbare Base erhalten werden kann. Das Platinsalz ist ein gelber Niederschlag, der aus heissem Wasser in orangerothen Prismen krystallisirt. — Debus leitet aus den Analysen dieser beiden Salze die Formeln ab:

Oxalsaures Glyoxalin	$\Theta_3H_4N_2,\ \Theta_2H_2\Theta_4$
Glyoxalinplatinchlorid	$\Theta_3H_4N_2,\ HCl,\ PtCl_2$

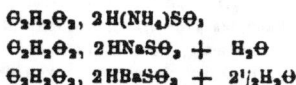

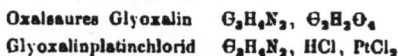

und erklärt die Bildung des Glyoxalins durch die Gleichung:

$$\underset{\text{Glyoxal.}}{2\,\Theta_2H_2\Theta_2} + 2\,NH_3 = \underset{\text{Glyoxalin.}}{\Theta_3H_4N_2} + \underset{\text{Ameisensäure.}}{\Theta H_2\Theta_2} + 2\,H_2\Theta$$

(Möglicherweise ist das Glyoxalin mit dem Glycosin gleich zusammengesetzt. Beide stehen vielleicht in ähnlicher Beziehung wie Hydrobenzamid und Amarin.)

Malonsäure: $\Theta_3H_4\Theta_4 = \left.\begin{matrix}\Theta_3\overset{''}{H}_2\Theta_2\\ H_2\end{matrix}\right\}\Theta_2$.

Die Malonsäure wurde 1858 von Dessaignes*) durch langsame Oxydation der Aepfelsäure mittelst chromsauren Kali's in der Kälte erhalten; sie entsteht dabei in verhältnissmässig geringer Menge. Ihre Bildung kann ausgedrückt werden durch die Gleichung: 1119.

$$\text{Aepfelsäure: } \Theta_4H_6\Theta_5 + \Theta_2 = \Theta\Theta_2 + H_2\Theta + \Theta_3H_4\Theta_4 \text{ Malonsäure.}$$

Die Malonsäure bildet grosse rhomboedrische Krystalle von blättriger Structur; sie ist leicht löslich in Wasser und Alkohol, schmilzt bei 140° und zersetzt sich bei 150° in Kohlensäure und Essigsäure (vergl. §. 1108. III).

Die Salze der Malonsäure sind noch wenig untersucht. Die neutralen Salze von Kalk und Ammoniak sind schwer krystallisirbar und zerfliesslich; die sauren Salze derselben Basen krystallisiren leicht. Das Baryt- und das Kalksalz sind in kaltem Wasser wenig lösliche krystallinische Niederschläge. Das Silbersalz ist unlöslich und krystallinisch. Auch das Bleisalz ist unlöslich.

Die Säure reducirt Goldchlorid beim Kochen.

Eine mit der Malonsäure gleichzusammengesetzte und vielleicht identische Säure, die Nicotinsäure, kann, nach Barral **) aus Tabak dargestellt werden. Sie krystallisirt nach den vorläufigen und seither nie ergänzten Angaben dieses Chemikers in kleinen Schuppen, bildet mit Silber und Blei unlösliche Salze und zerfällt beim Erhitzen in Kohlensäure und Essigsäure. [Da der Tabak stets Aepfelsäure enthält, so war die Säure Barrals vielleicht durch Oxydation aus dieser entstanden.]

Bernsteinsäure: $\Theta_4H_6\Theta_4 = \left.\begin{matrix}\Theta_4\overset{''}{H}_4\Theta_2\\ H_2\end{matrix}\right\}\Theta_2$.

Schon Agricola (1657) erwähnt des durch Destillation des Bernsteins erhaltenen flüchtigen Bernsteinsalzes; die daraus dargestellte Bernsteinsäure wurde zuerst von Berzelius und von d'Arcet näher untersucht. 1120.

Die Bernsteinsäure findet sich fertig gebildet im Bernstein und in einigen Braunkohlen, z. B. denen von Muskau, Naumburg, Altenburg. Man hat sie ferner in dem von verschiedenen Fichtenarten herstammen-

*) Ann. Chem. Pharm. CVII. 251.

**) Compt. rend. XXI. 1374.

den Terpentin aufgefunden und ausserdem in einigen Pflanzen, z. B. im Kraut von Lactuca virosa, von Artemisia Absinthium u. s. w. Auch im thierischen Organismus ist Bernsteinsäure fertig gebildet gefunden worden, z. B. in der Thymusdrüse des Kalbes, der Milzdrüse und der Schilddrüse des Ochsen (Gorup-Besanez), ebenso in einigen krankhaften Exsudaten z. B. der Flüssigkeit einer Balggeschwulst (Heintz) u. s. w.

Die Bernsteinsäure ist ein häufig auftretendes Oxydationsproduct anderer organischer Substanzen, namentlich der Fette. Alle fette Säuren, von der Buttersäure an, liefern bei Oxydation mit Salpetersäure Bernsteinsäure neben andern derselben Säurereihe zugehörigen Substanzen (vergl. §§. 1131 ff.).

Ausserdem entsteht die Bernsteinsäure häufig bei Gährung, z. B. bei der Gährung des Asparagin's *) (Piria), der Aepfelsäure, Fumarsäure, Maleinsäure, Aconitsäure (Dessaignes) **) und nach neueren Versuchen von Pasteur ***) auch bei Gährung des Zuckers, wesshalb im Wein und im Bier stets geringe Mengen Bernsteinsäure enthalten sind.

Von den erwähnten Bildungsweisen der Bernsteinsäure haben in theoretischer Hinsicht Interesse:

Die Oxydation der B u t t e r s ä u r e durch Salpetersäure:

Buttersäure: $C_4H_8O_2 + 3\Theta = H_2\Theta + C_4H_6\Theta_4$ Bernsteinsäure

und die Reduction der A e p f e l s ä u r e durch Gährung:

Aepfelsäure: $C_4H_6\Theta_5 + H_2 = H_2\Theta + C_4H_6\Theta_4$ Bernsteinsäure.

Dass bei der letzteren Reaction wirklich einfache Reduction stattfindet, ist durch die Thatsache erwiesen, dass die Aepfelsäure und ebenso die Weinsäure auch durch Jodwasserstoff (Schmitt) †) oder durch Phosphorjodür (Dessaignes) ††) zu Bernsteinsäure reducirt werden können:

Aepfelsäure: $C_4H_6\Theta_5 + 2 HJ = H_2O + J_2 + C_4H_6\Theta_4$ Bernsteinsäure.

Die aus der Aepfelsäure durch Wasserverlust entstehende F u m a r s ä u r e und die mit ihr i s o m e r e M a l e i n s ä u r e gehen bei Einwirkung von Natriumamalgam durch directe Aufnahme von Wasserstoff in Bernsteinsäure oder vielmehr durch directe Aufnahme von Natrium in bernsteinsaures Natron über (Kekulé) †††):

Fumarsäure $C_4H_4\Theta_4 + HgNa_2 = Hg + C_4H_4Na_2\Theta_4$ Bernsteinsaures
(Maleinsäure):   Natron.

---

*) Ann. Chem. Pharm. LXVIII. 343.
**) ibid. LXX. 102.
***) ibid. CV. 264.
†) ibid. CXIV. 106.
††) ibid. CXV. 120., und CXVII. 134.
†††) ibid. Supplementband I. 133.

In theoretischer Hinsicht besonders interessant ist endlich die von Simpson *) aufgefundene Synthese der Bernsteinsäure. Wird nämlich das durch Einwirkung von Aethylbromid (§. 954) auf Cyankalium entstehende Aethylencyanid in alkoholischer Lösung mit Aetzkali längere Zeit im Wasserbad erhitzt, so entsteht unter Ammoniakentwicklung bernsteinsaures Kali (vgl. §§. 938, 1108 Nr. 2).

$$\Theta_2H_4\left\}\begin{matrix}\Theta N\\ \Theta N\end{matrix}\right. + 2KH\Theta + 2H_2O = 2NH_3 + \Theta_4H_4K_2O_4$$

Aethylencyanid. Bernsteinsaures Kali.

Darstellung. Die Bernsteinsäure wird entweder durch trockne Destillation des Bernsteins oder durch Gährung der Aepfelsäure, und zwar gewöhnlich durch Gährung des aus Vogelbeeren erhaltenen rohen äpfelsauren Kalks bei Gegenwart von Hefe oder Käse als Ferment dargestellt.

1) Aus Bernstein. Durch trockne Destillation von Bernstein wird neben Wasser und etwas Bernsteinkampher Bernsteinsäure und ein ätherisches Oel (Bernsteinöl) erhalten. Erhitzt man das wässrige Destillat zum Sieden und filtrirt heiss, so bleibt viel Oel zurück und die Lösung gibt beim Erkalten krystallisirte Bernsteinsäure, der jedoch noch beträchtliche Mengen brenzlichen Oeles anhaften. Durch wiederholtes Umkrystallisiren kann die Bernsteinsäure annähernd, aber nie vollständig, von diesem Oel befreit werden. Vollständige Reinigung gelingt leicht durch Behandeln der rohen Bernsteinsäure mit Salpetersäure. 2) Aus äpfelsaurem Kalk. Liebig empfiehlt die folgenden Verhältnisse: 1 Th roher äpfelsaurer Kalk, 6 Th. Wasser und $^1/_4$ Th Bierhefe; oder 1 Th. äpfelsaurer Kalk, 3 Th. Wasser und $^1/_{12}$ Th. Käse: verlauft die Gährung an einem 30° — 40° warmen Ort, so ist sie für 15 Pfund äpfelsauren Kalk in 5—6 Tagen vollendet. Kohl empfiehlt die Gährung dadurch zu mässigen, dass man sie bei einer zwischen 15° — 30° schwankenden Temperatur vor sich gehen lässt; sie dauert dann 8—14 Tage. Bei dieser Gährung entsteht, unter Kohlensäureentwicklung, ein körniges Salz, eine Doppelverbindung von bernsteinsaurem mit kohlensaurem Kalk. Man wascht dieses Doppelsalz mehrmals mit kaltem Wasser, setzt so lange verdünnte Schwefelsäure zu als noch Aufbrausen erfolgt, fügt eine der schon verbrauchten gleiche Menge Schwefelsäure zu, kocht einige Zeit, filtrirt und dampft zur Krystallisation ein. Die so erhaltene Bernsteinsäure wird durch mehrmaliges Umkrystallisiren von Gyps gereinigt und durch Behandeln mit Thierkohle entfärbt. 3 Pfund äpfelsaurer Kalk geben 1 Pfund reine Bernsteinsäure.

Bei dieser Gährung der Aepfelsäure zu Bernsteinsäure entsteht gleichzeitig Essigsäure, man drückt die Zersetzung daher gewöhnlich durch folgende Gleichung aus:

$$3\Theta_4H_6\Theta_5 = 2\Theta_4H_6\Theta_4 + \Theta_2H_4\Theta_2 + 2\Theta\Theta_2 + H_2O$$

Aepfelsäure. Bernsteinsäure. Essigsäure.

Wahrscheinlich verlaufen zwei Reactionen gleichzeitig; während ein Theil der Aepfelsäure zu Essigsäure gährt, wird eben durch diese Gährung ein anderer Theil der Aepfelsäure zu Bernsteinsäure reducirt.

*) Ann. Chem Pharm. CXVIII. 373.

Eigenschaften. Die Bernsteinsäure ist farblos und geruchlos; sie krystallisirt im monoklinometrischen System und bildet gewöhnlich rhombische oder sechsseitige Blättchen, bisweilen grössere Prismen. Sie löst sich in 5 Th. Wasser von 16° und in 2,2 Th. siedenden Wassers. In Alkohol ist sie weniger, in Aether nur schwierig löslich. Sie sublimirt langsam bei 140°, bei raschem Erhitzen schmilzt sie bei 180° und kommt bei 235° in's Sieden, wobei sie zum grössten Theil zu Anhydrid und Wasser zerfällt.

Die Bernsteinsäure ist oxydirenden Substanzen gegenüber sehr beständig; sie widersteht der Einwirkung der Salpetersäure, der Chromsäure, des Chlors und selbst der Behandlung mit chlorsaurem Kali und Salzsäure. Wird sie mit Braunstein und Schwefelsäure zur Trockne eingedampft, so entsteht Essigsäure (Trommsdorf). Durch den galvanischen Strom wird die wässrige Lösung des bernsteinsauren Natrons zersetzt, es entweicht am Sauerstoff-pol ein Gemenge von Kohlensäure und reinem Methyloxyd (Kolbe) *)

$$C_4H_6\Theta_4 + H_2\Theta = (CH_3)_2\Theta + 2C\Theta_2 + H_2.$$

Beim Schmelzen mit Kalihydrat entsteht neben kohlensaurem auch oxalsaures Salz und ein gasförmiger Kohlenwasserstoff.

Die Bernsteinsäure wird von Schwefelsäurehydrat selbst in der Wärme nicht angegriffen; wasserfreie Schwefelsäure erzeugt Sulfobernsteinsäure (§. 1126). Brom wirkt erst bei höherer Temperatur auf Bernsteinsäure und gibt Substitutionsproducte (§. 1128). Durch wasserentziehende Substanzen (wasserfreie Phosphorsäure, Phosphorsuperchlorid) entsteht wie bei Einwirkung von Hitze, unter Wasserentziehung Bernsteinsäureanhydrid (§. 1124).

1121. Bernsteinsaure Salze. Die Bernsteinsäure bildet mit den meisten einatomigen Metallen zwei Salze: neutrale und saure; mit Kali erzeugt sie ausserdem ein übersaures Salz (vgl. §§. 810, 1112):

Neutrales Salz.	Saures Salz.	Uebersaures Salz.
$\left.\begin{matrix}C_4\overset{''}{H}_4\Theta_2\\K_2\end{matrix}\right\}\Theta_2$	$\left.\begin{matrix}C_4\overset{''}{H}_4\Theta_2\\H.K\end{matrix}\right\}\Theta_2$	$\left.\begin{matrix}C_4\overset{''}{H}_4\Theta_2\\H.K\end{matrix}\right\}\Theta_2 + C_4H_6\Theta_4$

Man kennt ausserdem einige Doppelsalze und mehrere basische Bleisalze.

Das bernsteinsaure Ammoniak, das neutrale sowohl wie das saure, krystallisiren in farblosen Prismen, die in Wasser und Alkohol löslich sind. Beide werden beim Erhitzen zersetzt und bilden Succinimid (§. 1155)

Das neutrale Kalisalz: $C_4H_4K_2\Theta_4$, $2H_2O$ ist zerfliesslich und schwer krystallisirbar; das saure Kalisalz: $C_4H_5K\Theta_4$, $2H_2\Theta$ krystallisirt leicht in verwit-

*) Ann. Chem. Pharm. CXIII. 244.

ternden Prismen; auch das übersaure Salz: $\Theta_4H_5K\Theta_4$, $\Theta_4H_6\Theta_4$, $H_2\Theta$ ist krystallisirbar.

Der neutrale bernsteinsaure Kalk setzt sich allmälig in Form kleiner Nadeln ab ($\Theta_4H_4Ca_2\Theta_4$, 3 $H_2\Theta$), wenn kalte concentrirte Lösungen von Chlorcalcium und bernsteinsaurem Natron gemischt werden. Werden beide Lösungen heiss gemengt, so entsteht sogleich ein krystallinischer Niederschlag von der Zusammensetzung: $\Theta_4H_4Ca_2\Theta_4$, $H_2\Theta$. Beide sind in Wasser nur wenig löslich. Der saure bernsteinsaure Kalk: $\Theta_4H_5Ca\Theta_4$ ist ebenfalls krystallisirbar, er zerfällt leicht, z. B. beim Kochen mit Wasser oder mit Alkohol in neutrales Salz und in Bernsteinsäure. — Durch Erhitzen des neutralen Kalksalzes wird ein flüchtiges, noch Sauerstoff enthaltendes Oel erhalten, das Succinon, dessen Natur noch nicht ermittelt ist (d'Arcet).

Bernsteinsaurer Baryt, bernsteinsaures Blei und bernsteinsaures Silber sind krystallinische, in Wasser und Bernsteinsäure nur sehr wenig lösliche Niederschläge. Nur das erstere Salz ist in Essigsäure, alle drei sind in Salpetersäure löslich.

Bernsteinsaures Eisenoxyd. Wird neutrales Eisenchlorid mit bernsteinsaurem Alkali versetzt, so entsteht ein gelatinöser roth- oder zimmtbraun gefärbter Niederschlag von basisch bernsteinsaurem Eisenoxyd. Wird vor der Fällung essigsaures Natron zugesetzt, so ist der Niederschlag compacter. Da Mangansalze in diesen Bedingungen nicht gefällt werden, so können bernsteinsaure Alkalien zur Scheidung des Eisens vom Mangan verwendet werden.

Aether der Bernsteinsäure mit einatomigen Alkoholen.

Neutrale Aether. Man hat bis jetzt nur den Bernsteinsäure- 1122.
methyläther: $\left.\begin{matrix}\Theta_4H_4\Theta_2\\(\Theta H_3)_2\end{matrix}\right\}\Theta_2$ und den Bernsteinsäure-äthyläther: $\left.\begin{matrix}\Theta_4H_4O_2\\(\Theta_2H_5)_2\end{matrix}\right\}\Theta_2$ dargestellt; der erstere siedet bei 198°, der letztere bei 217°. Der Aethyläther ist flüssig, der Methyläther unter + 20° fest. Beide werden am zweckmässigsten aus Bernsteinsäure und dem betreffenden Alkohol durch Vermittlung von Salzsäure dargestellt.

Aus dem Bernsteinsäure-äthyläther hat Fehling *) durch Einwirkung von Kalium eine eigenthümliche Substanz erhalten, deren chemische Natur bis jetzt nicht ermittelt ist. Wird nämlich in Bernsteinsäure-äther Kalium eingetragen, so entsteht unter Erwärmung und Entwicklung von Wasserstoff eine breiartige Masse, aus welcher nach Behandlung mit Wasser und Umkrystallisiren des ungelöst gebliebenen Theils, gelbliche Krystallblättchen erhalten werden, die die Zusammensetzung: $\Theta_6H_{10}\Theta_4$ zeigen und demnach als Bernsteinsäure-anhydrid betrachtet werden können, in welchem 1 H durch Aethyl ersetzt ist. Die Krystalle schmelzen bei 133° und sublimiren bei 206°; sie werden durch Alkalien zu Alkohol und bernsteinsaurem Kali zersetzt.

Substitutionsproducte des Bernsteinsäure-äthyläthers sind von Cahours **) und Malaguti ***) untersucht worden. Wird der Aether mit Chlor gesättigt und

---

*) Ann. Chem. Pharm. XLIX. 192

**) ibid. XLVII. 29

***) ibid. LVI 291.

dann noch in einer mit Chlor gefüllten Flasche der Einwirkung des Sonnenlichtes ausgesetzt, so entsteht eine krystallisirbare und bei 115° — 120° schmelzende Substanz, die die Zusammensetzung $\Theta_8HCl_{13}\Theta_4$ zeigt und die demnach als Bernsteinsäure-äthyläther betrachtet werden kann, in welchem aller Wasserstoff mit Ausnahme eines Atoms durch Chlor vertreten ist.

Die zahlreichen bei den von Malaguti studirten Zersetzungen dieses Aethers entstehenden Producte sind noch zu wenig erforscht, als dass über ihre Natur etwas Bestimmtes angegeben werden könnte, wir beschränken uns desshalb auf kurze Angaben.

1) Bei Destillation zerfällt der gechlorte Aether, bei etwa 290°, in Kohlensäure, Trichloracetylchlorid, Anderthalbchlorkohlenstoff und wahrscheinlich Chlorosuccid:

$$\Theta_8HCl_{13}\Theta_4 = \Theta\Theta_2 + \Theta_2Cl_3\Theta.Cl + \Theta_2Cl_6 + \Theta_3HCl_3\Theta.$$

2) Bei Einwirkung von Alkohol entstehen: Kohlensäureäther, Trichloressigäther, Salzsäure und der Aether der Chlorsuccilsäure.

3) Wird der gechlorte Bernsteinsäure-äther oder das durch Alkohol entstandene Product mit Kali behandelt, so entsteht, neben kohlensaurem Kali, Chlorkalium und ameisensaurem Kali, das Kalisalz der Chlorsuccilsäure.

Laurent und Gerhardt nehmen an, der gechlorte Aether von Cahours und Malaguti enthalte keinen Wasserstoff, er sei völlig gechlorter Bernsteinsäure-äthyläther: $\Theta_8Cl_{14}\Theta_4$ Gerhardt betrachtet die Chlorsuccilsäure als $\Theta_3HCl_3\Theta_2 = \left.\begin{matrix}\Theta_3Cl_3\Theta \\ H\end{matrix}\right\}\Theta$ (dreifach gechlorte Acrylsäure) und das Chlorsuccid als das zugehörige Chlorid: $\Theta_3Cl_3\Theta.Cl$. Alle Zersetzungen können dann in einfacher Weise gedeutet werden, aber die Analysen von Cahours und Malaguti stimmen wenig mit der Berechnung.

4) Durch Einwirkung von Ammoniak auf den gechlorten Bernsteinäther entsteht, neben andern Producten, ein von Malaguti als Chlorazosuccinsäure ($\Theta_3HCl_3\Theta N$) bezeichnete Substanz, die Laurent für gechlortes Succinimid (§. 1155) hält: $\Theta_4HCl_4\Theta_2N = \left.\begin{matrix}\Theta_4\overset{''}{Cl_4}\Theta_2 \\ H\end{matrix}\right\}N$. Wird diese Substanz mit Ammoniak erwärmt, so entsteht ein neuer stickstoffhaltiger Körper, den Malaguti Chlorsuccilamid nennt, ($\Theta_4H_4Cl_4N_2\Theta$). Gerhardt hält diesen letzteren Körper für das Amid der Chlorsuccilsäure (dreifach gechlorten Acrylsäure): $\Theta_3H_2Cl_3\Theta N = \left.\begin{matrix}\Theta_3\overset{'}{Cl_3}\Theta \\ H \\ H\end{matrix}\right\}N$; und erklärt seine Bildung aus der Gleichung:

$$\underset{\text{Chlorsuccinimid.}}{\Theta_4HCl_4\Theta_2N} + H_2\Theta = \Theta\Theta_2 + HCl + \underset{\text{Chlorsuccilamid.}}{\Theta_3H_2Cl_3\Theta N}$$

Alle diese Körper sind krystallisirbar und verdienen weitere Untersuchung.

1123. Aetherarten der Bernsteinsäure mit zweiatomigen Alkoholen.

Man kennt bis jetzt nur zwei Verbindungen der Art: das bernsteinsaure Glycol und die Glycolbernsteinsäure (Succinoäthylensäure):

$$\left.\begin{array}{r}\Theta_4\overset{''}{H}_4\Theta_2\\ \overset{''}{\Theta_2H_4}\end{array}\right\}\Theta_2 \qquad\qquad \left.\begin{array}{r}\Theta_4\overset{''}{H}_4\Theta_2\\ \overset{''}{\Theta_2H_4}\\ H_2\end{array}\right\}\Theta_3$$

Bernsteinsaures Glycol. — Glycolbernsteinsäure.

Beide sind von Lourenzo *) dargestellt worden.

Glycolbernsteinsäure (Succino-äthylensäure) entsteht, wenn Bernsteinsäure mit Glycol auf 150° erhitzt wird:

$$\left.\begin{array}{r}\Theta_4\overset{''}{H}_4\Theta_2\\ H_2\end{array}\right\}\Theta_2 + \left.\begin{array}{r}\overset{''}{\Theta_2H_4}\\ H_2\end{array}\right\}\Theta_2 = \left.\begin{array}{r}\Theta_4\overset{''}{H}_4\Theta_2\\ \overset{''}{\Theta_2H_4}\\ H_2\end{array}\right\}\Theta_3 + H_2\Theta$$

Bernsteinsäure. — Glycol. — Glycolbernsteinsäure.

Sie bildet kleine unter 100° schmelzende Krystalle, die in Wasser und Alkohol löslich, in Aether unlöslich sind.

Bernsteinsaures Glycol bleibt beim Erhitzen der Glycolbernsteinsäure auf 300° als krystallinische bei etwa 90° schmelzende Masse, die in Wasser und in Aether unlöslich ist und aus siedendem Alkohol umkrystallirt werden kann.

Bernsteinsäure-anhydrid **), wasserfreie Bernsteinsäure: $\Theta_4\overset{''}{H}_4\Theta_2\,\Theta$. Das Bernsteinsäure-anhydrid kann aus Bernsteinsäure durch mehrfache Destillation und jedesmaliges Entfernen des überdestillirenden Wassers erhalten werden. Man erhält es auch wenn Bernsteinsäure mit wasserfreier Phosphorsäure oder mit Phosphorsuperchlorid destillirt wird. (vgl. §. 1108 I.) 1124.

Es ist eine weisse krystallinische Substanz, die sich in Alkohol leicht, in Wasser kaum löst, und die beim Kochen mit Wasser zu Bernsteinsäurehydrat wird. Mit Ammoniak erzeugt es Succinimid (§. 1155); mit Phosphorsuperchlorid Succinylchlorid.

Bernsteinsäure-chlorid, Succinylchlorid ***): $\Theta_4\overset{''}{H}_4\Theta_2.Cl_2$; es wird durch Destillation von Bernsteinsäure-anhydrid mit Phosphorsuperchlorid erhalten, 1125.

$$\Theta_4H_4\Theta_2.\Theta + PCl_5 = \Theta_4H_4\Theta_2.Cl_2 + P\Theta Cl_3$$

---

*) Ann. Chem. Pharm. CXV. 358.

**) d'Arcet, Ann. Chem. Pharm. XVI. 214. Gerhardt u. Chiozza, ibid. LXXXVII. 293.

***) Gerhardt u. Chiozza, loc. cit.

und durch Rectification vom Phosphorsuperchlorid getrennt; es ist eine rauchende, stark lichtbrechende Flüssigkeit, die bei etwa 190° siedet. Mit Wasser erzeugt es leicht Bernsteinsäure, mit Alkohol Bernsteinsäure-äthyläther.

Wird Succinylchlorid mit Brom 3—4 Stunden lang auf 120°—130° erhitzt, so entsteht Bibromsuccinylchlorid: $\Theta_4H_2Br_2\Theta_2.Cl_2$, aus welchem durch Zersetzung mit Wasser Bibrombernsteinsäure erhalten wird (Perkin und Duppa) *). Dasselbe Chlorid entsteht auch durch directe Addition von Brom zu Fumarylchlorid. Es siedet bei 220°. (Kekulé.)

1126. Bernstein-milchsäureäther. Diese eigenthümliche Aetherart haben Wurtz und Friedel **) durch Einwirkung von Chlormilchsäureäther (§. 1088) auf eine alkoholische Lösung von äthylbernsteinsaurem Kali dargestellt:

$$\left.\begin{matrix}\Theta_3\overset{\prime\prime}{H}_4\Theta\\ \Theta_2H_5\end{matrix}\right\}\begin{matrix}Cl\\ \Theta\end{matrix} + \left.\begin{matrix}\Theta_4\overset{\prime\prime}{H}_4\Theta_2\\ \Theta_2H_5\\ K\end{matrix}\right\}\Theta_2 = \left.\begin{matrix}\Theta_4\overset{\prime\prime}{H}_4\Theta_2\\ \Theta_3\overset{\prime\prime}{H}_4\Theta\\ (\Theta_2H_5)_2\end{matrix}\right\}\Theta_3 + KCl.$$

Die Verbindung ist unlöslich in Wasser, sie siedet bei 280° und wird von Kali in Alkohol, Milchsäure und Bernsteinsäure zerlegt.

Die Analogie dieser Substanz und der oben (§. 1123) beschriebenen Aethylenverbindungen der Bernsteinsäure aus den früher besprochenen Polylactyläthern (§. 1085) und den Polyäthylenverbindungen (§. 962, 1073) ergibt sich direct aus den Formeln.

1127. Sulfobernsteinsäure, Bernsteinschwefelsäure: $\Theta_4H_6S\Theta_7 + H_2\Theta$. Diese von Fehling ***) 1841 entdeckte Säure entsteht, wenn Schwefelsäureanhydrid auf Bernsteinsäure einwirkt. Sie ist dreibasisch.

Die freie Säure wird aus dem Bleisalz durch Zersetzen mit Schwefelwasserstoff erhalten; sie ist schwer krystallisirbar, zerfliesslich und in Wasser, Alkohol und Aether leicht löslich.

Die dreibasische Natur der Sulfobernsteinsäure ergibt sich aus der Zusammensetzung der folgenden Salze: $\Theta_4H_3(NH_4)_3S\Theta_7$, H_2O; $\Theta_4H_3K_3S\Theta_7$, $H_2\Theta$; $\Theta_4H_4K_2S\Theta_7$, $2H_2\Theta$; $\Theta_4H_3Ba_3S\Theta_7$; $\Theta_4H_3Ca_3S\Theta_7$; $\Theta_4H_3Pb_3S\Theta_7$. — Die Alkalisalze sind krystallisirbar; das Baryt- und Bleisalz sind unlöslich in Wasser, aber löslich in Säuren.

Da die Sulfobernsteinsäure dreibasisch ist, da also ein 1 At. H, welches in der Bernsteinsäure nicht durch Metalle ersetzbar ist, jetzt durch Metalle vertretbar wird, so kann man in der Ausdrucksweise der Typentheorie annehmen, dass dem Radical der Bernsteinsäure 1 At. Wasserstoff entzogen wird, um zu typischem Wasserstoff zu werden (vgl. §. 356). Die Bernsteinschwefelsäure, die nach der Gleichung:

---

*) Gerhardt u. Chiozza, CXVII. 130.

**) Ann. Chem. Pharm. CXIX. 375.

***) ibid XXXVIII. 258; XLIX. 203.

$$\left.\begin{matrix}\overset{''}{\Theta_4H_4\Theta_2}\\H_2\end{matrix}\right\}\Theta_2 \quad + \quad S\Theta_3.\Theta \quad = \quad \Theta_4H_6S\Theta_7$$

entsteht, kann demnach ausgedrückt werden durch die Formel:

$$\left.\begin{matrix}\overset{'''}{\Theta_4H_3\Theta_2}\\ \overset{''}{S\Theta_2}\\ H_3\end{matrix}\right\}\Theta_3 \qquad \begin{matrix}\text{Typus.}\\ H_2\\ H_2\Theta\\ H_2\Theta\\ H_2\Theta\end{matrix} \qquad \text{oder} \qquad \left.\begin{matrix}\overset{'''}{\Theta_2H_3}\\ (\Theta\Theta)_2\\ S\Theta_2\\ H_3\end{matrix}\right\}\Theta_3.$$

Substitutionsproducte der Bernsteinsäure.

Chlorsubstitutionsproducte sind bis jetzt nicht aus Bern- 1128.
steinsäure erhalten worden. Dagegen hat Plantamour *) durch Einwirkung von Chlor auf Citronensäure eine ölartige, bei 190° siedende Flüssigkeit erhalten ($\Theta_4Cl_4\Theta_3.Cl_2$?), aus welcher durch alkoholische Kalilösung ein Kalisalz $\Theta_4Cl_4K_2\Theta_4$ erzeugt wird, welches die Zusammensetzung eines Salzes der vierfach gechlorten Bernsteinsäure besitzt, von dem aber bis jetzt nicht nachgewiesen ist, ob es wirklich als Abkömmling der Bernsteinsäure betrachtet werden kann.

Bromsubstitutionsproducte der Bernsteinsäure sind erst in neuester Zeit dargestellt und untersucht worden **). Man erhält sie entweder durch Einwirkung von Brom auf Bernsteinsäure bei Gegenwart von Wasser (Kekulé); oder indem man zuerst durch Einwirkung von Brom auf Succinylchlorid ein gebromtes Chlorid (§ 1125) darstellt und dieses dann mit Wasser zersetzt (Perkin und Duppa).

Monobrombernsteinsäure: $\Theta_4H_5Br\Theta_4 = \left.\begin{matrix}\Theta_4H_3Br\Theta_2\\H_2\end{matrix}\right\}\Theta_2.$

Die Bedingungen, unter welchen Monobrombernsteinsäure erhalten wird, sind noch nicht völlig ermittelt. Wenn Bernsteinsäure mit Brom und Wasser in einer zugeschmolzenen Röhre erhitzt wird, so wird gewöhnlich auch dann Bibrombernsteinsäure erhalten wenn Brom und Bernsteinsäure in den zur Bildung der Monobrombernsteinsäure nöthigen Verhältnissen angewandt werden. Die Bildung der Monobrombernsteinsäure wird, wie es scheint, begünstigt, wenn mehr Wasser angewandt wird als für Darstellung der Bibrombernsteinsäure zweckmässig ist.

Die Monobrombernsteinsäure ist in Wasser sehr löslich und krystallisirt in kleinen Krystallwarzen. Sie fällt, nach Neutralisation, aus salpetersaurem Silberoxyd ein weisses Silbersalz, welches sich rasch unter Bildung von Bromsilber zersetzt. Trägt man in die wässrige Lösung Sil-

---

*) Berzelius Jahresbericht (1847) XXVI. 428.

**) Perkin u. Duppa, Ann. Chem. Pharm. CXVII. 130; Kekulé, ibid. CXVII. 120 und Supplementband I. 351

beroxyd ein, so entsteht rasch Bromsilber und die Lösung enthält Aepfelsäure (Kekulé).

Nach diesem Verhalten kann die Monobrombernsteinsäure einerseits als Substitutionsproduct der Bernsteinsäure, andererseits als Bromid der Aepfelsäure betrachtet werden: sie bildet so den Uebergang von der Bernsteinsäure zur Aepfelsäure.

Bernsteinsäure.	Monobrombernsteinsäure.			Aepfelsäure.
$\left.\begin{matrix}\Theta_4\overset{\prime}{H}_4\Theta_2\\H_2\end{matrix}\right\}\Theta_2$	$\left.\begin{matrix}\Theta_4\overset{\prime\prime}{H}_3Br\Theta_2\\H_2\end{matrix}\right\}\Theta_2$	oder	$\left.\begin{matrix}\Theta_4\overset{\prime\prime\prime}{H}_3\Theta_2\\H_2\end{matrix}\right\}\begin{matrix}Br\\\Theta_2\end{matrix}$	$\left.\begin{matrix}\Theta_4\overset{\prime\prime\prime}{H}_3\Theta_2\\H_3\end{matrix}\right\}\Theta_3$

Diese Beziehungen sind genau dieselben wie diejenigen die früher (§. 797) für Essigsäure, Monochloressigsäure und Glycolsäure besprochen wurden (vgl. auch Aepfelsäure).

Bibrombernsteinsäure: $\Theta_4H_4Br_2\Theta_4 = \left.\begin{matrix}\Theta_4\overset{\prime\prime}{H_2Br_2}\Theta_2\\H_2\end{matrix}\right\}\Theta_2$.

Zur Darstellung dieser Säure erhitzt man Bernsteinsäure (12 Grm.), Wasser (12 Gr.) und Brom (11 C. C. m.) in zugeschmolzenen Röhren auf etwa 180° und krystallisirt den festen Theil des Röhreninhalts, unter Zusatz von Thierkohle, aus siedendem Wasser um. (Kekulé).

Die Bibrombernsteinsäure kann auch durch Zersetzung des Bibromsuccinylchlorids mit Wasser erhalten werden (Perkin und Duppa).

Dieselbe Säure entsteht endlich aus Fumarsäure durch directe Addition von Brom (Kekulé) *).

$$\text{Fumarsäure}\quad \Theta_4H_4\Theta_4 + Br_2 = \Theta_4H_4Br_2\Theta_4\quad \text{Bibrombernsteinsäure.}$$

Die Bibrombernsteinsäure ist in kaltem Wasser schwer, in siedendem Wasser leicht löslich; sie krystallisirt in farblosen meist undurchsichtigen Prismen. Sie löst sich leicht in Alkohol und Aether. Beim Erhitzen mit Brom und Wasser zerfällt sie unter Bildung von Bromoform:

$$\Theta_4H_4Br_2\Theta_4 + 2H_2\Theta + 4Br_2 = \Theta HBr_3 + 3\Theta\Theta_2 + 7HBr.$$

Bei Einwirkung von Natriumamalgam liefert sie durch Rückwärtssubstitution Bernsteinsäure.

Bibrombernsteinsaure Salze. Die Bibrombernsteinsäure ist zweibasisch. Zur Darstellung ihrer Salze muss alle Erhitzung vermieden werden, weil dieselben durch Hitze zersetzt werden.

Das neutrale Ammoniaksalz krystallisirt bei freiwilligem Verdunsten

---

*) Ann. Chem. Pharm. Supplementband I. 131

in grossen wasserhellen Krystallen: $\Theta_4H_2Br_2(NH_4)_2\Theta_4$; das neutrale Natronsalz ist in Wasser sehr löslich und bleibt beim Verdunsten in kleinen Kryställchen, aus heissem Alkohol krystallisirt es in glänzenden Blättchen: $\Theta_4H_2Br_2Na_2\Theta_4$, $4H_2\Theta$. Das Kalksalz: $\Theta_4H_2Br_2Ca_2\Theta_4$, durch doppelte Zersetzung erhalten, scheidet sich allmälig als krystallinischer Niederschlag aus. Das ebenso dargestellte Silbersalz ist ein weisses in Wasser unlösliches Pulver, $C_4H_2Br_2Ag_2\Theta_4$.

Alle bibrombernsteinsauren Salze werden beim Kochen mit Wasser oder mit überschüssiger Base zersetzt. Bei diesen Zersetzungen entsteht stets Metallbromid, aber die Natur des anderen Zersetzungsproductes ist verschieden je nach der Natur der angewandten Base. Es wird entweder ein, oder es werden zwei Atome Brom entzogen; dieses Brom wird entweder, wie dies gewöhnlich bei solchen Reactionen der Fall ist, durch den Wasserrest $H\Theta$ ersetzt, oder es tritt geradezu mit der nöthigen Menge Wasserstoff als Bromwasserstoff aus. Von den durch die folgenden vier Gleichungen ausgedrückten Zersetzungen sind bis jetzt die drei ersten verwirklicht:

1) $\Theta_4H_4Br_2\Theta_4 + H_2\Theta = HBr + \Theta_4H_5Br\Theta_5$ Monobromäpfelsäure.

2) $\Theta_4H_4Br_2\Theta_4 = HBr + \Theta_4H_3Br\Theta_4$ Monobrommaleinsäure.

3) $\Theta_4H_4Br_2\Theta_4 + 2H_2\Theta = 2HBr + \Theta_4H_6\Theta_6$ Weinsäure.

4) $\Theta_4H_4Br_2\Theta_4 = 2HBr + \Theta_4H_2\Theta_4$ (unbekannt).

Meist verlaufen indess mehrere dieser Reactionen gleichzeitig, so dass neben dem nach der einen dieser vier Gleichungen entstehenden Hauptproduct noch ein nach einer anderen sich bildendes Nebenproduct erhalten wird.

Alle diese Zersetzungen werden gelegentlich der sich bildenden Producte ausführlicher besprochen; hier genügen die folgenden Angaben.

Wird bibrombernsteinsaures Natron in wässriger Lösung gekocht, so entsteht wesentlich saures monobromäpfelsaures Natron.

Kocht man eine wässrige Lösung von bibrombernsteinsaurem Baryt, so wird neben etwas weinsaurem Baryt wesentlich saurer monobrommaleinsaurer Baryt erzeugt.

Beim Kochen von bibrombernsteinsaurem Kalk bildet sich, wenn während des Kochens so lange Kalkwasser zugefügt wird bis die Flüssigkeit bei fortgesetztem Kochen nicht mehr sauer wird, als Hauptproduct ein unlösliches Kalksalz von der Zusammensetzung des weinsauren Kalkes.

Das bibrombernsteinsaure Silber endlich zersetzt sich leicht beim Kochen mit Wasser unter Bildung von (inactiver) Weinsäure.

Nach diesen verschiedenen Zersetzungen und nach ihrer Bildung kann die Bibrombernsteinsäure entweder als ein Substitutionsproduct der Bernsteinsäure, oder als Bromid der einfach gebromten Aepfelsäure, oder endlich als Bromid der Weinsäure angesehen werden. Sie verhält sich zur Bernsteinsäure, Monobromäpfelsäure und Weinsäure genau wie die Bibromessigsäure zur Essigsäure, Monobromglycolsäure und Glyoxylsäure (§§. 798, 875). Sie kann demnach, in der Schreibweise der Typentheorie, durch drei an diese verschiedenen Beziehungen erinnernde rationelle Formeln ausgedrückt werden:

$$\text{Bibrombernsteinsäure: } \left.\begin{matrix}\Theta_4\overset{''}{H_2}Br_2\Theta_2\\ H_2\end{matrix}\right\}\Theta_2 \qquad \left.\begin{matrix}\Theta_4\overset{''}{H_4}\Theta_2\\ H_2\end{matrix}\right\}\Theta_2 \text{ Bernsteinsäure.}$$

$$\text{,, } \quad \Theta_4\overset{'''}{H_2}Br\ \left.\begin{matrix}\Theta_2\\ H_2\end{matrix}\right\}\begin{cases}Br\\ \Theta_2\end{cases} \qquad \left.\begin{matrix}\Theta_4\overset{'''}{H_2}Br\Theta_2\\ H_3\end{matrix}\right\}\Theta_3 \text{ Monobromäpfelsäure.}$$

$$\text{,, } \quad \left.\begin{matrix}\Theta_4\overset{''''}{H_2}\Theta_2\\ H_2\end{matrix}\right\}\begin{cases}Br_2\\ \Theta_2\end{cases} \qquad \left.\begin{matrix}\Theta_4\overset{''''}{H_2}\Theta_2\\ H_4\end{matrix}\right\}\Theta_4 \text{ Weinsäure.}$$

Bibrombernsteinsäure-äthyläther: $\Theta_4H_2Br_2(\Theta_2H_5)_2\Theta_4 = \left.\begin{matrix}\Theta_4H_2Br_2\Theta_2\\ (\Theta_2H_5)_2\end{matrix}\right\}O_2$.

Man erhält diesen Aether leicht indem man Bibrombernsteinsäure in Alkohol löst, Salzsäure einleitet und mit Wasser fällt. Er ist in Wasser sehr wenig löslich, löst sich aber leicht in Alkohol und Aether. Er krystallisirt in langen weissen Nadeln, die bei 58° schmelzen und bei 140°—150° unter theilweiser Zersetzung sieden.

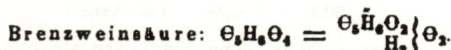

Brenzweinsäure: $\Theta_5H_8\Theta_4 = \left.\begin{matrix}\Theta_5\overset{''}{H_6}O_2\\ H_2\end{matrix}\right\}\Theta_2$.

1129. Die Brenzweinsäure wurde schon 1807 von Val. Rose unter den Destillationsproducten des Weinsteins beobachtet. Die durch Destillation der Weinsäure entstehende Brenzweinsäure wurde dann von Gruner, Pelouze, Weniselos *) und Arppe **) untersucht.

Dieselbe Säure entsteht auch bei Einwirkung von Natriumamalgam auf Itaconsäure, oder auf die beiden mit ihr isomeren Säuren: Citraconsäure und Mesaconsäure (Kekulé) ***). Die Itaconsäure verhält sich dabei genau wie dies oben (§. 1120) für die mit ihr homologe Fumarsäure angegeben wurde, sie verbindet sich direct mit zwei Atomen Natrium und erzeugt so das Natronsalz der mit der Bernsteinsäure homologen Brenzweinsäure:

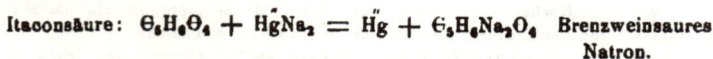

$$\text{Itaconsäure: } \Theta_5H_6\Theta_4 + \overset{''}{Hg}Na_2 = \overset{''}{Hg} + \Theta_5H_6Na_2O_4 \text{ Brenzweinsaures Natron.}$$

Die Brenzweinsäure kann endlich auf synthetischem Weg aus Propylencyanid erhalten werden (Simpson):

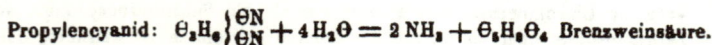

$$\text{Propylencyanid: } \Theta_3H_6\begin{cases}\Theta N\\ \Theta N\end{cases} + 4\,H_2\Theta = 2\,NH_3 + \Theta_5H_8\Theta_4 \text{ Brenzweinsäure.}$$

---

*) Ann. Chem. Pharm. XV. 147.

**) ibid. LXVI. 73.

***) ibid. Supplementband I. 342.

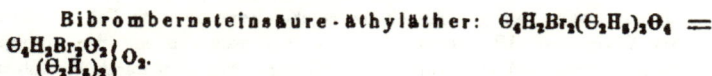

Darstellung. 1) Aus Weinsäure. Man mischt Weinsäure mit gleichviel Bimssteinpulver, destillirt in einer geräumigen Retorte, verdünnt das Destillat mit Wasser, entfernt das brenzliche Oel durch Filtriren und verdunstet zur Krystallisation. Das den Krystallen anhaftende Oel kann dadurch entfernt werden, dass man dieselben auf Papier ausbreitet und neben Alkohol unter eine Glocke stellt. Man erhält etwa 7 % der angewandten Weinsäure (Arppe). — 2) Aus Itaconsäure. Man trägt in wässrige Itaconsäure Natriumamalgam bis zur alkalischen Reaction, giesst vom Quecksilber ab, übersättigt mit Salzsäure und dampft ein. Man entfernt die Hauptmenge des Chlornatriums durch Ausziehen mit Alkohol; dampft die Lösung wieder zur Trockne und zieht die Brenzweinsäure mit Aether aus.

Die Brenzweinsäure bildet farblose, bisweilen wohlausgebildete Prismen, die in Wasser, Alkohol und Aether sehr löslich sind. Sie schmilzt bei 112° und kommt gegen 200° in's Sieden, wobei sie theilweise zu Anhydrid und Wasser zerfällt. Sie wird von Salpetersäure und von kalter Schwefelsäure nicht angegriffen.

Die Brenzweinsäure ist eine zweibasische Säure; sie bildet saure und neutrale Salze, die alle krystallisirbar sind.

Das sehr lösliche neutrale Ammoniaksalz verliert selbst bei freiwilligem Verdunsten Ammoniak und liefert das in grossen luftbeständigen Prismen krystallisirende saure Salz: $\Theta_5H_7(NH_4)\Theta_4$. Das neutrale Kalisalz: $\Theta_5H_6K_2\Theta_4 + H_2\Theta$ ist zerfliesslich, das saure Kalisalz: $\Theta_5H_7K\Theta_4$ in Wasser sehr löslich. Das neutrale Kalksalz: $\Theta_5H_6Ca_2\Theta_4 + 2H_2\Theta$ ist in Wasser wenig löslich, durch gegenseitige Zersetzung verdünnter Lösungen fällt es nur langsam, aber in grösseren Krystallen aus. Das neutrale Barytsalz ist in Wasser sehr löslich. Das Bleisalz und Silbersalz sind krystallinische Niederschläge, die aus Wasser umkrystallisirt werden können.

Brenzweinsäure-äthyläther: $\Theta_5H_6(\Theta_2H_5)_2\Theta_4$, durch Einleiten von Salzsäure in eine alkoholische Lösung von Brenzweinsäure dargestellt, ist eine aromatisch riechende, bei etwa 218° siedende Flüssigkeit, die von Wasser allmälig zersetzt wird.

Brenzweinsäure-anhydrid: $\Theta_5H_6\Theta_2.\Theta$, wird durch Destillation der Brenzweinsäure mit Phosphorsäure-anhydrid erhalten. Es ist eine in Wasser unlösliche, über 300° siedende Flüssigkeit, die durch Wasseraufnahme allmälig in Brenzweinsäure übergeht.

Bibrombrenzweinsäure: $\Theta_5H_6Br_2\Theta_4$. Diese Substanz, die ihrer 1130.
Zusammensetzung nach als Substitutionsproduct der Brenzweinsäure betrachtet werden kann, ist bis jetzt nicht aus dieser Säure erhalten worden. Sie entsteht aus Itaconsäure durch directe Addition von Brom (Kekulé) *):

$$\text{Itaconsäure: } \Theta_5H_6\Theta_4 + Br_2 = \Theta_5H_6Br_2\Theta_4 \text{ Bibrombrenzweinsäure.}$$

Ihre Bildung ist demnach derjenigen der mit ihr homologen Bibrombernsteinsäure (§. 1128) aus der mit der Itaconsäure homologen Fumarsäure völlig analog.

*) Ann. Chem. Pharm. Supplementband I. 339.

Darstellung. Man giesst zu 4 Th. Itaconsäure, bei Gegenwart von 4—5 Th. Wasser, 5 Th. Brom und schüttelt um. Die Reaction tritt, unter Wärmeentwicklung, bei gewöhnlicher Temperatur ein; zuletzt erhitzt man zweckmässig kurze Zeit im Wasserbad. Die beim Erkalten sich abscheidende Krystallkruste und die durch Eindampfen der Mutterlauge erhaltenen Krystalle werden durch Umkrystallisiren aus wenig Wasser gereinigt.

Die Bibrombrenzweinsäure bildet farblose Krystalle, die in Wasser, Alkohol und Aether leicht löslich sind.

Bei Einwirkung von Natriumamalgam geht sie durch Rückwärtssubstitution in Brenzweinsäure über.

Die Salze der Bibrombrenzweinsäure werden durch Wärme sehr leicht zersetzt, unter Bildung von Brommetall.

Bei allen bis jetzt studirten Zersetzungen werden beide Bromatome gleichzeitig eliminirt (vgl. das Verhalten der homologen Bibrombernsteinsäure). Dabei wird das Brom entweder durch die äquivalente Menge des Wasserrestes $H\Theta$ ersetzt ($2\,Br$ durch $2\,H\Theta$); oder es tritt in Verbindung mit zwei Atomen Wasserstoff als Bromwasserstoff aus:

$$1)\quad \Theta_5H_6Br_2\Theta_4 + 2\,H_2\Theta = 2\,HBr + \Theta_5H_8\Theta_6$$
$$2)\quad \Theta_5H_6Br_2\Theta_4 = 2\,HBr + \Theta_5H_4\Theta_4$$

Im ersten Fall entsteht eine mit der Weinsäure homologe, bis jetzt nicht näher untersuchte Säure; im zweiten Fall wird Aconsäure: $\Theta_5H_4\Theta_4$ gebildet, deren entsprechendes Glied in der Familie der Bernsteinsäure bis jetzt nicht bekannt ist.

Die erste Reaction tritt ein, wenn in eine wässrige Lösung von Bibrombrenzweinsäure Silberoxyd eingetragen wird. Die zweite Zersetzung findet statt, wenn das Natron-, Kali-, Baryt- oder Kalksalz der Bibrombrenzweinsäure in wässriger Lösung und unter Zusatz eines weiteren Aequivalents der betreffenden Basen gekocht wird.

Beide Zersetzungsweisen werden gelegentlich der entsprechenden Producte ausführlicher besprochen

Zwei mit der eben besprochenen Bibrombrenzweinsäure gleichzusammengesetzte aber in den Eigenschaften verschiedene Säuren entstehen durch directe Addition von Brom zu den mit der Itaconsäure isomeren Säuren: Citraconsäure und Mesaconsäure (vgl diese Säuren) (Kekulé)

Mit der Brenzweinsäure ist eine noch etwas zweifelhafte Säure, die Lipinsäure, isomer, die im Folgenden gleichzeitig mit den nächsthöheren der Bernsteinsäurereihe zugehörigen Säuren abgehandelt ist.

$\Theta_6H_{10}\Theta_4$	$\Theta_7H_{12}\Theta_4$	$\Theta_8H_{14}\Theta_4$	$\Theta_9H_{16}\Theta_4$
Adipinsäure.	Pimelinsäure.	Suberinsäure.	Anchoinsäure.

1181. Es wurde oben (§. 1109) erwähnt, dass die meisten und vielleicht alle Glieder der Reihe: $\Theta_nH_{2n-2}O_4$ durch Oxydation höher zusammengesetzter Kohlenstoffverbindungen und namentlich durch Oxydation der natürlichen Fette oder ihrer Bestandtheile erhalten werden können. Auf diesem Weg hat man, aus Fetten wenigstens, bis jetzt nicht erhalten können die Sebacinsäure, das kohlenstoffreichste Glied der Reihe; und ebenso wenig, unter den niederen Gliedern, die Malonsäure und die Brenzweinsäure. Statt der letzteren findet sich, nach den Angaben einzelner Chemiker, unter den Oxydationsproducten der Fette, die mit ihr gleich zusammengesetzte aber in den Eigenschaften verschiedene Lipinsäure, deren Existenz von andern in Zweifel gezogen wird.

Bei der Oxydation der verschiedenen Fette werden stets Gemenge verschiedener Säuren der Bernsteinsäurereihe erhalten und es scheint mehr von den Bedingungen unter welchen die Oxydation ausgeführt wird als von der Natur des angewandten Fettes abzuhängen, welche Säure gerade in überwiegender Menge gebildet wird. Aus dem durch Oxydation erhaltenen Säuregemisch hat man die einzelnen Säuren gewöhnlich durch systematisches Krystallisiren getrennt und dann durch wiederholtes Umkrystallisiren aus Wasser oder aus verdünntem Alkohol gereinigt. Bisweilen hat man sich durch fractionirtes Fällen und Analysiren der so erhaltenen Salze von der Reinheit der untersuchten Producte überzeugt. Als Trennungsmethode ist dagegen die Methode des fractionirten Fällens bis jetzt nicht in Anwendung gebracht worden; sie würde voraussichtlich bessere und jedenfalls sicherere Resultate geben, denn gerade wie bei der Untersuchung der natürlichen Fette (vgl. §. 894), so hat man es auch bei der ihrer Oxydationsproducte mit homologen und in ihren Eigenschaften sehr nahe stehenden Substanzen zu thun, deren Trennung ungemein schwierig ist.

Einzelne der in Rede stehenden Säuren sind nicht nur aus Fetten oder deren Bestandtheilen, sondern auch aus der der Reihe $\Theta_n H_{2n-2} \Theta_4$ selbst zugehörigen Sebacinsäure, einem Umwandlungsproduct einzelner Bestandtheile mancher Fette erhalten worden. Die Suberinsäure bildet sich ausserdem bei Behandlung von Kork, Baumrinde, Papier u. s. w. mit Salpetersäure.

Wir stellen zunächst, in historischer Reihenfolge, die wichtigsten 1132.
Untersuchungen zusammen, die über Entstehung der Säuren $\Theta_nH_{2n-2}O_4$ durch Oxydation von Fetten oder verwandten Körpern angestellt worden sind. Die ersten Oxydationsversuche der Fette rühren von Chevreul her, der indess die dabei entstehenden Producte nicht näher untersuchte. Dies that zuerst Laurent *) 1837, nach dessen Angaben bei Oxydation von Oelsäure wesentlich: Suberinsäure, Pimelinsäure, Adipinsäure und Lipinsäure gebildet werden. Bromeis **) stellte ähnliche Versuche mit

*) Ann. Chem. Pharm. XXVIII. 261.

**) ibid. XXXV. 104.

Stearinsäure und mit Oelsäure an, er erhielt: Suberinsäure, Adipinsäure, Pimelinsäure, Lipinsäure und Bernsteinsäure. Durch Oxydation von Wallrath gewann Smith*) wesentlich Adipinsäure. Sacc**) erhielt aus Leinöl hauptsächlich Suberinsäure und Pimelinsäure. Aus Talg bereitete Malaguti***) fast ausschliesslich Adipinsäure. Durch Oxydation von Sebacinsäure wird nach Schlieper †) wesentlich Lipinsäure (die er Brenzweinsäure nennt) erhalten; nach Arppe ††) dagegen entsteht nur Bernsteinsäure. Aus Oelsäure wurde dann von Marsh †††) wesentlich Suberinsäure gewonnen. Durch Oxydation von Wachs erhielt Gerhardt[1]) hauptsächlich Adipinsäure. Unter den bei Oxydation des chinesischen Wachses entstehenden Säuren fand Buckton[2]), neben Suberinsäure und Pimelinsäure, die Anchoinsäure. Die vollständigste und letzte Untersuchung ist die von Wirz[3]), nach dessen Angaben bei Oxydation der festen Fettsäuren des Cocosnussöls folgende Säuren gebildet werden: Anchoinsäure (die er Lepargylsäure nennt), Suberinsäure, Pimelinsäure, Adipinsäure, Bernsteinsäure und Oxalsäure.

1133. Aus den angeführten Untersuchungen und aus den Angaben anderer Chemiker über einzelne der betreffenden Säuren scheint die Existenz aller dieser Säuren ziemlich festgestellt, mit Ausnahme der Lipinsäure. Indessen hat Arppe in einer in neuester Zeit veröffentlichten vorläufigen Mittheilung[4]) nicht nur die Existenz der Lipinsäure in Zweifel gezogen, sondern auch die Ansicht ausgesprochen, alle übrigen durch Oxydation der Fette erhaltenen Säuren seien, in der von anderen Chemikern untersuchten Form wenigstens, nicht wirkliche chemische Individuen, sondern vielmehr Gemenge verschiedener Substanzen. Die niederen Glieder der Reihe (Pimelinsäure, Adipinsäure) enthalten nach seinen Angaben sämmtlich Bernsteinsäure und selbst die für reine Sebacinsäure gehaltene Substanz ist ein Gemenge von zwei Körpern (vgl. §. 1138).

Nach diesen Angaben von Arppe, deren Hauptinhalt weiter unten mitgetheilt ist, scheint es erwiesen, dass die meisten der durch Oxydation der Fette erhaltenen $\Theta_nH_{2n-2}\Theta_4$, wenn nicht vielleicht alle, in unreinem Zustand untersucht wurden. Nichts desto weniger muss es vorerst wenigstens für wahrscheinlich gehalten werden, dass alle Säuren dieser Reihe durch Oxydation von Fetten erhalten werden können.

---

*) Ann. Chem. Pharm. XLII. 252.
**) ibid. LI. 227.
***) ibid. LVI. 306.
†) ibid. LXX. 121.
††) ibid. XCV. 242.
†††) ibid. CIV. 121.
1) Revue scientif. XIII. 362.
2) Lieb. Jahresb. 1857. 303.
3) Ann. Chem. Pharm. CIV. 278.
4) ibid. CXV. 143

Am zweifelhaftesten ist die Existenz der Lipinsäure. Seitdem durch die von Simpson aufgefundene Synthese der Brenzweinsäure aus Propylen und durch die Bildung derselben Säure aus Itaconsäure nachgewiesen worden ist, dass die Brenzweinsäure die wirkliche Homologe der Bernsteinsäure ist, gewinnt die Vermuthung der Nichtexistenz der mit ihr gleich zusammengesetzten Lipinsäure an Wahrscheinlichkeit und es verdiente jetzt untersucht zu werden, ob nicht durch Oxydation von Fetten wirkliche Brenzweinsäure erhalten werden kann und ob nicht vielleicht manche der als selbstständige Individuen beschriebenen Säuren gerade Gemenge dieser Säure mit kohlenstoffreicheren Substanzen derselben Reihe sind. — Für die von Laurent selbst dargestellte Lipinsäure ist zudem von Breunlin *) nachgewiesen worden, dass sie nur unreine Bernsteinsäure war.

Da bei dem jetzigen Stand unserer Kenntnisse alle hieher gehörigen Säuren mehr oder weniger zweifelhaft sind, scheint eine ausführliche Beschreibung der einzelnen Substanzen nicht geboten; wir beschränken uns vielmehr auf kurze Angabe der zu ihrer Darstellung angewandten Methoden und auf Zusammenstellung der wichtigsten Eigenschaften die für die einzelnen Säuren angegeben werden. Diesen Angaben lassen wir dann eine kurze Besprechung einzelner bei der Oxydation der Fette entstehenden Nebenproducte folgen und stellen schliesslich die hauptsächlichsten der neueren Angaben von Arppe zusammen.

Darstellung der Säuren $\Theta_nH_{2n-2}\Theta_4$ durch Oxydation von Fetten etc. 1134.

Laurent kochte Oelsäure mit dem 6—7fachen Gewicht concentrirter Salpetersäure bis $^3/_4$ des Oels verschwunden waren und erhielt durch Verdampfen der salpetersauren Lösung eine weisse feste Masse. Aus dieser wurde durch Auflösen in heissem Wasser und Erkalten zuerst viel Suberinsäure und aus den Mutterlaugen nach einander Pimelinsäure, Adipinsäure und zuletzt Lipinsäure erhalten. Die Suberinsäure muss zu völliger Reinigung noch mit dem doppelten Gewicht Salpetersäure gekocht und aus Wasser umkrystallisirt werden.

Bromeis verfuhr genau nach der von Laurent angegebenen Methode. Marsh verarbeitete die nach der Krystallisation der Suberinsäure bleibende Mutterlauge in folgender Weise auf Pimelinsäure. Die aus den eingedampften Mutterlaugen erhaltenen Krystalle wurden ausgepresst, in siedendem Wasser gelöst, mit kohlensaurem Natron schwach übersättigt und so lange Chlorbaryumlösung zugesetzt als noch suberinsaurer Baryt ausfiel. Die Flüssigkeit wurde dann warm mit einer concentrirten Lösung von schwefelsaurem Kupferoxyd gefällt, der ausgewaschene Niederschlag mit Schwefelwasserstoff zersetzt und die saure Lösung zur Krystallisation eingedampft; die erste Krystallisation wurde als suberinsäurehaltig beseitigt.

Wirz kochte 5 Pfund der festen Fettsäuren aus Cocosnussöl mit der dreifachen Menge Salpetersäure etwa zwei Monate lang, bis sich eine untere beim Erkalten zu einem Krystallbrei erstarrende Masse gebildet hatte. Die Salpetersäure wurde abdestillirt, die rückständige Krystallmasse in Wasser gelöst und die verschiedenen Säuren durch fractionirte Krystallisation getrennt. Jede Krystallisation

*) Gerhardt. Traité d. Ch. org. IV. 923.

wurde noch ein- oder mehrmals aus Wasser und zuletzt aus verdünntem Alkohol umkrystallisirt.

1135. Dass einige wenn nicht alle so dargestellte Säuren in unreinem Zustand untersucht worden sind und dass häufig verschiedene Substanzen unter demselben Namen beschrieben wurden, ergiebt sich schon aus folgenden Angaben über die Eigenschaften der einzelnen Säuren.

Die Lipinsäure bildet durchscheinende Krusten, die aus durch kleine Prismen gebildeten Warzen bestehen; sie schmilzt bei 151°, ist destillirbar, die mehrmals destillirte Säure sublimirt dann in Krystallen (Wirz). Die von Schlieper als Brenzweinsäure beschriebene Substanz bildet eine weisse Krystallmasse, sie schmilzt wenig über 100° und sublimirt in Krystallen.

Die Adipinsäure bildet rundliche höckerige Körner, sie schmilzt bei 130° und ist unverändert destillirbar (Laurent). Sie krystallisirt in Körnern, die bei 145° schmelzen und in Krystallen sublimiren (Bromeis). Sie bildet strahlige halbkugelige Krystallisationen, schmilzt bei 130° und siedet bei 230° (Malaguti). — Sie krystallisirt in Krusten, die aus durch kleine Kryställchen gebildeten Warzen bestehen, sie schmilzt bei 140° und giebt bei der Destillation ein krystallinisch erstarrendes Oel (Wirz).

Pimelinsäure, weisse Körner, die bei 114° schmelzen und zu undurchsichtiger strahliger Masse erstarren (Laurent). Sie schmilzt bei 134° und sublimirt in seidenglänzenden federförmigen Krystallen (Bromeis). — Sie bildet eine aus sternförmigen Aggregaten nadelförmiger Krystalle gebildete warzige Masse, schmilzt bei 114°—115° und verdichtet sich bei Destillation in Form einer krystallinisch erstarrenden Flüssigkeit (Marsh). Sie bildet Warzen, die häufig zu Krusten vereinigt sind; sie schmilzt genau bei 130° (Wirz).

1136. Suberinsäure*) (Korksäure), $\Theta_8H_{14}\Theta_4 = \left.\begin{matrix}\Theta_8H_{12}\Theta_2\\H_2\end{matrix}\right\}\Theta_2$ ist von den verschiedenen Oxydationsproducten der Fette am besten untersucht. Sie entsteht auch bei Oxydation vieler anderer Substanzen und wurde schon 1781 von Brugnatelli durch Oxydation von Kork und Papier erhalten.

Zu ihrer Darstellung kocht man feste Fettsäuren (Stearinsäure des Handels) oder Oelsäure mit dem etwa dreifachen Gewicht Salpetersäure bis alles gelöst ist, dampft ein und reinigt die beim Erkalten der concentrirten Flüssigkeit erhaltene Krystallmasse durch öfteres Umkrystallisiren.

Die Korksäure krystallisirt in kleinen weissen Körnern, die sich in siedendem Wasser leicht, in kaltem nur schwer lösen und in Alkohol leichter löslich sind als in Wasser. Sie schmilzt bei etwa 124°.

(124° Bussy; 123°—124° Brandes; 120° Bromeis; 120°—128° Wirz).

Die geschmolzene Säure erstarrt beim Erkalten zu langen glänzen-

---

*) Vgl. ausser den oben angegebenen Abhandlungen noch besonders: Boussingault, Ann. Chem. Pharm. XIX. 307; Bussy und Brandes: ibid. IX. 295.

den Nadeln. Sie liefert bei Destillation krystallinisch erstarrende Oeltropfen.

Die Alkalisalze der Korksäure sind sehr löslich und schwer krystallisirbar. Das Barytsalz löst sich in 59, das Kalksalz in 39 Theilen Wasser. Das Silbersalz ist ein weisser in Wasser unlöslicher Niederschlag. Auch das Kupfer- das Quecksilberoxydul- und das Bleisalz sind in Wasser unlöslich.

Der Suberinsäure-äthyläther und der Suberinsäure-methyläther werden leicht erhalten; sie sind ohne Zersetzung destillirbar.

Zersetzungen der Suberinsäure. Wird Suberinsäure mit überschüssigem Baryt erhitzt, so tritt gegen 80° lebhafte Einwirkung ein und man erhält durch Rectification des Productes einen bei 76° siedenden Kohlenwasserstoff: Θ_6H_{14} (Riche) *) vgl. §. 1108.

Destillirt man Suberinsäure mit überschüssigem Kalk, so kann aus dem Destillat durch Rectification eine aromatisch riechende, bei 176° siedende Flüssigkeit gewonnen werden, das Suberon **).

Die Beziehungen dieses Körpers zur Suberinsäure sind noch nicht mit voller Sicherheit festgestellt. Er ist wahrscheinlich das wahre Aceton der Suberinsäure:

$$\Theta_{14}H_{24}\Theta_2 = \left.\begin{matrix}\Theta_8H_{12}''\Theta_2\\ \Theta_6H_{12}\end{matrix}\right\}$$

seine Bildung ist dann der des Acetons der Essigsäure völlig analog, sie erklärt sich aus der Gleichung:

$$2\Theta_8H_{14}\Theta_4 = 2\Theta\Theta_2 + 2H_2\Theta + \Theta_{14}H_{24}\Theta_2.$$

Anchoinsäure (Lepargylsäure) $\Theta_9H_{16}\Theta_4$. Von Buckton ***) durch Oxydation des chinesischen Wachses, von Wirz durch Oxydation der festen Fettsäuren aus Cocosnussöl erhalten; bildet der Suberinsäure sehr ähnliche Warzen; sie schmilzt bei 114°—116° (Buckton), bei 115°—124° (Wirz).

Bei der Oxydation der Fette mit Salpetersäure entstehen stets, neben den Säuren der Reihe: $\Theta_nH_{2n-2}\Theta_4$, und zwar namentlich während der Oxydation oder wenn dieselbe nicht bis zu Ende geführt wurde, zahlreiche Säuren, die der Reihe der fetten Säuren angehören und die besonders von Redtenbacher †) untersucht worden sind. Ein Gemenge solcher Säuren scheint auch die von Laurent als Azoleinsäure bezeichnete Substanz gewesen zu sein, die derselbe aus dem auf der salpetersauren Lösung schwimmenden Oel, durch Verwandeln in Aetherarten, 1137.

---

*) Ann. Chem. Pharm. CXIII. 105.

**) Boussingault, ibid. XIX. 308; Tilley, ibid. XXXIX. 167.

***) Jahresbericht 1857. 308.

†) Ann. Chem. Pharm. LIX. 41.

Zersetzen mit Kali u. s. w. abschied. — Laurent erwähnt ausserdem einer Substanz die er Azelainsäure nennt, sie krystallisirt mit der Korksäure aus, wird von dieser durch Aether, in welchem sie löslich ist, getrennt und ist weit schmelzbarer.

Ausserdem hat man stets die Bildung ölartiger Körper beobachtet, unter welchen, nach Wirz*), Nitrosubstitutionsproducte von fetten Säuren enthalten sind; wie es scheint Nitrocaprylsäure: $\Theta_8H_{15}(N\Theta_2)\Theta_2$ und Nitrocaprinsäure: $\Theta_{10}H_{19}(N\Theta_2)\Theta_2$.

1138. Es wurde oben erwähnt, dass nach neueren Angaben von Arppe die verschiedenen durch Oxydation der Fette erhaltenen Säuren bis jetzt nicht in reinem Zustand untersucht worden zu sein scheinen.

Arppe hatte früher **) durch Oxydation der Sebacinsäure eine in Blättern krystallisirende und bei 130° schmelzende Säure erhalten, die er Oxypyrolsäure nannte und durch die Formel: $\Theta_7H_{12}O_3$ darstellte. Er hat in neuerer Zeit diese Untersuchung wieder aufgenommen und auch die Oxydationsproducte der Oelsäure untersucht. Er hat bis jetzt die Analysen der von ihm dargestellten Producte nicht mitgetheilt; seine vorläufige Mittheilung ***) enthält wesentlich Folgendes.

Zur Trennung der verschiedenen Producte wird zweckmässig die ungleiche Löslichkeit derselben in Wasser und Aether benutzt. Diese tritt besonders hervor, wenn die unreinen Säuren, vor der Behandlung mit dem Lösungsmittel, geschmolzen werden. Die Bernsteinsäure, als das flüchtigste der entstehenden Producte, muss stets durch Sublimation entfernt werden.

Die Lipinsäure von Laurent ist im Wesentlichen Bernsteinsäure. Auch die Adipinsäure und Pimelinsäure von Wirz enthalten Bernsteinsäure und die von diesem Chemiker beobachteten Sublimate sind Bernsteinsäure oder wasserfreie Bernsteinsäure.

Die seither für reine Korksäure gehaltene Substanz (Schmelzpunkt 127°) ist ein Gemenge von zwei Körpern. Wird die s. g. Korksäure nach dem Schmelzen mit kaltem Aether ausgezogen und der ungelöste Theil aus Wasser umkrystallisirt, so erhält man lange Nadeln, die bei 145° schmelzen und in Wasser und Aether schwer-, in Alkohol aber leicht löslich sind (reine Korksäure?).

Die zweite Krystallisation stellt warzenförmige Krystalle dar, die schon unter 100° schmelzen. Sie enthalten, nach Entfernung eines ölartigen Körpers, eine in Aether lösliche Substanz, die aus Wasser in blättrigen Krystallen erhalten wird, und die bei 103° schmilzt (wahrscheinlich Laurent's Azelainsäure).

Die dritte Krystallisation sieht der rohen Korksäure ähnlich. Man kann durch Sublimation viel Bernsteinsäure entfernen. Wird der Rückstand mit Aether ausgezogen und aus Wasser krystallisirt, so erhält man blättrige Krystalle, die bei 155° schmelzen.

Die späteren Krystallisationen enthalten mehr Oel, viel Bernsteinsäure und

---

*) Ann. Chem. Pharm. CIV. 289.

**) ibid. XCV. 242.

***) ibid. CXV. 143. vgl. auch eine zweite Mittheilung von Arppe. ibid. CXX. 288.

viel in Aether lösliche Substanz. Man kann indessen aus ihnen noch die blättrige bei 155° schmelzende Säure abscheiden.

Aus den Aetherauszügen erhält man warzenförmige Krystallisationen, aus welchen, nach Entfernung der Bernsteinsäure durch Sublimation und nochmaligem Behandeln mit Aether, zunächst die blättrige bei 155° schmelzende Säure erhalten wird. Die ätherischen Lösungen enthalten eine pulverförmige bei 90° schmelzende Substanz und ausserdem eine körnig krystallisirende Säure, die bei 135° schmilzt und vielleicht noch weiter zerlegbar ist.

Nach diesen Angaben scheint es wahrscheinlich, dass die als Anchoinsäure, Suberinsäure, Pimelinsäure und Adipinsäure beschriebenen Säuren Gemenge der von Arppe erhaltenen Körper sind, die ausserdem, zum Theil wenigstens, noch Bernsteinsäure enthalten.

Sebacinsäure *), Fettsäure: $\Theta_{10}H_{18}\Theta_4 = \left.\begin{matrix}\Theta_{10}H_{16}\Theta_2\\H_2\end{matrix}\right\}\Theta_2$.

Die Sebacinsäure wurde von Thenard unter den Destillationsproducten der Oelsäure und der ölsäurehaltigen Fette aufgefunden, von Dumas und Peligot **) zuerst analysirt, und von Redtenbacher dann genauer untersucht. Sie entsteht, wie Bouis fand, in grösserer Menge bei Zersetzung von Ricinusöl mit Aetzkali oder Aetznatron. 1139.

Darstellung. Die trockene Destillation der Oelsäure oder der diese Säure enthaltenden Fette liefert nur wenig Sebacinsäure. Man kocht das Destillat mit Wasser aus und reinigt die beim Erkalten der filtrirten Lösung ausfallende Sebacinsäure durch mehrmaliges Umkrystallisiren. Aus Ricinusöl erhält man die Sebacinsäure leicht, indem man den bei Destillation dieses Oeles mit Kali- oder Natronhydrat bleibenden Rückstand mit Wasser auszieht und die Lösung durch eine Säure zersetzt. Man fügt dabei zweckmässig zuerst so viel Salzsäure oder Schwefelsäure zu, dass die Lösung noch schwach alkalisch bleibt, filtrirt von den ausgeschiedenen Fetten ab, setzt dann einen Ueberschuss von Säuren zu und reinigt die ausfallende Sebacinsäure durch wiederholtes Umkrystallisiren aus siedendem Wasser.

Bei dieser Zersetzung des Ricinusöls entsteht die Sebacinsäure aus der im Ricinusöl enthaltenen Ricinolinsäure, wahrscheinlich nach folgender Gleichung:

$$\underset{\text{Ricinolinsäure.}}{\Theta_{18}H_{34}\Theta_3} + 2KH\Theta = \underset{\text{Sebacins. Kali.}}{\Theta_{10}H_{16}K_2O_4} + \underset{\text{Caprylalkohol.}}{\Theta_8H_{18}O} + H_2$$

(Vgl. auch: Caprylalkohol §. 697 und Methyl-Oenanthol: §. 921.)

In derselben Weise wie die Oelsäure liefert auch die mit ihr homologe Hypogäsäure bei trockener Destillation Sebacinsäure (Caldwell und Gössmann).

---

*) Dumas und Peligot. Ann. Chem. Pharm. XIV. 73; Redtenbacher, ibid. XXXV. 188. Gottlieb, ibid. LVII. 66; Caldwell und Gössmann, ibid. XCIV. 305; Petersen, ibid. CIII. 184. Bouis, ibid. LXXX. 303. XCVII. 34.

Eigenschaften. Die Sebacinsäure bildet weisse Blättchen oder Nadeln, die bei 127° schmelzen; die geschmolzene Säure erstarrt beim Erkalten krystallinisch und sublimirt bei stärkerer Hitze ohne Zersetzung zu erleiden. Sie löst sich leicht in Alkohol und in siedendem Wasser; in kaltem Wasser ist sie wenig löslich.

Sie ist sehr beständig; bei lange fortgesetztem Kochen mit Salpetersäure wird sie indessen oxydirt und bildet, wie es scheint, kohlenstoffärmere Glieder derselben homologen Reihe (vgl. die betr. Angaben von Schlieper und Arppe §§. 1132, 1138). — Durch Einwirkung von Chlor im Sonnenlicht können Substitutionsproducte erhalten werden (nach Carlet *): $\Theta_{10}H_{17}Cl\Theta_4$ und $\Theta_{10}H_{16}Cl_2\Theta_4$).

Die Sebacinsäure ist zweibasisch. Die Alkalisalze sind löslich und krystallisirbar; das Kalksalz ist krystallinisch und wenig löslich, das Silbersalz ein amorpher Niederschlag.

Wird sebacinsaurer Kalk mit überschüssigem Kalk der trockenen Destillation unterworfen, so entstehen zahlreiche Zersetzungsproducte, unter welchen neben Aldehyden der fetten Säuren und flüssigen Kohlenwasserstoffen auch ein fester bei 55° schmelzender Kohlenwasserstoff enthalten ist, das Sebacin: $\Theta_{10}H_{18}$ (Calvi, Petersen) **).

Der Sebacinsäure-methyläther und der Sebacinsäure-äthyläther werden leicht durch Einleiten von Salzsäure in eine Lösung von Sebacinsäure in dem betreffenden Alkohol erhalten. Der erstere ist fest und siedet bei 285°, der letztere siedet bei 308° und ist flüssig, wird aber bei — 9° fest und krystallinisch (Carlet; Redtenbacher).

1140. Ipomsäure. Durch Einwirkung von Salpetersäure auf Rhodeoretinsäure und Rhodeoretinolsäure, (zwei Zersetzungsproducte des Jalappenharzes), erhielt Mayer ***) eine wahrscheinlich mit Sebacinsäure identische Säure.

Mit Ausnahme des Schmelzpunktes, der bei 104° gefunden wurde, stimmen alle Eigenschaften der Ipomsäure mit denen der Sebacinsäure überein; auch die Salze zeigen keine bedeutenden Verschiedenheiten.

Roccellsäure (Roccellin): $\Theta_{17}H_{32}\Theta_4 = \left.\begin{matrix}\Theta_{17}H_{30}\Theta_2\\H_2\end{matrix}\right\}\Theta_2$.

1141. Die Roccellsäure findet sich in verschiedenen Flechtenarten, namentlich in Roccella tinctoria und R. fuciformis. Sie wurde 1830 von Heeren entdeckt, von Liebig, Kane †), Schunk ††) und zuletzt von Hesse †††) untersucht.

---

*) Jahresbericht 1853. 429.

**) Calvi, Ann. Chem. Pharm. XCI. 110; Petersen, ibid. CIII. 184.

***) ibid. LXXXIII. 143.

†) Ann. Chem. Pharm. XXXIX. 28, 49.

††) ibid. LXI. 78.

†††) ibid. CXVII. 332.

Darstellung. Man zieht die Flechte mit concentrirter Ammoniakflüssigkeit aus, fällt die mit Wasser verdünnte Lösung mit Chlorcalcium, zersetzt den ausgewaschenen Niederschlag mit Salzsäure und krystallisirt die so erhaltene Säure aus Aether um (Schunk). Man zieht die Flechte mit Aether aus, dampft ein und kocht die rückständige grünlich-weisse Krystallmasse mit Boraxlösung aus; ein Theil der Roccelsäure scheidet sich beim Erkalten aus; ein anderer Theil wird aus der Mutterlauge mit Salzsäure als grüngefärbte Masse gefällt, die von Neuem mit Boraxlösung zu behandeln ist. Zuletzt löst man in Aether und entfärbt mit Thierkohle (Hesse).

Die Roccellsäure bildet weisse Prismen. Sie ist unlöslich in Wasser, löslich in Alkohol und Aether. Sie schmilzt bei 132° und verflüchtigt sich theilweise bei etwa 200°, während ein anderer Theil zu Wasser und Anhydrid zerfällt. Sie ist sehr beständig und wird von Salpetersäure, Schwefelsäure, von Chlor und Brom nicht angegriffen. Bei längerem Kochen mit rauchender Salpetersäure wird sie zersetzt, eben so beim Schmelzen mit Kalihydrat.

Die Alkalisalze der Roccellsäure sind in Wasser löslich und schwer krystallisirbar. Das Kalk-, Baryt- und Silbersalz sind weisse Niederschläge. Bleizucker gibt mit der alkoholischen Lösung der Säure ein unlösliches basisches Bleisalz

Der Roccellsäure-äthyläther ist flüssig; ebenso das Roccellsäureanhydrid.

Amide der Säuren $\Theta_nH_{2n-2}\Theta_4$.

Auf die Amide der Säuren $\Theta_nH_{2n-2}O_4$ sind alle die Betrachtungen anwendbar, die früher (§. 1009) über die amidartigen Verbindungen zweibasischer Säuren im Allgemeinen mitgetheilt wurden. 1142.

Die Säuren $\Theta_nH_{2n-2}\Theta_4$ sind fähig vier normale Amide zu bilden; nämlich:

saures Ammoniaksalz	$- H_2\Theta$	= Aminsäure.
saures Ammoniaksalz	$- 2H_2\Theta$	= Imid.
neutrales Ammoniaksalz	$- 2H_2\Theta$	= Amid.
neutrales Ammoniaksalz	$- 4H_2O$	= Nitril.

Die drei ersteren können, bei typischer Schreibweise, durch Formeln ausgedrückt werden, in welchen dieselben Radicale angenommen sind wie in den betreffenden Säuren; für die Nitrile dagegen ist dies nicht mehr möglich (§. 1010). Näher untersucht sind bis jetzt nur die Amide der Oxalsäure und der Bernsteinsäure. Man kennt die folgenden:

	Aminsäure.	Imid.	Amid.	Nitril.
Oxalsäure:	$\begin{matrix}\left.\begin{matrix}H\\H\end{matrix}\right\}N\\\left.\begin{matrix}\Theta_2\overset{''}{\Theta}_2\\H\end{matrix}\right\}\Theta\end{matrix}$	$\left.\begin{matrix}\Theta_2\overset{''}{\Theta}_2\\H\end{matrix}\right\}N$	$\left.\begin{matrix}\Theta_2\overset{''}{\Theta}_2\\H_2\\H_2\end{matrix}\right\}N_2$	Θ_2N_2
	Oxaminsäure.	(unbekannt)	Oxamid.	Cyan.
Bernsteinsäure:	$\begin{matrix}\left.\begin{matrix}H\\H\end{matrix}\right\}N\\\left.\begin{matrix}\Theta_4H_4\overset{''}{\Theta}_2\\H\end{matrix}\right\}\Theta\end{matrix}$	$\left.\begin{matrix}\Theta_4H_4\overset{''}{\Theta}_2\\H\end{matrix}\right\}N$	$\left.\begin{matrix}\Theta_4\overset{''}{H}_4\Theta_2\\H_2\\H_2\end{matrix}\right\}N_2$	$\Theta_4H_4.N_2$
	Succinaminsäure.	Succinimid.	Succinamid.	Succinitril (Aethylencyanid).

1143. An diese normalen Amide schliessen sich zunächst einige **gemischte Amide** an, die man als normale Amide, in welchen Wasserstoff durch einatomige Alkoholradicale ersetzt ist, ansehen kann. So leiten sich aus dem Oxamid das Dimethyloxamid und das Diäthyloxamid her:

$\left.\begin{matrix}\Theta_2\overset{''}{\Theta}_2\\H_2\\H_2\end{matrix}\right\}N_2$	$\left.\begin{matrix}\Theta_2\overset{''}{\Theta}_2\\(\Theta H_3)_2\\H_2\end{matrix}\right\}N_2$	$\left.\begin{matrix}\Theta_2\overset{''}{\Theta}_2\\(\Theta_2H_5)_2\\H_2\end{matrix}\right\}N_2$
Oxamid.	Dimethyloxamid.	Dimethyloxamid.

In den **Aminsäuren** kann entweder der dem Wassertypus oder der dem Ammoniaktypus zugehörige Wasserstoff durch Alkohoholradicale ersetzt werden. Im ersten Fall erhält man die als **Amethane** bezeichneten Verbindungen, die einerseits als **Aetherarten** der **Aminsäuren**, andererseits aber auch als **Amide** der **Aethersäuren** angesehen werden können; z. B. Oxamethan. Im zweiten Fall dagegen behält die Verbindung, gerade weil der typische Wasserstoff erhalten bleibt, den Charakter einer Säure, z. B. Aethyloxaminsäure. Endlich können, wie dies im Diäthyloxaminsäure-äthyl der Fall ist, gleichzeitig das dem Wassertypus und die dem Ammoniaktypus angehörigen Wasserstoffatome durch Alkoholradicale ersetzt werden:

Oxaminsäure.	Oxamin-äther.	Oxäthylaminsäure.	Oxa-diäthylaminäther.
$\begin{matrix}\left.\begin{matrix}H\\H\end{matrix}\right\}N\\\left.\begin{matrix}\Theta_2\overset{''}{\Theta}_2\\H\end{matrix}\right\}\Theta\end{matrix}$	$\begin{matrix}\left.\begin{matrix}H\\H\end{matrix}\right\}N\\\left.\begin{matrix}\Theta_2\overset{''}{\Theta}_2\\\Theta_2H_5\end{matrix}\right\}\Theta\end{matrix}$	$\begin{matrix}\left.\begin{matrix}H\\\Theta_2H_5\end{matrix}\right\}N\\\left.\begin{matrix}\Theta_2\overset{''}{\Theta}_2\\H\end{matrix}\right\}\Theta\end{matrix}$	$\begin{matrix}\left.\begin{matrix}\Theta_2H_5\\\Theta_2H_5\end{matrix}\right\}N\\\left.\begin{matrix}\Theta_2\overset{''}{\Theta}_2\\\Theta_2H_5\end{matrix}\right\}\Theta\end{matrix}$

Von complicirteren Amiden ist bis jetzt nur das Trisuccinimid 1144. aus der betr. Säure erhalten werden; es bildet sich nach der Gleichung:

Succinylchlorid.   Succinimidsilber.   Trissuccinamid.

$$Cl_2 \left[\Theta_4 \overset{''}{H}_4 \Theta_2\right] \searrow \begin{array}{c} \Theta_4 \overset{'}{H}_4 \Theta_2 \\ Ag \\ Ag \\ \Theta_4 \overset{''}{H}_4 \Theta_2 \end{array} \left.\begin{array}{c} \\ \\ \\ \\ \end{array}\right\} \begin{array}{c} N \\ \\ N \end{array} = \left.\begin{array}{c} \Theta_4 \overset{'}{H}_4 \Theta_2 \\ \Theta_4 \overset{''}{H}_4 \Theta_2 \\ \Theta_4 \overset{''}{H}_4 \Theta_2 \end{array}\right\} N_2 + 2AgCl.$$

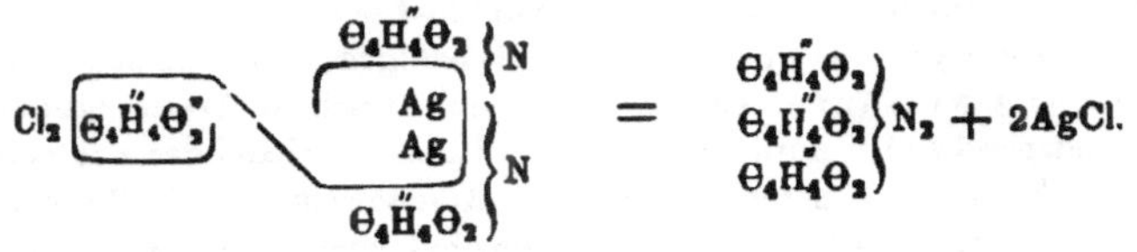

Zahlreiche Substanzen, die nach Verhalten und Zusammensetzung, aber nicht nach Bildung, als complicirtere Amide der Oxalsäure betrachtet werden können, sind nachher zusammengestellt (§. 1211).

Ueber Bildung und Eigenschaften der amidartigen Verbindungen 1145. der Säuren $\Theta_n H_{2n-2} \Theta_4$ genügen wenige Worte.

Die Amide der Oxalsäure können aus den entsprechenden Ammoniaksalzen durch Entziehung von Wasser erhalten werden. So entsteht beim Erhitzen von neutralem oxalsaurem Ammoniak das Oxamid *) und gleichzeitig Cyan, beim Erhitzen des sauren oxalsauren Ammoniaks: Oxaminsäure **). Beim Erhitzen des bernsteinsauren Ammoniaks wird stets, selbst wenn das neutrale Ammoniaksalz angewandt wurde, Succinimid erhalten, weil das Succinamid durch Austritt von Ammoniak in Succinimid überzugehen im Stande ist.

Die wahren Amide, Oxamid und Succinamid, entstehen ferner wenn Aetherarten der betreffenden Säuren auf Ammoniak einwirken.

Gerade so wie die Ammoniaksalze selbst, so können auch die Amide und Aminsäuren Wasser verlieren und so Nitrile oder Imide erzeugen. So liefert z. B. das Oxamid beim Erhitzen Cyan und die Succinaminsäure beim Verdunsten ihrer Lösung Succinimid.

Alle diese Amide sind fähig durch Wasseraufnahme die Ammoniaksalze der betreffenden Säuren zu regeneriren. In einzelnen Fällen kann diese Wasseraufnahme auf halbem Weg eingehalten und so ein Nitril in das entsprechende Amid oder ein Imid in die zugehörige Aminsäure übergeführt werden. So geht z. B. das Cyan (Nitril der Oxalsäure) in wässriger Lösung, bei Gegenwart von Aldehyd, leicht in Oxamid über (Liebig, vgl. §. 572) und in entsprechender Weise verwandelt sich das Succinimid-silber beim Kochen mit verdünntem Ammoniak in succinaminsaures Silber.

---

*) Dumas 1830.
**) Balard 1840.

Die Amide verlieren bisweilen Ammoniak und geben so das entsprechende Imid. Dies Zerfallen findet beim Succinamid ausnehmend leicht statt. In anderen Fällen können die Amide Wasser aufnehmen, während gleichzeitig Ammoniak austritt; so liefert z. B. Oxamid beim Kochen mit verdünntem Ammoniak Oxaminsäure.

Die methyl-, äthyl- oder amyl-haltigen Abkömmlinge der Amide der Oxalsäure werden in genau derselben Weise erhalten wie die entsprechenden normalen Amide. Durch Erhitzen der neutralen oxalsauren Salze der Ammoniakbasen der Alkoholradicale (Methylamin, Aethylamin, Amylamin) erhält man Dimethyloxamid, Diäthyloxamid, Diamyloxamid; durch Erhitzen der sauren oxalsauren Salze derselben Basen entstehen Methyloxaminsäure und Aethyloxaminsäure. Das Dimethyloxamid und die entsprechenden Aethyl- und Amylverbindungen entstehen auch wenn Oxalsäureäther auf eine wässrige Lösung der betreffenden Basen einwirkt.

Die Amethane endlich werden durch Einwirkung von trockenem Ammoniak oder von alkoholischer Ammoniaklösung auf die Aether der Oxalsäure erzeugt.

Amide der Oxalsäure.

1146. Oxamid *): $\Theta_2\Theta_2H_4N_2$. Das Oxamid wurde 1817 von Bauhof durch Einwirkung von Oxalsäure-äthyläther auf wässriges Ammoniak erhalten. Dumas lehrte 1830 die in theoretischer Hinsicht besonders interessante Bildung beim Erhitzen des neutralen oxalsauren Ammoniaks kennen. Dass Cyan in wässriger Lösung, bei Gegenwart von etwas Aldehyd, in Oxamid übergeht beobachtete Liebig **) 1860.

Das Oxamid entsteht endlich bei Oxydation verschiedener Cyanverbindungen, z. B. bei Darstellung der Nitroprussidverbindungen aus Blutlaugensalz (vgl. §. 555).

Darstellung. Zur Darstellung des Oxamids schüttelt man Oxalsäuremethyläther oder Oxalsäureäthyläther, oder auch die diese Aetherarten enthaltenden rohen Destillationsproducte, mit wässrigem Ammoniak. Das Oxamid scheidet sich unter Erwärmung der Flüssigkeit als weisses Pulver aus.

Das Oxamid ist ein weisses feinkrystallinisches Pulver. Es ist in kaltem Wasser nahezu unlöslich (1 Th. in 10000 Th.), auch in siedendem Wasser löst es sich nur sehr wenig und fällt beim Erkalten wieder aus. Es ist unlöslich in Alkohol.

Beim Erhitzen verflüchtigt sich ein Theil unzersetzt und sublimirt in feinen Krystallen; ein anderer Theil erleidet Zersetzung.

---

*) Vgl. bes. Liebig, Ann. Chem. Pharm. IX. 11, 179. Dumas, ibid. X. 295.
**) Ann. Chem. Pharm. CXIII. 246.

Bei der Zersetzung des Oxamids durch Hitze entstehen, je nach den Bedingungen in welchen die Zersetzung vorgenommen wird, verschiedene Producte. Wird Oxamid für sich oder mit Sand gemengt in einer verschlossenen Röhre auf 300°—330° erhitzt, so entsteht nur Cyan, Kohlenoxyd und kohlensaures Ammoniak (Malaguti). Die Zersetzung erklärt sich in folgender Weise:

$$\text{Oxamid: } \Theta_2\Theta_2H_4N_2 = 2H_2O + \Theta_2N_2 \text{ Cyan.}$$

Das gebildete Wasser führt dann ein zweites Molecül Oxamid in oxalsaures Ammoniak über, welches unter dem Einfluss der Hitze zu Kohlenoxyd und kohlensaurem Ammoniak zerfällt:

$$\Theta_2\Theta_2H_4N_2 + 2H_2\Theta = \Theta_2\Theta_2(NH_4)_2\Theta_2 = \Theta\Theta + \Theta\Theta(NH_4)_2\Theta_2.$$

Wird Oxamid in Dampfform durch eine glühende Röhre geleitet, so entstehen: Kohlenoxyd, Kohlensäure, Blausäure, Ammoniak und Harnstoff (Liebig):

$$\text{Oxamid: } \Theta_2\Theta_2H_4N_2 = \Theta\Theta + \Theta\Theta H_4N_2 \text{ Harnstoff}$$

$$\Theta_2\Theta_2H_4N_2 = \Theta\Theta_2 + NH_3 + \Theta HN \text{ Blausäure.}$$

Erhitzt man Oxamid mit Phosphorsäureanhydrid, so entsteht viel Cyan, neben etwas Kohlenoxyd und Kohlensäure *).

Wird das Oxamid mit Wasser auf 224° erhitzt, so geht es durch Wasseraufnahme in oxalsaures Ammoniak über. Bei Gegenwart von Säuren oder von Basen erfolgt dieselbe Zersetzung schon bei niedrigeren Temperaturen. Kocht man Oxamid mit verdünntem Ammoniak, so wird nur 1 Molecül Wasser aufgenommen und es entsteht, statt des oxalsauren Ammoniaks, oxaminsaures Ammoniak (§. 1147). Wird Oxamid mit essigsaurem oder salpetersaurem Blei gekocht und wenig Ammoniak zugefügt, so tritt bei Siedehitze vollständige Zersetzung ein und es scheidet sich basisch oxalsaures Blei aus.

Erhitzt man Oxamid mit Wasser zum Sieden und trägt man allmälig Quecksilberoxyd ein, so scheidet sich eine Verbindung beider Körper ($2\Theta_2\Theta_2H_4N_2 + Hg\Theta$) als schweres weisses Pulver aus. Wird trockenes Oxamid mit Quecksilberoxyd erhitzt, so tritt Oxydation ein und es bildet sich Harnstoff (Williamson):

$$\text{Oxamid: } \Theta_2\Theta_2H_4N_2 + Hg\Theta = Hg + \Theta\Theta_2 + \Theta\Theta H_4N_2 \text{ Harnstoff.}$$

Beim Erwärmen mit Vitriolöl zerfällt das Oxamid geradeauf in schwefelsaures Ammoniak und gleiche Volume Kohlenoxyd und Kohlensäure. Auch von Salpetersäure und von Chlor wird es leicht zersetzt.

*) Vgl. Bertagnini, Ann. Chem. Pharm. CIV. 176.

$$\text{Oxaminsäure: } \Theta_2\Theta_3H_3N = \left.\begin{matrix}NH_2(\Theta_2''\Theta_2)\\ H\end{matrix}\right\}\Theta = \begin{matrix}\left.\begin{matrix}H\\ H\end{matrix}\right\}N\\ \left.\begin{matrix}\Theta_2''\Theta_2\\ H\end{matrix}\right\}\Theta\end{matrix}$$

1147. Die Oxaminsäure kann, nach der von Balard *) aufgefundenen Methode, durch Erhitzen des sauren oxalsauren Ammoniaks dargestellt werden. Man gewinnt sie leichter aus Oxamid durch längeres Kochen mit wässrigem Ammoniak (Toussaint) **).

Wird saures oxalsaures Ammoniak im Oelbad auf 220° — 230° erhitzt, so entweicht Wasser, Kohlenoxyd, Kohlensäure, Ameisensäure und etwas Oxamid; der Rückstand ist ein Gemenge von Oxaminsäure und Oxamid.

Zur Darstellung der Oxaminsäure aus Oxamid kocht man dieses mit viel Wasser, indem man von Zeit zu Zeit etwas Ammoniak zufügt, so dass die Flüssigkeit stets schwach alkalisch reagirt. Das Oxamid löst sich auf und es setzen sich bald Krystallkrusten von oxaminsaurem Ammoniak ab, die Umwandlung ist beendigt, wenn sich beim Erkalten kein Oxamid mehr abscheidet. Aus der durch Einkochen concentrirten Lösung erhält man beim Erkalten Krystalle von oxaminsaurem Ammoniak. Aus der Lösung dieser Krystalle und auch aus der bei ihrer Darstellung erhaltenen Mutterlauge kann die Oxaminsäure selbst leicht dargestellt werden, indem man concentrirte Salzsäure zufügt und etwa 12 Stunden stehen lässt. Die Säure scheidet sich dann als weisses Pulver aus.

Die Oxaminsäure bildet ein weisses fein krystallinisches Pulver. Sie löst sich ziemlich schwer in kaltem Wasser (1 Th. in 58 Theilen Wasser von 17°, in 71 Th. von 14°). Beim Sieden mit Wasser verwandelt sie sich rasch in saures oxalsaures Ammoniak. In Alkohol ist sie nur sehr wenig löslich.

Die Oxaminsäure ist einbasisch. Das Ammoniaksalz ist sehr löslich und krystallisirbar. Das Baryt-, Blei- und Silbersalz sind krystallinische Niederschläge, die sich in siedendem Wasser leicht lösen und auch in kaltem Wasser etwas löslich sind ***).

Das Nitril der Oxalsäure, das Cyan, ist §. 572 beschrieben worden. Vgl. auch §. 1152.

Gemischte Amide der Oxalsäure und der einatomigen Alkohole.

1148. Dimethyloxamid, Diäthyloxamid und Diamyloxamid †) werden nach den oben (§. 1145) angegebenen Methoden erhalten. Sie

---

*) Ann. Chem. Pharm. XLII. 196.

**) ibid. CXX. 237.

***) Vgl. auch Bacaloglio, Jahresb. 1860. 244.

†) Wurtz, Ann. Chem. Pharm. LXXVI. 324, 334, 336

sehen dem Oxamid sehr ähnlich, sind aber löslicher und krystallisiren in grösseren Nadeln. Sie können sämmtlich aus siedendem Alkohol, die beiden ersteren auch aus siedendem Wasser krystallisirt erhalten werden; die Amylverbindung schmilzt bei 139°.

Nach ihrer Bildung müssen diese Substanzen als zwei Molecüle der Ammoniakbasen angesehen werden, die durch das zweiatomige Radical der Oxalsäure zu einem Molecül zusammengehalten sind. Sie zerfallen in der That beim Erhitzen mit Alkalien in Oxalsäure und zwei Molecüle eines Monamins.

Eine mit dem so dargestellten Diäthyloxamid isomere Substanz ist von Hofmann durch Einwirkung von Ammoniak auf Diäthyl-oxaminsaures Aethyl (§. 1150) erhalten worden. Der so bereitete Körper, zu dessen Darstellung das Diäthylamin den Ausgangspunkt bietet, entwickelt beim Erhitzen mit Kali, statt zweier Molecüle Aethylamin, Ammoniak und Diäthylamin.

Die Isomerie dieser beiden Abkömmlinge des Oxamids wird ausgedrückt durch die typischen Formeln:

$$\left.\begin{array}{r} H \\ \Theta_2H_5 \\ \Theta_2''\Theta_2 \end{array}\right\} N \qquad \left.\begin{array}{r} \Theta_2H_5 \\ \Theta_2H_5 \\ \Theta_2''\Theta_2 \end{array}\right\} N$$
$$\left.\begin{array}{r} \Theta_2H_5 \\ H \end{array}\right\} N \qquad \left.\begin{array}{r} H \\ H \end{array}\right\} N$$

Diese Formeln erinnern hinlänglich an Bildung und Zerfallen dieser beiden Substanzen, deren Isomerie vollständig der Isomerie der früher beschriebenen Diäthylharnstoffe (§. 1020) und Diäthyläthylenharnstoffe (§. 1022) analog ist.

Aether der Oxaminsäure. Die Bildung dieser Substanzen ist 1149.
schon §. 1145 besprochen; man kennt die folgenden:

Oxaminsäure-methyläther (Oxamethylan) *)	Oxaminsäure-äthyläther (Oxamethan) **)	Oxaminsäure-amyläther (Oxamylan) ***)
$\left.\begin{array}{r} H \\ H \\ \Theta_2''\Theta_2 \end{array}\right\} N$ $\left.\begin{array}{r} \Theta H_3 \end{array}\right\} \Theta$	$\left.\begin{array}{r} H \\ H \\ \Theta_2''\Theta_2 \end{array}\right\} N$ $\left.\begin{array}{r} \Theta_2H_5 \end{array}\right\} \Theta$	$\left.\begin{array}{r} H \\ H \\ \Theta_2''\Theta_2 \end{array}\right\} N$ $\left.\begin{array}{r} \Theta_5H_{11} \end{array}\right\} \Theta$

Es sind flüchtige und krystallisirbare Körper, die in Wasser und namentlich in Alkohol löslich sind.

*) Dumas und Peligot, Ann. Chem. Pharm. XV. 46.
**) Dumas, ibid. X. 292.
***) Balard, ibid LII. 314.

Beim Kochen mit Wasser gehen sie durch Wasseraufnahme in saures oxalsaures Ammoniak und den betreffenden Alkohol über; bei Einwirkung von wässrigem Ammoniak entsteht, neben dem betreffenden Alkohol, Oxamid; z. B.:

Oxamethan: $\left.\begin{matrix}\Theta_2O_2.H_2N\\ \Theta_2H_5\end{matrix}\right\}\Theta + 2H_2\Theta = \Theta_2H_6\Theta + \Theta_2\Theta_2.H(NH_4)\Theta_2.$

$$\left.\begin{matrix}\Theta_2O_2.H_2N\\ \Theta_2H_5\end{matrix}\right\}\Theta + H_3N = \Theta_2H_6\Theta + \Theta_2\Theta_2.H_4N_2.$$

In manchen Fällen gelingt es diese Verbindungen so zu zersetzen, dass neben dem betreffenden Alkohol Oxaminsäure entsteht. So zerfällt z. B. das Oxamylan beim Kochen mit Wasser in Amylalkohol und Oxaminsäure und ebenso liefert das Oxamethan, wenn es nicht zu lange mit wässrigem Ammoniak gekocht wird, Aethylalkohol und Oxaminsäure (Balard).

Andererseits aber gibt das Oxamethan wenn es mit Barytwasser gekocht wird, unter Ammoniakentwicklung, äthyloxalsauren Baryt.

Alle diese Zersetzungen finden ihren einfachsten Ausdruck in den oben mitgetheilten typischen Formeln, welche diese Körper als Amid-äther der Oxalsäure darstellen und so zeigen, dass sie gleichzeitig als Aether der Oxaminsäure und als Amide der Aetheroxalsäuren angesehen werden können.

Chloroxamethan*): $\Theta_4H_2Cl_5\Theta_3N = \left.\begin{matrix}\Theta_2\Theta_2.H_2N\\ \Theta_2Cl_5\end{matrix}\right\}\Theta$. Dieses Chlorsubstitutionsproduct des Oxamethans entsteht, neben Salzsäure und Trichloracetamid, wenn Perchloroxaläther (§. 1122) mit Ammoniak behandelt wird:

$$\left.\begin{matrix}\Theta_2\Theta_2\\ (\Theta_2Cl_5)_2\end{matrix}\right\}\Theta_2 + 2NH_3 = \left.\begin{matrix}\Theta_2Cl_3\Theta\\ H\\ H\end{matrix}\right\}N + \left.\begin{matrix}H\\ H\end{matrix}\right\}N \left.\begin{matrix}\Theta_2O_2\\ \Theta_2Cl_5\end{matrix}\right\}\Theta + 2HCl.$$

Perchloroxaläther. Trichloracetamid Chloroxamethan.

Es ist in kaltem Wasser wenig, in siedendem Wasser, in Alkohol und in Aether leicht löslich; es bildet grosse Krystalle, die bei 134° schmelzen und über 200° sieden.

1150. Methyloxaminsäure, Aethyloxaminsäure (vgl. §. 1143); wurden von Wurtz**) durch Erhitzen von saurem oxalsaurem Methylamin oder Aethylamin auf 160° erhalten.

---

*) Malaguti, Ann. Chem. Pharm. XXXVII. 69; LVI. 284.
**) ibid. LXXVI. 324.

Diäthyloxaminsäure-äthyl[*]: $\left.\begin{matrix}\Theta_2H_5\\ \Theta_2H_5\\ \Theta_2\Theta_2\end{matrix}\right\}N \;\; \left.\Theta_2H_5\right\}\Theta$. Diese Verbindung entsteht wenn Oxalsäure-äthyläther auf Diäthylamin einwirkt; sie ist flüssig und siedet bei 260°; sie zerfällt beim Kochen mit Alkalien in oxalsaures Salz, Alkohol und Diäthylamin. Wird sie mit alkoholischem Ammoniak erwärmt, so entsteht die oben erwähnte, mit dem gewöhnlichen Diäthyloxamid isomere Verbindung (§. 1148).

Das chemische Verhalten der im Vorhergehenden besprochenen äthylhaltigen Abkömmlinge des Oxamids und der Oxaminsäure gestattet eine vollständige und elegante Trennung der äthylhaltigen Ammoniakbasen. Es wurde früher erwähnt (§. 713), dass bei Einwirkung von Jodäthyl auf Ammoniak gleichzeitig die Jodide des Aethylamins, Diäthylamins, Triäthylamins und des Teträthylammoniums erhalten werden. Destillirt man dieses Gemenge mit einem Alkali, so bleibt das Tetrathylammoniumjodid unangegriffen und man erhält ein Gemisch der drei flüchtigen Ammoniakbasen. Diese können dann in folgender Weise getrennt werden. 1151.

Man behandelt das Gemisch der trockenen Basen mit trocknem Oxalsäureäthyläther. Das Triäthylamin bleibt unangegriffen und kann direct abdestillirt werden (Siedep.: 91°).

Das Diäthylamin bildet Diäthyloxaminsäure-äthyl; das Aethylamin dagegen Diäthyloxamid. Beide bleiben, wenn das Triäthylamin im Wasserbad abdestillirt worden ist, in dem krystallinisch erstarrenden Rückstand. Der feste Theil dieses Rückstandes ist Diäthyloxamid; man lässt den flüssigen Diäthyloxaminsäure-äthyläther abtropfen, reinigt das Diäthyloxamid durch Auspressen und Umkrystallisiren aus siedendem Wasser und zerlegt es durch Destillation mit Kali, wobei reines Aethylamin überdestillirt (Siedep.: 18°). — Die vom Diäthyloxamid abgelaufene Flüssigkeit wird auf 0° abgekühlt und von den noch ausfallenden Krystallen getrennt. Der flüssige Theil wird dann destillirt, und das bei 260° übergehende Diäthyloxaminsäure-äthyl durch Kochen mit Kali zersetzt, wobei reines Diäthylamin erhalten wird (Siedep.: 57°,5). (Hofmann).

Rückblick auf die Cyanverbindungen.

Nachdem im Vorhergehenden alle diejenigen Säuren näher besprochen worden sind, an welche sich die einzelnen Cyanverbindungen als amidartige Verbindungen anschliessen, scheint es geeignet die wichtigsten dieser Verbindungen hier nochmals zusammenzustellen, um ihre gegenseitigen Beziehungen und Umwandlungen besser hervortreten zu lassen. 1152.

Es wurde früher erwähnt (vgl. bes. §§. 248, 392, 300, 521), dass alle Cyanverbindungen ein doppeltes Verhalten zeigen, insofern bei manchen Bildungen und Zersetzungen der Stickstoff mit dem Kohlenstoff

[*]) Compt. rend. LII. 902.

schon verbunden ist und verbunden bleibt, während bei anderen beide Elemente sich erst zusammenlagern oder sich von einander trennen. So lange man die ersteren Metamorphosen wesentlich berücksichtigt, kann in den Cyanverbindungen die Gruppe: ΘN (Cyan) als Radical angenommen werden; sobald man auf die zweite Gruppe von Metamorphosen besonderes Gewicht legt, erscheinen die Cyanverbindungen als Vereinigung zweier Reste; der Stickstoff stammt aus dem Ammoniak, der Kohlenstoff (bisweilen mit Wasserstoff oder Sauerstoff) aus einer organischen Säure; mit einem Wort: die Cyanverbindungen erscheinen als amidartige Verbindungen.

Nach der ersten Betrachtungsweise sind die Cyanverbindungen früher (§§. 521 ff.) ausführlich beschrieben worden und es wurde dann bei den betreffenden Säuren stets darauf hingewiesen, welche Cyanverbindung als amidartige Verbindung dieser Säure angesehen werden kann. Es wurde gezeigt, dass:

Cyanwasserstoff (§. 525) = Nitril der Ameisensäure (§. 834).
Cyansäure (§. 577) = Imid der Kohlensäure (§. 1012).
Harnstoff (§. 1028) = Amid der Kohlensäure (§. 1012).
Cyan (§. 572) = Nitril der Oxalsäure (§. 1147).

Im Folgenden sind nun die wichtigsten amidartigen Verbindungen der Ameisensäure, der Kohlensäure und der Oxalsäure, und die entsprechenden Ammoniaksalze dieser Säuren zusammengestellt.

	Ameisensäure.	Kohlensäure.		Oxalsäure.	
		Saures Salz	Neutrales Salz	Saures Salz	Neutrales Salz
Ammoniak-salze.	$\Theta H\Theta(NH_4)\Theta$	$\Theta\Theta\left\{\begin{matrix}NH_4\\H\end{matrix}\right\}\Theta_2$	$\Theta\Theta\left\{\begin{matrix}NH_4\\NH_4\end{matrix}\right\}\Theta_2$	$\Theta_2\Theta_2\left\{\begin{matrix}NH_4\\H\end{matrix}\right\}\Theta_2$	$\Theta_2\Theta_2\left\{\begin{matrix}NH_4\\NH_4\end{matrix}\right\}\Theta$
— $1H_2\Theta$ für jedes NH_4	$\Theta H\Theta(NH_2)$	$\Theta\Theta\left\{\begin{matrix}NH_2\\H\end{matrix}\right\}\Theta$	$\Theta\Theta\left\{\begin{matrix}NH_2\\NH_2\end{matrix}\right\}$	$\Theta_2\Theta_2\left\{\begin{matrix}NH_2\\H\end{matrix}\right\}\Theta$	$\Theta_2\Theta_2\left\{\begin{matrix}NH_2\\NH_2\end{matrix}\right\}$
	Amid (unbekannt)	Aminsäure (Carbamins.)	Amid (Harnstoff)	Aminsäure (Oxaminsäure)	Amid (Oxamid)
— $2H_2\Theta$ für jedes NH_4	$\Theta H.N$	$\Theta\Theta\left\{\begin{matrix}N\\H\end{matrix}\right.$	—	$\Theta_2\Theta_2\left\{\begin{matrix}N\\H\end{matrix}\right.$	$\Theta_2\left\{\begin{matrix}N\\N\end{matrix}\right.$
	Nitril (Cyanwst.)	Imid (Cyansäure)	Nitril (unmöglich)	Imid (unbekannt)	Nitril (Cyan)

Die Cyanverbindungen zeigen alle Charaktere amidartiger Verbindungen der Ameisensäure, Kohlensäure oder Oxalsäure; besonders die folgenden:

1) Sie entstehen durch Wasseraustritt aus den betreffenden Ammoniaksalzen oder den diesen Salzen näher stehenden Amiden.

So gibt ameisensaures Ammoniak Cyanwasserstoff; oxalsaures Ammoniak oder auch Oxamid liefert Cyan.

2) Durch Wasseraufnahme gehen die Cyanverbindungen umgekehrt in die betreffenden Ammoniaksalze über.

Diese Umwandlungen sind für alle in Rede stehenden amidartigen Verbindungen nachgewiesen Sie erfolgen schon bei Einwirkung von Wasser allein, treten aber leichter ein unter Mitwirkung einer Säure oder einer Base. Bisweilen kann diese Umwandlung auf halbem Weg eingehalten werden; so entsteht z. B. aus Cyan leicht Oxamid.

Die Uebergänge der verschiedenen Cyanverbindungen in einander sind, wie man sich leicht überzeugt, völlig analog denjenigen Umwandlungen, die die betreffenden Säuren selbst erleiden.

Wenn z. B. ein Cyanmetall beim Erhitzen zu freiem Cyan und Metall zerfällt, so ist dies genau wie die Umwandlung der Ameisensäure zu Oxalsäure z. B.:

$$2\Theta NAg = \Theta_2N_2 + Ag_2$$
$$2\Theta H\Theta_2 = \Theta_2H_2\Theta_4 + H_2$$

Ebenso entspricht die Oxydation eines Cyanmetalls zu cyansaurem Salz vollständig der Oxydation der Ameisensäure zu Kohlensäure. Wenn durch Einwirkung von Cyan auf Kali oder kohlensaures Kali Cyanmetall und cyansaures Salz entstehen, so ist dies ganz dieselbe Spaltung wie das Zerfallen der Oxalsäure in Ameisensäure und Kohlensäure etc.

Amide der Bernsteinsäure.

Die Bildungsweisen und die Beziehungen der amidartigen Verbindungen der Bernsteinsäure sind schon oben erörtert worden (§. 1145), 1153.
es genügen daher hier wenige Angaben. Man kennt die folgenden Amide der Bernsteinsäure.

Succinimid.	Succinamid.	Trisuccinamid.	Succinaminsäure.
$\left.\begin{matrix}\Theta_4\dot{H}_4\Theta_2\\ H\end{matrix}\right\}N$	$\left.\begin{matrix}\Theta_4\ddot{H}_4\Theta_2\\ H_2\\ H_2\end{matrix}\right\}N_2$	$\left.\begin{matrix}\Theta_4\ddot{H}_4\Theta_2\\ \Theta_4\ddot{H}_4\Theta_2\\ \Theta_4\ddot{H}_4\Theta_2\end{matrix}\right\}N_2$	$\left.\begin{matrix}H\\ H\end{matrix}\right\}N$ $\left.\begin{matrix}\Theta_4\dot{H}_4\Theta_2\\ H\end{matrix}\right\}\Theta$

1154. Succinamid *) scheidet sich allmälig in kleinen weissen Krystallen aus, wenn Bernsteinsäure-äthyläther mit concentrirtem wässrigem Ammoniak gemischt wird. Es löst sich leicht in siedendem Wasser; in kaltem Wasser, in Alkohol und Aether ist es fast unlöslich. Es schmilzt beim Erhitzen und zerfällt dann bei etwa 200° in Ammoniak und Succinimid:

$$\text{Succinamid: } \Theta_4H_8\Theta_2N_2 = NH_3 + \Theta_4H_5\Theta_2N. \text{ Succinimid.}$$

Beim Kochen mit Alkalien wird es leicht zersetzt. Durch Einwirkung von salpetriger Säure (Einleiten von Stickoxyd in eine Lösung von Succinamid in Salpetersäure) zerfällt es in der für die Amide charakteristischen Weise:

$$\underset{\text{Succinamid.}}{\Theta_4H_8\Theta_2N_2} + N_2\Theta_3 = \underset{\text{Bernsteinsäure.}}{\Theta_4H_6\Theta_4} + H_2\Theta + 2N_2$$

1155. Succinimid **). Diese Verbindung kann durch Erhitzen von Succinamid, oder durch Destillation von bernsteinsaurem Ammoniak erhalten werden; oder auch dadurch, dass man Ammoniakgas über Bernsteinsäureanhydrid leitet:

$$\Theta_4\overset{''}{H}_4\Theta_2.\Theta + NH_3 = \Theta_4\overset{''}{H}_4\Theta_2.HN + H_2\Theta.$$

Es krystallisirt in grossen wasserhaltigen Krystallen: $\Theta_4H_5\Theta_2N + H_2\Theta$, die ihr Krystallwasser schon an der Luft verlieren. Es ist leicht löslich in Wasser und Alkohol, wenig löslich in Aether; es schmilzt bei 210° und sublimirt unverändert.

Setzt man zur heissen alkoholischen Lösung des Succinimids etwas Ammoniak und dann eine Lösung von salpetersaurem Silberoxyd, so setzen sich beim Erkalten grosse Krystalle von Silbersuccinimid ab: $\left.\begin{matrix}\Theta_4\overset{''}{H}_4\Theta_2\\ Ag\end{matrix}\right\}N$. Diese Verbindung verpufft beim Erhitzen; reibt man sie mit Salmiak zusammen, so entsteht unter Entwicklung von Ammoniak Chlorsilber und Succinimid.

Lässt man auf Silbersuccinimid eine ätherische Lösung von Succinylchlorid (§. 1125) einwirken, so entsteht Chlorsilber und Trisuccinamid ***), welches in kleinen dreiseitigen Blättchen krystallisirt, die bei etwa 83° schmelzen und in Aether nur wenig, in Alkohol aber leicht löslich sind. Durch wässrigen Alkohol wird die Verbindung leicht zersetzt, indem Bernsteinsäure, Bernsteinsäureäthyläther und Succinimid entstehen.

---

*) d'Arcet, Ann. Chem. Pharm. XVI. 215; Fehling, ibid. XLIX. 196

**) Fehling, loc. cit.; Laurent und Gerhardt, Ann. Chem. Pharm. LXXII. 291.

***) Chiozza und Gerhardt, Ann. Chem. Pharm. XC. 108.

Kocht man Silbersuccinimid längere Zeit mit sehr verdünntem Ammoniak, so erhält man beim Erkalten der concentrirten Lösung kleine glänzende Krystalle von succinaminsaurem Silber*): $\Theta_4\overset{\prime\prime}{H_4}\Theta_2 . H_2N . Ag . \Theta$; sie sind in Wasser weit löslicher als das Silbersuccinimid und verpuffen nicht beim Erhitzen. Die Succinaminsäure selbst kann aus dieser Silberverbindung nicht erhalten werden; zersetzt man das Silbersalz mit Salzsäure, so erhält man beim Eindampfen der Lösung Succinimid.

Substitutionsproducte. Wenn Perchlorbernsteinsäureäthyläther (§. 1122) auf Ammoniak einwirkt, so entsteht ein krystallisirbarer und sublimirbarer Körper, der wahrscheinlich vierfach-gechlortes Succinimid: $\Theta_4\overset{\prime\prime}{Cl_4}\Theta_2 . HN$ ist.

Amide der Sebacinsäure**).

Sebamid: $\Theta_{10}H_{20}\Theta_2N_2$, scheidet sich in kleinen Krystallen aus, 1156.
wenn eine alkoholische Lösung von Sebacinsäure-äthyläther (§. 1139) längere Zeit mit concentrirtem Ammoniak zusammengestellt wird. Es ist in Wasser und Alkohol in der Kälte schwer, beim Erhitzen leicht löslich. — Die Mutterlauge von der Darstellung des Sebamids enthält Sebaminsäure: $\Theta_{10}H_{19}\Theta_3N$, die durch Salzsäure aus der concentrirten Flüssigkeit gefällt werden kann.

Harnsäure und verwandte Körper.

An die im Vorhergehenden beschriebenen Amide der Oxalsäure 1157.
und an das früher (§. 1099) besprochene Amid der Glycolsäure reihen sich eine Anzahl stickstoffhaltiger Körper an, die in physiologischer und in theoretisch-chemischer Hinsicht besonderes Interesse darbieten, die aber, trotz umfassender Untersuchungen, bis jetzt nicht allseitig genug erforscht sind um mit voller Sicherheit dem System eingeordnet werden zu können. Es sind dies wesentlich die Harnsäure mit ihren zahlreichen Abkömmlingen; dann einige andere stickstoffhaltige und im thierischen Organismus erzeugte Substanzen: Allantoin, Sarkin, Sarkosin, Kreatin, Kreatinin, Xanthin, Guanin etc.; und endlich zwei im Pflanzenreich vorkommende Körper: Theobromin und Thëin.

Alle diese Körper können als amidartige Verbindungen verhältnissmässig einfacher Säuren angesehen werden Man kann also ihre Zusammensetzung und bis zu einem gewissen Grade auch ihr chemisches

*) Laurent und Gerhardt, Ann. Chem. Pharm. LXXII. 291.
**) Rowney, Ann. Chem. Pharm. LXXXII. 123.

Verhalten durch die früher (§. 1009) für die amidartigen Verbindungen im Allgemeinen mitgetheilte Bildungsgleichung ausdrücken:

$$m \text{ Mol. Säure} + n \text{ Mol. } NH_3 - o \text{ Mol. } H_2O.$$

Im Thierkörper werden diese Stoffe indessen offenbar nicht durch eine einer solchen Gleichung entsprechende Synthese erzeugt, sie entstehen vielmehr durch Zersetzung der complicirter zusammengesetzten stickstoffhaltigen Thiersubstanzen, durch regressiven Stoffwechsel.

Der im thierischen Organismus verlaufende Stoffwechsel erscheint, wenn man nur die hauptsächlichsten chemischen Veränderungen ins Auge fasst, welche die eingeführte Nahrung bei ihrem Durchgang durch den Körper erleidet, als ein Verbrennungsprocess. Bei geeigneter Oxydation würde aller Kohlenstoff in Kohlensäure und aller Stickstoff in Ammoniak übergeführt werden. Im Stoffwechsel aber sind einerseits die Bedingungen nicht so günstig, dass eine vollständige Verbrennung erreicht werden könnte und es entstehen daher intermediäre Oxydationsproducte. Andererseits aber tritt auch, gewissermassen wegen mangelnder Wasseraufnahme, keine vollständige Spaltung der entstandenen Producte ein, und es bilden sich so, statt der Ammoniaksalze einfacher Säuren, amidartige Verbindungen, die diesen Ammoniaksalzen entsprechen.

Diese letztere Ursache erklärt die Thatsache, dass selbst im Körper des Menschen und der höher organisirten fleischfressenden Thiere nicht aller Kohlenstoff der aufgenommenen Nahrung als Kohlensäure abgeschieden wird, dass vielmehr ein Theil desselben in Form von Harnstoff, also als Amid der Kohlensäure, ausgeschieden wird.

Bei den höher organisirten grasfressenden Thieren ist die Verbrennung selbst weniger vollständig. Statt des letzten Verbrennungsproductes, der Kohlensäure oder ihres Amides, und als Ersatz dieses, enthält der Harn der Herbivoren Hippursäure, eine Verbindung des Glycocolls (§. 1099), welches selbst als ein Amid der in der Verbrennungsreihe höher stehenden Glycolsäure angesehen werden kann.

Im Harn der niederen Thierklassen endlich findet sich, statt des Harnstoffs oder des Glycocolls, die Harnsäure, die ihrerseits als eine durch weniger weitgehende Spaltung und gleichzeitig durch unvollständigere Verbrennung erzeugtes Amid angesehen werden kann.

Aus dem was eben über den chemischen Vorgang des Stoffwechsels im Thierkörper bemerkt wurde ist es von selbst einleuchtend, dass in thierischen Säften und auch in festen Organen Substanzen enthalten sein müssen, die nach Zusammensetzung und Bildung als Zwischenglieder zwischen der aufgenommenen Nahrung und den durch den Harn ausgeschiedenen Stoffen dastehen. In der That können alle aus solchen Säften oder Organen dargestellten Körper, z. B. Kreatin, Sarkosin etc., als Producte einer noch unvollständigeren Spaltung und einer noch weniger weit vorgeschrittenen Verbrennung angesehen werden.

Es scheint geeignet alle allgemeineren Betrachtungen über die Beziehungen der hierhergehörigen Stoffe auf später zu verschieben (§§. 1205 ff.) und hier zunächst die über die betreffenden Substanzen und ihre wichtigsten Abkömmlinge bekannten Thatsachen zusammenzustellen und dabei vorerst nur die Beziehungen hervorzuheben, die zwischen den auseinander entstehenden Körpern und einigen nahe verwandten Stoffen stattfinden.

Harnsäure und Abkömmlinge.

Die Harnsäure bildet den Ausgangspunkt für eine grosse Reihe von Abkömmlingen, die in der folgenden Tabelle zusammengestellt sind: 1158.

	Mesoxalreihe.	Oxalreihe.	
	Diff.: $\Theta\Theta$		
		$\Theta_4H_6N_4\Theta_3$	Allantoin.
Harnsäure	$\Theta_5H_4N_4\Theta_3$		
Dialursäure	$\Theta_4H_4N_2\Theta_4$	$\Theta_3H_4N_2\Theta_3$	Allantursäure (Lantanursäure)
Alloxantin	$\Theta_8H_4N_4\Theta_7$	$\Theta_6H_4N_4\Theta_5$	Oxalantin (Leucotursäure).
Alloxan	$\Theta_4H_2N_2\Theta_4$	$\Theta_3H_2N_2\Theta_3$	Parabansäure.
Alloxansäure	$\Theta_4H_4N_2\Theta_5$	$\Theta_3H_4N_2\Theta_4$	Oxalursäure.
Mesoxalsäure	$\Theta_3H_2\Theta_5$	$\Theta_2H_2\Theta_4$	Oxalsäure.

Die nebeneinander gestellten Glieder beider Reihen, die vorläufig als Mesoxalreihe und Oxalreihe bezeichnet werden mögen, zeigen bei sonst gleicher Formel die Zusammensetzungsdifferenz: $\Theta\Theta$.

Die wichtigsten Metamorphosen, durch welche diese Substanzen in einander übergeführt werden können, sind die folgenden: 1159.

I. Die **Harnsäure** gibt bei geeigneter Oxydation (mittelst Bleihyperoxyd) **Allantoin**:

$$\underset{\text{Harnsäure.}}{\Theta_5H_4N_4\Theta_3} + \Theta + H_2\Theta = \underset{\text{Allantoin.}}{\Theta_4H_6N_4\Theta_3} + \Theta\Theta_2.$$

Das Allantoin entspricht, wie man sieht, nicht vollständig der Harnsäure; es enthält nicht nur ΘΘ weniger, sondern gleichzeitig die Elemente von 1 Mol. Wasser mehr.

II. 1) Die Harnsäure enthält die Elemente von Dialursäure + Harnstoff — Wasser; sie könnte demnach nach folgender Gleichung zerfallen:

$$\Theta_5H_4N_4\Theta_3 + 2H_2\Theta = \Theta_4H_4N_2\Theta_4 + \Theta H_4N_2\Theta.$$

Harnsäure. Dialursäure. Harnstoff.

Eine solche Spaltung der Harnsäure ist indess bis jetzt nicht ausführbar und ist auch, wie später gezeigt werden wird (§. 1214), unwahrscheinlich.

2) Wird Harnsäure mit oxydirenden Substanzen behandelt, so zerfällt sie leicht durch Oxydation und gleichzeitige Wasseraufnahme in Alloxan und Harnstoff oder dessen Zersetzungsproducte:

$$\Theta_5H_4N_4\Theta_3 + H_2\Theta + \Theta = \Theta_4H_2N_2\Theta_4 + \Theta H_4N_2\Theta.$$

Harnsäure. Alloxan. Harnstoff.

3) Das Alloxan unterscheidet sich von der Dialursäure nur durch zwei Atome Wasserstoff, es geht in der That durch directe Wasserstoffaufnahme in Dialursäure über:

$$\Theta_4H_2N_2\Theta_4 + H_2 = \Theta_4H_4N_2\Theta_4$$

Alloxan. Dialursäure.

Umgekehrt gibt die Dialursäure bei Oxydation wieder Alloxan:

$$\Theta_4H_4N_2\Theta_4 + \Theta = \Theta_4H_2N_2\Theta_4 + H_2\Theta$$

Dialursäure. Alloxan.

4) Das Alloxantin steht zwischen dem Alloxan und der Dialursäure, es verhält sich zu beiden etwa wie der Essigäther zur Essigsäure und zum Alkohol, und es entsteht in der That durch die unter Wasseraustritt erfolgende Vereinigung beider:

$$\Theta_4H_2N_2\Theta_4 + \Theta_4H_4N_2\Theta_4 = \Theta_8H_4N_4\Theta_7 + H_2\Theta$$

Alloxan. Dialursäure. Alloxantin.

Daher wird auch Alloxantin gebildet, wenn reducirende Substanzen auf Alloxan einwirken; und die Bildung des Alloxantins geht stets der Bildung der Dialursäure voraus:

$$2\Theta_4H_2N_2\Theta_4 + H_2 = \Theta_8H_4N_4\Theta_7 + H_2\Theta$$

Alloxan. Alloxantin.

Das Alloxantin seinerseits geht dann durch weitere Reduction in Dialursäure über:

$$\Theta_8H_4N_4\Theta_7 + H_2 + H_2\Theta = 2\Theta_4H_4N_2\Theta_4$$
Alloxantin. Dialursäure.

5) Das *Alloxan* verbindet sich bei Einwirkung von Basen direct mit den Elementen des Wassers (oder der dem Typus Wasser zugehörigen Base) und liefert so *Alloxansäure* oder ein Salz dieser Säure:

$$\Theta_4H_2N_2\Theta_4 + H_2\Theta = \Theta_4H_4N_2\Theta_5$$
Alloxan. Alloxansäure.

6) Die *Alloxansäure* zerfällt dann, bei geeigneten Reactionen, durch Aufnahme eines weiteren Molecüls Wasser in *Mesoxalsäure* und Harnstoff, oder in deren Zersetzungsproducte:

$$\Theta_4H_4N_2\Theta_5 = H_2\Theta = \Theta_3H_2\Theta_5 + \Theta H_4N_2\Theta$$
Alloxansäure. Mesoxalsäure. Harnstoff.

III. 1) Es wurde eben erwähnt (II. 2), dass die Harnsäure bei gemässigten Oxydationen *ein* Atom Kohlenstoff in Form von Harnstoff verliert und dass so *Alloxan* entsteht. Bei stärkeren Oxydationen verliert dieses, oder auch die Harnsäure selbst, ein *zweites* Atom Kohlenstoff als Kohlensäure, während gleichzeitig *Parabansäure* gebildet wird:

$$\Theta_4H_2N_2\Theta_4 + \Theta = \Theta_3H_2N_2\Theta_3 + \Theta\Theta_2$$
Alloxan. Parabansäure.

2) Die *Parabansäure* unterscheidet sich vom Alloxan durch $\Theta\Theta$, welches sie weniger enthält; sie verhält sich bei vielen Reactionen dem Alloxan völlig analog. So entsteht z. B. durch Einwirkung reducirender Substanzen aus der Parabansäure das *Oxalantin*, gerade so wie bei entsprechenden Reactionen aus dem Alloxan das Alloxantin erzeugt wird (II. 4):

$$2\Theta_3H_2N_2\Theta_3 + H_2 = \Theta_6H_4N_4\Theta_5 + H_2\Theta$$
Parabansäure. Oxalantin.

Es ist bis jetzt nicht gelungen, die Parabansäure durch weitergehende Reduction in Allantursäure überzuführen; wenn wirklich zwischen diesen Körpern und den entsprechenden um $\Theta\Theta$ reicheren Substanzen eine vollständige Analogie stattfindet, so muss eine derartige Reduction ausführbar sein.

3) Gerade so wie das Alloxan durch Aufnahme von Wasser in Alloxansäure übergeht (II. 5), so verwandelt sich die *Parabansäure* (bei Einwirkung von wässrigem Ammoniak) in *Oxalursäure*:

$$\Theta_3H_2N_2\Theta_3 + H_2\Theta = \Theta_3H_4N_2\Theta_4$$
Parabansäure. Oxalursäure.

4) Die Oxalursäure endlich zerfällt, wenn ihre Salze mit Wasser gekocht werden, unter weiterer Wasseraufnahme in Oxalsäure und Harnstoff; sie erleidet also eine Spaltung, die der oben (II. 6) für die Alloxansäure angegebenen völlig analog ist:

$$\underset{\text{Oxalursäure.}}{\Theta_3H_4N_2\Theta_4} + H_2\Theta = \underset{\text{Oxalsäure.}}{\Theta_2H_2\Theta_4} + \underset{\text{Harnstoff.}}{\Theta H_4N_2\Theta}$$

IV. Die Umwandlungsproducte des Allantoins sind bis jetzt nicht näher untersucht; man weiss nur, dass für das Allantoin eine directe Spaltung ausführbar ist, die völlig derjenigen analog ist, welche oben (II. 1) für die Harnsäure als möglich aber bis jetzt nicht verwirklicht angegeben wurde. Das Allantoin zerfällt nämlich bei Einwirkung verdünnter Säuren unter Aufnahme von Wasser in Harnstoff und Allantursäure:

$$\underset{\text{Allantoin.}}{\Theta_4H_6N_4\Theta_3} + H_2\Theta = \underset{\text{Allantursäure.}}{\Theta_3H_4N_2\Theta_3} + \underset{\text{Harnstoff.}}{\Theta H_4N_2\Theta}$$

Wenn die Analogie zwischen Allantoin und Harnsäure wirklich so vollständig ist, wie es seither angenommen wurde, so müsste bei geeigneten Oxydationen aus Allantursäure (und auch aus Allantoin) Parabansäure oder Oxalursäure entstehen. Bei allen bis jetzt bekannten Metamorphosen geht die Zersetzung weiter und man erhält direct Oxalsäure.

V. An die eben besprochenen Abkömmlinge der Harnsäure reiht sich weiter noch an die Uroxansäure, die aus der Harnsäure durch directe Aufnahme von Wasser gebildet wird:

$$\underset{\text{Harnsäure.}}{\Theta_5H_4N_4\Theta_3} + 3H_2\Theta = \underset{\text{Uroxansäure.}}{\Theta_5H_{10}N_4\Theta_6}$$

Ferner noch eine Anzahl von Zersetzungsproducten, deren Beziehungen zur Harnsäure oder ihren näheren Abkömmlingen bis jetzt nicht durch Versuche festgestellt sind; namentlich: Leucotursäure (§. 1177), Hydantoin (§. 1181), Dilitursäure (§. 1183), Hydurilsäure (§. 1174), Allitursäure (§. 1181) etc.

1160. VI. Alle im Vorhergehenden erwähnten Abkömmlinge der Harnsäure sind einfacher zusammengesetzt als die Harnsäure selbst, oder als diejenigen Substanzen, aus denen sie erzeugt werden. Sie entstehen entweder durch Spaltung, bisweilen unter gleichzeitiger Oxydation; oder sie werden wenigstens durch Aufnahme der Elemente des Wassers gebildet, also durch eine Reaction, die gewissermassen die Spaltung des Molecüls in mehrere vermittelt.

Man kennt nun weiter eine Anzahl von Derivaten der Harnsäure, die eine complicirtere Zusammensetzung besitzen als die sie erzeugenden

Körper. Man hat namentlich eine Reihe von Verbindungen dargestellt, die unter Vermittlung des Ammoniaks und unter Aufnahme der Elemente dieses Körpers entstehen, während, in den meisten Fällen wenigstens, gleichzeitig Wasser eliminirt wird. Diese Substanzen können demnach als amidartige Verbindungen der entsprechenden einfacheren Abkömmlinge der Harnsäure angesehen werden. Es sind wesentlich: Mykomelinsäure (§. 1169), Thionursäure (§. 1170), Uramil oder Murexan (§. 1172), Murexid und Purpursäure (§. 1171) und Oxalan oder Oxaluramid (§. 1180).

Die folgenden Formeln zeigen die Beziehungen dieser Körper:

$$\underset{\text{Alloxan.}}{\Theta_4H_2N_2\Theta_4} + 2NH_3 - 2H_2\Theta = \underset{\text{Mykomelinsäure.}}{\Theta_4H_4N_4\Theta_2}$$

$$\underset{\text{Alloxan.}}{\Theta_4H_2N_2\Theta_4} + NH_3 + S\Theta_2 = \underset{\text{Thionursäure.}}{\Theta_4H_5N_3S\Theta_6}$$

$$\underset{\text{Dialursäure.}}{\Theta_4H_4N_2\Theta_4} + NH_3 - H_2\Theta = \underset{\text{Dialuramid (Uramil).}}{\Theta_4H_5N_3\Theta_3}$$

$$\underset{\text{Alloxantin.}}{\Theta_8H_4N_4\Theta_7} + 2NH_3 - H_2\Theta = \underset{\text{Murexid.}}{\Theta_8H_8N_6\Theta_6}$$

$$\underset{\text{Alloxantin.}}{\Theta_8H_4N_4\Theta_7} + NH_3 - H_2\Theta = \underset{\text{Purpursäure.}}{\Theta_8H_5N_5\Theta_6}$$

—

$$\underset{\text{Oxalursäure.}}{\Theta_3H_4N_2\Theta_4} + NH_3 - H_2\Theta = \underset{\text{Oxaluramid (Oxalan).}}{\Theta_3H_5N_3\Theta_3}$$

Zu diesen complicirter zusammengesetzten Abkömmlingen der Harnsäure gehört ferner noch die Pseudoharnsäure (§. 1173), bei deren Bildung das Uramil, das Amid der Dialursäure, die Elemente der Cyansäure, also die Elemente des Carbimids aufnimmt:

$$\underset{\text{Dialuramid.}}{\Theta_4H_5N_3\Theta_3} + \underset{\text{Cyansäure.}}{\Theta HN\Theta} = \underset{\text{Pseudoharnsäure.}}{\Theta_5H_6N_4\Theta_4}$$

Die Pseudoharnsäure unterscheidet sich, wie man leicht sieht, in ihrer empirischen Zusammensetzung von der Harnsäure nur durch die Elemente des Wassers, welche sie mehr enthält, und sie könnte so, ihrer empirischen Formel nach, in die oben (§. 1158) gegebene Tabelle über der Harnsäure, also dem Allantoin entsprechend eingeschaltet werden. Ihre wirkliche Beziehung zur Harnsäure ist indess offenbar nicht so einfach (vgl. §. 1214).

Für einzelne, namentlich für die einfacheren Abkömmlinge der 1161.
Harnsäure, können aus den oben mitgetheilten Metamorphosen rationelle

Formeln abgeleitet werden, welche die Beziehungen dieser Substanzen untereinander in ziemlich klarer Weise hervortreten lassen.

Geht man bei diesen Betrachtungen von den als Endglieder der Zersetzungen entstehenden beiden Säuren, der **Mesoxalsäure** und der **Oxalsäure** aus, so sieht man zunächst, dass die Mesoxalsäure zur Oxalsäure genau in derselben Beziehung steht, wie diese zu der als Hydrat gedachten Kohlensäure:

Diff.: CO.		Diff.: CO.
$C_3H_2O_5$	$C_2H_2O_4$	CH_2O_3
Mesoxalsäure.	Oxalsäure.	Kohlensäure.

Schreibt man diese drei Säuren, um ihre zweibasische Natur auszudrücken, als dem Typus: $2H_2O$ zugehörig, so hat man:

$$\left.\begin{matrix} C_3O_3'' \\ H_2 \end{matrix}\right\} O_2 \qquad \left.\begin{matrix} C_2O_2'' \\ H_2 \end{matrix}\right\} O_2 \qquad \left.\begin{matrix} CO'' \\ H_2 \end{matrix}\right\} O_2$$

Die Kohlensäure kann als Methylenglycol angesehen werden, in welchem der Wasserstoff des Radicals durch Sauerstoff ersetzt ist; die Oxalsäure als Aethylenglycol bei dem aller Wasserstoff des Radicals durch Sauerstoff vertreten ist. In derselben Weise erscheint die Mesoxalsäure als Propylenglycol, bei welchem aller Wasserstoff des Radicals durch Sauerstoff ersetzt ist.

Durch diese Betrachtung wird zunächst der Mesoxalsäure ihre Stellung im System angewiesen. Sie leitet sich, wie die Milchsäure und die Malonsäure, aus dem Propylenglycol her; sie verhält sich zur Malonsäure wie diese zur Milchsäure oder wie die Oxalsäure zur Glycolsäure; und sie erscheint so als Anfangsglied und bis jetzt als einziger Repräsentant einer an die Reihe der Oxalsäure sich anschliessenden Säurereihe: $\left.\begin{matrix} C_nH_{2n-6}O_3'' \\ H_2 \end{matrix}\right\} O_2$. Gerade so wie zwischen den gewöhnlich als homolog bezeichneten Körpern dieselbe Zusammensetzungsdifferenz: nCH_2 stattfindet, so existirt auch zwischen den drei erwähnten Säuren eine Art von Homologie, aber die Zusammensetzungsdifferenz ist: nCO.

Dehnt man diese Betrachtungen dann auf das **Alloxan** und die **Alloxansäure**, auf die **Parabansäure** und **Oxalursäure** aus, und berücksichtigt man, dass aus den beiden ersteren neben Mesoxalsäure noch Harnstoff gebildet wird, während die beiden letzteren neben Oxalsäure ebenfalls Harnstoff erzeugen, so kommt man für diese vier Substanzen zu den folgenden Formeln, in welchen, neben den Radicalen der Mesoxalsäure und der Oxalsäure (Mesoxalyl: C_3O_3'' und Oxalyl: C_2O_2''), noch das Radical des Harnstoffs (Carbonyl: CO'') angenommen ist:

$$\underbrace{\text{Diff.: } H_2\Theta.}\qquad\qquad \underbrace{\text{Diff.: } H_2\Theta.}$$

$$\left.\begin{array}{c} C_3''\Theta_3 \\ C''\Theta \\ H_2 \end{array}\right\} N_2 \qquad \left.\begin{array}{c} C_3''\Theta_3 \\ C''\Theta \\ H_4 \end{array}\right\} \begin{array}{l} \Theta \\ N_2 \end{array} \qquad \begin{array}{ll} \left.\begin{array}{c} C_3''\Theta_3 \\ H_2 \end{array}\right\} \Theta_2 & \text{Mesoxalsäure.} \\ \hline \left.\begin{array}{c} C''\Theta \\ H_4 \end{array}\right\} N_2 & \text{Harnstoff.} \end{array}$$

Alloxan. Alloxansäure.

$$\left.\begin{array}{c} C_2''\Theta_2 \\ C''\Theta \\ H_2 \end{array}\right\} N_2 \qquad \left.\begin{array}{c} C_2''\Theta_2 \\ C''\Theta \\ H_4 \end{array}\right\} \begin{array}{l} \Theta \\ N_2 \end{array} \qquad \begin{array}{ll} \left.\begin{array}{c} C_2''\Theta_2 \\ H_2 \end{array}\right\} \Theta_2 & \text{Oxalsäure.} \\ \hline \left.\begin{array}{c} C''\Theta \\ H_4 \end{array}\right\} N_2 & \text{Harnstoff.} \end{array}$$

Parabansäure. Oxalursäure.

Man könnte danach das Alloxan und die Parabansäure als Diamide ansehen; das Alloxan als Mesoxalyl-carbonyl-diamid, die Parabansäure als Oxalyl-carbonyl-diamid. Die durch Wasseraufnahme aus beiden entstehenden Verbindungen, Alloxansäure und Oxalursäure, wären den Aminsäuren entsprechend; und wenn diese ein weiteres Molecül Wasser aufnehmen, so zerfällt die Atomgruppe in zwei Molecüle, in das Amid der Kohlensäure (Harnstoff) und das Hydrat der Mesoxalsäure oder der Oxalsäure.

Für die übrigen Abkömmlinge der Harnsäure und für die Harnsäure selbst bietet diese von Gerhardt herrührende Betrachtung keine wesentlichen Vorzüge und es scheint daher zweckmässig sie, vorerst wenigstens, nicht weiter auszudehnen (vgl. §§. 1210 ff.).

Harnsäure*): $C_5H_4N_4\Theta_3$. Die Harnsäure wurde 1776 von Scheele entdeckt; sie wurde zuerst von Liebig und Wöhler (1838) und seitdem von einer grossen Anzahl von Chemikern untersucht. 1162.

Die Harnsäure findet sich im Harn fast aller Thiere. Die Excremente der Schlangen bestehen fast ausschliesslich aus Harnsäure und harnsaurem Ammoniak; die Excremente der Insecten und der Harn der Vögel, daher auch der Guano, sind ebenfalls sehr reich an Harnsäure. In bei weitem geringerer Menge findet sie sich im Harn des Menschen und der fleischfressenden Thiere (die von einem gesunden Menschen abgeschiedene Harnsäure beträgt durchschnittlich 0,5 Gr. täglich). Der

*) Vgl. bes.: Liebig, Ann. Chem. Pharm. X. 47. — Liebig und Wöhler, ibid. XXVI. 241. — Bensch, ibid. LIV. 189, LVIII. 266. — Allan und Bensch, ibid. LXV. 181. — Arppe, ibid. LXXXVII. 237. — Cloëtta, ibid. XCIX. 289. — Müller, ibid. CIII. 139.

Harn der Herbivoren enthält noch weniger Harnsäure als der der Carnivoren. Man hat die Harnsäure ferner in der Milz, der Leber, dem Lungengewebe, dem Blut etc. gefunden. Einzelne Arten von Harnsteinen und Harnsedimenten bestehen wesentlich aus Harnsäure; die gichtischen Ablagerungen der Gelenke sind meistens harnsaures Natron.

Darstellung. Das geeignetste Material zur Darstellung der Harnsäure sind die Schlangenexcremente. Man kocht dieselben mit verdünnter Kali- oder Natronlauge bis zur vollständigen Lösung, filtrirt und übersättigt mit Salzsäure oder verdünnter Schwefelsäure, wodurch die Harnsäure als anfangs flockig-gelatinöser bald krystallinisch werdender Niederschlag gefällt wird. Da das harnsaure Kali in Wasser weit löslicher ist als harnsaures Natron, so ist Kalilauge zur Darstellung der Harnsäure geeigneter als Natronlauge. — Zur Darstellung aus Guano kocht man denselben mit Boraxlösung (1 Th. Borax auf 120 Th. Wasser), filtrirt und fällt die Harnsäure mittelst Salzsäure.

Eigenschaften. Die durch Salzsäure gefällte Harnsäure ist wasserfrei, sie stellt kleine völlig weisse Krystallschüppchen dar. Wenn sich die Harnsäure aus verdünnten Lösungen langsam abscheidet, so erhält man bisweilen grössere Krystalle, die 2 Mol. $H_2\Theta$ enthalten.

Die Harnsäure ist in Wasser nahezu unlöslich; 1 Th. Säure bedarf 15000 Th. kalten und 1800 Th. siedenden Wassers zur Lösung; sie ist unlöslich in Alkohol und in Aether. Von concentrirter Schwefelsäure wird sie beim Erwärmen reichlich gelöst; beim Erkalten krystallisirt dann eine sehr zerfliessliche Verbindung: $\Theta_5H_4N_4\Theta_3$, $4SH_2\Theta_4$. Durch Zusatz von Wasser fällt die Harnsäure aus dieser Lösung aus. Beim Erhitzen liefert die Harnsäure, neben anderen Zersetzungsproducten Cyanursäure, Cyanammonium und Harnstoff.

Harnsaure Salze. Die Harnsäure ist zweibasisch. Das neutrale Kalisalz und das neutrale Natronsalz sind leicht löslich in Wasser (das erstere in 44 Th. kalten und 35 Th. siedenden Wassers, das letztere kalt in 77 Th., heiss in 75 Th.). Alle übrigen harnsauren Salze, auch die sauren Salze der Alkalien, sind in Wasser wenig löslich; daher werden aus den Lösungen der neutralen Alkalisalze durch Einleiten von Kohlensäure die sauren Alkalisalze als weisse Pulver gefällt.

Erkennung und Bestimmung. Zur Erkennung der Harnsäure dienen: ihre Unlöslichkeit in Wasser und Salzsäure; ihre Krystallform unter dem Mikroscop (meist rhombische Tafeln mit abgerundeten stumpfen Winkeln, oft s. g. Dumbbells) und namentlich ihr Verhalten gegen Salpetersäure. Dampft man nämlich Harnsäure mit Salpetersäure bei gelinder Wärme zur Trockne, so bleibt ein gelber oder röthlicher Rückstand, der bei Einwirkung von Ammoniak schön violettroth, bei Einwirkung von Kali tief violettblau wird (vgl. Murexid und purpursaures Kali §. 1171). Eine andere ebenfalls sehr empfindliche Reaction ist in neuerer Zeit von Schiff *) angegeben worden. Man löst in kohlensaurem Natron und bringt

*) Ann. Chem. Pharm. CIX. 65.

einen Tropfen der Lösung auf mit Silberlösung befeuchtetes Papier; war Harnsäure vorhanden, so entsteht ein brauner Fleck, weil die Harnsäure das kohlensaure Silber bei gewöhnlicher Temperatur reducirt.

Zur quantitativen Bestimmung der Harnsäure im Harn vermischt man diesen mit Salzsäure, lässt 24 Stunden stehen und wägt die sich pulverförmig absetzende Harnsäure.

Zersetzungen. Die wichtigsten Zersetzungen der Harnsäure sind schon oben erwähnt (§. 1159) und werden gelegentlich der entstehenden Producte noch ausführlicher besprochen, es genügen daher hier wenige Angaben. Von Chlor wird die trockene Harnsäure erst beim Erhitzen angegriffen, es entsteht neben anderen Producten Cyansäure. Wirkt Chlor bei Gegenwart von Wasser auf Harnsäure ein, so entstehen zunächst Alloxan, Parabansäure etc. und schliesslich Kohlensäure, Oxalsäure und Ammoniak. Durch Einwirkung der meisten oxydirenden Substanzen wird Alloxan oder Parabansäure erzeugt; beim Kochen mit Wasser und Bleihyperoxyd entsteht Allantoin. Durch Einwirkung von chloriger Säure auf Harnsäure wird, nach Schiel *), eine chlorhaltige Säure erhalten, Chloralursäure, die bis jetzt nicht näher untersucht ist.

Erhitzt man Harnsäure längere Zeit mit Wasser auf 180°, so tritt Zersetzung ein, durch welche wesentlich Mykomelinsäure erzeugt wird (Hlasiwetz) **):

$$\underset{\text{Harnsäure.}}{\Theta_5H_4N_4\Theta_3} = \underset{\text{Mykomelinsäure.}}{\Theta_4H_4N_4\Theta_2} + \Theta\Theta$$

Kocht man längere Zeit eine alkalische Lösung von Harnsäure, so entsteht neben Ameisensäure, Oxalsäure und Harnstoff, Uroxansäure (§. 1163). Schmilzt man Harnsäure mit Kalihydrat, so entweicht Ammoniak und der Rückstand enthält oxalsaures Kali, kohlensaures Kali und Cyankalium.

Uroxansäure ***). $\Theta_5H_{10}N_4\Theta_6$ Wenn Harnsäure anhaltend unter 1163.
Ersetzen des verdampfenden Wassers mit überschüssiger ziemlich concentrirter Kalilauge gekocht wird und die Lösung dann längere Zeit sich selbst überlassen bleibt, so setzen sich tafelförmige glänzende Krystalle von uroxansaurem Kali ab. Zersetzt man dieses in kaltem Wasser leicht lösliche Kalisalz: $\Theta_5H_8K_2N_4\Theta_6 + 3H_2\Theta$ mit verdünnter Salzsäure oder Schwefelsäure, so scheidet sich die Uroxansäure als weisser aus mikroskopischen Tetraedern bestehender Niederschlag aus. Die Säure ist in kaltem Wasser wenig löslich, unlöslich in Alkohol; von siedendem Was-

*) Ann. Chem. Pharm. CXII. 78.
**) ibid. CIII. 211.
***) Städeler, Ann. Chem. Pharm LXXVIII. 286. LXXX. 119.

ser wird sie leicht aber unter fortwährender Zersetzung und Kohlensäureentwicklung aufgenommen.

Abkömmlinge der Harnsäure. I. Mesoxalreihe.

1164. Alloxan *). $\Theta_4H_2N_2O_4$. Das Alloxan wurde 1817 von Brugnatelli entdeckt und von Liebig und Wöhler zuerst näher untersucht. Es entsteht bei gemässigter Oxydation der Harnsäure.

In neuester Zeit wurde es von Liebig in einem thierischen Sekrete, einem gallertartigen Schleim bei Darmkatarrh, aufgefunden.

Darstellung. 1) Man trägt in farblose Salpetersäure von 1,4—1,42 spec. Gew. unter beständigem Abkühlen und zeitweisem Umrühren allmälig Harnsäure ein, so lange dieselbe noch aufgenommen wird und bis ein steifer Brei von kleinen Alloxankrystallen entsteht. Man operirt zweckmässig in kleinen Mengen; auf 75 Gr. Salpetersäure, 70 bis 80 Gramm Harnsäure. Die nach 24stündigem Stehen ausgeschiedenen Krystalle werden durch Abtropfen möglichst von der sauren Mutterlauge getrennt und in wenig höchstens 60° — 65° warmem Wasser gelöst; aus der filtrirten Lösung scheidet sich dann beim Erkalten wasserhaltiges Alloxan aus. Die Mutterlauge wird zweckmässig zur Darstellung von Alloxantin verwendet, aus dem durch Oxydation leicht wieder Alloxan erhalten werden kann (Gregory). — 2) Man übergiesst Harnsäure (124 Gr.) mit gewöhnlicher Salzsäure (240 Gr.) und trägt allmälig und unter Umrühren chlorsaures Kali (30 Gr.) ein. Die Masse erwärmt sich von selbst; die Operation muss daher langsam geleitet werden, so dass keine zu grosse Erhitzung eintritt. Zuletzt verdünnt man mit Wasser, führt das in Lösung befindliche Alloxan durch Schwefelwasserstoff in Alloxantin über, und verwandelt das durch Umkrystallisiren gereinigte Alloxantin durch Oxydation wieder in Alloxan (Schlieper).

Das Alloxan krystallisirt beim Erkalten der warmen wässrigen Lösung in grossen wasserhellen Krystallen, die 4 Mol. Krystallwasser enthalten und leicht verwittern: $\Theta_4H_2N_2O_4 + 4H_2\Theta$. Wird eine wässrige Alloxanlösung in der Wärme verdunstet, so entstehen kleine rhombische Octaeder, die nur 1 Mol. Krystallwasser enthalten und luftbeständig sind: $\Theta_4H_2N_2\Theta_4 + H_2\Theta$. Das Alloxan ist sehr löslich in Wasser, seine Lösung reagirt sauer. Es färbt sich an der Luft, wahrscheinlich durch den Ammoniakgehalt derselben, allmälig roth.

Das Alloxan erzeugt mit Eisenoxydulsalzen eine indigblaue Färbung.

Es verbindet sich direct mit sauren schwefligsauren Alkalien. Löst man z. B. Alloxan in einer warmen Lösung von saurem schwefligsaurem Kali, so scheiden sich beim Erkalten grosse Krystalle aus ($\Theta_4H_2N_2\Theta_4$, $SHKO_3$, H_2O), die auf Zusatz von Säuren schweflige Säure entwickeln**).

Durch Alkalien wird das Alloxan zuerst in Alloxansäure übergeführt, die dann beim Kochen weiter zerfällt.

*) Vgl. bes. Liebig und Wöhler, Ann. Chem. Pharm. XXVI. 256, 304; XXXVIII. 357. Gregory, ibid. XXXIII. 334, LX. 267. Schlieper, ibid. LV. 253.

**) Vgl. Baumert und Heintz, Jahresb. 1860. 326.

Die wässrige Lösung des Alloxans zersetzt sich bei längerem Stehen schon bei gewöhnlicher Temperatur, rascher beim Kochen, in Alloxantin und Parabansäure *):

$$3C_4H_2N_2O_4 = C_8H_4N_4O_7 + C_3H_2N_2O_3 + CO_2$$

Alloxan. Alloxantin. Parabansäure.

Bei längerem Stehen oder Kochen zerfällt die Parabansäure weiter; es entsteht Oxalursäure und schliesslich Oxalsäure und Harnstoff. Wird Alloxan mit verdünnten Säuren erwärmt, so findet dieselbe Zersetzung statt, es bildet sich Alloxantin, Harnstoff, Oxalsäure und Kohlensäure.

Von Salpetersäure wird das Alloxan schon bei gelindem Erhitzen oxydirt, indem unter Kohlensäureentwicklung Parabansäure entsteht. Erhitzt man eine wässrige Alloxanlösung mit Bleihyperoxyd, so geht die Zersetzung weiter, man erhält Harnstoff, oxalsaures Blei und Kohlensäure.

Reducirende Substanzen, namentlich Schwefelwasserstoff, schweflige Säure, Zink und Salzsäure, Zinnchlorür, verwandeln das Alloxan in der Kälte in Alloxantin; beim Erhitzen geht die Reduction weiter, man erhält Dialursäure.

Erwärmt man Alloxan mit wässrigem Ammoniak, so scheidet sich mykomelinsaures Ammoniak aus. Kocht man mit Ammoniak und schwefliger Säure, so bildet sich Thionursäure.

Setzt man Alloxan zu einer blausäurehaltigen Ammoniaklösung, so entstehen Dialursäure, Oxaluramid und Kohlensäure. Wird statt des Ammoniaks Aethylamin angewandt, so erhält man Aethyl-oxaluramid.

Alloxansäure **): $C_4H_4N_2O_5$. Die Alloxansäure enthält die Ele- 1165.
mente von Alloxan plus Wasser. Ihre Salze entstehen leicht durch Einwirkung von Basen auf Alloxan. Die Säure selbst erhält man am zweckmässigsten durch Zersetzen des Barytsalzes mittelst Schwefelsäure; sie ist schwer krystallisirbar, sehr löslich in Wasser und in Alkohol, weniger in Aether.

Die Alloxansäure ist zweibasisch; ihre Salze sind von Schlieper ausführlich untersucht.

Alloxansaurer Baryt: $C_4H_2Ba_2N_2O_5 + 4H_2O$ wird am zweckmässigsten in folgender Weise dargestellt. Man vermischt 2 Vol kalt gesättigter Alloxanlösung mit 3 Vol. kalt gesättigter Chlorbaryumlösung, erwärmt auf 60° – 70° und setzt allmälig Kalilauge zu bis der anfangs wieder verschwindende Nieder-

*) Wuth, Ann. Chem. Pharm. CVIII. 41.

**) Vgl. bes. Liebig und Wöhler, Ann. Chem. Pharm. XXVI. 292; — Schlieper, ibid. LV. 263; LVI. 1.

schlag bleibend wird. Die Flüssigkeit wird dann plötzlich zu einem Brei von neutralem alloxansaurem Baryt, der sich rasch als krystallinisches in Wasser schwer lösliches Pulver zu Boden setzt.

Die Alloxansäure zerfällt beim Kochen ihrer wässrigen Lösung in noch nicht näher untersuchte Zersetzungsproducte: Leucotursäure und Difluan (§§. 1175. 1177). Die alloxansauren Salze zerfallen beim Kochen in Harnstoff und Mesoxalsäure oder deren Zersetzungsproducte.

Von Schwefelwasserstoff wird die Alloxansäure nicht angegriffen. Von Salpetersäure wird sie oxydirt, indem, wie aus Alloxan, Kohlen- und Parabansäure entstehen.

1166. Alloxantin *): $\Theta_8H_4N_4\Theta_7$. Das Alloxantin hat die Zusammensetzung von Alloxan + Dialursäure — Wasser. Man könnte es demnach als dialursaures Alloxan betrachten und man erhält in der That einen Niederschlag von Alloxantin, wenn man eine Lösung von Alloxan mit einer Lösung von Dialursäure vermischt:

$$\underset{\text{Dialursäure.}}{\Theta_4H_4N_2\Theta_4} + \underset{\text{Alloxan.}}{\Theta_4H_2N_2\Theta_4} = \underset{\text{Alloxantin.}}{\Theta_8H_4N_4\Theta_7} + H_2\Theta$$

Das Alloxantin entsteht ferner durch unvollständige Reduction des Alloxans. Leitet man z. B. in wässrige Alloxanlösung in der Kälte Schwefelwasserstoff, so scheidet sich rasch Schwefel aus und es bildet sich allmälig ein krystallinischer Niederschlag von Alloxantin, welches durch Umkrystallisiren aus siedendem Wasser gereinigt werden kann. Lässt man Zink und verdünnte Salzsäure auf Alloxan einwirken, so bilden sich krystallinische Krusten von Alloxantin. Setzt man zu einer Lösung von Alloxan Zinnchlorür, so wird augenblicklich Alloxantin gefällt.

Das Alloxantin krystallisirt in wasserhaltigen farblosen Prismen: $\Theta_8H_4N_4\Theta_7 + 3H_2\Theta$, die ihr Krystallwasser erst bei etwa 150° verlieren. Es ist in kaltem Wasser schwer, in siedendem Wasser leichter löslich. Die Lösung reagirt sauer und gibt mit Barytwasser einen charakteristischen tief violettgefärbten Niederschlag, der beim Kochen farblos wird, indem er in alloxansauren und dialursauren Baryt zerfällt.

Das Alloxantin zerfällt, wenn man es mit Wasser auf 180° — 190° erhitzt in Oxalsäure, Ammoniak, Kohlensäure und Kohlenoxyd. Durch energische Reduction geht es in Dialursäure über; durch Oxydation verwandelt es sich leicht in Alloxan.

Zur Umwandlung des Alloxantins in Alloxan hat man nur nöthig Alloxantin mit etwa der doppelten Menge Wasser zu übergiessen, im Wasserbad zu erwärmen

*) Vgl bes. Liebig und Wöhler, Ann. Chem. Pharm. XXVI. 262, 309. — Schlieper, LVI. 20.

und dann allmälig so viel Salpetersäure zuzusetzen, dass das Alloxantin gerade gelöst wird; beim Erkalten krystallisirt dann Alloxan.

Wird Alloxantin mit Wasser längere Zeit auf 180° erhitzt, so zerfällt es nach der Gleichung:

$$\Theta_8H_4N_4\Theta_7 + 5H_2\Theta = \Theta_2(NH_4)_2\Theta_4 + 2NH_3 + 2\Theta\Theta_2 + 4\Theta\Theta$$

Alloxantin. Oxalsaures Ammoniak.

Setzt man zu einer warmen Alloxantinlösung Ammoniak, so entsteht durch Bildung von Murexid eine purpurfarbene Flüssigkeit, die beim Erkalten farblos wird. Löst man Alloxantin in wässrigem Ammoniak und lässt man an der Luft verdunsten, so entsteht oxalsaures Ammoniak. Vermischt man eine Lösung von Alloxantin mit einer Lösung von Salmiak, so scheidet sich bald Dialuramid aus, während die Flüssigkeit Alloxan enthält. Beim Kochen von Alloxantin mit Salzsäure entstehen neben Alloxan und Parabansäure noch Allitursäure (§. 1182) und Dilitursäure (§. 1183).

Dialursäure **): $\Theta_4H_4N_2\Theta_4$. Die Dialursäure entsteht durch 1167.
Reduction des Alloxantin und des Alloxans. Sie wird leicht erhalten wenn in eine heisse Alloxanlösung Schwefelwasserstoff bis zur Sättigung geleitet wird, oder wenn man Natriumamalgam auf Alloxan oder Alloxantin einwirken lässt.

Die freie Dialursäure krystallisirt in langen Nadeln, die in Wasser ziemlich löslich sind; die Krystalle färben sich an der Luft roth und geben allmälig in Alloxantin über. Die Dialursäure ist einbasisch. Das Ammoniaksalz $\Theta_4H_3(NH_4)N_2\Theta_4$ ist in kaltem Wasser schwer, in siedendem leicht löslich, es färbt sich an der Luft roth.

Das Ammoniaksalz eignet sich dieser Eigenschaften wegen zur Reindarstellung der Dialursäure. Hat man z. B. durch Einleiten von Schwefelwasserstoff in siedende Alloxanlösung Dialursäure dargestellt, so filtrirt man vom ausgeschiedenen Schwefel ab und setzt kohlensaures Ammoniak zu, man erhält dann beim Erkalten feine Nadeln von dialursaurem Ammoniak. Löst man dieses Ammoniaksalz in warmer Salzsäure von mittlerer Concentration, so scheiden sich beim Erkalten Nadeln von Dialursäure aus.

Die Dialursäure oxydirt sich sehr leicht, ihre ammoniakalische Lösung reducirt daher Silbersalze. Bei den meisten Oxydationen entsteht direct Alloxan.

Mesoxalsäure: $\Theta_3H_2\Theta_5$. Die Mesoxalsäure entsteht durch Spal- 1168.
tung der Alloxansäure:

---

*) Buckeisen, Ann. Chem. Pharm. CIII. 216.

**) Vgl. bes. Liebig und Wöhler, Ann. Chem. Pharm. XXVI. 276.

$$\Theta_4H_4N_2\Theta_5 + H_2\Theta = \Theta_3H_2\Theta_5 + \Theta H_4N_2\Theta$$
Alloxansäure. Mesoxalsäure. Harnstoff.

Sie wurde von Liebig und Wöhler*) entdeckt und später noch von Svanberg und Kolmodin**) erhalten. Ihre Bildung scheint von bis jetzt nicht näher ermittelten Umständen abhängig zu sein, wenigstens erhält man häufig statt der Mesoxalsäure nur Oxalsäure oder doch ein mit Oxalsäure stark verunreinigtes Präparat.

Giesst man in eine kochende Auflösnng von essigsaurem Bleioxyd tropfenweise eine Lösung von Alloxan (oder auch von Alloxansäure) so bildet sich im Anfang ein voluminöser weisser Niederschlag, der sich beim Kochen in ein krystallinisches sich leicht absetzendes Pulver von mesoxalsaurem Blei: $\Theta_3Pb_2\Theta_5$ verwandelt. In der Flüssigkeit findet sich Harnstoff.

Kocht man eine heiss gesättigte Auflösung von alloxansaurem Baryt, so entsteht ein weisser Niederschlag, der ein Gemenge von mesoxalsaurem Baryt, kohlensaurem Baryt und alloxansaurem Baryt ist. Die Flüssigkeit setzt beim weiteren Eindampfen gelbe blättrige Massen von mesoxalsaurem Baryt: $\Theta_3Ba_2\Theta_5$ ab, welchem durch Alkohol etwas anhängender Harnstoff entzogen wird.

Aus dem Bleisalz kann durch Schwefelwasserstoff die Mesoxalsäure selbst erhalten werden, sie ist krystallisirbar und in Wasser sehr löslich. Sie gibt mit Silbersalzen bei Zusatz von Ammoniak einen gelben Niederschlag, der bei gelindem Erwärmen zu Kohlensäure und metallischem Silber zerfällt.

Amidartige Verbindungen des Alloxans, des Alloxantins und der Dialursäure.

1169. Mykomelinsäure***): $\Theta_4H_4N_4\Theta_2$. Wird Alloxan mit Ammoniak gelinde erwärmt, so färbt sich die Flüssigkeit gelb und erstarrt beim Erkalten oder Verdunsten zu einer durchsichtigen gelblichen Gallerte von mykomelinsaurem Ammoniak. Löst man dieses Ammoniaksalz in heissem Wasser und setzt man verdünnte Schwefelsäure zu, so scheidet sich sogleich Mykomelinsäure als durchscheinender gallertartiger Niederschlag aus, der nach dem Auswaschen und Trocknen zu einem gelben porösen Pulver wird.

1170. Thionursäure†): $\Theta_4H_5N_3S\Theta_6$. Man erhält das Ammoniaksalz der Thionursäure wenn Alloxan mit Ammoniak und schwefliger Säure gekocht wird:

$$\Theta_4H_2N_2O_4 + 3NH_3 + S\Theta_2 = \Theta_4H_2(NH_4)_2N_3S\Theta_6$$
Alloxan. Thionursaures Ammoniak.

Man mischt am zweckmässigsten schwefligsaures Ammoniak mit überschüssi-

*) Ann. Chem. Pharm. XXVI. 298.
**) Berzelius, Jahresb. XXVII. 165.
***) Liebig und Wöhler, Ann. Chem. Pharm. XXVI. 304.
†) ibid. XXVI. 268.

gem kohlensaurem Ammoniak, setzt Alloxanlösung zu und erhitzt eine halbe Stunde lang zum Sieden. Beim Erkalten krystallisiren perlmutterglänzende Krystallschuppen von thionursaurem Ammoniak: $\Theta_4H_3(NH_4)_2N_3S\Theta_6 + H_2\Theta$. Die Lösung dieses Salzes gibt mit essigsaurem Blei einen gelatinösen allmälig krystallinisch werdenden Niederschlag von thionursaurem Blei: $\Theta_4H_3Pb_2N_3SO_6$, aus welchem durch Zersetzen mit Schwefelwasserstoff die Thionursäure selbst dargestellt werden kann. Sie ist in Wasser sehr löslich und krystallisirt beim Verdunsten in gelinder Wärme in feinen Nadeln. Beim Kochen ihrer wässrigen Lösung zerfällt sie in Uramil und Schwefelsäure:

$$\underset{\text{Thionursäure.}}{\Theta_4H_5N_3S\Theta_6} + H_2\Theta = \underset{\text{Uramil.}}{\Theta_4H_5N_3O_3} + SH_2\Theta_4$$

Purpursäure und Murexid*). Das Murexid wurde schon von Scheele und Prout beobachtet; es wurde zuerst von Liebig und Wöhler, später von Fritsche, Gmelin u. A. und in neuester Zeit wieder von Beilstein untersucht. Nach diesen neueren Versuchen scheint es erwiesen, dass das Murexid das Ammoniaksalz einer eigenthümlichen Säure, der Purpursäure ist, die ihrerseits als eine amidartige Verbindung des Alloxantins angesehen werden kann. 1171.

Das Murexid entsteht wenn trockenes Alloxantin bei 100° anhaltend mit Ammoniak behandelt wird:

$$\underset{\text{Alloxantin.}}{\Theta_8H_4N_4\Theta_7} + 2NH_3 = \underset{\text{Murexid.}}{\Theta_8H_4(NH_4)N_5\Theta_6} + H_2\Theta$$

Es bildet sich auch wenn Ammoniak oder kohlensaures Ammoniak auf eine heisse Lösung von Alloxantin, oder auch auf eine Lösung von Alloxan oder auf die durch Oxydation der Harnsäure mit Salpetersäure direct erhaltenen Producte einwirken.

Es entsteht endlich wenn das Amid der Dialursäure (Uramil) mit oxydirenden Substanzen, z. B. Quecksilberoxyd behandelt wird. Diese letztere Bildung ist leicht verständlich, wenn man sich erinnert, dass das Alloxantin unvollständig oxydirte Dialursäure ist. Man hat:

$$\underset{\text{Dialursäure.}}{2\Theta_4H_4N_2\Theta_4} + \Theta = \underset{\text{Alloxantin.}}{\Theta_8H_4N_4O_7} + 2H_2O$$

$$\underset{\text{Dialuramid.}}{2\Theta_4H_5N_3\Theta_3} + \Theta = \underset{\text{Murexid.}}{\Theta_8H_8N_6\Theta_6} + H_2\Theta$$

Zur Darstellung des Murexids erhitzt man zweckmässig ein Gemenge von 5 Th. Dialuramid und 3 Th. Quecksilberoxyd mit Wasser langsam zum Sieden und filtrirt die kochende Lösung, aus der sich dann beim Erkalten Krystalle von Mu-

*) Vgl. bes. Liebig und Wöhler, Ann. Chem. Pharm. XXVI. 254. 319. — Gregory, ibid. XXXIII. 334. — Fritsche, ibid. XXIX. 331; XXXII. 316. — Beilstein, ibid. CVII. 176.

rexid absetzen (Beilstein). Liebig und Wöhler lösen 4 Th. Alloxantin und 7 Th. wasserhaltiges Alloxan in etwa 240 Th. Wasser, erhitzen bis nahe zum Sieden und setzen eine Lösung von kohlensaurem Ammoniak zu.

Das Murexid krystallisirt in vierseitigen Säulen oder Tafeln, die in auffallendem Licht prachtvoll grün, in durchfallendem Licht schön roth sind; es gibt ein rothes Pulver, das durch Politur metallglänzend grün wird. Das krystallisirte Murexid: $\Theta_8H_4(NH_4)N_5\Theta_6 + H_2\Theta$, verliert sein Krystallwasser in trockener Luft schon bei gewöhnlicher Temperatur. Es löst sich leicht in siedendem Wasser zu einer tief purpurrothen Flüssigkeit; auch in kaltem Wasser ist es etwas löslich. (Reaction auf Harnsäure vgl. §. 1162). Lässt man auf eine Lösung von Murexid die Lösung eines Metallsalzes einwirken, so wird das Ammonium des Murexids gegen Metall ausgetauscht und es entstehen so purpursaure Salze.

So erhält man z. B. durch Einwirkung einer Lösung von salpetersaurem Kali auf Murexid das purpursaure Kali: $\Theta_8H_4KN_5\Theta_6$ als tief rothes Pulver. Barytsalze geben mit Murexidlösung einen dunkelgrünen Niederschlag von purpursaurem Baryt: $\Theta_8H_4BaN_5\Theta_6$. Mit Salpetersäure angesäuerte Silberlösung erzeugt mit Murexidlösung einen roth- oder grüngefärbten Niederschlag von purpursaurem Silber: $\Theta_8H_4AgN_5\Theta_6$; Beilstein erhielt einmal als er eine kalt gesättigte Murexidlösung mit neutraler Silberlösung versetzte einen braunrothen Niederschlag der doppelt so viel Silber enthielt: $\Theta_8H_3Ag_2N_5\Theta_6$. Er hält danach die Purpursäure für zweibasisch und die gewöhnlichen Salze, folglich auch das Murexid, für saure Salze.

Die Purpursäure selbst hat bis jetzt nicht in freiem Zustand dargestellt werden können, sie zerfällt stets in Dialuramid und Alloxan, oder deren Umwandlungsproducte:

$$\underset{\text{Purpursäure.}}{\Theta_8H_5N_5\Theta_6} + H_2\Theta = \underset{\text{Dialuramid.}}{\Theta_4H_5N_3\Theta_3} + \underset{\text{Alloxan.}}{\Theta_4H_2N_2\Theta_4}$$

Zersetzt man z. B. das Murexid mit Säuren, so entsteht Dialuramid und Alloxan. Z. B.:

$$\underset{\text{Murexid.}}{\Theta_8H_4(NH_4)N_5\Theta_6} + H_2\Theta + HCl = \underset{\text{Dialuramid.}}{\Theta_4H_5N_3\Theta_3} + \underset{\text{Alloxan.}}{\Theta_4H_2N_2\Theta_4} + NH_4Cl$$

Dabei entsteht stets als Umwandlungsproduct des Alloxans etwas Alloxantin.

Lässt man Salpetersäure auf Murexid einwirken, so wird das Dialuramid zerstört und es entsteht nur Alloxan, oder, bei zu energischer Oxydation, dessen Oxydationsproducte. Erwärmt man Murexid mit Kali oder einer anderen Base, so bildet sich unter Ammoniakentwicklung Dialuramid und als Umwandlungsproduct des Alloxans alloxansaures Salz.

Dialuramid*) (Uramil, Murexan): $\Theta_4H_5N_3\Theta_3$. Diese Substanz, 1172.
die nach Bildung und Eigenschaften als Amid der Dialursäure angesehen werden kann, entsteht bei den eben besprochenen Zersetzungen des Murexids und bei der oben erwähnten Zersetzung der Thionursäure. Man erhält sie am zweckmässigsten, indem man, durch Kochen von Luft befreite, Lösungen von Alloxantin und von Salmiak vermischt. Es scheiden sich dann feine weisse Krystalle von Dialuramid aus, während die Mutterlauge Alloxan enthält:

$$\underset{\text{Alloxantin.}}{\Theta_8H_4N_4\Theta_7} + NH_4Cl = \underset{\text{Dialuramid.}}{\Theta_4H_5N_3\Theta_3} + \underset{\text{Alloxan.}}{\Theta_4H_2N_2\Theta_4} + HCl$$

Das Dialuramid ist in kaltem Wasser fast unlöslich, in siedendem Wasser löst es sich etwas; es krystallisirt in völlig weissen feinen Nadeln, die sich an der Luft allmälig röthlich färben. Es löst sich in Ammoniak auf und wird durch Säuren wieder gefällt. Kocht man die ammoniakalische Lösung längere Zeit, so geht es durch Oxydation in Murexid über. Erhitzt man Dialuramid mit Wasser und Quecksilberoxyd, so verwandelt es sich leicht und vollständig in Murexid. Bei Einwirkung von Salpetersäure entsteht Alloxan.

Liebig und Wöhler hatten das aus Thionursäure oder aus Alloxantin dargestellte Uramil für verschieden gehalten von dem als Zersetzungsproduct des Murexids auftretenden Murexan; nach den neueren Versuchen kann kaum ein Zweifel darüber sein, dass beide Körper identisch sind.

Pseudoharnsäure**): $\Theta_5H_6N_4\Theta_4$. Das Kalisalz dieser Säure 1173.
entsteht, wie §. 1160 erwähnt, wenn cyansaures Kali auf Dialuramid (oder auch auf Murexid) einwirkt:

$$\underset{\text{Dialuramid.}}{\Theta_4H_5N_3\Theta_3} + \underset{\text{Cyans. Kali.}}{\Theta\Theta KN} = \underset{\text{Pseusoharns. Kali.}}{\Theta_5H_5KN_4\Theta_4}$$

Man erhitzt Dialuramid mit einer concentrirten Lösung von cyansaurem Kali, bis sich die Flüssigkeit an der Luft nicht mehr röthet; reinigt das Kalisalz durch Umkrystallisiren und setzt dann zur Lösung des Kalisalzes in Kalilauge überschüssige Salzsäure, wodurch die Pseudoharnsäure als weisses krystallinisches aus kleinen Prismen bestehendes Pulver niederfällt.

Die Pseudoharnsäure ist in Wasser schwer löslich. Sie gibt mit Salpetersäure leicht Alloxan, aber mit Bleihyperoxyd kein Allantoin. Sie

---

*) Liebig und Wöhler, Ann. Chem. Pharm. XXVI. 274, 313. — Beilstein, ibid. CVII. 183, 190.

**) Baeyer und Schlieper, Jahresb. 1860. 327.

ist einbasisch; ihre Salze sind mit Ausnahme des Natronsalzes wenig löslich; sie sind alle krystallisirbar.

II. Derivate der Harnsäure. — Oxalreihe

1174. Allantoin: $\Theta_4H_6N_4O_3$. Das Allantoin wurde von Vauquelin und Buniva schon 1800 beobachtet. Es findet sich in besonders reichlicher Menge in der Allantoisflüssigkeit der Kühe; es wurde ferner im Harn gesäugter Kälber, im Hundeharn bei Respirationsstörungen und im Menschenharn nach dem Genuss grösserer Mengen von Gerbsäure aufgefunden. Liebig und Wöhler *) lehrten 1838 seine Darstellung durch Oxydation der Harnsäure mittelst Bleihyperoxyd; Schlieper **) erhielt es durch Oxydation der Harnsäure mittelst Ferricyankalium; Gorup-Besanez ***) beobachtete seine Bildung bei Einwirkung von Ozon auf Harnsäure.

Zur Darstellung des Allantoins erhitzt man Harnsäure mit Wasser zum Kochen und trägt in kleinen Mengen Bleihyperoxyd ein, bis dieses nicht mehr weiss wird. Man fällt aus der filtrirten Flüssigkeit durch Schwefelwasserstoff das Blei und dampft zur Krystallisation ein.

Das Allantoin bildet wasserhelle glasglänzende Prismen. Es ist in kaltem Wasser wenig, in siedendem leichter löslich (1 Th Allantoin in 30 Th. siedenden, in 160 Th. kalten Wassers). Es löst sich in Alkohol, nicht in Aether. Es bildet mit einigen Metalloxyden krystallisirbare Verbindungen; die Silberverbindung: $\Theta_4H_5AgN_4\Theta_3$ fällt aus einer gesättigten Allantoinlösung auf Zusatz von salpetersaurem Silberoxyd-ammoniak in weissen Flocken aus.

Die Zersetzungsproducte des Allantoins sind noch verhältnissmässig wenig untersucht. Kocht man es längere Zeit mit Barytwasser, so entsteht unter Ammoniakentwicklung oxalsaurer Baryt. Lässt man eine Lösung von Allantoin in concentrirter Kalilauge längere Zeit stehen, so erhält man eine eigenthümliche Säure, die Hidantoinsäure †), die sich, wie es scheint, von dem Allantoin nur durch die Elemente des Wassers unterscheidet:

$$\underset{\text{Allantoin.}}{\Theta_4H_6N_4\Theta_3} + H_2\Theta = \underset{\text{Hidantoinsäure.}}{\Theta_4H_8N_4\Theta_4}$$

Erwärmt man das Allantoin gelinde mit Salzsäure oder Salpetersäure, so spaltet es sich in Harnstoff und Allantursäure:

*) Ann. Chem. Pharm. XXVI. 244.
**) ibid. LXVII. 214.
***) ibid. CX. 94.
†) Schlieper, Ann. Chem. Pharm. LXVII. 231.

$$C_4H_6N_4O_3 + H_2O = CH_4N_2O + C_3H_4N_2O_3$$

Allantoin. Harnstoff. Allantursäure.

Erhitzt man eine wässrige Lösung auf 140°, so wird neben Kohlensäure und Ammoniak ebenfalls Allantursäure gebildet.

Allantursäure*): $C_3H_4N_2O_3$. Dieses eben erwähnte Spaltungs- 1175. product des Allantoins ist eine unkrystallisirbare sehr zerfliessliche Substanz, die in Wasser leicht löslich in Alkohol aber unlöslich ist.

Die von Schlieper durch Einwirkung von Ferricyankalium auf Harnsäure erhaltene Lantanursäure**) scheint mit der Allantursäure identisch zu sein. Ebenso ist das von demselben Chemiker unter den Zersetzungsproducten der Alloxansäure beobachtete Difluan***) wohl nur unreine Allantursäure.

Hydurilsäure: $C_8H_6N_4O_6$. Schlieper †) bezeichnete als Hydurilsäure ein 1176. durch Einwirkung von verdünnter Salpetersäure auf Harnsäure entstehendes Oxydationsproduct. Nach Baeyer ††) entsteht dieselbe Substanz, wenn man Dialursäure mit Glycerin auf 150° erhitzt. Es scheidet sich dabei ein körniges Pulver aus, welches das saure Ammoniaksalz der Hydurilsäure ist. Gleichzeitig werden Ameisensäure und Kohlensäure gebildet. Das erwähnte saure Ammoniaksalz löst sich leicht in Ammoniak und gibt so neutrales hydurilsaures Ammoniak, aus dessen wässriger Lösung die Hydurilsäure durch überschüssige Salzsäure als anfangs amorpher, bald krystallinisch werdender Niederschlag gefällt wird. Sie ist zweibasisch und hat die charakteristische Eigenschaft mit Eisenchlorid eine intensiv dunkelgrüne Färbung zu erzeugen.

Oxalantin: $C_6H_4N_4O_5 + H_2O$. Diese Verbindung, die in der 1177. Oxalreihe genau dieselbe Stellung einnimmt wie das Alloxantin in der Mesoxalreihe, wurde von Limpricht †††) durch Reduction der Parabansäure erhalten. Bringt man nämlich Parabansäure mit Zink und Salzsäure in Berührung, so setzt sich ein zinkhaltiges Krystallpulver ab, welches selbst in siedendem Wasser sehr schwer löslich ist. Uebergiesst man es mit Wasser und leitet man Schwefelwasserstoff ein, so wird Schwefelzink gebildet und die Flüssigkeit liefert beim Eindampfen weisse Krystallkrusten von Oxalantin. Das Oxalantin ist in Wasser schwer löslich; es wird von heisser concentrirter Salpetersäure nicht zersetzt; es reducirt aus den Silber- und Quecksilbersalzen, nach Zusatz von Ammoniak, Metall. Es verliert sein Krystallwasser bei 150°, färbt sich aber dabei roth.

Mit dem Oxalantin scheint die von Schlieper als Zersetzungsproduct der Alloxansäure erhaltene Leucotursäure [1]) identisch zu sein.

*) Pelouze, Ann. Chem. Pharm. XLIV. 107.
**) Schlieper, ibid. LXVII. 220.
***) Schlieper, ibid. LVI. 5; vgl. auch Baeyer, ibid. CXIX. 126.
†) ibid. LVI. 9.
††) ibid. CXIX. 128. u. Zeitschr. Chem. Pharm. 1862. 289.
†††) Ann. Chem. Pharm. CXL. 183.
1) ibid. LVI. 2.

Es ist bis jetzt nicht versucht, ob das Oxalantin durch energischere Reduction in Allantursäure übergeführt werden kann.

1178. **Parabansäure** *): $\Theta_3H_2N_2\Theta_3$. Diese Säure ist ein Oxydationsproduct des Alloxans:

$$\underset{\text{Alloxan.}}{\Theta_4H_2N_2\Theta_4} + \Theta = \Theta\Theta_2 + \underset{\text{Parabansäure.}}{\Theta_3H_2N_2\Theta_3}$$

Zu ihrer Darstellung trägt man Harnsäure in 6 Th. Salpetersäure von 1,3 spec. Gew. ein, verdunstet die Lösung bei gelinder Wärme und reinigt die sich abscheidenden Krystalle durch Umkrystallisiren aus siedendem Wasser. Die Parabansäure bildet dünne durchsichtige Prismen, die in Wasser sehr löslich sind. Sie färbt sich beim Erhitzen röthlich, schmilzt dann und sublimirt zum Theil unverändert. Ihre Lösung fällt aus Silbersalzen einen weissen Niederschlag.

Die wässrige Lösung der Parabansäure erleidet beim Kochen keine Zersetzung; bei Gegenwart von Säuren entsteht Oxalsäure und Harnstoff. Erwärmt man Parabansäure mit wässrigem Ammoniak, so entsteht durch Wasseraufnahme oxalursaures Ammoniak. Durch Zink und Salzsäure wird die Parabansäure zu Oxalantin reducirt.

Durch Einwirkung von Jodäthyl auf Parabansäure hat Hlasiwetz **) eine eigenthümliche jodhaltige Substanz erhalten, deren Beziehungen zur Parabansäure noch nicht festgestellt sind ($\Theta_8H_{11}N\Theta_8J_2$?).

1179. **Oxalursäure** ***): $\Theta_3H_4N_2\Theta_4$. Das Ammoniaksalz dieser Säure scheidet sich, wie eben erwähnt, in Gestalt feiner Nadeln aus, wenn Parabansäure mit wässrigem Ammoniak erwärmt wird. Das Kalisalz der Oxalursäure kann leicht direct aus Alloxan dargestellt werden. Fügt man nämlich zu der mit wenig Blausäure versetzten Alloxanlösung essigsaures Kali oder besser kohlensaures Kali, so spaltet sich das Alloxan unter Einwirkung von Kohlensäure in Dialursäure und Oxalursäure:

$$\underset{\text{Alloxan.}}{2\Theta_4H_2N_2\Theta_4} + 2H_2\Theta = \underset{\text{Dialursäure.}}{\Theta_4H_4N_2\Theta_4} + \underset{\text{Oxalursäure.}}{\Theta_3H_4N_2\Theta_4} + \Theta\Theta_2$$

Das dialursaure Kali ist in Wasser unlöslich, aus der von diesem Salz abfiltrirten Lösung krystallisirt beim Eindampfen oxalursaures Kali in farblosen Krystallblättchen (Strecker).

Die Oxalursäure wird aus der Lösung ihres Ammoniak- oder Kalisalzes durch Zusatz von Säuren als lockeres Krystallpulver gefällt; sie

*) Liebig und Wöhler, Ann. Chem. Pharm. XXVI. 285.

**) Ann. Chem. Pharm. CIII. 200.

***) Liebig und Wöhler, Ann. Chem. Pharm. XXVI. 254. 287; Strecker, ibid. CXIII. 53; Waage, ibid. CXVIII. 301.

löst sich schwer in kaltem Wasser und zerfällt beim Sieden mit Wasser in Oxalsäure und Harnstoff.

Oxaluramid, Oxalan: $\Theta_3H_5N_3\Theta_3$. Rosing und Schischkoff *) beobachteten die Bildung dieses Körpers als sie Alloxan auf Cyanammoniumlösung einwirken liessen. Strecker **) zeigte dann, dass eine geringe Menge von Blausäure die Zersetzung einer unbegränzten Menge von Alloxan vermitteln kann und dass das Alloxan, wenn es bei Gegenwart von etwas Blausäure auf wässriges Ammoniak einwirkt, sich spaltet, indem Dialursäure, Oxaluramid und Kohlensäure gebildet werden: 1180.

$$\underset{\text{Alloxan.}}{2\Theta_4H_2N_2\Theta_4} + NH_3 + H_2\Theta = \underset{\text{Dialursäure.}}{\Theta_4H_4N_2\Theta_4} + \underset{\text{Oxaluramid.}}{\Theta_3H_5N_3\Theta_3} + \Theta\Theta_2$$

Das Oxaluramid fällt als weisses Krystallpulver aus; es löst sich in concentrirter Schwefelsäure ohne Zersetzung und wird durch Wasser aus dieser Lösung wieder gefällt. Beim Kochen mit Wasser zerfällt es in Oxalsäure, Ammoniak und Harnstoff.

Wird statt des Ammoniaks eine Ammoniakbase, z. B. Aethylamin, angewandt, so entsteht ein krystallinischer dem Oxaluramid ähnlicher Niederschlag, das Aethyloxaluramid.

An die eben besprochenen Abkömmlinge der Harnsäure und specieller an die Leucotursäure und Allantursäure schliessen sich zunächst noch das Hydantoin und die Allitursäure an. 1181.

Hydantoin ***): $\Theta_3H_4N_2\Theta_2$. Das Hydantoin entsteht, wenn Allantoin mit Jodwasserstoffsäure erhitzt wird; es wird Jod frei und das Allantoin spaltet sich in Harnstoff und Hydantoin:

$$\underset{\text{Allantoin.}}{\Theta_4H_6N_4\Theta_3} + 2HJ = \underset{\text{Hydantoin.}}{\Theta_3H_4N_2\Theta_2} + \underset{\text{Harnstoff.}}{\Theta H_4N_2\Theta} + J_2$$

Das Hydantoin kann nach Bildung und Zusammensetzung als ein Reductionsproduct der Allantursäure angesehen werden Es bildet in Wasser lösliche farblose Krystalle

Baeyer vermuthet, dass das Hydantoin mit einer der drei von Schlieper bei Zersetzung der Alloxansäure erhaltenen Substanzen identisch sei. Er erklärt die Zersetzung der Alloxansäure in folgender Weise: die Alloxansäure zerfällt unter Bildung von Kohlensäure in Parabansäure, während gleichzeitig durch den so disponibel werdenden Wasserstoff Reductionsproducte der Parabansäure entstehen. Man hat:

---

*) Ann. Chem. Pharm. CVI. 255.

**) ibid. CXIII. 47. vgl. auch: Liebig, ibid. CVIII. 126.

***) Baeyer, Ann. Chem. Pharm. CXVII. 178; CXIX. 127. — Schlieper, ibid. LVI. 8.

Alloxansäure: $\Theta_4H_4N_2\Theta_5 = \Theta\Theta_2 + H_2 + \Theta_3H_2N_2\Theta_3$ Parabansäure.

Parabansäure: $2\Theta_3H_2N_2\Theta_3 + H_2 = \Theta_6H_4N_4\Theta_6$ Leucotursäure.

$\Theta_3H_2N_2\Theta_3 + H_2 = \Theta_3H_4N_2\Theta_3$ Allantursäure.

$\Theta_3H_2N_2\Theta_3 + 2H_2 = \Theta_3H_4N_2\Theta_2 + H_2\Theta$ Hydantoin.

1182. Allitursäure nennt Schlieper *) ein beim Eindampfen von Alloxantin mit überschüssiger Salzsäure entstehendes Product, dessen Analyse zu der Formel $\Theta_6H_6N_4\Theta_4$ führt. Baeyer vermuthet die Allitursäure stehe zum Hydantoin in ähnlicher Beziehung wie das Alloxantin zur Dialursäure.

1183. Während die beiden oben erwähnten Körper als weitere Reductionsproducte der Parabansäure angesehen werden können, erscheint ein anderes ebenfalls von Schlieper aus dem Alloxantin dargestelltes Product, die Dilitursäure **): $\Theta_4H_6N_4\Theta_8$ als das am weitesten oxydirte Glied aller Abkömmlinge der Harnsäure. Die Dilitursäure kann nach Zusammensetzung und nach ihrem Verhalten beim Erhitzen, ähnlich dem Harnstoff, als eine amidartige Verbindung der Kohlensäure angesehen werden. Man hat: $\Theta_4H_6N_4\Theta_8 = 4\Theta\Theta_2 + 4NH_3 - 3H_2\Theta$.

Guanin, Xanthin, Guanidin.

1184. An die Harnsäure und ihre näheren Verwandten reiht sich zunächst das Guanin mit seinen Umwandlungsproducten: Xanthin und Guanidin an. Nach dem chemischen Verhalten dieses Körpers könnte man annehmen, dass ein Theil seines Molecüls eine der Harnsäure sehr ähnliche Zusammensetzung besitzt; wenigstens entsteht aus Guanin durch oxydirende Einflüsse die Parabansäure, eines der zahlreichen Umwandlungsproducte der Harnsäure.

1185. Guanin ***): $\Theta_5H_5N_5\Theta$. Das Guanin wurde 1844 von Unger im Guano entdeckt; es wurde später von Gorup-Besanez und Will in den Excrementen der Kreuzspinne beobachtet und dann in der Bauchspeicheldrüse und der Leber und in neuster Zeit in den Schuppen des Weissfisches aufgefunden.

Zur Darstellung des Guanins empfiehlt Strecker die folgende Modification der von Unger angegebenen Methode. Man vertheilt den Guano in Wasser, setzt nach und nach Kalkmilch zu, kocht und filtrirt ab. Man entzieht so färbende Substanzen, flüchtige Säuren etc.; man wiederholt die Behandlung so lange sich die Flüssigkeit noch färbt; Guanin und Harnsäure bleiben im Rückstand. Dieser

*) Schlieper, Ann. Chem. Pharm. LVI. 21; Baeyer, ibid. CXIX. 127.

**) Schlieper, ibid. S. 24.

***) Unger, Ann. Chem. Pharm. LVIII. 18; LIX. 58. — Gorup-Besanez und Will, ibid. LXIX. 117. — Scherer, ibid. CXII. 257. 277. — Neubauer und Kerner, ibid. CI. 318; Kerner, ibid. CIII. 249. — Strecker, ibid. CVIII. 141; CXVIII. 152. Barreswill, Ann. Chem. Pharm. LXXII. 128.

wird mehrmals mit kohlensaurem Natron ausgekocht und die Lösung mit essigsaurem Natron und mit Salzsäure bis zur stark sauren Reaction versetzt, wodurch Guanin und Harnsäure ausfallen. Der Niederschlag wird mit Wasser gewaschen und mit mässig verdünnter Salzsäure ausgekocht; die meiste Harnsäure bleibt ungelöst, das Guanin geht in Verbindung mit Salzsäure in Lösung. Die durch Abdampfen dieser Lösung erhaltenen Krystalle von salzsaurem Guanin enthalten stets noch Harnsäure beigemengt. Man scheidet daraus das Guanin durch Kochen mit verdünntem Ammoniak ab und löst es kochend in starker Salpetersäure, wodurch die Harnsäure zerstört und eine Lösung erhalten wird, die beim Erkalten Krystalle von salpetersaurem Guanin liefert; aus diesem wird endlich das Guanin durch Ammoniak abgeschieden. — Zur Darstellung von völlig reinem Guanin stellt man zweckmässig durch Eingiessen einer alkoholischen Sublimatlösung in die Lösung des Guanins in verdünnter Salzsäure Guanin-quecksilberchlorid dar, zersetzt dieses mit Schwefelwasserstoff und zerlegt endlich das so gewonnene salzsaure Guanin mit Ammoniak (Neubauer und Kerner).

Das Guanin ist ein weisses amorphes in Wasser unlösliches Pulver. Es geht mit Basen, mit Säuren und mit Salzen zahlreiche zum Theil schön krystallisirende Verbindungen ein. Das salzsaure Guanin: $\Theta_5H_5N_5\Theta$, $HCl + H_2\Theta$ bildet grosse weisse Nadeln.

Das Guanin wird beim Eindampfen mit concentrirter Salpetersäure zersetzt, das entstehende Product ist noch nicht näher untersucht (Neubauer und Kerner).

Oxydirt man Guanin durch Salzsäure und chlorsaures Kali, so entstehen als Hauptproducte: Parabansäure und Guanidin:

$$\underset{\text{Guanin.}}{\Theta_5H_5N_5\Theta} + H_2\Theta + 3\Theta = \underset{\text{Parabansäure.}}{\Theta_3H_2N_2\Theta_3} + \underset{\text{Guanidin.}}{\Theta H_5N_3} + \Theta\Theta_2$$

Gleichzeitig werden als weitere Zersetzungsproducte der Parabansäure noch Oxalursäure, Oxalsäure und Harnstoff erhalten; in geringer Menge entsteht noch Xanthin und eine eigenthümliche Substanz, die schon Unger beobachtet und als Ueberharnsäure bezeichnet hatte (Strecker).

Mit dieser letzteren ist vielleicht das von Kerner durch Einwirkung von Uebermangansäure auf Guanin erhaltene Oxyguanin identisch.

Durch Einwirkung von salpetriger Säure auf Guanin entsteht unter Stickstoffentwicklung Xanthin und gleichzeitig eine Nitroverbindung, die durch reducirende Substanzen ebenfalls Xanthin liefert (Strecker):

$$\underset{\text{Guanin.}}{\Theta_5H_5N_5\Theta} + N\Theta_2H = \underset{\text{Xanthin.}}{\Theta_5H_4N_4\Theta_2} + N_2 + H_2\Theta$$

Guanidin: ΘH_5N_3. Das Guanidin wurde, wie oben erwähnt, von 1186.
Strecker*) durch Oxydation des Guanins mittelst chlorsauren Kali's und Salzsäure erhalten.

---

*) Ann. Chem. Pharm. CXVIII. 151.

Zur Darstellung des Guanidins verfuhr Strecker wie folgt. Guanin wurde mit Salzsäure von 1,1 spec. Gew. übergossen und allmälig chlorsaures Kali eingetragen (auf 20 Grmm. Guanin etwa 12 Grm. chlorsaures Kali) Die Lösung gab beim Verdunsten zunächst Krystalle von Parabansäure. Die Mutterlauge wurde mit Wasser verdünnt, mit kohlensaurem Baryt digerirt und Alkohol zugefügt, es entsteht ein Niederschlag von oxalursaurem Baryt, Chlorbaryum und Xanthin-baryt. Die Flüssigkeit gab nach dem Verdunsten und nochmaligem Behandeln mit Alkohol eine alkoholische Lösung von salzsaurem Guanidin. Dieses wurde nach Entfernung des Alkohols durch schwefelsaures Silberoxyd in schwefelsaures Guanidin übergeführt, welches letztere durch Zusatz von absolutem Alkohol zu der im Wasserbad eingeengten Flüssigkeit krystallinisch ausfiel.

Das Guanidin ist eine starke Base. Man erhält es durch Zersetzen des schwefelsauren Salzes mit Barytwasser und Verdunsten der Lösung im Vacuum als caustisch schmeckende krystallinische Masse, die an der Luft leicht Feuchtigkeit und Kohlensäure anzieht. Die Salze des Guanidins sind zum Theil schön krystallisirbar.

Das freie Guanidin konnte bis jetzt nicht in einem für die Analyse geeigneten Zustand erhalten werden, es bleibt also vorerst unentschieden ob die freie Base eine Ammoniakbase ist: $ΘH_5N_3$ oder vielleicht eher eine Ammoniumbase: $ΘH_7N_3Θ$ (Typus: $3H_3N + H_2Θ$).

Das salzsaure Salz krystallisirt schwer, es ist in Wasser und Alkohol sehr löslich. Das schwefelsaure Salz bildet farblose, in Wasser lösliche, in Alkohol unlösliche Krystalle; das salpetersaure Salz bildet farblose in kaltem Wasser schwer lösliche Prismen.

Das kohlensaure Salz: $ΘΘ_2.2Θ H_5N_3.H_2Θ$ bildet wohlausgebildete in Wasser leicht lösliche, in Alkohol unlösliche Krystalle; auch das oxalsaure Salz: $ΘH_5N_3, Θ_2H_2Θ_4, H_2Θ$ ist krystallisirbar. Ein Platindoppelsalz wird leicht in körnigen Krystallen erhalten: $ΘH_5N_3$, HCl, $PtCl_2$.

Die Zersetzungen des Guanidins sind noch nicht näher untersucht. Das salpetersaure Salz scheint bei Einwirkung von überschüssiger Salpetersäure salpetersauren Harnstoff zu liefern. Vielleicht:

$$\underset{\text{Guanidin.}}{ΘH_5N_3} + H_2Θ = \underset{\text{Harnstoff.}}{ΘH_4N_2Θ} + NH_3$$

Es wurde früher (§. 1014) schon erwähnt, dass das Guanidin als amidartige Verbindung der Kohlensäure betrachtet werden kann; es enthält die Elemente von Cyanamid + NH_3.

Das nachher zu besprechende Methyluramin kann als Methylabkömmling des Guanidins angesehen werden.

1187. Xanthin *) (Xanthicoxyd, Harnoxyd): $Θ_5H_4N_4Θ_2$. Das Xanthin

*) Liebig und Wöhler, Ann. Chem. Pharm XXVI 340. — Scherer, ibid. CVII 314; CXII. 257, 275, 279. — Städeler, ibid. CXI. 28; CXVI. 102. — Strecker CVIII. 141; CXVIII. 157, 166.

wurde 1819 von Marcet in einem Harnstein entdeckt, von Liebig und Wöhler wieder beobachtet und analysirt. Seitdem haben Scherer und Städeler das Xanthin als normalen Bestandtheil des Muskelfleisches, mancher Organe und vieler Drüsensäfte, namentlich der Bauchspeicheldrüse nachgewiesen. Die Bildung des Xanthins aus Guanin lehrte Strecker 1858.

Aus Xanthin bestehende Harnsteine sind bis jetzt nur zweimal beobachtet worden. In Betreff der Darstellung aus thierischen Organen vgl. Städeler und Scherer loc. cit. — Zur Darstellung des Xanthins aus Guanin verfährt Strecker in folgender Weise Die Lösung des Guanins in starker Salpetersäure wird so lange kochend mit salpetrigsaurem Kali versetzt, bis eine starke Entwicklung rother Dämpfe stattfindet. Man setzt dann viel Wasser zu und löst den ausfallenden gelben Körper, nach dem Auswaschen mit Wasser, in kochendem Ammoniak. Zu der Flüssigkeit fügt man so lange eine Lösung von Eisenvitriol, bis statt des anfänglich sich abscheidenden Eisenoxydhydrats schwarzes Eisenoxyduloxyd niederfällt. Die Lösung, welche noch viel freies Ammoniak enthalten muss, wird abfiltrirt, im Wasserbad zur Trockne verdampft und das schwefelsaure Ammoniak mit kaltem Wasser ausgezogen. Der Rückstand wird dann nochmals in kochendem Ammoniak gelöst und die Flüssigkeit abermals verdunstet.

Das Xanthin scheidet sich beim Erkalten der heissgesättigten Lösung in weissen Flocken, beim Verdunsten in kleinen Schuppen aus. Es ist in kaltem Wasser fast unlöslich (in 14000 Th.), und löst sich auch schwer in siedendem Wasser.

Es bildet mit Säuren und mit Basen grossentheils krystallisirbare Verbindungen, die meist löslicher sind als das Xanthin selbst; auch die kochend gesättigte ammoniakalische Lösung gibt beim Erkalten Krystalle von Xanthin-ammoniak.

Das Xanthin unterscheidet sich von der Harnsäure nur durch ein Atom Θ, welches es weniger enthält.

Behandelt man die Silberverbindung des Xanthins, welche 2 At. Silber enthält, mit Jodmethyl, so entsteht zweifach methylirtes Xanthin, ein mit dem Theobromin isomerer aber in den Eigenschaften verschiedener Körper (Strecker) *).

Sarkin, Hypoxanthin **): $\Theta_5H_4N_4\Theta$.

An das Xanthin und folglich auch das Guanin reiht sich, der Zusammensetzung nach und wie es scheint auch durch die Natur der bei Einwirkung von Salpetersäure entstehenden Producte, das Sarkin oder 1188.

*) Ann. Chem. Pharm. CXVIII. 172.

**) Scherer, Ann. Chem. Pharm. LXXIII. 328; CXII. 257. — Gorup-Besanez, ibid. XCVIII. 24. — Cloëtta, ibid. XCIX. 303. — Strecker, ibid. CII. 204; CVIII. 129.

Hypoxanthin an. Diese Substanz wurde von Scherer in der Milz und dem Herzmuskel aufgefunden, später auch im Blut, der Leber, den Nieren etc. beobachtet. Strecker erhielt sie aus der Fleischflüssigkeit und untersuchte sie zuerst genauer.

Man erhält das Sarkin aus der Mutterlauge von der Darstellung des Kreatins aus Fleischflüssigkeit (vgl. §. 1191), indem man, nach Verdünnen mit Wasser, mit essigsaurem Kupfer kocht; den Niederschlag (Sarkin-Kupferoxyd) erst mit kaltem Wasser auswäscht und dann in siedendem Wasser vertheilt und mit Schwefelwasserstoff zersetzt. Die heiss filtrirte Flüssigkeit gibt beim Erkalten oder Abdampfen Sarkin, welches noch mit etwas Bleioxydhydrat gekocht wird, worauf es aus der filtrirten und mit Schwefelwasserstoff behandelten Lösung rein ausfällt (Strecker).

Das Sarkin scheidet sich beim Erkalten der heiss gesättigten Lösung in Flocken aus, die aus mikroskopischen Nadeln bestehen. Es löst sich in 300 Th. kalten, in 78 Th. siedenden Wassers; in Alkohol ist es wenig löslich. Es löst sich leicht in Alkalien, in verdünnter Salzsäure und in concentrirter Schwefelsäure oder Salpetersäure.

Das Sarkin verbindet sich mit Säuren, mit Metalloxyden und mit Salzen.

Salzsaures Sarkin: $\Theta_5H_4N_4\Theta$, HCl setzt sich aus der Lösung des Sarkins in siedender concentrirter Salzsäure in perlmutterglänzenden Tafeln ab; wird seine heisse Lösung mit Platinchlorid versetzt, so erhält man beim Erkalten Krystalle: $\Theta_5H_4N_4\Theta$, HCl, $PtCl_2$. Salpetersaures Silberoxyd gibt mit wässriger Sarkinlösung einen Niederschlag, der aus heisser Salpetersäure krystallisirt: $\Theta_5H_4N_4\Theta$, $N\Theta_3Ag$. Löst man Sarkin in verdünntem Barytwasser und setzt dann concentrirte Barytlösung zu, so fällt eine krystallinische Verbindung: $\Theta_5H_4N_4\Theta + 2BaH\Theta$.

Die Zersetzungsproducte des Sarkins sind noch nicht näher untersucht. Bei Einwirkung von Salpetersäure scheint Xanthin zu entstehen, welches sich von dem Sarkin nur durch den Mehrgehalt von 1 At. Θ unterscheidet.

Den empirischen Formeln nach findet zwischen dem Sarkin, dem Xanthin und der Harnsäure eine sehr einfache Beziehung statt. Man hat:

Sarkin	$\Theta_5H_4N_4\Theta$
Xanthin	$\Theta_5H_4N_4\Theta_2$
Harnsäure	$\Theta_5H_4N_4\Theta_3$.

Kreatin, Kreatinin, Sarkosin etc.

1189. An die Gruppe der Harnsäure einerseits und an das Guanin andrerseits reihen sich durch ihre Umwandlungsproducte das Kreatin und Kreatinin an, Substanzen, die ausserdem auch mit dem Glycocoll in verwandtschaftlicher Beziehung stehen.

Das Kreatin zerfällt nämlich beim Kochen mit Barytwasser in Sarkosin und Harnstoff:

$$\Theta_4H_9N_3\Theta_2 + H_2\Theta = \Theta_3H_7N\Theta_2 + \Theta H_4N_2\Theta$$

Kreatin. Sarkosin. Harnstoff.

Das Sarkosin aber kann, wie früher (§. 1004) erwähnt wurde, als methylhaltiger Abkömmling des Glycocolls betrachtet werden; und es entsteht in der That, wie Volhard*) in neuester Zeit fand, wenn Methylamin auf Monochloressigsäure einwirkt.

Bei Einwirkung oxydirender Substanzen liefert das Kreatin entweder Oxalsäure und Methyluramin:

$$\Theta_4H_9N_3\Theta_2 + 2\Theta = \Theta_3H_7N_3 + \Theta_2H_2\Theta_4$$

Kreatin. Methyluramin. Oxalsäure.

welches letztere als methylhaltiger Abkömmling des Guanidins zu betrachten ist; oder es wird, vielleicht nach der Gleichung:

$$\Theta_4H_9N_3\Theta_2 + 2\Theta = \Theta_4H_4N_2\Theta_3 + NH_3 + H_2\Theta$$

Kreatin. Methyl-parabansäure.

ein noch verhältnissmässig wenig untersuchter Körper erhalten, der wahrscheinlich einfach methylirte Parabansäure ist.

Die eben erwähnten Umwandlungen des Kreatins und ausserdem das Auftreten von Methylamin bei tiefer gehenden Spaltungen des Kreatins setzen jedenfalls ausser Zweifel, dass in dem Kreatin und dem Kreatinin das Radical Methyl angenommen werden muss.

Das Kreatin und Kreatinin erscheinen so als methylhaltige Abkömmlinge zweier Substanzen, die Strecker in neuerer Zeit synthetisch dargestellt hat und aus welchen wahrscheinlich künstlich Kreatinin und Kreatin erhalten werden können. Es sind dies das Glycocyamin: $\Theta_3H_7N_3\Theta_2$ und das Glycocyamidin; $\Theta_3H_5N_3\Theta$.

Glycocyamin**): $\Theta_3H_7N_3\Theta_2$. Lässt man Glycocoll und Cyanamid 1190.
in wässriger Lösung bei gewöhnlicher Temperatur auf einander einwirken, so vereinigen sie sich direct und es setzen sich nach einigen Tagen Krystalle von Glycocyamin ab:

$$\Theta_2H_5N\Theta_2 + \Theta H_2N_2 = \Theta_3H_7N_3\Theta_2$$

Glycocoll. Cyanamid. Glycocyamin.

Das Glycocyamin löst sich leicht in siedendem, schwierig in kaltem Wasser (in 126 Th.), in Alkohol ist es unlöslich.

Es gibt mit Salzsäure ein krystallisirendes Salz: $\Theta_3H_7N_3\Theta_2$, HCl, welches eine schöne Platinverbindung erzeugt: $\Theta_3H_7N_3\Theta_2$, HCl, $PtCl_2$.

---

*) Ann. Chem. Pharm. CXXIII. 261.

**) Strecker, Compt. rend. LII. 1212.

Es kann 1 At. Wasserstoff gegen Metalle austauschen und erzeugt z. B. beim Kochen mit essigsaurem Kupfer einen hellgrünen Niederschlag: $\Theta_3H_6CuN_3\Theta_2$.

Glycocyamidin: $\Theta_3H_5N_3\Theta$. Diese Base entsteht aus dem Glycocyamin durch Austritt von Wasser:

$$\Theta_3H_7N_3\Theta_2 = \Theta_3H_5N_3\Theta + H_2\Theta$$

Glycocyamin. Glycocyamidin.

Erhitzt man Glycocyamin in einem Strom von trocknem Salzsäuregas auf 160°, so schmilzt die anfangs entstandene Verbindung unter Wasseraustritt und man erhält salzsaures Glycocyamidin. Aus diesem kann durch Bleioxydhydrat das Glycocyamidin selbst erhalten werden; es krystallisirt in kleinen farblosen Schuppen, die in Wasser sehr löslich sind. Es bildet mit Chlorzink eine wenig lösliche, in Nadeln krystallisirende Verbindung. — Das salzsaure Glycocyamidin: $\Theta_3H_5N_3\Theta$, HCl ist in Wasser sehr löslich; sein Platindoppelsalz: $\Theta_3H_5N_3\Theta$, HCl, $PtCl_2$ krystallisirt in Nadeln.

1191. Kreatin*): $\Theta_4H_9N_3\Theta_2 + H_2\Theta$. Das Kreatin wurde von Chevreul 1835 in der Fleischflüssigkeit entdeckt und zuerst von Liebig 1847 näher untersucht; seitdem hat es Liebig im Harn und Müller im Hirn nachgewiesen. Es entsteht leicht aus Kreatinin, durch Aufnahme von Wasser.

Darstellung. Das zerhackte Fleisch wird mit kaltem Wasser ausgepresst, der Auszug zum Sieden erhitzt, vom coagulirten Albumin abgegossen und mit Barytwasser versetzt, bis alle Phosphorsäure gefällt ist. Aus dem im Wasserbad auf etwa $^1/_{20}$ seines Volums eingedampften Filtrat scheiden sich dann allmälig Krystalle von Kreatin ab, die durch Umkrystallisiren aus siedendem Wasser unter Zusatz von Thierkohle entfärbt werden.

Das Kreatin bildet glänzende wasserhelle Säulen, die bei 100° ihr Krystallwasser verlieren. Es löst sich schwer in kaltem (1 Th. in 74 Th.), leicht in siedendem Wasser; in verdünntem Alkohol ist es löslich, in absolutem Alkohol und in Aether fast unlöslich.

Es bildet mit Säuren meist krystallisirbare und in Wasser lösliche Verbindungen, von welchen das salzsaure Kreatin in schönen Prismen krystallisirt. Zur Darstellung dieser Verbindungen muss die Lösung des Kreatins in der Säure bei einer 30° nicht übersteigenden Temperatur verdunstet werden, weil das Kreatin beim Erhitzen mit Säuren unter Wasseraustritt in Kreatinin übergeht:

---

*) Vgl. Chevreul, Ann. Chem. Pharm. IX. 293. — Liebig, ibid. LXII. 293, 303; CVIII. 354 — Müller, ibid. CIII. 136, 142. — Heintz, ibid. LXVIII. 361. — Dessaignes, ibid. XLII. 407; XCVII. 339.

$$\underset{\text{Kreatin.}}{\Theta_4H_9N_3\Theta_2} = \underset{\text{Kreatinin.}}{\Theta_4H_7N_3\Theta} + H_2\Theta$$

Kocht man Kreatin mit Barytwasser, so zerfällt es in Sarkosin und Harnstoff (vgl. oben §. 1189).

Kocht man Kreatin mit Quecksilberoxyd, so wird neben Kohlensäure, die wahrscheinlich secundäres Zersetzungsproduct ist, Oxalsäure und Methyluramin gebildet. Beim Kochen mit Bleisuperoxyd wird das Kreatin nicht verändert, setzt man aber noch Schwefelsäure zu, so entsteht ebenfalls Methyluramin.

Wird Kreatin mit Natronkalk erhitzt, so entweicht Ammoniak und Methylamin; auch bei Oxydation mit Salpetersäure entsteht, neben Ammoniak, Methylamin.

Leitet man durch eine Lösung von salpetersaurem Kreatin einen Strom von salpetriger Säure, so entweicht viel Gas und man erhält, nach Neutralisation mit Kali und Auskrystallisiren des salpetersauren Kali's, durch Zusatz von salpetersaurem Silberoxyd einen krystallinischen Niederschlag, der die Zusammensetzung $\Theta_3H_8N, N\Theta_3Ag$ besitzt und in welchem eine neue noch nicht näher untersuchte Base: Θ_3H_8N enthalten zu sein scheint (Dessaignes)

Kreatinin*): $\Theta_4H_7N_3\Theta$. Das Kreatinin unterscheidet sich von 1192.
dem Kreatin nur durch die Elemente des Wassers, die es weniger enthält; es entsteht aus demselben durch Wasseraustritt und geht umgekehrt durch Wasseraufnahme wieder in Kreatin über. Die erstere Umwandlung findet bei Einwirkung von Säuren auf Kreatin oder bei Gährung, die letztere bei Einwirkung von Basen auf Kreatinin statt.

Das Kreatinin findet sich, meist neben Kreatin, im Muskelgewebe und zwar bis zu den niederen Thierklassen herab (Cephalopoden, Acephalen); es ist aber ausserdem auch im Harn des Menschen, des Pferdes, des Hundes und in besonders reichlicher Menge im Kalbsharn aufgefunden worden.

Zur Darstellung aus Harn versetzt man diesen, um die phosphorsauren Salze zu fällen, mit Chlorcalcium und etwas Kalkmilch bis zur neutralen Reaction; dampft das Filtrat stark ein und fügt zu der von den auskrystallisirten Salzen getrennten Mutterlauge eine syrupdicke Lösung von Chlorzink. Nach einigen Tagen setzen sich warzenförmige Krystalle von Kreatinin-Chlorzink ab, die in siedendem Wasser gelöst und durch Kochen mit überschüssigem Bleioxydhydrat, oder auch durch Ammoniak und Schwefelammonium zersetzt werden. Das durch Thierkohle entfärbte Filtrat liefert beim Eindampfen Kreatinin.

Das Kreatinin bildet farblose Säulen, die in heissem Wasser leicht

---

*) Vgl. Liebig, Ann. Chem. Pharm. LXII. 298. — Heintz, ibid. LXVIII. 363. — Socoloff, ibid. LXXVIII. 243; LXXX. 114. — Dessaignes, ibid. XCVII. 339. — Neubauer, ibid. CXIX. 27; CXX. 257. —

und selbst in kaltem Wasser ziemlich löslich sind (bei 16° in 11,5 Th.). Es löst sich leicht in siedendem weniger in kaltem Alkohol (1 Th. in etwa 100 Th.).

Das Kreatinin ist eine starke Base; es reagirt alkalisch und treibt das Ammoniak aus seinen Verbindungen aus. Es verbindet sich direct mit Säuren und mit einigen Salzen.

Das salzsaure Kreatinin: $\Theta_4H_7N_3\Theta$, HCl bildet in Wasser und Alkohol lösliche Prismen, die ein lösliches Platindoppelsalz: $\Theta_4H_7N_3\Theta$, HCl, $PtCl_2$ liefern. Von den Verbindungen mit Salzen ist das Kreatininchlorzink: $\Theta_4H_7N_3\Theta$, ZnCl besonders wichtig; eine körnig krystallinische Verbindung, die in Wasser wenig löslich, in Alkohol unlöslich ist. Sie erzeugt beim Eindampfen mit starker Salzsäure eine lösliche krystallisirbare Verbindung von salzsaurem Kreatininchlorzink: $\Theta_4H_7N_3\Theta$, HCl, ZnCl, aus deren Lösung durch essigsaures Natron Kreatinin-Chlorzink gefällt wird.

Das Kreatinin geht, wie schon erwähnt, bei Einwirkung von Basen in Kreatin über. Diese Umwandlung findet schon bei längerem Stehen mit Kalkmilch oder beim Kochen mit Bleioxyd statt; daher erhält man bei Darstellung des Kreatinins aus Harn stets etwas Kreatin.

Beim Kochen mit Quecksilberoxyd gibt das Kreatinin, wie das Kreatin, Oxalsäure und Methyluramin (Dessaignes). Dieselben Producte entstehen auch bei Oxydation mit übermangansaurem Kali (Neubauer). Bei Einwirkung von salpetriger Säure dagegen werden aus Kreatinin andere Zersetzungsproducte erhalten als aus Kreatin (Dessaignes) (vgl. §. 1195).

Lässt man Jodäthyl auf Kreatinin einwirken, so entsteht krystallisirtes Aethylkreatininjodid: $\Theta_4H_7N_3\Theta$, Θ_2H_5J; aus diesem kann durch Silberoxyd das Aethylkreatinin in wasserhaltigen Krystallen erhalten werden. Das Aethylkreatininchlorid: $\Theta_4H_7N_3\Theta$, Θ_2H_5Cl ist ebenfalls krystallisirbar; es bildet mit Platinchlorid ein krystallisirtes Doppelsalz: $\Theta_4H_6(\Theta_2H_5)N_3\Theta$, HCl, $PtCl_2$ (Neubauer).

1198. **Sarkosin** *): $\Theta_3H_7N\Theta_2$. Liebig erhielt 1847 diese Base durch Kochen von Kreatin mit Barythydrat. Volhard zeigte vor Kurzem, dass das Sarkosin synthetisch, durch Einwirkung von Methylamin auf Monochloressigsäure erhalten werden kann.

Kocht man eine heiss gesättigte Lösung von Kreatin so lange mit Barythydrat als noch Ammoniak entweicht, so entsteht viel kohlensaurer Baryt und das Filtrat enthält neben überschüssigem Baryt Sarkosin, welches aus der bis zur Syrupconsistenz eingedampften Flüssigkeit in breiten durchsichtigen Blättern krystallisirt.

Das Sarkosin bildet wohlausgebildete Krystalle, die in Wasser leicht,

*) Ann. Chem. Pharm. LXII. 310. — Dessaignes, ibid. XCVII. 340. — Volhard. ibid. CXXIII. 261.

in Alkohol weniger und in Aether nicht löslich sind. Das salzsaure Sarkosin krystallisirt in feinen Nadeln, es gibt mit Platinchlorid ein schön krystallisirendes Doppelsalz: $\Theta_3H_7N\Theta_2$, HCl, $PtCl_2 + H_2\Theta$. Auch das schwefelsaure Salz ist krystallisirbar. Das Sarkosin bildet ferner mit einigen Salzen krystallisirbare Doppelverbindungen.

Erhitzt man Sarkosin mit Natronkalk, so entsteht Methylamin; ebenso wird bei Einwirkung von Bleihyperoxyd auf schwefelsaures Sarkosin Methylamin erzeugt.

Das Sarkosin ist isomer mit Milchsäure-amid (§. 1093), mit Alanin (§. 1100) und mit Urethan (§. 1027). —

Methyluramin *): $\Theta_2H_7N_3$. Dessaignes erhielt das oxalsaure 1194.
Salz dieser Base durch Kochen von Kreatin mit Wasser und überschüssigem Quecksilberoxyd. Aus dem oxalsauren Salz wird durch Zersetzen mit Kalkmilch und Verdunsten im Vacuum das Methyluramin selbst als krystallinische zerfliessliche Masse erhalten. Es gibt mit Säuren krystallisirte Verbindungen und fällt viele Metallsalze. Das Platinsalz ist: $\Theta_2H_7N_3$, HCl, $PtCl_2$.

Beim Erhitzen mit Alkalien zerfällt es in Kohlensäure, Ammoniak und Methylamin:

$$\Theta_2H_7N_3 + 2H_2\Theta = \Theta\Theta_2 + 2NH_3 + N(\Theta H_3)H_2.$$

Das Methyluramin kann als Methyl-derivat des Guanidins angesehen werden (§§. 1025, 1206); oder als: Methylamin + Harnstoff — $H_2\Theta$ oder als: Methylamin + 2 Ammoniak + Kohlensäure — $2H_2\Theta$.

Methylparabansäure **): $\Theta_4H_4N_2\Theta_3$. Diese bis jetzt wenig 1195.
untersuchte Substanz wurde von Liebig als Nebenproduct bei Darstellung von Sarkosin aus Kreatin beobachtet; Dessaignes erhielt sie dann durch Einwirkung von salpetriger Säure auf Kreatinin; Strecker machte zuerst auf ihre Beziehung zur Parabansäure aufmerksam.

Leitet man in eine wässrige Lösung von Kreatinin salpetrige Säure, so entsteht das salpetersaure Salz einer complicirt zusammengesetzten Base, die, nach der Analyse der Base selbst, des salzsauren Salzes und der Platinverbindung, durch die Formel: $\Theta_8H_{10}N_6\Theta_3$ ausgedrückt werden kann. Wird dieselbe mit überschüssiger Salzsäure auf 100° erhitzt, so bildet sich Salmiak, Oxalsäure und Methylparabansäure, die in langen glänzenden Prismen oder Blättern krystallisirt. Die Bildung beider Körper aus dem Kreatinin wird wahrscheinlich ausgedrückt durch die Formeln:

$$2\Theta_4H_7N_3\Theta + 7\Theta = \Theta_8H_{10}N_6\Theta_3 + 2\Theta\Theta_2 + 2H_2\Theta$$

$$\Theta_8H_{10}N_6\Theta_3 + 4H_2\Theta = \Theta_4H_4N_2\Theta_3 + 4NH_3 + \Theta_2H_2\Theta_4$$

*) Ann. Chem. Pharm. XCII. 407; XCVII. 339.

**) Liebig, Ann. Chem. Pharm. LXII. 317. — Dessaignes, ibid. XCVII. 341. — Strecker, ibid. CXVIII. 164.

Theobromin, Thëin.

1196. An die Harnsäure und ihre Abkömmlinge reihen sich endlich noch zwei im Pflanzenreich vorkommende Substanzen, das Theobromin und das Thëin oder Caffein an. Beide Körper sind der Zusammensetzung nach homolog:

$\Theta_7H_8N_4\Theta_2$	$\Theta_8H_{10}N_4\Theta_2$
Theobromin.	Thëin.

Das Thëin muss als Methyl-abkömmling des Theobromins angesehen werden; es kann sogar, wie Strecker in neuester Zeit gezeigt hat, aus dem Theobromin durch Einführung von Methyl künstlich dargestellt werden.

Aus dem Thëin entstehen durch Oxydation: Amalinsäure und Cholestrophan. Beide sind Methyl-abkömmlinge zweier Zersetzungsproducte der Harnsäure; die Amalinsäure ist Dimethyl-alloxantin, das Cholestrophan ist Dimethylparabansäure und es kann in der That, nach Strecker's Versuchen, aus Parabansäure durch Einführung von Methyl erzeugt werden.

Nach der Zusammensetzung dieser zwei Zersetzungsproducte muss man das Thëin als zweifach methylirten Abkömmling einer bis jetzt unbekannten normalen Substanz ansehen. Das Theobromin erscheint dann als einfach methylirter Abkömmling desselben Körpers. Die Umwandlungsproducte des Theobromins sind bis jetzt nicht näher untersucht, aber man hat doch bei manchen Zersetzungen das Auftreten von Methylamin nachgewiesen.

Es wurde oben erwähnt (§. 1187), dass, der empirischen Zusammensetzung nach, auch das Xanthin mit dem Theobromin und Thëin homolog ist:

$\Theta_5H_4N_4\Theta_2$	$\Theta_7H_8N_4\Theta_2$	$\Theta_8H_{10}N_4\Theta_2$
Xanthin.	Theobromin.	Thëin.

Das Xanthin kann aber nicht als die normale Substanz angesehen werden, deren Methylabkömmlinge das Theobromin und Thëin sind, wenigstens hat Strecker gezeigt, dass das Dimethyl-Xanthin mit dem Theobromin nur isomer aber nicht identisch ist.

1197. Theobromin *): $\Theta_7H_8N_4\Theta_2$. Es wurde 1841 von Woskresensky in der Cacaobohne aufgefunden.

---

*) Woskresensky, Ann. Chem. Pharm. XLI. 125. — Glasson, ibid. LXI. 335. — Keller, ibid. XCII. 71. — Rochleder, ibid. LXXI. 9 — Rochleder u. Hlasiwetz, ibid. LXXIX. 124. — Strecker, ibid. CXVIII. 170.

Zur Darstellung des Theobromins erschöpft man Cacaobohnen mit siedendem Wasser, fällt mit Bleizuckerlösung, schlägt aus dem Filtrat das Blei durch Schwefelwasserstoff nieder, dampft zur Trockne ein und zieht den Rückstand mit siedendem Alkohol aus. Aus der Lösung fällt beim Erkalten Theobromin aus.

Das Theobromin bildet feine weisse Krystalle; es löst sich selbst beim Kochen nur wenig in Wasser, Alkohol und Aether. Es ist sublimirbar.

Das Theobromin verbindet sich direct mit Säuren und mit einigen Salzen.

Das salzsaure und das salpetersaure Theobromin ($\Theta_7H_8N_4\Theta_2$, HCl und $\Theta_7H_8N_4\Theta_2$, $N\Theta_3H$) sind krystallisirbar; das erstere gibt ein krystallisirtes Platindoppelsalz: $\Theta_7H_8N_4\Theta_2$, HCl, $PtCl_2 + 2H_2\Theta$. Setzt man zu wässriger oder salpetersaurer Theobrominlösung salpetersaures Silberoxyd, so entsteht ein krystallinischer Niederschlag von salpetersaurem Silber-theobromin: $\Theta_7H_8N_4\Theta_2$. $N\Theta_3Ag$. Fügt man dagegen zu einer ammoniakalischen Lösung von Theobromin salpetersaures Silberoxyd, so entsteht ein anfangs gallertartiger beim Sieden krystallinisch werdender Niederschlag von Silber-theobromin: $\Theta_7H_7AgN_4\Theta_2$.

Wird das eben erwähnte Silbertheobromin mit Jodmethyl auf 100° erhitzt, so entsteht Thëin (Strecker).

Die Zersetzungsproducte des Theobromins sind noch wenig untersucht. Nach den bis jetzt vorliegenden Versuchen (Glasson, Rochleder und Hlasiwetz) scheint das Theobromin bei Einwirkung oxydirender Substanzen sich dem Thëin sehr ähnlich zu verhalten: sowohl bei Einwirkung von Chlor als beim Behandeln mit Schwefelsäure und Bleihyperoxyd entsteht eine in ihren Eigenschaften dem Alloxantin und der Amalinsäure sehr ähnliche Substanz.

Thëin*) (Caffëin): $\Theta_8H_{10}N_4\Theta_2 + H_2\Theta$. Diese Substanz wurde 1198.
1820 von Runge im Caffee, 1827 von Oudry im Thee aufgefunden. Man hielt anfangs das Caffëin für verschieden von dem Thëin, bis 1838 Jobst und Mulder die Identität beider nachwiesen. — Seitdem wurde das Thëin von Martius, Jobst, Berthemot und Dechatelus in der Guarana, einem in Brasilien aus den Früchten von Paullinia sorbilis bereiteten Heilmittel aufgefunden; dann von Stenhouse im Paraguaythee (Jlex paraguayensis) und, gleichzeitig mit van den Korput, in den Blättern der Caffeestaude.

Die künstliche Bildung des Thëins aus Theobromin wurde von Strecker 1851 mitgetheilt.

---

*) Vgl. Pfaff und Liebig, Ann. Chem. Pharm. I. 17. — Wöhler, ibid. I. 19. — Jobst, ibid. XXV. 63. — Mulder, ibid. XXVIII. 319. — Berthemot und Dechatelus, Martius, ibid. XXXVI. 90. — Stenhouse, ibid. XLV. 366, XLVI. 227, LXXXIX. 244. — Van den Korput, ibid. XCIII. 127. — Herzog, ibid. XXVI. 344; XXIX. 171. — Rochleder, ibid. LXIII. 201, LXIX. 120, LXXI 1. — Strecker, ibid. CXVIII. 170.

Darstellung. Aus Thee. Man zieht Thee mit kaltem Weingeist aus, fällt die Gerbsäure mit Bleiessig, schlägt aus dem Filtrat das Blei durch Schwefelwasserstoff nieder, dampft auf $^1/_4$ ein, neutralisirt mit Kali und verdunstet zur Krystallisation (Herzog). — Oder: man zieht den Thee mit siedendem Wasser aus, kocht mit Magnesia, filtrirt von dem die Gerbsäure enthaltenden Niederschlag ab, dampft zur Trockne und zieht das Thëin mit Aether aus (Mulder).

Aus Caffee. Man mischt 5 Th. gepulverten Caffee mit 2 Th. gelöschtem Kalk, zieht mit Alkohol aus und dampft den Auszug zur Trockne. Man zieht von neuem mit Alkohol aus, entfernt, nach Zusatz von Wasser, den Alkohol durch Destillation, hebt das aufschwimmende Fett ab und dampft die wässrige Lösung zur Krystallisation ein. 50 Kil Caffee geben so 250 Grm. Thëin (Versmann).

Der Thee enthält 2—4 pC., Caffee 0,8—1 pC., Caffeeblätter 1,25 pC., Paraguay-Thee 1,2 pC.; Guarana 5 pC. Thëin.

Das Thëin krystallisirt aus Wasser in langen seidenglänzenden Nadeln, die ihr Krystallwasser zum Theil schon an der Luft verlieren; aus Alkohol oder Aether krystallisirt es wasserfrei. Es ist in Wasser, Alkohol und Aether schon in der Kälte leicht, beim Sieden noch leichter löslich. Es schmilzt bei 178° und sublimirt unverändert. Das Thëin gibt mit Säuren und mit vielen Salzen krystallisirbare Verbindungen; die ersteren zerfallen sehr leicht und liefern freies Thëin.

Kocht man das Thëin mit Barytwasser, so entsteht Caffëidin; beim Kochen mit concentrirter Kalilauge entweicht Methylamin. Bei Einwirkung von Salpetersäure oder von Chlor entstehen: Amalinsäure und Cholestrophan.

Die Bildung dieser Körper erklärt, warum das Thëin dieselbe Reaction zeigt, die oben (§. 1162) für die Harnsäure angegeben wurde. Wird nämlich Thëin mit etwas Salpetersäure eingedampft, so bleibt ein gelber Rückstand, der beim Befeuchten mit Ammoniak schön purpurfarben wird.

Kocht man Thëin mit concentrirter Salpetersäure, so entsteht anfangs Amalinsäure; wird das Kochen länger fortgesetzt, so tritt auf Zusatz von Ammoniak keine Färbung mehr ein und die Flüssigkeit gibt beim Verdunsten Cholestrophan.

Leitet man zu in Wasser vertheiltem Thëin Chlor, und dampft man, ehe alles Thëin verschwunden, die Flüssigkeit ein, so scheiden sich zuerst Krystalle von Amalinsäure aus. Bei weiterem Eindampfen fallen weisse Flocken, die wahrscheinlich gechlortes Thëin sind; die von diesen abfiltrirte Flüssigkeit gibt beim Erkalten Krystalle von Cholestrophan (Rochleder).

1199. Caffëidin: $\Theta_7H_{12}N_4\Theta = C_3(\Theta H_3)_2H_6N_4\Theta$. Diese Base wurde in neuester Zeit von Strecker*) durch Kochen von Thëin mit Barytwasser dargestellt. Es entsteht dabei kohlensaurer Baryt und offenbar als Product einer tiefer gehenden Zersetzung etwas Methylamin:

$$\underset{\text{Thëin.}}{\Theta_8H_{10}N_4\Theta_2} + H_2\Theta = \underset{\text{Caffëidin.}}{\Theta_7H_{12}N_4\Theta} + \Theta\Theta_2.$$

*) Ann. Chem. Pharm. CXXIII. 360.

Man fällt den Baryt mit Schwefelsäure und erhält durch Eindampfen der Lösung Krystalle von schwefelsaurem Caffëidin: $\Theta_7H_{12}N_4\Theta$, $S\Theta_4H_2$. Zersetzt man diese mit kohlensaurem Baryt, so wird eine wässrige Lösung von Caffëidin erhalten, die beim Eindampfen eine amorphe, zerfliessliche und in Wasser und Alkohol leicht lösliche Masse hinterlässt.

Amalinsäure (Dimethyl-alloxantin): $\Theta_{12}H_{12}N_4\Theta_7 + H_2\Theta = \Theta_8(\Theta H_3)_4N_4\Theta_7 + H_2\Theta$. Man erhält diese Verbindung rein, indem man die eben erwähnten, bei Einwirkung von Chlor auf Thëin entstehenden Krystalle, mit kaltem und mit siedendem Alkohol abwäscht und dann aus siedendem Alkohol umkrystallisirt. 1200.

Die Amalinsäure ist in Wasser wenig löslich; sie erzeugt auf der Haut rothe Flecken und denselben Geruch wie Alloxantin, sie reducirt wie dieses Silbersalze. Bei Einwirkung von Baryt, Natron oder Kali färbt sie sich violett; durch Einwirkung von Ammoniak entsteht eine rothe Substanz, die man sogar krystallisirt erhalten kann, wahrscheinlich methylirtes Murexid (Murexoin). Von Salpetersäure wird die Amalinsäure in einen krystallisirbaren Körper übergeführt, der wahrscheinlich methylirtes Alloxan ist.

Cholestrophan (Dimethylparabansäure): $\Theta_5H_6N_2\Theta_3 = \Theta_3(\Theta H_3)_2 N_2\Theta_3$. Man erhält diesen Körper bei Einwirkung von Chlor oder von Salpetersäure auf Thëin. Er krystallisirt aus Alkohol in irisirenden Blättchen, die schon bei 100° sublimiren und in Wasser sehr löslich sind (Stenhouse, Rochleder). 1201.

Dieselbe Substanz entsteht bei Einwirkung von Jodmethyl auf die Silberverbindung der Parabansäure (Strecker) *).

Das Cholestrophan zerfällt beim Erhitzen mit Alkalien in Kohlensäure, Oxalsäure und (wahrscheinlich) Methylamin.

Im Anschluss an die im Vorhergehenden beschriebenen Körper mag hier noch einiger stickstoffhaltigen Substanzen Erwähnung gethan werden, welche ebenfalls als Producte der regressiven Stoffmetamorphose in thierischen Organen oder Secreten aufgefunden wurden, über deren chemische Natur aber noch ungemein wenig bekannt ist.

Inosinsäure, von Liebig **) aus der Fleischflüssigkeit gewonnen. In Wasser sehr lösliche Säure, die ein krystallinisches Baryt- und Kalisalz bildet und deren Zusammensetzung der Formel $\Theta_5H_8N_2\Theta_6$ entspricht. 1202.

*) Ann. Chem. Pharm. CXVIII. 178.

**) Ibid. LXII. 317.

1203. Kynurensäure. Diese krystallisirbare Substanz wurde von Liebig*) im Hundeharn aufgefunden. Sie bildet mit Alkalien und alkalischen Erden alkalisch reagirende krystallisirbare Salze, die von Kohlensäure zersetzt werden.

1204. Cholin. Diese Base wurde in neuester Zeit von Strecker**) in der Galle (neben den später zu besprechenden Gallensäuren und Fleischmilchsäure) aufgefunden. Ihr schwer krystallisirbares salzsaures Salz gibt eine in breiten Nadeln krystallisirende Platinverbindung: $\Theta_5H_{13}N\Theta$, HCl, $PtCl_2$. Das kohlensaure Salz krystallisirt in Blättchen und reagirt alkalisch.

Nach seiner Zusammensetzung kann das Cholin mit den von Wurtz aus Aethylenoxyd dargestellten Basen (§. 983) verglichen werden; es ist vielleicht Amylenhydoramin: $\left.\begin{matrix}\Theta_5\overset{''}{H}_{10} \\ H_3\end{matrix}\right\}\begin{matrix}N \\ \Theta.\end{matrix}$

Betrachtungen über die Harnsäure, ihre Abkömmlinge und verwandte Körper.

1205. Nachdem im Vorhergehenden das Thatsächliche über diese merkwürdigen Producte der regressiven Stoffmetamorphose zusammengestellt worden, scheint es geeignet einzelne theoretische Betrachtungen, die oben schon kurz angedeutet wurden, etwas weiter auszuführen, um die Beziehungen dieser Substanzen untereinander und zu anderen besser bekannten Körpern wenigstens so weit hervortreten zu lassen, als dies bei dem jetzigen Stand unserer Kenntnisse möglich ist. Wir werden dabei die zu besprechenden Substanzen in derselben Weise zu Gruppen zusammenfassen, wie dies bei der Specialbeschreibung geschah; aber es scheint zweckmässig eine etwas andere Reihenfolge einzuhalten und diejenigen Körper an die Spitze zu stellen, für welche am meisten thatsächliche Anhaltspunkte vorliegen.

Aehnliche Betrachtungen sind für viele der in Rede stehenden Verbindungen schon von Dessaignes, Strecker und Andern mitgetheilt worden; von dem zuletzt genannten Forscher rührt ausserdem, wie im thatsächlichen Theil stets erwähnt wurde, eine grosse Anzahl derjenigen Thatsachen her, welche diesen Betrachtungen als Grundlage dienen.

I. Kreatin, Kreatinin, Sarkosin etc.

1206. Für die Körper dieser Gruppe können aus den dermalen bekannten Thatsachen mit ziemlicher Sicherheit rationelle Formeln hergeleitet wer-

---

*) Ann. Chem. Pharm. LXXXVI. 125. CVIII. 354.
**) Compt. rend. LII. 1270.

den, welche das Gesammtverhalten dieser Verbindungen in einfacher Weise ausdrücken. Diese Formeln ergeben sich einerseits aus den Zersetzungsproducten, namentlich aus der Bildung und dem Verhalten des Methyluramins und Sarkosins; andrerseits bieten die von Strecker synthetisch dargestellten Substanzen: Glycocyamin und Glycocyamidin, und namentlich die von Volhard entdeckte Synthese des Sarkosins, Anhaltspunkte.

Das Methyluramin ist methylirtes Guanidin, also eine amidartige Verbindung der Kohlensäure. Man hat:

$$\Theta\Theta_2 + 3NH_3 - 2H_2\Theta = \Theta H_5N_3 \quad \text{Guanidin.}$$
$$\underset{\text{Methylalkohol.}}{\Theta H_4\Theta} + \Theta\Theta_2 + 3NH_3 - 3H_2\Theta = \Theta_2H_7N_3 \quad \text{Methyluramin.}$$

Das Sarkosin ist methylirtes Glycocoll, also ein gemischtes Amid der Glycolsäure:

$$\Theta_2H_4\Theta_3 + NH_3 - 1H_2\Theta = \Theta_2H_5\Theta_2N \quad \text{Glycocoll.}$$
$$\Theta H_4\Theta + \Theta_2H_4\Theta_3 + NH_3 - 2H_2\Theta = \Theta_3H_7\Theta_2N \quad \text{Sarkosin.}$$

Demnach müssen Kreatin und Kreatinin als gemischte Amide von Methylalkohol, Glycolsäure und Kohlensäure angesehen werden:

$$\Theta H_4\Theta + \Theta_2H_4\Theta_3 + \Theta\Theta_2 + 3NH_3 - 4H_2\Theta = \Theta_4H_9N_3\Theta_2 \quad \text{Kreatin.}$$
$$\underset{\substack{\text{Methyl-}\\ \text{alkohol.}}}{\Theta H_4\Theta} + \underset{\text{Glycolsäure.}}{\Theta_2H_4\Theta_3} + \Theta\Theta_2 + 3NH_3 - 5H_2\Theta = \Theta_4H_7N_3\Theta \quad \text{Kreatinin.}$$

Will man diese Körper durch typische Formeln ausdrücken, deren Radicale an die erzeugenden Säuren erinnern, so hätte man:

$$\underset{\text{Guanidin.}}{\left.\begin{matrix}\overset{IV}{\Theta}\\ H_5\end{matrix}\right\}N_3} \qquad \underset{\text{Methyluramin.}}{\left.\begin{matrix}\overset{IV}{\Theta}\\ \Theta H_3\\ H_4\end{matrix}\right\}N_3} \qquad \underset{\text{Glycocoll.}}{\begin{matrix}\left.\begin{matrix}H\\ H\end{matrix}\right\}N\\ \left.\begin{matrix}\overset{''}{\Theta_2H_2\Theta}\\ H\end{matrix}\right\}\Theta\end{matrix}} \qquad \underset{\text{Sarkosin.}}{\begin{matrix}\left.\begin{matrix}H\\ \Theta H_3\end{matrix}\right\}N\\ \left.\begin{matrix}\overset{''}{\Theta_2H_2\Theta}\\ H\end{matrix}\right\}\Theta\end{matrix}}$$

$$\underset{\text{Kreatin.}}{\begin{matrix}\left.\begin{matrix}\overset{IV}{\Theta}\\ \Theta H_3\end{matrix}\right\}N_3\\ \left.\begin{matrix}\overset{''}{\Theta_2H_2\Theta}\\ H_4\end{matrix}\right\}\Theta\end{matrix}} \qquad \underset{\text{Kreatinin.}}{\left.\begin{matrix}\overset{IV}{\Theta}\\ \Theta H_3\\ \Theta_2H_2\Theta\\ H_2\end{matrix}\right\}N_3}$$

Das Kreatinin wäre eine Art Triamid, d. h. ein von 3 Molecülen Ammoniak sich herleitendes Amid; das Kreatin die zugehörige Aminsäure.

In ganz entsprechender Weise sind die synthetisch dargestellten Verbindungen: Glycocyamin und Glycocyamidin:

$$\left.\begin{array}{r}\overset{''}{\Theta}\\ \overset{'}{\Theta}_2H_2\Theta\\ H_5\end{array}\right\}\begin{array}{l}N_3\\ \Theta\end{array} \qquad\qquad \left.\begin{array}{r}\overset{''}{\Theta}\\ \overset{'}{\Theta}_2H_2\Theta\\ H_3\end{array}\right\}N_3$$

Glycocyamin. Glycocyamidin.

Alle Zersetzungen des Kreatins und des Kreatinins werden durch diese Formeln in einfacher Weise ausgedrückt:

1) Bei Bildung von Sarkosin und Harnstoff findet Spaltung unter Wasseraufnahme statt; der Rest der Kohlensäure findet sich im Harnstoff, der der Glycolsäure und das Methyl im Sarkosin.
2) Die Bildung des Methyluramins und der Oxalsäure ist Spaltung mit Oxydation. Der Rest der Kohlensäure ist jetzt mit dem Methyl im Methyluramin, während der Rest der Glycolsäure sich oxydirt und als Oxalsäure austritt.
3) Die Bildung der Methylparabansäure ist ein Ablösen von Ammoniak mit gleichzeitiger Oxydation des Glycolsäurerestes. Sie erklärt sich leicht, wenn man sich der früher schon mitgetheilten Bildungsgleichung der Parabansäure erinnert:

$$\Theta_2H_2\Theta_4 + \Theta\Theta_2 + 2NH_3 - 3H_2\Theta = \Theta_3H_2\Theta_3N_2 \text{ Parabansäure,}$$

nach welcher dieselbe durch die Formel ausgedrückt wird:

$$\left.\begin{array}{r}\overset{'}{\Theta}_2\Theta_2\\ \Theta\overset{''}{\Theta}\\ H_2\end{array}\right\}N_2$$

Parabansäure.

Es ist kaum nöthig zu erwähnen, dass die eben mitgetheilten Formeln auch noch in anderer Weise geschrieben werden können. Gerade so wie man das Cyanamid einerseits als ein Amid der Kohlensäure ansehen und folglich mit einem Rest der Kohlensäure als Radical schreiben kann, während es sich andrerseits auch als Amid der Cyansäure mit dem Radical Cyan (ΘN) schreiben lässt; so kann man auch bei den jetzt in Rede stehenden Substanzen statt des Kohlensäurerestes: $\overset{''}{\Theta}$ das Radical Cyan (ΘN) in die Formeln einführen. Man hat:

$$\left.\begin{array}{r}\Theta N\\ H_2\end{array}\right\}N \qquad \begin{array}{r}\left.\begin{array}{r}\Theta N\\ H_2\end{array}\right\}N\\ H_3\ N\end{array} \qquad \left.\begin{array}{r}\Theta N\\ \Theta H_3\\ H_4\end{array}\right\}N_2 \qquad \left.\begin{array}{r}\Theta N\\ \Theta H_3\\ \overset{'}{\Theta}_2H_2\Theta\\ H_2\end{array}\right\}N_2 \qquad \left.\begin{array}{r}\Theta N\\ \Theta H_3\\ \overset{'}{\Theta}_2H\Theta\\ H_4\end{array}\right\}\begin{array}{l}N_2\\ \Theta\end{array}$$

Cyanamid. Guanidin. Methyluramin. Kreatinin. Kreatin.

Das Kreatin könnte dann als Addition von Cyanamid zu methylirtem Glycocoll oder auch als Addition von Methylcyanamid zu Glycocoll betrachtet werden.

In welcher Weise die Isomerie des Sarkosins mit dem Alanin und dem Urethan zu erklären ist, ergibt sich leicht aus den folgenden Formeln.

Es sind homolog:

$$\begin{array}{c}\left.\begin{array}{r}H\\H\end{array}\right\}N\\\left.\begin{array}{r}\overset{''}{\Theta}\Theta\\H\end{array}\right\}\Theta\\\text{Carbaminsäure.}\end{array}\qquad\begin{array}{c}\left.\begin{array}{r}H\\H\end{array}\right\}N\\\left.\begin{array}{r}\overset{''}{\Theta_2}H_2\Theta\\H\end{array}\right\}\Theta\\\text{Glycocoll.}\end{array}\qquad\begin{array}{c}\left.\begin{array}{r}H\\H_2\end{array}\right\}N\\\left.\begin{array}{r}\overset{''}{\Theta_3}H_4\Theta\\H\end{array}\right\}\Theta\\\text{Alanin.}\end{array}$$

Isomer sind dann: der Aethylabkömmling der ersteren mit dem Methylabkömmling der zweiten und mit der normalen dritten Substanz, nämlich:

$$\begin{array}{c}\left.\begin{array}{r}H\\H\end{array}\right\}N\\\left.\begin{array}{r}\overset{''}{\Theta}\Theta\\\Theta_2H_5\end{array}\right\}\Theta\\\text{Urethan.}\end{array}\qquad\begin{array}{c}\left.\begin{array}{r}H\\\Theta H_3\end{array}\right\}N\\\left.\begin{array}{r}\overset{''}{\Theta_2}H_2\Theta\\H\end{array}\right\}\Theta\\\text{Sarkosin.}\end{array}\qquad\begin{array}{c}\left.\begin{array}{r}H\\H\end{array}\right\}N\\\left.\begin{array}{r}\overset{''}{\Theta_3}H_4\Theta\\H\end{array}\right\}\Theta\\\text{Alanin.}\end{array}$$

II. Guanin, Xanthin, Sarkin.

Unter den Umwandlungsproducten des Guanins befinden sich zwei 1207.
Amide der Kohlensäure: Guanidin und Harnstoff; und ferner Parabansäure, ein gemischtes Amid der Kohlensäure und Oxalsäure. Nach diesen Anhaltspunkten kann man für das Guanin die folgende Bildungsgleichung annehmen:

$$\Theta_2H_4\Theta_3 + \Theta_2H_2\Theta_4 + \Theta\Theta_2 + 5NH_3 - 8H_2\Theta = \Theta_5H_5N_5\Theta \text{ Guanin.}$$

Glycolsäure. Oxalsäure.

Für das aus dem Guanin entstehende Xanthin hätte man dann:

$$\Theta_2H_4\Theta_3 + \Theta_2H_2\Theta_4 + \Theta\Theta_2 + 4NH_3 - 7H_2\Theta = \Theta_5H_4N_4\Theta_2 \text{ Xanthin.}$$

Will man diese Beziehungen in typischen Formeln ausdrücken, so hätte man etwa:

$$\begin{array}{c}\left.\begin{array}{r}\overset{''}{\Theta_2}\\\overset{''}{\Theta}\\\overset{''}{\Theta_2}H_2\Theta\\H_3\end{array}\right\}N_5\\\text{Guanin.}\end{array}\qquad\qquad\begin{array}{c}\left.\begin{array}{r}\overset{''}{\Theta_2}\\\overset{''}{\Theta}\Theta\\\overset{''}{\Theta_2}H_2\Theta\\H_2\end{array}\right\}N_4\\\text{Xanthin.}\end{array}$$

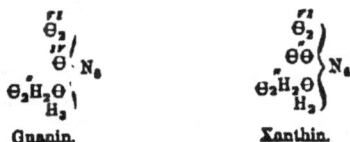

In diesen Formeln ist $\overset{VI}{\Theta_2}$ ein Rest der Oxalsäure (vgl. §. 1152), $\overset{IV}{\Theta}$ oder $\Theta\Theta$ ein Rest der Kohlensäure (vgl. Cyanamid, Harnstoff §. 1012) und $\overset{''}{\Theta_2 H_2 \Theta}$ das Radical der Glycolsäure und des Glycocolls.

1208. Es ist selbstverständlich, dass auch diese Formeln in mannichfach abgeänderter Weise geschrieben werden können. So kann man statt des Restes der Oxalsäure ($\overset{VI}{\Theta_2}$) eben so gut freies Cyan: ($\Theta_2 N_2$) additionell beischreiben; man kann für das Guanin statt des Restes der Kohlensäure ($\overset{IV}{\Theta}$) eben so gut das Radical Cyan ($\overset{'}{\Theta N}$) in die Formel einführen, oder auch Cyanamid additionell beischreiben; man kann endlich für das Xanthin statt des Restes der Kohlensäure ($\Theta\Theta$) auch Cyansäure additionell beischreiben oder auch Cyan als Radical annehmen und dafür den Sauerstoff neben 3 At N in den Typus stellen. Alle diese Formeln würden dieselben Ideen ausdrücken und ohne weiteren Vortheil.

Die typischen Formeln dieser Substanzen sind aber ausserdem noch in anderer Beziehung mangelhaft und sogar willkürlich; dadurch nämlich, dass nichts dafür entscheidet, welches von den sauerstoffhaltigen Radicalen, die in den erzeugenden Säuren angenommen wurden, in dem Amid seinen Sauerstoff verloren hat. Für die jetzt in Rede stehenden Substanzen ist dieser Nachtheil noch verhältnissmässig gering, er tritt bei den meisten der nachher zu besprechenden Körper in weit höherem Grade hervor und macht für sie das Aufstellen typischer Formeln, wenn nicht unmöglich, doch nahezu nutzlos. Man überzeugt sich leicht, dass typisch geschriebene Formeln stets dann mangelhaft werden, wenn man den Kreis von Thatsachen verlässt, für welchen die typische Schreibweise ursprünglich bestimmt war. So lange in den Umwandlungsproducten eines Körpers dieselben Radicale unverändert angenommen werden können, sind typische Formeln ein unzweideutiger und klarer Ausdruck der Beziehungen. Sobald aber, durch tiefer gehende Zersetzung, die in der einen Substanz als Radical angenommene Atomgruppe selbst Veränderung erleidet, verlieren die typischen Formeln bedeutend an Klarheit. Und wenn gar in complicirter zusammengesetzten Körpern solche Reste von mehreren Radicalen gleichzeitig angenommen werden müssen, so ist das Aufstellen typischer Formeln nie ohne Willkür.

Bei diesem Nachtheil typischer Formeln ist es bisweilen geeignet, den empirischen Bildungsgleichungen den Vorzug zu geben, die, in solchen Fällen wenigstens, alle Beziehungen eben so gut nur in etwas mehr empirischer Form ausdrücken. Wenn hier typische Formeln dennoch mitgetheilt werden, so geschieht dies um die Art zu zeigen, wie eine consequent durchgeführte Typentheorie solche complicirt zusammengesetzte Körper formuliren könnte; und auch um gleichzeitig die Grenze der Zweckmässigkeit typisch geschriebener Formeln anzudeuten.

1209. Die mitgetheilten Formeln, sowohl in ihrem empirischen Ausdruck als in der typisch geschriebenen Form, erklären die Zersetzungen der betreffenden Körper in ziemlich befriedigender Weise.

1) Wenn aus Guanin Xanthin entsteht, so wird 1NH_3 unter Zersetzung eliminirt und dafür 1$H_2\Theta$ aufgenommen. Die Reaction ist genau dieselbe wie die Bildung einer Säure aus dem zugehörigen Amid (z. B. Essigsäure aus Acetamid), und sie erfolgt auch unter denselben Bedingungen.

2) Bei Bildung von Guanidin und Parabansäure löst sich der den Rest der Kohlensäure enthaltende Theil des Moleculs als ein Amid der Kohlensäure (Guanidin) los; der übrige Theil des Moleculs erleidet Oxydation: statt der Reste der Oxalsäure und Glycolsäure finden sich, unter gleichzeitiger Bildung von Kohlensäure, in der Parabansäure die Reste der Oxalsäure und der Kohlensäure.

Auch das **Sarkin** oder **Hypoxanthin** kann als ein dem Xanthin ähnlich zusammengesetztes gemischtes Amid angesehen werden. Es enthält, wie dieses, Reste der Oxalsäure und der Glycolsäure, aber statt der Kohlensäure ist deren Reductionsproduct, die Ameisensäure, unter den erzeugenden Säuren anzunehmen. Man hat:

$$\underset{\text{Glycolsäure.}}{\Theta_2H_4\Theta_3} + \underset{\text{Oxalsäure.}}{\Theta_2H_2\Theta_4} + \underset{\text{Ameisensäure.}}{\Theta H_2\Theta_2} + 4NH_3 - 8H_2\Theta = \Theta_5H_4N_4\Theta \text{ Sarkin.}$$

oder bei typischer Schreibweise:

$$\left.\begin{array}{c} \overset{vi}{\Theta_3} \\ \overset{''}{\Theta_2H_2O} \\ \overset{'''}{\Theta H} \\ H \end{array}\right\} N_4$$

III. Harnsäure und Derivate.

Für einige Abkömmlinge der **Harnsäure** können, wie aus dem 1210.
früher Mitgetheilten hervorgeht (§. 1161), mit ziemlicher Sicherheit rationelle Formeln aufgestellt werden; so kann namentlich die **Parabansäure** als Diamid der Oxalsäure und Kohlensäure, und die **Oxalursäure** als zugehörige Aminsäure angesehen werden. Für andere Derivate und für die Harnsäure selbst ist es bei dem jetzigen Stand unserer Kenntnisse noch weit schwieriger rationelle Formeln, oder auch nur Bildungsgleichungen aufzustellen, welche alle Beziehungen klar umfassen.

Am besten treten die thatsächlichen Beziehungen dieser merkwürdigen Körper noch durch folgende Betrachtungen hervor.

Das **Alloxan** wurde oben (§. 1161), in Uebereinstimmung mit der jetzt von den meisten Chemikern angenommenen Ansicht Gerhardt's, als ein der Parabansäure ähnlich zusammengesetztes Diamid angesehen, in welchem statt des Oxalyls ($\Theta_2\Theta_2$) das Radical der Mesoxalsäure (Mesoxalyl: $\Theta_3\Theta_3$) angenommen wurde:

$$\underset{\text{Parabansäure.}}{\left.\begin{array}{c} \overset{''}{\Theta_2\Theta_2} \\ \overset{''}{\Theta\Theta} \\ H_2 \end{array}\right\} N_2} \qquad \underset{\text{Alloxan.}}{\left.\begin{array}{c} \overset{''}{\Theta_3O_3} \\ \overset{''}{\Theta O} \\ H_2 \end{array}\right\} N_2}$$

Die Bildung der Parabansäure aus Alloxan wurde als eine Zersetzung des Mesoxalyls gedeutet, durch welche ΘO in Form von Kohlensäure eliminirt wird, während Oxalyl zurückbleibt

1211 Man kann nun das **Alloxan** auch noch in anderer Weise auffassen. Man kann es als Diamid der Oxalsäure ansehen; als **Dioxalylamid** *):

$$\left.\begin{matrix}\overset{\prime\prime}{\Theta_2\Theta_2}\\ \overset{\prime\prime}{\Theta_2\Theta_2}\\ H_2\end{matrix}\right\}N_2$$

Die Alloxansäure ist dann die zugehörige Aminsäure:

$$\left.\begin{matrix}\overset{\prime\prime}{\Theta_2\Theta_2}\\ \overset{\prime\prime}{\Theta_2\Theta_2}\\ H_4\end{matrix}\right\}\begin{matrix}N_2\\ \Theta\end{matrix}$$

Die Bildung der Parabansäure erscheint als Oxydation des einen Oxalyls, während das andere unverändert bleibt.

Man hätte also die folgenden Bildungsgleichungen:

$\Theta_2H_2\Theta_4 + \Theta\Theta_2 + 2NH_3 - 3H_2\Theta = \Theta_3H_2N_2\Theta_3$ Parabansäure.

$\Theta_2H_2\Theta_4 + \Theta\Theta_2 + 2NH_3 - 2H_2\Theta = \Theta_3H_4N_2\Theta_4$ Oxalsäure.

Oxalsäure. Kohlensäure.

$\Theta_2H_2\Theta_4 + \Theta_2H_2\Theta_4 + 2NH_3 - 5H_2\Theta = \Theta_4H_2N_2O_3$ Alloxan.

$\Theta_2H_2O_4 + \Theta_2H_2\Theta_4 + 2NH_3 - 4H_2\Theta = \Theta_4H_4N_2\Theta_4$ Alloxansäure.

Oxalsäure. Oxalsäure.

Die **Harnsäure** selbst kann dann als ein noch complicirteres Amid angesehen werden, bei welchem ausser der Oxalsäure auch noch die Ameisensäure zu den erzeugenden Säuren gehört (vgl. übrigens §. 1214). Man hätte die folgende Bildungsgleichung:

---

*) Spätere Versuche müssen zeigen, ob das Alloxan wirklich als Dioxalylamid dargestellt werden kann, oder ob das Diamid der Oxalsäure, wenn seine Darstellung gelingt, mit dem Alloxan nur isomer ist.

Die Betrachtung des Alloxans als Dioxalylamid bietet, wie aus dem Folgenden hervorgehen wird, mancherlei Vorzüge dar. Sie hat aber den Nachtheil, dass sie die Bildung der Mesoxalsäure in den Hintergrund schiebt. Dabei darf nun wohl darauf aufmerksam gemacht werden, dass die Mesoxalsäure nicht etwa als constant auftretendes und durch eine nett verlaufende Reaction entstehendes Spaltungsproduct aus Alloxan oder Alloxansäure erhalten werden kann; dass sie vielmehr nur bisweilen und in bis jetzt nicht festgestellten Bedingungen neben anderen Zersetzungsproducten erhalten wird.

$$\Theta H_2\Theta_2 + 2\Theta_2H_2\Theta_4 + 4NH_3 - 7H_2\Theta = \Theta_5H_4N_4\Theta_3 \text{ Harnsäure.}$$

Ameisensäure. Oxalsäure.

In ganz entsprechender Weise wäre das Allantoin:

$$\Theta H_2\Theta_2 + \Theta_2H_2\Theta_4 + \Theta\Theta_2 + 4NH_3 - 5H_2\Theta = \Theta_4H_6N_4\Theta_3 \text{ Allantoin.}$$

Ameisensäure. Oxalsäure. Kohlensäure.

Die Bildung des Allantoins aus Harnsäure ist bei dieser Betrachtung der Entstehung der Parabansäure aus Alloxan analog; sie entspricht ferner der früher erwähnten Bildung von Harnstoff aus Oxamid (vergl. §§. 1028, 1146), bei welcher gerade so und zwar auch unter dem Einfluss eines leicht reducirbaren Metalloxyds aus dem Radical der Oxalsäure das Radical der Kohlensäure entsteht. 1212.

Die durch Oxydation erfolgende Spaltung der Harnsäure in Alloxan und Harnstoff erscheint als Oxydation des Restes der Ameisensäure in den Rest der Kohlensäure, der sich in Form eines Amids der Kohlensäure (Harnstoff) loslöst.

Bei der Deutung der aus dem Alloxan und der Parabansäure entstehenden Reductionsproducte: Alloxantin und Dialursäure, Oxalantin und Allantursäure erwachsen dann neue Schwierigkeiten. Für die beiden letzteren kann man annehmen, dass die Kohlensäure ganz oder zur Hälfte zu Ameisensäure reducirt werde: 1213.

$$\Theta_2H_2\Theta_4 + \Theta H_2\Theta_2 + 2NH_3 - 3H_2\Theta = \Theta_3H_4N_2\Theta_3 \text{ Allantursäure.}$$

Oxalsäure. Ameisensäure.

$$2\Theta_2H_2\Theta_4 + \Theta H_2\Theta_2 + \Theta\Theta_2 + 4NH_3 - 7H_2\Theta = \Theta_6H_4N_4\Theta_5 \text{ Oxalantin.}$$

Oxalsäure. Ameisens. Kohlens.

Für die Dialursäure und das Alloxantin könnte eine entsprechende Reduction, also Reduction von Oxalsäure zu Glyoxalsäure (vgl. §. 1117) angenommen werden:

$$\Theta_2H_2\Theta_4 + \Theta_2H_2\Theta_3 + 2NH_3 - 3H_2\Theta = \Theta_4H_4N_2\Theta_4 \text{ Dialursäure.}$$

$$3\Theta_2H_2\Theta_4 + \Theta_2H_2\Theta_3 + 4NH_3 - 8H_2\Theta = \Theta_8H_4N_4\Theta_7 \text{ Alloxantin.}$$

Oxalsäure. Glyoxalsäure.

Dieselbe Betrachtung würde dann für die weiter reducirten Substanzen, z. B. für das Hydantoin, zu der folgenden Bildungsgleichung führen:

$$\Theta_2H_2\Theta_3 + \Theta H_2\Theta_2 + 2NH_3 - 3H_2\Theta = \Theta_3H_4N_2\Theta_2 \text{ Hydantoin.}$$

Glyoxalsäure. Ameisens.

1214. Aus der eben für die Dialursäure mitgetheilten Bildungsgleichung kann eine zweite Formel für die Harnsäure hergeleitet werden:

$$\Theta_2H_2\Theta_4 + \Theta_2H_2\Theta_3 + \Theta\Theta_2 + 4NH_3 - 6H_2\Theta = \Theta_5H_4N_4\Theta_3$$ Harnsäure.

Oxalsäure. Glyoxals. Kohlens.

Die auf dieselbe Weise aus der Bildungsgleichung der Allantursäure abgeleitete Formel des Allantoins fällt mit der oben mitgetheilten zusammen

Diese Formel der Harnsäure würde ebenfalls die Bildung von Alloxan und Harnstoff bei Oxydation der Harnsäure in einfacher Weise erklären (es wäre ein Ablösen des Kohlensäurerestes aus Harnstoff und Oxydation der Glyoxalsäure in Oxalsäure), aber sie erscheint deshalb unwahrscheinlich, weil niemals eine einfache Spaltung der Harnsäure in Harnstoff und Dialursäure stattfindet, sondern weil nur durch Oxydation und dann immer mit directer Alloxanbildung eine solche Spaltung eintritt; sie gibt ausserdem eine weniger befriedigende Erklärung für die Bildung des Allantoins aus Harnsäure. Was aber wesentlich zu Gunsten der zuerst mitgetheilten Formel der Harnsäure spricht, ist der Umstand, dass die durch Einwirkung von Cyansäure, also einem Amid der Kohlensäure, auf das Amid der Dialursäure (Uramil) entstehende Pseudoharnsäure (§. 1173) von der Harnsäure wesentlich verschieden ist; eine Verschiedenheit, die durch die folgenden Formeln ziemlich klar ausgedrückt wird:

$$\Theta_2H_2O_4 + \Theta_2H_2\Theta_4 + \Theta H_2\Theta_2 + 4NH_3 - 7H_2O = \Theta_5H_4N_4O_3$$

Oxalsäure. Oxalsäure. Ameisensäure. Harnsäure.

$$\Theta_2H_2\Theta_4 + \Theta_2H_2\Theta_3 + \Theta\Theta_2 + 4NH_3 - 5H_2\Theta = \Theta_5H_6N_4\Theta_4$$

Oxalsäure. Glyoxalsäure. Kohlens. Pseudoharns.

Die Pseudoharnsäure unterscheidet sich also von der Harnsäure nicht nur durch den Mehrgehalt von 1 Mol. Wasser, es findet ausserdem noch innere Metamerie statt.

Für das Allantoin zeigt die Formel, dass schon durch einfache Spaltung Harnstoff entstehen kann.

1215 Es ist unnöthig diese Betrachtungen noch weiter auszudehnen und sie auch auf die complicirteren Abkömmlinge der Harnsäure, die oben als amidartige Verbindungen der einfacheren Derivate aufgeführt wurden, anzuwenden. Dagegen scheint es geeignet darauf aufmerksam zu machen, dass in allen mitgetheilten Bildungsgleichungen statt der Oxalsäure auch Kohlenoxyd + Kohlensäure und folglich, da das Kohlenoxyd gewissermassen das Anhydrid der Ameisensäure ist, auch Ameisensäure + Kohlensäure gesetzt werden kann; dass ferner statt Glyoxalsäure auch Kohlenoxyd + Ameisensäure oder auch zweimal Ameisensäure gesetzt werden kann; so dass also schliesslich die Harnsäure und ihre Derivate als amidartige Verbindungen von Oxalsäure, Kohlensäure und Ameisensäure, oder auch nur von Kohlensäure und Ameisensäure, oder endlich als Amide des Kohlenoxyds und der Kohlensäure angesehen werden könnten. Mit anderen Worten, man könnte die Harnsäure und alle ihre Abkömmlinge durch die folgende allgemeine Bildungsgleichung ausdrücken:

$$m\Theta\Theta + n\Theta\Theta_2 + o\mathrm{NH}_3 - p\mathrm{H}_2\Theta.$$

Aus den eben mitgetheilten Betrachtungen können natürlich typische Formeln für die Harnsäure und alle ihre Abkömmlinge hergeleitet werden: es scheint indess unnöthig darauf näher einzugehen. Für die Harnsäure selbst kommt man zu folgender Formel: 1216.

$$\left.\begin{matrix}\Theta_2\overset{''}{\Theta}_2\\ \overset{IV}{\Theta_2\Theta}\\ \overset{'''}{\Theta\mathrm{H}}\\ \mathrm{H}_2\end{matrix}\right\}\mathrm{N}_4$$

in welcher $\Theta_2\overset{''}{\Theta}_2$ und $\overset{IV}{\Theta_2\Theta}$ *) zwei Reste von Oxalsäure-molecülen ausdrücken, während $\overset{'''}{\Theta\mathrm{H}}$ ein Rest der Ameisensäure ist.

Die durch diese Formel dargestellte Idee kann natürlich noch in anderer Weise ausgedrückt werden. Z. B.:

$$\left.\begin{matrix}\Theta\mathrm{N}\\ \mathrm{H}_3\end{matrix}\right\}\mathrm{H}\quad\left.\begin{matrix}\mathrm{H}_3\\ \Theta_2\overset{''}{\Theta}_2\\ \overset{IV}{\Theta_2\Theta}\end{matrix}\right\}\mathrm{N}_3 \qquad \text{oder} \qquad \begin{array}{ll}\Theta\mathrm{N}.\mathrm{H} & \text{Cyanwasserstoff.}\\ \mathrm{H}_3.\mathrm{N} & \text{Ammoniak.}\\ \left.\begin{matrix}\Theta_2\overset{''}{\Theta}_2\\ \overset{IV}{\Theta_2\Theta}\end{matrix}\right\}\mathrm{N}_2 & \text{Alloxan} - \mathrm{H}_2\Theta.\end{array}$$

In dieser Form zeigt die Formel deutlich, dass:

$$\underset{\text{Cyanammonium.}}{\Theta\mathrm{N}.\mathrm{H}_4\mathrm{N}} + \underset{\text{Alloxan.}}{\Theta_4\mathrm{H}_2\mathrm{N}_2\Theta_4} - \mathrm{H}_2\Theta = \underset{\text{Harnsäure.}}{\Theta_5\mathrm{H}_4\mathrm{N}_4\Theta_3}$$

eine Vorstellung, die den oben erwähnten Versuch (§. 1180) veranlasst hat, bei welchem indess statt einfacher Verbindung unter Wasseraustritt tiefer gehende Zersetzung stattfand und Oxalan (Oxaluramid) erhalten wurde.

IV. Theobromin, Thëin.

Aus den im Vorhergehenden zusammengestellten Betrachtungen ergibt sich eine ziemlich einfache Beziehung zwischen dem Alloxan und 1217.

---

*) Vgl. § 573. Anm.

der Harnsäure einerseits und dem Guanin und Xanthin andrerseits. In den beiden ersteren kann zweimal das Radical der Oxalsäure angenommen werden, während in den beiden letzteren statt des Oxalyls das reducirtere Radical der Glycolsäure enthalten ist. Das Theobromin und Thëin sind nun complicirter zusammengesetzt als beide Gruppen; man kann in ihnen neben dem Radical der Oxalsäure zweimal das Radical der Glycolsäure annehmen. Sie enthalten aber ausserdem noch, ähnlich wie das Kreatin und Kreatinin, das Radical des Methylalkohols.

Die Umwandlungen des **Theobromins** und des **Thëins** werden mit Berücksichtigung des früher darüber schon Mitgetheilten (§§. 1196 ff.) am einfachsten ausgedrückt durch die Gleichungen:

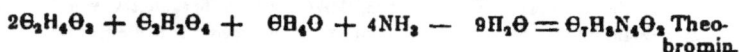

$$2\Theta_2H_4\Theta_3 + \Theta_2H_2\Theta_4 + \Theta H_4O + 4NH_3 - 9H_2\Theta = \Theta_7H_8N_4\Theta_2 \text{ Theobromin.}$$

$$\underset{\text{Glycols.}}{2\Theta_2H_4\Theta_3} + \underset{\text{Oxalsäure.}}{\Theta_2H_2O_4} + \underset{\text{Methylalkohol.}}{2\Theta H_4\Theta} + 4NH_3 - 10H_2\Theta = \Theta_8H_{10}N_4\Theta_2 \text{ Thëin.}$$

Aus diesen Bildungsgleichungen können die typischen Formeln hergeleitet werden:

Theobromin. Thëin.

$$\left.\begin{array}{c} \overset{vi}{\Theta_2} \\ \Theta_2\overset{''}{H_2}\Theta \\ \Theta_2\overset{''}{H_2}\Theta \\ H\cdot\Theta H_3 \end{array}\right\} N_4 \qquad \left.\begin{array}{c} \overset{vi}{\Theta_2} \\ \Theta_2\overset{''}{H_2}\Theta \\ \Theta_2\overset{''}{H_2}\Theta \\ (\Theta H_3)_2 \end{array}\right\} N_4$$

Das Theobromin und das Thëin sind Methylabkömmlinge einer bis jetzt unbekannten Substanz, die der empirischen Formel nach sich zwischen **Theobromin** und **Xanthin** stellt, welches letztere, wie oben erwähnt (§. 1196), in empirischer Zusammensetzung wenigstens mit dem Theobromin und Thëin homolog ist:

$\Theta_5H_4N_4\Theta_2$	$\Theta_6H_6N_4\Theta_2$	$\Theta_7H_8N_4\Theta_2$	$\Theta_8H_{10}N_4\Theta_2$
Xanthin.	(unbekannt)	Theobromin.	Thëin.

Ein einfacher Blick auf die oben (§. 1207) für das Xanthin mitgetheilte Formel zeigt, dass die Homologie desselben mit dem Theobromin und Thëin nur scheinbar ist; oder vielmehr, dass sie darauf beruht, dass im Xanthin statt des einen Glycolyls das mit ihm homologe Carbonyl enthalten ist:

$$\left.\begin{array}{c} \overset{vi}{\Theta_2} \\ \Theta_2\overset{''}{H_2}\Theta \\ \overset{''}{\Theta}O \\ H_2 \end{array}\right\} N_4 \qquad \left.\begin{array}{c} \overset{vi}{\Theta_2} \\ \Theta_2\overset{''}{H_2}\Theta \\ \Theta_2\overset{''}{H_2}\Theta \\ H\cdot\Theta H_3 \end{array}\right\} N_4$$

Xanthin. Theobromin.

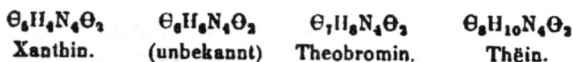

Das Theobromin steht also zum Xanthin etwa in derselben Beziehung wie das Methylglycocoll (Sarkosin) zur Carbaminsäure (§. 1206).

Die für das Thëin mitgetheilte Formel erklärt in einfacher Weise die Bildung der Amalinsäure und des Cholestrophans, von welchen die erstere als methylirtes Alloxantin, das letztere als Dimethylparabansäure angesehen werden kann:

$$\left.\begin{matrix}\Theta_2\Theta_2 \\ \overset{''}{\Theta}\Theta \\ H_2\end{matrix}\right\}N_2 \qquad\qquad \left.\begin{matrix}\Theta_2\Theta_2 \\ \overset{''}{\Theta}\Theta \\ (\Theta H_3)_2\end{matrix}\right\}N_2$$

Parabansäure. Cholestrophan.

In dieser Hinsicht verdient die hier gegebene Formel den Vorzug vor den beiden folgenden:

$$\left.\begin{matrix}\overset{vi}{\Theta_2} \\ \Theta_2\overset{''}{\Theta}_2 \\ \Theta_2H_4 \\ (\Theta H_3)_2\end{matrix}\right\}N_4 \qquad\qquad \left.\begin{matrix}\overset{vi}{\Theta_2} \\ \Theta_2\overset{''}{\Theta} \\ \Theta_2\overset{''}{H_4}\Theta \\ (\Theta H_3)_2\end{matrix}\right\}N_4$$

von welchen die letztere, in welcher statt zwei Glycolyl, Lactyl neben Carbonyl angenommen ist, von Strecker *) gebraucht wurde.

Dass auch diese Formeln mit Beibehaltung der Ideen, die sie ausdrücken, anders geschrieben werden können, bedarf nicht der Erwähnung. Man kann z. B. Cyan von dem Rest trennen und hat so:

$$\left.\begin{matrix}\Theta_2 \\ \Theta_2\overset{''}{H_2}\Theta \\ \Theta_2\overset{''}{H_2}\Theta \\ (\Theta H_3)_2\end{matrix}\right\}N_4 = \frac{\Theta_2N_2}{\left.\begin{matrix}\Theta_2\overset{''}{H_2}\Theta \\ \Theta_2\overset{''}{H_2}\Theta \\ (\Theta H_3)_2\end{matrix}\right\}N_2}$$

das heisst: eine Addition von Cyan zu einem dem Alloxan analogen Amid der Glycolsäure.

*) Ann. Chem. Pharm. CXVIII. 176.

Sechste Gruppe.

Verbindungen der dreiatomigen Kohlenwasserstoffradicale; $\Theta_n H_{2n-1}$.

1218. Die im Früheren (vgl. bes. §. 289) mitgetheilten Betrachtungen zeigen, dass Atomgruppen von der Form $\Theta_n H_{2n-1}$ die Rolle dreiatomiger Radicale zu spielen im Stande sind.

Als Verbindungen solcher Radicale können betrachtet werden und sind in diesem Kapitel beschrieben:

I. Die dreiatomigen Alkohole (Glycerine) und ihre zahlreichen Abkömmlinge.

II. Die dreiatomigen Chloride, Bromide und Jodide ($\Theta_n H_{2n-1} R_3$) und einige mit ihnen verwandte Körper.

III. Eine Anzahl amidartiger Verbindungen, die zum Theil zu den dreiatomigen Alkoholen, zum Theil zu den dreiatomigen Chloriden in verwandtschaftlicher Beziehung stehen und an die sich ausserdem die s. g. Nitrile der fetten Säuren nebst einigen verwandten Substanzen anschliessen.

Die dreiatomigen Radicale im isolirten Zustand haben die Molecularformel: $(\Theta_n H_{2n-1})_2$: es sind also Kohlenwasserstoffe von der Form $\Theta_n H_{2n-2}$. Da die bis jetzt untersuchten Kohlenwasserstoffe der Art, (Acetylen, Allylen etc.) als Ausgangspunkte zur Darstellung einer grösseren Anzahl von Verbindungen dienen, die zu den dreiatomigen Alkoholen in keiner näheren Beziehung mehr stehen, so sollen sie später abgehandelt werden.

I. Dreiatomige Alkohole. (Glycerine).

1219. Die **dreiatomigen Alkohole** stehen in Bezug auf Zusammensetzung und Eigenschaften zu den früher (§§. 931 u. f.) abgehandelten **zweiatomigen Alkoholen** (Glycolen) genau in derselben Beziehung, wie diese zu den **einatomigen Alkoholen**.

Einatomige Alkohole:	$\Theta_n H_{2n+2}\Theta$	als Beispiel:	$\Theta_3H_8\Theta$	Propylalkohol.
Zweiatomige Alkohole:	$\Theta_n H_{2n+2}\Theta_2$.	„ „	$\Theta_3H_8\Theta_2$	Propylglycol.
Dreiatomige Alkohole:	$\Theta_n H_{2n+2}\Theta_3$	„ „	$\Theta_3H_8\Theta_3$	Glycerin.

Die dreiatomigen Alkohole bilden, wie man sieht, das dritte Glied der Oxydationsreihe der Kohlenwasserstoffe: $\Theta_n H_{2n+2}$; sie unterscheiden sich von den Glycolen durch ein Atom Sauerstoff, welches sie mehr enthalten. Dieser Mehrgehalt von Sauerstoff veranlasst die charakteristische Verschiedenheit in der chemischen Natur dieser drei Klassen von Verbindungen. Durch jedes zutretende Sauerstoffatom ändert ein Wasserstoffatom seine Natur in der Weise um, dass es leichter vertretbar und leichter entziehbar ist als die übrigen Wasserstoffatome des Molecüls.

In der Ausdrucksweise der Typentheorie gehört also für je ein Sauerstoffatom ein Atom Wasserstoff dem Typus zu, während die übrigen Wasserstoffatome im Radical enthalten sind. Für jedes zutretende Sauerstoffatom wird dem Radical ein Atom Wasserstoff entzogen und seine Basicität wird dadurch um eine Einheit erhöht.

Typus:	$\left.\begin{matrix}H\\H\end{matrix}\right\}\Theta$	$\left.\begin{matrix}H_2\\H_2\end{matrix}\right\}\Theta_2$	$\left.\begin{matrix}H_3\\H_3\end{matrix}\right\}\Theta_3$
Allgemein:	$\left.\begin{matrix}\Theta_n\overset{\prime}{H}_{2n+1}\\H\end{matrix}\right\}\Theta$	$\left.\begin{matrix}\Theta_n\overset{\prime\prime}{H}_{2n}\\H_2\end{matrix}\right\}\Theta_2$	$\left.\begin{matrix}\Theta_n\overset{\prime\prime\prime}{H}_{2n-1}\\H_3\end{matrix}\right\}\Theta_3$.
	1at Alkohol.	2at. Alkohol.	3at. Alkohol.
Beispiel:	$\left.\begin{matrix}\overset{\prime}{\Theta_3H_7}\\H\end{matrix}\right\}\Theta$	$\left.\begin{matrix}\overset{\prime\prime}{\Theta_3H_6}\\H_2\end{matrix}\right\}\Theta_2$	$\left.\begin{matrix}\overset{\prime\prime\prime}{\Theta_3H_5}\\H_3\end{matrix}\right\}\Theta_3$
	Propylalkohol.	Propylglycol.	Glycerin.

Es ist danach verständlich, dass die dreiatomigen Alkohole weit zahlreichere Abkömmlinge zu erzeugen im Stande sind als die zweiatomigen und die einatomigen Alkohole. Sie verhalten sich zu diesen beiden Körpergruppen genau wie die dreibasische Phosphorsäure zu der zweibasischen Schwefelsäure und zu der einbasischen Salpetersäure; oder auch wie das Oxydhydrat eines dreiatomigen Metalls zu dem eines zweiatomigen und dem eines einatomigen

	1atomig.	2atomig	3atomig.
Base.	$\left.\begin{matrix}K\\H\end{matrix}\right\}\Theta$	$\left.\begin{matrix}\overset{\prime\prime}{Ca}\\H_2\end{matrix}\right\}\Theta_2$	$\left.\begin{matrix}\overset{\prime\prime\prime}{Bi}\\H_3\end{matrix}\right\}\Theta_3$
Säure.	$\left.\begin{matrix}\overset{\prime}{N\Theta_2}\\H\end{matrix}\right\}\Theta$	$\left.\begin{matrix}\overset{\prime\prime}{S\Theta_2}\\H_2\end{matrix}\right\}\Theta_2$	$\left.\begin{matrix}\overset{\prime\prime\prime}{P\Theta}\\H_3\end{matrix}\right\}\Theta_3$
Alkohol.	$\left.\begin{matrix}\overset{\prime}{\Theta_3H_7}\\H\end{matrix}\right\}\Theta$	$\left.\begin{matrix}\overset{\prime\prime}{\Theta_3H_6}\\H_2\end{matrix}\right\}\Theta_2$	$\left.\begin{matrix}\overset{\prime\prime\prime}{\Theta_3H_5}\\H_3\end{matrix}\right\}\Theta_3$.

Gerade so wie das Wismuthoxyd, als dreisäurige Base, mit einer einbasischen Säure drei verschiedene Salze zu erzeugen im Stande ist, und gerade so wie die Phosphorsäure als dreibasische Säure mit derselben Base drei verschiedene Salze erzeugt; so bildet das Glycerin, als dreiatomiger Alkohol, mit derselben einbasischen Säure drei verschiedene Aetherarten, während die Glycole mit derselben Säure nur zwei und die einatomigen Alkohole nur eine Aetherart zu erzeugen im Stande sind.

Der Hauptcharakter der dreiatomigen Alkohole kann also durch typische Formeln ausgedrückt werden, welche diese Körper von dem verdreifachten Wassertypus ableiten. Die näheren Derivate der dreiatomigen Alkohole werden durch solche Formeln direct ausgedrückt und diese Formeln zeigen ferner in höchst einfacher Weise die Beziehungen fast aller entfernterer Abkömmlinge der Glycerine.

1220. **Dreiatomige Alkohole. Glycerine.**

	Empirische Formel	Rationelle Formel
Methylglycerin	$\Theta H_4 O_3$	$\left.\begin{matrix}\overset{'''}{\Theta H}\\ H_3\end{matrix}\right\}\Theta_3$
Aethylglycerin	$\Theta_2 H_6 O_3$	$\left.\begin{matrix}\overset{'''}{\Theta_2 H_3}\\ H_3\end{matrix}\right\}O_3$
Glycerin	$\Theta_3 H_8 \Theta_3$	$\left.\begin{matrix}\overset{'''}{\Theta_3 H_5}\\ H_3\end{matrix}\right\}\Theta_3$
—		
Amylglycerin	$\Theta_5 H_{12} O_3$	$\left.\begin{matrix}\overset{'''}{\Theta_5 H_9}\\ H_3\end{matrix}\right\}\Theta_3$

Von diesen dreiatomigen Alkoholen ist bis jetzt nur das Glycerin: $\Theta_3 H_8 \Theta_3$ ausführlicher untersucht. Das Amylglycerin ist in neuerer Zeit von Bauer dargestellt worden (§. 1251). Die Existenz des Aethylglycerins und des Methylglycerins ist noch zweifelhaft (§§. 1238, 1239).

Im Folgenden sind zunächst, um von der Natur der dreiatomigen Alkohole überhaupt ein Bild zu geben, die wichtigsten Abkömmlinge des Glycerins in allgemeiner Uebersicht zusammengestellt.

1221. **A. Nähere Abkömmlinge des Glycerins.**

I. Der typische Wasserstoff des Glycerins kann durch einfache oder zusammengesetzte Radicale ersetzt werden; diese Vertretung findet leicht durch saure (chlorähnliche) Radicale statt, schwerer durch Metalle oder Alkoholradicale.

a) **Metall**verbindungen des Glycerins sind bis jetzt nicht näher untersucht; die der Alkalimetalle entstehen, unter Wasserstoffentwicklung, bei Einwirkung des Metalls auf trocknes Glycerin.

b) Durch Vertretung des typischen Wasserstoffs durch **Alkoholradicale** leiten sich aus dem Glycerin drei Arten von Verbindungen her, die den gemischten Aethern und den Glycoläthern (§. 963) entsprechen. Z. B.:

$\left.\begin{matrix}\overset{'''}{\Theta_3H_5}\\ H_2(\Theta_2H_5)\end{matrix}\right\}\Theta_3$	$\left.\begin{matrix}\overset{'''}{\Theta_3H_5}\\ H(\Theta_2H_5)_2\end{matrix}\right\}\Theta_3$	$\left.\begin{matrix}\overset{'''}{\Theta_3H_5}\\ (\Theta_2H_5)_3\end{matrix}\right\}\Theta_3$
Monäthylglycerin.	Diäthylglycerin.	Triäthylglycerin.

In den beiden ersteren dieser Verbindungen kann, wie in dem Monäthylglycol, der typische Wasserstoff noch durch Metalle ersetzt werden.

c) Treten **Säure-radicale** an die Stelle des typischen Wasserstoffs, so entstehen Aetherarten des Glycerins.

So erzeugt z. B. Salpetersäure das s. g. Nitroglycerin

$$\left.\begin{matrix}\overset{'''}{\Theta_3H_5}\\ (N\Theta_2)_3\end{matrix}\right\}\Theta_3.$$

Am genauesten untersucht sind die Glycerinverbindungen der fetten Säuren. Die Essigsäure gibt z. B. die folgenden drei Verbindungen.

$\left.\begin{matrix}\overset{'''}{\Theta_3H_5}\\ H_2(\Theta_2H_3\Theta)\end{matrix}\right\}\Theta_3$	$\left.\begin{matrix}\overset{'''}{\Theta_3H_5}\\ H(\Theta_2H_3\Theta)_2\end{matrix}\right\}\Theta_3$	$\left.\begin{matrix}\overset{'''}{\Theta_3H_5}\\ (\Theta_2H_3\Theta)_3\end{matrix}\right\}\Theta_3$
Monacetin.	Diacetin.	Triacetin.

Mehrbasische Säuren, d. h. Säuren mit mehratomigen Radicalen, erzeugen natürlich Verbindungen von complicirterer Zusammensetzung. Da Verbindungen der Art bis jetzt nicht systematisch untersucht worden sind, so genügt es hier beispielsweise einige anzuführen:

$\left.\begin{matrix}\overset{'''}{\Theta_3H_5}\\ \overset{''}{\Theta_4H_4\Theta_2}\\ H\end{matrix}\right\}\Theta_3$	$\left.\begin{matrix}H_2\\ \overset{'''}{\Theta_3H_5}\\ \overset{''}{S\Theta_2}\\ H\end{matrix}\right\}\Theta_4$	$\left.\begin{matrix}H_2\\ \overset{'''}{\Theta_3H_5}\\ \overset{'''}{P\Theta}\\ H_2\end{matrix}\right\}\Theta_6$
Succinin.	Glycerinschwefelsäure.	Glycerinphosphorsäure.

II. Der typische **Sauerstoff** des Glycerins ist durch **Schwefel** ersetzbar. Die so erzeugten Verbindungen entsprechen dem Mercaptan (§. 673) und dem Aethylensulfhydrat (§. 968).

$\left.\begin{matrix}\overset{'''}{\Theta_3H_5}\\ H_3\end{matrix}\right\}\begin{matrix}\Theta_2\\ S\end{matrix}$	$\left.\begin{matrix}\overset{'''}{\Theta_3H_5}\\ H_3\end{matrix}\right\}\begin{matrix}\Theta\\ S_2\end{matrix}$	$\left.\begin{matrix}\overset{'''}{\Theta_3H_5}\\ H_3\end{matrix}\right\}S_3$
Glycerin-sulfhydrat.	Glycerindisulfhydrat.	Glycerintrisulfhydrat.

III. Der typische Sauerstoff des Glycerins ist ferner durch Chlor oder Brom ersetzbar; dabei löst sich jedoch wie dies mehrfach, z. B. §. 932 erörtert wurde, für jedes austretende Sauerstoffatom gleichzeitig ein Atom Wasserstoff in Form von Chlor- oder Bromwasserstoffsäure los. Die so erzeugten Verbindungen können natürlich auch betrachtet werden als Glycerin, in welchem der Wasserrest $H\Theta$ durch Chlor oder Brom ersetzt ist.

Typus			
$3H_2\Theta$	$2H_2\Theta$ HCl	$H_2\Theta$ $2HCl$	$3HCl$
$\left.\begin{matrix}\overset{'''}{\Theta_3H_5} \\ H_3\end{matrix}\right\}\Theta_3$	$\overset{'''}{\Theta_3H_5}\left\{\begin{matrix}Cl \\ H_2\Theta_2\end{matrix}\right.$	$\overset{'''}{\Theta_3H_5}\left\{\begin{matrix}Cl_2 \\ H\Theta\end{matrix}\right.$	$\overset{'''}{\Theta_3H_5}\,.\,Cl_3$
Glycerin.	Chlorhydrin.	Dichlorhydrin.	Trichlorhydrin.

In allen diesen Verbindungen ist immer der vom Typus noch vorhandene Wasserstoff noch durch andere Radicale ersetzbar.

1222. In Bezug auf **Bildung und Zerfallen** zeigen die eben zusammengestellten Glycerinderivate eine vollständige Analogie mit den entsprechenden Verbindungen der einatomigen und der zweiatomigen Alkohole.

Die Verbindungen mit Säuren können alle durch directe Einwirkung der Säure auf Glycerin erhalten werden. Es wirken dabei 1, 2 oder 3 Säuremolecüle auf 1 Molecül Glycerin ein und es wird, wie es scheint stets *), für jedes Säuremolecül ein Molecül Wasser ausgeschieden.

So entsteht durch Einwirkung von Salpetersäure das s. g. Nitroglycerin.

$$\Theta_3H_8\Theta_3 \; + \; 3N\Theta_3H \; = \; 3H_2\Theta \; + \; \left.\begin{matrix}\Theta_3H_5 \\ (N\Theta_2)_3\end{matrix}\right\}\Theta_3.$$

Die fetten Säuren erzeugen, wie erwähnt mit Glycerin drei verschiedene Verbindungen; sie entstehen nach den Gleichungen:

---

*) Nach den Angaben von Berthelot machen einige Verbindungen, namentlich: Dibutyrin, Divalerin, Dipalmitin, Distearin, eine Ausnahme; sie entstehen nach der Gleichung:

1 Mol. Glycerin + 2 Mol. Säure — 1 Mol. Wasser;

es wird also bei ihrer Bildung ein Molecül Wasser weniger ausgeschieden, als dies der Regel nach der Fall sein sollte. Eine genauere Untersuchung wird diese Ausnahmen wohl verschwinden machen.

$$1.\quad \Theta_3H_8\Theta_3 + \Theta_2H_4\Theta_2 = H_2\Theta + \Theta_5H_{10}\Theta_4 = \left.\begin{matrix}\overset{'''}{\Theta_3H_5}\\ H_2(\Theta_2H_3\Theta)\end{matrix}\right\}\Theta_3$$

Monacetin.

$$2.\quad \Theta_3H_8\Theta_3 + 2\Theta_2H_4\Theta_2 = 2H_2\Theta + \Theta_7H_{12}\Theta_5 = \left.\begin{matrix}\overset{'''}{\Theta_3H_5}\\ H(\Theta_2H_3\Theta)_2\end{matrix}\right\}\Theta_3$$

Diacetin.

$$3.\quad \Theta_3H_8\Theta_3 + 3\Theta_2H_4\Theta_2 = 3H_2\Theta + \Theta_9H_{14}\Theta_6 = \left.\begin{matrix}\overset{'''}{\Theta_3H_5}\\ (\Theta_2H_3\Theta)_3\end{matrix}\right\}\Theta_3$$

Triacetin.

Solche Verbindungen sind von Berthelot sehr ausführlich untersucht worden; man kennt sie selbst für fette Säuren von sehr hohem Moleculargewicht, z. B. für Palmitinsäure und Stearinsäure.

Die Glieder 2) und 3) können natürlich auch durch Einwirkung von Säure auf die Substanzen 1) und 2) erhalten werden. So erzeugt Diacetin mit Essigsäure das Triacetin und ebenso liefert Monostearin mit Stearinsäure das Distearin und das Tristearin.

Wasserstoffsäuren wirken auf Glycerin ganz in derselben Weise 1223.
ein wie die einbasischen Säuren des Wassertyps. So entstehen durch Einwirkung von Salzsäure die oben (§. 1221. III.) erwähnten *Chlorhydrine*.

$$1)\quad \Theta_3H_8\Theta_3 + HCl = H_2\Theta + \Theta_3H_7Cl\Theta_2 = \overset{'''}{\Theta_3H_5}\left\{\begin{matrix}Cl\\ H_2\end{matrix}\right\}\Theta_2 \quad \text{Chlorhydrin.}$$

$$2)\quad \Theta_3H_8\Theta_3 + 2HCl = 2H_2\Theta + \Theta_3H_6Cl_2\Theta = \overset{'''}{\Theta_3H_5}\left\{\begin{matrix}Cl_2\\ H\end{matrix}\right\}\Theta \quad \text{Dichlorhydrin.}$$

Dieselben Verbindungen entstehen auch durch Einwirkung der Chloride des Phosphors auf Glycerin; z. B.:

$$\Theta_3H_8\Theta_3 + 2PCl_5 = 2HCl + 2P\Theta Cl_3 + \Theta_3H_6Cl_2\Theta \quad \text{Dichlorhydrin.}$$

Aus dem Dichlorhydrin entsteht dann durch weitere Einwirkung von Phosphorchlorid das Trichlorhydrin, eine Verbindung, die aus Glycerin direct weder durch Einwirkung von Salzsäure noch von Phosphorchlorid erhalten wird.

$$\overset{'''}{\Theta_3H_5}\left\{\begin{matrix}Cl_2\\ H\end{matrix}\right\}\Theta + PCl_5 = HCl + P\Theta Cl_3 + \overset{'''}{\Theta_3H_5} . Cl_3 \quad \text{Trichlorhydrin.}$$

Der Vorgang bei diesen Reactionen ist genau derselbe, wie bei Einwirkung der Chloride des Phosphors auf Glycol (vgl. §. 932).

Die Bromide des Phosphors wirken ganz in derselben Weise und erzeugen die entsprechenden *Brombydrine*.

Dieselben Reactionen gestatten natürlich auch Verbindungen darzustellen, die gleichzeitig Chlor und Brom enthalten; so entsteht durch Einwirkung von Bromphosphor auf Dichlorhydrin das Bromdichlorhydrin und ebenso durch Einwirkung von Chlorphosphor auf Dibromhydrin das Dibromchlorhydrin:

$$\left.\begin{matrix}\overset{'''}{\Theta}_3H_5\\ H\end{matrix}\right\}\begin{matrix}Br_2\\ \Theta\end{matrix} + PCl_5 = HCl + P\Theta Cl_3 + \overset{'''}{\Theta}_3H_5\left\{\begin{matrix}Br_2\\ Cl\end{matrix}\right.$$

1224. **Glycerinderivate, die gleichzeitig Chlor oder Brom und Radicale der fetten Säuren enthalten, entstehen nach denselben allgemeinen Bildungsgleichungen.**

So wird, wenn Essigsäure und Salzsäure gleichzeitig auf Glycerin einwirken, Acetodichlorhydrin erhalten:

$$\Theta_3H_8\Theta_3 + \Theta_2H_4\Theta_2 + 2HCl = 3H_2\Theta + \Theta_5H_8Cl_2\Theta_2 = \left.\begin{matrix}\overset{'''}{\Theta}_3H_5\\ \Theta_2H_3\Theta\end{matrix}\right\}\begin{matrix}Cl_2\\ \Theta\end{matrix}$$

Acetodichlorhydrin.

Dieselbe Verbindung, und auch das Acetochlorhydrin, entstehen durch Einwirkung von Acetylchlorid auf Glycerin:

$$\Theta_3H_8\Theta_3 + \Theta_2H_3\Theta\,.\,Cl = H_2\Theta + \Theta_5H_9Cl\,\Theta_3 = \left.\begin{matrix}\overset{'''}{\Theta}_3H_5\\ H(\Theta_2H_3\Theta)\end{matrix}\right\}\begin{matrix}Cl\\ \Theta_2\end{matrix}$$

Acetochlorhydrin.

$$\Theta_3H_8\Theta_3 + 2\Theta_2H_3\Theta\,.\,Cl = H_2\Theta + \Theta_2H_4\Theta_2 + \Theta_5H_8Cl_2\Theta_2 = \left.\begin{matrix}\overset{'''}{\Theta}_3H_5\\ \Theta_2H_3\Theta\end{matrix}\right\}\begin{matrix}Cl_2\\ \Theta\end{matrix}$$

Acetodichlorhydrin.

Durch gleichzeitige Einwirkung von Acetylchlorid und Essigsäurehydrat entsteht Diacetochlorhydrin:

$$\Theta_3H_8\Theta_3 + \Theta_2H_3\Theta\,.\,Cl + \Theta_2H_4\Theta_2 = 2H_2\Theta + \Theta_7H_{11}Cl\Theta_4 = \left.\begin{matrix}\overset{'''}{\Theta}_3H_5\\ (\Theta_2H_3\Theta)_2\end{matrix}\right\}\begin{matrix}Cl\\ \Theta\end{matrix}$$

Diacetochlorhydrin.

Wirken endlich Acetylchlorid und Acetylbromid gleichzeitig auf Glycerin ein, so entsteht Acetochlorbromhydrin:

$$\Theta_3H_8\Theta_3 + \Theta_2H_3\Theta\,.\,Cl + \Theta_2H_3\Theta\,.\,Br = H_2\Theta + \Theta_2H_4\Theta + \Theta_5H_8ClBr\Theta_2$$

$$= \left.\begin{matrix}\overset{'''}{\Theta}_3H_5\\ (\Theta_2H_3\Theta)\end{matrix}\right\}\begin{matrix}Br\\ Cl\\ \Theta\end{matrix}$$ Acetochlorbromhydrin.

1225. **Die Verbindungen des Glycerins mit mehrbasischen Säuren entstehen nach ganz entsprechenden Bildungsgleichungen.**

$$\Theta_3H_8\Theta_3 + \Theta_4H_6\Theta_4 = 2H_2\Theta + \Theta_7H_{10}\Theta_5 = \left.\begin{matrix}\overset{'''}{\Theta}_3H_5\\ \Theta_4H_4\Theta_2\\ H\end{matrix}\right\}\Theta_3$$ Succinin.

$$\Theta_3H_8\Theta_3 + S\Theta_4H_2 = H_2\Theta + \Theta_3H_8S\Theta_6 = \left.\begin{matrix}H\\ \Theta_3H_5\\ S\Theta_2\\ H\end{matrix}\right\}\Theta_4 \text{ Glycerinschwefels.}$$

$$\Theta_3H_8\Theta_3 + P\Theta_4H_3 = H_2\Theta + \Theta_3H_9P\Theta_6 = \left.\begin{matrix}H_2\\ C_3H_5\\ P\Theta\\ H_2\end{matrix}\right\}\Theta_6 \text{ Glycerinphosphors.}$$

Alle **Aetherarten des Glycerins**, also alle im Vorhergehenden 1226
besprochenen Verbindungen des Glycerins mit Säuren, besitzen die für die Aetherarten überhaupt charakteristische Eigenschaft durch Aufnahme von Wasser wieder in ihre Componenten zu zerfallen. Dieses Zerfallen ist genau das umgekehrte der eben erwähnten Bildungsweisen.

Es findet schon durch Einwirkung von Wasser allein, aber dann erst bei verhältnissmässig hohen Temperaturen statt; es erfolgt weit leichter bei Gegenwart von Basen oder von Säuren.

Aehnlich wie das Wasser wirkt in manchen Fällen auch Alkohol, so zerfällt z. B. das Monobutyrin beim Erhitzen mit überschüssigem Alkohol nach der Gleichung:

$$\underset{\text{Monobutyrin.}}{\left.\begin{matrix}\Theta_3H_5\\ H_2(\Theta_4H_7\Theta)\end{matrix}\right\}\Theta_3} + \underset{\text{Alkohol.}}{\left.\begin{matrix}\Theta_2H_5\\ H\end{matrix}\right\}\Theta} = \underset{\text{Glycerin.}}{\left.\begin{matrix}\Theta_3H_5\\ H_3\end{matrix}\right\}\Theta_3} + \underset{\text{Buttersäure-äther.}}{\left.\begin{matrix}\Theta_4H_7\Theta\\ \Theta_2H_5\end{matrix}\right\}\Theta}$$

Auch das Glycerin selbst wirkt bisweilen zersetzend; so liefert z. B. das Tristearin beim Erhitzen mit überschüssigem Glycerin Distearin.

Verbindungen des Glycerins mit Alkoholen. Das **Diaethylin** ist von Berthelot durch Einwirkung von Aethylbromid auf ein Gemenge von Glycerin und Aetzkali erhalten worden:

$$\Theta_3H_8\Theta_3 + 2\Theta_2H_5Br + 2KH\Theta = 2KBr + 2H_2\Theta + \left.\begin{matrix}\Theta_3H_5\\ H(\Theta_2H_5)_2\end{matrix}\right\}\Theta_3 \text{ Diäthylin.}$$

Das **Diaethylin** und das **Monaethylin** wurden durch Einwir- 1227.
kung von Dichlorhydrin oder Monochlorhydrin auf Natriumäthylat dargestellt:

$$\left.\begin{matrix}\Theta_3H_5\\ H_2\end{matrix}\right\}\begin{matrix}Cl\\ \Theta_2\end{matrix} + \left.\begin{matrix}\Theta_2H_5\\ Na\end{matrix}\right\}\Theta = NaCl + \left.\begin{matrix}\Theta_3H_5\\ H_2(\Theta_2H_5)\end{matrix}\right\}\Theta_3 \text{ Aethylin.}$$

$$\left.\begin{matrix}\Theta_3H_5\\ H\end{matrix}\right\}\begin{matrix}Cl_2\\ \Theta\end{matrix} + 2\left.\begin{matrix}\Theta_2H_5\\ Na\end{matrix}\right\}\Theta = 2NaCl + \left.\begin{matrix}\Theta_3H_5\\ H(\Theta_2H_5)_2\end{matrix}\right\}\Theta_3 \text{ Diäthylin.}$$

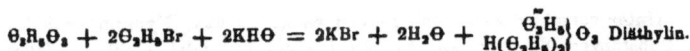

Aus diesen Aethylderivaten des Glycerins können durch Einwirkung von Chlorphosphor äthylirte Chlorhydrine erhalten werden. Z. B.:

$$\left.\begin{matrix}\overset{'''}{\Theta_3H_5}\\ H(\Theta_2H_5)_2\end{matrix}\right\}\Theta_3 + PCl_5 = P\Theta Cl_3 + HCl + \left.\begin{matrix}\overset{'''}{\Theta_3H_5}\\ (\Theta_2H_5)_2\end{matrix}\right\}\begin{matrix}Cl\\ \Theta_2\end{matrix}\ \text{Diäthylchlorhydrin}$$

Die Einwirkung dieser äthylirten Chlorhydrine auf Natriumäthylat gestattet dann äthylreichere Abkömmlinge des Glycerins darzustellen:

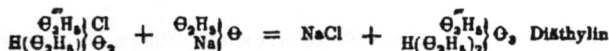

$$\left.\begin{matrix}\overset{'''}{\Theta_3H_5}\\ H(\Theta_2H_5)\end{matrix}\right\}\begin{matrix}Cl\\ \Theta_2\end{matrix} + \left.\begin{matrix}\Theta_2H_5\\ Na\end{matrix}\right\}\Theta = NaCl + \left.\begin{matrix}\overset{'''}{\Theta_3H_5}\\ H(\Theta_2H_5)_2\end{matrix}\right\}\Theta_3\ \text{Diäthylin}$$

$$\left.\begin{matrix}\overset{'''}{\Theta_3H_5}\\ (\Theta_2H_5)_2\end{matrix}\right\}\begin{matrix}Cl\\ \Theta_2\end{matrix} + \left.\begin{matrix}\Theta_2H_5\\ Na\end{matrix}\right\}\Theta = NaCl + \left.\begin{matrix}\overset{'''}{\Theta_3H_5}\\ (\Theta_2H_5)_3\end{matrix}\right\}\Theta_3\ \text{Triäthylin}$$

Dieselbe Reaction ermöglicht auch die Darstellung von Glycerinabkömmlingen, die zwei verschiedene Alkoholradicale enthalten:

$$\left.\begin{matrix}\overset{'''}{\Theta_3H_5}\\ H(\Theta_5H_{11})\end{matrix}\right\}\begin{matrix}Cl\\ \Theta_2\end{matrix} + \left.\begin{matrix}\Theta_2H_5\\ Na\end{matrix}\right\}\Theta = NaCl + \left.\begin{matrix}\overset{'''}{\Theta_3H_5}\\ \Theta_2H_5\\ \Theta_5H_{11}\\ H\end{matrix}\right\}\Theta_3\ \text{Aethylamylglycerin.}$$

Das Triäthylin kann endlich auch durch Einwirkung von Aethyljodid auf die Natriumverbindung des Diäthylins erhalten werden:

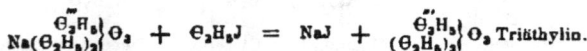

$$\left.\begin{matrix}\overset{'''}{\Theta_3H_5}\\ Na(\Theta_2H_5)_2\end{matrix}\right\}\Theta_3 + \Theta_2H_5J = NaJ + \left.\begin{matrix}\overset{'''}{\Theta_3H_5}\\ (\Theta_2H_5)_3\end{matrix}\right\}\Theta_3\ \text{Triäthylin.}$$

Einzelne der den eben besprochenen Körpergruppen zugehörigen Verbindungen können ausserdem aus Glycidderivaten erhalten werden, insofern diese die Fähigkeit besitzen sich direct mit Verbindungen des Wasser- oder des Wasserstofftypus zu vereinigen (§. 1229).

B. Glycidverbindungen.

1228. Unter verschiedenen Bedingungen entstehen aus Glycerinverbindungen Substanzen, die man als Aetherarten des bis jetzt nicht in freiem Zustand dargestellten Glycid's betrachten kann.

Das Glycid steht zum Glycerin in derselben Beziehung wie die Metaphosphorsäure zur dreibasischen Phosphorsäure:

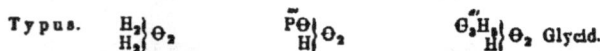

$$\text{Typus.}\quad \left.\begin{matrix}H_3\\ H_3\end{matrix}\right\}\Theta_3 \qquad \left.\begin{matrix}\overset{'''}{P\Theta}\\ H_3\end{matrix}\right\}\Theta_3 \qquad \left.\begin{matrix}\overset{'''}{\Theta_3H_5}\\ H_3\end{matrix}\right\}\Theta_3\ \text{Glycerin.}$$

$$\text{Typus.}\quad \left.\begin{matrix}H_2\\ H_2\end{matrix}\right\}\Theta_2 \qquad \left.\begin{matrix}\overset{'''}{P\Theta}\\ H\end{matrix}\right\}\Theta_2 \qquad \left.\begin{matrix}\overset{'''}{\Theta_3H_5}\\ H\end{matrix}\right\}\Theta_2\ \text{Glycid.}$$

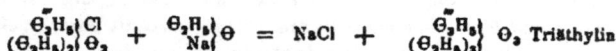

Seine Abkömmlinge entstehen entweder durch Vertretung des typischen Wasserstoffs durch Radicale oder durch Ersetzung des Wasserrestes $H\Theta$ durch Chlor oder Brom; z. B.:

$\left.\begin{matrix}\overset{'''}{\Theta_3H_5}\\ \Theta_2H_5\end{matrix}\right\}\Theta_2$	$\overset{'''}{\Theta_3H_5}\left\{\begin{matrix}Cl\\ \Theta\end{matrix}\right.$	$\overset{'''}{\Theta_3H_5}\left\{\begin{matrix}Br\\ \Theta\end{matrix}\right.$
Aethylglycid.	Salzs. Glycid.	Bromwasserstoffs. Glycid.

Man hat solche Verbindungen bis jetzt nicht aus den entsprechenden Glycerinverbindungen durch Austritt von Wasser erhalten können, aber sie entstehen leicht durch Austritt von Salzsäure oder Bromwasserstoffsäure aus entsprechenden Chlor- oder Bromhydrinen. Ihre Bildung zeigt also eine grosse Analogie mit der Entstehung des Aethylenoxyds, welches auch nicht durch Austritt von Wasser aus Glycol, aber leicht durch Austritt von Salzsäure aus salzsaurem Glycol erhalten wird (vgl. §. 966).

So entsteht durch Einwirkung von Kali auf Dichlorhydrin das salzsaure Glycid und ebenso aus Dibromhydrin das bromwasserstoffsaure Glycid (Epibromhydrin):

$$\left.\begin{matrix}\overset{'''}{\Theta_3H_5}\\ H\end{matrix}\right\}\begin{matrix}Cl_2\\ \Theta\end{matrix} + KH\Theta = KCl + H_2\Theta + \overset{'''}{C_3H_5}\left\{\begin{matrix}Cl\\ \Theta\end{matrix}\right. \text{ Salzsaures Glycid.}$$

$$\left.\begin{matrix}\overset{'''}{\Theta_3H_5}\\ H\end{matrix}\right\}\begin{matrix}Br_2\\ \Theta\end{matrix} + KH\Theta = KCl + H_2\Theta + \overset{'''}{\Theta_3H_5}\left\{\begin{matrix}Br\\ \Theta\end{matrix}\right. \text{ Epibromhydrin.}$$

Die Jodverbindung ist auf diese Weise nicht darstellbar, weil das Dijodhydrin nicht bekannt ist, aber man kann sie durch doppelte Zersetzung aus salzsaurem Glycid und Jodkalium erhalten.

In ganz entsprechender Weise entsteht aus Aethylchlorhydrin das Aethylglycid und aus Amylchlorhydrin das Amylglycid:

$$\left.\begin{matrix}\overset{'''}{\Theta_3H_5}\\ H(\Theta_2H_5)\end{matrix}\right\}\begin{matrix}Cl\\ \Theta_2\end{matrix} + KH\Theta = KCl + H_2\Theta + \left.\begin{matrix}\overset{'''}{\Theta_3H_5}\\ \Theta_2H_5\end{matrix}\right\}\Theta_2 \text{ Aethylglycid.}$$

$$\left.\begin{matrix}\overset{'''}{\Theta_3H_5}\\ H(\Theta_5H_{11})\end{matrix}\right\}\begin{matrix}Cl\\ \Theta_2\end{matrix} + KH\Theta = KCl + H_2\Theta + \left.\begin{matrix}\overset{'''}{C_3H_5}\\ \Theta_5H_{11}\end{matrix}\right\}\Theta_2 \text{ Amylglycid.}$$

Umwandlung der Glycidäther in Glycerinäther. Die 1229.
Glycidverbindungen besitzen die charakteristische Eigenschaft, sich direct mit Wasser oder Salzsäure, oder auch mit Körpern, die dem Typus dieser beiden Substanzen zugehören, zu vereinigen, um so Aetherarten des Glycerins zu erzeugen.

Die wichtigsten der bis jetzt beobachteten Umwandlungen dieser Art sind in den folgenden Formeln zusammengestellt:

Aus:	$\overset{'''}{\Theta_3H_5}\left\{\begin{matrix}Cl\\\Theta\end{matrix}\right.$	$\overset{'''}{\Theta_3H_5}\left\{\begin{matrix}Cl\\\Theta\end{matrix}\right.$	$\overset{'''}{\Theta_3H_5}\left\{\begin{matrix}Cl\\\Theta\end{matrix}\right.$	$\overset{'''}{\Theta_3H_5}\left\{\begin{matrix}Cl\\\Theta\end{matrix}\right.$
und	$H_2\Theta$	$\left.\begin{matrix}\Theta_2H_3\Theta\\H\end{matrix}\right\}\Theta$	$\left.\begin{matrix}\Theta_2H_5\\H\end{matrix}\right\}\Theta$	$\left.\begin{matrix}\Theta_5H_{11}\\H\end{matrix}\right\}\Theta$
entsteht:	$\left.\begin{matrix}\overset{'''}{\Theta_3H_5}\\H_2\end{matrix}\right\}\begin{matrix}Cl\\\Theta_2\end{matrix}$	$\left.\begin{matrix}\overset{'''}{\Theta_3H_5}\\H(\Theta_2H_3\Theta)\end{matrix}\right\}\begin{matrix}Cl\\\Theta_2\end{matrix}$	$\left.\begin{matrix}\overset{'''}{\Theta_3H_5}\\H(\Theta_2H_5)\end{matrix}\right\}\begin{matrix}Cl\\\Theta_2\end{matrix}$	$\left.\begin{matrix}\overset{'''}{\Theta_3H_5}\\H(\Theta_5H_{11})\end{matrix}\right\}\begin{matrix}Cl\\\Theta_2\end{matrix}$
	Monochlorhydrin.	Acetochlorhydrin.	Aethylchlorhydrin.	Amylchlorhydrin.

Aus:	$\overset{'''}{\Theta_3H_5}\left\{\begin{matrix}Cl\\\Theta\end{matrix}\right.$	$\overset{'''}{C_3H_5}\left\}\begin{matrix}Cl\\\Theta\end{matrix}\right.$	$\overset{'''}{\Theta_3H_5}\left\{\begin{matrix}Br\\\Theta\end{matrix}\right.$	$\overset{'''}{\Theta_3H_5}\left\{\begin{matrix}Cl\\\Theta\end{matrix}\right.$	$\overset{'''}{\Theta_3H_5}\left\{\begin{matrix}J\\\Theta\end{matrix}\right.$	$\overset{'''}{\Theta_3H_5}\left\{\begin{matrix}Cl\\\Theta\end{matrix}\right.$
und	HCl	HBr	HCl	HJ	HCl	$\Theta_2H_5 . Br$
entsteht:	$\left.\begin{matrix}\overset{'''}{\Theta_3H_5}\\H\end{matrix}\right\}\begin{matrix}Cl_2\\\Theta\end{matrix}$	$\left.\begin{matrix}\overset{'''}{\Theta_3H_5}\\H\\\,\end{matrix}\right\}\begin{matrix}Cl\\Br\\\Theta\end{matrix}$	$\left.\begin{matrix}\overset{'''}{\Theta_3H_5}\\H\\\,\end{matrix}\right\}\begin{matrix}Cl\\Br\\\Theta\end{matrix}$	$\left.\begin{matrix}\overset{'''}{\Theta_3H_5}\\H\\\,\end{matrix}\right\}\begin{matrix}Cl\\J\\\Theta\end{matrix}$	$\left.\begin{matrix}\overset{'''}{\Theta_3H_5}\\H\\\,\end{matrix}\right\}\begin{matrix}Cl\\J\\\Theta\end{matrix}$	$\left.\begin{matrix}\overset{'''}{\Theta_3H_5}\\\Theta_2H_5\\\,\end{matrix}\right\}\begin{matrix}Cl\\Br\\\Theta\end{matrix}$
	Dichlorhydrin.	Chlorbromhyd.	Chlorbromhydrin.	Chlorjodhydrin.	Chlorjodhydrin.	Aethyl-chlorbromhydrin.

Als Umwandlung einer Glycidverbindung in eine Glycerinverbindung kann auch die Bildung des Trichlorhydrins bei Einwirkung von Phosphorchlorid auf salzsaures Glycid betrachtet werden:

$$\overset{'''}{\Theta_3H_5}\left\{\begin{matrix}Cl\\O\end{matrix}\right. + PCl_5 = \Theta_3H_5 . Cl_3 + P\Theta Cl_3$$

Salzsaures Glycid. Trichlorhydrin.

Bei dieser Reaction tauscht das Phosphorchlorid zwei Atome Chlor gegen die äquivalente Menge Sauerstoff aus, wie dieses fast stets stattfindet, wenn dieses Chlorid auf Substanzen einwirkt, die typischen Sauerstoff enthalten.

C. Polyglycerinverbindungen.

1230. Gerade so wie aus dem **Glycol** durch die unter Wasseraustritt erfolgende Aneinanderhäufung mehrerer Molecüle die **Polyäthylenalkohole** (§. 962) erzeugt werden, so entstehen aus dem Glycerin die **Polyglycerine**. Diesen entsprechen dann wieder Aetherarten, welche sich aus den Polyglycerinen entweder durch Vertretung des typischen Wasserstoffs durch Alkoholradicale oder durch Ersetzung des Wasserrestes $H\Theta$ durch Chlor, Brom oder Jod herleiten.

Die Möglichkeit der Existenz solcher Verbindungen ist nach dem, was früher (§. 204) über die Natur der mehratomigen Radicale gesagt wurde, verständlich.

Die Polyglycerine zeigen eine grosse Analogie mit den complicirteren Phosphorsäuren, wie dies aus der folgenden Zusammenstellung erhellt:

us:	$2H_2\Theta$	$3H_2\Theta$	$4H_2\Theta$	$5H_2\Theta$	$6H_2\Theta$	$7H_2\Theta$	$8H_2\Theta$
	$\left.\begin{matrix}\Theta_3H_5\\ H\end{matrix}\right\}\Theta_2$	$\left.\begin{matrix}\Theta_3H_5\\ H_3\end{matrix}\right\}\Theta_3$	$\left.\begin{matrix}\Theta_3H_5\\ \Theta_3H_5\\ H_2\end{matrix}\right\}\Theta_4$	$\left.\begin{matrix}\Theta_3H_5\\ \Theta_3H_5\\ H_4\end{matrix}\right\}\Theta_5$	$\left.\begin{matrix}\Theta_3H_5\\ \Theta_3H_5\\ \Theta_3H_5\\ H_3\end{matrix}\right\}\Theta_6$	$\left.\begin{matrix}\Theta_3H_5\\ \Theta_3H_5\\ \Theta_3H_5\\ H_5\end{matrix}\right\}\Theta_7$	$\left.\begin{matrix}\Theta_3H_5\\ \Theta_3H_5\end{matrix}\right\}\Theta_3$
	Glycid.	Glycerin.	Diglycid.	Diglycerin.	Triglycid.	Triglycerin.	Glycerinäther.
	$\left.\begin{matrix}P\Theta\\ H\end{matrix}\right\}\Theta_2$	$\left.\begin{matrix}P\Theta\\ H_3\end{matrix}\right\}\Theta_3$	$\left.\begin{matrix}P\Theta\\ P\Theta\\ Na_2\end{matrix}\right\}\Theta_4$	$\left.\begin{matrix}P\Theta\\ P\Theta\\ H_4\end{matrix}\right\}\Theta_5$	$\left.\begin{matrix}P\Theta\\ P\Theta\\ P\Theta\\ Na_3\end{matrix}\right\}\Theta_6$		$\left.\begin{matrix}P\Theta\\ P\Theta\end{matrix}\right\}\Theta_5$
	Metaphosphorsäure.	Gew. Phosphorsäure.	Maddrell's metaphosphorsaures Natron.	Pyrophosphorsäure.	Fleitmann u. Henneberg's Metaphosphorsaures Natron.		Phosphorsäureanhydrid.

Alle Polyglycerine bilden, wie man sieht, Uebergänge vom Glycid zum eigentlichen Glycerinäther.

Von den Aetherarten der Polyglycerine kennt man wesentlich die folgenden.

Dem Diglycid entspricht das s. g. Jodhydrin.

$$\left.\begin{matrix}\Theta_3H_5\\ \Theta_3H_5\\ H_2\end{matrix}\right\}\Theta_4 \qquad\qquad \left.\begin{matrix}\Theta_3H_5\\ \Theta_3H_5\\ H\end{matrix}\right\}\begin{matrix}\Theta_3\\ J\end{matrix}$$

Vom Diglycerin leiten sich zwei verschiedene Chlorhydrine her:

$$\left.\begin{matrix}\Theta_3H_5\\ \Theta_3H_5\\ H_4\end{matrix}\right\}\Theta_5 \qquad \left.\begin{matrix}\Theta_3H_5\\ \Theta_3H_5\\ H_3\end{matrix}\right\}\begin{matrix}\Theta_4\\ Cl\end{matrix} \qquad \left.\begin{matrix}\Theta_3H_5\\ \Theta_3H_5\\ H_2\end{matrix}\right\}\begin{matrix}\Theta_3\\ Cl_2\end{matrix}$$

Dem ersteren dieser beiden Chlorhydrine entsprechen dann wieder zwei Aethylabkömmlinge:

$$\left.\begin{matrix}\Theta_3H_5\\ \Theta_3H_5\\ H_3\end{matrix}\right\}\begin{matrix}\Theta_4\\ Cl\end{matrix} \qquad \left.\begin{matrix}\Theta_3H_5\\ \Theta_3H_5\\ H\ (\Theta_2H_5)_2\end{matrix}\right\}\begin{matrix}\Theta_4\\ Cl.\end{matrix} \qquad \left.\begin{matrix}\Theta_3H_5\\ \Theta_3H_5\\ (\Theta_2H_5)_3\end{matrix}\right\}\begin{matrix}\Theta_4\\ Cl.\end{matrix}$$

Endlich existirt eine dem Triglycerin entsprechende Aethylverbindung:

$$\left.\begin{matrix}(\Theta_3H_5)_3\\ H_5\end{matrix}\right\}\Theta_7 \qquad\qquad \left.\begin{matrix}(\Theta_3H_5)_3\\ H(\Theta_2H_5)_4\end{matrix}\right\}\Theta_7$$

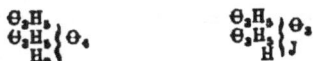

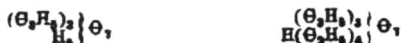

Die Polyglycerine bilden sich unter Wasseraustritt beim Erhitzen des Glycerins oder unter Austritt von Salzsäure bei Einwirkung der Chlorhydrine auf Glycerin; diese letztere Reaction liefert gleichzeitig die Chlorhydrine (Chlorwasserstoffsäureäther) der Polyglycerine. Einzelne andere Bildungsweisen sind später erwähnt.

Der Glycerinäther wurde von Berthelot durch Einwirkung von Kali auf s. g. Jodhydrin (siehe oben) erhalten; er entsteht also in ganz ähnlicher Weise wie die Glycidderivate aus Glycerinverbindungen (vgl. §. 1228).

$$\left.\begin{matrix}\overset{'''}{\Theta_3H_5}\\ \overset{'''}{\Theta_3H_5}\\ H\end{matrix}\right\}\begin{matrix}J\\ \Theta_2\end{matrix} + \left.\begin{matrix}K\\ H\end{matrix}\right\}\Theta = KJ + H_2\Theta + \left.\begin{matrix}\overset{'''}{\Theta_3H_5}\\ \overset{'''}{\Theta_3H_5}\end{matrix}\right\}\Theta_3$$

Jodhydrin. Glycerinäther.

1231. Die im Vorhergehenden zusammengestellten Abkömmlinge des Glycerins geben ein ziemlich vollständiges Bild von der chemischen Natur dieses Körpers und mithin von dem Charakter der dreiatomigen Alkohole überhaupt. Sie zeigen, dass nahezu alle Glycerinderivate als Verbindungen des dreiatomigen Radicals: $\overset{'''}{\Theta_3H_5}$ aufgefasst werden können. Dieses Radical ersetzt stets drei Atome Wasserstoff der Typen. Es ist entweder einmal im Molecül vorhanden, oder es findet sich zwei oder mehrmal und erzeugt so complicirtere Molecüle, die gewissermassen durch Aneinanderhäufung mehrerer einfacher entstanden sind. Die einfacheren Abkömmlinge des Glycerins, d. h. diejenigen, die das Glycerinradical nur einmal enthalten, gehören wie man sieht, einem der folgenden Typen an:

$$\begin{matrix}2H_2\Theta & H_2\Theta + HCl & & \\ 3H_2\Theta & 2H_2\Theta + HCl & H_2\Theta + 2HCl & 3HCl.\end{matrix}$$

Dasselbe Radical ist nun weiter im Stand den Wasserstoff in Ammoniak oder in aus Ammoniak und Wasser gemischten Typen zu ersetzen und so amidartige Verbindungen des Glycerins zu erzeugen. Substanzen der Art sind bis jetzt noch wenig untersucht; sie sind später im Zusammenhang mit einigen Körpern von verwandter Zusammensetzung abgehandelt (§. 1272).

Das Radical des Glycerins ist von Berthelot durch Einwirkung von Natrium auf Trichlorhydrin erhalten worden; es ist ein Kohlenwasserstoff von der Formel: $(\Theta_3H_5)_2 = \Theta_6H_{10}$; also homolog mit Acetylen und mit Allylen. Es wird später unter diesen Kohlenwasserstoffen beschrieben.

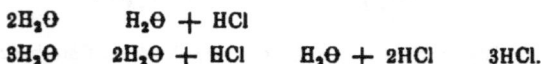

An die dem Glycerin nahe stehenden Abkömmlinge schliesst sich endlich eine Anzahl von Substanzen an, die aus dem Glycerin oder aus Glycerinderivaten durch tiefer eingreifende Reactionen erzeugt werden und in welchen das Radical des Glycerins nicht mehr unverändert enthalten ist. Die Beziehungen der wichtigsten dieser Abkömmlinge zum Glycerin sind nachher besonders zusammengestellt (§. 1233); eine Gruppe derselben verdient hier schon vorläufige Besprechung. 1232.

Gerade so wie das Dichlorhydrin bei Einwirkung von Kali Salzsäure verliert um so salzsaures Glycid zu erzeugen (§. 1228),

$$\Theta_3H_6Cl_2\Theta + KH\Theta = KCl + H_2\Theta + \Theta_3H_5Cl\Theta$$

so sind auch das Trichlorhydrin und das Tribromhydrin im Stande, unter Einwirkung desselben Reagens, Salzsäure oder Bromwasserstoffsäure abzugeben. Man erhält so:

$$\Theta_3H_5Cl_3 + KH\Theta = KCl + H_2\Theta + \Theta_3H_4Cl_2$$
$$\Theta_3H_5Br_3 + KH\Theta = KBr + H_2\Theta + \Theta_3H_4Br_2.$$

Reboul nennt die so erzeugten Körper zweifach salzsaures Glycid und zweifach bromwasserstoffsaures Glycid. Sie können in der That, der empirischen Formel nach als Aether des Glycids betrachtet werden:

$$\text{Glycid: } \Theta_3H_6\Theta_2 + 2HCl = 2H_2\Theta + \Theta_3H_4Cl_2$$
$$\Theta_3H_6\Theta_2 + 2HBr = 2H_2\Theta + \Theta_3H_4Br_2.$$

Diese Körper besitzen indess nicht mehr den chemischen Charakter der Glycidderivate; sie vereinigen sich nicht wie es diese thun (§. 1229) mit Salzsäure oder mit Wasser etc., um so Glycerinderivate zu erzeugen *). Sie besitzen auch nicht die für die Glycerinabkömmlinge im Allgemeinen charakteristische Eigenschaft, beim Kochen mit Alkalien Wasser aufzunehmen und so Glycerin zu regeneriren. Nach allem was man bis jetzt über ihre Natur weiss, stehen diese Substanzen also zu dem Glycerin nicht mehr in naher genetischer Beziehung (vgl. §. 1254. II.).

Genetische Beziehungen der dreiatomigen Alkohole.

I. Den dreiatomigen Alkoholen entsprechen dreiatomige Säuren, die durch einfache Oxydation, d. h. durch Vertretung von 2 At. H durch ein At. Θ aus ihnen entstehen. Man kennt bis jetzt nur eine dem Glycerin entsprechende Säure; die Theorie deutet die Existenz einer zweiten bis jetzt noch unbekannten Säure an **): 1233.

---

*) Reboul's Angabe, dass das zweifach salzsaure Glycid bei anhaltendem Erhitzen mit Wasserstoffsäuren langsam angegriffen werde, unter Bildung eines Glycerinäthers, ist zum mindesten zweifelhaft.

**) Vgl. übrigens: Tartronsäure §. 1300.

$$\left.\begin{matrix}\overset{'''}{\Theta_3}H_5\\ H_3\end{matrix}\right\}\Theta_3 \qquad \left.\begin{matrix}\overset{'''}{\Theta_3}H_3\Theta\\ H_3\end{matrix}\right\}\Theta_3 \qquad \left.\begin{matrix}\overset{'''}{\Theta_3}H\Theta_2\\ H_3\end{matrix}\right\}\Theta_3$$

Glycerin. Glycerinsäure. unbekannt.

Die Glycerinsäure steht zum Glycerin genau in derselben Beziehung wie die Essigsäure zum Aethylalkohol oder wie die Glycolsäure zum Glycol (vgl. §. 999); sie ist §. 1296) beschrieben.

Die zweite bis jetzt unbekannte Säure, die voraussichtlich durch Oxydation aus Glycerin und aus Glycerinsäure wird erhalten werden können, wäre homolog mit Aepfelsäure (§. 1301).

1234. II. Die dreiatomigen Alkohole stehen in höchst einfacher Beziehung zu den einatomigen und zu den zweiatomigen Alkoholen. Sie unterscheiden sich von diesen wie oben (§. 1218) erwähnt nur dadurch, dass sie bei gleichem Kohlenstoff- und Wasserstoffgehalt mehr Sauerstoff enthalten. Sie können in der That durch Reduction in zweiatomige und in einatomige Alkohole umgewandelt werden. Diese Reduction ist ausführbar:

1) Durch Einwirkung von Jodwasserstoffsäure, also durch dasselbe Reagens, durch welches zahlreiche ähnliche Reductionen, z. B. die Umwandlung der Milchsäure in Propionsäure (§. 1068), gelungen sind. In der Reihe der Alkohole entstehen natürlich nicht die Alkohole selbst, sondern die ihnen entsprechenden Jodide. So wird aus Glycerin durch Erhitzen mit viel Jodwasserstoffsäure leicht Propyljodid erhalten (Erlenmeyer) *).

Die Reaction erfolgt nach der empirischen Gleichung:

$$\Theta_3H_8\Theta_3 + 5HJ = \Theta_3H_7J + 2J_2 + 3H_2\Theta$$

Glycerin. Propyljodid.

Man kann annehmen, es entstehe erst durch Reduction Propylalkohol und aus diesem durch Einwirkung von Jodwasserstoffsäure sein Jodwasserstoffäther.

Es mag hier nachträglich (vgl. §. 935) bemerkt werden, dass es Wurtz **) in neuerer Zeit gelungen ist, auch die Glycole durch Jodwasserstoff zu reduciren; er erhielt aus Propylglycol das Propyljodid:

$$\Theta_3H_8\Theta_2 + 3HJ = \Theta_3H_7J + J_2 + 2H_2O$$

Propylglycol. Propyljodid.

2) Die Reduction des Glycerins gelingt auch auf indirectem Weg. Man sieht nämlich leicht, dass das einfach salzsaure Glycerin (Monochlorhydrin) dieselbe Zusammensetzung hat, wie das einfach gechlorte Propyl-

*) Zeitschr. Chem. Pharm. 1862. 43.

**) Ann. Chem. Pharm. I. Suppl. 380.

glycol und dass ebenso das zweifach salzsaure Glycerin (Dichlorhydrin) mit dem zweifach gechlorten Propylalkohol gleich zusammengesetzt ist: (vgl. §. 935. I. S. 624).

$$\Theta_3\overset{'''}{H}_5\left\{\begin{matrix}Cl\\ H_2\end{matrix}\right\}\Theta_2 \qquad = \qquad \left.\begin{matrix}\Theta_3\overset{\prime}{H}_6Cl\\ O_2\end{matrix}\right\}\Theta_2$$

Dichlorhydrin — Einfach gechlortes Propylglycol.

$$\Theta_3\overset{'''}{H}_5\left\{\begin{matrix}Cl_2\\ H\end{matrix}\right\}\Theta \qquad = \qquad \left.\begin{matrix}\Theta_3\overset{\prime}{H}_6Cl_2\\ H\end{matrix}\right\}\Theta$$

Dichlorhydrin. — Zweifach gechlorter Propylalkohol.

Man hätte also nur im Monochlorhydrin oder im Dichlorhydrin das Chlor durch Wasserstoff zu ersetzen um so Propylglycol oder Propylalkohol zu erhalten. Die erstere dieser beiden Umwandlungen ist von Lourenço ausgeführt worden. Er erhielt durch Einwirkung von Natriumamalgam auf Monochlorhydrin Propylglycol *).

Die Umwandlung des Dichlorhydrins in Propylalkohol gelang nicht, weil dieser Körper zu leicht Salzsäure verliert und so Epichlorhydrin (salzsaures Glycid) erzeugt.

III. Bildung von Allylverbindungen und von Propylen. 1235.

a) Ein den zuletzt erwähnten Beziehungen ganz analoges Verhältniss findet auch zwischen dem Epichlorhydrin (salzsaures Glycid) und dem Allylalkohol (oder dem mit diesem isomeren Propylenoxyd) statt:

$$\Theta_3\overset{'''}{H}_5\left\{\begin{matrix}Cl\\ \Theta\end{matrix}\right. \qquad = \qquad \left.\begin{matrix}\Theta_3\overset{\prime}{H}_4Cl\\ H\end{matrix}\right\}\Theta \qquad = \qquad \Theta_3\overset{''}{H}_5Cl\,.\,\Theta$$

Epichlorhydrin. — Monochlor-allyl-alkohol. — Einfach gechlortes Propylenoxyd.

Nach einer vorläufigen Ankündigung von Lourenço scheint in der That das Epichlorhydrin bei Einwirkung von Natriumamalgam Allylalkohol zu liefern.

b) Wenn Phosphorjodür (P_2J_4) auf Glycerin einwirkt, so tritt unter starker Erwärmung Zersetzung ein, es entweicht gasförmiges Propylen (Θ_3H_6; vgl. §. 913) und es destillirt Allyljodid ($= \Theta_3H_5J$) **).

Das Propylen (Radical des Propylglycols) entsteht aus dem Glycerin durch Reduction und gleichzeitigen Wasseraustritt. Das Allyljodid wird vielleicht da-

*) Ann. Chem. Pharm. CXX. 89.

**) Berthelot und Luca ibid. XCII. 306.

durch erzeugt, dass erst Trijodhydrin entsteht, welches dann in Allyljodid und freies Jod zerfällt. Es mag hier schon beigefügt werden, dass das Allyljodid die Zusammensetzung des einfach-jodirten Propylens hat und dass es in der That durch Rückwärts-substitution in Propylen umgewandelt werden kann; während es andrerseits durch doppelte Zersetzung Aetherarten des Allylalkohols und den Allylalkohol ($= \Theta_3H_6\Theta$) selbst liefert. Bemerkenswerth ist noch, dass im Allyljodid und im Allylalkohol von der typischen Betrachtungsweise ein Radical Allyl angenommen wird, das dieselbe Zusammensetzung besitzt wie das Radical des Glycerins, welches aber nicht dreiatomig, sondern einatomig ist (vgl. §. 289):

$$\left.\begin{matrix}\Theta_3\overset{\prime\prime\prime}{H}_5\\ H_3\end{matrix}\right\}\Theta_3 \qquad \left.\begin{matrix}\Theta_3\overset{\prime}{H}_5\\ H\end{matrix}\right\}\Theta \qquad \Theta_3\overset{\prime}{H}_5 \,.\, J$$

Glycerin. Allylalkohol. Allyljodid.

1236. IV. Bildung von Acrylverbindungen. Während durch Einwirkung reducirender Agentien aus dem Glycerin Allylverbindungen (Allyljodid und Allylalkohol) erzeugt werden, entsteht durch einfache Wasserentziehung eine Substanz, die als Oxydationsproduct des Allylalkohols betrachtet werden kann. Das Glycerin liefert nämlich bei Einwirkung von Phosphorsäure oder Schwefelsäure Acrolein (Redtenbacher) *).

$$\underset{\text{Glycerin.}}{\Theta_3H_8\Theta_3} = 2H_2\Theta + \underset{\text{Acrolein.}}{\Theta_3H_4\Theta}$$

Das Acrolein ist der dem Allylalkohol entsprechende Aldehyd, es liefert durch Oxydation Acrylsäure.

$$\left.\begin{matrix}\Theta_3\overset{\prime}{H}_5\\ H\end{matrix}\right\}\Theta \qquad \left.\begin{matrix}\Theta_3\overset{\prime}{H}_3\Theta\\ H\end{matrix}\right\} \qquad \left.\begin{matrix}\Theta_3\overset{\prime}{H}_3\Theta\\ H\end{matrix}\right\}\Theta$$

Allylalkohol. Acrolein. Acrylsäure.

Es ist danach einleuchtend, dass aus Glycerin, wenn gleichzeitig die Bedingungen der Acroleinbildung und die der Umwandlung des Acroleins in Acrylsäure vorhanden sind, diese letztere Säure erhalten wird. In der That liefert Glycerin beim Schmelzen mit Kalihydrat, unter Wasserstoffentwicklung acrylsaures Kali, welches dann zu essigsaurem und ameisensaurem Kali zerfällt (Dumas und Stas) **).

1237. V. Bildung von Propionsäure. Die Propionsäure unterscheidet sich von dem Glycerin nur durch die Elemente des Wassers; sie ist isomer mit dem in freiem Zustand nicht bekannten Glycid (§. 1228). Man hat:

*) Ann. Chem. Pharm. XLVII. 113.

**) ibid. XXXV. 158.

Glycerin: $\Theta_3H_8\Theta_3 - H_2O = \Theta_3H_6\Theta_2$ Propionsäure (und Glycid).

$\Theta_3H_8\Theta_3 - 2H_2\Theta = \Theta_3H_4\Theta$ Acrolein.

Es ist indessen bis jetzt nicht gelungen, dem Glycerin durch eine einfache Reaction Wasser zu entziehen und so Propionsäure zu erhalten; es gelang ebenso wenig die Propionsäure mit Wasser zu verbinden und so Glycerin zu erzeugen. Diese Reactionen haben sogar wenig Wahrscheinlichkeit, insofern nicht die Propionsäure, sondern das mit ihr isomere Glycid zum Glycerin in so einfacher Beziehung steht. Gerade desshalb aber ist die Thatsache von doppeltem Interesse, dass aus Glycerin bei Gährung mit Hefe Propionsäure entsteht (Redtenbacher) *).

Einzelbeschreibung der dreiatomigen Alkohole.

Methylglycerin. Das Methylglycerin ist nicht in isolirtem Zustand bekannt. Williamson und Kay **) erhielten 1854 durch Einwirkung von Chloroform (§. 1259) auf trockenes Alkoholnatrium, oder auch durch Erhitzen von Chloroform mit wasserfreiem Weingeist, festem Kalihydrat und Aetzkalk, eine Substanz, die nach Bildung und Zusammensetzung für das Triäthylin des Methylglycerins gehalten werden konnte ***). 1238.

$$\overset{'''}{\Theta H}\cdot Cl_3 + 3\left.\begin{matrix}\Theta_2H_5\\Na\end{matrix}\right\}\Theta = 3NaCl + \left.\begin{matrix}\overset{'''}{\Theta H}\\(\Theta_2H_5)_3\end{matrix}\right\}\Theta_3 = \Theta_7H_{16}\Theta_3$$

Diese Verbindung, die von Williamson und Kay als dreibasischer Ameisensäureäther bezeichnet wird, siedet bei 145° — 146°; es ist eine in Wasser wenig lösliche, stark aromatisch riechende Flüssigkeit. Sawitsch †) hat in neuerer Zeit gezeigt, dass diese Aetherart beim Erhitzen mit krystallisirbarer Essigsäure nicht das Triacetin des Methylglycerins liefert, dass sie vielmehr gradeauf in Ameisensäureäther und Oxalsäureäther zerfällt:

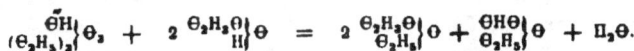

$$\left.\begin{matrix}\overset{'''}{\Theta H}\\(\Theta_2H_5)_3\end{matrix}\right\}\Theta_3 + 2\left.\begin{matrix}\Theta_2H_3\Theta\\H\end{matrix}\right\}\Theta = 2\left.\begin{matrix}\Theta_2H_3\Theta\\\Theta_2H_5\end{matrix}\right\}\Theta + \left.\begin{matrix}\Theta H\Theta\\\Theta_2H_5\end{matrix}\right\}\Theta + H_2\Theta.$$

Es scheint demnach als sei diese Verbindung nicht der Aethyläther des Methylglycerins, (welches, wie man leicht sieht, die Zusammensetzung von Ameisensäure + Wasser besitzt), sondern als stünde sie wirklich zur Ameisensäure in näherer Beziehung. Sie verhält sich zum gewöhnlichen Ameisensäureäthyläther (§. 835) wie der Aether der dreibasischen Phosphorsäure (§. 680) zum Aether der Metaphosphorsäure:

*) Ann. Chem. Pharm. LVII. 174.

**) ibid. XCII. 346.

***) vgl. Wurtz ibid. C. 119.

†) ibid. CXIX. 182.

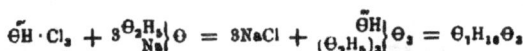

$\left.\begin{matrix}\overset{'''}{\Theta_2 H} \\ (\Theta_2 H_5)_3\end{matrix}\right\}\Theta_3$; $\left.\begin{matrix}\overset{''}{\Theta}H \\ \Theta_2 H_5\end{matrix}\right\}\Theta_2$ — $\left.\begin{matrix}\overset{'''}{P}\Theta \\ (\Theta_2 H_5)_3\end{matrix}\right\}\Theta_3$ $\left.\begin{matrix}\overset{'''}{P}\Theta \\ \Theta_2 H_5\end{matrix}\right\}\Theta_2$

Dreibas. Ameisens.-Aether. — Ameisens.-äther. — Phosphorsäure-äther. — Metaphosphorsäureäther.

Eine entsprechende Amylverbindung wird durch Einwirkung von Chloroform auf Natriumamylat erhalten. Sie siedet bei 260°—270°.

1239. Aethylglycerin ist ebenfalls in freiem Zustand unbekannt. Wurtz *) glaubt eine Essigsäure-verbindung dieses Glycerins erhalten zu haben. Er erhielt nämlich bei Einwirkung von Aethylenjodid auf essigsaures Silber neben zweifach essigsaurem Glycol (§. 966) ein über 250° siedendes Nebenproduct, welches die Zusammensetzung des Triacetins des Aethylglycerins zeigte:

$$\Theta_4 H_{12}\Theta_6 = \left.\begin{matrix}\overset{'''}{\Theta_2 H_3} \\ (\Theta_2 H_3 \Theta)_3\end{matrix}\right\}\Theta_3.$$

[Es ist wahrscheinlicher, dass dieser Körper der Essigsäureäther eines Polyäthylenalkohols war, der in nicht völlig reinem Zustand untersucht wurde.]

Glycerin **) (Propylglycerin): $\Theta_3 H_8 \Theta_3 = \left.\begin{matrix}\overset{'''}{\Theta_3 H_5} \\ H_3\end{matrix}\right\}\Theta_3.$

1240. Das Glycerin wurde 1779 von Scheele gelegentlich der Darstellung des Bleipflasters entdeckt und als Oelsüss bezeichnet. Chevreul und Pelouze untersuchten es zuerst näher.

In neuerer Zeit studirte Berthelot die Verbindungen des Glycerins mit Säuren und stellte so fest, dass das Glycerin das Verhalten eines dreiatomigen Alhohols zeigt. Die Glycidverbindungen sind wesentlich von Reboul, die Polyglycerinverbindungen von Reboul und Lourenço untersucht worden. Berthelot und de Luca untersuchten die Einwirkung der Verbindungen des Phosphors mit Chlor, Brom und Jod auf Glycerin. — Die künstliche Bildung des Glycerins aus Allyltribromid (vgl. §. 1257) lehrte Wurtz.

Vorkommen und Darstellung. Das Glycerin findet sich in

*) Ann. Chem. Pharm. C. 119.

**) vgl. bes.: Pelouze, Ann. Chem. Pharm. XIX. 210; XX. 46; LX. 321. — Berthelot, ibid. LXXXVIII. 304; XCII. 301, Berthelot u. Luca, ibid. XCII. 306, 311: CI. 67. — Reboul, ibid. Suppl I. 218. — Lourenço, ibid. CXIX. 228. — Reboul u. Lourenço, ibid CXIX. 233, 237. — Allgemeine Betrachtungen über Glycerinverbindungen und eine ausführliche Beschreibung der Versuche von Berthelot finden sich in Berthelot's: Chimie organique fondée sur la synthèse. II. 12—164. —

fast allen Fetten und Oelen, sowohl vegetabilischen als animalischen Ursprungs. Die meisten Fette sind Gemische neutraler Glycerinäther von verschiedenen Säuren der Fett-säurereihe und von Säuren der Oelsäurereihe. Zur Darstellung des Glycerins zersetzt man Fette oder Oele (am besten Olivenöl) durch Wasser oder Basen und trennt die in Wasser unlöslichen Salze von dem gelösten Glycerin.

Pasteur *) hat in neuerer Zeit gefunden, dass bei der Alkoholgährung des Zuckers stets etwas Glycerin entsteht und dass folglich alle gegohrenen Flüssigkeiten Glycerin enthalten.

Man erhielt das Glycerin früher gewöhnlich als Nebenproduct bei der Darstellung der Bleipflaster. Man kocht Olivenöl (9 Th.) mit Bleiglätte (5 Th.) und Wasser längere Zeit, knetet das Bleipflaster mit Wasser aus, fällt durch Schwefelwasserstoff das gelöste Blei und dampft ein. Auch durch Verseifung der Fette mit Kalk (älteres Verfahren der Stearinfabrikation) kann Glycerin als Nebenproduct erhalten werden. Das nach einer der genannten Methoden dargestellte käufliche Glycerin ist selten rein; es enthält meist noch unzersetztes Fett. Zur Reinigung kocht oder digerirt man nochmals längere Zeit mit Wasser und Bleiglätte, fällt das gelöste Bleioxyd durch Schwefelwasserstoff und dampft die Lösung unter Kochen ein, bis ein eingetauchtes Thermometer 150° – 160° zeigt.

In neuerer Zeit wird von der Price'schen Stearinfabrik in London völlig reines Glycerin in den Handel gebracht.

Wilson bereitet es dort durch Zersetzen der Fette mit überhitztem Wasserdampf. Das Destillat besteht aus einer wässrigen Lösung von Glycerin, auf welcher die fetten Säuren als Fettschicht schwimmen. Man dampft die Glycerinlösung ein und destillirt nochmals mit überhitztem Wasserdampf in einem Apparat, der so eingerichtet ist, dass sich das schwerer flüchtige Glycerin zunächst am Destillirapparat verdichtet, während die leichter flüchtigen Wasserdämpfe weiter geführt werden.

Eigenschaften. Das Glycerin ist eine völlig farblose, syrupdicke Flüssigkeit von 1,28 sp. G. (bei 15°). Es besitzt einen stark süssen Geschmack; mit Wasser und Alkohol ist es in jeden Verhältnissen mischbar, von Aether wird es kaum gelöst. Bei — 40° wird es gummiartig und fast fest.

Reines Glycerin destillirt bei raschem Erhitzen bei 275° — 280° fast vollständig über. Gegen Ende der Destillation entweicht Wasser und es entstehen Polyglycerine, zuletzt wird Acrolein gebildet. Im luftleeren Raum kann es leicht destillirt werden; auch mit Wasserdämpfen ist es leicht destillirbar.

Das Glycerin löst Alkalien, alkalische Erden, Bleioxyd etc.: ferner viele Salze, u. a. auch schwefelsaures Kali und Kupfervitriol. Die Lösung dieses letzteren Salzes in Glycerin gibt mit Kali anfangs einen

*) Ann. Chem. Pharm. CVI. 338.

blauen Niederschlag, der sich bei Zusatz von mehr Kali mit lasurblauer Farbe löst.

1241. Zersetzungen. Die meisten Zersetzungen des Glycerins, bei welchen dem Glycerin nahestehende Substanzen erzeugt werden, sind oben schon erwähnt (§§. 1222, 1233). Die wichtigsten werden zudem nachher bei Beschreibung der einzelnen Glycerinderivate nochmals besprochen. Es genügt daher hier diejenigen Zersetzungen zu erwähnen, durch welche dem Glycerin weniger nahestehende Substanzen erzeugt werden.

Lässt man Glycerin mit viel Wasser unter Zusatz von Hefe mehrere Monate bei 20°—30° stehen, so tritt Gährung ein und es wird Propionsäure gebildet (Redtenbacher) *). Durch Gährung des Glycerins mit Käse als Ferment, bei Zusatz von Kreide und einer Temperatur von 40° erhielt Berthelot **) Alkohol und etwas Buttersäure. Werden die Gewebe der Testikel als Ferment benutzt, so wird etwas Zucker gebildet.

Erhitzt man Glycerin mit wasserentziehenden Substanzen (Schwefelsäure, Phosphorsäure, saures schwefelsaures Kali), so wird Acrolein gebildet. Beim Schmelzen von Glycerin mit Kalihydrat entsteht, wahrscheinlich als Zersetzungsproduct des anfangs gebildeten acrylsauren Kali's, ein Gemenge von ameisensaurem und essigsaurem Kali (§. 1236).

Bei gemässigter Oxydation, z. B. bei langsamer Einwirkung von Salpetersäure bei gewöhnlicher Temperatur, entsteht Glycerinsäure (§. 1296). Beim Kochen mit Salpetersäure wird Oxalsäure und Kohlensäure gebildet; bei Destillation mit Braunstein und Schwefelsäure erhält man Kohlensäure und Ameisensäure.

Erhitzt man Glycerin mit überschüssiger Jodwasserstoffsäure, so wird Propyljodid erzeugt (§§. 692, 1234). Mischt man Glycerin mit zweifach Jodphosphor, so destillirt unter heftiger Erwärmung und unter Freiwerden von Jod Allyljodid (Θ_3H_5J) über, während gleichzeitig Propylen (Θ_3H_6) entweicht (§. 943).

Das Verhalten des Glycerins gegen Oxalsäure wurde §. 832 besprochen. Das Verhalten des Glycerins gegen Chlor und Brom ist noch nicht näher untersucht.

1242. Abkömmlinge des Glycerins. Das Wichtigste über Bildung und Verhalten der Glycerinderivate wurde oben schon mitgetheilt (vgl.

*) Ann. Chem. Pharm. LVII. 174.
**) Jahresber. 1856. 664; 1857. 509.

§§. 1222 ff.), hier sind noch die wichtigsten dieser Abkömmlinge zusammenzustellen und bei einigen die zur Darstellung angewandten Methoden näher zu besprechen.

I. Verbindungen mit Säuren. Pelouze zeigte zuerst, dass sich das Glycerin mit Schwefelsäure verbindet (1836): in Gemeinschaft mit Gelis erhielt er dann die Glycerinverbindung der Buttersäure (1843), etwas später entdeckte er die Glycerinphosphorsäure (1845); die meisten übrigen Verbindungen des Glycerins mit Säuren wurden seit 1853 von Berthelot dargestellt.

A. Mineralsäuren. Die einzige bis jetzt bekannte Verbindung des Glycerins mit einer unorganischen einbasischen Säure ist das dreifach salpetersaure Glycerin; von Verbindungen mehrbasischer Säuren kennt man die Glycerinschwefelsäure und die Glycerinphosphorsäure.

Trinitrin, dreifach salpetersaures Glycerin, s. g. Nitroglycerin:

$$\left.\begin{matrix}\overset{\prime\prime\prime}{\Theta_3H_5}\\(N\Theta_2)_3\end{matrix}\right\}\Theta_3.$$

Man tropft Glycerin in ein abgekühltes Gemisch von concentrirter Salpetersäure und Schwefelsäure; giesst die Lösung in Wasser, löst das ölförmig ausfallende Trinitrin in Aether, trocknet die Lösung mit Chlorcalcium und verdunstet den Aether. Es ist ein blassgelb gefärbtes geruchloses Oel von süss-gewürzhaftem Geschmack; es detonirt beim Erhitzen und beim Stoss. Von Alkalien wird es in Salpetersäure und Glycerin zerlegt; beim Behandeln mit Schwefelwasserstoff in ammoniakalischer Lösung regenerirt es ebenfalls Glycerin. Es zeigt demnach nicht das Verhalten eines Nitrosubstitutionsproductes, verhält sich vielmehr wie der Salpetersäureäther des Glycerins (Sobrero, Williamson) *). Bei längerem Aufbewahren erleidet es Zersetzung unter Bildung von Glycerinsäure (H. Müller und De la Rue) **).

Glycerinschwefelsäure (vgl. §. 1221 I.). Man mischt Glycerin (1 Th.) mit concentrirter Schwefelsäure (2 Th.) und verfährt zur Darstellung des Kalksalzes wie bei Aethylschwefelsäure. Die Säure selbst ist sehr leicht zersetzlich und kann selbst in der Kälte nicht concentrirt werden. Alle Salze sind sehr löslich, das Kalksalz krystallisirbar: $\Theta_3H_7CaS\Theta_6$ (Pelouze) ***).

Glycerinphosphorsäure (vgl. §. 1221. I.). Sie wird durch Zusammenbringen von Glycerin mit Phosphorsäureanhydrid oder glasiger Phosphorsäure erhalten. Das Kalksalz ist krystallisirbar: $\Theta_3H_7Ca_2P\Theta$; das Bleisalz in Wasser unlöslich (Pelouze) †).

Nach Angaben von Schiff ††) scheint das Glycerin sich auch mit arseniger Säure und mit Arsensäure zu verbinden.

---

*) Ann. Chem. Pharm. XCII. 305. vgl. auch Jahresb. 1860. 458.
**) ibid. CXIX. 122.
***) ibid. XIX. 210.
†) ibid. LX. 321.
††) ibid. CXVIII. 86.

1243. Verbindungen mit Wasserstoffsäuren. Die Verbindungen des Glycerins mit Chlorwasserstoff und Bromwasserstoff sind sehr ausführlich untersucht. Sie sind §. 1221 III zusammengestellt.

Monochlorhydrin: $\Theta_3H_7Cl\Theta_2$. Man sättigt schwach erwärmtes Glycerin mit Salzsäuregas und erhitzt während 36 Stunden auf 100°. Man neutralisirt mit kohlensaurem Natron, schüttelt mit Aether, dampft die ätherische Lösung ein und destillirt den Rückstand. Aus dem bei 215°—240° übergehenden Theil gewinnt man durch Rectification das bei 227° siedende Chlorhydrin. Es ist in Wasser, Alkohol und Aether löslich (Berthelot). — Das Monochlorhydrin wird, nach Reboul, am leichtesten erhalten, indem man Epichlorhydrin (§ 1249) mit Wasser 36 Stunden lang auf 100° erhitzt.

Dichlorhydrin: $\Theta_3H_6Cl_2\Theta$ Man erhält diese Verbindung, wenn man ein Gemenge von Glycerin mit dem 10 bis 15fachen Volum rauchender Salzsäure etwa 80 Stunden auf 100° erhitzt und das gebildete Dichlorhydrin nach der bei Monochlorhydrin angegebenen Methode auszieht. Bei Einwirkung von Phosphorchlorid auf Glycerin wird ebenfalls Dichlorhydrin erhalten. Am leichtesten gelingt die Darstellung, wenn man Glycerin mit dem gleichen Volum krystallisirbarer Essigsäure mischt und dann während mehrerer Tage Salzsäure einleitet, indem man zuletzt bis 100° erhitzt. Das Product wird abdestillirt, das bei 140°—200° Uebergehende mit kohlensaurem Natron gewaschen und rectificirt. Nach Carius und Ferrein *) erhält man das Dichlorhydrin noch leichter durch Einwirkung von Chlorschwefel auf Glycerin. Man erhitzt Glycerin in einem mit einem aufsteigenden Kühlrohr verbundenen Kölbchen im Wasserbad und lässt allmälig Halbchlorschwefel zufliessen, bis keine Einwirkung mehr stattfindet. Man lässt erkalten, giesst von dem meist fest gewordenen Schwefel ab, wäscht mit Wasser und kohlensaurem Natron, trocknet und rectificirt.

Zur Darstellung von reinem Dichlorhydrin ist es geeignet, zuerst Epichlorhydrin (§. 1249) darzustellen und dieses dann durch Behandeln mit rauchender Salzsäure in Dichlorhydrin überzuführen (Reboul)

Das Dichlorhydrin siedet bei 180°.

Trichlorhydrin: $\Theta_3H_5Cl_3$ (vgl §. 1253)

Bromhydrine. Die verschiedenen Verbindungen des Glycerins mit Bromwasserstoffsäure entstehen bei Einwirkung von Phosphorbromür auf Glycerin. In Betreff der Trennung der einzelnen Producte vgl. die Originalabhandlung **).

Monobromhydrin siedet im luftleeren Raum gegen 180°; das Dibromhydrin siedet bei 219°

Tribromhydrin (vgl. § 1253).

Chlorbromhydrin: $\Theta_3H_6ClBr\Theta$, kann durch Einwirkung von Bromwasserstoff auf Epichlorhydrin oder durch Einwirkung von Chlorwasserstoff auf Epibromhydrin erhalten werden. Es siedet bei 197° (Reboul).

Chlorjodhydrin: $\Theta_3H_6ClJ\Theta$ entsteht ebenso bei Einwirkung von Jodwasserstoff auf Epichlorhydrin oder bei Einwirkung von Chlorwasserstoff auf Epijodhydrin. Es siedet bei 226° (Reboul).

*) Ann. Chem. Pharm. CXXII 78.
**) ibid. CI. 68.

Schwefelabkömmlinge des Glycerins. Man sieht vom 1244.
theoretischen Standpunkt aus die Möglichkeit der folgenden Verbindungen ein:

$$\left.\begin{matrix}\overset{\prime\prime\prime}{\Theta_3H_5}\\ H_3\end{matrix}\right\}\begin{matrix}\Theta_2\\ S\end{matrix} \qquad \left.\begin{matrix}\overset{\prime\prime\prime}{\Theta_3H_5}\\ H_3\end{matrix}\right\}\begin{matrix}\Theta\\ S_2\end{matrix} \qquad \left.\begin{matrix}\overset{\prime\prime\prime}{\Theta_3H_5}\\ H_3\end{matrix}\right\}S_3$$

Thio-glycerin. Dithioglycerin. Trithioglycerin.

Diese drei Verbindungen sind in neuester Zeit von Carius *) ausführlicher untersucht worden. Sie entstehen bei Einwirkung der entsprechenden Chloride des Glycerins auf Schwefelwasserstoffkalium.

In ihrem Verhalten zeigen die drei schwefelhaltigen Glycerine eine grosse Analogie mit dem Mercaptan (§. 673); sie besitzen z. B. wie dieses die Eigenschaft allen oder wenigstens einen Theil ihres typischen Wasserstoffs leicht gegen Metalle auszutauschen. Dabei findet noch das bemerkenswerthe und mit den früher mitgetheilten Betrachtungen (§. 209) übereinstimmende Verhalten statt, dass für jedes eintretende Schwefelatom ein Atom Wasserstoff leic[ht] durch Metalle ersetzbar wird. Die drei schwefelhaltigen Glycerine [v]erhalten sich also gewissermassen wie Säuren; ihre Metallderivate sind:

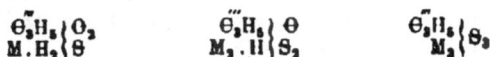

$$\left.\begin{matrix}\overset{\prime\prime\prime}{\Theta_3H_5}\\ M.H_2\end{matrix}\right\}\begin{matrix}\Theta_2\\ S\end{matrix} \qquad \left.\begin{matrix}\overset{\prime\prime\prime}{\Theta_3H_5}\\ M_2.H\end{matrix}\right\}\begin{matrix}\Theta\\ S_2\end{matrix} \qquad \left.\begin{matrix}\overset{\prime\prime\prime}{\Theta_3H_5}\\ M_3\end{matrix}\right\}S_3$$

Bei diesem Verhalten der geschwefelten Glycerine ist es natürlich, dass bei Einwirkung eines Chlorhydrins auf Schwefelwasserstoffkalium stets zunächst die Kaliumverbindung des betreffenden Thioglycerins erzeugt wird und dass folglich ein Ueberschuss von Kaliumsulfhydrat angewandt werden muss. Die Reactionen verlaufen demnach nach einer der folgenden Gleichungen:

$$\left.\begin{matrix}\overset{\prime\prime\prime}{\Theta_3H_5}\\ H_2\end{matrix}\right\}\begin{matrix}Cl\\ \Theta_2\end{matrix} + 2\left.\begin{matrix}K\\ H\end{matrix}\right\}S = \left.\begin{matrix}\overset{\prime\prime\prime}{\Theta_3H_5}\\ K.H_2\end{matrix}\right\}\begin{matrix}S\\ \Theta_2\end{matrix} + KCl + H_2S$$

Monochlorhydrin. Monothioglycerinkalium.

$$\left.\begin{matrix}\overset{\prime\prime\prime}{\Theta_3H_5}\\ H\end{matrix}\right\}\begin{matrix}Cl_2\\ \Theta\end{matrix} + 4\left.\begin{matrix}K\\ H\end{matrix}\right\}S = \left.\begin{matrix}\overset{\prime\prime\prime}{\Theta_3H_5}\\ K_2.H\end{matrix}\right\}\begin{matrix}S_2\\ \Theta\end{matrix} + 2KCl + 2H_2S$$

Dichlorhydrin. Dithioglycerinkalium.

$$\overset{\prime\prime\prime}{\Theta_3H_5}.Cl_3 + 6\left.\begin{matrix}K\\ H\end{matrix}\right\}S = \left.\begin{matrix}\overset{\prime\prime\prime}{\Theta_3H_5}\\ K_3\end{matrix}\right\}S_3 + 3KCl + 3H_2S$$

Trichlorhydrin. Trithioglycerinkalium.

*) Ann. Chem. Pharm. CXXIV. 221. — vgl. auch Carius u. Fferein. ibid. CXXII. 71.

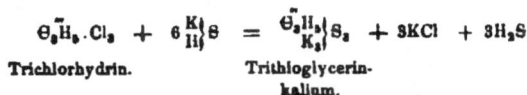

Zur Darstellung der Thioglycerine erhitzt man das entsprechende Chlorhydrin einige Zeit mit einer alkoholischen Lösung von Kaliumsulfhydrat im Wasserbad; man übersättigt dann mit Salzsäure, filtrirt vom ausgeschiedenen Chlorkalium ab, entfernt einen Theil des Alkohols durch Verdampfen, fällt mit Wasser und trocknet das sich ausscheidende Thioglycerin, nach wiederholtem Auswaschen, im luftleeren Raume.

Die drei Thioglycerine sind syrupdicke Flüssigkeiten von eigenthümlichem namentlich in der Wärme unangenehmem Geruch. Sie sind löslich in Alkohol, wenig löslich in Wasser, unlöslich in Aether. Sie bilden leicht salzartige Verbindungen, die den oben angeführten Kaliumverbindungen entsprechend zusammengesetzt sind; das Monothioglycerin (Glycerinmonosulfhydrat) zeigt das Verhalten einer einbasischen, das Dithioglycerin (Glycerindisulfhydrat) das Verhalten einer zweibasischen, das Trithioglycerin (Glycerintrisulfhydrat) das Verhalten einer dreibasischen Säure.

Beim Erhitzen erleiden die schwefelhaltigen Glycerine Zersetzung. Es entweicht Schwefelwasserstoff und bei den beiden sauerstoffhaltigen auch Wasser. Aus dem Monothioglycerin und aus dem Dithioglycerin entstehen (bei etwa 130°) schwefelhaltige Polyglycerine, das Trithioglycerin gibt (bei 140°) Dithioglycid (vgl. §. 1249).

Man hat:

Monothioglycerin: $$2\left.\begin{matrix}\Theta_3\overset{'''}{H}_5\\ H_3\end{matrix}\right\}\begin{matrix}\Theta_2\\ S\end{matrix} = \left.\begin{matrix}(\Theta_3\overset{'''}{H}_5)_2\\ H_2\end{matrix}\right\}\begin{matrix}O_3\\ S\end{matrix} + H_2S + H_2\Theta.$$

Dithioglycerin: $$2\left.\begin{matrix}\Theta_3\overset{'''}{H}_5\\ H_3\end{matrix}\right\}\begin{matrix}O\\ S_2\end{matrix} = \left.\begin{matrix}(\Theta_3\overset{'''}{H}_5)_2\\ H_2\end{matrix}\right\}\begin{matrix}O\\ S_3\end{matrix} + H_2S + H_2O.$$

Trithioglycerin: $$\left.\begin{matrix}\Theta_3\overset{'''}{H}_5\\ H_3\end{matrix}\right\}S_3 = \left.\begin{matrix}\Theta_3\overset{'''}{H}_5\\ H\end{matrix}\right\}S_2 + H_2S.$$

Durch Oxydation der Thioglycerine mit Salpetersäure entstehen Verbindungen, die der äthylschwefligen Säure (§. 676) entsprechen. Aus Monothioglycerin wird die Glycerinmonoschwefligsäure erhalten; das Dithioglycerin lieferte kein einfach zusammengesetztes Oxydationsproduct, sondern eine complicirter zusammengesetzte Säure, die, wie es scheint, zu dem oben erwähnten Zersetzungsproduct des Dithioglycerins in naher Beziehung steht und die von Carius als Pyroglycerintrischwefligsäure bezeichnet wird:

$$\left.\begin{matrix}H_2\\ \Theta_3\overset{'''}{H}_5\\ \overset{''}{S}O_2\\ M\end{matrix}\right\}\Theta_3 \qquad\qquad \left.\begin{matrix}(\Theta_3\overset{'''}{H}_5)_2\\ (\overset{''}{S}O_2)_3\\ M_2\end{matrix}\right\}\Theta_4$$

Glycerinmonoschwefligsäure. — Pyroglycerintrischwefligsäure.

B. Organische Säuren.

Die Verbindungen des Glycerins mit den einatomigen Säuren der homologen Reihe: $\Theta_n H_{2n}\Theta_2$ (§. 828) sind von Berthelot ausführlich untersucht worden. Er erhielt sie meist indem er ein Gemenge von Glycerin und der betreffenden fetten Säure, in wechselnden Verhältnissen, längere Zeit einer höheren Temperatur aussetzte (vgl. §. 1222). 1245.

Essigsäureäther des Glycerins. Monacetin wurde durch langandauerndes Erhitzen eines Gemenges von Glycerin und Eisessig (gleiche Volume) auf 100° erhalten. — Diacetin entsteht wenn Eisessig mit selbst überschüssigem Glycerin drei Stunden auf 200° erhitzt wird, oder auch, wenn man Glycerin mit Essigsäure, die ihr halbes Volum Wasser enthält, auf 200° erhitzt. — Triacetin wurde durch vierstündiges Erhitzen des Diacetins mit dem 15 bis 20fachen Gewicht Eisessig dargestellt. — Das Product der Einwirkung wird stets mit kohlensaurem Kali neutralisirt, mit Aether ausgezogen und die ätherische Lösung verdunstet. Die Essigäther des Glycerins sind flüssig; das Monacetin und das Diacetin sind mit Wasser mischbar, das Triacetin ist unlöslich. Sie sind sämmtlich flüchtig, das Diacetin siedet bei 275°.

Buttersäureäther des Glycerins. Man kennt Monobutyrin, Dibutyrin und Tributyrin.

Baldriansäureäther des Glycerins. Berthelot hat Monovalerin, Divalerin und Trivalerin dargestellt.

Palmitinsäureäther des Glycerins werden genau wie die entsprechenden Stearinsäureverbindungen dargestellt. Monopalmitin schmilzt bei 58°, erstarrt bei 45°; Dipalmitin schmilzt bei 59°, erstarrt bei 51°; Tripalmitin schmilzt bei 61°, erstarrt bei 46°.

Stearinsäureäther des Glycerins. Monostearin. Man erhitzt gleiche Theile Glycerin und Stearinsäure in einer zugeschmolzenen Röhre 36 Stunden auf 200°. Man hebt dann die auf dem unzersetzten Glycerin schwimmende feste Fettschicht ab, setzt etwas Aether und Kalkhydrat zu und digerirt etwa eine Viertelstunde bei 100°. Die unzersetzte Stearinsäure verbindet sich in diesen Verhältnissen mit Kalk. Man zieht dann mit siedendem Aether aus und dampft ein. Das Distearin erhielt Berthelot durch dreistündiges Erhitzen des Monostearins mit 3 Theilen Stearinsäure auf 260°; oder indem er gleiche Theile Glycerin und Stearinsäure während 114 Stunden auf 100° erhitzte; oder auch indem er dasselbe Gemenge sieben Stunden einer Temperatur von 275° aussetzte; er gewann es endlich durch zwanzigstündiges Erhitzen des Tristearins mit überschüssigem Glycerin auf 200°. — Das Tristearin wurde durch dreistündiges Erhitzen von Monostearin mit dem 15 bis 20fachen Gewicht Stearinsäure auf 270° dargestellt. Die drei Stearinsäureverbindungen des Glycerins sind weisse krystallisirbare Substanzen; sie sind unlöslich in Wasser, löslich in heissem Alkohol und in Aether.

Das Monostearin krystallisirt in Nadeln, es schmilzt bei 61° und erstarrt bei 60°. Das Distearin krystallisirt in Blättchen, es schmilzt bei 58° und erstarrt bei 55°. Das Tristearin schmilzt bei 71° und erstarrt bei 55°.

Arachinsäureäther des Glycerins. Das Monarachin, Diarachin und Triarachin werden in entsprechender Weise wie die Palmitinsäure- und Stearinsäureverbindungen dargestellt.

Die in den natürlichen Fetten und Oelen vorkommenden Glycerinverbindungen fetter Säuren sind stets neutrale Aether des Glycerins, sie erzeugen bei der Verseifung drei Molecüle der fetten Säure auf ein Molecül Glycerin.

In allen Fällen, in welchen man die in den Fetten vorkommenden Glyceride in reinem Zustand gewann, hat man sie mit den entsprechenden künstlich dargestellten Glycerinverbindungen identisch gefunden. Dieser Gegenstand wird gelegentlich der Fette und Oele ausführlicher besprochen.

1246. Verbindungen des Glycerins mit Salzsäure und Essigsäure. Die Bildung dieser Substanzen wurde §. 1224 besprochen.

Das Acetochlorhydrin siedet bei 250°; das Acetodichlorhydrin siedet gegen 205°; das Diacetochlorhydrin gegen 245°; das Acetochlorbromhydrin gegen 228°.

1247. Verbindungen des Glycerins mit zweiatomigen Säuren sind noch verhältnissmässig wenig untersucht.

Van Bemmelen*) erhielt durch Erhitzen von Glycerin mit Bernsteinsäure auf 200° das Succinin:

$$\left.\begin{matrix}\overset{'''}{\Theta_3H_5}\\ \overset{''}{\Theta_4H_4\Theta_2}\\ H\end{matrix}\right\}\Theta_3$$

als in Wasser, Alkohol und Aether unlösliche Substanz, in welcher ein At. H noch durch Radicale, z. B. das Radical der Benzoesäure ersetzt werden konnte. Durch Erhitzen von Bernsteinsäure mit Glycerin auf 160° wurde eine homogene in Wasser lösliche Substanz erhalten, wahrscheinlich Glycerinbernsteinsäure.

Eine Verbindung des Glycerins mit Sebacinsäure (§. 1139) erhielt Berthelot, indem er beide Substanzen auf 200° erhitzte. Das Sebin ist ein krystallisirbarer Körper von der Formel:

$$\left.\begin{matrix}(\overset{'''}{\Theta_3H_5})_2\\ \overset{''}{\Theta_{10}H_{16}\Theta_2}\\ H_4\end{matrix}\right\}\Theta_6.$$

1248. Verbindungen des Glycerins mit Alkoholen. Die Darstellung dieser Verbindungen ergibt sich aus den §. 1227 erwähnten Bildungsweisen**).

Das Aethylglycerin entsteht bei Einwirkung von Monochlorhydrin auf Alkoholnatrium, es siedet bei 225° – 230°, ist in Wasser löslich, wird aber von kohlensaurem Natron aus dieser Lösung abgeschieden. Das Diäthylglycerin wurde in entsprechender Weise aus Dichlorhydrin erhalten. Berthelot erhielt dieselbe Verbindung indem er Glycerin mit Aethylbromid und Kali erhitzte; es siedet

*) Jahresber. 1856. 602; 1858. 434.

**) Vgl. bes. Reboul u. Lourenço. Ann. Chem. Pharm. CXIX. 237.

bei 191°. — Das Triäthylglycerin, dargestellt durch Erhitzen von Diäthylchlorhydrin mit Alkoholnatrium auf 120°, siedet bei 185°.

Das Aethylchlorhydrin entsteht durch Vereinigung von Epichlorhydrin mit Aethylalkohol, oder besser durch Verbindung von Aethylglycid mit Salzsäure, (Siedep. 188°). — Das Diäthylchlorhydrin wurde durch Einwirkung von Phosphorsuperchlorid auf Diäthylglycerin erhalten (Siedep 184°). — Das bei 186°—188° siedende Aethylchlorbromhydrin entsteht durch Vereinigung von Epichlorhydrin mit Bromäthyl.

Die entsprechenden Amylverbindungen entstehen in ähnlicher Weise. Durch Einwirkung von Amylchlorhydrin auf Alkoholnatrium wird Aethyl-amylglycerin gebildet.

Glycidderivate *). Vgl. §. 1228.

Salzsaures Glycid, Epichlorhydrin: $\Theta_3H_5\Theta Cl$. Man erhält es am 1249.
besten indem man Dichlorhydrin mit höchst concentrirter Kalilauge schüttelt, dann destillirt und das Destillat durch Rectification reinigt (Reboul). — Es entsteht auch als Nebenproduct bei Einwirkung von Phosphorchlorid auf Glycerin.

Das Epichlorhydrin ist eine leicht bewegliche, dem Chloroform ähnlich riechende Flüssigkeit; es siedet bei 118° — 119°, löst sich leicht in Alkohol und Aether, nicht in Wasser. — Es verbindet sich unter Wärmeentwicklung mit Wasserstoffsäuren und erzeugt Dichlorhydrin oder entsprechende Verbindungen. Bei längerem Erhitzen verbindet es sich mit Wasser oder mit Alkoholen, um Chlorhydrin oder Aetherarten des Chlorhydrins zu bilden. Von Phosphorchlorid wird es lebhaft angegriffen, es entsteht Trichlorhydrin.

Bromwasserstoffsaures Glycid, Epibromhydrin: $\Theta_3H_5\Theta Br$, wird dargestellt wie die Chlorverbindung. Es siedet bei 138°—140°.

Jodwasserstoffsaures Glycid. Epijodhydrin: $\Theta_3H_5\Theta J$. Diese Verbindung wurde durch Erhitzen von Epichlorhydrin mit Jodkalium auf 100° erhalten; sie siedet bei 160°.

Aethylglycid: $\left.\begin{matrix}\Theta_3H_5\\ \Theta_2H_5\end{matrix}\right\}\Theta$. Beim Erhitzen von Epichlorhydrin mit Alkohol auf 180° entsteht wesentlich Aethylchlorhydrin, dieses liefert bei Zersetzung mit Kali das bei 126°-130° siedende Aethylglycid.

Amylglycid: $\left.\begin{matrix}\Theta_3H_5\\ \Theta_5H_{11}\end{matrix}\right\}\Theta$, in entsprechender Weise aus Amylchlorhydrin erhalten, siedet bei 188°.

Monothioglycid: $\left.\begin{matrix}\Theta_3\overset{'''}{H_5}\\ H\end{matrix}\right\}\begin{matrix}\Theta\\ S\end{matrix}$ wurde von Reboul durch Einwirkung von Epichlorhydrin auf eine alkoholische Lösung von Kaliumsulfhydrat und Fällen des durch Destillation concentrirten Productes mit Wasser erhalten. Es ist ein in Aether und Wasser unlösliches und auch in kaltem Alkohol nur wenig lösliches Oel. Die alkoholische Lösung fällt, ähnlich wie Mercaptan, viele Metallsalze. — Dithioglycid, vgl. §. 1244.

Polyglycerinverbindungen. Eine Uebersicht der bis jetzt 1250.

*) Vgl. bes. Reboul Ann. Chem. Pharm. Suppl. I. 218.

dargestellten Polyglycerinverbindungen und ihrer Beziehungen wurde §. 1230 gegeben.

Lourenço *) sättigte mit $^1/_3$ Wasser verdünntes Glycerin bei 100° mit Salzsäure, setzte gleichviel Glycerin zu, erhitzte 12 — 15 Stunden auf 130° und destillirte ab. Der zwischen 150° — 270° siedende Theil des Destillates enthielt, neben Dichlorhydrin, den gegen 270° siedenden Einfach-Salzsäure-äther des Diglycerins und den zwischen 230°—233° siedenden Zweifach-Salzsäureäther des Diglycerins. Aus beiden wurde durch Behandeln mit festem Aetzkali das in Wasser und Alkohol lösliche, in Aether unlösliche Diglycid erhalten (Siedep.: 245°—255°).

Der oben erwähnte bei 270° zurückbleibende Destillationsrückstand wurde bei vermindertem Druck destillirt und so Diglycerin (Pyroglycerin) und Triglycerin erhalten. Das erstere siedet, bei 10 Mm. Quecksilberdruck, bei 220°—230°; das letztere bei 275°—285°. Das Triglycerin scheint, bei wiederholter Destillation Wasser zu verlieren und Triglycid zu erzeugen.

Reboul und Lourenço fanden dann später, dass die Glycidäther sich nicht nur mit Alkoholen (§. 1229), sondern auch mit Glycerin und Glycerinderivaten vereinigen, um so Aetherarten der Polyglycerine zu erzeugen. Durch Erhitzen von Epichlorhydrin mit Diäthylglycerin auf 200° erhielten sie einfach salzsaures Diäthyl-diglycerin. Dieselbe Verbindung wurde auch als Nebenproduct bei Einwirkung von Epichlorhydrin auf Alkohol gewonnen. — Das Triäthyldiglycerin (Siedep. 286° — 290) entstand, neben Diäthylglycerin bei Einwirkung von Epichlorhydrin auf Natriumäthylat. Es wird von Phosphorchlorid zersetzt, wie es scheint unter Bildung von salzsaurem Triäthyl-diglycerin. Als weiteres Nebenproduct wurde aus dem Destillationsrückstand durch Destillation bei vermindertem Druck das Teträthyl-triglycerin erhalten, es destillirte bei 10 Mm. Druck bei 200° über.

Das von Berthelot dargestellte s. g. Jodhydrin: $\Theta_6H_{11}J\Theta_3$ kann als Jodwasserstoffäther des Diglycids betrachtet werden.

Es ist eine syrupdicke in Wasser unlösliche, in Alkohol und namentlich in Aether lösliche Flüssigkeit. Man erhält es indem man Glycerin mit gasförmiger Jodwasserstoffsäure sättigt, während 40 Stunden auf 100° erhitzt, mit kohlensaurem Kali neutralisirt und mit Aether auszieht. Beim Erhitzen mit Kalilauge wird es langsam zersetzt unter Bildung von Glycerinäther.

Der Glycerinäther: $\left.\begin{matrix}\Theta_3H_5 \\ \Theta_3H_5\end{matrix}\right\}\Theta_3$ ist eine in Aether lösliche Flüssigkeit, die ohne Zersetzung flüchtig ist.

1251. **Amylglycerin**: $\Theta_5H_{12}\Theta_3 = \left.\begin{matrix}\Theta_5H_9 \\ H_3\end{matrix}\right\}\Theta_3$. Durch längeres Erhitzen (auf 100°) von essigsaurem Silberoxyd mit einer alkoholischen Lösung von festem Bromamylenbromid ($\Theta_5H_9Br.Br_2$ vgl. §. 1257) erhielt Bauer***)

---

*) Ann. Chem. Pharm. CXIX. 228.

**) ibid. CXIX. 233.

***) Zeitschr. f. Chem. Pharm. 1861. 602.

zunächst das Diacetat des einfach gebromten Amylglycols. Aus diesem wurde durch Verseifen mit festem Kalihydrat das Monobromamylglycol erhalten.

$$\left.\begin{matrix}\Theta_5\overset{'''}{H}_9Br\\(\Theta_2H_3\Theta)_2\end{matrix}\right\}\Theta_2 \qquad \left.\begin{matrix}\Theta_5\overset{'''}{H}_9Br\\H_2\end{matrix}\right\}\Theta_2$$

Zweifach essigsaures Bromamylenglycol. — Bromamylenglycol.

Erhitzt man dieses Bromamylenglycol längere Zeit mit ätherischer Lösung von Kalihydrat im Wasserbad, so entsteht Amylglycerin: $\left.\begin{matrix}\Theta_5\overset{'''}{H}_9\\H_3\end{matrix}\right\}\Theta_3$, als dicke, farblose, in Wasser lösliche Flüssigkeit, die einen süssen Geschmack besitzt.

Dreiatomige Chloride, Bromide und Jodide: $\Theta_n\overset{'''}{H}_{2n-1}.R_3$.

Den dreiatomigen Alkoholen entsprechen dreiatomige Chloride und Bromide von der Zusammensetzung: $\Theta_n\overset{'''}{H}_{2n-1}\,.\,Cl_3$ und $\Theta_n\overset{'''}{H}_{2n-1}\,.\,Br_3$. Diese Substanzen sind für die dreiatomigen Alkohole genau was das Aethylenchlorid und Aethylenbromid für das Glycol, und was das Aethylchlorid und Aethylbromid für den Aethylalkoho sindl. 1252.

Man hat bis jetzt nur die dem Glycerin entsprechenden Verbindungen $\Theta_3\overset{'''}{H}_5\,.\,Cl_3$ und $\Theta_3\overset{'''}{H}_5.Br_3$ aus dem zugehörigen Alkohol dargestellt; aber man hat durch andere Reactionen zahlreiche Verbindungen von der Zusammensetzung $\Theta_n\,H_{2n-1}R_3$ erhalten, die zum Theil mit den genannten Glycerinderivaten isomer, zum Theil mit ihnen oder ihren Isomeren homolog sind. Einzelne dieser Substanzen verhalten sich, in gewissen Reactionen wenigstens, wie dreiatomige Chloride oder Bromide.

Wir besprechen zunächst die aus dem Glycerin sich herleitenden Verbindungen $\Theta_3\overset{'''}{H}_5.Cl_3$ und $\Theta_3\overset{'''}{H}_5.Br_3$, und stellen nachher Alles was bis jetzt über isomere oder homologe Substanzen bekannt ist zusammen.

Trichlorhydrin und Tribromhydrin; $\Theta_3\overset{'''}{H}_5.Cl_3$ und $\Theta_3\overset{'''}{H}_5.Br_3$.

Das Trichlorhydrin und das Tibromhydrin werden aus dem Glycerin durch Einwirkung derselben Reagentien erhalten, durch welche aus Alkohol und aus Glycol die entsprechenden einatomigen oder zweiatomigen Chloride oder Bromide erzeugt werden; nämlich durch Phosphorchlorid oder Phosphorbromid. 1253.

Zweckmässig ist es, statt des Glycerins, das Dichlorhydrin und das

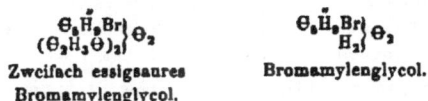

Dibromhydrin oder auch das Epibromhydrin durch das Chlorid oder Bromid des Phosphors zu zersetzen (vgl. §. 1223).

Das Trichlorhydrin und das Tribromhydrin zeigen in ihrem Verhalten eine vollständige Analogie mit dem Aethylenchlorid und dem Aethylenbromid. Sie verhalten sich einerseits wie das Chlorid oder Bromid des dreiatomigen Radicals $\overset{'''}{\Theta_3H_5}$; sind also fähig bei gewissen Reactionen die Gruppe Θ_3H_5 gegen drei Atome Wasserstoff oder Metall auszutauschen und so Glycerin oder Glycerinverbindungen zu regeneriren (vgl. §. 934). Andererseits aber verlieren sie, unter dem Einfluss von Alkalien, ein Mol. HCl oder HBr und erzeugen so chlor- oder brom-haltige Verbindungen, die, wie die entsprechenden aus dem Aethylen sich herleitenden Substanzen, die Fähigkeit besitzen, sich direct mit Cl_2 oder Br_2 zu vereinigen (vgl. §. 949).

In Betreff der Eigenschaften des Trichlorhydrins und des Tribromhydrins genügen die folgenden Angaben.

Trichlorhydrin (Glycerylchlorid): $\Theta_3H_5.Cl_3$; erhalten durch Einwirkung von Phosphorchlorid auf Dichlorhydrin oder Epichlorhydrin, ist eine dem Chloroform ähnlich riechende Flüssigkeit, die bei 155° siedet (vgl. auch §. 1257).

Tribromhydrin (Glycerylbromid): $\Theta_3H_5.Br_3$ entsteht bei Einwirkung von Bromphosphor auf Dibromhydrin oder Epibromhydrin, es ist ein schweres schwach rauchendes Oel, das von Wasser langsam zersetzt wird. Siedep. 175° — 180°.

Dichlorbromhydrin: $\overset{'''}{\Theta_3H_5}.Cl_2Br$ wurde von Berthelot durch Destillation von Dichlorhydrin mit Bromphosphor erhalten. Siedep. 176°.

Chlordibromhydrin: $\Theta_3H_5.Br_2Cl$. Berthelot erhielt diesen Körper durch Destillation von Dibromhydrin mit Phosphorchlorid; Reboul durch Einwirkung von Bromphosphor auf Epichlorhydrin. Siedep. 202°—203°

Das Trijodhydrin ist bis jetzt nicht bekannt, man erhält statt seiner, wahrscheinlich als Spaltungsproducte, Allyljodid und Jod:

$$\overset{'''}{\Theta_3H_5}.J_3 = \overset{'}{\Theta_3H_5}.J + J_2.$$

Zersetzungen des Trichlorhydrins und des Tibromhydrins.

1254. I. Erhitzt man Trichlorhydrin oder Tribromhydrin mit Silberoxyd und Wasser auf 100°, so entsteht leicht Glycerin (Berthelot).

$$\Theta_3H_5Cl_3 + 3H_2\Theta = \left.\begin{matrix}\Theta_3H_5\\H_3\end{matrix}\right\}\Theta_3 + 3HCl.$$

II. Destillirt man Trichlorhydrin, Tribromhydrin oder Chlordibromhydrin mit festem Kalihydrat, so wird 1 At. Chlor- oder Bromwasserstoffsäure entzogen; man erhält:

aus Trichlorhydrin:	$\Theta_3H_5.Cl_3$	das	$\Theta_3H_4Cl_2$	Siedep.:	101°—102°
„ Tribromhydrin:	$\Theta_3H_5.Br_3$	„	$\Theta_3H_4Br_2$	„	151°—152°
„ Chlordibromhydrin:	$\Theta_3H_5.ClBr_2$	„	Θ_3H_4ClBr	„	126°.

Reboul bezeichnet diese Substanzen als zweifach salzsaures Glycid etc. (vgl. §. 1232). Es wurde oben schon erwähnt, dass sie nicht mehr den Charakter der Glycidverbindungen besitzen. Es sind leicht bewegliche, ätherisch, etwas laucbartig riechende Flüssigkeiten, die sich mit Alkohol und Aether mischen, in Wasser aber unlöslich sind. Eine entsprechende Jodverbindung konnte nicht erhalten werden.

Diese Körper besitzen die Zusammensetzung von Substitutionsproducten des Propylens, scheinen aber mit diesen nicht identisch, sondern nur isomer zu sein. (Das Bibrompropylen siedet nach Cahour's Angaben bei 120°. Vgl. §. 951).

Sie verbinden sich, wie die Substitutionsproducte des Propylens, leicht und unter Wärmeentwicklung mit Brom. Man erhält so:

aus:	$\Theta_3H_4Cl_2$	das	$\Theta_3H_4Cl_2Br_2$	siedet:	220°—221°
„	$\Theta_3H_4Br_2$	„	$\Theta_3H_4Br_4$	„	250°—252°
„	Θ_3H_4ClBr	„	$\Theta_3H_4ClBr_3$	„	gegen 238°.

Die so erzeugten Substanzen haben die Zusammensetzung von Substitutionsproducten des Propylenbromids (§. 951); aber sie scheinen wiederum isomer zu sein, wenigstens gibt Cahours den Siedepunkt des Bibrompropylenbromids $= \Theta_3H_4Br_2.Br_2$ zu 226° an.

Die aus Trichlorhydrin und Tribromhydrin entstehenden Verbindungen $\Theta_3H_4Cl_2$ und $\Theta_3H_4Br_2$ besitzen ferner die Zusammensetzung von Monochlorallylchlorid: $\Theta_3H'_4Cl.Cl$ und Monobromallylbromid: $\Theta_3H'_4Br.Br$ (vgl. Allylverbindungen).

Ihre Eigenschaft sich mit Brom zu verbinden entspricht dann der Bildung des Allyltribromids (§. 1257) aus Allyljodid.

Mit dieser Anschauung ist ausserdem die Wirkung des Ammoniaks auf $\Theta_3H_4Br_2$ in Uebereinstimmung. Behandelt man nämlich diese Bromverbindung mit einer alkoholischen Ammoniaklösung, so entsteht, nach Reboul, Di-bromallylamin:

$$2\Theta_3H_4Br_2 + 3NH_3 = \left.\begin{matrix}\Theta_3H'_4Br\\ C_3H'_4Br\\ H\end{matrix}\right\}N + 2NH_4Br,$$

dieselbe Base, die von Simpson durch Einwirkung von Ammoniak auf das aus Allyljodid erhaltene Tribromid (§. 1256) dargestellt worden ist.

Die Verbindungen: $\Theta_3H_4Cl_2$ und $\Theta_3H_4Br_2$ haben endlich die Zusammensetzung von Allylenchlorid und Allylenbromid (vgl. Allylen und Acetylen).

Die eben besprochenen Abkömmlinge des Trichlorhydrins und des Tribromhydrins zeigen, wie man sieht, eine grosse Analogie mit den unter entsprechenden Bedingungen aus dem Aethylenchlorid und dem Aethylenbromid erhaltenen Verbindungen: Θ_2H_3Cl und Θ_2H_3Br. Diese können einerseits als Substitutionsproducte des Aethylens betrachtet werden, sie verhalten sich aber andrerseits, bei gewissen Reactionen, wie Vinylchlorid oder Vinylbromid: ($\Theta_2'H_3$. Cl oder $\Theta_2'H_3$. Br).

Die Verbindung $\Theta_3H_5Cl_3$ ist ausserdem noch isomer mit dem von Geuther aus Acrolein erhaltenen Chlorid.

Uebersicht der isomeren Verbindungen: $\Theta_n H_{2n-1}R_3$.

1255. Es wurde oben (§. 1252) erwähnt, dass zahlreiche Verbindungen existiren, die mit dem aus dem Glycerin sich herleitenden Trichlorid oder Tribromid isomer oder die mit ihnen oder ihren Isomeren homolog sind. Man sieht beim jetzigen Stand unserer Kenntnisse die Möglichkeit der Existenz der folgenden isomeren Verbindungen ein.

1) Substitutionsproducte eines Kohlenwasserstoffs: $\Theta_n H_{2n+2}$ (z. B. Sumpfgas, Aethylwasserstoff).
2) Substitutionsproducte eines einatomigen Chlorids oder Bromids: $\Theta_n H_{2n+1}$. Cl (z. B. Methyl-, Aethyl-, Propyl-chlorid).
3) Substitutionsproducte eines zweiatomigen Chlorids oder Bromids: $\Theta_n H_{2n}$. Cl_2 (Aethylen- oder Propylen-chlorid etc.).
4) Die den dreiatomigen Alkoholen (Glycerin) entsprechenden Trichloride oder Tribromide.
5) Derivate der Säurechloride: $\Theta_n H_{2n-1}\Theta.Cl$ (z. B. das aus Acetylchlorid entstehende Chlorid: $\Theta_2H_3Cl_3$).
6) Das aus dem Allyljodid sich herleitende Tribromid: $\Theta_3H_5.Br_3$.

Man könnte dieser Reihe weiter beifügen: ein Substitutionsproduct des aus Aceton entstehenden Methylchloracetols §. 925. — Für die durch Substitution aus den aufgezählten Körpern darstellbaren, an Chlor oder Brom reicheren Derivate sind sogar noch weitere Isomerien möglich; z. B. für die 4 Atome Chlor oder Brom enthaltenden Körper, die Verbindungen des Acetylens mit Chlor oder Brom; ebenso für die 5 Atome Brom enthaltenden Substanzen, die Verbindungen des Bromacetylens; etc.

Die folgenden empirischen Formeln:

$$\Theta HCl_3 \qquad \Theta_2H_3Cl_3 \qquad \Theta_3H_5Cl_3 \text{ etc.}$$

$$\Theta HBr_3 \qquad \Theta_2H_3Br_3 \qquad \Theta_3H_5Br_3 \text{ etc.,}$$

die, wie man sieht, zwei homologe Reihen bilden, drücken nach dem eben Gesagten nicht bestimmte Substanzen aus; jede Formel umfasst vielmehr eine Anzahl von Substanzen, die je nach der Abstammung verschieden sein können und die, so lange ihre Identität nicht nachgewiesen ist, für verschieden, also für isomer gehalten werden müssen.

Man hat zwar bis jetzt für keinen der durch diese Formeln ausgedrückten Körper alle oben angedeuteten Darstellungsmethoden versucht; aber die für die jetzt bekannten Substanzen in Anwendung gebrachten Darstellungen ergänzen sich gegenseitig.

Man hat nämlich dargestellt:

$\Theta H Cl_3$ aus Sumpfgas und aus Methylchlorid (also nach 1 und 2).

$\Theta_2H_3Cl_3$ aus Aethylchlorid, Aethylenchlorid und Acetylchlorid (nach 2, 3 und 5).

$\Theta_3H_5Br_3$ aus Propylenbromid, Glycerin und Allyljodid (nach 3, 4 und 6).

Bei diesem Stand der Dinge ist es von besonderem Interesse zu 1256. verfolgen, welche, von den durch eine gemeinschaftliche Formel ausgedrückten Substanzen verschieden und welche identisch sind.

1) Für die 1 At. Θ enthaltenden Körper ist mit Sicherheit nachgewiesen, dass aus Sumpfgas und aus Methylchlorid durch substituirende Wirkung des Chlors identisches Chloroform erhalten wird (§§. 639, 1259).

2) Für Körper, die zwei At. Θ enthalten, kennt man drei Chloride und zwei Bromide.

Das Dichloräthylchlorid: $\Theta_2H_3Cl_2 . Cl$ (§. 690) ist verschieden von dem Monochloräthylenchlorid: $\Theta_2H_3Cl . Cl_2$ (§. 949); verschieden von beiden ist das durch Einwirkung von Phosphorchlorid auf Acetylchlorid von Hübner *) dargestellte Chlorid: $\Theta_2H_3Cl_2 . Cl$.

Für die Bromverbindungen weiss man zunächst, dass das Monobromäthylbromid $\Theta_2H_4Br . Br$ (§. 690) von dem Aethylenbromid (§. 694) verschieden ist. Indessen kann, nach Caventou's **) Versuchen aus beiden Glycol erhalten werden. Caventou hat ferner gezeigt, dass das Bibromäthylbromid $\Theta_2H_3Br_2 . Br$ (§. 690) mit dem Monobromäthylenbromid $\Theta_2H_3Br . Br_2$ (§. 954) in allen Eigenschaften identisch ist.

3) Von Substanzen, die 3 At Θ enthalten, kennt man zwei Chloride und drei Bromide.

Das Monochlorpropylenchlorid (§. 951) ist verschieden von dem aus Glycerin dargestellten Trichlorhydrin (§. 1253).

Das Monobrompropylenbromid (§. 951), gleichgültig, ob es durch substituirende Einwirkung des Broms auf Propylenbromid oder durch Addition von Brom zu Monobrompropylen dargestellt wurde ***), ist verschieden von dem aus Glycerin gewonnenen Tribromhydrin (§. 1253). Von beiden ist ferner verschieden das durch Einwirkung von Brom auf Allyljodid erhaltene Allyltribromid.

Die Ursache der Verschiedenheit dieser isomeren Verbindungen muss

*) Ann. Chem. Pharm. CXX. 330.

**) ibid. CXX. 323.

***) Wurtz, ibid. CIV. 245.

natürlich in Metamerie gesucht werden, also darin, dass die Chlor- oder Bromatome im Innern des Molecüls eine andere Stellung einnehmen; dass sie mit anderen Affinitäten der Kohlenstoffgruppe verbunden sind. Wenn alle Verwandtschaften der Kohlenstoffgruppe durch Wasserstoff gebunden sind, so ist keine Ursache von Isomerie ersichtlich; dasselbe tritt auch dann wieder ein, wenn aller Wasserstoff durch Chlor oder Brom ersetzt ist. In der That sind denn auch die als Endproducte der Einwirkung des Chlors oder Broms auf solche isomere Substanzen entstehenden Chlor- oder Brom-kohlenstoffe in all den Fällen, für welche man bis jetzt Versuche angestellt hat, identisch gefunden worden.

Ebenso entstehen durch Rückwärts-substitution aus den verschiedenen Isomeren dieselben Producte. So erhielt z. B. Berthelot aus Trichlorhydrin, aus Allyltribromid und aus Brompropylenbromid, durch Erhitzen mit Jodkalium, Kupfer und Wasser auf 275°, Propylen und Propylwasserstoff.

Wird in den oben angedeuteten Isomeren der Wasserstoff Atom für Atom durch Chlor oder Brom ersetzt, so scheint die Identität um so früher einzutreten, je weniger Kohlenstoffatome das Molecül enthält; sie scheint für Bromverbindungen früher stattzufinden als für Chlorverbindungen.

Es kommt ausserdem bisweilen vor, dass gleich zusammengesetzte Substanzen, obgleich sie in ihren physikalischen Eigenschaften verschieden, also isomer sind, doch bei gewissen Reactionen dieselben Producte liefern; ein Verhalten, welches durch im Moment der Reaction eintretende moleculare Umlagerung erklärt werden kann (vgl. §§. 322, 111). Dies findet z. B. bei den oben erwähnten Substanzen: Aethylenbromid und Bromäthylbromid statt, die beide Glycol zu erzeugen im Stande sind. Es ist ferner für das Tribromhydrin und das Allyltribromid bei mehreren Reactionen betrachtet worden.

Man hat nämlich gefunden:

1) Tribromhydrin und Allyltribromid geben beide bei Einwirkung von Natrium den Kohlenwasserstoff $(\Theta_3H_5)_2$; das ebenfalls isomere Brompropylenbromid liefert dagegen, neben Bromkalium und Wasserstoff, Bibrompropylen (Berthelot).

2) Tribromhydrin und Allyltribromid *) zersetzen sich beide

*) Diese von Wurtz beobachtete Bildung des Triacetins aus Allyltribromid ermöglicht, wie man sieht, die Darstellung des Glycerins aus Allyljodid und anderen Allylverbindungen. Sie ist indess keine wahre Synthese des Glycerins. Zunächst weil das Allyljodid selbst aus Glycerin erhalten worden ist; und dann weil das isomere Brompropylenbromid diese Reaction nicht zeigt und weil, trotz mehrfacher Versuche, aus Propylen bis jetzt kein Allyljodid erhalten werden konnte.

beim Erhitzen mit essigsaurem Silber und liefern dreifach essigsaures Glycerin (Triacetin); das isomere Brompropylenbromid zeigt diese Reaction nicht (Berthelot, Wurtz) *).

3) Tribromhydrin und Allyltribromid verhalten sich endlich gegen Ammoniak in derselben Weise; aus beiden entsteht Di-bromallylamin (Simpson **), Reboul ***)).

4) Gegen Silberoxyd und Wasser zeigen Tribromhydrin und Allyltribromid ein verschiedenes Verhalten, das erstere liefert Glycerin, das zweite nicht.

Es scheint geeignet, hier nochmals die wichtigsten physikalischen und chemischen Eigenschaften der isomeren Chloride und Bromide: $\Theta_nH_{2n-1}R_3$ zusammenzustellen. 1257.

I. $\Theta_2H_3Cl_3$. Man kennt drei Modificationen.

1) $\Theta_2H_3Cl_2$. Cl = Bichloräthylchlorid (§. 690) siedet bei 75°.

2) Θ_2H_3Cl . Cl_2 = Monochloräthylenchlorid (§. 949) siedet bei 115°.

3) $\Theta_2H_3Cl_2$. Cl von Hübner †) durch Einwirkung von Phosphorchlorid auf Acetylchlorid erhalten, siedet bei etwa 60°.

II. $\Theta_2H_3Br_3$. Man kennt nur eine Modification.

Sie entsteht ebensowohl aus Bromäthyl durch Einwirkung von Brom (Caventou) ††) als durch Vereinigung von Bromäthylen mit Brom. Das Bibromäthylbromid und das Monobromäthylenbromid sind also identisch (vgl. §. 950). — Die Verbindung siedet bei 186°,5. Sie gibt bei Einwirkung von festem Kali oder von Alkoholnatrium, neben einem selbstentzündlichen Gas (nach Reboul Bromacetylen: Θ_2HBr) das Bibromäthylen, $\Theta_2H_2Br_2$, eine Flüssigkeit, die allmälich in eine krystallisirbare bei 14°.5 schmelzende Modification übergeht (vgl. §. 940) (Sawitsch) †††).

III. $\Theta_3H_5Cl_3$. Man kennt zwei isomere Modificationen.

1) Θ_3H_5Cl . Cl_2 = Chlorpropylenchlorid (§. 951), siedet bei 170°.

2) Θ_3H_5 . Cl_3 = Trichlorhydrin, Glycerylchlorid; aus Glycerin oder Glycerinderivaten durch Einwirkung von Phosphorchlorid (§. 1253). Siedep.: 155°.

IV. $\Theta_3H_5Br_3$. Es sind drei isomere Modificationen bekannt.

1) Θ_3H_5Br . Br_2 = Brompropylenbromid. Kann aus Propylen-

---

*) Ann. Chem. Pharm. CII. 339.
**) ibid. CIX. 362.
***) ibid. Suppl. I. 232.
†) Ann. Chem. Pharm. CXX. 330.
††) ibid. CXX. 322.
†††) ibid. CXIX. 182.

bromid durch substituirende Einwirkung von Brom, oder auch aus Brompropylen durch Addition von Brom erhalten werden (Wurtz) *). Es ist eine bei 195° siedende Flüssigkeit; spec. Gew. 2,392.

2) $\Theta_3H_5Br_3$ = Tribromhydrin. Glycerylbromid. Aus Glycerin oder Glycerinderivaten (vgl. §. 1253), bei 175° — 180° siedende Flüssigkeit.

3) $\Theta_3H_4.Br.Br_2$ = Allyltribromid, Isotribromhydrin. Erhalten durch Einwirkung von Brom auf Allyljodid: Θ_3H_5J. Es ist eine krystallinische Substanz, die bei 16° schmilzt und bei 217° —218° siedet. Es wird durch alkoholische Kalilösung zu einer bei 135° siedenden Flüssigkeit, wahrscheinlich $\Theta_3H_4Br_2$ (vgl. §. 1254 II. Wurtz). Bei Einwirkung auf Cyankalium erzeugt es Allyltricyanid (vgl. §. 1310).

V. 1. $\Theta_5H_9Cl_3$. Verbindungen von dieser Zusammensetzung sind bis jetzt nicht näher untersucht. [Es mag hier erwähnt werden, dass nach einer Angabe von Bauer **) das Trichloramylchlorid ($\Theta_5H_8Cl_3$. Cl) bei Einwirkung von alkoholischer Kalilösung Trichloramylen ($\Theta_5H_7Cl_3$) erzeugt. Für die aus dem Amylenchlorid und dem Amylchlorid sich ableitenden Substitutionsproducte scheint demnach wenigstens das 4 At. Chlor enthaltende Glied identisch zu sein.]

2. $\Theta_5H_9Br_3$. Man kennt nur das Bromamylenbromid: $\Theta_5H_9Br.Br_2$. Es ist eine krystallisirbare in Wasser unlösliche, in Alkohol und namentlich in Aether lösliche Substanz. Es wurde von Bauer ***) durch Einwirkung von Brom auf das bei 100° — 110° siedende Bromamylen (ein Zersetzungsproduct des Amylenbromids, §. 959) erhalten. Durch Einwirkung von Chlor auf Bromamylen entsteht eine analoge Verbindung, die ebenfalls krystallisirbar ist, das Bromamylenchlorid: $\Theta_5H_9Br.Cl_2$. Das Bromamylenbromid gibt mit alkoholischem Kali Bibromamylen; man kann aus ihm ferner Amylglycerin erhalten (vgl. § 1251).

1258. Von den durch die allgemeine Formel: $\Theta_n\overset{'''}{H_{2n-1}}.R_3$ ausgedrückten Substanzen müssen hier diejenigen noch näher besprochen werden, die nur 1 Atom Θ im Molecül enthalten. Es sind dies: Das Chloroform, Bromoform, Jodoform und einige an sie sich anschliessende Körper. Die folgende Zusammenstellung der hierhergehörigen Körper zeigt, dass dieselben sämmtlich als Substitutionsproducte des Sumpfgases und des Methylchlorids angesehen werden können (vgl. §. 639).

---

*) Ann. Chem Pharm. CIV. 245.
**) ibid. CXX. 176.
***) ibid. CXX. 171.

Sumpfgas . .		=	Θ	H	H	H	H
Methylchlorid .		=	Θ	H	H	H	Cl
Chloroform	ΘHCl_3	=	Θ	H	Cl	Cl	Cl
Bromoform .	ΘHBr_3	=	Θ	H	Br	Br	Br
Jodoform	ΘHJ_3	=	Θ	H	J	J	J
Chlorjodoform	$\Theta HJCl_2$	=	Θ	H	J	Cl	Cl
Bromjodoform	$\Theta HJBr_2$	=	Θ	H	J	Br	Br
Chlorpikrin	$\Theta(NO_2)Cl_3$	=	Θ	$(N\Theta_2)$	Cl	Cl	Cl
Brompikrin	$\Theta(NO_2)Br_3$	=	Θ	$(N\Theta_2)$	Br	Br	Br
(Marignac's Oel)	$\Theta(N\Theta_2)_2Cl_2$	=	Θ	$(N\Theta_2)$	$(N\Theta_2)$	Cl	Cl
Nitroform .	$\Theta H(N\Theta_2)_3$	=	Θ	H	$(N\Theta_2)$	$(N\Theta_2)$	$(N\Theta_2)$
Bromtrinitrokohlenstoff	$\Theta Br(N\Theta_2)_3$	=	Θ	Br	$(N\Theta_2)$	$(N\Theta_2)$	$(N\Theta_2)$
Nitrokohlenstoff .	$\Theta(N\Theta_2)_4$	=	Θ	(NO_2)	$(N\Theta_2)$	$(N\Theta_2)$	$(N\Theta_2)$

Es ist nicht nöthig, darauf aufmerksam zu machen, dass diese Formeln direct die Beziehungen aller genannten Substanzen untereinander ausdrücken. Sie zeigen z. B., dass das Chlorpikrin nitrirtes Chloroform, und dass der von Marignac erhaltene Körper nitrirtes Methylenchlorid (§. 952) ist. Sie zeigen ebenso die Analogie des Bromtrinitrokohlenstoffs mit dem Brompikrin etc.

Chloroform: ΘHCl_3. Das Chloroform wurde 1831 von Soubei- 1259.
ran*) als Product der Einwirkung von Chlorkalk auf Alkohol entdeckt; Liebig**) erhielt es 1832 aus Chloral; seine wahre Zusammensetzung ermittelte Dumas 1834***).

Das Chloroform entsteht, als Product einfacher Reaction: 1° bei substituirender Einwirkung des Chlors auf Sumpfgas oder auf Methylchlorid (vgl. §. 639); 2° bei den §§. 872, 887 erwähnten Zersetzungen der Trichloressigsäure und des Chlorals. Es kann ferner durch umgekehrte Substitution aus Doppelchlorkohlenstoff (ΘCl_4 §. 640) erhalten werden. (Regnault, Geuther) †). Es bildet sich endlich wenn Methylalkohol, Alkohol, Essigsäure, Aceton, Terpentinöl etc. mit Chlorkalk destillirt werden.

Die Bildung des Chloroforms bei Einwirkung von Chlorkalk auf Weingeist erklärt sich wahrscheinlich in folgender Weise. Das im Bleichkalk enthaltene un-

*) Ann. Chem. Pharm. I. 272.
**) ibid. I. 198.
***) ibid. XVI. 164.
†) ibid. CVII. 214.

terchlorigsaure Salz erzeugt zunächst aus dem Alkohol Chloral; dieses zerfällt dann bei Einwirkung des Kalkhydrats, welches stets im Bleichkalk enthalten ist und dessen Anwesenheit, wie dies besondere Versuche gezeigt haben, zur Bildung des Chloroforms nöthig ist.

Darstellung. Man stellt das Chloroform stets durch Destillation des Weingeists mit Bleichkalk dar. Als bestes Verhältniss wird empfohlen: 1 Th. Chlorkalk (von etwa 22% wirksamen Chlors), 4 Th. Wasser, $^1/_8$ Th. Weingeist von 0,845 sp. Gew. Man erhitzt rasch bis zum Eintreten der Reaction und entfernt dann das Feuer. (15 Pfund Bleichkalk geben etwa 1 Pfund Chloroform). Man wäscht mit Wasser und etwas kohlensaurem Natron, trocknet mit Chlorcalcium und rectificirt.

Das Chloroform ist eine farblose, leichtbewegliche Flüssigkeit von angenehm ätherischem Geruch; es siedet bei 62°; spec. Gew. 1,525 bei 0°. Es löst sich sehr wenig in Wasser, leicht in Alkohol und Aether; in concentrirter Schwefelsäure ist es unlöslich. — Es löst eine grosse Anzahl von in Wasser und Alkohol unlöslichen Körpern, z. B. Phosphor, Jod, Schwefel, Fette, Harze, viele Alkaloide etc.; und es wird desshalb in manchen Fällen mit Vortheil als Lösungsmittel angewandt. Die betäubende Wirkung, die das Chloroform beim Einathmen ausübt, wurde 1848 von Simpson *) beobachtet.

Zersetzungen. Das Chloroform entzündet sich nur schwer und brennt dann mit grüngesäumter Flamme. Bei Rothglühhitze zerfällt es in Salzsäure und Chlorkohlenstoffe (ΘCl_4 und Θ_2Cl_4). Wird es wiederholt in einem Strom von trockenem Chlorgas destillirt, so geht es, unter Bildung von Salzsäure, in Doppeltchlorkohlenstoff über (vgl. §. 640). Es kann über Kalium destillirt werden, ohne Zersetzung zu erleiden; erhitzt man aber Kalium in Chloroformdampf, so tritt Explosion ein. Von Salpetersäure und von Schwefelsäure wird das Chloroform kaum angegriffen; bei längerem Stehen mit Schwefelsäure oder mit Wasser wird es sauer. Erhitzt man Chloroform in einer zugeschmolzenen Röhre mit wässrigem Aetzkali, so zerfällt es zum Theil in ameisensaures Kali und Chlorkalium (Dumas). Dieselbe Zersetzung findet auch bei Anwendung von alkoholischer Kalilösung statt; dabei entsteht aber, nach Berthelot **), gleichzeitig Aethylen und ausserdem, wie Geuther ***) fand, Kohlenoxydgas.

Erhitzt man Chloroformdampf mit trocknem Ammoniak zu einer der Rothgluth naheliegenden Temperatur, so entsteht Salmiak und Cyanammonium (vgl. §. 1274). Dieselben Producte entstehen auch, neben ameisensaurem Ammoniak, wenn Chloroform mit wässrigem oder alko-

*) Ann. Chem. Pharm. LXV. 121.

**) ibid. CIX. 118.

***) ibid. CXXIII. 121.

holischem Ammoniak auf 180° erhitzt wird (Cloez, Heintz) *). Wird Chloroform mit Alkoholnatrium erwärmt, so entsteht der s. g. dreibasische Ameisensäureäther (vgl. §. 1238, Williamson und Kay). Bei Einwirkung von Chloroform auf Zinkäthyl entstehen verschiedene Kohlenwasserstoffe, namentlich Aethylen, Propylen und Amylen (Rieth und Beilstein) **).

Bei vielen dieser Reactionen verhält sich das Chloroform wie das Chlorid des dreiatomigen Radicals ΘH; wie dies durch folgende Formeln ausgedrückt wird:

$\overset{'''}{\Theta}H . Cl_3$	$\left.\begin{matrix}\overset{'''}{\Theta}H \\ H\end{matrix}\right\rbrace \Theta_2$	$\overset{'''}{\Theta}H . N$	$\left.\begin{matrix}\overset{'''}{\Theta}H \\ (\Theta_2H_5)_3\end{matrix}\right\rbrace \Theta_3$
Chloroform.	Ameisensäure.	Cyanwasserstoff.	s. g dreibasischer Ameisensäureäther.

1260. Bromoform: ΘHBr_3. Das Bromoform wurde 1832 von Löwig entdeckt. Es ist dem Chloroform sehr ähnlich und entsteht durch ganz entsprechende Reactionen.

Es bildet sich z. B. bei Einwirkung von Alkalien auf Bromal (§. 891) bei Einwirkung unterbromigsaurer Salze auf Holzgeist, Alkohol, Aceton etc. Es wird ferner erhalten wenn alkalische Lösungen von Aepfelsäure oder Citronensäure mit Brom behandelt werden. Es findet sich endlich im käuflichen Brom und verdankt dann seine Entstehung offenbar der Einwirkung des Broms auf die in den angewandten Salzlösungen enthaltenen organischen Substanzen (Hermann) ***).

Zur Darstellung des Bromoforms löst man Kali- oder Natronhydrat (1 Th.) in Holzgeist (1 Th.), setzt unter Abkühlen so lange Brom zu bis sich die Flüssigkeit färbt, und reinigt das als ölige Schicht ausfallende Bromoform durch Rectification.

Das Bromoform ist eine farblose Flüssigkeit, die bei — 9° krystallinisch erstarrt. Spec. Gew. 2,13. Es ist weniger flüchtig als Chloroform und erleidet bei jeder Destillation theilweise Zersetzung. Es siedet bei etwa 145° (Borodine).

Die Zersetzungen des Bromoforms sind denen des Chloroforms sehr ähnlich, nur liefert das Bromoform noch leichter bei Einwirkung von Kalihydrat oder von alkoholischer Kalilösung Kohlenoxyd (Hermann).

1261. Jodoform: ΘHJ_3. Entdeckt von Serullas 1822. Es entsteht, wenn Jod bei Gegenwart von kaustischen oder kohlensauren Alkalien auf wäss-

*) Ann. Chem. Pharm. C. 369.
**) ibid. CXXIV. 245.
***) ibid. XCV. 211.

rigen Holzgeist einwirkt. Auch Aether, Essigäther, Zucker, Gummi u. s. w. liefern bei gleicher Behandlung Jodoform.

Darstellung. Man bereitet das Jodoform zweckmässig nach der von Filhol angegebenen Methode. Man löst 2 Th. krystallisirtes kohlensaures Natron in 10 Th. Wasser, fügt 1 Th Alkohol zu, erwärmt auf 60° – 80° und trägt dann allmälig 1 Th. Jod ein. Gegen Ende der Operation setzen sich aus der fast farblosen Flüssigkeit gelbe Krystallschuppen von Jodoform ab. Man filtrirt, setzt der Mutterlauge von Neuem kohlensaures Natron und Alkohol zu, erwärmt wieder auf 60°—80° und leitet dann Chlor ein, so jedoch, dass stets überschüssiges Jod vorhanden bleibt; es setzen sich dann neue Mengen von Jodoform ab. Man erhält so etwa $^1/_3$ des angewandten Jods als Jodoform.

Das Jodoform krystallisirt in gelben Blättchen oder Tafeln, die eigenthümlich, dem Safran ähnlich riechen. Es ist leicht löslich in Alkohol und Aether, unlöslich in Wasser. Es schmilzt bei etwa 115° und destillirt bei höherer Temperatur unter theilweiser Zersetzung über; mit Wasserdämpfen ist es leicht flüchtig.

Zersetzungen. Das Jodoform ist im Allgemeinen leichter zersetzbar als die entsprechende Chlorverbindung. Es erzeugt bei vielen Zersetzungen, z. B. beim Erhitzen mit Wasser, mit alkoholischer Kalilösung oder mit Alkoholnatrium, Methylenjodid (§. 952). — Wirkt trocknes Chlor auf Jodoform ein, so entsteht Salzsäure, Chlorjod und Chlorkohlenstoff; bei Gegenwart von wenig Wasser wird, neben Salzsäure und Chlorjod, Phosgen gebildet (Serullas). Unterchlorige Säure zerstört das Jodoform unter Bildung von Kohlenoxyd und Kohlensäure (Balard). — Lässt man Brom auf Jodoform einwirken, so wird Bromjodoform gebildet (Serullas). Bei Destillation mit Metallchloriden (Quecksilber-, Blei-, Zinn-chlorid etc.) entsteht Chlorjodoform.

Von essigsaurem Silber wird das Jodoform bei Gegenwart von Wasser schon in der Kälte angegriffen; es entsteht Essigsäure, Jodsilber und Kohlenoxyd. Wird statt des Wassers Alkohol angewandt, so erhält man kein Kohlenoxyd; statt seiner wird wie es scheint, Ameisensäure gebildet (Wurtz) *).

Mit Triäthylphosphin erzeugt das Jodoform eine eigenthümliche Base (§. 1293).

Die bei Einwirkung von Cyan und Cyanverbindungen entstehenden Producte sind noch nicht hinlänglich untersucht **).

1262. Chlorjodoform: $\Theta HJCl_2$ wurde von Serullas durch Erhitzen von Jodoform mit Phosphorsuperchlorid, Quecksilberchlorid etc. erhalten. Es ist eine farblose bei 131° siedende Flüssigkeit (Borodine)***).

*) Ann. Chem. Pharm. C. 118.

**) vgl. Nachbauer, Ann. Chem. Pharm. CX. 303; Hlasiwetz, ibid. CXII. 184; Gilm, ibid. CXV. 46.

***) Zeitschr. f. Chem. u. Pharm. 1862. 516.

Durch Einwirkung von Zinkäthyl auf Chlorjodoform erhielt Borodine wesentlich Aethylen.

Bromjodoform: $CHJBr_2$. Entsteht nach Serullas und Bouchardat *) bei Einwirkung von Brom auf Jodoform. Von überschüssigem Brom wird es zu Bromoform (Borodine).

Chlorpikrin: $C(NO_2)Cl_3$. (Nitrochloroform). Stenhouse **) erhielt diese Verbindung 1848 durch Einwirkung von Chlorkalk auf Pikrinsäure; Gerhardt erkannte ihre wahre Zusammensetzung. Man hat seitdem gefunden, dass das Chlorpikrin bei Einwirkung von Chlorkalk auf fast alle Nitrosubstitutionsproducte erzeugt wird, so dass seine Bildung in vielen Fällen als Reaction auf diese Klasse von Verbindungen angewandt werden kann. 1263.

Von theoretischem Interesse sind noch die folgenden Bildungsweisen des Chlorpikrins. Knallquecksilber (§. 1280) erzeugt bei Einwirkung von Chlor oder von Chlorkalk Chlorpikrin (Kekulé); ebenso Fulminursäure (Schischkoff). Wird Chloral mit concentrirter Salpetersäure behandelt, so entsteht, neben Trichloressigsäure, Chlorpikrin (vgl. §. 887). Destillirt man ein Gemenge von Holzgeist und Schwefelsäure mit Salpeter und Kochsalz, so wird Chlorpikrin gebildet. Man erhält es endlich, wenn man Alkohol mit Salpetersäure und Kochsalz destillirt (Kekulé) ***).

Das Chlorpikrin ist eine farblose bei 120° siedende Flüssigkeit, die in Alkohol und Aether löslich, in Wasser unlöslich ist. Es besitzt einen charakteristisch stechenden Geruch und reizt heftig zu Thränen.

Erhitzt man dampfförmiges Chlorpikrin wenig über seinen Siedepunkt, so wird es mit Explosion zersetzt.

Bei Behandlung mit Eisenfeile und Essigsäure wird es zu Methylamin reducirt (Geisse) †):

$$C(NO_2)Cl_3 + 6H_2 = CH_3 . NH_2 + 3HCl + 2H_2O.$$

Bei dieser Reaction wirkt der nascirende Wasserstoff in zweierlei Weise. Er ersetzt durch umgekehrte Substitution das Chlor durch Wasserstoff und führt gleichzeitig die Nitrogruppe (wie dies bei wahren Nitrosubstitutionsproducten fast immer geschieht) in die Gruppe NH_2 über.

Brompikrin: $C(NO_2)Br_3$. Stenhouse ††) erhielt diesen Körper durch Einwirkung von unterbromigsaurem Kalk auf Pikrinsäure oder 1264.

*) Ann. Chem. Pharm. XXII. 233. vgl. Borodine. loc. cit.
**) ibid. LXVI. 241; vgl. ferner Cahours ibid. LXXII. 296.
***) ibid. CI. 212; CVI. 144.
†) ibid. CIX. 282.
††) Ann. Chem. Pharm. XCI. 309.

durch Erhitzen von Pikrinsäure mit Wasser und Brom. Es ist eine farblose dem Chlorpikrin sehr ähnliche Flüssigkeit, die mit Wasser destillirt werden kann, beim Erhitzen für sich aber mit Explosion zerstört wird.

1265. Ein Körper von der Zusammensetzung $\Theta(N\Theta_2)_2Cl_2$ wurde von Marignac *) bei der Destillation des Naphthalinchlorids mit Salpetersäure erhalten. Er ist dem Chlorpikrin sehr ähnlich und mit Wasserdämpfen flüchtig; sein Dampf wird beim Erhitzen mit Explosion zersetzt.

1266. Nitroform: $\Theta H(N\Theta_2)_3$. Entdeckt von Schischkoff **) 1857. Das Nitroform zeigt das Verhalten einer Säure. Man erhält sein Ammoniaksalz: $\Theta(N\Theta_2)_3 . NH_4$, als gelbe krystallisirbare in Wasser und Alkohol lösliche Substanz, bei Einwirkung von Wasser oder Alkohol auf Trinitroacetonitril (§. 1284). Aus diesem Ammoniaksalz bereitet man leicht das Nitroform, indem man mit concentrirter Schwefelsäure schüttelt und die obenaufschwimmende beim Erkalten krystallisirende Flüssigkeitsschicht abhebt.

Das Nitroform ist bei höheren Temperaturen ein farbloses Oel, unter 15° wird es fest und bildet farblose würfelförmige Krystalle. Es löst sich ziemlich leicht in Wasser mit dunkelgelber Färbung. Es ist nicht destillirbar; bei raschem Erhitzen explodirt es mit Heftigkeit.

Das Nitroform ist eine starke Säure; seine Salze sind meist krystallisirbar und gelb gefärbt; sie explodiren beim Erhitzen.

Während so der Wasserstoff des Nitroforms einerseits durch Metalle vertretbar ist, kann er andrerseits durch Brom oder die Gruppe $N\Theta_2$ ersetzt werden; man erhält so die beiden folgenden Verbindungen.

1267. Bromtrinitrokohlenstoff: $\Theta Br(NO_2)_3$. Dieser Körper entsteht, wenn Brom unter dem Einfluss des directen Sonnenlichtes einige Tage auf Nitroform einwirkt, oder leichter wenn man eine wässrige Lösung von Quecksilbernitroform $\Theta Hg(N\Theta_2)_3$ mit Brom behandelt.

Er ist farblos, bis + 12° flüssig; bei niederer Temperatur erstarrt er zu einer weissen Krystallmasse. Er löst sich etwas in Wasser und kann mit Wasserdämpfen oder im Luftstrome destillirt werden; beim Er-
1268. hitzen für sich erleidet er bei etwa 140° Zersetzung (Schischkoff) ***).

Nitrokohlenstoff: $\Theta(NO_2)_4$ erhielt Schischkoff, indem er Nitroform mit rauchender Salpetersäure und Schwefelsäure auf 100° erhitzte und Luft durchleitete. Es destillirte eine Flüssigkeit über, aus welcher sich bei Zusatz von Wasser der Nitrokohlenstoff als schweres Oel abschied.

Der Nitrokohlenstoff ist bei gewöhnlicher Temperatur flüssig; er erstarrt bei + 13° zu einer weissen Krystallmasse. Er ist in Wasser unlöslich, dagegen löslich in Alkohol und Aether.

---

*) Ann. Chem. Pharm. XXXVIII. 16.
**) ibid. CIII. 364.
***) ibid. CXIX. 247.

Merkwürdiger Weise kann diese Substanz destillirt werden, ohne Zersetzung zu erleiden; sie siedet bei 126°. Selbst bei raschem Erhitzen explodirt der Nitrokohlenstoff nicht, zersetzt sich jedoch unter reichlicher Entwicklung von salpetrigen Dämpfen. Er entzündet sich nicht bei Berührung mit einer Flamme; eine glühende Kohle mit der Substanz übergossen, verbrennt mit starkem Glanz.

Amidartige Verbindungen der dreiatomigen Radicale: $\Theta_n \overset{'''}{H}_{2n-1}$.

Man kennt eine Anzahl von Substanzen, welche bei typischer Be- 1269.
trachtung dem einfachen Ammoniaktypus oder auch multiplen oder gemischten Ammoniaktypen zugezählt werden können und in welchen man, nach ihrer Entstehungsweise oder nach sonstigen Beziehungen, dreiatomige Radicale von der Form: $\Theta_n \overset{'''}{H}_{2n-1}$ annehmen kann.

Ein Theil der hierher gehörigen Substanzen steht zu den dreiatomigen Alkoholen und namentlich zum Glycerin in genetischer Beziehung; andere leiten sich von den früher besprochenen fetten Säuren (§. 828) ab. Zu den ersteren gehören die wenigen bis jetzt dargestellten Amide des Glycerins, zu den letzteren die s. g. Nitrile der fetten Säuren, das Acediamin etc. Zwischen beiden Körpergruppen findet bis jetzt keinerlei thatsächliche Beziehung statt; aber es scheint nichtsdestoweniger geeignet, sie hier zusammenzustellen, einmal, weil die Analogie der Zusammensetzung nicht zu verkennen ist; und dann weiter, weil es, aller Wahrscheinlichkeit nach, späteren Versuchen gelingen wird, die Brücke zu finden, die von den einen zu den andern führt.

Betrachten wir zunächst von allgemeinem Standpunkte aus, welche der den 1270.
Ammoniaktypen zugehörigen Verbindungen der dreiatomigen Radicale $\Theta_n H_{2n-1}$ möglich und nach bekannten Analogieen wahrscheinlich sind.

Die typische Betrachtungsweise zeigt zunächst die Möglichkeit der folgenden Verbindungen:

1) Typus: H_3N $\quad \Theta_n \overset{'''}{H}_{2n-1} . N$ $\quad$ z. B. Θ_2H_3N (Acetonitril).

2) Typus: $2H_3N$ $\quad \left.\begin{matrix}\Theta_n H_{2n-1} \\ H_3\end{matrix}\right\} N_2$ $\quad$ z. B. $\left.\begin{matrix}\Theta_2H_3 \\ H_3\end{matrix}\right\} N_2$ (Acediamin).

und $\left.\begin{matrix}\Theta_n H_{2n-1} \\ \Theta_n H_{2n-1}\end{matrix}\right\} N_2$ (unbekannt).

3) Typus: $3H_3N$. $\quad \left.\begin{matrix}\Theta_2H_3 \\ H_3 \\ H_3\end{matrix}\right\} N_3$ $\quad \left.\begin{matrix}\Theta_2H_3 \\ \Theta_2H_3 \\ H_3\end{matrix}\right\} N_3$ $\quad \left.\begin{matrix}\Theta_3H_5 \\ \Theta_3H_5 \\ \Theta_3H_5\end{matrix}\right\} N_3$

Kyanäthin.

Solche Verbindungen entsprechen den Stickstoffbasen der einatomigen Alkoholradicale (§. 709) und den § 973 besprochenen Basen der zweiatomigen Radicale $\Theta^n H_{2n}$. — Sie sind bis jetzt nicht durch die von der Theorie angedeuteten Reactionen erhalten worden; aber man hat auf anderem Weg eine, wie es scheint, hierhergehörige Substanz dargestellt (vgl. Kyanäthin §. 1288).

Die typische Betrachtung lässt ferner Verbindungen wahrscheinlich erscheinen, die gemischten Typen zugehören. Z. B.:

4) Typus: $H_3N + H_2\Theta$; $H_3N + 2H_2\Theta$; $2H_3N + H_2\Theta$

z. B.: $\left.\begin{array}{r} H \\ \overset{'''}{\Theta_3H_5} \\ H \end{array}\right\} \begin{array}{l} N \\ \Theta \end{array}$; $\left.\begin{array}{r} H_2 \\ \overset{'''}{\Theta_3H_5} \\ H_2 \end{array}\right\} \begin{array}{l} N \\ \Theta_2 \end{array}$; $\left.\begin{array}{r} H_4 \\ \overset{'''}{\Theta_3H_5} \\ H \end{array}\right\} \begin{array}{l} N_2 \\ \Theta \end{array}$

(unbekannt.) Glyceramin. (unbekannt.)

5) Sie zeigt ebenso die Möglichkeit der Basen:

Typus: $H_3N + HCl$; $H_3N + H_2\Theta + HCl$ etc.

$\left.\begin{array}{r} H \\ \overset{'''}{\Theta_3H_5} \end{array}\right\} \begin{array}{l} N \\ Cl \end{array}$. $\left.\begin{array}{r} H_2 \\ \overset{'''}{\Theta_3H_5} \\ H \end{array}\right\} \begin{array}{l} N \\ Cl \\ \Theta \end{array}$

(unbekannt.) (unbekannt.)

6) Sie lässt es endlich möglich erscheinen, dass durch mehrmaligen Eintritt der dreiatomigen Radicale Verbindungen von noch complicirteren Typen entstehen. Z. B.:

Typus: $H_3N + HCl + 2H_2\Theta$ z. B.: $\left.\begin{array}{r} H_2 \\ \Theta_3H_5 \\ \Theta_3H_5 \end{array}\right\} \begin{array}{l} N \\ \Theta_2 \\ Cl \end{array}$

Hemichlorhydramid.

7) Die Analogie mit dem was früher (§§. 974, 985) über das Verhalten des Aethylenbromids gegen Nitrilbasen und gegen Triäthylphosphin gesagt wurde, lässt ferner für dreiatomige Chloride, Bromide oder Jodide die Möglichkeit der folgenden drei Verbindungen voraussehen:

$\left.\begin{array}{r} NH_3 \end{array}\right\} \overset{'''}{C}H \left\} \begin{array}{l} J \\ J \\ J \end{array}\right.$ $\left.\begin{array}{r} NH_3 \\ NH_3 \end{array}\right\} \overset{'''}{\Theta}H \left\} \begin{array}{l} J \\ J \\ J \end{array}\right.$ $\left.\begin{array}{r} NH_3 \\ NH_3 \\ NH_3 \end{array}\right\} \overset{'''}{\Theta}H \left\} \begin{array}{l} J \\ J \\ J \end{array}\right.$

Einatomiges Jodid. Zweiatom. Jodid. Dreiatom. Jod.

Dieselben Verbindungen könnten betrachtet werden (vgl. §§. 981, 986 etc.) als:

$NH_3 . \Theta\overset{'}{H}J_2 . J$ $N_2H_6 . \Theta\overset{''}{H}J . J_2$ $N_3H_9 . \Theta\overset{'''}{H} . J_3$.

Von Verbindungen der Art kennt man bis jetzt nur ein aus Jodoform und Triäthylphosphin entstehendes dreiatomiges Jodid (vgl. § 1298).

8) Dieselbe Analogie zeigt ausserdem die Möglichkeit, dass sich die Chloride oder Bromide dreiatomiger Radicale bei geeigneten Reactionen ähnlich verhalten, wie es das zweiatomige Aethylenbromid bei Bildung von Vinylverbindungen thut (§. 982). Es wurde oben schon erwähnt, dass die Bildung des Di-bromallylamids aus Tribromhydrin eine Reaction der Art ist (vgl. §. 1254).

In Bezug auf Bildung dieser amidartigen Verbindungen dreiatomiger Radicale, zeigt die Analogie mit ähnlichen Substanzen verschiedene Möglichkeiten. Man weiss, dass amidartige Verbindungen im Allgemeinen entweder durch Einwirkung der Chloride (oder Bromide etc.) auf Ammoniak entstehen, und dass sie ferner durch die unter Wasseraustritt erfolgende Vereinigung von Ammoniak mit einem Körper des Wassertyps erzeugt werden können. 1271.

Für die Amide der dreiatomigen Radicale hat man danach Folgendes:

A. Die Trichloride $\Theta_nH_{2n-1}Cl_3$ (oder die entsprechenden Bromide und Jodide), von welchen zudem, wie im vorigen Kapitel (§§. 1255 ff) gezeigt wurde, verschiedene isomere Modificationen existiren, können ein sehr mannigfaches Verhalten zeigen.

a) Sie können das dreiatomige Radical gegen drei Atome Wasserstoff austauschen, um so eine der Verbindungen zu erzeugen, die oben (§. 1270) unter 1, 2 und 3 aufgeführt sind. — Eine Reaction der Art ist bis jetzt nur für das Chloroform beobachtet, welches bei Einwirkung auf Ammoniak Blausäure (Nitril der Ameisensäure §. 834) erzeugt.

b) Sie können durch Anlagerung von 1, 2 oder 3 Molecüle Ammoniak oder dem Ammoniaktypus zugehöriger Basen, die unter 7 (§. 1270) erwähnten Verbindungen erzeugen, von welchen, wie dort erwähnt, das durch Einwirkung von Jodoform auf Triäthylphosphin entstehende dreiatomige Jodid bekannt ist.

c) Dieselben Trichloride könnten sich ferner bei geeigneten Reactionen verhalten wie Dichloride einfachgechlorter oder wie Monochloride zweifach gechlorter Radicale (vgl §. 982).

d) Sie könnten sich endlich während der Reaction zerlegen in Salzsäure und in einen Rest, der das Verhalten des Chlorids eines chlorhaltigen Radicals zeigt. Es wurde schon erwähnt, dass die Bildung des Di-brom-allylamins aus Tribromhydrin eine Reaction der Art ist, und dass sich das Tribromhydrin bei dieser Einwirkung ganz ähnlich verhält wie das Aethylenbromid bei Bildung von Vinylbasen. Diese Analogie des Verhaltens tritt deutlich hervor durch die folgenden Formeln:

$$\text{Aethylenbromid:} \;=\; \overset{\prime\prime}{\Theta_2}H_4 \,.\, Br_2 \;=\; \overset{\prime}{\Theta_2}H_3 \,.\, Br \,,\, HBr.$$

$$\text{Tribromhydrin:} \;=\; \overset{\prime\prime\prime}{\Theta_3}H_5 \,.\, Br_3 \;=\; \overset{\prime\prime}{\Theta_3}H_4Br \,.\, Br \,,\, HBr.$$

B. Die amidartigen Verbindungen der dreiatomigen Radicale können ferner entstehen aus den vom Glycerin sich ableitenden Chlorhydrinen. Der Theorie nach scheinen die folgenden Reactionen am wahrscheinlichsten:

$$\text{aus Monochlorhydrin:}\quad \left.\begin{matrix}\Theta_3\overset{\prime\prime\prime}{H_5}\\ H_2\end{matrix}\right\}\begin{matrix}Cl\\ \Theta_2\end{matrix} \quad \text{kann entstehen:}\quad \left.\begin{matrix}H_2\\ \Theta_3\overset{\prime\prime\prime}{H_5}\\ H_2\end{matrix}\right\}\begin{matrix}N\\ \Theta_2\end{matrix} = \Theta_3H_9N\Theta_2$$

Glyceramin.

$$\text{aus Dichlorhydrin:}\quad \left.\begin{matrix}\Theta_3\overset{\prime\prime\prime}{H_5}\\ H\end{matrix}\right\}\begin{matrix}Cl_2\\ \Theta\end{matrix} \quad \text{„} \quad \text{„} \quad \left.\begin{matrix}H_4\\ \Theta_3\overset{\prime\prime\prime}{H_5}\\ H\end{matrix}\right\}\begin{matrix}N_2\\ \Theta\end{matrix} = \Theta_3H_{10}N\Theta\,.$$

(unbekannt)

aus Epichlorhydrin: $\left.\Theta_3H_5\right\}\begin{matrix}Cl\\ \Theta\end{matrix}$ kann entstehen: $\begin{matrix}H_2\\ \Theta_3H_5\end{matrix}\left\{\begin{matrix}N\\ \Theta\end{matrix}\right. = \Theta_3H_7N\Theta$ (unbekannt.)

C. Ein dritter Weg zur Darstellung solcher amidartiger Verbindungen bietet sich endlich in der Einwirkung des Ammoniaks auf dem Wassertyp zugehörige Verbindungen dreiatomiger Radicale. Als solche dem Wassertyp zugehörige Verbindungen können nun einerseits die dreiatomigen Alkohole z. B. das Glycerin, andererseits aber die fetten Säuren, die Propionsäure und ihre Homologen betrachtet werden (vgl. §. 799):

$$\left.\begin{matrix}\Theta_3H_5\\ H_3\end{matrix}\right\}\Theta_3 \qquad\qquad \left.\begin{matrix}\Theta_3H_5\\ H\end{matrix}\right\}\Theta_2$$

Glycerin. Propionsäure.

Man hat bis jetzt auf diesem Weg keine Amide des Glycerins dargestellt; sie könnten sich bilden nach dem allgemeinen Schema:

m Glycerin + n Ammoniak — o Wasser.

Aus den Ammoniaksalzen der fetten Säuren hat man die Nitrile erhalten:

$$\Theta_3H_6\Theta_2 + NH_3 - 2H_2\Theta = \Theta_3H_5 . N$$

Propionsäure. Propionitril.

Amidartige Verbindungen des Glycerins.

1272. Man kennt bis jetzt nur drei Verbindungen der Art. Das **Glyceramin**, das **Hemichlorhydramid** und eine entsprechende Bromverbindung.

$$\begin{matrix}H_2\\ \Theta_3H_5\\ H_2\end{matrix}\left\{\begin{matrix}N\\ \Theta_2\end{matrix}\right. \qquad \begin{matrix}H_2\\ \Theta_3H_5\\ \Theta_3H_5\end{matrix}\left\{\begin{matrix}N\\ \Theta_2\\ Cl\end{matrix}\right. \qquad \begin{matrix}H_2\\ \Theta_3H_5\\ \Theta_3H_5\end{matrix}\left\{\begin{matrix}N\\ \Theta_2\\ Br\end{matrix}\right.$$

Glyceramin. Hemichlorhydramid. Hemibromhydramid.

Glyceramin: $\Theta_3H_9N\Theta_2$. Berthelot und Luca*) erhielten das bromwasserstoffsaure Salz des Glyceramins, indem sie in eine alkoholische Lösung von Dibromhydrin Ammoniak leiteten:

$$\Theta_3H_6\Theta Br_2 + 2NH_3 + H_2\Theta = \Theta_3H_9N\Theta_2 . HBr + NH_3 . HBr$$

Dibromhydrin. Bromwasserstoffsaures Glyceramin.

Das Glyceramin ist in Wasser und Aether sehr löslich, es bildet ein äusserst hygroskopisches Chlorid und ein körniges Platinsalz.

*) Ann. Chem. Pharm. CI. 74.

Hemichlorhydramin: $\Theta_6H_{12}N\Theta_2Cl$. entsteht als weisse gummiartige Masse, wenn Epichlorhydrin (§. 1228) mit alkoholischer Ammoniakflüssigkeit auf 100° erhitzt wird (Reboul) *).

Hemibromhydramin: $\Theta_6H_{12}N\Theta_2Br$, ist eine amorphe Substanz, die bei Einleiten von Ammoniak in reines Dibromhydrin gebildet wird; wahrscheinlich nach der Gleichung:

$$2\Theta_3H_6\Theta Br_2 + 4NH_3 = \Theta_6H_{12}N\Theta_2Br + 3NH_3.HBr.$$

Das Dibromhydrin zerfällt offenbar während der Reaction in Bromwasserstoff und Epibromhydrin, dieses wirkt wie das Epichlorhydrin bei Bildung von Hemichlorhydramin:

$$2\Theta_3H_5\Theta Cl + 2NH_3 = \Theta_6H_{12}N\Theta_2Cl + NH_3 . HCl.$$

Nitrile: $\Theta_n H_{2n-1}N$; und verwandte Körper.

Im Verlauf der früheren Kapitel wurde mehrmals einer Klasse von Verbindungen erwähnt, die man einerseits als Nitrile der fetten Säuren, andererseits aber als Cyanverbindungen der einatomigen Alkoholradicale ansehen kann (vergl. §§. 609, 636, 667, 800 etc.). Dieselben Substanzen können ausserdem als dem Ammoniaktypus zugehörige Verbindungen der dreiatomigen Radicale: $\Theta_n H_{2n-1}$ angesehen werden. 1273.

Im Folgenden sind zunächst die hierher gehörigen Substanzen zusammengestellt **):

Formonitril	$\Theta H N$	=	$\Theta N . H$	Cyanwasserstoff
Acetonitril	$\Theta_2 H_3 N$	=	$\Theta N . \Theta H_3$	Cyanmethyl.
Propionitril	$\Theta_3 H_5 N$	=	$\Theta N . \Theta_2H_5$	Cyanäthyl.
Butyronitril	$\Theta_4 H_7 N$	=	$\Theta N . \Theta_3H_7$	Cyanpropyl.
Valeronitril	$\Theta_5 H_9 N$	=	$\Theta N . \Theta_4H_9$	Cyanbutyl.
Capronitril	$\Theta_6 H_{11}N$	=	$\Theta N . \Theta_5H_{11}$	Cyanamyl.
—	—		—	—
Margaronitril	$\Theta_{17}H_{33}N$	=	$\Theta N . \Theta_{16}H_{33}$	Cyancetyl.

*) Ann. Chem. Pharm. Suppl.b. I. 223.

**) Vgl bes. Dumas, Ann. Chem. Pharm. LXIV. 332. — Dumas, Malaguti und Leblanc, ibid. LXIV. 333. — Frankland u. Kolbe, ibid. LXV. 297. — Hofmann und Buckton, ibid. C 129. — Henke, ibid. CVI 272, 280. — Hesse, ibid. CX. 202. — Mendius, ibid. CXXI. 127.

1274. Diese Substanzen können, wie erwähnt, als Nitrile der fetten Säuren angesehen werden; d. h. es sind aus den Ammoniaksalzen dieser Säuren entstehende Reste zu deren Bildung soviel Wasser eliminirt wurde, dass von dem Ammonium nur noch der Stickstoff übrig bleibt.

Sie entstehen, in der That, aus den Ammoniaksalzen dieser Säuren oder besser aus den entsprechenden Amiden durch Austritt von Wasser (vgl. §. 799). Z. B.:

$$\left.\begin{matrix}\Theta_2H_3|\Theta\\ N|H_4\end{matrix}\right\}\Theta \qquad \left.\begin{matrix}\Theta_2H_3|\Theta\\ |H\\ |H\end{matrix}\right\}N \qquad \Theta_2H_3 . N$$

Essigsaures Ammoniak. Acetamid. Acetonitril.

und sie gehen umgekehrt durch Aufnahme von Wasser in die Ammoniaksalze der fetten Säuren über. Z. B.:

$$\Theta_2H_3N + 2H_2\Theta = \left.\begin{matrix}\Theta_2H_3\Theta\\ NH_4\end{matrix}\right\}\Theta$$

Acetonitril. Essigs. Ammoniak.

Dieselben Substanzen sind andererseits die Cyanverbindungen der um 1 At. Θ ärmeren Alkoholradicale (vgl. §. 609). Z. B.:

$$\underset{\text{Methyljodid.}}{\Theta H_3 . J} + \underset{\text{Cyankalium.}}{K\Theta N} = KJ + \underset{\text{Methylcyanid.}}{\Theta H_3 . \Theta N} = \underset{\text{Acetonitril.}}{\Theta_2H_3N}$$

Dass durch dieses doppelte Verhalten der Nitrile die Möglichkeit geboten ist, aus den einatomigen Alkoholen die um 1 At. Θ reichere fette Säure darzustellen, wurde früher schon erörtert (§§. 609, 819).

Die Nitrile können endlich als Stickstoffverbindungen der dreiatomigen Radicale: $\Theta_n H_{2n-1}$ angesehen werden, und man erhält in der That das Anfangsglied der Reihe, den Cyanwasserstoff (Nitril der Ameisensäure) bei Einwirkung von Chloroform auf Ammoniak.

$$N\boxed{H_3} \;\; \boxed{\Theta H}\, Cl_3 = N\Theta H + 3HCl.$$

Die zuletzt erwähnten rationellen Formeln drücken ausserdem die Beziehungen der Nitrile zu einigen verwandten Körpern aus; z. B.:

$$\overset{'''}{\Theta_2H_3} . N \qquad \left.\begin{matrix}\overset{''}{\Theta_2H_2}\\ H_3\end{matrix}\right\}N_2 \qquad \left.\begin{matrix}\overset{'''}{\Theta_3H_5}\\ \overset{'''}{\Theta_3H_5}\\ \overset{'''}{\Theta_3H_5}\end{matrix}\right\}N_3$$

Acetonitril. Acediamin. Kyanäthin.

Von den verschiedenen Umwandlungen der Nitrile sind noch zwei von theoretischem Interesse. 1275.

1) Die Nitrile sind fähig durch directe Aufnahme von Wasserstoff in Aminbasen der Alkoholradicale überzugehen (Mendius) *). So liefert, bei Einwirkung von Zink und Schwefelsäure:

Cyanwasserstoff	ΘHN	+	$2H_2$	=	$\Theta H_3 . H_2N$	Methylamin.
Cyanmethyl	Θ_2H_3N	+	$2H_2$	=	$\Theta_2H_5 . H_2N$	Aethylamin.
Cyanäthyl	Θ_3H_5N	+	$2H_2$	=	$\Theta_3H_7 . H_2N$	Propylamin.
Cyanbutyl	Θ_5H_9N	+	$2H_2$	=	$\Theta_5H_{11} . H_2N$	Amylamin.

Es ist einleuchtend, dass durch diese Reaction das von den Chemikern lang verfolgte Problem die fetten Säuren in Alkohole von gleichem Kohlenstoffgehalt umzuwandeln, seine Lösung gefunden hat (vgl. §§. 722, 818).

2) Die Nitrile erzeugen bei Einwirkung von rauchender Schwefelsäure die §. 998 besprochenen Disulfosäuren. Aus Acetonitril entsteht z. B. Disulfometholsäure (Hofmann und Buckton).

Die Bildung dieser Disulfosäuren aus den Nitrilen erklärt sich, mit Berücksichtigung dessen was §. 998 gesagt wurde, aus den Formeln:

$$\underset{\text{Acetonitril.}}{\Theta_2H_3N} + 2H_2\Theta + S\Theta_3 = \underset{\text{Sulfacetsäure.}}{\left.\begin{matrix}\Theta_2H_2O\\ S\Theta_2\\ H_2\end{matrix}\right\}\Theta_2} + NH_3$$

Es ist bis jetzt nicht gelungen aus den Nitrilen, neben einer Cyanverbindung, den um 1 At. Θ ärmeren Alkohol wieder darzustellen. Bei allen bis jetzt bekannten Zersetzungen bleibt sämmtlicher Kohlenstoff zu einer Atomgruppe vereinigt. Es erklärt sich dies aus dem, was früher über Aneinanderlagerung der Kohlenstoffatome gesagt wurde (vergl. §. 276).

In Betreff der Bildung und der Eigenschaften der Nitrile mag hier noch im Allgemeinen bemerkt werden, dass die meisten Nitrile die Eigenschaft besitzen mit Chloriden, z. B. mit Phosphorchlorür, Antimonchlorid, Platinchlorid u. s. w. Verbindungen einzugehen (Henke); und ferner, dass viele Nitrile als Oxydationsproducte stickstoffhaltiger Substanzen z. B. der eiweissartigen Körper, des Leims etc., gebildet werden. 1276.

*) Ann. Chem. Pharm. CXXI. 127.

Durch Oxydation von Leim (mit Schwefelsäure und chromsaurem Kali) erhielt Schlieper Blausäure und Valeronitril und ausserdem eine bei 68° — 70° siedende Substanz, das Valeracetonitril $\Theta_{13}H_{21}N_3\Theta_3$, die bei Einwirkung concentrirter Schwefelsäure unter Wasseraufnahme in Ammoniak, Baldriansäure und Essigsäure zerfallen soll. — Bei Oxydation von Casein erhielt Guckelberger Blausäure und Valeronitril. Nach Fröhde entsteht bei Oxydation von Leim: Blausäure, Acetonitril, Propionitril und Valeronitril; bei Oxydation von Legumin: Blausäure und Valeronitril und, wie es scheint, auch Acetonitril und Propionitril *).

Specielle Beschreibung der Nitrile.

Formonitril, Cyanwasserstoff: CHN; wurde §§. 525 u. f. ausführlich beschrieben (vgl. auch §. 834).

1277. **Acetonitril**, Cyanmethyl: Θ_2H_3N. vgl. §§. 636, 866.

Das Acetonitril wurde 1847 von Dumas entdeckt und dann wesentlich von Dumas, Malaguti und Leblanc sowie von Frankland und Kolbe untersucht. Seine Bildung als Cyanmethyl und sein Entstehen bei Einwirkung von Phosphorsäureanhydrid auf essigsaures Ammoniak oder auf Acetamid wurden früher schon besprochen.

Für die Darstellung eignet sich besonders die zuletzt genannte Bildungsweise. Man destillirt das Product der ersten Einwirkung nochmals über etwas Phosphorsäure und dann über Aetzkalk oder Magnesia.

Das Acetonitril ist eine leichtbewegliche bei 77° siedende Flüssigkeit. Es riecht ätherisch, an Cyan erinnernd und brennt mit violett gesäumter Flamme. Es löst sich in Wasser, wird aber aus dieser Lösung durch Salze, z. B. Chlorcalcium ausgeschieden.

Das Acetonitril geht bei längerem Erhitzen mit Wasser in essigsaures Ammoniak über; beim Kochen mit Kali zerfällt es leicht in Essigsäure und Ammoniak. Von nascirendem Wasserstoff (Zink und Schwefelsäure) wird es in Aethylamin umgewandelt (Mendius). Bei Einwirkung von rauchender Schwefelsäure erzeugt es Kohlensäure, Ammoniak, Sulfoessigsäure und Disulfometholsäure (Hofmann und Buckton).

Die Verbindungen des Acetonitrils mit Metallchloriden, z. B. Θ_2H_3N, $TiCl_2$; Θ_2H_3N, $SnCl_2$, Θ_2H_3N, $SbCl_5$, entstehen durch directe Vereinigung der Bestandtheile; sie sind krystallinisch und unzersetzt destillirbar, werden aber von Wasser zersetzt. Eine Verbindung mit Phosphorchlorür: Θ_2H_3N, PCl_3 entsteht bei Destillation von Acetamid mit Phosphorsuperchlorid; sie siedet bei 72°, riecht nach Phosphorchlorür und wird von Wasser leicht zersetzt (Henke). Die Verbindung des Acetonitrils mit Quecksilbercyanid: $\Theta_2H_3N + 2HgCy_2$ entsteht durch directe Addition, sie krystallisirt in Blättchen (Hesse).

---

*) Schlieper, Ann. Chem. Pharm. LIX. 1, 13; Guckelberger, ibid LXIV. 76, 93; Fröhde, Jahresb. 1860, 568.

Substitutionsproducte des Acetonitrils.

Trichloracetonitril: Θ_2Cl_3N, wurde von Dumas, Malaguti und 1278.
Leblanc durch Destillation von trichloressigsaurem Ammoniak mit Phosphorsäureanhydrid erhalten. Es ist eine farblose bei 81° siedende Flüssigkeit, die von Kalilauge in Trichloressigsäure und Ammoniak zerlegt wird.

Nitrosubstitutionsproducte.

An das Acetonitril schliessen sich noch eine Anzahl von Substanzen 1279.
an, die als Nitrosubstitutionsproducte des normalen Acetonitrils betrachtet werden können. Da aber das Acetonitril selbst als Cyanmethyl angesehen und so mit dem Methylchlorid und dem Sumpfgas verglichen werden kann, so können alle diese Substanzen auch mit den oben gelegentlich des Chloroforms beschriebenen Körpern zusammengestellt werden (§. 1258).

Die folgenden Formeln drücken diese Beziehungen aus:

Methylchlorid	=	Θ H	H	H	Cl
Chlorpikrin		C ($N\Theta_2$)	Cl	Cl	Cl
Marignac's Oel .		Θ (NO_2)	($N\Theta_2$)	Cl	Cl
Nitroform . .		Θ ($N\Theta_2$)	($N\Theta_2$)	($N\Theta_2$)	H
Bromtrinitrokohlenstoff		Θ (NO_2)	(NO_2)	($N\Theta_2$)	Br
Tetranitrokohlenstoff .		Θ ($N\Theta_2$)	(NO_2)	($N\Theta_2$)	($N\Theta_2$)

—

Methylcyanid oder Acetonitril . .	=	Θ H	H	H	Cy	=	Θ_2 H	H	H	N
Nitroacetonitril.		Θ ($N\Theta_2$)	H	H	Cy	=	Θ_2 $N\Theta_2$	H	H	N
Dinitroacetonitril		Θ (NO_2)	($N\Theta_2$)	H	Cy	=	Θ_2 NO_2	$N\Theta_2$	H	N
Trinitroacetonitril .		Θ ($N\Theta_2$)	($N\Theta_2$)	($N\Theta_2$)	Cy	=	Θ_2 $N\Theta_2$	$N\Theta_2$	$N\Theta_2$	N
Dibromnitroacetonitril		Θ (NO_2)	Br	Br	Cy	=	Θ_2 NO_2	Br	Br	N

Der Ausgangspunkt zur Darstellung dieser verschiedenen Abkömmlinge des Acetonitrils ist das Knallquecksilber und das Knallsilber; Substanzen, die als Salze des in isolirtem Zustand nicht bekannten Nitroacetonitrils (Knallsäure) angesehen werden können. Aus dem Knallquecksilber kann leicht das Dibromnitroacetonitril dargestellt werden; die anderen werden aus einem Zersetzungsproduct des Knallquecksilbers, der Fulminursäure, erhalten.

1280 Man hielt früher, nach Vorgang von Liebig und Gay Lussac, die Knallsäure für eine polymere Modification der Cyansäure (vgl. §. 576. Anmerk.). Berzelius glaubte die Explodirbarkeit der knallsauren Salze durch die Annahme erklären zu können, sie enthielten ein Stickstoffmetall als Bestandtheil; er gab z. B. dem Knallsilber die Formel: AgO, AgN, C_4NO_3. — Gerhardt *) und Laurent betrachteten zuerst die knallsauren Salze als Nitrosubstitutionsproducte, und gebrauchten die Formel: $\Theta_2H_2(N\Theta_2)N$.

Die Beziehungen der Knallsäure zum Acetonitril und den oben zusammengestellten Substanzen vom Typus des Sumpfgases wurden zuerst von Kekulé festgestellt und fanden in den Versuchen von Schischkoff weitere Stützen.

Besonders beweisend für die Constitution der knallsauren Salze sind die folgenden Reactionen:

1) Destillirt man Knallquecksilber mit Bleichkalk, so entsteht Chlorpikrin; die Knallsäure ist also entschieden eine Nitroverbindung (vgl. §. 1263).

2) Lässt man Chlor auf Knallquecksilber einwirken, so wird Chlorpikrin und Chlorcyan erzeugt; das Chlor substituirt also geradezu das Quecksilber und das Cyan.

3) Bei Einwirkung von Brom auf Knallquecksilber wird nur das Quecksilber gegen Brom ausgetauscht und man erhält Dibromnitroacetonitril, eine Substanz, die dem Chlorpikrin und Brompikrin sehr ähnlich ist und die als Cyandibrompikrin angesehen werden kann.

4) Zersetzt man Knallquecksilber mit Schwefelwasserstoff, so wird Quecksilbersulfid gefällt, es entweicht Kohlensäure und die Lösung enthält Schwefelcyanammonium. Die anfangs freiwerdende Knallsäure zerfällt also mit Schwefelwasserstoff, und zwar so, dass die Hälfte ihres Kohlenstoffs im Schwefelcyanammonium enthalten ist

Die aus diesen Thatsachen abgeleitete rationelle Formel der Knallsäure findet eine weitere Stütze in der Existenz und den Eigenschaften des Dinitro- und des Trinitroacetonitrils, die von Schischkoff aus einem Abkömmling der Knallsäure, der Fulminursäure, dargestellt wurden. Von Interesse ist namentlich:

1) Das Dinitroacetonitril ist eine Säure, die explodirbare, den knallsauren Salzen sehr ähnliche Verbindungen erzeugt

2) Das Trinitroacetonitril zerfällt beim Kochen mit Wasser in Kohlensäure und das Ammoniaksalz des Nitroforms (§. 1266); es liefert also ein der Reihe des Chlorpikrins und des Chloroforms zugehöriges Spaltungsproduct.

1281. **Knallsäure, Nitroacetonitril:** $\Theta_2(N\Theta_2)M_2N$. Man kennt nur

*) Gerhardt, Precis de Chimie org. II. 445. (1845). vgl. ferner: Liebig, Ann. Chem. Pharm. V. 287; XXVI. 146; XXVII. 133; L. 429. — Berzelius, ibid. L. 426. — Schischkoff, ibid. XCVII. 53; CI. 213; Suppl. I. 104; CXIX. 250. — Kekulé, CI. 200; CV. 279.

metallhaltige Abkömmlinge des Nitroacetonitrils, die s. g. knallsauren Salze.

Das Knallquecksilber und das Knallsilber wurden 1800 von Howard entdeckt und zuerst von Liebig, zum Theil in Gemeinschaft mit Gay-Lussac, untersucht. Einzelne knallsaure Salze sind von Fehling, die Zersetzungen des Knallquecksilbers wesentlich von Kekulé und Schischkoff untersucht.

Knallsaures Silber: $\Theta_2(N\Theta_2)Ag_2N$. Es entsteht, wenn salpetersaures Silber mit Salpetersäure und Alkohol erhitzt wird.

Man löst Silber (1 Th.) in Salpetersäure von 1,37 spec. Gew. (20 Th.), setzt 27 Th. 86 procent. Weingeist zu, erhitzt bis zum Aufwallen, nimmt das Feuer weg, und fügt, zur Mässigung der Reaction noch ebensoviel Alkohol langsam zu. Gegen Ende der Reaction und beim Erkalten scheidet sich dann das Knallsilber aus (etwa 1 Th.) Liebig.

Das Knallsilber bildet kleine weisse Nadeln, die in Wasser kaum löslich sind. Es explodirt (sogar in feuchtem Zustand) beim Erhitzen und beim Stoss mit ausnehmender Heftigkeit. Bei seiner Darstellung ist desshalb die grösste Vorsicht nöthig.

Knallquecksilber: $\Theta_2(N\Theta_2)HgN$ **).

Zur Darstellung des Knallquecksilbers sind zahlreiche Methoden angegeben worden. Zur Bereitung im Kleinen ist die folgende von Liebig angegebene Methode sehr geeignet. Drei Theile Quecksilber werden in 36 Th. Salpetersäure von 1,34 bis 1,345 sp. Gew., in einem weiten Glaskolben, welcher wenigstens 18mal die Mischung fasst, in der Kälte gelöst. Nach vollständiger Lösung giesst man in ein zweites Gefäss, in welchem sich 17 Th. Weingeist von 90°—92° Tralles befinden, schwenkt um und giesst dann wieder in das erste Gefäss zurück. Man bewirkt dann durch Umschütteln die Absorption der salpetrigen Säure und überlässt den Ballon sich selbst. Nach 5—10 Minuten steigen Bläschen auf, und man sieht am Boden des Gefässes eine stark lichtbrechende Flüssigkeit, die man durch gelindes Schütteln mit der übrigen mischt. Nach kurzer Zeit schwärzt sich die Flüssigkeit durch Ausscheidung von metallischem Quecksilber und es beginnt eine äusserst stürmische Reaction, die man durch allmäliges Zufliessenlassen von weiteren 17 Th. desselben Weingeists mässigt. Es scheidet sich dann bald krystallinisches Knallquecksilber aus — Zur Darstellung im Grossen löst man in einem grossen Ballon $1^1/_2$ Pfund Quecksilber in 18 Pfund reiner Salpetersäure, unter gelindem Erwärmen und giesst dann allmälig 8—10 Liter Alkohol zu. Die Einwirkung beginnt meist von selbst, sie muss bisweilen durch schwaches Erhitzen eingeleitet werden.

Das Knallquecksilber bildet weisse oder oft grau gefärbte prismatische Krystalle. Es ist in kaltem Wasser nahezu unlöslich. Aus heis-

*) Ann. Chem. Pharm. XCV. 284.

**) Hg = 200.

sem Wasser kann es umkrystallisirt werden und stellt dann meistens weisse seidenglänzende Nadeln dar.

Es explodirt heftig beim Stoss; beim Erhitzen verpufft es, ohne eigentliche Explosion. Es wird vielfach zur Fabrication der Zündhütchen verwandt.

Das Knallquecksilber kann in feuchtem Zustand ohne Gefahr gehandhabt werden; in trocknem Zustand muss es mit der grössten Vorsicht behandelt werden Es verpufft noch nicht bei 100°, da aber die Krystalle oft Mutterlauge einschliessen und dann beim Trocknen decrepitiren und so Reibung erzeugen, so treten bisweilen schon unter 100° heftige Explosionen ein.

Aus dem Knallquecksilber können leicht Verbindungen mit andern Metallen erhalten werden. Digerirt man Knallquecksilber mit Wasser und Kupfer oder mit Wasser und Zink, so wird Quecksilber gefällt und man erhält durch Verdunsten der Lösung Krystalle von Knallzink: $\Theta_2(N\Theta_2)Zn_2N$ oder von Knallkupfer: $\Theta_2(N\Theta_2)Cu_2N$. Man kennt ferner viele Verbindungen, die gleichzeitig zwei verschiedene Metalle enthalten. So entstehen bei Einwirkung der Hydrate der Alkalien und der alkalischen Erden auf Knallzink lösliche und krystallisirbare Salze von der Zusammensetzung: $\Theta_2(N\Theta_2)ZnKN$; $\Theta_2(N\Theta_2)ZnMgN$ etc. Entsprechende silberhaltige Doppelsalze bilden sich bei Einwirkung von Chloralkalien etc. auf Knallsilber; z. B.: $\Theta_2(N\Theta_2)AgKN$. — Man kennt endlich ein saures Zink- und ein saures Silbersalz: $\Theta_2(N\Theta_2)ZnHN$ und $\Theta_2(N\Theta_2)AgHN$. Die erstere Verbindung *) entsteht, wenn man Knallzinkbaryum mit Schwefelsäure zersetzt; sie ist in Wasser löslich und sehr wenig beständig. Das saure Silbersalz scheidet sich als weisses Pulver aus, wenn man eine Lösung von Knallsilberkalium mit Salpetersäure versetzt.

Zersetzungen des Knallsilbers und des Knallquecksilbers. Dem Knallquecksilber wird sämmtliches Quecksilber mit gleicher Leichtigkeit entzogen; das Knallsilber dagegen verliert ein Atom Silber leichter als das andere, Chloralkalien fällen z. B. nur die Hälfte des Silbers. — Von Schwefelwasserstoff werden beide Verbindungen leicht zersetzt; man erhält Kohlensäure, Schwefelmetall und Sulfocyanammonium. Z. B.:

$$\Theta_2(N\Theta_2)HgN + 2H_2S = HgS + \left.\begin{matrix}\Theta N\\ NH_4\end{matrix}\right\}S + \Theta\Theta_2.$$

Chlor und Brom wirken ebenfalls zersetzend. Bei Einwirkung von Chlor entsteht, neben Metallchlorid, Chlorcyan und Chlorpikrin:

$$\Theta_2(N\Theta_2)HgN + 3Cl_2 = HgCl_2 + \Theta NCl + \Theta(N\Theta_2)Cl_3.$$

*) Vgl. noch: Fehling, Ann. Chem. Pharm. XXVII. 130.

Bei Einwirkung von Brom wird Dibromnitroacetonitril gebildet (vgl. §. 1282):

$$\Theta_2(N\Theta_2)HgN + 2Br_2 = HgBr_2 + \Theta_2(N\Theta_2)Br_2N.$$

Destillirt man Knallquecksilber mit Bleichkalk, so entsteht ebenfalls Chlorpikrin.

Wird Knallquecksilber mit Chlorkalium oder Chlorammonium gekocht, so entsteht Fulminursäure (§. 1285).

Zahlreiche andere Zersetzungen des Knallquecksilbers und Knallsilbers, die bis jetzt nicht vollständig aufgeklärt sind, können hier übergangen werden.

Dibromnitroacetonitril *): $\Theta_2(N\Theta_2)Br_2N$. Es entsteht bei Einwirkung von Brom auf Knallquecksilber. Bei seiner Bildung wird geradezu das Quecksilber gegen Brom ausgetauscht. Man giesst Brom zu unter Wasser befindlichem Knallquecksilber, bis die Farbe des Broms nicht mehr verschwindet und destillirt ab. Mit den Wasserdämpfen geht ein zum Theil krystallinisch erstarrendes Oel über. 1282.

Das Dibromnitroacetonitril bildet grosse wohlausgebildete Krystalle; es ist in Alkohol und Aether löslich, unlöslich in Wasser. Es riecht dem Chlorpikrin ähnlich. Die Krystalle schmelzen bei 50° und fangen bei 130°—135° unter Zersetzung zu sieden an. Mit Wasserdämpfen ist die Verbindung unzersetzt flüchtig.

Dinitroacetonitril **): $\Theta_2(N\Theta_2)_2HN$. Man erhält das Ammoniaksalz des Dinitroacetonitrils bei Einwirkung von Schwefelwasserstoff auf Trinitroacetonitril (§. 1284): 1283.

$$\Theta_2(N\Theta_2)_3N + 4H_2S = \Theta_2(N\Theta_2)_2(NH_4)N + 2S_2 + 2H_2\Theta.$$

Schischkoff und Rosing nannten diese Verbindung früher Dinitroammonyl: Schischkoff erkannte später, dass sie ein Ammoniaksalz ist und dass das Dinitroacetonitril selbst die Rolle einer Säure spielt.

Man erhält das Dinitroacetonitril, indem man die wässrige Lösung des Ammoniaksalzes mit der äquivalenten Menge Schwefelsäure versetzt und mit Aether schüttelt. Die ätherische Lösung gibt beim Verdunsten einen Syrup, in welchem sich allmälig grosse Krystalle bilden, die, wie es scheint, Krystallwasser enthalten. Durch Einwirkung von Ammoniak auf Dinitroacetonitril wird das ursprüngliche Ammoniaksalz regenerirt. Es krystallisirt in farblosen Nadeln, die sich in Wasser leicht, in Alkohol wenig, in Aether nicht lösen. Kocht man das Ammoniaksalz mit Silber-

---

*) Kekulé, Ann. Chem. Pharm. CV. 281 Vgl. auch Stahlschmidt, Jahresber. 1860. 241.

**) Schischkoff u. Rosing, ibid. CIV. 249. Schischkoff, ibid. CXIX. 249.

oxyd, so scheidet sich beim Erkalten der Lösung ein krystallisirendes Argentammoniumsalz aus: $C_2(NO_2)_2(NH_3Ag)N$.

Das Dinitroacetonitril bildet mit Kali und mit Silber krystallisirende Salze; z. B.: $C_2(NO_2)_2AgN$. Das Silbersalz explodirt wie Knallsilber. Von Brom wird es zersetzt unter Bildung eines ölförmigen Körpers, wahrscheinlich: $C_2(NO_2)_2BrN$.

1284 Trinitroacetonitril*): $C_2(NO_2)_3N$. Man trägt ein fulminursaures Salz (§. 1285) in kleinen Portionen in ein abgekühltes Gemisch von höchst concentrirter Salpetersäure und Schwefelsäure; es entweicht Kohlensäure, und es scheidet sich ein Oel aus, welches beim Erkalten krystallinisch erstarrt.

Das Trinitroacetonitril ist eine weisse krystallinische, dem Kampfer ähnliche Substanz, die bei 41°,5 schmilzt und sich bei 220° mit Explosion zersetzt. Es kann bei etwa 60° im Luftstrom destillirt werden. Es löst sich unverändert in Aether.

Von Wasser und Alkohol wird es schon in der Kälte zersetzt; die Zersetzung wird durch Kochen beschleunigt. Es entsteht Kohlensäure und das Ammoniaksalz des Nitroforms (§. 1266):

$$\underset{\text{Trinitroacetonitril.}}{C_2(NO_2)_3N} + 2H_2O = CO_2 + \underset{\text{Ammonium-nitroform.}}{C(NO_2)_3(NH_4)}$$

Bei Einwirkung von Schwefelwasserstoff entsteht das Ammoniaksalz des Dinitroacetonitrils (§. 1283):

$$\underset{\text{Trinitroacetonitril.}}{C_2(NO_2)_3N} + 4H_2S = \underset{\text{Ammonium-dinitro-acetonitril.}}{C_2(NO_2)_2(NH_4)N} + 2H_2O + 2S_2$$

1285. Fulminursäure**), Isocyanursäure: $C_3H_3N_3O_3 = C_2(NO_2)H_3ON_2$. Diese Säure wurde fast gleichzeitig von Liebig und Schischkoff entdeckt. Sie entsteht beim Kochen von Knallquecksilber mit löslichen Chlor- oder Jodmetallen (Salmiak, Chlorkalium, Jodkalium, Chlorcalcium etc.). Sie hat die Zusammensetzung von Nitroacetonitril + Cyansäure; ihre Bildung erklärt sich aus der Gleichung:

$$2C_2(NO_2)H_2N + H_2O = C_3(NO_2)H_3N_2O + CO_2 + NH_3$$

$$\text{oder } \underset{\text{Knallsäure.}}{2C(NO_2)H_2(CN)} + H_2O = \underset{\text{Fulminursäure.}}{C(NO_2)H_2O(CN)_2} + CO_2 + NH_3$$

Darstellung fulminursaurer Salze. Man erhitzt 60—75 Gr. Knallquecksil-

*) Schischkoff, Ann. Chem. Pharm. CI. 213.

**) Liebig, Ann. Chem. Pharm. XCV. 283; Schischkoff, ibid. XCVII. 53.

ber mit 60 C.Cm gesättigter Salmiaklösung und 700—800 CCm. Wasser zum Sieden; kocht so lange, als sich ein gelbes krystallinisches Pulver ($NH_2Hg_2Cl + Hg_2O$) ausscheidet, setzt zur Flüssigkeit so lange Ammoniak, als noch ein weisser Niederschlag entsteht, filtrirt und dampft zur Krystallisation ab. Die gelbgefärbten Krystalle werden durch Umkrystallisiren aus heissem Wasser unter Zusatz von Thierkohle gereinigt (Liebig). — In eine beinahe gesättigte bis zum Kochen erhitzte Chlorkaliumlösung trägt man allmälig Knallquecksilber ein (auf 1 Th. Chlorkalium, 2 Th. feuchtes Knallquecksilber); man erhält in schwachem Sieden, bis alles Knallquecksilber verschwunden ist und filtrirt durch ein erwärmtes Filter. Die Flüssigkeit scheidet beim Erkalten eine käseartige Verbindung von fulminursaurem Kali mit Quecksilberoxyd ab; man übergiesst mit heissem Wasser, leitet Schwefelwasserstoff ein und filtrirt heiss (Schischkoff)

Die Fulminursäure kann durch Zersetzen des Silber- oder Bleisalzes mit Schwefelwasserstoff erhalten werden, sie ist krystallisirbar und in Wasser, Aether und heissem Alkohol sehr löslich. Sie ist einbasisch; ihre Salze krystallisiren leicht, sogar das Silbersalz kann aus siedendem Wasser krystallisirt werden. Die meisten verpuffen beim Erhitzen. Das am meisten charakteristische Salz ist das Cuprammoniumsalz: $\Theta_3N_3H_2(NH_3Cu)\Theta_3$; man erhält es als prachtvoll gefärbte und in kaltem Wasser wenig lösliche Krystalle, wenn man Fulminursäure oder fulminursaures Ammoniak mit einem Kupfersalz und überschüssigem Ammoniak versetzt und zum Sieden erhitzt. — Der Aethyläther der Fulminursäure wird durch Einleiten von Salzsäure in das mit Weingeist übergossene Kalisalz erhalten; er ist eine gewürzhaft riechende Flüssigkeit, die nicht destillirt werden kann.

Zersetzungen. Die Fulminursäure wird von Schwefelwasserstoff und Schwefelammonium nicht zersetzt; auch Eisen und Essigsäure wirken nicht reducirend. Bei Destillation mit Chlorkalk entsteht Chlorpikrin. Bei Einwirkung von Brom entsteht, unter Entwicklung von Kohlensäure, Dibromnitroacetonitril (§. 1282). Eine Mischung von Salpetersäure und Schwefelsäure zersetzt die Fulminursäure unter Bildung von Trinitroacetonitril (§. 1284):

$$\underset{\text{Fulminursäure.}}{\Theta(N\Theta_2)(\Theta N)_2H_2\Theta} + 2N\Theta_3H = \Theta\Theta_2 + H_2\Theta + NH_3 + \underset{\text{Trinitroacetonitril.}}{\Theta(N\Theta_2)_3(\Theta N)}$$

An das Acetonitril schliesst sich ausserdem noch eine eigenthümliche Base an, die von Strecker durch Zersetzung des Acetamids erhalten wurde.

Acediamin*): $\Theta_2H_6N_2 = \left.\begin{matrix}\Theta_2H_3\\H_3\end{matrix}\right\}N_2$. Das Acediamin steht, wie 1286

*) Ann. Chem. Pharm. CIII. 328.

es scheint, zum Acetonitril in naher verwandtschaftlicher Beziehung; es hat die Zusammensetzung von Acetonitril + Ammoniak. Die Bildung des Acediamins wurde schon §. 866 besprochen. Man erhält, indem man den Rückstand von der Zersetzung des salzsauren Acetamids mit Alkohol und Aether auszieht und die Lösung verdunstet, Krystalle von salzsaurem Acediamin: $Θ_2H_6N_2$. HCl; dieses gibt mit Platinchlorid ein in Wasser ziemlich lösliches Doppelsalz: $Θ_2H_6N_2$. HCl. $PtCl_2$. Auch das schwefelsaure Acediamin ist krystallisirbar.

Das Acediamin selbst zersetzt sich ausnehmend leicht unter Freiwerden von Ammoniak; es konnte daher nicht in isolirtem Zustand dargestellt werden (Strecker). (Vgl. auch §. 1009).

1287. Propionitril *), Cyanäthyl: $Θ_3H_5N$ (vgl. §. 667). Das Propionitril wurde 1834 von Pelouze durch Destillation von äthylschwefelsaurem Baryt mit Cyankalium erhalten. Frankland und Kolbe bereiteten es nach derselben Methode, ersetzten aber das Barytsalz der Aethylschwefelsäure durch das Kalisalz.

Zur Reinigung des Productes destillirt man nochmals, versetzt den unter 110° übergehenden Theil mit concentrirter Salpetersäure bis zur sauren Reaction, destillirt, entwässert mit Chlorcalcium und rectificirt, indem man nur das bei 97° siedende auffängt.

Man erhält das Propionitril leichter, indem man Jodäthyl (2 Th.) mit Cyankalium (1 Th.) und Alkohol (4 Th.) digerirt. Es ist indess unmöglich, das gebildete Propionitril durch Destillation vom Alkohol zu trennen und man ist daher zur Darstellung von reinem Propionitril genöthigt zunächst das rohe Propionitril durch Kochen mit Kalilauge in propionsaures Kali überzuführen, aus diesem durch Destillation mit Alkohol und überschüssiger Schwefelsäure Propionsäureäther darzustellen, diesen durch Einwirkung von Ammoniak unter Druck in Propionamid umzuwandeln und das Propionamid endlich mit wasserfreier Phosphorsäure zu destilliren (Hofmann und Buckton).

Das Propionitril ist eine angenehm ätherisch etwas nach Blausäure riechende Flüssigkeit, die bei 97° siedet. Es löst sich in Wasser, wird aber durch Salze aus dieser Lösung ausgeschieden.

Es gibt mit vielen Chloriden, z. B. Titanchlorid, Antimonchlorid, Zinnchlorid, Platinchlorid, Goldchlorid, feste krystallisirende und zum Theil unzersetzt flüchtige Verbindungen, die von Wasser zersetzt werden. Auch mit Carbonylchlorid ($ΘΘCl_2$) und mit Chlorcyan vereinigt es sich, zu flüchtigen Verbindungen (Henke).

Durch Alkalien und durch Säuren wird das Propionitril, namentlich

---

*) Vgl. bes.: Pelouze, Ann. Chem. Pharm. X. 249; Dumas, Malaguti und Leblanc, ibid. LXIV. 334; Frankland und Kolbe, ibid. LXV. 269, 288, 299; Hofmann und Buckton, ibid. C. 145; Henke, ibid. CVI. 282; Otto, ibid. CXVI. 195.

beim Kochen, zersetzt; man erhält Propionsäure und Ammoniak (Frankland und Kolbe). — Rauchende Schwefelsäure wirkt auf Propionitril genau wie auf Acetonitril; es entsteht Disulfätholsäure (§. 998) (Hofmann und Buckton). Von nascirendem Wasserstoff (Zink und Schwefelsäure) wird es zu Propylamin reducirt (Mendius).

Lässt man Chlor im zerstreuten Licht auf Propionitril einwirken, so entweicht Salzsäure und man erhält eine dickflüssige Masse, die bei starkem Abkühlen Krystalle absetzt. Diese zeigen die Zusammensetzung: $\Theta_9H_{16}Cl_6N_3\Theta_3$. Sie sind wohl ein Substitutionsproduct des Propionamids, welches in nicht völlig reinem Zustand erhalten wurde, dessen Zusammensetzung sich aber der des Dichlorpropionamids nähert: $\left.\begin{matrix}\Theta_3H_3Cl_2\Theta\\H\\H\end{matrix}\right\}N$.

Die von den Krystallen abgegossene Flüssigkeit besteht zum grossen Theil aus dem bei etwa 107° siedenden Dichlorpropionitril: $\Theta_3H_3Cl_2N$. Bei der Destillation dieser Verbindung bleibt ein krystallinischer Rückstand, der aus siedendem Alkohol umkrystallisirt werden kann und dann grosse rhombische Tafeln oder Säulen darstellt, die bei 74°,5 schmelzen. Die Krystalle besitzen dieselbe Zusammensetzung, wie die bei 107° siedende Flüssigkeit und sind demnach eine metamere oder polymere Modification des Dichlorpropionitrils (Otto).

Durch Einwirkung von Kalium auf Propionitril entsteht, neben Cyankalium und Aethylwasserstoff, Kyanäthin (Frankland und Kolbe).

Kyanäthin *): $\Theta_9H_{15}N_3 = \left.\begin{matrix}\Theta_3H_5\\\Theta_3H_5\\\Theta_3H_5\end{matrix}\right\}N_3$. Frankland und Kolbe er- 1288.
hielten diese Verbindung, die als polymere Modification des Cyanäthyls (Propionitrils) angesehen werden kann, indem sie Propionitril mit Kalium behandelten. Es entweicht Aethylwasserstoff (§§. 662, 667) und bleibt ein gelblicher Rückstand, der aus Cyankalium und Kyanäthin besteht.

Das Kyanäthin ist eine weisse, geruchlose in kleinen Blättchen krystallisirende Substanz. Es schmilzt bei 190° und siedet unter theilweiser Zersetzung bei 290°. Es löst sich wenig in kaltem, leicht in siedendem Wasser und in Alkohol. Mit Säuren gibt es krystallisirbare Salze, z. B.: $\Theta_9H_{15}N_3.NO_3H$; $\Theta_9H_{15}N_3.HCl.PtCl_2$.

Butyronitril **), Cyanpropyl: Θ_4H_7N. Wurde von Dumas, Malaguti und Leblanc durch Einwirkung von Phosphorsäureanhydrid auf Butyramid oder auf buttersaures Ammoniak erhalten. Laurent und Chancel erhielten es, indem sie Butyramid in Dampfform über glühendes Barythydrat leiteten. 1289.

---

*) Ann. Chem. Pharm. LXV. 281.

**) Dumas, Malaguti und Leblanc, Ann. Chem. Pharm. LXIV. 334; Laurent und Chancel, ibid. LXIV. 332; Henke, ibid. CVI. 292.

Das Butyronitril ist eine farblose nach bitteren Mandeln riechende Flüssigkeit. Es siedet bei 118°,5.

Es zerfällt, wie alle Amide, beim Kochen mit Alkalien. Eine Verbindung von Butyronitril mit Phosphorchlorür: $\Theta_4H_7N.PCl_3$ wurde von Henke durch Destillation von Butyramid mit Phosphorchlorid erhalten. Sie siedet bei etwa 100° und wird von Wasser zersetzt.

1290. Valeronitril*), Cyanbutyl: Θ_5H_9N. Es entsteht bei Destillation von Valeramid mit Phosphorsäureanhydrid: es wurde ferner von Schlieper und von Guckelberger unter den Oxydationsproducten des Leims und des Käses beobachtet, und ausserdem von Schwanert durch Einwirkung von Chlor oder Brom auf Leucin dargestellt (§. 1102). Das Valeronitril siedet bei 125° und wird beim Kochen mit Alkalien zersetzt; nascirender Wasserstoff reducirt es zu Amylamin (Mendius).

1291. Capronitril**), Cyanamyl: $\Theta_6H_{11}N$. Es kann durch Destillation von amylsauren Salzen mit Cyankalium oder durch Einwirkung von Amylchlorid auf Cyankalium erhalten werden. Siedep. 146°. Es verbindet sich, wie andere Nitrile, mit einigen Chloriden, z. B.: $TiCl_2$, $SnCl_2$, $SbCl_3$ (Henke).

Beim Kochen mit Kali liefert es optisch wirksame Capronsäure (vgl. §. 899). Bei Einwirkung von Kalium entsteht eine dem Kyanäthin (§. 1288) analoge Base (Medlock).

1292. Margaronitril***), Cyancetyl: $\Theta_{17}H_{33}N$. Das Cyancetyl kann durch Destillation von cetylschwefelsaurem Kali mit Cyankalium oder durch Einwirkung von Cyankalium auf eine alkoholische Lösung von Jodcetyl erhalten werden. Es ist noch nicht in völlig reinem Zustand erhalten worden. Durch kochende Kalilauge wird es zersetzt, unter Bildung von Margarinsäure (vgl. §. 902).

Phosphorbasen der dreiatomigen Radicale: $\Theta_n H_{2n-1}$.

1293. Es wurde oben (§. 1270 Nr. 7) erwähnt, dass bei Einwirkung von Jodoform (§. 1261) auf Triäthylphosphin (§. 733) ein eigenthümliches dreiatomiges Jodid erzeugt wird, welches für die dreiatomigen Radicale $\Theta_n H_{2n-1}$ genau dasselbe ist, was das §. 985 beschriebene aus Aethylenbromid erzeugte zweiatomige Bromid für die zweiatomigen Radicale $\Theta_n H_{2n}$.

---

*) Vgl. Dumas, Malaguti und Leblanc, loc. cit.; Schlieper, Ann. Chem. Pharm. LIX. 1, 13; Guckelberger, ibid. LXIV 76, 93; Schwanert, ibid. CII. 228, 233.

**) Vgl. Balard, Ann. Chem. Pharm. LII. 313; Frankland u. Kolbe, ibid. LXV. 302; Medlock, ibid LXIX. 229; Brazier u. Gossleth, ibid. LXXV. 251; Henke, ibid. CVI. 284; Wurtz, ibid. CV. 295.

***) Vgl. Köhler, Jahresb. 1856, 581; Heintz. Jahresb. 1857, 355, 445; Becker. Ann Chem. Pharm. CII. 209.

Fügt man nämlich Jodoform nach und nach zu Triäthylphosphin, so entsteht, wie Hofmann *) gezeigt hat, neben andern noch nicht näher untersuchten Producten ein krystallisirendes Jodid:

$$\left.\begin{matrix} P(\Theta_2H_5)_3 \\ P(\Theta_2H_5)_3 \\ P(\Theta_2H_5)_3 \end{matrix}\right\} \overset{''}{\Theta}H \left\{\begin{matrix} J \\ J \\ J \end{matrix}\right.$$

Aus diesem Jodid können durch Silbersalze andere dreiatomige Salze erhalten werden. Aus dem Chlorid erhält man ein krystallinisches Platinsalz: $[P(\Theta_2H_5)_3]_3 . \overset{'''}{\Theta}H.Cl_3.3PtCl_2$.

Wird das Jodid mit Silberoxyd zersetzt, so entsteht eine kaustische fixe Base, die indessen nicht die dem Jodid entsprechende dreiatomige Base ist. Sie erzeugt mit Jodwasserstoff nicht das ursprüngliche Jodid, sondern vielmehr:

$$\text{Methyltriäthylphosphoniumjodid: } P(\Theta_2H_5)_3.\overset{'}{\Theta}H_3.J,$$

aus welchem dann das zugehörige Platinsalz erhalten werden kann: $P(\Theta_2H_5)_3.\Theta H_3.Cl.PtCl_2$

Die Zersetzung des dreiatomigen Jodids erklärt sich dadurch, dass gleichzeitig Triäthylphosphinoxyd entsteht. Man hat:

$$\underset{\text{dreiatomiges Jodid.}}{[P(\Theta_2H_5)_3]_3.\overset{'''}{\Theta}H.J_3} + 3AgH\Theta = \underset{\text{Methyl-triäthylphosphoniumhydrat.}}{P(\Theta_2H_5)_3.\Theta H_3.H\Theta.} + \underset{\text{Triäthylphosphinoxyd.}}{2P(\Theta_2H_5)_3O} + 3AgJ$$

Das Chloroform und Bromoform scheinen auf Triäthylphosphin ganz in derselben Weise einzuwirken, wie das Jodoform.

*) Jahresb. 1859, 377 — vgl. auch: Compt rend. LII, 947.

Siebente Gruppe.

Einbasisch-dreiatomige Säuren: $\Theta_n H_{2n}\Theta_4 = \left.\begin{matrix}\Theta_n \overset{'''}{H}_{2n-3}\Theta \\ H_3\end{matrix}\right\} \Theta_3$.

1294. Aus den dreiatomigen Alkoholen (Glycerinen) (§. 1219) leiten sich durch Oxydation dreiatomige Säuren her, von der Zusammensetzung: $\Theta_n H_{2n}\Theta_4$ (vgl. §. 1233). — Diese Säuren stehen zu den Glycerinen genau in derselben Beziehung wie die zweiatomigen Säuren; $\Theta_n H_{2n}\Theta_3$ (Glycolsäure, Milchsäure etc.) zu den Glycolen. Sie unterscheiden sich von diesen zweiatomigen Säuren durch den Mehrgehalt von 1 At. Sauerstoff: es wiederholt sich also dieselbe Zusammensetzungsdifferenz, die zwischen den Glycerinen und den Glycolen stattfindet und die früher schon zwischen den Glycolen und den einatomigen Alkoholen und zwischen den zweiatomigen Säuren der Milchsäurereihe und den einatomigen fetten Säuren beobachtet wurde (vgl. §§. 930, 999).

	Alkohole.		Einbasische Säuren.	
Propylalkohol	$\Theta_3H_8\Theta$	— einatomig —	$\Theta_3H_6\Theta_2$	Propionsäure.
Propylglycol	$\Theta_3H_8\Theta_2$	— zweiatomig —	$\Theta_3H_6\Theta_3$	Milchsäure.
Glycerin	$\Theta_3H_8\Theta_3$	— dreiatomig —	$\Theta_3H_6\Theta_4$	Glycerinsäure.

Nach diesen Beziehungen, die durch fast alle bis jetzt untersuchten Metamorphosen dieser Säuren bestätigt werden, müssen dieselben, bei typischer Betrachtung dem verdreifachten Wassertyp zugezählt und durch folgende Formeln ausgedrückt werden:

Typus:

$\left.\begin{matrix}H_3 \\ H_3\end{matrix}\right\}\Theta_3 \qquad \left.\begin{matrix}\Theta_n \overset{'''}{H}_{2n-3}\Theta \\ H_3\end{matrix}\right\}\Theta_3$ z. B.: $\left.\begin{matrix}\Theta_3\overset{'''}{H}_3\Theta \\ H_3\end{matrix}\right\}\Theta_3$

Glycerinsäure.

Obgleich dreiatomig, sind diese Säuren nur einbasisch; das heisst, von den drei typischen Wasserstoffatomen wird nur eines mit Leichtigkeit gegen Metalle ausgetauscht; die beiden andern sind zwar auch, und namentlich durch saure Radicale ersetzbar, aber diese Vertretung erfolgt verhältnissmässig schwer; diese beiden Wasserstoffatome zeigen gewissermassen das Verhalten des Wasserstoffs der Alkohole.

Es findet demnach hier ein ganz analoges Verhalten statt wie das, welches früher gelegentlich der Glycolsäure und Milchsäure näher erörtert wurde. Die dort mitgetheilten Betrachtungen geben auch für die dreiatomigen Säuren $\Theta_n H_{2n}\Theta_4$ eine klare Vorstellung von der Ursache der Verschiedenheit der drei typischen, und der typischen Formel nach gleichwerthig erscheinenden, Wasserstoffatome (vgl. §. 1059). Ueberhaupt ist Alles, was früher über die eigenthümliche Natur der einbasisch-zweiatomigen Säuren (Glycolsäure, Milchsäure etc.) gesagt wurde, bei etwas weiterer Ausdehnung auch auf die jetzt zu besprechenden einbasisch-dreiatomigen Säuren anwendbar. — Es scheint unnöthig diese Betrachtungen hier in weiter ausgedehnter Form zu wiederholen; es ist leicht sie so umzuändern, dass statt eines jetzt zwei Wasserstoffatome von alkoholischer Natur in Rücksicht gezogen werden. Bei dieser Erweiterung gibt die Betrachtung dann nicht nur eine einfache Deutung der bis jetzt bekannten Abkömmlinge dieser dreiatomigen Säuren, sie gestattet sogar weiter eine beträchtliche Zahl bis jetzt nicht dargestellter Derivate mit grosser Wahrscheinlichkeit vorauszusehen.

Man kennt bis jetzt mit Sicherheit nur eine dieser Reihe zugehörige Säure: die Glycerinsäure: $\Theta_3H_6\Theta_4$. Eine zweite Säure der Reihe ist vielleicht die Glyoxylsäure: $\Theta_2H_4\Theta_4$, die nach Angaben von Perkin und Duppa aus Bibromessigsäure erhalten werden kann.

Glyoxylsäure: $\Theta_2H_4\Theta_4$, entsteht nach Perkin und Duppa *) bei 1295.
Zersetzung der Bibromessigsäure (§. 875) durch überschüssiges Silberoxyd; sie ist bis jetzt nicht näher untersucht (vgl. §. 798), (vgl. auch Glyoxalsäure §. 1116).

Glycerinsäure**): $\Theta_3H_6\Theta_4 = \left.\begin{matrix}\Theta_3H_3\Theta \\ MH_2\end{matrix}\right\}\Theta_3$. Diese Säure wurde 1296.
fast gleichzeitig von Debus und von Socoloff entdeckt. Sie entsteht bei Oxydation des Glycerins durch Salpetersäure. Müller und De la Rue zeigten später, dass sie auch bei der freiwilligen Zersetzung gebildet wird, welche das Nitroglycerin (§. 1242) bei längerem Aufbewahren erleidet. Die von Döbereiner durch Oxydation des Glycerins mittelst Platinmohr erhaltene Säure ist wahrscheinlich ebenfalls Glycerinsäure.

Zur Darstellung der Glycerinsäure verfährt Debus in folgender Weise. Man schichtet in einem Glascylinder Glycerin (1 Th.), welches mit etwas mehr als

*) Ann. Chem. Pharm. CXII. 24.

**) Debus, Ann Chem. Pharm. CVI. 79; CIX. 227. — Socoloff, ibid. CVI. 95.— Müller und De la Rue, ibid. CX. 122. — Atkinson, ibid. CIX. 231. — Beilstein, ibid. CXX. 226; CXXII. 366.

dem gleichen Volum Wasser vermischt ist über Salpetersäure (1 Th.) von 1,5 sp. Gew. und lässt bei etwa 20° stehen. Nach 5 — 6 Tagen ist die unter Gasentwicklung stattfindende Oxydation beendigt und die beiden Flüssigkeiten haben sich gemischt. Man dampft dann in kleinen Schalen bis zur Syrupconsistenz ein, verdünnt die vereinigten Rückstände mit Wasser, neutralisirt mit Kreide und fällt die gebildeten Kalksalze durch starken Alkohol. Man behandelt den Niederschlag mit warmem Wasser (wobei oxalsaurer Kalk ungelöst bleibt), filtrirt und versetzt das Filtrat mit Kalkmilch bis zur alkalischen Reaction. Man fällt so ein amorphes Kalksalz einer bis jetzt nicht näher untersuchten Säure. Aus dem Filtrat wird der überschüssige Kalk durch Kohlensäure gefällt und die Flüssigkeit dann zur Krystallisation des glycerinsauren Kalks eingedampft.

Socoloff erhitzt ein Gemisch von Glycerin und Salpetersäure (gleiche Gewichtstheile) bis zur eintretenden Reaction und entfernt dann das Feuer. Nach beendigter Reaction neutralisirt man mit Kreide und entfernt den Kreideüberschuss und den gebildeten oxalsauren Kalk durch Filtration. Man setzt dann der Flüssigkeit so lange Aetzkalk zu, als noch ein Niederschlag entsteht und filtrirt wieder. Aus der Lösung entfernt man den überschüssigen Kalk durch Kohlensäure, dampft ein und setzt schliesslich um die Krystallisation des glycerinsauren Kalks zu erleichtern Alkohol zu. (Die so entstehende alkoholische Mutterlauge enthält wie es scheint eine aldehydartige Verbindung, die mit saurem schwefligsaurem Natron ein krystallisirbares Salz erzeugt).

Aus dem nach einer dieser beiden Methoden dargestellten glycerinsauren Kalk kann die Glycerinsäure durch Zersetzen mit Schwefelsäure oder besser mit Oxalsäure erhalten werden.

Nach Beilstein's Versuchen gibt die Oxydationsmethode von Debus die reichste Ausbeute und man kann ebensogut in einer flachen Schale als in kleineren Mengen eindampfen. Soll freie Glycerinsäure dargestellt werden, so ist es zweckmässiger statt des Kalksalzes direct das Bleisalz darzustellen. Man verdünnt zu dem Zweck das eingedampfte Oxydationsproduct mit viel Wasser, neutralisirt mit kohlensaurem Bleioxyd oder mit Bleioxyd und filtrirt heiss; durch Abdampfen und Erkaltenlassen erhält man rohes glycerinsaures Blei, welches nach ein- oder zweimaligem Umkrystallisiren völlig rein ist. Aus dem Bleisalz kann die Glycerinsäure leicht durch Zersetzen mit Schwefelwasserstoff erhalten werden.

Die Glycerinsäure ist nicht krystallisirbar, sie bleibt beim Verdunsten als farbloser Syrup. Nach längerem Erhitzen auf 140° bildet sie eine gelbe sehr hygroscopische gummiähnliche Masse.

Die Glycerinsäure ist einbasisch (§. 1294); ihre neutralen Salze sind: $\left.\begin{matrix}\Theta_3H_3\Theta \\ MH_2\end{matrix}\right\}\Theta_3$. Sie ist fähig übersaure Salze zu bilden, die dem sauren essigsauren und dem übersauren oxalsauren Kalk entsprechen (vgl. §§. 810, 856, 1112). Die Salze sind meist in Wasser löslich und krystallisirbar.

Glycerinsaures Ammoniak: $\Theta_3H_5(NH_4)\Theta_4$ bildet strahlige sehr zerfliessliche Krystalle. Das Kalksalz: $\Theta_3H_5CaO_4 + H_2\Theta$, kleine zu concentrischen Gruppen vereinigte Tafeln, ist leicht in Wasser nicht in Alkohol löslich. Das Barytsalz ist wasserfrei, es ist dem Kalksalz ähnlich. Das Zinksalz: $\Theta_3H_5ZnO_4 + \frac{1}{2}\ H\Theta$ bildet kleine undeutliche Krystalle. Das Bleisalz ist in kaltem Wasser schwer, in siedendem leicht löslich, es bildet weisse harte Krystallkrusten.

Das saure Kalisalz: $\Theta_3H_5K\Theta_4 + \Theta_3H_6\Theta_4$ bildet kleine sehr lösliche Krystalle. Ein saures Kalksalz scheint nicht zu existiren.

Zersetzungen. Schmilzt man glycerinsaures Kali mit Kalihydrat, so entsteht Essigsäure und Ameisensäure (Atkinson):

$$\Theta_3H_5K\Theta_4 + KH\Theta = \Theta_2H_3K\Theta_2 + \Theta HK\Theta_2 + H_2\Theta$$

Glycerinsaures Kali. — Essigsaures Kali. — Ameisensaures Kali.

Erhitzt man glycerinsaures Kali mit höchst concentrirter Kalilauge, so wird Milchsäure, Oxalsäure und Ameisensäure erzeugt (Debus):

$$2(\Theta_3H_5K\Theta_4) + 2KH\Theta = \Theta_3H_5K\Theta_3 + \Theta_2K_2\Theta_4 + \Theta HK\Theta_2 + H_2\Theta + 2H_2$$

Glycerinsaures Kali. — Milchsaures Kali. — Oxalsaures Kali. — Ameisensaures Kali.

Debus vermuthet, die Glycerinsäure zerfalle zuerst nach der Gleichung:

$$2(\Theta_3H_5K\Theta_4) + KH\Theta = \Theta_3H_5K\Theta_3 + \Theta_3H_2K_2\Theta_4 + 2H_2\Theta$$

Glycerinsaures Kali. — Milchsaures Kali. — Malonsaures Kali.

und der dem malonsauren Kali gleich zusammengesetzte Körper zerfalle dann weiter:

$$\Theta_3H_2K_2\Theta_4 + KH\Theta + H_2\Theta = \Theta_2K_2\Theta_4 + \Theta HK\Theta_2 + 2H_2.$$

Vielleicht zerfällt die Glycerinsäure erst wie bei der von Atkinson beobachteten Zersetzung; die Ameisensäure erzeugt dann bei Einwirkung von überschüssigem Kali Oxalsäure und der dadurch freiwerdende Wasserstoff reducirt einen Theil der Glycerinsäure zu Milchsäure.

Lässt man auf eine concentrirte wässerige Lösung von Glycerinsäure zweifach Jodphosphor (P_2J_4) einwirken, so tritt bald eine heftige Reaction ein, es entweicht Jodwasserstoff mit etwas Phosphorwasserstoff und es bleibt ein krystallinisch erstarrendes Gemenge von **Jodpropionsäure** $\Theta_3H_5J\Theta_2$ und Phosphorsäure (Beilstein).

Die Reaction verläuft wahrscheinlich in folgender Weise. Das Phosphorjodür zerfällt mit Wasser zu Jodwasserstoff, phosphoriger Säure und Phosphorwasserstoff. Der Jodwasserstoff wirkt auf die Glycerinsäure nach der Gleichung:

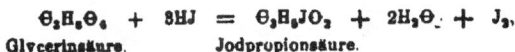

$$\Theta_3H_6\Theta_4 + 3HJ = \Theta_3H_5J\Theta_2 + 2H_2\Theta + J_2,$$

Glycerinsäure. — Jodpropionsäure.

aber es wird kein Jod frei, weil es bei Gegenwart von Wasser sich mit der phosphorigen Säure zu Jodwasserstoff und Phosphorsäure umsetzt.

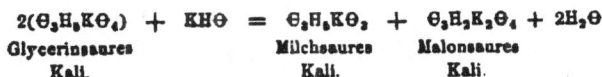

Die Jodpropionsäure ist leicht zersetzbar. Wird sie mit überschüssigem Silberoxyd digerirt, so entsteht, neben Jodsilber, ein in Wasser lösliches Silbersalz: $\Theta_{12}H_{19}Ag_3\Theta_{11}$, aus welchem durch Schwefelwasserstoff eine Säure von der Zusammensetzung: $\Theta_{12}H_{22}\Theta_{11}$ erhalten werden kann.

Die Bildung dieser Säure, die von Beilstein als Hydracrylsäure bezeichnet wird, erklärt sich aus der Gleichung:

$$\underset{\text{Jodpropionsäure.}}{4\Theta_3H_5J\Theta_2} + 3H_2\Theta = \underset{\text{Hydracrylsäure.}}{\Theta_{12}H_{22}\Theta_{11}} + 4HJ$$

Die Hydracrylsäure spaltet sich, wenn man ihr Blei- oder Silbersalz durch Hitze zersetzt, in Acrylsäure und Wasser (Beilstein):

$$\underset{\text{Hydracrylsäure.}}{\Theta_{12}H_{22}\Theta_{11}} = \underset{\text{Acrylsäure}}{4\Theta_3H_4\Theta_2} + 3H_2\Theta$$

Die Hydracrylsäure hat die Zusammensetzung einer Polymilchsäure, sie schliesst sich vielleicht an die §. 1085 besprochenen Säuren als Tetralactylsäure an:

$$\underset{\text{Milchsäure.}}{4\Theta_3H_6\Theta_3} = H_2\Theta + \underset{\text{Tetralactylsäure.}}{\Theta_{12}H_{22}\Theta_{11}} = \left.\begin{matrix}(\Theta_3\overset{''}{H}_4\Theta)_4 \\ H_6\end{matrix}\right\}\Theta_7$$

Achte Gruppe.

Zweibasisch-dreiatomige Säuren: $\Theta_n H_{2n-2}\Theta_5 = \left.\begin{matrix}\Theta_n \overset{''}{H}_{2n-4}\Theta_2 \\ H_2\end{matrix}\right\}\Theta_3$.

1297. An die im Früheren abgehandelten Säuren schliesst sich eine Gruppe von Säuren an, die durch die empirische Formel $\Theta_n H_{2n-2}\Theta_5$ ausgedrückt werden. Man kennt bis jetzt mit Sicherheit nur eine Säure dieser Reihe, die Aepfelsäure: $\Theta_4H_6O_5$. Der empirischen Formel nach gehört auch die Tartronsäure: $\Theta_3H_4\Theta_5$ zu dieser Gruppe.

Die Aepfelsäure reiht sich direct an die Bernsteinsäure an; sie enthält geradezu ein Atom Sauerstoff mehr als diese.

Bernsteinsäure	$\Theta_4H_6\Theta_4$
Aepfelsäure	$\Theta_4H_6\Theta_5$.

Sie steht also zur Bernsteinsäure in derselben Beziehung wie die Milchsäure zur Propionsäure, wie die Glycolsäure zur Essigsäure (vgl. §§. 797, 1108. II. 2) etc.; und man kann in der That die Aepfelsäure einerseits durch Reduction in Bernsteinsäure überführen und andererseits aus der Bernsteinsäure durch indirecte Oxydation darstellen.

Die Reduction der Aepfelsäure zu Bernsteinsäure gelingt leicht durch Erhitzen mit Jodwasserstoff auf 130° (Schmitt) *). Die umgekehrte Reaction kann in der Weise verwirklicht werden, dass man erst Monobrombernsteinsäure darstellt und diese dann durch Silberoxyd zersetzt (vgl. §. 1128) Kekulé **).

Die Aepfelsäure kann andererseits als Oxydationsproduct eines dreiatomigen Alkohols, des bis jetzt nicht bekannten Butylglycerins, angesehen werden.

Der **chemische Charakter der Aepfelsäure** ergibt sich leicht 1298.
aus folgenden Betrachtungen.

Wenn man in den 1, 2 und 3 atomigen Alkoholen nach und nach je zwei Wasserstoffatome durch Sauerstoff ersetzt, so entstehen Säuren, die stets die Atomigkeit der Alkohole besitzen, aus welchen sie sich herleiten, während ihre Basicität durch die Anzahl der eingetretenen (im Radical befindlichen) Sauerstoffatome ausgedrückt wird (vgl. §. 603).

Aus den dreiatomigen Alkoholen leiten sich so die folgenden Säuren her:

$\left.\begin{matrix}H_3\\ \Theta_n\bar{H}_{2n-1}\end{matrix}\right\}\Theta_3$	$\left.\begin{matrix}H_2\\ \Theta_n\overset{=}{H}_{2n-3}\Theta\\ H\end{matrix}\right\}\Theta_3$	$\left.\begin{matrix}H\\ \Theta_n\overset{=}{H}_{2n-5}\Theta_2\\ H_2\end{matrix}\right\}\Theta_3$,	$\left.\begin{matrix}\Theta_n\overset{=}{H}_{2n-7}\Theta_3\\ H_3\end{matrix}\right\}\Theta_3$
Dreiatomiger Alkohol.	Einbasisch-dreiatomige Säure.	Zweibasisch-dreiatomige Säure.	Dreibasische Säure.

als Beispiel:

$\left.\begin{matrix}H_3\\ \Theta_3\bar{H}_5\end{matrix}\right\}\Theta_3$	$\left.\begin{matrix}H_2\\ \Theta_3\overset{=}{H}_3\Theta\\ H\end{matrix}\right\}\Theta_3$	$\left.\begin{matrix}H\\ \Theta_4\overset{=}{H}_3\Theta_2\\ H_2\end{matrix}\right\}\Theta_3$	$\left.\begin{matrix}\Theta_6\overset{=}{H}_5\Theta_3\\ H_3\end{matrix}\right\}\Theta_3$
Glycerin.	Glycerinsäure.	Aepfelsäure.	Carballylsäure.

Diese Formeln, in welchen des leichteren Verständnisses wegen der alkoholische Wasserstoff über, der basische, d. h. leicht durch Metalle ersetzbare, unter das Radical geschrieben ist, zeigen einerseits die grosse Analogie der Aepfelsäure mit der Glycerinsäure und lassen andererseits die Verschiedenheiten beider deutlich hervortreten. Beide Säuren

*) Ann. Chem. Pharm. CXIV. 106.
**) ibid. CXVII. 126.

enthalten drei typische Wasserstoffatome, aber bei der Glycerinsäure ist eines, bei der Aepfelsäure dagegen sind zwei dieser Wasserstoffatome leicht durch Metalle ersetzbar. Dieselben Formeln zeigen auch die Analogie der Aepfelsäure mit den früher besprochenen einbasisch-zweiatomigen Säuren (Glycolsäure, Milchsäure §. 1057); sie enthält wie diese ein Atom alkoholischen Wasserstoffs, aber sie unterscheidet sich von ihnen dadurch, dass sie zweibasisch ist, während jene Säuren nur einbasisch sind.

Es ist aus dem eben Gesagten schon einleuchtend, dass die früher (§. 1059) gelegentlich der Glycolsäure und Milchsäure mitgetheilten Betrachtungen in etwas weiterer Ausdehnung auch auf die Aepfelsäure und die mit ihr homologen Säuren anwendbar sind. Nur müssen diese Betrachtungen jetzt in der Weise erweitert werden, dass neben einem Atom alkoholischen Wasserstoffs zwei Atome basischen Wasserstoffs in Betracht genommen werden. So erweitert geben diese Betrachtungen von allen bis jetzt bekannten Abkömmlingen der Aepfelsäure eine klare Vorstellung und lassen ausserdem die Existenz und Bildungsweise anderer mit Wahrscheinlichkeit voraussehen.

1299. Die Aepfelsäure, als zweibasische Säure bildet zwei Reihen von Salzen und zwei Aetherarten; z. B.:

$$\left.\begin{matrix}H\\ \Theta_4\overset{''}{H}_3\Theta_2\\ H.Na\end{matrix}\right\}\Theta_3 \qquad \left.\begin{matrix}H\\ \Theta_4\overset{''}{H}_3\Theta_2\\ Na_2\end{matrix}\right\}\Theta_3 \quad ; \quad \left.\begin{matrix}H\\ \Theta_4\overset{''}{H}_3\Theta_2\\ H.\Theta_2H_5\end{matrix}\right\}\Theta_3 \qquad \left.\begin{matrix}H\\ \Theta_4\overset{''}{H}_3\Theta_2\\ (\Theta_2H_5)_2\end{matrix}\right\}\Theta_3$$

Saures Salz. Neutrales Salz. Saurer Aether. Neutraler Aether.

Abkömmlinge der Aepfelsäure, in welchen der alkoholische Wasserstoff durch Radicale, sei es durch die der Alkohole oder durch Säureradicale ersetzt ist, sind bis jetzt nicht bekannt; man wird sie wahrscheinlich aus Monobrombernsteinsäure erhalten können (vgl. §. 1228). Amidartige Abkömmlinge der Art sind schon seit lange bekannt; sie sind nachher mit den eigentlichen Amiden der Aepfelsäure zusammengestellt (§. 1302).

Die mit der Aepfelsäure, der empirischen Formel nach, homologe Tartronsäure ist bis jetzt nur wenig untersucht; ihr Verhalten beim Erhitzen macht es wahrscheinlich, dass diese Homologie nur scheinbar ist.

1300. Tartronsäure: $\Theta_3H_4\Theta_5$. Die Säure wurde von Dessaignes*) entdeckt; sie entsteht bei der freiwilligen Zersetzung der Nitroweinsäure (§. 1325) und krystallisirt in ziemlich grossen Prismen. Sie ist zweibasisch; das saure Ammoniaksalz krystallisirt leicht.

---

*) Ann. Chem. Pharm. LXXXII. 362; LXXXIX. 339.

Die Tartronsäure schmilzt beim Erhitzen auf 160° und zersetzt sich dann unter Bildung von Glycolid (§. 1069):

$$\Theta_3H_4\Theta_5 = \Theta_2H_2\Theta_2 + \Theta\Theta_2 + H_2\Theta$$

Tartronsäure. Glycolid.

1301. Aepfelsäure*): $\Theta_4H_6\Theta_5 = \left.\begin{matrix}\Theta_4\overset{''}{H}_3\Theta_2\\ H_3\end{matrix}\right\}\Theta_3$. Die Aepfelsäure wurde von Scheele (1785) entdeckt und von Liebig zuerst ausführlicher untersucht. Sie ist eine der am weitesten verbreiteten Pflanzensäuren und findet sich theils frei, theils an Kali, Kalk, Magnesia oder organische Basen gebunden in sehr vielen Pflanzen; in sehr reichlicher Menge z. B. in den meisten essbaren Früchten: Aepfeln, Pflaumen, Kirschen, Stachelbeeren etc. und ganz besonders in den Vogelbeeren (Sorbus aucuparia). Die künstliche Bildung der Aepfelsäure aus Monobrombernsteinsäure wurde früher besprochen (§. 1128), ihre Bildung aus Asparagin ist nachher noch näher beschrieben (§. 1305).

Zur Darstellung der Aepfelsäure dienen jetzt gewöhnlich die Vogelbeeren.

Die einfachste Methode der Darstellung ist von Hagen **) angegeben. Man erhitzt den ausgepressten Saft nicht ganz reifer Vogelbeeren bis zum Kochen, setzt eine zur völligen Neutralisation nicht ganz hinreichende Menge Kalkmilch zu und kocht weiter. Man sammelt den als sandiges Pulver zu Boden fallenden neutralen äpfelsauren Kalk, löst ihn in warmer verdünnter Salpetersäure (1 Th. Säure auf 10 Th. Wasser) und erhält beim Erkalten grosse Krystalle von saurem äpfelsaurem Kalk. Man reinigt diese Krystalle, wenn nöthig, durch mehrmaliges Umkrystallisiren, löst in heissem Wasser und fällt mit Bleizucker. Das so erhaltene Bleisalz wird dann, nach dem Auswaschen, mit Schwefelwasserstoff zersetzt und die erhaltene wässrige Aepfelsäure im Wasserbad eingedampft.

Eigenschaften. Die Aepfelsäure krystallisirt nur schwierig, meist in blumenkohlartigen Massen, die aus kugelförmig vereinigten Nadeln bestehen. Sie ist zerfliesslich, in Wasser und Alkohol leicht, in Aether nur wenig löslich. Sie schmilzt bei 100° (Pasteur) und zersetzt sich bei höherer Temperatur.

Die natürliche und die aus Asparagin dargestellte Aepfelsäure dreht die Polarisationsebene des Lichtes nach links ($(\alpha) = -5°$); die Salze drehen bald nach rechts, bald nach links.

Eine optisch unwirksame Modification der Aepfelsäure kann

*) Vgl. bes.: Liebig, Ann. Chem. Pharm. V. 141; X. 180; XXVI. 135; LXX. 104. 363. — Pelouze, ibid. XL 278. — Pasteur, ibid. LXXX. 149; LXXXII. 330.

**) Ann. Chem. Pharm. XXXVIII. 257.

aus optisch unwirksamer Asparaginsäure (§. 1307) erhalten werden (Pasteur). Auch die aus Monobrombernsteinsäure dargestellte Aepfelsäure scheint optisch unwirksam zu sein (Kekulé). Die optisch unwirksame Aepfelsäure ist nicht zerfliesslich; sie krystallisirt leichter und in deutlicheren Krystallen und schmilzt erst bei 133° (Pasteur) *).

Zersetzungen und Umwandlungen. Die Aepfelsäure geht durch Reduction in Bernsteinsäure über. Diese Reduction erfolgt leicht beim Erhitzen mit concentrirter Jodwasserstoffsäure auf 130° (Schmitt, vgl. § 1120); sie findet ferner statt, wenn äpfelsaurer Kalk bei Gegenwart von Hefe als Ferment gährt (Piria, Liebig **) vgl. §. 1120).

Bei langsamer Oxydation der Aepfelsäure mittelst chromsauren Kali's in der Kälte entsteht Malonsäure (Dessaignes, vgl. §. 1119). Wird Aepfelsäure in verdünnter wässeriger Lösung mit Braunstein gekocht, so enthält das Destillat Aldehyd (Liebig)***). Bei Einwirkung von Salpetersäure wird wesentlich Oxalsäure gebildet.

Erhitzt man Aepfelsäure gelinde mit überschüssigem Kalihydrat, so entstehen Oxalsäure und Essigsäure:

$$\Theta_4H_3K_2\Theta_5 + KH.\Theta = \Theta_2H_3KO_2 + \Theta_2K_2\Theta_4 + H_2$$

Aepfelsaures Kali. — Essigsaures Kali. — Oxalsaures Kali.

Wird die Säure mit concentrirter Schwefelsäure gelinde erwärmt, so entweicht Kohlensäure und es wird gleichzeitig Essigsäure gebildet (Liebig). — Brom zersetzt die äpfelsauren Salze unter Bildung von Kohlensäure und Bromoform (Cahours).

Erhitzt man Aepfelsäure für sich, so entweicht schon bei etwa 130° etwas Wasser; bei 175° — 180° kommt die Masse in's Sieden; es destilliren Wasser, Maleinsäure und Maleinsäureanhydrid über und es bleibt als Rückstand krystallisirte Fumarsäure:

$$\Theta_4H_6\Theta_5 = \Theta_4H_4\Theta_4 + H_2\Theta$$

Aepfelsäure. — Fumarsäure. Maleinsäure.

Wird äpfelsaurer Kalk (1 Th.) mit Phosphorchlorid (4 Th.) destillirt, so geht Fumarylchlorid über (Perkin und Duppa) †). Erhitzt man Aepfelsäure mit Phosphorchlorid (2 Mol.) bis zur beginnenden Bräunung und zersetzt man das Product mit Wasser, so erhält man Fumarsäure (Lies-Bodart) ††).

---

*) Ann. Chem. Pharm. LXXXII. 330.

**) ibid. LXX. 104, 363. — Piria, ibid. LXX. 102.

***) ibid. CXIII. 14.

†) ibid. CXII. 24.

††) ibid. C. 327.

S a l z e d e r A e p f e l s ä u r e. Die Aepfelsäure ist zweibasisch. Die meisten äpfelsauren Salze gehen beim Erhitzen unter Wasserverlust in fumarsaure Salze über.

a) Salze der gewöhnlichen Aepfelsäure. Die neutralen Salze von Kali, Natron und Ammoniak krystallisiren nicht; die sauren Salze derselben Basen sind leicht krystallisirbar; das saure Ammoniaksalz namentlich bildet grosse Krystalle: $\Theta_4H_5(NH_4)\Theta_5$, die häufig hemiedrische Flächen zeigen. — Der neutrale äpfelsaure Baryt: $\Theta_4H_4Ba_2\Theta_5 + H_2\Theta$ bildet in Wasser leicht lösliche Blättchen; die wässrige Lösung scheidet beim Einkochen das wasserfreie Salz als schweres Krystallpulver aus. — Kalksalze. Die Aepfelsäure wird selbst durch überschüssiges Kalkwasser nicht gefällt, beim Verdunsten im Vacuum erhält man grosse in Wasser leicht lösliche Blätter: $\Theta_4H_4Ca_2\Theta_5 + 2H_2\Theta$; die Lösung dieses Salzes scheidet beim Einkochen ein fast unlösliches Salz: $\Theta_4H_4Ca_2\Theta_5 + H_2\Theta$ aus. Wird eine Lösung von neutralem äpfelsaurem Natron mit Chlorcalciumlösung versetzt, so scheiden sich allmälig in Wasser lösliche Krystalle von neutralem äpfelsaurem Kalk aus. Der saure äpfelsaure Kalk bildet grosse rhombische Krystalle: $\Theta_4H_5Ca\Theta_5 + 4H_2\Theta$, die sich in 50 Theilen kalten Wassers lösen und erst bei 180° das vierte Molecül Wasser verlieren, während drei schon bei 100° entweichen. Man erhält dieses saure Salz durch Auflösen des neutralen Salzes in erwärmter verdünnter Salpetersäure und Erkalten der Lösung. Die Krystalle zeigen bisweilen hemiedrische Flächen. — Neutrales äpfelsaures Blei: $\Theta_4H_4Pb_2\Theta_5 + 2H_2\Theta$. Aepfelsäure erzeugt in Bleizuckerlösung einen weissen flockigen Niederschlag, der nach einigen Stunden krystallinisch wird. Beim Sieden mit Wasser schmilzt dieser Niederschlag zu einer harzartigen Masse; ein Theil des Salzes löst sich auf und krystallisirt beim Erkalten in feinen Nadeln. — Das neutrale äpfelsaure Silber: $\Theta_4H_4Ag_2\Theta_5$ ist ein weisser körnig-krystallinischer Niederschlag, der sich am Licht rasch schwärzt und beim Sieden mit Wasser Zersetzung erleidet.

b) Salze der optisch unwirksamen Aepfelsäure. Sie sind den Salzen der gewöhnlichen Aepfelsäure sehr ähnlich, zeigen aber nie hemiedrische Flächen. Das saure Kalksalz unterscheidet sich nur dadurch von dem entsprechenden Salz der gewöhnlichen Aepfelsäure. Auch das Ammoniaksalz bildet zuerst Krystalle, die denen der optisch wirksamen Aepfelsäure sehr gleichen; aus der Mutterlauge erhält man dann grosse monoklinometrische Krystalle eines wasserhaltigen Salzes: $\Theta_4H_5(NH_4)\Theta_5 + H_2\Theta$. Das Bleisalz der optisch unwirksamen Aepfelsäure ist im Augenblick seiner Fällung amorph wie das gewöhnliche äpfelsaure Blei; es wird langsamer krystallinisch als dieses. Gegen siedendes Wasser verhält es sich wie das Bleisalz der gewöhnlichen Aepfelsäure, aber der gelöste Theil scheidet sich allmälig als amorpher Niederschlag aus, welcher nur langsam krystallinisch wird (Pasteur).

Aether der Aepfelsäure*). Die Aepfelsäure bildet, als zweibasische Säure, saure und neutrale Aether (vgl. §. 1299).

---

*) Demondesir, Ann. Chem. Pharm. LXXX. 302. — Breunlin, ibid. XCI. 322.

Die **Aepfelsäureäther** des **Aethylalkohols** und des **Methylalkohols** können nach vorläufigen Angaben von Demondesir durch Einleiten von Salzsäure in eine Lösung von Aepfelsäure in den betreffenden Alkohol erhalten werden. Die neutralen Aether sind nicht destillirbar; man gewinnt sie durch Ausziehen des mit kohlensaurem Kali neutralisirten Rohproducts mit Aether und Verdunsten der ätherischen Lösung. Sie zersetzen sich durch Destillation unter Bildung der entsprechenden Fumarsäureäther. Neben den neutralen Aethern werden gleichzeitig auch die sauren Aether gebildet: die **Aethyläpfelsäure** und die **Methyläpfelsäure**, bilden beide in Alkohol lösliche Kalksalze.

Die **Amyläpfelsäure**: $\Theta_4H_5(\Theta_5H_{11})\Theta_5$ wurde von Breunlin durch anhaltendes Erhitzen von Aepfelsäure mit Amylalkohol auf 120° erhalten; sie bildet einen beim Erkalten krystallinisch erstarrenden Syrup.

Amidartige Verbindungen der Aepfelsäure.

1802\. Wenn man die Betrachtungen, die früher gelegentlich der amidartigen Verbindungen der Glycolsäure mitgetheilt wurden (§§. 1066, 1092) so erweitert, dass sie auf die zweibasisch-dreiatomige Aepfelsäure anwendbar werden (vgl. §. 1298), so erschienen die folgenden amidartigen Verbindungen wahrscheinlich:

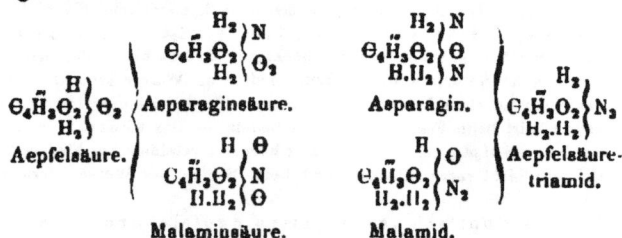

Aepfelsäure.
$$\left.\begin{matrix} H \\ \Theta_4\overset{'''}{H}_3\Theta_2 \\ H_2 \end{matrix}\right\}\Theta_3$$

Asparaginsäure.
$$\left.\begin{matrix} H_2 \\ \Theta_4\overset{'''}{H}_3\Theta_2 \\ H_2 \end{matrix}\right\}\begin{matrix} N \\ \Theta_2 \end{matrix}$$

Asparagin.
$$\left.\begin{matrix} H_2 \\ \Theta_4\overset{'''}{H}_3\Theta_2 \\ H.H_2 \end{matrix}\right\}\begin{matrix} N \\ \Theta \\ N \end{matrix}$$

Malaminsäure.
$$\left.\begin{matrix} H \\ \Theta_4\overset{'''}{H}_3\Theta_2 \\ H.H_2 \end{matrix}\right\}\begin{matrix} \Theta \\ N \\ \Theta \end{matrix}$$

Malamid.
$$\left.\begin{matrix} H \\ \Theta_4\overset{'''}{H}_3\Theta_2 \\ H_2.H_2 \end{matrix}\right\}\begin{matrix} \Theta \\ N_2 \end{matrix}$$

Aepfelsäuretriamid.
$$\left.\begin{matrix} H_2 \\ \Theta_4\overset{'''}{H}_3\Theta_2 \\ H_2.H_2 \end{matrix}\right\}N_3$$

Das **Asparagin** und namentlich die **Asparaginsäure** *) sind, wie man sieht, für die Aepfelsäure genau was das Glycocoll für die Glycolsäure ist. Der durch Metalle ersetzbare (basische) Wasserstoff der Aepfelsäure findet sich in der Asparaginsäure noch vor, aber das alkoholische Wasserstoffatom des Aepfelsäurehydrats ist durch den Ammoniakrest NH_2 ersetzt. Das Asparagin ist das Amid dieser Asparaginsäure. In Uebereinstimmung mit dieser Ansicht können beide ebensowenig durch directen Wasserverlust aus den Ammoniaksalzen der Aepfelsäure erzeugt werden, als das Glycocoll aus glycolsaurem Ammoniak. Beide werden wahrscheinlich auf indirectem Weg, d. h. durch Einwirkung von Ammoniak auf Monobrombernsteinsäure, dargestellt werden können.

Die **Malaminsäure** und das **Malamid** sind die normalen Amide

*) In Betreff der Constitution des Asparagins und der Asparaginsäure vgl. auch Kolbe, Ann. Chem. Pharm. CXXI. 232.

der Aepfelsäure, sie leiten sich aus dem sauren und dem neutralen Ammoniaksalz durch Austritt von 1 und resp. 2 Mol. Wasser her. In der Malaminsäure kann ein Wasserstoffatom noch durch Metalle oder Alkoholradicale ersetzt werden.

Das neutrale Amid (Triamid) der Aepfelsäure ist bis jetzt nicht bekannt.

Aus den beiden Ammoniaksalzen der Aepfelsäure können, ausser der Malaminsäure und dem Malamid, durch weiteren Austritt von Wasser noch andere amidartige Verbindungen hergeleitet werden; nämlich:

$$\left.\begin{array}{r} H \\ \Theta_4H_3\Theta_2 \\ H_4N \\ H_4N \end{array}\right\}\Theta_2$$

Neutrales äpfelsaures Ammoniak.

$$\left.\begin{array}{r} H \\ \Theta_4H_3\Theta_2 \end{array}\right\}\Theta \quad \left.\begin{array}{r} H_2 \\ H_2 \end{array}\right\}N_2$$

Malamid

$$\left.\begin{array}{r} H \\ \Theta_4H_3\Theta_2 \\ H_2 \end{array}\right\}N_3$$

(unbekannt.)

$$\left.\begin{array}{r} H \\ \Theta_4H_3\Theta \end{array}\right\}N_2$$

(Nitril) unbekannt.

$$\left.\begin{array}{r} H \\ \Theta_4H_3\Theta_2 \\ H.H_4N \end{array}\right\}\Theta_2$$

Saures äpfelsaures Ammoniak.

$$\left.\begin{array}{r} H \\ \Theta_4H_3\Theta_2 \end{array}\right\}\Theta_2 \quad \left.\begin{array}{r} H.H_2 \end{array}\right\}N$$

Malaminsäure.

$$\left.\begin{array}{r} H \\ \Theta_4H_3O_2 \end{array}\right\}O \quad \left.\begin{array}{r} H \end{array}\right\}N$$

Malimid.

$$\Theta_4H_3\Theta_2 . N$$

s. g. Fumarimid. (Nitril.)

Verbindungen der Art sind in der That durch Erhitzen des sauren äpfelsauren Ammoniaks dargestellt worden; vgl. das s. g. Fumarimid §. 1304.

Da man die Aepfelsäure bis vor Kurzem durch die typische Formel:

$$\left.\begin{array}{r} \Theta_4H_4\Theta_2 \\ H_2 \end{array}\right\}\Theta_2$$

ausdrückte, so konnte im s. g. Fumarimid nicht mehr das Radical der Aepfelsäure angenommen werden, man hielt es daher für das Imid der Fumarsäure.

Die verschiedenen amidartigen Verbindungen der Aepfelsäure wurden ausgedrückt durch die Formeln:

$$\left.\begin{array}{r} \Theta_4H_4\Theta_2 \\ H_2 \\ H_2 \end{array}\right\}N_2$$

Malamid und Asparagin.

$$\left.\begin{array}{r} H_2 \end{array}\right\}N \quad \left.\begin{array}{r} \Theta_4H_4\Theta_2 \\ H \end{array}\right\}\Theta$$

Malaminsäure und Asparaginsäure.

$$\left.\begin{array}{r} \Theta_4H_2O_2 \\ H \end{array}\right\}N$$

Fumarimid.

Die eben mitgetheilte Betrachtung giebt von dem eigenthümlichen chemischen Verhalten der Asparaginsäure und des Asparagins in einfacher Weise Rechenschaft. Sie erklärt zunächst, warum die Asparaginsäure beim Kochen mit Alkalien nicht unter Ammoniakentwicklung zersetzt wird (vgl. §§. 1066, 1098); sie erklärt weiter, warum das Asparagin bei derselben Behandlung Zersetzungen erleidet, und zwar so, dass nur die Hälfte des Stickstoffs als Ammoniak entweicht, während die Zersetzung bei der Bildung von Asparaginsäure innehält. Dieselbe Betrachtung lässt es endlich natürlich erscheinen, dass das Asparagin und die Asparaginsäure von salpetriger Säure unter Bildung von Aepfelsäure zersetzt werden.

Die für das s. g. Fumarimid gegebene Auffassung lässt es natürlich erscheinen, dass dieser Körper durch Aufnahme von Wasser in eine andere der Aepfelsäure näher stehende Verbindung übergeht; aber es bleibt immerhin bemerkenswerth, dass durch diese Wasseraufnahme nicht Malaminsäure, sondern die mit ihr isomere Asparaginsäure entsteht, und es ist von ganz besonderem Interesse, dass die so erhaltene Asparaginsäure von der aus Asparagin dargestellten durch ihre optischen Eigenschaften verschieden ist und, dass aus ihr eine optisch unwirksame Aepfelsäure erhalten wird, während die in den Pflanzen vorkommende und die aus Asparagin dargestellte Aepfelsäure optisch wirksam ist. — Von Interesse ist es weiter, dass, nach Angaben von Dessaignes, aus saurem maleinsaurem Ammoniak und aus saurem fumarsaurem Ammoniak beim Erhitzen, dem s. g. Fumarimid sehr ähnliche Substanzen erhalten werden, aus welchen ebenfalls optisch unwirksame Asparaginsäure und folglich optisch unwirksame Aepfelsäure erhalten werden kann.

1303. Die aus der Aepfelsäure darstellbaren Amide sind bis jetzt nicht näher untersucht worden.

Leitet man Ammoniak in eine Lösung von Aepfelsäureäther in Alkol, so scheiden sich allmälig kleine Krystalle von **Malamid** aus. Wird trockner Aepfelsäureäther mit Ammoniak gesättigt, so erstarrt das Product bald zu einer weissen Krystallmasse von **Malaminsäureäther** (Malamethan): $\left.\begin{matrix} H \\ \Theta_4\ddot{H}_3\Theta_2 \\ (\Theta_2H_5)H_2 \end{matrix}\right\}\begin{matrix} O_2 \\ N \end{matrix}$. Wird dieser in Alkohol gelöst und mit Ammoniak gesättigt, so entsteht ebenfalls Malamid.

Das **Malamid**: $\Theta_4H_8O_3N_2$ krystallisirt bei langsamem Verdunsten in wohlausgebildeten Krystallen; es unterscheidet sich von dem isomeren Asparagin (§. 1305) durch seine Krystallform, dadurch dass es kein Krystallwasser enthält und dadurch, dass es leicht, unter Wasseraufnahme, in Ammoniak und Aepfelsäure zerfällt. Auch sein optisches Verhalten ist verschieden, $[\alpha] = -47{,}5$ (links). (Demondesir, Pasteur) *).

---

*) Demondesir, Ann. Chem. Pharm. LXXX, 303.

Fumarimid *). Wird saures äpfelsaures Ammoniak längere Zeit im Oelbad auf 160°—200° erhitzt, so entweicht unter Aufschäumen Wasser und es bleibt eine durchsichtige harzartige Masse, die selbst in siedendem Wasser sehr wenig löslich ist. Man hat diese Substanz als Fumarimid bezeichnet (vgl. §. 1302). 1304.

Die Analyse des mit Wasser ausgekochten und bei 100° getrockneten Productes führte zur Formel: $\Theta_4H_3N\Theta_2 + {}^1/_2H_2\Theta$; es ist wahrscheinlich, dass die Substanz bei 100° etwas Wasser zurückhält, oder dass sie ein Gemenge der zwei letzten aus dem sauren äpfelsauren Ammoniak sich herleitenden Amide ist.

Das s. g. Fumarimid ist sehr beständig; kocht man es aber 5—6 Stunden lang mit Salzsäure, so geht es unter Aufnahme von Wasser in optisch unwirksame Asparaginsäure über (§. 1307).

Nach Angaben von Wolff scheidet sich beim Erkalten des zum Auskochen des rohen Fumarimids verwendeten Wassers ein weisses Pulver aus, das annähernd die Zusammensetzung des Fumarimids besitzt; $\Theta_4H_3N\Theta_2$.

Dass, nach Angaben von Dessaignes, auch durch Erhitzen von saurem fumarsaurem Ammoniak und von saurem maleinsaurem Ammoniak Fumarimid, oder wenigstens dem s. g. Fumarimid sehr ähnliche Substanzen erhalten werden, aus welchen ebenfalls Asparaginsäure und Aepfelsäure gewonnen werden kann, wurde oben erwähnt.

Sollte sich diese Angabe bestätigen, so wäre es dadurch möglich, aus der Fumarsäure und der Maleinsäure wieder Aepfelsäure zu regeneriren. Die Imide dieser Säuren müssten dann als identisch mit dem Nitril der Aepfelsäure angesehen werden:

$\Theta_4\overset{\prime\prime\prime}{H}_3\Theta_2.N$	$\left.\begin{matrix}\Theta_4\overset{\prime\prime}{H}_2\Theta_2\\ H\end{matrix}\right\}N$
Nitril der Aepfelsäure.	Imid der Fumarsäure.

Asparagin **): $\Theta_4H_8N_2\Theta_3$ (rationelle Formel: §. 1302). 1305.

Das Asparagin wurde 1805 von Vauquelin und Robiquet im Saft der Spargel entdeckt und seitdem in sehr vielen Pflanzen gefunden. In besonders reichlicher Menge findet es sich in den Sprossen der Wicken, Erbsen und Bohnen; seine Menge ist am grössten, wenn diese Samen im

---

*) Vgl. bes. Dessaignes, Compt. rend. XXX. 324. XXXI. 432 — Wolff, Ann. Chem. Pharm. LXXV. 293.

**) Vgl. bes. Boutron-Charlard u. Pelouze, Ann. Chem. Pharm. VI. 75; — Chautard u. Dessaignes ibid. LXVIII. 349. — Biltz, ibid. XII. 54. — Piria, ibid. LXVIII. 343. — Pasteur, LXXX. 148. — Dessaignes, LXXXII. 237. —

Dunkeln keimen und wenn die Pflanze die Länge von 50—60 Cm. nicht überschritten hat.

Darstellung. Zur Darstellung des Asparagins eignen sich besonders die jungen Keime der Wicken und anderer Leguminosen und die Spargeln.

Man erhitzt den ausgepressten Saft einmal bis zum Aufwallen, filtrirt, dampft bis zur Syrupconsistenz ein und reinigt die bei längerem Stehen sich abscheidenden Asparaginkrystalle durch Umkrystallisiren aus siedendem Wasser unter Zusatz von Thierkohle (Piria).

Das Asparagin krystallisirt in kurzen rhombischen Säulen, die meistens hemiedrische Flächen zeigen. Diese Krystalle enthalten Krystallwasser: $\Theta_4H_8N_2\Theta_3 + H_2\Theta$, welches sie bei 100° verlieren.

Das Asparagin löst sich in 11 Th. kalten, in 4,4 Th. siedenden Wassers (Biltz); es ist wenig löslich in Alkohol, unlöslich in Aether.

Es ist optisch wirksam. Seine wässrige Lösung dreht die Polarisationsebene schwach nach links; alkalische Lösungen sind stärker linksdrehend; (für die ammoniakalische Lösung ist $[\alpha] = -11°18'$). Die Lösungen des Asparagins in Säuren drehen die Polarisationsebene nach rechts; $[\alpha] = +35°$.

Verbindungen des Asparagins. Das Asparagin verbindet sich mit Basen, mit Säuren und mit Salzen.

Metallverbindungen. Das Asparagin zeigt, wie es die oben (§. 1302) mitgetheilte rationelle Formel andeutet, das Verhalten einer einbasischen Säure. — Asparaginkalium scheidet sich in Krystallblättchen aus, wenn gepulvertes Asparagin in eine warme alkoholische Kalilösung eingetragen wird. — Asparaginsilber: $\Theta_4H_7AgN_2\Theta_3$ entsteht beim Kochen von wässriger Asparaginlösung mit Silberoxyd; bei freiwilligem Verdunsten bleibt die Verbindung in warzenförmig vereinigten Nadeln, die in durchfallendem Lichte gelb, in auffallendem Licht fast schwarz sind. — Auch die Zink- die Kadmium- und die Kupferverbindung sind krystallisirbar.

Verbindungen mit Säuren. Salzsaures Asparagin: $\Theta_4H_8N_2\Theta_3$, HCl kann leicht durch Zusatz von Alkohol zu einer Lösung von Asparagin in Salzsäure erhalten werden; es bildet beim Erkalten der heissen wässrigen Lösung grosse luftbeständige Krystalle. Auch das salpetersaure und das oxalsaure Asparagin sind krystallisirbar.

Verbindungen mit Salzen. Die Verbindung des Asparagins mit salpetersaurem Silberoxyd entsteht leicht und kann sogar aus Wasser umkrystallisirt werden; sie ist: $\Theta_4H_8N_2\Theta_3$, $2N\Theta_3Ag$. Eine krystallisirbare Verbindung mit Quecksilberchlorid: $\Theta_4H_8N_2\Theta_3$, 4HgCl wird beim Verdunsten der gemischten Lösungen erhalten.

Zersetzungen des Asparagins. Das Asparagin geht durch Wasseraufnahme leicht in asparaginsaures Ammoniak über:

$$\Theta_4H_8N_2\Theta_3 + H_2\Theta = \Theta_4H_5(H_4N)N\Theta_4$$

Asparagin. Asparaginsaures Ammoniak.

Diese Zersetzung erfolgt langsam schon beim Kochen mit Wasser; sie tritt rasch ein, wenn eine wässrige Asparaginlösung in einer zugeschmolzenen Röhre auf etwa 120° erhitzt wird. Bei Gegenwart von Säuren oder von Basen erfolgt dieselbe Zersetzung weit leichter.

Durch salpetrige Säure wird das Asparagin rasch in Stickgas und Aepfelsäure zersetzt (Piria):

$$\Theta_4H_8N_2\Theta_3 + N_2\Theta_3 = \Theta_4H_6\Theta_5 + 2N_2 + H_2\Theta$$

Asparagin. Aepfelsäure.

Die wässrige Lösung des reinen Asparagins hält sich unverändert; die Lösung des unreinen Asparagins (oder die des reinen nach Zusatz eines eiweisshaltigen Pflanzensaftes) geht bald in Gährung über und es wird bernsteinsaures Ammoniak erzeugt (Piria):

$$\Theta_4H_8N_2\Theta_3 + H_2\Theta + H_2 = \Theta_4H_4(H_4N)_2\Theta_4$$

Asparagin. Bernsteinsaures Ammoniak.

Man kann annehmen, dass erst durch Wasseraufnahme äpfelsaures Ammoniak erzeugt wird, welches dann durch den von den andern gährenden Substanzen gelieferten Wasserstoff zu bernsteinsaurem Ammoniak reducirt wird.

Asparaginsäure*): $\Theta_4H_7N\Theta_4$ (rationelle Formel vgl. §. 1302). 1306.
Die Asparaginsäure wurde 1827 von Plisson entdeckt, sie entsteht bei den oben erwähnten Zersetzungen des Asparagins.

Man kocht am zweckmässigsten Asparagin mit Barytwasser, so lange noch Ammoniak entweicht; fällt aus der heissen Flüssigkeit den Baryt durch Schwefelsäure und bringt das Filtrat zum Krystallisiren (Boutron und Pelouze).

Man kann auch Asparagin durch Kochen mit Kalilauge zersetzen, dann mit Salzsäure übersättigen, zur Trockne eindampfen und mit kaltem Wasser ausziehen, wobei die Asparaginsäure ungelöst bleibt (Liebig).

Die Asparaginsäure bildet kleine rhombische Krystalle. Sie ist in Wasser sehr wenig löslich (1 Th. in 364 Th. bei 11°), noch weniger in Alkohol. Sie ist optisch wirksam. Die wässrige Lösung dreht die Polarisationsebene sehr wenig nach links; die Lösungen in Basen sind stark

*) Vgl. bes. Boutron-Charlard und Pelouze, Ann. Chem. Pharm. VI. 81. — Liebig, ibid VII. 146; XXVI. 125. — Piria, ibid. LXVIII. 346. — Wolff, ibid. LXXV. 293. — Dessaignes, ibid. LXXVI. 28; LXXXIII. 83. — Pasteur, ibid. LXXX. 148; LXXXII. 324.

links drehend; die Lösungen in Säuren drehen nach rechts. (Für die salzsaure Lösung ist $[\alpha] = + 27^{\circ}86^{1}$. Die Asparaginsäure verbindet sich mit Basen und mit Säuren.

Asparaginsaure Salze. Die Asparaginsäure ist zweibasisch, wie dies die §. 1302 mitgetheilte rationelle Formel ausdrückt.

Das saure Kalisalz: $\Theta_4H_6KN\Theta_4$ und das saure Natronsalz: $\Theta_4H_6NaN\Theta_4 + H_2\Theta$ sind krystallisirbar; die Krystalle des letzteren sind meist hemiedrisch. Der saure asparaginsaure Baryt: $\Theta_4H_6BaN\Theta_4 + 2H_2\Theta$ bildet feine in Wasser sehr lösliche Nadeln. Aus der concentrirten Lösung dieses Salzes fällt Barytwasser neutralen asparaginsauren Baryt, der aus Wasser in grossen Prismen krystallisirt. Die Krystalle: $\Theta_4H_5Ba_2N\Theta_4 + 3H_2\Theta$ verlieren bei 160° ihr Krystallwasser und sind dann $\Theta_4H_5Ba_2N\Theta_4$. Die Lösung dieses Salzes reagirt alkalisch; Kohlensäure fällt die Hälfte des Baryts. Das saure Kalksalz krystallisirt nicht; das neutrale wird wie das Barytsalz erhalten, es bildet grosse Krystalle: $\Theta_4H_5Ca_2N\Theta_4 + 4H_2\Theta$, die bei 160° wasserfrei werden: $\Theta_4H_5Ca_2N\Theta_4$. Auch Kupfer bildet zwei Salze. Das saure existirt nur in Lösung, das neutrale bildet wasserhaltige Krystalle: $\Theta_4H_5Cu_2N\Theta_4 + 5H_2\Theta$, die bei 160° ihr Krystallwasser verlieren: $\Theta_4H_5Cu_2N\Theta_4$. — Das saure Silbersalz: $\Theta_4H_6AgN\Theta_4$ und das neutrale Silbersalz: $\Theta_4H_5Ag_2N\Theta_4$ sind beide krystallisirbar. Das erstere wird durch Auflösen von Silberoxyd in siedender Asparaginsäure erhalten; das zweite entsteht, wenn eine ammoniakalische Lösung von Asparaginsäure mit überschüssigem salpetersaurem Silberoxyd versetzt wird.

Da die Asparaginsäure seither für einbasisch gehalten wurde, schien eine etwas ausführliche Beschreibung ihrer Salze geboten.

Zersetzungen. Die Asparaginsäure ist den meisten Reagentien gegenüber sehr beständig. Von salpetriger Säure wird sie unter Entwicklung von Stickstoff und Bildung von Aepfelsäure zersetzt:

$$\underset{\text{Asparaginsäure.}}{2\Theta_4H_7N\Theta_4} + N_2\Theta_3 = \underset{\text{Aepfelsäure.}}{2\Theta_4H_6\Theta_5} + H_2\Theta + 2N_2$$

Die so erhaltene Aepfelsäure ist optisch wirksam wie die natürlich vorkommende.

1307. Optisch inactive Asparaginsäure*). Die optisch unwirksame Modification der Asparaginsäure entsteht aus dem oben (§. 1304) beschriebenen s. g. Fumarimid durch Aufnahme von Wasser:

$$\underset{\text{Fumarimid.}}{\Theta_4\overline{\overline{H}}_3O_2 . N} + 2H_2\Theta = \underset{\text{Asparaginsäure.}}{\Theta_4H_7N\Theta_4}$$

---

*) Dessaignes, Compt. rend XXX. 324. — Wolff, Ann. Chem. Pharm. LXXV. 293. — Pasteur, ibid. LXXX. 324.

Man kocht das Fumarimid längere Zeit mit Salzsäure; beim Eindampfen und Erkalten scheidet sich salzsaure Asparaginsäure in Krystallen aus. Um aus dieser Verbindung die Asparaginsäure selbst darzustellen, löst man in Wasser, theilt in zwei Theile, sättigt die eine Hälfte genau mit Ammoniak und giesst die andere zu.

Die optisch unwirksame Asparaginsäure bildet kleine monoklinometrische Krystalle; sie ist in Wasser sehr wenig löslich; aber sie löst sich doch weit leichter als die optisch wirksame Modification (1 Th. in 208 Th. von 13°,5). Ihre Lösung in Säuren übt keine Wirkung auf polarisirtes Licht aus.

Bei Einwirkung von salpetriger Säure wird sie wie die optisch wirksame Modification zersetzt, aber die aus ihr erhaltene Aepfelsäure ist optisch unwirksam (§. 1301).

Die optisch unwirksame Asparaginsäure verbindet sich wie die wirksame mit Basen und Säuren. Diese Verbindungen sind denen der optisch wirksamen Modification sehr ähnlich, weichen aber meist in einzelnen Eigenschaften von denselben ab.

Die salzsaure Verbindung zeigt andere Krystallform und ist luftbeständig; auch das neutrale Natronsalz besitzt andere Krystallform und zeigt namentlich nie hemiedrische Flächen.

Substitutionsproducte der Aepfelsäure.

Man hat bis jetzt aus der Aepfelsäure selbst keine Substitutionsproducte erhalten können, aber man hat aus der Bibrombernsteinsäure (§. 1128) ein Zersetzungsproduct erhalten, welches die Zusammensetzung des sauren bromäpfelsauren Natrons besitzt. 1306.

Saures bromäpfelsaures Natron *): $\Theta_4H_4BrNa\Theta_5$. Kocht man eine wässerige Lösung von neutralem bibrombernsteinsaurem Natron und dampft man die Lösung ein, so entsteht ein Brei feiner Krystalle, die durch Auspressen, Waschen mit verdünntem Alkohol und Umkrystalsiren gereinigt werden können. Man kann aus diesem Natronsalz andere Salze durch doppelte Zersetzung darstellen; die Bromäpfelsäure selbst hat man bis jetzt nicht erhalten können.

Das saure bromäpfelsaure Natron unterscheidet sich wesentlich von den bei andern Zersetzungen der Bibrombernsteinsäure entstehenden brommaleinsauren Salzen, insofern es beim Kochen mit Kalkwasser weinsauren Baryt erzeugt, während aus Brommaleinsäure keine Weinsäure erhalten werden kann.

Sulfobernsteinsäure: $\Theta_4H_6S\Theta_7$. An die Aepfelsäure schliesst sich noch die Sulfobernsteinsäure an. Sie steht zur Aepfelsäure und

*) Kekulé, Ann. Chem. Pharm. I. Suppl. 360.

Bernsteinsäure genau in derselben Beziekung, wie die Sulfoessigsäure (§, 1075) zur Glycolsäure und zur Essigsäure. Man kann in ihr das Radical der Aepfelsäure annehmen und sie durch folgende rationelle Formel ausdrücken:

$$\left.\begin{matrix} H \\ S\Theta_2' \\ \Theta_4\overset{''}{H}_3\Theta_2 \\ H_2 \end{matrix}\right\} \Theta_3.$$

Die Sulfobernsteinsäure wurde 1841 von Fehling *) durch Einwirkung von Schwefelsäureanhydrid auf Bernsteinsäure erhalten.

Man leitet Schwefelsäureanhydrid zu abgekühlter Bernsteinsäure, erwärmt einige Stunden auf 40°—50°, löst in Wasser, entfernt die Schwefelsäure durch vorsichtigen Zusatz von kohlensaurem Blei und fällt aus dem Filtrat durch Bleizucker sulfobernsteinsaures Blei. Aus diesem erhält man durch Zersetzen mit Schwefelwasserstoff die Sulfobernsteinsäure.

Die Sulfobernsteinsäure bildet warzenförmige zerfliessliche Krystalle: $\Theta_4H_6S\Theta_7 + H_2\Theta$, die in Wasser, Alkohol und Aether löslich sind. Sie ist dreibasisch; das Barytsalz: $\Theta_4H_3Ba_3S\Theta_7$ und das Bleisalz $\Theta_4H_3Pb_3S\Theta_7$ sind weisse Niederschläge.

Neunte Gruppe.

Dreibasisch-dreiatomige Säuren: $\Theta_n H_{2n-4}\Theta_6 = \left.\begin{matrix}\Theta_n H_{2n-7}\Theta_3 \\ H_3\end{matrix}\right\}\Theta_3$

1809. Man kennt bis jetzt nur eine Säure dieser Gruppe. Sie ist vor Kurzem von Simpson synthetisch, durch Zersetzung von Allyltricyanid erhalten worden.

Gerade so wie die Cyanide der einatomigen Alkoholradicale durch Aufnahme von Wasser in die Ammoniaksalze der um ein Atom Kohlenstoff reicheren fetten Säuren übergehen (§§. 609, 800); und gerade so wie aus Aethylencyanid (§. 1108 IV. 2) durch Aufnahme von Wasser das Ammoniaksalz einer zweibasischen Säure entsteht, die zwei Atome Kohlenstoff mehr enthält als das zweiatomige Alkoholradical des angewandten Cyanids; so bildet sich auch bei Zersetzung des Allyltricyanids eine dreibasische Säure, welche neben dem Kohlenstoff des Allyls noch die drei Kohlenstoffatome des Cyans enthält. Man hat:

Methylcyanid: $\overset{'}{\Theta}H_3 \,.\, \Theta N + 2H_2\Theta = NH_3 + \Theta_2H_4\Theta_2$
Essigsäure.

Aethylendicyanid: $\overset{''}{\Theta_2}H_4 \,.\, 2\Theta N + 4H_2\Theta = 2NH_3 + \Theta_4H_6\Theta_4$
Bernsteinsäure.

*) Ann. Chem. Pharm. XXXVIII. 285; XLIX. 203.

Allyltricyanid: $\overset{\prime\prime\prime}{\Theta_3H_5} \, . \, 3\Theta N + 6H_2\Theta = 3NH_3 + \Theta_6H_8\Theta_6$

Neue Säure
(Carballylsäure.)

Will man diese Säuren durch Formeln ausdrücken, die nach den am meisten gebrauchten Principien der neueren Typentheorie gebildet sind, so hat man:

$$\left.\begin{matrix}\Theta_2\overset{\prime}{H}_3\Theta\\ H\end{matrix}\right\}\Theta \qquad \left.\begin{matrix}\Theta_4\overset{\prime\prime}{H}_4\Theta_2\\ H_2\end{matrix}\right\}\Theta_2 \qquad \left.\begin{matrix}\Theta_6\overset{\prime\prime\prime}{H}_5\Theta_3\\ H_3\end{matrix}\right\}\Theta_3.$$

Will man durch die Formel gleichzeitig an die synthetische Bildung aus den um 1, 2 oder 3 Atomen Kohlenstoff ärmeren Alkoholradicalen erinnern, so könnte man sich etwa der folgenden Formeln bedienen (vgl. §§. 1109, 796, 801):

$$\overset{\prime}{\Theta}H_3 \, . \, \Theta\Theta \, . \, \Theta \, . \, H \qquad \Theta_2\overset{\prime\prime}{H}_4\left\{\begin{matrix}\Theta\Theta\\ \Theta\Theta\end{matrix}\right\}\Theta_2\left\{\begin{matrix}H\\ H\end{matrix}\right. \qquad \Theta_3\overset{\prime\prime\prime}{H}_5\left\{\begin{matrix}\Theta\Theta\\ \Theta\Theta\\ \Theta\Theta\end{matrix}\right\}\Theta_3\left\{\begin{matrix}H\\ H\\ H\end{matrix}\right. .$$

Diese Formeln sind, wie man leicht sieht, ein möglichst getreuer Ausdruck der Ansichten, die früher öfter durch graphische Darstellung ausgedrückt wurden. Sie zeigen also, wenn gleich etwas weniger klar als die graphische Darstellung es thut, dass ein Theil der Kohlenstoffatome an Wasserstoff ein anderer Theil an Sauerstoff gebunden ist. Sie zeigen ferner, dass für die drei in Rede stehenden Säuren die typischen, das heisst durch Vermittlung des Sauerstoffs mit der Kohlenstoffgruppe verbundenen, Wasserstoffatome sämmtlich gleichwerthig sind, insofern für jedes solche Wasserstoffatom ein an Kohlenstoff gebundenes Sauerstoffatom vorhanden ist. In der That ist die Essigsäure einbasisch, die Bernsteinsäure zweibasisch und die von Simpson vor Kurzem entdeckte Säure dreibasisch.

Carballylsäure: $\Theta_6H_8\Theta_6 = \left.\begin{matrix}\Theta_6\overset{\prime\prime\prime}{H}_5\Theta_3\\ M_3\end{matrix}\right\}\Theta_3$. Sie entsteht durch 1310.
Zersetzung des Allyltricyanids mit Kalilauge (Simpson*) 1862).

Allyltribromid (§. 1257) wurde mit einer alkoholischen Kalilösung längere Zeit auf 100° erhitzt; die vom Bromkalium abgegossene alkoholische Lösung wurde dann mit Kalilauge gekocht, wobei sich reichlich Ammoniak entwickelte. Der Alkohol wurde abdestillirt, das Kalisalz mit Salpetersäure zerlegt und die zur Trockene verdampfte Masse mit Alkohol ausgezogen. Durch Verdunsten des Alkohols wurde die Säure und aus dieser das Ammoniaksalz dargestellt. Dieses diente zur Darstellung des Silbersalzes, aus welchem durch Schwefelwasserstoff die reine Säure erhalten wurde.

Simpson hat die so erhaltene Säure nicht benannt; sie mag hier vorläufig als Carballylsäure bezeichnet werden.

Die **Carballylsäure** ist krystallisirbar, in Wasser, Alkohol und Aether löslich. Sie schmilzt bei 158° und zersetzt sich bei stärkerem

---

*) Proceedings of the Royal Soc. XII. 286.

Erbitzen. Sie ist dreibasisch. Ihre Zusammensetzung wurde durch Analyse der freien Säure und durch Analyse des Silbersalzes festgestellt.

Die wässrige Lösung der Säure erzeugt mit essigsaurem Blei einen reichlichen Niederschlag, der in concentrirter Essigsäure löslich ist. Die neutralisirte Säure wird in wässriger Lösung von Chlorcalcium und Chlorbaryum nicht gefällt; auf Zusatz von Alkohol ensteht ein Niederschlag.

Zehnte Gruppe.

Vieratomige Verbindungen.

1311. Die theoretischen Ansichten, welche der in diesem Lehrbuch gebrauchten Classification zu Grunde liegen, lassen die Existenz vieratomiger Verbindungen voraussehen, die durch folgende allgemeine Formeln ausgedrückt werden (vgl. §. 601):

$\left.\begin{matrix}\Theta_n \overset{''''}{H}_{2n-2}\\ H_4\end{matrix}\right\}\Theta_4$	$\left.\begin{matrix}\Theta_n \overset{''''}{H}_{2n-4}O\\ M.H_3\end{matrix}\right\}\Theta_4$	$\left.\begin{matrix}\Theta_n \overset{''''}{H}_{2n-6}\Theta_2\\ M_2.H_2\end{matrix}\right\}\Theta_4$	$\left.\begin{matrix}\Theta_n \overset{''''}{H}_{2n-8}\Theta_3\\ M_3.H\end{matrix}\right\}\Theta_4$
Vieratomiger Alkohol.	Einbasische Säure.	Zweibasische Säure.	Dreibasische Säure.

$$\left.\begin{matrix}\Theta_n \overset{''''}{H}_{2n-10}\Theta_4\\ M_4\end{matrix}\right\}\Theta_4$$

Vierbasische Säure.

Man kennt bis jetzt nur drei Verbindungen, die mit einiger Sicherheit als hierhergehörig erkannt sind. Es sind dies die folgenden:

1) Ein vieratomiger Alkohol, der Erythrit: $\Theta_4H_{10}\Theta_4$.

2) Eine zweibasisch-vieratomige Säure, die Weinsäure: $\Theta_4H_6\Theta_6$.

3) Eine dreibasisch-vieratomige Säure, die Citronensäure: $\Theta_6H_8\Theta_7$.

Wahrscheinlich gehört in diese Gruppe ausserdem noch eine mit der Weinsäure homologe Säure, die Homoweinsäure oder die Glycoläpfelsäure (§. 1337):

$\left.\begin{matrix}\Theta_4\overset{''''}{H}_6\\ H_4\end{matrix}\right\}\Theta_4$	$\left.\begin{matrix}\Theta_4H_2O_2\\ M_2H_2\end{matrix}\right\}O_4$	$\left.\begin{matrix}\Theta_5H_4\Theta_2\\ M_2H_2\end{matrix}\right\}\Theta_4$	$\left.\begin{matrix}\Theta_6H_4\Theta_3\\ M_3H\end{matrix}\right\}\Theta_4$
Erythrit	Weinsäure.	Homoweinsäure. Glycoläpfelsäure.	Citronensäure.

1312. **Erythrit:** $\Theta_4H_{10}O_4 = \left.\begin{matrix}\Theta_4\overset{''''}{H}_6\\ H_4\end{matrix}\right\}\Theta_4$.

Der **Erythrit** *) wurde 1848 von Stenhouse als Zersetzungspro-

*) Vgl. bes.: Stenhouse, Ann. Chem. Pharm. LXVIII. 78; LXX. 225. — Lamy, ibid. LXXXIV. 369. — Hesse, ibid. CXVII. 327.

duct des in verschiedenen Flechtenarten, namentlich der Roccella Montagnei, enthaltenen Erythrins entdeckt. Lamy fand 1852 in einer Algenart (Protococcus vulgaris) dieselbe Substanz, bezeichnete sie als Phyoit und erkannte ihre Identität mit Erythrit.

Der Erythrit wurde früher als Pseudo-orcin, Erythromannit, Erythroglycin bezeichnet.

Stenhouse gab ihm die Formel: $C_{10}H_{13}O_{10}$; Strecker *) schlug dann die mit der hier gebrauchten identische Formel: $C_8H_{10}O_8$ vor. Gerhardt nahm die Formel: $C_{14}H_{18}O_{12}$ an und hielt den Erythrit für homolog mit Mannit. Lamy gebrauchte die Formel: $C_{12}H_{15}O_{12}$ Dieselbe Formel hielt auch Berthelot **) für die wahrscheinlichste (gestützt auf die Analysen der von ihm dargestellten Verbindungen des Erythrits mit Säuren), aber er bemerkt doch: die Formel: $C_8H_{10}O_8$ habe einige Wahrscheinlichkeit und der Erythrit erscheine dann als vieratomiger Alkohol. Diese letztere, von Strecker vorgeschlagene und auch hier gebrauchte Formel, wurde in neuester Zeit von de Luynes ***) durch die Beobachtung festgestellt, dass der Erythrit bei Einwirkung von Jodwasserstoff zu Butyljodid reducirt wird.

Der Erythrit wird durch die oben erwähnte Reduction als vieratomiger Alkohol charakterisirt; (vgl. das analoge Verhalten des dreiatomigen Alkohols (Glycerin) gegen Jodwasserstoff §. 1234). — Man überzeugt sich leicht, dass auch alle näher untersuchten Abkömmlinge des Erythrits mit dieser Auffassung in Uebereinstimmung stehen.

Darstellung. Aus Roccella Montagnei. Man zieht die Flechte mit Kalkmilch aus, kocht den Auszug bis auf etwa 1/4 ein, fällt den gelösten Kalk mit Kohlensäure, filtrirt und dampft das Filtrat im Wasserbad zum Syrup. Man setzt dann Alkohol zu und reinigt den nach einigen Tagen auskrystallisirenden Erythrit durch wiederholtes Umkrystallisiren aus Alkohol. — Aus Protococcus vulgaris. Man kocht einige Stunden mit Wasser, dampft die filtrirte und entfärbte Lösung zum Syrup ein, fällt mit Weingeist oder Bleiessig und lässt das Filtrat krystallisiren (Lamy).

Eigenschaften. Der Erythrit bildet grosse wasserhelle Krystalle des quadratischen Systems. Er löst sich leicht in Wasser, wenig in kaltem Weingeist, nicht in Aether. Er schmeckt süss, schmilzt bei 120° und verflüchtigt sich bei 300° unter theilweiser Zersetzung.

Der Erythrit liefert beim Erhitzen eine zuckerähnliche Substanz, welche alkalische Kupfersalzlösungen reducirt. Bei längerem Kochen mit concentrirter Jodwasserstoffsäure wird er reducirt unter Bildung von Butyljodid (de Luynes):

$$\underset{\text{Erythrit.}}{\Theta_4H_{10}\Theta_4} + 7HJ = \underset{\text{Butyljodid.}}{\Theta_4H_9J} + 4H_2\Theta + 3J_2$$

*) Ann. Chem. Pharm. LXVIII. 111.

**) Chimie organique II 222 ff.

***) 1862. Ann. Chem. Pharm. CXXV. 252.

Von Kalihydrat wird er bei 220° zersetzt; es entsteht unter Wasserstoffentwicklung essigsaures Kali (Hesse):

$$\Theta_4H_{10}\Theta_4 + 2KH\Theta = 2\Theta_2H_3K\Theta_2 + H_2 + 2H_2\Theta$$

Erythrit. Essigs. Kali.

Beim Erhitzen mit Salpetersäure entsteht leicht Oxalsäure.

Verbindungen des Erythrits. Der Erythrit kann seine 4 typischen Wasserstoffatome gegen Radicale, besonders gegen Säureradicale austauschen. Der vierfach salpetersaure Erythrit, s. g. Nitroerythrit, wurde schon von Stenhouse entdeckt. In neuerer Zeit hat Berthelot gezeigt, dass sich der Erythrit bei längerem Erhitzen mit Essigsäure, Stearinsäure oder Benzoesäure, unter Wasseraustritt mit diesen Säuren verbindet um ätherartige Verbindungen zu erzeugen; diese Verbindungen sind indess bis jetzt nicht näher untersucht.

In den Flechten findet sich der Erythrit in Form einer solchen Aetherart; als zweifach orsellsaures Erythrit.

Dieser, das s. g. Erythrin, spaltet sich zunächst nach der Gleichung:

$$\Theta_{20}H_{22}\Theta_{10} + H_2\Theta = \Theta_8H_8\Theta_4 + \Theta_{12}H_{16}\Theta_7$$

Erythrin. Orsellsäure. Pikroerythrin.

Das Pikroerythrin zerfällt dann weiter:

$$\Theta_{12}H_{16}\Theta_7 + H_2O = \Theta_8H_8O_4 + \Theta_4H_{10}\Theta_4$$

Pikroerythrin. Orsellsäure. Erythrit.

Statt der Orsellsäure wird aber bei den meisten Spaltungen ihr Zersetzungsproduct das Orcin erhalten;

$$\Theta_8H_8\Theta_4 = \Theta_7H_8O_2 + \Theta\Theta_2$$

Orsellsäure. Orcin.

Eine Verbindung des Erythrits mit Schwefelsäure wurde in neuester Zeit von Hesse beschrieben.

Salpetersaurer Erythrit, s. g. Nitroerythrit:

$$\Theta_4H_6(N\Theta_2)_4\Theta_4 = \left.\begin{matrix}\Theta_4H_6''''\\(N\Theta_2)_4\end{matrix}\right\}\Theta_4.$$

Man trägt gepulverten Erythrit in stark abgekühlte rauchende Salpetersäure ein und setzt dann ein gleiches Volum Vitriolöl zu. Nach $^1/_2$ Stunde erstarrt das Ganze zu einem Krystallbrei. Man lässt die Krystalle auf einem mit Asbest verstopften Trichter abtropfen, wascht mit kaltem Wasser und krystallisirt aus heissem Alkohol um.

Der Nitroerythrit bildet grosse glänzende Krystallblätter, die bei 61° schmelzen. Er verbrennt beim Entzünden mit heller Flamme, verpufft aber heftig beim Stoss (Stenhouse)

Erythritschwefelsäure. Man löst Erythrit in 20—30 Th. concentrirter Schwefelsäure und erwärmt auf 60° —70°. Man verdünnt mit Wasser, sättigt mit kohlensaurem Bleioxyd, filtrirt und dampft ein. Das so erhaltene amorphe *Bleisalz* ist in lufttrockenem Zustand: $\Theta_8H_{22}Pb_3S_3\Theta_{20}$; es zersetzt sich bei 100° noch ehe alles Krystallwasser weggegangen. — Das *Barytsalz*, durch Zersetzung des Bleisalzes mit Schwefelsäure und Neutralisiren der Lösung mit kohlensaurem Baryt erhalten, ist eine halb krystallinische hygroscopische Masse: $\Theta_8H_{17}Ba_3S_3\Theta_{17}$. Das **Kalksalz** ist amorph: $\Theta_8H_{17}Ca_3S_3\Theta_{17}$. Da auch das Baryt- und Kalksalz ihr Wasser erst bei Temperaturen verlieren, bei welchen die Salze selbst Zzersetzung erleiden, so bleibt es zweifelhaft, ob sie Krystallwasser enthalten. Hesse nimmt in beiden Salzen $8H_2\Theta$ als Krystallwasser an und gibt folglich der Erythritschwefelsäure die Formel: $\Theta_8H_{14}S_3\Theta_{11}$. Es scheint wahrscheinlicher, dass sie mindestens: $\Theta_8H_{18}S_3\Theta_{15}$ ist Nimmt man das Baryt- und Kalksalz für wasserfrei, so ist die Säure: $\Theta_8H_{20}S_3\Theta_{17}$; ihre Bildung erklärt sich dann aus der Gleichung:

$$2\Theta_4H_{10}\Theta_4 + 3S\Theta_4H_2 = \Theta_8H_{20}S_3\Theta_{17} + 3H_2\Theta$$

und man könnte sie durch die rationelle Formel ausdrücken·

$$\left.\begin{matrix} H_8 \\ (\Theta_4\overline{H}_6)_2 \\ (\overset{''}{S\Theta_2})_3 \\ H_3 \end{matrix}\right\} \Theta_{11}.$$

$$\text{Weinsäure: } \Theta_4H_6\Theta_6 = \left.\begin{matrix} \Theta_4\overset{IV}{H_2}\Theta_2 \\ H_4 \end{matrix}\right\} \Theta_4.$$

1313. An die Bernsteinsäure (§ 1120) und an die Aepfelsäure (§ 1301) schliesst sich direct eine durch die empirische Formel $\Theta_4H_6\Theta_6$ ausgedrückte Säure an, die vorläufig als **Weinsäure** bezeichnet werden mag. Sie enthält 1 At. Θ mehr als die Aepfelsäure, und verhält sich demnach zu dieser wie die Aepfelsäure selbst zur Bernsteinsäure:

Bernsteinsäure	$\Theta_4H_6\Theta_4$
Aepfelsäure	$\Theta_4H_6\Theta_5$
Weinsäure	$\Theta_4H_6\Theta_6$

Aus diesen Beziehungen leitet sich für die Weinsäure die rationelle Formel her:

$$\left.\begin{matrix} \Theta_4\overset{IV}{H_2}\Theta_2 \\ H_4 \end{matrix}\right\} \Theta_4 \quad \text{oder} \quad \left.\begin{matrix} H_2 \\ \Theta_4\overset{IV}{H_2}\Theta_2 \\ M_2 \end{matrix}\right\} \Theta_4$$

nach welcher die Weinsäure **vieratomig** aber dabei nur **zweibasisch** ist.

Diese Formel erinnert einerseits an die thatsächlichen Beziehungen der Weinsäure zur Bernsteinsäure und zur Aepfelsäure (vgl. 1108 II. 2) und sie ist ausserdem ein einfacher Ausdruck des chemischen Verhaltens der Weinsäure selbst und ihrer wichtigsten Abkömmlinge. — Dieselben Betrachtungen, die früher gelegentlich der einbasisch-zweiatomigen Säuren mitgetheilt wurden (Glycolsäure, Milchsäure, vgl. §. 1059) und die in etwas weiterer Ausdehnung von der Natur der Glycerinsäure und der Aepfelsäure (vgl. §§. 1294, 1298) Rechenschaft geben, sind in noch etwas mehr erweiterter Form auch auf die zweibasisch-vieratomige Weinsäure anwendbar und sie lassen mit grosser Wahrscheinlichkeit die Existenz zahlreicher bis jetzt nicht dargestellter Derivate voraussehen.

1814. Das Studium der durch die Formel: $\Theta_4H_6\Theta_6$ ausgedrückten Säure wird dadurch erschwert, aber auch grade dadurch besonders interessant, dass mindestens fünf verschiedene Säuren von dieser Zusammensetzung existiren, von welchen einige in nahezu allen chemischen Eigenschaften übereinkommen, während sie in ihren physikalischen Eigenschaften höchst bemerkenswerthe Verschiedenheiten zeigen.

Diese fünf Modificationen der Weinsäure sind:

1) Rechtsweinsäure (gewöhnliche Weinsäure).
2) Linksweinsäure (Antiweinsäure).
3) Paraweinsäure (Traubensäure).
4) Inactive Weinsäure.
5) Metaweinsäure.

An diese fünf genauer untersuchten Modificationen der Weinsäure schliesst sich noch die Mesoweinsäure an, die in neuester Zeit von Dessaignes erhalten wurde (vergl. §. 1335).

1815. Es scheint geeignet, zunächst das Wichtigste über die Isomerie dieser fünf Modificationen der Weinsäure hier zusammenzustellen.

Die Rechtsweinsäure (gewöhnliche Weinsäure) bildet wasserfreie Krystalle des rhombischen Systems Sie ist optisch wirksam und zwar dreht sie die Polarisationsebene nach rechts; $[\alpha] = + 9^0 6'$. Ihre Salze zeigen häufig hemiedrische Flächen.

Die Linksweinsäure (Antiweinsäure) bildet ebenfalls wasserfreie Krystalle des rhombischen Systems. Sie ist optisch wirksam, wie die Rechtsweinsäure, aber sie dreht die Polarisationsebene nach links. Ihr Drehungsvermögen ist übrigens genau eben so gross, wie das der Rechtsweinsäure: $[\alpha] = - 9^0 6'$.

Ihre Salze haben meist hemiedrische Flächen; aber sie zeigen eine den entsprechenden Salzen der Rechtsweinsäure entgegengesetzte Hemiedrie.

Die Paraweinsäure (Traubensäure) krystallisirt mit Krystallwasser; ihre Krystalle sind triklinometrisch. Sie ist optisch unwirksam, und kann in Rechtsweinsäure und in Linksweinsäure gespalten werden.

Die inactive Weinsäure ist optisch unwirksam wie die Paraweinsäure, aber es gelingt nicht sie in Rechtsweinsäure und Linksweinsäure zu zerlegen.

Die Metaweinsäure, eine aus der gewöhnlichen Weinsäure durch Einwirkung von Wärme entstehende Modification, ist zerfliesslich und nicht krystallisirbar; ihre Salze unterscheiden sich von denen der gewöhnlichen Weinsäure durch ihre Krystallform und durch grössere Löslichkeit.

Die physikalischen Unterschiede der vier ersten der eben aufgezählten Modificationen der Weinsäure und die merkwürdigen Umwandlungen und Spaltungen derselben werden am leichtesten verständlich durch eine kurze historische Darstellung *) der wichtigsten hierhergehörigen Entdeckungen. 1816.

Gelegentlich seiner klassischen Untersuchungen über die Polarisation des Lichtes fand Biot (seit 1813), dass senkrecht zur krystallographischen Axe geschliffene Quarzplatten die Polarisationsebenen der einfachen Lichtstrahlen bisweilen nach rechts, bisweilen nach links drehen. John Herrschel brachte dann diese Entdeckung mit den krystallographischen Beobachtungen von Hauy und Weiss in Beziehung, indem er zeigte, dass alle Quarzkrystalle, bei welchen die hemiedrischen (tetartoëdrischen) Flächen oben rechts und unten links gestellt sind, die Polarisationsebene nach links drehen, während die andere Art der nicht congruent hemiedrischen Quarzkrystalle, diejenigen also bei welchen die hemiedrischen Flächen oben links und unten rechts gestellt sind, constant rechts drehend sind.

Dass auch Flüssigkeiten und dass namentlich Lösungen organischer Substanzen die Fähigkeit besitzen die Polarisationsebene des Lichtes zu drehen, fand Biot 1815. Er beobachtete dieses moleculare Rotationsvermögen (Circularpolarisation) u. a. an der Weinsäure und ihren Salzen. Er beobachtete gleichzeitig, dass die Traubensäure und ihre Salze optisch unwirksam sind, das heisst, dass sie kein Rotationsvermögen besitzen.

Pasteur beobachtete dann (seit 1841), dass die Salze der gewöhnlichen Weinsäure meist hemiedrische Flächen besitzen und dass diese hemiedrische Flächen stets an derselben Seite des Krystalls auftreten. Eine krystallographische Untersuchung der traubensauren Salze lehrte,

*) Vgl bes.: Biot, Ann Chem. Pharm. LII. 166; LXXVI. 189. — Pasteur, ibid. LXXII. 164; LXXXIV. 157; LXXXVIII. 211, auch Jahresb.: 1847—1848, 31 u. 205: 1849, 127 u 307; 1852, 175; 1853, 423.

dass die meisten derselben keine Spur hemiedrischer Flächen zeigen. Als Pasteur dann eine Lösung von traubensaurem Natron - Ammoniak (welches Mitscherlich für völlig isomorph mit dem entsprechenden Doppelsalz der gewöhnlichen Weinsäure gehalten hatte) krystallisiren liess, fand sich, dass alle Krystalle hemiedrisch waren, genau wie die des entsprechenden Salzes der gewöhnlichen Weinsäure; nur waren die hemiedrischen Flächen (+ oder − $\frac{P}{2}$ der Figur) bei manchen rechts, bei anderen links gestellt.

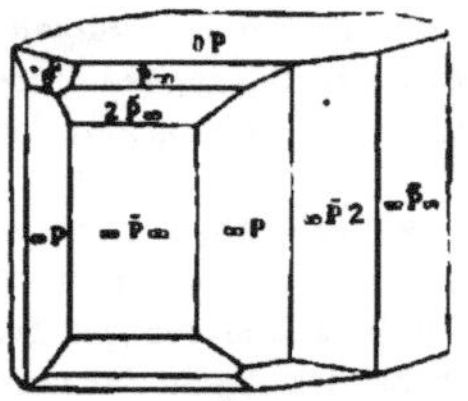

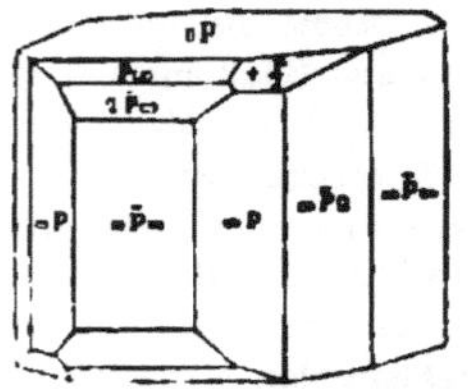

Er trennte beide Arten von Krystallen durch Auslesen und beobachtete zunächst, dass die Krystallform derselben beim Umkrystallisiren genau dieselbe blieb: die rechtshemiedrischen Krystalle gaben wieder nur rechtshemiedrische, die linkshemiedrischen gaben nur Krystalle bei welchen die hemiedrischen Flächen links gestellt waren. Eine optische Untersuchung zeigte, dass die Lösung der rechtshemiedrischen Krystalle die Polarisationsebene nach rechts dreht, während die Lösung der linkshemiedrischen Krystalle linksdrehend ist. Aus den ersteren konnte durch Darstellung des Bleisalzes und Zersetzen desselben mittelst Schwefelsäure oder Schwefelwasserstoff eine rechtsdrehende und mit der gewöhnlichen Weinsäure in allen Eigenschaften völlig identische Säure erhalten werden. Die Lösung der linksdrehenden und linkshemiedrischen Krystalle gab dagegen gab eine linksdrehende Modification der Weinsäure, deren Salze sämmtlich ebenfalls nach links drehen. Das krystallographische Studium der Salze dieser beiden aus der Traubensäure erhaltenen Weinsäuren zeigte, dass fast alle Salze beider Säuren hemiedrisch sind, und dass bei den Salzen der einen die hemiedrischen Flächen gerade da auftreten wo sie bei den Salzen der anderen fehlen. Die Salze der einen Modification verhalten sich stets zu den Salzen der andern wie rechts und links oder wie Bild und Spiegelbild. Mit einem Wort: die Salze dieser beiden Modificationen der Weinsäure sind entgegengesetzt hemiedrisch, sie zeigen nicht-congruente Hemiedrie.

Auch für die freien Säuren zeigte sich eine Verschiedenheit der Krystallform. Habitus, Spaltbarkeit und Winkel der Krystalle sind für beide Säuren dieselben, aber für die rechtsdrehende Modification treten an dem schiefen rhombischen Prisma hemiedrische Flächen an der einen Seite auf, während sich für die linksdrehende Modification dieselben hemiedrischen Flächen gerade auf der anderen Seite zeigen. Die folgenden Figuren zeigen diese Krystalle in verschiedenen Stellungen; die hemiedrischen Flächen sind mit (P ∞) bezeichnet.

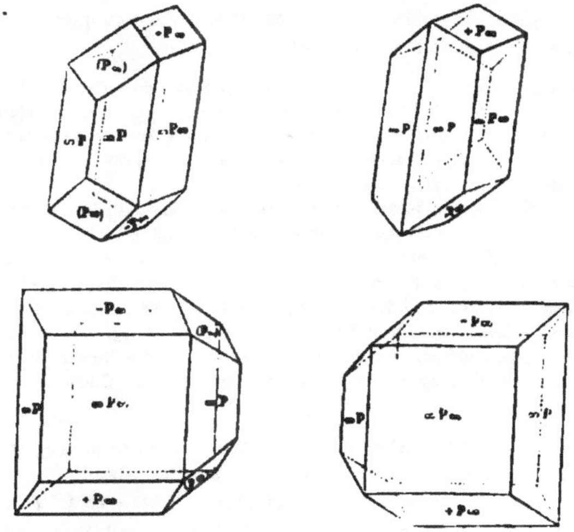

Beide Säuren zeigen Pyroelektricität und zwar tritt bei dem Erkalten die positive Elektricität immer an der Seite des Krystalls auf, an welcher die hemiedrischen Flächen vorhanden sind.

Es war so gelungen, die Traubensäure in zwei Bestandtheile, in Rechtsweinsäure und in Linksweinsäure, zu spalten. Ein weiterer Versuch zeigte, dass durch Vereinigung beider wieder Traubensäure entsteht.

Vermischt man nämlich concentrirte Lösungen beider Säuren, so tritt merkliche Wärmeentwicklung ein und es scheidet sich sogleich eine reichliche Menge von Traubensäure-krystallen aus. Ebenso entstehen traubensaure Salze, wenn man rechtsweinsaure Salze mit linksweinsauren Salzen zu gleichen Aequivalenten mischt.

Die Rechtsweinsäure und die Linksweinsäure sind, wie erwähnt, in fast allen rhombischen Eigenschaften identisch; sie unterscheiden sich aber wesentlich durch das entgegengesetzte Auftreten der hemiedrischen Flächen, durch entgegengesetztes Drehungsvermögen und durch das entgegengesetzte Auftreten der Pyroelektricität. Beide geben völlig entsprechende Salze; gleicher Wassergehalt, gleiche Löslichkeit und gleiche Krystallform; nur stets entgegengesetzte Hemiedrie und entgegengesetztes Drehungsvermögen. — Die chemische Identität der beiden Weinsäuren findet indess nur solange statt, als optisch unwirksame Substanzen mit ihnen zusammengebracht werden; sobald optisch wirksame Substanzen in Wirkung treten, hört die Identität auf. Verbindungen, die von der einen Säure leicht erhalten werden, können bisweilen von der andern nicht dargestellt werden. In anderen Fällen erzeugen zwar beide Weinsäuren entsprechende Verbindungen, aber diese sind in ihren Eigenschaften verschieden.

So verbindet sich z. B. das saure Ammoniaksalz der Rechtsweinsäure mit dem sauren Ammoniaksalz der optisch wirksamen Aepfelsäure zu einem leicht krystallisirenden Doppelsalz. Das saure Ammoniaksalz der Linksweinsäure ist dagegen nicht fähig mit dem sauren Ammoniaksalz der optisch wirksamen Aepfelsäure eine Verbindung einzugehen.

Die Rechtsweinsäure bildet mit Asparagin eine krystallisirbare Verbindung; die Linksweinsäure lässt sich mit Asparagin nicht vereinigen.

Cinchonin, Chinin, Brucin und Strychnin, vier optisch wirksame Basen, geben mit beiden Modificationen der Weinsäure je ein saures und ein neutrales Salz. Die acht Salze der einen Modification der Weinsäure unterscheiden sich von den entsprechenden Salzen der andern Modification durch Wassergehalt, durch Krystallform oder durch Löslichkeit. Besonders auffallend sind die Unterschiede der Löslichkeit bei den Verbindungen der beiden Weinsäuren mit Cinchonicin und mit Chinicin.

Das verschiedene Verhalten der beiden Weinsäuren gegen optisch wirksame Substanzen gibt ein neues Mittel an die Hand, die Traubensäure in ihre beiden Bestandtheile zu zerlegen. Löst man Cinchonicin in Traubensäure, so krystallisirt aus der hinlänglich concentrirten Lösung zuerst linksweinsaures Cinchonicin. Aus einer Lösung von Chinicin in Traubensäure scheidet sich zuerst rechtsweinsaures Chinicin aus.

Vor Kurzem hat Pasteur gezeigt *), dass die Traubensäure auch durch Gährung zerlegt werden kann. Bringt man nämlich in eine mit Spuren von phosphorsaurem Salz versetzte Lösung von Traubensäure einige Sporen von Penicillium glaucum, so tritt Gährung ein; dabei wird nur die Rechtsweinsäure zersetzt, und wenn man die Gährung nach einiger Zeit unterbricht, so enthält die Flüssigkeit nur Linksweinsäure.

Die Traubensäure kann künstlich aus Rechtsweinsäure oder aus Linksweinsäure dargestellt werden (Pasteur) **). Wird weinsaures Cinchonin anhaltend auf 170° erhitzt, so verändert sich zuerst die Base und geht in Cinchonicin und dann in Chinoïdin über; später, nach 5 bis 6stündigem Erhitzen verändert sich auch die Säure, indem sie

*) Jahresber. 1858. 248; 1860. 250.
**) ibid. 1853. 422. — Ann. Chem. Pharm. LXXXVIII. 211.

zum Theil in Traubensäure umgewandelt wird. Man zieht das harzartige Product mit siedendem Wasser aus und versetzt die erkaltete Lösung mit Chlorcalcium, wodurch der traubensaure Kalk sogleich gefällt wird. Die aus diesem abgeschiedene Säure hat alle Eigenschaften der natürlichen Traubensäure. Die Linksweinsäure gibt unter denselben Umständen ebenfalls Traubensäure. Auch beim Erhitzen von Weinsäureäther wird Traubensäure erzeugt.

Die inactive oder optisch unwirksame Weinsäure entsteht bei den eben erwähnten künstlichen Bildungen der Traubensäure. Wenn man, nach dem Zusatz von Chlorcalcium direct von dem gefällten traubensauren Kalk abfiltrirt, so scheidet sich nach 24 Stunden aus dem Filtrat das Kalksalz der inactiven Weinsäure in kleinen Krystallen aus. Die inactive Weinsäure wird wahrscheinlich aus vorher gebildeter Traubensäure erzeugt, man erhält wenigstens eine erhebliche Menge dieser Modification, wenn traubensaures Cinchonin mehrere Stunden lang auf 170° erhitzt wird (vgl. §. 1335).

Beziehungen der Weinsäure zu verwandten Substanzen.

I. Die oben erörterten Beziehungen der Weinsäure zur Bernsteinsäure und zur Aepfelsäure finden ihre Bestätigung in den folgenden Thatsachen: 1317.

1) Die Weinsäure kann durch Reduction in Aepfelsäure und Bernsteinsäure übergeführt werden.

Diese Reduction wurde zuerst von Schmitt *) ausgeführt; sie erfolgt leicht, wenn Weinsäure mit concentrirter Jodwasserstoffsäure einige Stunden auf 120° erhitzt wird. Fast gleichzeitig fand Dessaignes **), dass auch bei Einwirkung von Jod und Phosphor auf Weinsäure Bernsteinsäure erzeugt wird; er zeigte später, dass dabei gleichzeitig Aepfelsäure entsteht.

2) Umgekehrt kann durch indirecte Oxydation aus Bernsteinsäure Weinsäure erhalten werden.

Die Bibrombernsteinsäure (§. 1128) zersetzt sich beim Kochen ihres Silbersalzes oder beim Kochen des Kalksalzes mit überschüssigem Kalkwasser und liefert Weinsäure (Perkin und Duppa ***), Kekulé †).

Die so dargestellte Weinsäure ist optisch unwirksam; sie wurde anfangs für identisch mit Paraweinsäure (Traubensäure) gehalten (Pasteur, Kekulé); nach einer sorgfältigeren Untersuchung scheint sie indess von der gewöhnlichen Trau-

---

*) Ann. Chem. Pharm. CXIV. 109.
**) ibid. CXV. 120; CXVII. 134.
***) ibid. CXVII. 130.
†) ibid. CXVII. 124; Suppl. I. 375, 376.

bensäure verschieden zu sein. Sie krystallisirt zwar wie diese in wasserhaltigen, schwach verwitternden Prismen, aber ihr Kalksalz ist in siedendem Wasser löslicher als das Kalksalz der Traubensäure und es scheidet sich beim Erkalten in würfelförmigen Krystallen aus, die 3 Molecüle Krystallwasser enthalten, während der traubensaure Kalk, bei gleicher Darstellung, prismatische Krystalle mit 4 Mol. Krystallwasser bildet. Die aus Bernsteinsäure dargestellte Weinsäure konnte bis jetzt nicht in zwei Componenten zerlegt werden (Kekulé) *).

Auch das Natronsalz der Monobromäpfelsäure (§. 1308), die freilich bis jetzt nicht durch Substitution aus Aepfelsäure erhalten werden konnte, liefert beim Kochen mit Kalkwasser weinsauren Kalk (Kekulé).

II. Säuren von der Zusammensetzung der Weinsäure sind in neuerer Zeit durch Oxydation von Milchzucker, Gummi, Mannit, Dulcit, Sorbin und von Schleimsäure erhalten worden.

Liebig **) fand zuerst, dass aus Milchzucker und aus Gummi Weinsäure entsteht. Bohn wies durch Studium der physikalischen Eigenschaften nach, dass die so erhaltene Säure mit der gewöhnlichen Weinsäure (Rechtsweinsäure) identisch ist. Nach Carlet entsteht gleichzeitig etwas Traubensäure. Die aus Mannit und Dulcit entstehende Säure ist Traubensäure (Carlet). Auch aus Schleimsäure wird durch Behandeln mit Salpetersäure Traubensäure (Paraweinsäure) erhalten (Carlet). Das Sorbin liefert Rechtsweinsäure, Paraweinsäure und noch Mesoweinsäure (§. 1335) (Dessaignes).

Der chemische Charakter der Weinsäure wird in einfacher und möglichst klarer Weise durch die oben schon mitgetheilte typische Formel ausgedrückt. Diese Formel zeigt einerseits die Beziehungen der Weinsäure zu den aus ihr durch Wasserverlust entstehenden Anhydriden und sie gibt andererseits die Zusammensetzung aller der Derivate, die durch Eintritt von Radicalen in die Weinsäure entstehen.

I. Anhydride der Weinsäure.

1318. Da die Weinsäure vier Atome typischen Wasserstoffs enthält, so sieht man, von theoretischem Standpunkt, zunächst die Möglichkeit der Existenz zweier Anhydride der Weinsäure:

$\left.\begin{matrix}\Theta_4\overset{IV}{H}_2\Theta_2\\ H_4\end{matrix}\right\}\Theta_4$	$\left.\begin{matrix}\Theta_4\overset{IV}{H}_2\Theta_2\\ H_2\end{matrix}\right\}\Theta_3$	$\Theta_4\overset{IV}{H}_2\Theta_2 . \Theta_2$
Weinsäure.	Erstes Anhydrid.	Wahres Anhydrid.

*) Ann. Chem. Pharm. Suppl. I. 362

**) Liebig, Ann. Chem. Pharm. CXI 256, CXIII. 1; Bohn, ibid CXIII. 19 — Carlet, ibid. CXVII. 143 Jahresb. 1861 367 — Dessaignes, Compt. rend LV. 769.

Da aber ausserdem die typischen Wasserstoffatome der Weinsäure nicht gleichwerthig sind, so ist es denkbar, dass zur Erzeugung des ersten Anhydrids, entweder der alkoholische oder der basische Wasserstoff verwendet wird. Es könnten so drei isomere Modificationen des ersten Anhydrids erhalten werden, deren Beziehungen zur Weinsäure leicht aus folgenden Formeln verständlich sind:

$$\left.\begin{matrix}\overset{IV}{\Theta_4H_2O_2}\\ \mathbf{H}_2\end{matrix}\right\}\Theta_3 \qquad \left.\begin{matrix}H\\ \overset{IV}{\Theta_4H_2O_2}\\ \mathbf{H}\end{matrix}\right\}\Theta_3 \qquad \left.\begin{matrix}H_2\\ \overset{IV}{\Theta_4H_2O_2}\end{matrix}\right\}\Theta_3$$

Zweibasische Säure. Einbasische Säure. Neutrales Anhydrid.

Es ist weiter möglich, dass zwei oder mehr Molecüle Weinsäure sich unter Wasserverlust vereinigen, um so Substanzen zu erzeugen, die den früher beschriebenen Polymilchsäuren (§. 1085) oder auch den Polyglycerinen (§. 1230) und den Polyäthylenalkoholen (§. 962) analog sind. Die einfachste und desshalb wahrscheinlichste Verbindung der Art wäre die Diweinsäure, aus welcher sich durch weiteren Austritt von Wasser entsprechende Anhydride erzeugen könnten:

$$\left.\begin{matrix}H_2\\ \overset{IV}{\Theta_4H_2O_2}\\ \overset{IV}{\Theta_4H_2O_2}\\ \mathbf{H}_2\end{matrix}\right\}\Theta_7 \qquad \left.\begin{matrix}H_2\\ \overset{IV}{\Theta_4H_2O_2}\\ \overset{IV}{\Theta_4H_2\Theta_2}\\ \mathbf{H}_2\end{matrix}\right\}\Theta_6$$

Diweinsäure. Diweinsäureanhydrid.

Alle diese Substanzen könnten möglicherweise durch Einwirkung von Hitze auf Weinsäure erzeugt werden. Nun ist zwar das Verhalten der Weinsäure beim Erhitzen mehrfach untersucht worden, aber die Angaben der verschiedenen Forscher *) stimmen untereinander nicht überein.

Aus den bis jetzt vorliegenden Angaben ergibt sich mit einiger Wahrscheinlichkeit Folgendes:

Wird Weinsäure kurze Zeit auf 170⁰—180⁰ erhitzt, so entsteht zunächst Metaweinsäure. Sie ist mit der Weinsäure isomer und zweibasisch wie diese. Bei weiterem Erhitzen tritt etwas Wasser aus und es wird eine sehr lösliche Säure erzeugt, die Fremy Tartralsäure nennt und die wahrscheinlich Diweinsäure ist. Wird längere Zeit auf 180⁰ erhitzt, so entweicht nochmals Wasser und es entsteht eine einbasische Säure von der Formel: $\Theta_4H_4O_5$. Diese Säure, die Fremy Tartrelsäure nennt, ist entweder Diweinsäureanhydrid (siehe oben)

*) Vgl. bes.: Braconnot, Ann. Chem. Pharm. II. 815. — Fremy, ibid. XIX. 197; XXIX. 142 LXXVIII. 297. — Erdmann, ibid. XXI. 9. — Gerhardt u Laurent, ibid. LXX. 348.

oder vielleicht die einbasische Modification des ersten Anhydrids der Weinsäure. Bei fortgesetztem Erhitzen geht diese Säure ohne weiteren Wasserverlust in die unlösliche neutrale Modification des ersten Anhydrids über. Das wahre Anhydrid der Weinsäure ist bis jetzt nicht bekannt.

Gerhardt hält die Tartralsäure für isomer mit Weinsäure und Metaweinsäure. Er gründet diese Ansicht darauf, dass die Weinsäure selbst bei Zusatz von Wasser und ohne an Gewicht zu verlieren in Tartralsäure übergeführt werden kann. Die Analysen der tartralsauren Salze sprechen für die hier angenommene Formel und es ist sehr wohl denkbar, dass zwei Molecüle Weinsäure, selbst bei Gegenwart von etwas Wasser, sich unter Austritt von Wasser zu einem complicirteren Molecül vereinigen.

Nach neueren Versuchen von Schiff *) entsteht die Diweinsäure, wenn man Weinsäureanhydrid mit Weinsäure zusammenschmilzt.

II. Salze der Weinsäure.

1319. 1) Es wurde oben erwähnt, dass die Weinsäure von den 4 Atomen typischen Wasserstoffs nur 2 mit Leichtigkeit gegen Metalle austauscht. Es gilt dies von allen Modificationen der Weinsäure. Sie sind alle zweibasische Säuren und geben als solche saure und neutrale Salze und ausserdem noch Doppelsalze, d. h. Verbindungen, die gleichzeitig zwei verschiedene Metalle enthalten. Z. B.:

$$\left.\begin{array}{c}H_2\\ \Theta_4\overset{''}{H}_2\Theta_2\\ H.K\end{array}\right\}\Theta_4 \qquad \left.\begin{array}{c}H_2\\ \Theta_4\overset{''}{H}_2\Theta_2\\ K_2\end{array}\right\}\Theta_4 \qquad \left.\begin{array}{c}H_2\\ \Theta_4\overset{''}{H}_2\Theta_2\\ NaK\end{array}\right\}\Theta_4$$

Saures weinsaures Kali. — Neutrales weinsaures Kali. — Weinsaures Natron-Kali.

2) Die Weinsäure bildet ausserdem mit einigen dreiatomigen Elementen, namentlich mit Antimon, eine eigenthümliche Klasse von Salzen, die zwar auch für andere Säuren hie und da beobachtet die aber gerade bei der Weinsäure besonders ausführlich untersucht worden sind.

Die Constitution dieser Salze ist leicht verständlich; sie ergibt sich direct aus der dreiatomigen Natur des Antimons und sie tritt deutlich hervor in folgenden Formeln:

---

*) Vgl. H. Schiff, Zeitschr. Chem. Pharm. 1862 375.

$$\left.\begin{array}{r} H_2 \\ \Theta_4\overset{''}{H}_2\Theta_2 \\ H.\overset{'''}{Sb} \end{array}\right\}\begin{array}{l} \\ \Theta_4 \\ \Theta \end{array} \qquad \left.\begin{array}{r} H_2 \\ \Theta_4\overset{''}{H}_2\Theta_2 \\ K.\overset{'''}{Sb} \end{array}\right\}\begin{array}{l} \\ \Theta_4 \\ \Theta \end{array} \qquad \left.\begin{array}{r} H_2 \\ \Theta_4\overset{''}{H}_2\Theta_2 \\ \overset{'''}{Sb}_2 \end{array}\right\}\begin{array}{l} \\ \Theta_4 \\ \Theta_2 \end{array}$$

Saures weinsaures Antimonoxyd. — Weinsaures Antimonoxyd-Kali (Brechweinstein.) — Neutrales weinsaures Antimonoxyd.

Diese Formeln sind, wie man leicht sieht, ein typischer Ausdruck für den Gedanken, dass eine der drei Verwandtschaftseinheiten des Antimons an die Stelle von typischem Wasserstoff der Weinsäure tritt und so, statt dieses, eine Verwandtschaftseinheit des typischen Sauerstoffs der Weinsäure bindet.

Will man diese Salze direct mit den gewöhnlichen Salzen der Weinsäure vergleichen, so hat man nur nöthig, eine etwas weniger weit auflösende Formel zu gebrauchen. Man schreibt den durch Vermittlung des Antimons an die organische Gruppe gebundenen Sauerstoff mit dem Antimon zusammen und erhält so das einatomige Radical: $Sb\Theta$ (Antimonyl). Die Formeln der drei Salze sind dann:

$$\left.\begin{array}{r} H_2 \\ \Theta_4\overset{''}{H}_2\Theta_2 \\ H.Sb\Theta \end{array}\right\}\Theta_4 \qquad \left.\begin{array}{r} H_2 \\ \Theta_4\overset{''}{H}_2\Theta_2 \\ K.Sb\Theta \end{array}\right\}\Theta_4 \qquad \left.\begin{array}{r} H_2 \\ \Theta_4\overset{''}{H}_2\Theta_2 \\ (Sb\Theta)_2 \end{array}\right\}\Theta_4.$$

Werden diese drei Verbindungen bei höherer Temperatur getrocknet (160° — 200°), so verlieren sie Wasser und erzeugen Substanzen, die man entweder als weinsaure Salze ansehen kann, in welchen das dreiatomige Antimon drei der vier typischen Wasserstoffatome der Weinsäure vertritt *):

$$\left.\begin{array}{r} \Theta_4\overset{''}{H}_2\Theta_2 \\ H.\overset{'''}{Sb} \end{array}\right\}\Theta_4 \qquad \left.\begin{array}{r} \Theta_4\overset{''}{H}_2\Theta_2 \\ K.\overset{'''}{Sb} \end{array}\right\}\Theta_4$$

oder auch als Antimonyl-abkömmlinge des ersten Anhydrids der Weinsäure (§. 1318):

$$\left.\begin{array}{r} \Theta_4\overset{''}{H}_2\Theta_2 \\ H.\overset{'''}{Sb} \end{array}\right\}\begin{array}{l}\Theta_3 \\ \Theta\end{array} \qquad \left.\begin{array}{r} \Theta_4\overset{''}{H}_2\Theta_2 \\ K\,\overset{'''}{Sb} \end{array}\right\}\begin{array}{l}\Theta_3 \\ \Theta\end{array} \qquad \left.\begin{array}{r} \Theta_4\overset{''}{H}_2\Theta_2 \\ \overset{'''}{Sb}_2 \end{array}\right\}\begin{array}{l}\Theta_3 \\ \Theta_3\end{array}$$

oder:

$$\left.\begin{array}{r} \Theta_4\overset{''}{H}_2\Theta_2 \\ H.Sb\Theta \end{array}\right\}\Theta_3 \qquad \left.\begin{array}{r} \Theta_4\overset{''}{H}_2\Theta_2 \\ K.Sb\Theta \end{array}\right\}\Theta_3 \qquad \left.\begin{array}{r} \Theta_4\overset{''}{H}_2\Theta_2 \\ (Sb\Theta)_2 \end{array}\right\}\Theta_3$$

Auch das Arsen und das Bor bilden einige entsprechende Verbindungen. Eine ausführliche Besprechung dieser Substanzen würde die Grenzen dieses Lehrbuchs überschreiten.

3) Obgleich die Weinsäure nur zwei ihrer typischen Wasserstoffe mit Leichtigkeit gegen Metalle austauscht, so können doch von eini-

*) Vgl. H. Schiff, Jahresb. 1857. 221.

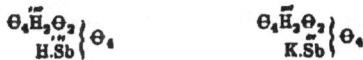

gen Metallen (von nicht stark basischer Natur) Salze erhalten werden, die 4 Aequivalente Metall enthalten.

Ein vierbasisches Bleisalz: $\Theta_4H_2\Theta_2.Pb_4.O_4$. hatte Erdmann *) schon 1837 durch Kochen einer ammoniakalischen Lösung von gewöhnlichem weinsauren Bleioxyd erhalten; Heintz hat vor Kurzem die Existenz dieser Verbindung bestätigt.

1820. III. Aether der Weinsäure. Die Weinsäure bildet, als zweibasische Säure, mit den einatomigen Alkohole zwei Arten von Aethern:

$$\left.\begin{matrix} H_2 \\ \Theta_4\bar{H}_2O_2 \\ H(\Theta_2H_5) \end{matrix}\right\}\Theta_4 \qquad\qquad \left.\begin{matrix} H_2 \\ \Theta_4\bar{H}_2\Theta_2 \\ (\Theta_2H_5)_2 \end{matrix}\right\}\Theta_4$$

Aethylweinsäure. Weinsäure äthyläther.

Verbindungen der Weinsäure mit zweiatomigen Alkoholen (Glycolen) sind bis jetzt nicht bekannt. — Eine Glycerinweinsäure: $\Theta_7H_{12}\Theta_8$ war schon 1846 von Berzelius **) durch Erhitzen von Weinsäure mit Glycerin erhalten worden; nach neueren Angaben von Desplats ***) können auf demselben Wege, ausser dieser Glycerin-monoweinsäure, auch noch Glycerin-diweinsäure, Epi-glycerindiweinsäure und Glycerintriweinsäure erhalten werden. — Eine Verbindung der Weinsäure mit dem vieratomigen Alkohol: Erythrit (§. 1312) beschreibt Berthelot †).

1821. IV. Abkömmlinge der Weinsäure in welchen saure Radicale enthalten sind hat man bis jetzt nur wenig untersucht. Nach Angaben von Ballik und von Pilz ††) erhält man durch Einwirkung von Acetylchlorid auf Weinsäure eine Diacetylweinsäure, die, wie es scheint, zweibasisch ist (§. 1326).

1822. V. Auch die amidartigen Verbindungen der Weinsäure sind nur wenig untersucht. Man kennt indess für verschiedene Modificationen der Weinsäure die folgenden:

$$\left.\begin{matrix} H_2 \\ \Theta_4\bar{H}_2O_2 \\ H.H_2 \end{matrix}\right\}\begin{matrix}\Theta_3 \\ N\end{matrix} \qquad \left.\begin{matrix} H_2 \\ \Theta_4\bar{H}_2O_2 \\ (\Theta_2H_5).H_2 \end{matrix}\right\}\begin{matrix}O_3 \\ N\end{matrix} \qquad \left.\begin{matrix} H_2 \\ \Theta_4\bar{H}_2\Theta_2 \\ H_2.H_2 \end{matrix}\right\}\begin{matrix}\Theta_2 \\ N_2\end{matrix}$$

Tartraminsäure. Tartraminsäureäther (Tartramethan.) Tartramid.

Die Constitution dieser Verbindungen ist leicht aus dem, was frü-

*) Ann. Chem. Pharm. XXI. 19. vgl Heintz. Zeitschr. Chem. Pharm. 1861. 17.

**) Berzelius, Jahresb XXVII. 438.

***) Jahresb. 1859. 500.

†) Traité de Ch. org. II. 226.

††) Ballik, Jahresb. 1858. 247. — Pilz, Jahresb. 1861. 368.

her bei ähnlichen Substanzen gesagt wurde, verständlich (vgl. bes.: §§. 1066, 1302).

Man kennt bis jetzt keine amidartigen Verbindungen, die zu der Weinsäure in ähnlicher Beziehung stehen, wie das Glycocoll zur Glycolsäure oder wie das Asparagin und die Asparaginsäure zur Aepfelsäure.

Speciellere Beschreibung der verschiedenen Modificationen der Weinsäure.

Weinsäure (Rechtsweinsäure). Die Weinsäure gehört zu den im 1323.
Pflanzenreich am weitesten verbreiteten Säuren. Der Weinstein und die Existenz einer eigenthümlichen Säure in demselben waren schon den Alchemisten (Marggraf, Rouelle, Van Helmolt) bekannt. Scheele isolirte zuerst die Weinsäure, 1770.

Zur Darstellung der Weinsäure dient stets der Weinstein; d. h. das im Traubensaft enthaltene saure weinsaure Kali.

Während der Gährung des Weins setzt sich das im Traubensaft enthaltene saure weinsaure Kali, das in alkoholhaltigen Flüssigkeiten weit weniger löslich ist als in Wasser, in mehr oder weniger gefärbten Krystallkrusten ab. Man stellt aus dem rohen Weinstein zunächst durch Umkrystallisiren aus siedendem Wasser den gereinigten Weinstein (Cremor tartari) dar. Aus diesem bereitet man dann den in Wasser unlöslichen weinsauren Kalk. Man neutralisirt zu dem Zweck genau mit Kalkmilch; die Hälfte der Weinsäure wird als weinsaurer Kalk gefällt, die andere Hälfte bleibt als weinsaures Kali in Lösung:

$$2\Theta_4H_5K\Theta_6 + \Theta a\Theta,H_2\Theta = \Theta_4H_4\Theta aO_6 + \Theta_4H_4K_2\Theta_6 + 2H_2\Theta$$

Aus der vom weinsauren Kalk abfiltrirten Lösung fällt man dann durch Zusatz von Chlorcalcium von neuem weinsauren Kalk*):

$$\Theta_4H_4K_2\Theta_6 + \Theta aCl_2 = \Theta_4H_4\Theta a\Theta_6 + 2KCl$$

Der weinsaure Kalk wird endlich durch verdünnte Schwefelsäure zersetzt und die vom Gyps abfiltrirte Lösung durch Eindampfen und Erkalten krystallisirt.

Die künstliche Bildung der Weinsäure durch Oxydation von Milchzucker, Gummi und von Sorbin wurde oben erwähnt (§. 1317).

Oxydirt man Milchzucker (oder Gummi) mit Salpetersäure (1 Th. mit $2\frac{1}{2}$ Th. Salpetersäure von 1,32 und $2\frac{1}{2}$ Th. Wasser), so wird zuerst Schleimsäure erhalten (etwa 33%); die von der ausgeschiedenen Schleimsäure abfiltrirte Flüssigkeit enthält wesentlich Zuckersäure. Wird diese Lösung mit Wasser verdünnt und unter fortwährendem Zusatz kleiner Mengen von Salpetersäure längere Zeit (18—24 Stunden) im Sieden erhalten, so wird viel Weinsäure erzeugt. Man concentrirt die Flüssigkeit in gelinder Wärme, theilt in zwei Theile, sättigt den einen Theil mit Kali und giesst den andern zu. Die Flüssigkeit setzt dann allmälig

*) $\Theta a = 40$.

Krystalle von saurem weinsaurem Kali ab. — Die Weinsäure wird wahrscheinlich durch weitere Oxydation der Zuckersäure gebildet (Liebig) *). Die von Heintz ausgesprochene Vermuthung, die Weinsäure werde durch weitere Oxydation der Schleimsäure erzeugt, ist von Carlet widerlegt.

Eigenschaften. Die wichtigsten physikalischen Eigenschaften der Weinsäure: Krystallform, optisches und pyroelektrisches Verhalten, sind schon oben (§. 1316) besprochen. Die Krystalle sind wasserfrei, sie lösen sich in etwa dem halben Gewicht kalten Wassers, noch leichter in siedendem; auch in Alkohol sind sie löslich, unlöslich in Aether.

Umwandlungen und Zersetzungen **). Die Weinsäure schmilzt zwischen 170° und 180°, und geht allmälig, ohne Wasserverlust, in die isomere Metaweinsäure über (§. 1327). Bei längerem Erhitzen entsteht Tartralsäure (Diweinsäure §. 1328), dann Tartrelsäure (§. 1329) und schliesslich unlösliches Weinsäureanhydrid (§. 1330). Steigert man die Hitze, so tritt Zersetzung ein; man erhält Brenzweinsäure (§. 1129), Brenztraubensäure (§. 1336) und ausserdem noch: Essigsäure, Ameisensäure, Aldehyd, Furfurol, Aethylen, Kohlensäure etc.).

Erhitzt man Weinsäure mit schmelzendem Kalihydrat, so entsteht Essigsäure und Oxalsäure:

$$\underset{\text{Weinsäure.}}{\Theta_4H_6O_6} = \underset{\text{Essigsäure.}}{\Theta_2H_4O_2} + \underset{\text{Oxalsäure.}}{\Theta_2H_2\Theta_4}$$

Durch Oxydation der Weinsäure wird gewöhnlich Kohlensäure und Ameisensäure erzeugt (z. B. bei Einwirkung von chromsaurem Kali, Manganhyperoxyd, Bleihyperoxyd, Mennige etc.); die Lösung der Säure reducirt beim Erwärmen Silber-, Gold- und Platin-salze. Bei langsamer Oxydation, namentlich bei freiwilliger Zersetzung der Nitroweinsäure, (§. 1325) entsteht ein der Weinsäure näher stehendes Oxydationsproduct, die Tartronsäure (§. 1300):

$$\underset{\text{Weinsäure.}}{\Theta_4H_6\Theta_6} + \Theta_2 = \underset{\text{Tartronsäure.}}{\Theta_3H_4\Theta_5} + H_2\Theta + \Theta\Theta_2$$

Durch Einwirkung von Jodwasserstoff oder Phosphorjodür wird die

---

*) Ann. Chem. Pharm. CXI. 256; CXIII. 1. Liebig macht noch darauf aufmerksam, dass Erdmann gelegentlich seiner Untersuchung über Zuckersäure (Ann. Chem. Pharm. XXI. 1), die er, irrigerweise, für identisch mit Metaweinsäure hielt, wahrscheinlich aus Gummi dargestellte Weinsäure unter den Händen gehabt habe.

**) Vgl. die §§. 1317 und 1318 citirten Abhandlungen und ferner: Dumas und Piria, Ann. Chem. Pharm. XLIV. 70. — Pelouze, ibid. XIII. 53. — Berzelius, ibid. XIII. 61. — Völkel, ibid. LXXXIX. 57. — Persoz, ibid. XL. 306. — Perkin und Duppa, ibid. CXV. 105.

Weinsäure zu Aepfelsäure oder zu Bernsteinsäure reducirt (vgl. §. 1317). Lässt man Phosphorchlorid auf Weinsäure einwirken, so entsteht das Chlorid der Chlormaleinsäure (Perkin und Duppa).

Von concentrirter Schwefelsäure wird die Weinsäure zerstört; ebenso von Salpetersäure. Höchst concentrirte Salpetersäure erzeugt Nitroweinsäure (§. 1325). Chlor und Brom wirken nur wenig auf wässrige Weinsäure ein.

Durch Gährung von rohem weinsaurem Kalk erhielt Nöllner die §. 897 beschriebene Butteressigsäure.

Weinsaure Salze*) vgl. §. 1319.

Die neutralen Salze von Ammoniak, Kali und Natron sind in Wasser leicht löslich; das Natronsalz enthält Krystallwasser: $\Theta_4H_4Na_2\Theta_6 + 2H_2\Theta$. Auch das saure Natronsalz: $\Theta_4H_5NaO_6 + H_2\Theta$ löst sich leicht in Wasser (kalt in 9 Th.). Das saure Ammoniaksalz und das saure Kalisalz bilden wasserfreie isomorphe Krystalle, die in kaltem Wasser schwer löslich sind; (das Kalisalz in 240 Th. kalten, in 15 Th. siedenden Wassers).

Das weinsaure Natron-Kali: $\Theta_4H_4KNa\Theta_6 + 4H_2\Theta$ (Seignettesalz) und das weinsaure Natron-Ammoniak: $\Theta_4H_4Na(NH_4)\Theta_6 + 4H_2\Theta$ sind ebenfalls isomorph und werden leicht in grossen Krystallen erhalten.

Der neutrale weinsaure Kalk: $\Theta_4H_4Ca_2\Theta_6 + 4H_2\Theta$ entsteht als krystallinischer Niederschlag, wenn neutrales weinsaures Kali mit Chlorcalcium gefällt wird; er ist in den meisten Säuren, selbst in Essigsäure löslich; auch von kalter Kalilauge und von concentrirter Salmiaklösung wird er gelöst. Das weinsaure Blei, das weinsaure Kupfer und das weinsaure Silber sind ebenfalls krystallinische Niederschläge.

Weinsaures Antimonoxyd-Kali: $\Theta_4H_4(Sb\Theta)K\Theta_6 + {}^1/_2H_2\Theta$ (Brechweinstein), wird durch Kochen von saurem weinsaurem Kali mit Antimonoxyd oder mit Algarothpulver erhalten. Es bildet grosse verwitternde Krystalle, die bei 100° leicht ihr Krystallwasser verlieren, und bei 190° zu $\Theta_4H_2(Sb\Theta)K\Theta_5$ werden (vgl. §. 1319). Der Brechweinstein zeigt mit vielen Salzen doppelte Zersetzung, indem nur das Kalium gegen andere Metalle ausgetauscht wird; er gibt z. B. mit Baryt-, Strontian-, Kalk-, Blei- und Silbersalzen Niederschläge von der Zusammensetzung $\Theta_4H_4(Sb\Theta)M\Theta_6$. — Das weinsaure Antimonoxyd-Ammoniak ist mit dem entsprechenden Kalisalz isomorph. — Löst man Antimonoxyd in wässriger Weinsäure und setzt Alkohol zu, so entsteht ein weisser körniger Niederschlag von neutralem weinsaurem Antimonoxyd; $\Theta_4H_4(Sb\Theta)_2\Theta_6 + H_2\Theta$, der bei 100° sein Krystallwasser verliert und bei 190° zu $\Theta_4H_2(Sb\Theta)_2O_5$ wird. — Der Brechweinstein gibt mit Weinsäure und mit saurem weinsaurem Kali krystallisirbare Doppelsalze. — Dass auch arsenige Säure und Borsäure dem Brechweinstein analoge Verbindungen bilden, wurde oben schon erwähnt.

---

*) Vgl. die bei Weinsäure citirten Abhandlungen und ferner: Dulk, Ann. Chem. Pharm. II. 50. — Berzelius, ibid. XXX. 88, XXXI. 28. — Werther, ibid. LII. 808. — Peligot, ibid. LXIV. 282. — Knapp, ibid. XXXII. 76. — Schiff, ibid. CIV. 829.

Besonders charakteristisch für die Weinsäure ist das Verhalten ihres Kalksalzes und namentlich das saure Kalisalz. Das letztere Salz scheidet sich als krystallinischer, meist erst nach kurzem Stehen sich bildender Niederschlag aus, wenn eine Lösung von Weinsäure mit einer nicht allzuverdünnten Lösung eines Kalisalzes vermischt wird.

1324. Aether der Weinsäure. Die Weinsäure bildet saure und neutrale Aether vgl. §. 1320.

Den neutralen weinsauren Aethyläther stellt man nach Demondesir *) dar, indem man Weinsäure in Alkohol löst, Salzsäure einleitet, mit kohlensaurem Kali neutralisirt, mit Aether auszieht und im Vacuum verdunstet. Er ist eine nicht destillirbare Flüssigkeit, die sich mit Wasser in allen Verhältnissen mischt. Bei anhaltendem Erhitzen geht er theilweise in Traubensäureäthyläther über. Mit Ammoniak erzeugt er Tartramethan und Tartramid (§. 1331).

Die sauren Aether entstehen bei Einwirkung von Weinsäure auf die betreffenden Alkohole. Man kennt Methylweinsäure **): $\Theta_4H_5(\Theta H_3)O_6$, Aethylweinsäure ***): $\Theta_4H_5(\Theta_2H_5)O_6$ und Amylweinsäure †): $\Theta_4H_5(\Theta_5H_{11})\Theta_6$. Sie sind sämmtlich krystallisirbar und bilden krystallisirbare Salze. Sie zerfallen beim Kochen mit Wasser in Weinsäure und die betreffenden Alkohole, auch ihre Salze werden beim Kochen mit Wasser zersetzt.

Verbindungen der Weinsäure mit mehratomigen Alkoholen vgl. §. 1320.

1325. Nitroweinsäure ††): $\Theta_4H_4(NO_2)_2O_6$ (Dessaignes 1852). Man trägt gepulverte Weinsäure in höchst concentrirte Salpetersäure ($4^1/_2$ Th.) ein, fügt unter Umrühren ein gleiches Volum concentrirte Schwefelsäure zu, presst die kleisterähnliche Masse zwischen porösen Steinen, löst in wenig kaum lauem Wasser, erkältet auf 0° und presst die Krystalle zwischen Papier.

Die Nitroweinsäure ist in absolutem Alkohol löslich und bleibt beim freiwilligen Verdunsten desselben in deutlichen Prismen. Sie ist optisch wirksam, wie die Weinsäure (Chautard).

Aus der so gereinigten Säure können leicht Salze erhalten werden. Das saure nitroweinsaure Ammoniak: $\Theta_4H_2(N\Theta_2)_2H(NH_4)\Theta_6$ bildet wenig lösliche Krystalle. Das neutrale Ammoniaksalz erzeugt mit Silberlösung das leicht zersetzbare nitroweinsaure Silber: $\Theta_4H_2(N\Theta_2)_2Ag_2\Theta_6 + H_2\Theta$.

Die Nitroweinsäure ist sehr wenig beständig; ihre wässrige Lösung entwickelt schon wenige Grade über 0° fortwährend Stickoxyd und Kohlensäure. Bei freiwilligem Verdunsten liefert sie Tartronsäure (§. 1300); beim Erhitzen auf 40°—50° Oxalsäure.

*) Ann. Chem. Pharm. LXXX. 301.

**) Dumas und Peligot, Guérin-Varry, Ann. Chem. Pharm. XXII. 248.

***) Merian 1814; Trommsdorf; Guérin-Varry, loc. cit.

†) Balard 1844; Breunlin, Ann. Chem. Pharm. XCI. 314.

††) Ann. Chem. Pharm. LXXXII. 362; LXXXIX. 339.

Durch Einwirkung von Schwefelammonium geht die Nitroweinsäure wieder in Weinsäure über. Sie ist demnach kein eigentliches Substitutionsproduct der Weinsäure; vielmehr eine ätherartige Verbindung, oder eine gemischte Säure: $\left.\begin{matrix}(N\Theta_2)_2\\ \Theta_4H_2\Theta_2\\ H_2\end{matrix}\right\}\Theta_4$.

Acetylweinsäure *). Erhitzt man getrocknete Weinsäure mit Acetylchlorid, so entsteht eine krystallisirbare und bei 135° sublimirbare Verbindung, die sich in Alkohol und Aether, und langsam, aber reichlich, auch in Wasser löst. Die Analyse führt zu der Formel des Diacetylweinsäureanhydrids. Die wässrige Lösung enthält, wie es scheint, Diacetylweinsäure; sie gibt ein krystallisirbares Natronsalz.

Diacetylweinsäure-anhydrid.	Diacetylweinsaures Natron.
$\left.\begin{matrix}(\Theta_2H_3O)_2\\ \Theta_4H_2\Theta_2\end{matrix}\right\}\Theta_3$	$\left.\begin{matrix}(\Theta_2H_3\Theta)_2\\ \Theta_4H_2\Theta_2\\ Na_2\end{matrix}\right\}\Theta_4$.

Metaweinsäure **). Diese mit der Weinsäure isomere Säure 1827. wurde von Braconnot 1831 entdeckt und dann noch von Erdmann sowie von Gerhardt und Laurent untersucht. Sie entsteht wenn Weinsäure rasch auf 170°—180° erhitzt wird bis vollkommene Schmelzung eingetreten ist. Man erhält eine durchsichtige gummiartige Masse, die allmälig undurchsichtig und krystallinisch wird.

Die Säure ist zerfliesslich; sie dreht die Polarisationsebene nach rechts. Ihre Salze unterscheiden sich von den gleich zusammengesetzten weinsauren Salzen durch grössere Löslichkeit und durch Krystallform; sie gehen beim Kochen ihrer wässrigen Lösung allmälig in weinsaure Salze über.

Diweinsäure ***): $\Theta_8H_{10}O_{11}$ (Tartralsäure von Fremy; Isoweinsäure von Laurent und Gerhardt) vgl §. 1318). Fremy erhielt seine 1828. Tartralsäure, indem er Weinsäure schmolz und solange auf 170° erhitzte, dass weder von Kalk, noch von essigsaurem Kalk tartrelsaurer Kalk gefällt wurde Sie ist in Wasser sehr löslich und nicht krystallisirbar. Ihre Salze ($\Theta_8H_8M_2O_{11}$) sind sämmtlich in Wasser sehr löslich; selbst das Kalksalz. Sie werden von Alkohol in Form eines Syrups oder voluminöser Flocken gefällt.

Beim Kochen mit Wasser gehen sie erst in saure metaweinsaure, dann in weinsaure Salze über.

---

*) Ballik, Pilz, Jahresb. 1861. 368.

**) Erdmann, Ann. Chem. Pharm. XXI. 9. — Gerhardt u. Laurent LXX. 348.

***) Gerhardt u. Laurent loc. cit.

Dieselbe Säure (Diweinsäure) entsteht, nach Schiff *), wenn man Weinsäureanhydrid in schmelzende Weinsäure einträgt.

1329. Tartrelsäure (lösliches Weinsäureanhydrid): $\Theta_4H_4\Theta_5$. Man erhitzt kleine Mengen von Weinsäure rasch bis zum Aufblähen. Es ist eine gelbliche, aufgeblähte, zerfliessliche und in Wasser mit saurer Reaction lösliche Masse. Setzt man zur wässrigen Lösung Chlorcalcium oder essigsauren Kalk, so scheidet sich tartrelsaurer Kalk: $\Theta_4H_2Ca\Theta_5$ als syrupartige in Wasser unlösliche Masse aus, die durch Berührung mit Alkohol krystallinisch wird.

Die Tartrelsäure gibt bei Behandlung mit Alkalien tartralsaure Salze. Beim Kochen mit Wasser geht sie erst in Metaweinsäure, dann in Weinsäure über. Erhitzt man trockene Tartrelsäure mit Bleioxyd auf 150° so entsteht ein basisches Bleisalz; wie es scheint: $\Theta_4H_2Pb_2\Theta_5$ (Fremy).

1330. Unlösliches Weinsäureanhydrid: $\Theta_4H_4\Theta_5$. Man erhitzt Tartrelsäure noch einige Zeit auf 150°, zieht mit kaltem Wasser aus und trocknet im Vacuum. Weisses, in Wasser, Alkohol und Aether unlösliches Pulver, welches bei Einwirkung von kaltem Wasser langsam, beim Kochen mit Wasser rasch in Weinsäure übergeht (Fremy).

Amide der Weinsäure vgl. §. 1322.

1331. Tartraminsäure **): $\Theta_4H_5(H_2N)O_5$ Man erhält das Ammoniaksalz der Tartraminsäure indem man Ammoniak über mit Alkohol befeuchtetes Weinsäureanhydrid leitet Es bilden sich zwei Schichten, von welchen die obere aus Alkohol besteht, während die untere tartraminsaures Ammoniak enthält. Das so erhaltene Ammoniaksalz ist flüssig; es ist löslich in Wasser, unlöslich in Alkohol Beim Erhitzen wird es fest und etwas krystallinisch. Setzt man zur wässrigen Lösung dieses Ammoniaksalzes Chlorcalcium und dann Alkohol, so entsteht ein beim Kochen zusammenballender Niederschlag von tartraminsaurem Kalk, aus welchem leicht freie Tartraminsäure erhalten werden kann. Sie bildet wohlausgebildete Krystalle.

Tartramethan ***), Tartraminsäureäther: $\Theta_4H_4(H_2N)(\Theta_2H_5)\Theta_4$. Es entsteht bei gemässigter Einwirkung von alkoholischer Ammoniaklösung auf Weinsäureäthyläther. Bei vorsichtiger Behandlung mit Alkalien liefert es Tartraminsäure, bei Einwirkung von Ammoniak Tartramid

Tartramid †): $\Theta_4H_4(H_2N)_2O_4$; wird bei längerer Einwirkung von Ammoniak auf Weinsäureäthyläther erhalten; es krystallisirt aus der mit Ammoniak versetzten wässrigen Lösung in wohlausgebildeten Krystallen, mit hemiedrischen Flächen.

---

*) Compt. rend. LIV. 1075; Zeitschr. Chem. Pharm. 1862. 375

**) Laurent, Ann Chem. Pharm. CX. 331.

***) Demondesir, Ann. Chem. Pharm LXXX. 303.

†) Demondesir, loc. cit.; Pasteur.

Linksweinsäure *). Die Darstellung dieser Modification der Weinsäure aus Traubensäure wurde oben besprochen (§. 1316). Sie stimmt in nahezu allen Eigenschaften mit der gewöhnlichen Weinsäure (Rechtsweinsäure) überein und zeigt nur die oben mitgetheilten merkwürdigen Unterschiede. 1332.

Traubensäure **), Paraweinsäure (vgl. §. 1316). Diese optisch unwirksame Modification der Weinsäure wurde 1822 von Kestner (in Thann) bei fabrikmässiger Darstellung der Weinsäure entdeckt; Pasteur lehrte 1853 ihre künstliche Bildung aus Weinsäure und zeigte gleichzeitig, dass fast aller rohe Weinstein kleine Mengen von Traubensäure enthält. 1333.

Dass aus Mannit, Dulcit, Schleimsäure und Sorbin durch Oxydation mit Salpetersäure Traubensäure erhalten wird, wurde oben erwähnt (§. 1317).

Man gewinnt die Traubensäure aus rohem Weinstein. Man stellt aus der bei Reinigung des Weinsteins erhaltenen Mutterlauge durch Zusatz von Kreide ein unlösliches Kalksalz dar, zersetzt dieses mit Schwefelsäure und bringt die Säuren zum Krystallisiren. Man lässt dann die erhaltenen Krystalle verwittern, um die weissen Traubensäure-krystalle besser von den durchsichtigen Weinsäurekrystallen durch Auslesen trennen zu können, und krystallisirt schliesslich die Traubensäurekrystalle nochmals aus Wasser um.

Die künstliche Bildung der Traubensäure aus Rechts- oder Linksweinsäure wurde oben besprochen.

Eine höchst interessante Bildung der Traubensäure ist in neuester Zeit von Löwig beobachtet worden. Erhitzt man nämlich Desoxalsäure (§. 1345) mit Wasser, so zerfällt dieselbe geradeauf in Traubensäure und Kohlensäure:

$$\underset{\text{Desoxalsäure.}}{\Theta_5H_6\Theta_8} = \underset{\text{Traubensäure.}}{\Theta_4H_6\Theta_6} + \Theta\Theta_2$$

Löwig hat indess bis jetzt nicht angegeben, ob die so erhaltene Traubensäure in Rechtsweinsäure und Linksweinsäure zerlegt werden kann.

Die Traubensäure bildet wasserhaltige Krystalle des triklinometrischen Systems: $\Theta_4H_6\Theta_6 + H_2\Theta$. Die Krystalle verwittern langsam an der Luft; sie verlieren ihr Krystallwasser leicht bei 100°; sie lösen sich in 5,7 Th. Wasser bei 15°; auch in Alkohol sind sie löslich (kalt in 48 Th.).

---

*) Pasteur, ibid. LXXII. 164.

**) Vgl. bes.: Liebig, Ann. Chem. Pharm. XXIV. 134. 159. — Pasteur, ibid. LXXII. 164, LXXXVIII. 211.

Die Traubensäure verhält sich beim Erhitzen *) genau wie die Weinsäure. Ehe tiefer gehende Zersetzung eintritt entstehen der Metaweinsäure, der Tartralsäure u. s. w. ähnliche Umwandlungsproducte, die indess bis jetzt nicht näher untersucht sind.

Gegen Reagentien verhält sich die Traubensäure nahezu wie Weinsäure. Ihr Kalksalz ist indessen noch unlöslicher als weinsaurer Kalk, so dass die Traubensäure in Gypslösung einen Niederschlag hervorbringt, während Weinsäure keine Fällung erzeugt. Der traubensaure Kalk ist in Essigsäure unlöslich, der weinsaure Kalk löslich. Eine Lösung von traubensaurem Kalk in Salzsäure wird von Ammoniak sogleich krystallinisch gefällt, während bei weinsaurem Kalk erst nach einigen Stunden Fällung eintritt.

Die traubensauren Salze **) sind im Allgemeinen den entsprechenden weinsauren Salzen sehr ähnlich, zeigen aber nie hemiedrische Flächen. Das saure Kalisalz ist löslicher wie das der Weinsäure; es löst sich in 180 Theilen kalten Wassers.

Die Spaltung der Traubensäure in Rechtsweinsäure und Linksweinsäure gelingt, wie §. 1316 ausführlich besprochen wurde, namentlich durch Krystallisation von traubensaurem Natron-Ammoniak.

Von Aethern der Traubensäure ***) kennt man nur die Methyltraubensäure und die Aethyltraubensäure; sie werden wie die entsprechenden Aether der Weinsäure erhalten. Die Salze der Aethyltraubensäure krystallisiren weniger leicht und enthalten mehr Krystallwasser als die entsprechenden Salze der Aethylweinsäure.

Das Amid der Traubensäure kann wie das Tartramid dargestellt werden; es krystallisirt bald mit, bald ohne Krystallwasser und unterscheidet sich von dem Tartramid durch Löslichkeit und Krystallform.

1334. Inactive Weinsäure (vgl. §§. 1316 und 1317). Die optisch unwirksame und nicht in Rechts- und Linksweinsäure spaltbare Modification der Weinsäure wurde, wie oben erwähnt, durch mehrstündiges Erhitzen des traubensauren oder auch des weinsauren Cinchonins auf 170° erhalten. Man löst das Product in Wasser, setzt Chlorcalcium zu und filtrirt sogleich vom ausgeschiedenen traubensauren Kalk ab. Nach etwa 24 Stunden fällt dann das Kalksalz der optisch unwirksamen Weinsäure krystallinisch aus.

Die inactive Weinsäure und die meisten ihrer Salze krystallisiren gut (Pasteur) †).

*) Fremy, Ann. Chem. Pharm XIX. 107; XXIX. 142. 161; LXXVIII. 297. — Gerhardt und Laurent, ibid. LXX. 348. 359. — Pelouze, ibid. XIII. 53.

**) Vgl. bes. Fresenius, Ann. Chem. Pharm. XLI. 1; LIII. 230; Werther, ibid. LII. 307.

***) Guérin-Varry, Ann. Chem. Pharm. XXII. 245. — Dumas und Piria, ibid. XLIV. 84. — Demondesir, ibid. LXXX. 302.

†) Ann. Chem. Pharm. LXXXVIII. 212.

Ob die aus Bibrombernsteinsäure dargestellte inactive Weinsäure mit der eben beschriebenen Modification identisch ist, ist noch nicht ermittelt (vgl. §. 1317).

Mesoweinsäure. Sie wurde in neuester Zeit von Dessaignes 1335. entdeckt. Sie entsteht, neben Rechtsweinsäure, Traubensäure und Aposorbinsäure (§. 1344), bei Oxydation des Sorbins durch Salpetersäure; sie entsteht auch, wenn Weinsäure oder Traubensäure lange Zeit (mindestens 400 Stunden) mit Salzsäure gekocht werden.

Nach vergleichenden Versuchen von Pasteur **) ist die von Dessaignes dargestellte Mesoweinsäure identisch mit inactiver Weinsäure.

Aus den Oxydationsproducten des Sorbins erhielt sie Dessaignes indem er erst die Weinsäure und Traubensäure als saure Ammoniaksalze entfernte, den sauren Syrup mit essigsaurem Kalk fällte und das Kalksalz mit Schwefelsäure zersetzte. — Bei der Darstellung aus Weinsäure entfernt man zunächst den grössten Theil der unveränderten Weinsäure und etwas Traubensäure durch Krystallisation, verjagt dann die Salzsäure durch Eindampfen im Wasserbade und neutralisirt zur Hälfte mit Ammoniak, wodurch fast alle Weinsäure als saures Ammoniaksalz gefällt wird. Man filtrirt, dampft ein und erhält grosse wohlausgebildete Krystalle von saurem mesoweinsaurem Ammoniak. — Bei Darstellung aus Traubensäure wurde die unveränderte Traubensäure durch Krystallisation entfernt, die Salzsäure durch Eindampfen vertrieben, die Flüssigkeit zur Hälfte mit Ammoniak neutralisirt und mit essigsaurem Kalk gefällt.

Die Mesoweinsäure ist in Wasser sehr löslich (10 Th. in 8 Th. Wasser von 15°), sie bildet gewöhnlich rectanguläre Tafeln, die 1 Mol. Krystallwasser enthalten: $C_4H_6O_6 + H_2O$. Diese Krystalle verwittern im luftleeren Raum und verlieren ihr Krystallwasser bei 100°. Löst man dann in Wasser und bringt man rasch zum Krystallisiren, so erhält man grosse Krystalle, die der gewöhnlichen Weinsäure ähnlich sind und kein Krystallwasser enthalten. Die Lösung dieser Krystalle erzeugt übrigens allmälig wieder wasserhaltige Säure.

Die Mesoweinsäure schmilzt bei 140°; beim Erhitzen erzeugt sie Brenztraubensäure.

Die Salze der Mesoweinsäure sind im allgemeinen denen der Weinsäure ähnlich. Das saure Ammoniaksalz und das saure Kalisalz sind indess in Wasser ziemlich löslich. Die Säure fällt Gypswasser nicht.

Das Kalksalz: $C_4H_4Ca_2O_6$, $4H_2O$ löst sich in Salzsäure und wird durch Ammoniak aus dieser Lösung gefällt; auch gegen Kali verhält es sich wie weinsaurer Kalk.

Das Silbersalz ist: $C_4H_4Ag_2O_6$, H_2O; das Bleisalz: $C_4H_4Pb_2O_6$, H_2O.

*) Compt. rend. (1862) LV. 770.
**) Bulletin de la Soc. chim. 1862. 107.

1836. Es wurde oben erwähnt (§. 1323), dass bei Zersetzung der Weinsäure und der Traubensäure durch Hitze, neben andern Zersetzungsproducten, eine eigenthümliche Säure auftritt, die Brenztraubensäure.

Da die Stellung dieser Säure im System bis jetzt nicht ermittelt ist, mag sie hier anhangsweise abgehandelt werden.

Brenztraubensäure*): $\Theta_3H_4\Theta_3$. Die Brenztraubensäure wurde 1830 von Berzelius entdeckt und nachher noch von Völckel untersucht.

Zu ihrer Darstellung destillirt man Weinsäure bei einer allmälig bis auf 300° steigenden Temperatur und rectificirt das Destillat mehrmals, indem man zuletzt das bei 165°—170° Siedende gesondert auffängt. Man stellt dieses Destillat dann noch einige Tage über Schwefelsäure und festes Aetzkali und gewinnt so reine Brenztraubensäure.

Die Brenztraubensäure ist eine schwach gelb gefärbte Flüssigkeit; sie besitzt einen der Essigsäure ähnlichen Geruch und siedet bei etwa 165°, erleidet aber bei jeder Destillation theilweise Zersetzung. Sie löst sich in Wasser, Alkohol und Aether.

Sie gibt schön krystallisirte Salze, zu deren Darstellung indess alle Erhitzung vermieden werden muss.

Das Kali- und das Ammoniaksalz sind zerfliesslich. Das Natronsalz bildet grosse wasserfreie Prismen: $\Theta_3H_3Na\Theta_3$. Das Bleisalz $\Theta_3H_2Pb\Theta_3$ ist ein krystallinischer Niederschlag; auch das Silbersalz ist krystallinisch und kann aus siedendem Wasser umkrystallisirt werden.

Wird eine wässrige Lösung von Brenztraubensäure unter Erwärmen eingedampft, so bleibt eine nicht flüchtige syrupartige Masse; wie es scheint, eine polymere Modification der Brenztraubensäure. Dieselbe Modification entsteht auch, wenn Brenztraubensäure aus einem ihrer Salze in Freiheit gesetzt wird. Diese syrupförmige Säure gibt keine krystallisirbaren Salze; ihre Salze sind sämmtlich amorph und gummiartig. Man erhält dieselben gummiartigen Salze, wenn man die Salze der flüchtigen Brenztraubensäure durch Anwendung von Wärme eindampft.

Die Brenztraubensäure gibt bei Oxydation Oxalsäure; die syrupförmige Modification liefert bei Destillation Brenzweinsäure (§. 1129).

Nach neueren Versuchen von Finck**) erleidet die Brenztraubensäure durch Kochen mit Barythydrat eine eigenthümliche Zersetzung. Setzt man zu Brenztraubensäure überschüssiges Barythydrat, so entsteht ein gelblicher Niederschlag, den Finck für ein basisches Salz der verdreifachten Brenztraubensäure hält: $\Theta_9H_9Ba_3\Theta_9 + BaH\Theta$. Wird dieser Niederschlag mit überschüssigem Barythydrat einige Stunden gekocht, so scheidet sich oxalsaurer Baryt aus; die überstehende Flüssigkeit gibt, nach Ausfällen des Baryts mittelst Schwefelsäure und Eindampfen der Lösung, einen Syrup, der theilweise krystallinisch erstarrt. Die Krystalle werden durch Umkrystallisiren aus Alkohol und Aether gereinigt; sie bestehen aus der

---

*) Berzelius, Ann. Chem. Pharm. XIII. 61; Völckel, ibid. LXXXIX. 65.

**) ibid. CXXII. 182.

bei 287° schmelzenden und unzersetzt sublimirbaren Uvitinsäure: $\Theta_9H_8\Theta_4$, aus welcher krystallisirbare Salze und ein in Wasser wenig lösliches krystallisirbares Silbersalz: $\Theta_9H_6Ag_2\Theta_4$ erhalten werden können. — Die syrupartige Flüssigkeit nennt Finck Uvitonsäure: $\Theta_9H_{12}\Theta_7$; sie bildet nur amorphe Salze und scheint nach Eigenschaften und nach der Analyse nichts anderes zu sein als die oben erwähnte Modification der Brenztraubensäure.

Die Bildung der Brenztraubensäure erklärt sich vielleicht durch die Gleichung:

$$\underset{\text{Weinsäure.}}{\Theta_4H_6\Theta_6} = \underset{\text{Brenztraubensäure.}}{\Theta_3H_4\Theta_3} + \Theta\Theta_2 + H_2\Theta$$

Da sie einbasisch ist, so kann sie vielleicht durch die typische Formel: $\left.\begin{matrix}\Theta_3\overset{\prime}{H}_3\Theta_2\\ H\end{matrix}\right\}\Theta$ ausgedrückt werden. Sie stünde dann in einfacher Beziehung zur Propionsäure:

$$\underset{\text{Propionsäure.}}{\left.\begin{matrix}\Theta_3\overset{\prime}{H}_5\Theta\\ H\end{matrix}\right\}\Theta} \qquad \underset{\text{Brenztraubensäure.}}{\left.\begin{matrix}\Theta_3\overset{\prime}{H}_3\Theta_2\\ H\end{matrix}\right\}\Theta}$$

Der empirischen Formel nach ist sie homolog mit Glyoxalsäure: $\Theta_2H_2\Theta_3$ (vgl. §. 1115).

Homoweinsäure, Glycoläpfelsäure: $\Theta_5H_8\Theta_6$.

Es wurde oben erwähnt, dass die Bibrombernsteinsäure (§. 1128) 1837. bei Zersetzung durch Silberoxyd Weinsäure liefert (§. 1317). Die mit der Bibrombernsteinsäure homologe, aus der Itaconsäure entstehende, Bibrombrenzweinsäure (§. 1130) erleidet durch Silberoxyd eine ganz entsprechende Zersetzung. Die so erhaltene Säure ist wahrscheinlich mit der Weinsäure homolog; sie mag vorläufig als Homoweinsäure bezeichnet werden.

Die Homoweinsäure ist bis jetzt nicht näher untersucht. Sie ist in Wasser sehr löslich; die syrupdicke Lösung gibt erst bei langem Stehen Krystalle. Ihre Salze sind fast alle in Wasser löslich; das in Alkohol unlösliche Barytsalz zeigte, bei 150° getrocknet, die Zusammensetzung: $\Theta_5H_6Ba_2O_6$. Das saure Barytsalz konnte nicht krystallisirt erhalten werden (Kekulé) **).

Eine Säure von derselben Zusammensetzung wurde von Löwig ***) durch Reduction des Oxalsäureäthyläthers mittelst Natriumamalgam erhalten und als Glycoläpfelsäure bezeichnet.

*) Ann. Chem. Pharm. CXXII. 182.
**) Ann. Chem. Pharm. Suppl. I. 316.
***) Schlesische Gesellschaft, März 1862. — Zeitschr. Chem. Pharm. 1862. 562.

Man übergiesst breiartiges Natriumamalgam (8 Th. Natrium auf 100 Th. Quecksilber) mit wasserhaltigem Weingeist und setzt nach und nach Oxalsäure-äthyläther zu. Man trennt das glycoläpfelsaure Natron vom oxalsauren Natron indem man etwas Wasser zufügt, wodurch das erstere Salz gelöst wird, während das oxalsaure Natron ungelöst bleibt. Aus der so erhaltenen Lösung des glycoläpfelsauren Natrons fällt man durch eine alkoholische Lösung von Oxalsäure das Natron aus.

Die Glycoläpfelsäure ist farblos, in Wasser und Alkohol leicht löslich; sie wurde bis jetzt nicht krystallisirt erhalten. Sie gibt mit allen Basen, namentlich mit Kalk und Baryt in Wasser lösliche Salze, welche meistens zu gummiartigen Massen eintrocknen. Das saure Barytsalz krystallisirt jedoch sehr schön.

Citronensäure: $\Theta_6H_8\Theta_7 = \left.\begin{matrix}\Theta_6\overset{\cdots}{H}_4\Theta_3\\ M_3H\end{matrix}\right\}\Theta_4$.

1838. Wenn man die Citronensäure durch die §. 1311 mitgetheilte Formel ausdrückt, so erscheint diese Säure, ähnlich wie die Weinsäure, als Oxydationsproduct eines vieratomigen Alkohols. Sie ist vieratomig, aber nur dreibasisch, weil sie nur drei Atome Sauerstoff im Radical enthält. Dabei muss indessen darauf aufmerksam gemacht werden, dass diese Formel nicht ein Ausdruck schon jetzt festgestellter Thatsachen ist, insofern bis jetzt keine Thatsachen bekannt sind, die die Citronensäure mit andern Substanzen, deren Stellung im System mit Sicherheit ermittelt ist, verknüpfen.

Die Citronensäure wurde 1784 von Scheele entdeckt. Sie ist im Pflanzenreich sehr verbreitet und findet sich häufig neben Aepfelsäure oder Weinsäure.

Die Citronen, die Preisselbeeren, die Früchte von Prunus Padus etc. enthalten fast nur Citronensäure; die Stachelbeeren, Johannisbeeren, Erdbeeren, Heidelbeeren etc. enthalten Citronensäure neben viel Aepfelsäure. Das Kali- und das Kalksalz der Citronensäure hat man im Kraut und in den Wurzeln sehr vieler Pflanzen aufgefunden.

Zur Darstellung der Citronensäure dient stets der Citronensaft.

Man lässt denselben bis zur beginnenden Gährung stehen, um den Schleim leichter durch Filtration entfernen zu können; man setzt dann, unter Erwärmen, Kreide und zuletzt etwas Kalkmilch zu; wascht den Niederschlag mit heissem Wasser, zersetzt mit schwach überschüssiger verdünnter Schwefelsäure und bringt die vom Gyps abfiltrirte Lösung zum Krystallisiren.

Die Citronensäure bildet grosse wasserhelle Krystalle, in welchen man gewöhnlich 1 Mol. Krystallwasser annimmt: $\Theta_6H_8\Theta_7 + H_2\Theta$. Aus sehr concentrirten Lösungen sollen Krystalle mit weniger Krystallwasser erhalten werden: $\Theta_6H_8\Theta_7 + \frac{1}{2}H_2\Theta$.

Da beide Arten von Krystallen dieselbe Krystallform besitzen und ausserdem bei langsamem Trocknen ihr Wasser verlieren, ohne trübe zu werden, so ist es wahrscheinlicher, dass die Krystalle der Citronensäure wasserfrei sind und dass sie nur eine wechselnde Menge von Mutterlauge einschliessen *).

Die Citronensäure löst sich ausnehmend leicht in Wasser (in $^3/_4$ Th. kalt, $^1/_2$ Th. heiss). Die Krystalle schmelzen beim Erhitzen; häufig schon unter 100°; (offenbar um so leichter, je mehr Mutterlauge sie einschliessen).

Zersetzungen **). Erhitzt man Citronensäure auf 175°, so entweicht Wasser, der Rückstand besteht aus Aconitsäure:

$$\Theta_6H_8\Theta_7 = \Theta_6H_6O_6 + H_2\Theta.$$

Gleichzeitig werden, offenbar als Producte secundärer Zersetzung, Kohlenoxyd, Kohlensäure und Aceton erzeugt. Wird das Erhitzen fortgesetzt, so zersetzt sich die anfangs gebildete Aconitsäure und es destillirt eine Flüssigkeit über, welche Itaconsäure, Citraconsäure und Citraconsäureanhydrid enthält. Die Bildung dieser Substanzen erklärt sich aus den Formeln:

$$\underset{\text{Aconitsäure.}}{\Theta_6H_6O_6} = \underset{\substack{\text{Itaconsäure.}\\\text{Citraconsäure.}}}{\Theta_5H_6\Theta_4} + \Theta O_2$$

$$\Theta_5H_6\Theta_4 = \underset{\text{Citracons.-anhydrid.}}{\Theta_5H_4O_3} + H_2\Theta$$

Wird Citronensäure mit Bimsstein gemengt und erhitzt, so entweicht schon bei 155° reine Kohlensäure.

Die Citronensäure oxydirt sich ausnehmend leicht. Von Quecksilberoxyd, von Bleihyperoxyd und Manganhyperoxyd wird sie schon in der Kälte, unter Bildung von Kohlensäure, angegriffen. Die vorher geschmolzene Säure kommt beim Zusammenreiben mit Bleihyperoxyd bei 23° in lebhaftes Glühen. Beim Erwärmen der wässrigen Lösung mit Braunstein entsteht, neben andern Producten, viel Aceton. Erhitzt man mit Braunstein und verdünnter Schwefelsäure, so entsteht noch Ameisensäure. Kocht man mit concentrirter Salpetersäure, so entstehen Oxalsäure und Essigsäure. Auch beim Schmelzen mit Kalihydrat wird Oxalsäure und Essigsäure erzeugt:

$$\underset{\text{Citronensäure.}}{\Theta_6H_8\Theta_7} + H_2\Theta = \underset{\text{Oxalsäure.}}{\Theta_2H_2\Theta_4} + \underset{\text{Essigsäure.}}{2\Theta_2H_4O_2}$$

---

*) Vgl. Berzelius. — Liebig, Ann. Chem. Pharm. XXXI. 37. — Marchand, ibid. XXXVIII. 346. — Gmelin, Lehrb. d. org. Chem. II. 833.

**) Vgl. bes. Robiquet, Ann. Chem. Pharm. XXX. 229; Berzelius, ibid. XXX. 86; Dumas, ibid. XXX. 91; Crasso, ibid. XXXIV. 53. — Persoz, ibid. XL. 306. — Liebig, ibid. XXVI. 158; CXIII. 12.

Erwärmt man Citronensäure mit concentrirter Schwefelsäure, so entweicht schon bei gelinder Wärme Kohlenoxyd, später entsteht Kohlensäure, gleichzeitig wird Aceton gebildet. Phosphorsäure erzeugt dieselben Producte.

Das häufige Auftreten von Aceton bei den Zersetzungen der Citronensäure erklärt sich aus der Gleichung:

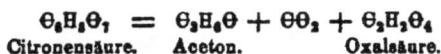

$$\underset{\text{Citronensäure.}}{\Theta_6H_8\Theta_7} = \underset{\text{Aceton.}}{\Theta_3H_6\Theta} + \Theta\Theta_2 + \underset{\text{Oxalsäure.}}{\Theta_2H_2\Theta_4}$$

Lässt man Chlor auf Citronensäure einwirken, so entsteht als Endproduct, Perchloressigsäure-methyläther: $\Theta_3Cl_6\Theta_2$; aus citronensauren Alkalien wird Pentachloressigsäure-methyläther ($\Theta_3HCl_5\Theta_2$) erhalten (vgl. §. 879). — Brom erzeugt mit citronensauren Alkalien Pentabromessigsäure-methyläther: $\Theta_3HBr_5\Theta_2$ (Bromoxaform, Parabromalid) *).

Bei Einwirkung von Phosphorchlorid auf Citronensäure entsteht ein eigenthümliches Chlorid (§. 1342).

Salze der Citronensäure **).

1339. Die Citronensäure ist dreibasisch; sie gibt also drei Reihen von Salzen:

$$\left.\begin{matrix}\Theta_6H_5\Theta_4\\ M.H_2\end{matrix}\right\}\Theta_3 \qquad \left.\begin{matrix}\Theta_6H_5\Theta_4\\ M_2H\end{matrix}\right\}\Theta_3 \qquad \left.\begin{matrix}\Theta_6H_5\Theta_4\\ M_3\end{matrix}\right\}\Theta_3$$

Zweifach saures Salz. Saures Salz. Neutrales Salz.

Das am meisten charakteristische Salz der Citronensäure ist das Kalksalz.

Die Alkalisalze der Citronensäure sind zwar krystallisirbar, aber wenig charakteristisch. Das neutrale Kalksalz: $\Theta_6H_5Ca_3O_7 + 2H_2\Theta$ ist in kaltem Wasser leichter löslich als in siedendem. Citronensäure oder citronensaure Salze werden daher von Kalkwasser in der Kälte nicht gefällt; bei Siedhitze dagegen entsteht ein weisser krystallinischer Niederschlag, der sich beim Erkalten fast vollständig wieder auflöst. Concentrirte Lösungen neutraler citronensaurer Salze werden von Chlorcalciumlösung schon in der Kälte, aber unvollständig, gefällt. Das Kalksalz löst sich in kalter Kalilauge und wird beim Erhitzen kleisterartig abgeschieden. Löst man das neutrale Kalksalz in warmer Citronensäure, so erhält man beim Abdampfen glänzende Blätter des sauren Salzes: $\Theta_6H_6Ca_2\Theta_7 + H_2\Theta$. — Das neutrale citronensaure Blei: $\Theta_6H_5Pb_3\Theta_7 + {}^1/_2H_2\Theta$ wird beim Vermischen einer weingeistigen Bleizuckerlösung mit Citronensäure als weisses Pulver gefällt.

*) Cloëz, Ann. Chem. Pharm. CXXII. 119. — Vgl. die früheren Versuche von Plantamour. Berzelius, Jahresb. XXVI. 428. — Laurent, Compt. rend. XXVI. 86. — Städeler, Ann. Chem. Pharm. CXI. 299. — Cahours, Ann. Chem. Pharm. LXIV. 350.

**) Vgl. bes. Heldt, Ann. Chem. Pharm. XLVII. 157.

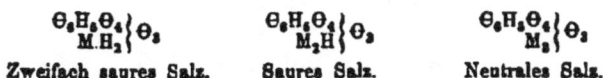

Ein saures Salz: $\Theta_6H_6Pb_2\Theta_7 + H_2\Theta$ setzt sich allmälig in Krystallen ab, wenn man zu einer heissen Lösung von Citronensäure so lange eine heisse Lösung von Bleizucker giesst als sich der anfangs entstehende Niederschlag noch auflöst. — Das citronensaure Silber: $\Theta_6H_5Ag_3\Theta_7$ ist ein weisser Niederschlag, der aus siedendem Wasser umkrystallisirt werden kann (Liebig). Erhitzt man dieses Silbersalz in Wasserstoffgas auf 100°, so wird es reducirt; es entsteht citronensaures Silberoxydul und freie Citronensäure (Wöhler) *).

Aether der Citronensäure **).

Die Citronensäure bildet als dreibasische Säure drei Aetherarten; z. B.: 1340.

$$\left.\begin{matrix}\Theta_6H_5\Theta_4\\ H_2(\Theta H_3)\end{matrix}\right\}\Theta_3 \qquad \left.\begin{matrix}\Theta_6H_5\Theta_4\\ H.(\Theta H_3)_2\end{matrix}\right\}\Theta_3 \qquad \left.\begin{matrix}\Theta_6H_5\Theta_4\\ (\Theta H_3)_3\end{matrix}\right\}\Theta_3$$

Methyl-citronensäure. Dimethylcitronensäure. Citronensäure-methyläther.

Für den Methylalkohol sind die drei Aetherarten der Citronensäure bekannt; sie sind sämmtlich fest und krystallisirbar. Man erhält sie durch Einleiten von Salzsäure in eine Lösung von Citronensäure in Holzgeist. Die Monomethylcitronensäure bildet ein in Wasser lösliches, in Alkohol unlösliches Kalksalz; das Kalksalz der Dimethylcitronensäure ist in Wasser und in Alkohol löslich.

Der Citronensäureäthyläther wurde von Demondesir genau wie die Aether der Weinsäure und Aepfelsäure (vgl. §§. 1301, 1324) dargestellt. Er entsteht auch, jedoch in geringer Menge, wenn Citronensäure mit Alkohol und Schwefelsäure erhitzt wird (Malaguti). Er ist eine gelbliche, nicht destillirbare Flüssigkeit, die sich in Alkohol und Aether leicht, in Wasser wenig löst.

Die Amylcitronensäure: $\Theta_6H_7(\Theta_5H_{11})\Theta_7$ wurde von Breunlin durch Erhitzen (120°) von Citronensäure mit Amylalkohol erhalten. Leitet man durch die Lösung dieses Aethers in Alkohol Salzsäure, so entsteht Aethylamylcitronensäure: $\Theta_6H_6(\Theta_2H_5)(\Theta_5H_{11})\Theta_7$.

Amide der Citronensäure.

Die Amide der Citronensäure sind bis jetzt sehr wenig bekannt. 1341.
Man weiss nur, dass bei Einwirkung von Ammoniak auf Citronensäureäthyläther oder Citronensäuremethyläther krystallisirbares Citramid: $\Theta_6H_{11}N_3\Theta_4$ ***) entsteht.

Durch Einwirkung von Anilin auf Citronensäure hat Pebal vier verschiedene

*) Ann. Chem. Pharm. XXX. 1.

**) Vgl. für Methylverbindungen, St. Evre, Ann. Chem. Pharm. LX. 325; Demondesir, ibid. LXXX. 302. — Aethylverb.: Malaguti, ibid. XXI. 267; Heldt, ibid. XLVII. 195. Demondesir, loc. cit.; Pebal, ibid. XCVIII. 67. — Amylverb.: Breunlin, ibid. XCI. 318.

***) Demondesir, loc. cit.

Verbindungen erhalten, die später beschrieben werden; sie können als Phenylabkömmlinge der folgenden Amide der Citronensäure betrachtet werden:

Typus: $H_2\Theta + 3H_3N$ $2H_2\Theta + 2H_3N$ $H_2\Theta + 2H_3N$ $2H_2\Theta + H_3N$

$$\left.\begin{matrix}H\\ \Theta_6H_4\Theta_3\\ H_6\end{matrix}\right\}\begin{matrix}\Theta\\ \\ N_3\end{matrix} \qquad \left.\begin{matrix}H\\ \Theta_6H_4\Theta_3\\ H_5\end{matrix}\right\}\begin{matrix}\Theta\\ N_2\\ \Theta\end{matrix} \qquad \left.\begin{matrix}H\\ \Theta_6H_4\Theta_3\\ H_3\end{matrix}\right\}\begin{matrix}\Theta\\ \\ N_2\end{matrix} \qquad \left.\begin{matrix}H\\ \Theta_6H_4\Theta_3\\ H_2\end{matrix}\right\}\begin{matrix}\Theta\\ N\\ \Theta\end{matrix}$$

Citramid.

Die entsprechenden Phenylverbindungen sind:

Citranilid. Citrobianilsäure. Citrobianil. Citromonanilsäure.

1842 **Oxychlorcitronensäure.** Es ist bis jetzt nicht gelungen durch Einwirkung der Chlorverbindungen des Phosphors auf Citronensäure oder citronensaure Salze die von der Theorie angedeuteten Chloride der Citronensäure darzustellen.

Durch Einwirkung von Phosphorsuperchlorid auf getrocknete Citronensäure erhielt Pebal *) eine krystallisirbare Verbindung, die nicht völlig rein erhalten werden konnte. Die Zusammensetzung dieses Körpers ist daher nicht völlig festgestellt.

Sie erzeugt bei Einwirkung von Wasser Citronensäure und zerfällt beim Erhitzen in Aconitsäure und Salzsäure.

Nach diesen Eigenschaften scheint die Oxychlorcitronensäure $\Theta_6H_6\Theta_6Cl_2$ zu sein; sie entstünde dann aus der Citronensäure durch Austausch von 1 At. Sauerstoff gegen die äquivalente Menge Chlor:

$$\Theta_6H_8\Theta_7 + PCl_5 = \Theta_6H_6\Theta_6Cl_2 + P\Theta Cl_3.$$

Ihre Zersetzungen erklären sich aus den Gleichungen:

$$\underset{\text{Oxychlorcitronensäure.}}{\Theta_6H_6\Theta_6Cl_2} + H_2\Theta = \underset{\text{Citronensäure.}}{\Theta_6H_8\Theta_7} + 2HCl$$

$$\Theta_6H_6\Theta_6Cl_2 = \underset{\text{Aconitsäure.}}{\Theta_6H_6\Theta_6} + 2HCl$$

*) Ann. Chem. Pharm. XCVIII. 71.

Eilfte Gruppe.

Fünfatomige Verbindungen.

1343. Die leitenden Ideen, welche dem in diesem Lehrbuch gebrauchten System zu Grunde liegen (vgl. bes. §. 603), lassen die Existenz fünfatomiger Verbindungen voraussetzen, welche durch folgende typische Formeln ausdrückbar sind:

$\left.\begin{matrix}\Theta_n H_{2n-3} \\ H_5\end{matrix}\right\} \Theta_5$	$\left.\begin{matrix}\Theta_n H_{2n-5}\Theta \\ MH_4\end{matrix}\right\} \Theta_5$	$\left.\begin{matrix}\Theta_n H_{2n-7}\Theta_2 \\ M_2H_3\end{matrix}\right\} \Theta_5$	$\left.\begin{matrix}\Theta_n H_{2n-9}\Theta_3 \\ M_3H_2\end{matrix}\right\} \Theta_5$
Fünfatomiger Alkohol.	Einbasisch-fünfatomige Säure.	Zweibasisch-fünfatomige Säure.	Dreibasisch-fünfatomige Säure.

Man kennt bis jetzt keine Substanz, die nach Zusammensetzung und Verhalten als fünfatomiger Alkohol angesehen werden könnte, und man hat erst in neuester Zeit zwei Säuren aufgefunden, die, nach Zusammensetzung und Basicität, als Oxydationsderivate eines solchen fünfatomigen Alkohols betrachtet werden können. Es sind dies die Aposorbinsäure: $\Theta_5H_8\Theta_7$ und die Desoxalsäure: $\Theta_5H_6\Theta_8$.

$\left.\begin{matrix}\Theta_5\overset{\prime}{H}_7 \\ H_5\end{matrix}\right\} \Theta_5$	$\left.\begin{matrix}\Theta_5\overset{\prime}{H}_3\Theta_2 \\ M_2H_3\end{matrix}\right\} \Theta_5$	$\left.\begin{matrix}\Theta_5\overset{\prime}{H}\Theta_3 \\ M_3H_2\end{matrix}\right\} \Theta_5$
(unbekannt.)	Aposorbinsäure.	Desoxalsäure.

1344. **Aposorbinsäure**: $\Theta_5H_8\Theta_7$. Von Dessaignes*) 1862 entdeckt. Bei Oxydation von Sorbin mittelst Salpetersäure entsteht neben Traubensäure, gewöhnlicher Weinsäure und Mesoweinsäure (vgl. §. 1335), noch Aposorbinsäure. Die Trennung der verschiedenen Producte ist mit Schwierigkeiten verbunden. Man entfernt zunächst durch Darstellung der sauren Ammoniaksalze die Weinsäure und die Traubensäure so weit als thunlich, man fällt dann durch essigsauren Kalk die Mesoweinsäure und schliesslich durch essigsaures Blei ein Bleisalz, welches wesentlich aus aposorbinsaurem Blei besteht.

*) Compt. rend. 1862. LV. 769.

Die Aposorbinsäure bildet kleine Blättchen; sie löst sich in 1,63 Th. Wasser bei 15°. Sie verliert bei 100° nicht an Gewicht und schmilzt bei 110°.

Das saure Ammoniaksalz ist sehr löslich und schlecht krystallisirbar. Das krystallisirte Kalksalz: $\Theta_5H_6Ca_2\Theta_7 + 4H_2\Theta$ gleicht dem weinsauren Kalk; es löst sich in Salmiak und in Kali. Das Silbersalz: $\Theta_5H_6Ag_2\Theta_7$ ist nicht krystallinisch; das basische Bleisalz: $\Theta_5H_6Pb_2\Theta_7, Pb_2\Theta$ ist ein amorpher Niederschlag.

Desoxalsäure: $\Theta_5H_6\Theta_8$.

1345. Löwig *) hat vor Kurzem die merkwürdige Beobachtung gemacht, dass bei Einwirkung von Natriumamalgam auf Oxalsäureäther mehrere Molecüle von Oxalsäure sich unter Reduction zu einem complicirteren Molecül zu vereinigen im Stande sind. Es entstehen so Säuren, die nach Zusammensetzung und Eigenschaften den s. g. Fruchtsäuren (Aepfelsäure, Weinsäure, Citronensäure) sehr ähnlich sind. Nach vorläufigen Angaben Löwig's können so, je nach den Bedingungen des Versuchs, fünf verschiedene Säuren erhalten werden. Zwei derselben sind bis jetzt näher beschrieben. Die eine ist die §. 1336 besprochene Glycoläpfelsäure, die andere die jetzt zu besprechende Desoxalsäure.

Die Desoxalsäure, oder vielmehr der Aether der Desoxalsäure, entsteht wenn Natriumamalgam auf trockenen Oxalsäureäthyläther einwirkt.

Man übergiesst Natriumamalgam (welches auf 100 Th. Quecksilber 3 Th. Natrium enthält) mit dem gleichen Volum Oxaläther, schüttelt während der Reaction öfter um und vermeidet zu starke Erhitzung durch Abkühlen. Man schüttelt dann das Product mit Aether und Wasser. Die wässrige Lösung enthält, neben oxalsaurem Natron, das Natronsalz einer noch nicht näher untersuchten Säure und ausserdem gährungsfähigen Zucker. Die ätherische Lösung enthält den Aether der Desoxalsäure. Man verdunstet im Wasserbad; der Rückstand gibt beim Stehen Krystalle von Desoxalsäureäther neben einer syrupartigen Mutterlauge, die dieselbe Zusammensetzung besitzt. Der erhaltene Desoxalsäureäther wird mit Kalilauge zersetzt, das Kalisalz mit Salpetersäure neutralisirt und durch Zusatz von salpetersaurem Blei ein unlösliches Bleisalz dargestellt, aus welchem dann, durch Zersetzung mit Schwefelwasserstoff, die Desoxalsäure selbst erhalten werden kann.

Die Desoxalsäure ist an feuchter Luft zerfliesslich, in Wasser und Alkohol sehr löslich. Sie bildet bei freiwilligem Verdunsten eine weisse Krystallmasse; sie schmeckt der Weinsäure ähnlich. Die Desoxalsäure erleidet durch Wärme eine höchst merkwürdige Zersetzung, sie zerfällt nämlich in Traubensäure und Kohlensäure:

*) Schlesische Gesellschaft 1861. Heft 1 u. 2. — J. pr. Chem. LXXXIII. 129. — Zeitschr. Chem. Pharm. 1861. 676.

$$\Theta_5H_6\Theta_8 = \Theta_4H_6\Theta_6 + \Theta\Theta_2$$
Desoxalsäure. Traubensäure.

Die Traubensäure ist demnach die der Desoxalsäure zugehörige Pyrosäure.

Diese Zersetzung der Desoxalsäure findet langsam schon beim Kochen mit Wasser statt; sie erfolgt leichter, wenn eine wässrige Lösung von Desoxalsäure unter Zusatz von etwas Schwefelsäure oder Salzsäure längere Zeit im Sieden erhalten wird.

Die Desoxalsäure ist dreibasisch.

Das neutrale Kalisalz: $\Theta_5H_3K_3\Theta_8$ bleibt beim Verdunsten als gummiartige Masse, die beim längeren Stehen über Schwefelsäure krystallinisch wird. Ein saures Kalisalz: $\Theta_5H_4K_2\Theta_8$ scheidet sich allmälig aus der mit Essigsäure versetzten Lösung des neutralen Salzes in harten Krystallkrusten ab. Das neutrale Ammoniaksalz ist sehr löslich und schwer krystallisirbar. Das Kalksalz: $\Theta_5H_3Ca_3\Theta_8 + H_2\Theta$, das Barytsalz: $\Theta_5H_3Ba_3\Theta_8$ und das Bleisalz: $\Theta_5H_3Pb_3\Theta_8$ sind weisse Niederschläge. Das neutrale Silbersalz: $\Theta_5H_3Ag_3\Theta_8$ wird durch doppelte Zersetzung aus dem neutralen Kalisalz erhalten; das saure Kalisalz gibt mit salpetersaurem Silberoxyd ein saures Silbersalz: $\Theta_5H_4Ag_2\Theta_8$. Die beiden Silbersalze sind leicht zersetzbare Niederschläge.

Desoxalsäureäther: $\Theta_5H_3(\Theta_2H_5)_3\Theta_8$. Die Bildung dieses Aethers wurde oben besprochen. Er bildet grosse, wasserhelle, starkglänzende Krystalle, die in Wasser, Alkohol und Aether löslich sind (1 Th. in 10 Th. Wasser bei 16°). Er schmilzt bei 85°, erstarrt bei 80° und sublimirt zum Theil unverändert. Wird der krystallisirte Aether längere Zeit auf 140°—150° erhitzt, so geht er, ohne Gewichtsverlust, in eine syrupförmige nicht krystallisirbare Modification über.

Die wässrige Lösung des Aethers verhindert, ähnlich wie Zucker, die Fällung der Kupfersalze durch Kalilauge. Man erhält eine tiefblaue Lösung, aus welcher beim Erwärmen Kupferoxydul ausfällt.

Der Desoxaläther erleidet selbst bei längerem Kochen mit Wasser keine Zersetzung; bei Einwirkung von Basen zerfällt er in Alkohol und Desoxalsäure. Diese Spaltung tritt leicht ein beim Kochen mit Alkalien oder mit Barytwasser, sie erfolgt langsam bei Einwirkung von Barytwasser in der Kälte. Beim Erhitzen mit verdünnten Säuren erleidet der Desoxaläther Zersetzung, indem er, wie die Desoxalsäure selbst, zu Kohlensäure und Traubensäure zerfällt.

Es wurde oben erwähnt, dass bei der Krystallisation des Desoxaläthers eine syrupartige Mutterlauge bleibt, die genau dieselbe Zusammensetzung zeigt wie die Krystalle. Dieser unkrystallisirbare Aether wird wie der krystallisirte von Kali zersetzt, aus dem Kalisalz kann ein Bleisalz und aus diesem die freie Säure dargestellt werden. Soweit bemerkt man keine Unterschiede; wird aber dieser syrupförmige Aether mit concentrirter Salzsäure zersetzt, so entsteht, neben Kohlensäure, eine Säure von der Zusammensetzung der Weinsäure, die aber den Eigenschaften nach von der Traubensäure verschieden ist. Sie ist nicht krystallisirbar, gibt kein schwer lösliches saures Kalisalz und erzeugt mit überschüssigem Kalkwasser ein Kalksalz, in dessen salzsaurer Lösung Ammoniak keine Fällung hervorbringt.

— —

Zwölfte Gruppe.

Sechsatomige Verbindungen.

1346. An die in den früheren Kapiteln abgehandelten Substanzen reihen sich weiter einige sechsatomige Verbindungen an, die durch die folgenden allgemeinen Formeln ausgedrückt werden können:

$\left.\begin{matrix} C_n \overset{VI}{H}_{2n-4} \\ H_6 \end{matrix}\right\}\Theta_6$	$\left.\begin{matrix} C_n \overset{VI}{H}_{2n-6}\Theta \\ H_6 \end{matrix}\right\}\Theta_6$	$\left.\begin{matrix} \Theta_n \overset{VI}{H}_{2n-8}\Theta_2 \\ H_6 \end{matrix}\right\}\Theta_6$ etc.
Sechsatomiger Alkohol.	Einbasisch-sechsatomige Säure.	Zweibasisch-sechsatomige Säure.

Man kennt zwei Substanzen, die mit Sicherheit als sechsatomige Alkohole angesehen werden können; es sind dies: der **Mannit** und der mit ihm isomere **Dulcit** oder **Melampyrit**.

Man kennt weiter zwei isomere zweibasische Säuren, die, aller Wahrscheinlichkeit nach, als einfache Oxydationsderivate dieser sechsatomigen Alkohole anzusehen sind; nämlich **Zuckersäure** und **Schleimsäure**.

Man kennt endlich eine Säure, die **Mannitsäure**, die wenigstens ihrer empirischen Zusammensetzung nach, zum Mannit in derselben Beziehung steht, wie die Essigsäure zum Aethylalkohol.

$\left.\begin{matrix} \Theta_6\overset{VI}{H}_8 \\ H_6 \end{matrix}\right\}\Theta_6$	$\left.\begin{matrix} \Theta_6\overset{VI}{H}_6\Theta \\ H_6 \end{matrix}\right\}O_6$	$\left.\begin{matrix} \Theta_6\overset{VI}{H}_4\Theta_2 \\ H_6 \end{matrix}\right\}\Theta_6$
Mannit und Dulcit.	Mannitsäure.	Zuckersäure und Schleimsäure.

In Betreff der Mannitsäure muss indess schon hier bemerkt werden, dass dieselbe, nach den Versuchen von Gorup-Besanez, zweibasisch ist, während die durch die mitgetheilte rationelle Formel ausgedrückte Säure einbasisch sein sollte. Es erscheint daher zweifelhaft ob die aus Mannit erhaltene Mannitsäure wirklich zum Mannit in so naher Beziehung steht, wie es die obige Formel annimmt.

An den Mannit und den Dulcit schliessen sich ausserdem noch zwei zuckerartige Stoffe an, die nur die Elemente des Wassers weniger enthalten und die folglich mit den aus dem Mannit und dem Dulcit durch Wasserverlust entstehenden Verbindungen: Mannitan und Dulcitan (§. 1349) isomer sind. Es sind dies der Quercit und der Pinit, die vielleicht durch die folgende rationelle Formel ausgedrückt werden können:

$$\left.\begin{matrix}\overset{vi}{\Theta_6H_6}\\H_4\end{matrix}\right\}\Theta_5 .$$

Quercit und Pinit.

Mannit und Dulcit: $\Theta_6H_{14}\Theta_6 = \left.\begin{matrix}\overset{vi}{\Theta_6H_8}\\H_6\end{matrix}\right\}\Theta_6$.

Die chemische Natur des Mannits und seine Beziehungen zu andern verwandten Substanzen ergeben sich wesentlich aus folgenden Thatsachen. 1347.

1) Der Mannit enthält sechs Atome durch Radicale vertretbaren Wasserstoffs. Er erzeugt mit Salpetersäure einen sechsatomigen Salpetersäure-Mannitäther, den sogenannten Nitromannit:

$$\underset{\text{Mannit.}}{\Theta_6H_{14}\Theta_6} + 6HN\Theta_3 = 6H_2\Theta + \underset{\text{Nitromannit.}}{\Theta_6H_8(NO_2)_6\Theta_6} = \left.\begin{matrix}\Theta_6H_8\\(N\Theta_2)_6\end{matrix}\right\}O_6.$$

Der Nitromannit liefert bei Einwirkung reducirender Substanzen keine amidartige Verbindung, er regenerirt vielmehr Mannit. Er ist demnach kein Nitrosubstitutionsproduct, sondern eine dem Salpetersäure-äthyläther entsprechende Verbindung, d. h. der Salpetersäureäther eines sechsatomigen Alkohols.

2) Der Mannit wird von Jodwasserstoffsäure in ganz ähnlicher Weise, wie dies früher für den Erythrit (§. 1312) und das Glycerin (§. 1234) angegeben wurde, reducirt. Man erhält den Jodwasserstoffäther des einatomigen Alkohols von gleichviel Kohlenstoff; (Erlenmeyer und Wanklyn).

$$\underset{\text{Mannit.}}{\Theta_6H_{14}\Theta_6} + 11JH = \underset{\text{Caproyljodid.}}{\Theta_6H_{13}J} + 5J_2 + 6H_2\Theta$$

Diese Reduction beweist, dass der Mannit derselben Oxydationsreihe zugehört wie der einatomige Caproylalkohol (§. 696).

$\Theta_6H_{14}\Theta$	$\Theta_6H_{14}\Theta_6$
Caproylalkohol.	Mannit.

Von besonderem Interesse ist noch die Beziehung des Mannits zu einzelnen Zuckerarten.

Der Mannit unterscheidet sich von der Glucose und den isomeren Zuckerarten nur durch zwei Atome Wasserstoff, welche er mehr enthält:

$\Theta_6H_{14}\Theta_6$	$\Theta_6H_{12}\Theta_6$
Mannit.	Glucose.

Er steht also zu diesen Zuckerarten, in Bezug auf Zusammensetzung wenigstens, in derselben Beziehung wie der Propylalkohol zum Allylalkohol, wie die Bernsteinsäure zur Fumarsäure und der isomeren Maleinsäure, wie die Brenzweinsäure zur Itaconsäure, Citronensäure und Mesaconsäure (vgl. §. 1108. II. 3) etc.

Man hat in der That gefunden, dass einzelne Zuckerarten durch directe Addition von Wasserstoff in Mannit übergeführt werden können. So entsteht z. B. Mannit bei der s. g. schleimigen Gährung. Man erhält ferner Mannit, wenn man Natriumamalgam auf einzelne Zuckerarten, z. B. auf durch Säuren umgewandelten Rohrzucker, einwirken lässt (Linnemann) *).

Durch eine umgekehrte Reaction, also durch Wasserstoffentziehung, d. h. durch Oxydation, kann der Mannit in eine der Glucose isomere Zuckerart übergeführt werden. Lässt man nämlich Mannit durch Vermittlung von Platinmohr sich an der Luft oxydiren, so entsteht Mannitose (Gorup-Besanez) **).

Man könnte auch diese Zuckerarten als dem Mannit entsprechende Aldehyde ansehen; man hätte:

Alkohol.	Aldehyd.	Essigsäure.
$\Theta_2H_6\Theta$	$\Theta_2H_4\Theta$	$\Theta_2H_4\Theta_2$
Mannit.	Mannitose.	Mannitsäure.
$\Theta_6H_{14}\Theta_6$	$\Theta_6H_{12}\Theta_6$	$\Theta_6H_{12}\Theta_7$

Spätere Versuche müssen zeigen, ob vielleicht die eine oder die andere Zuckerart wirklich zum Mannit in dieser Beziehung steht. Vorerst scheint es ge-

*) Ann. Chem. Pharm. CXXIII. 136.
**) ibid. CXVII. 257.

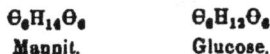

eignet alle Zuckerarten später, als wasserstoffärmere Verbindungen abzuhandeln.

Für den mit dem Mannit isomeren Dulcit kennt man bis jetzt kei- 1848.
nen Salpetersäureäther. Dagegen ist von Erlenmeyer und Wanklyn *) in neuester Zeit nachgewiesen worden, dass der aus Melampyrumarten dargestellte Dulcit von Jodwasserstoffsäure genau wie der Mannit reducirt wird; es entsteht ein einatomiges Jodid: $\Theta_6H_{13}J$.

Anhydride des Mannits und des Dulcits.

Durch Austritt von Wasser können aus Mannit zwei verschiedene 1849.
Anhydride erhalten werden:

Mannit.	Mannitan.	Mannid.
$\left.\begin{matrix}\Theta_6H_8\\H_6\end{matrix}\right\}\Theta_6$	$\left.\begin{matrix}\Theta_6H_8\\H_4\end{matrix}\right\}\Theta_5$	$\left.\begin{matrix}\Theta_6H_8\\H_2\end{matrix}\right\}\Theta_4$

Das wahre Anhydrid des Mannits: $\Theta_6H_8\Theta_3$ ist bis jetzt noch unbekannt. Das Mannitan und das Mannid gehen durch Aufnahme von Wasser in Mannit über.

Für den mit dem Mannit isomeren Dulcit kennt man bis jetzt nur die dem Mannitan entsprechende Verbindung, das Dulcitan.

Im Mannitan und ebenso in dem mit ihm isomeren Dulcitan 1850.
können die vier typischen Wasserstoffatome durch Radicale ersetzt werden; und zwar ebensowohl durch die Radicale der Alkohole als durch Radicale von Säuren. Es entstehen so ätherartige Verbindungen.

Diese Substanzen sind wesentlich von Berthelot untersucht worden. Von den Verbindungen mit einatomigen Alkoholen kennt man bis jetzt nur das Diäthyl-mannitan:

Diäthylmannitan: $\left.\begin{matrix}\overset{vi}{\Theta_6H_8}\\(\Theta_2H_5)_2H_2\end{matrix}\right\}\Theta_5.$

Mit einbasischen Säuren hat man zwei Klassen von Verbindungen erhalten, in denen entweder 2 oder 4 Atome Wasserstoff des Mannitans durch Säureradicale ersetzt sind. Z. B.:

Dibutyryl-mannitan.	Tetrabutyryl-mannitan.
$\left.\begin{matrix}\overset{vi}{\Theta_6H_8}\\(\Theta_4H_7\Theta)_2H_2\end{matrix}\right\}\Theta_5$	$\left.\begin{matrix}\overset{vi}{\Theta_6H_8}\\(\Theta_4H_7\Theta)_4\end{matrix}\right\}\Theta_5$

Diese Verbindungen entstehen, wenn Mannitan mit der betreffen-

*) Zeitschr. Chem. Pharm. 1862.

den Säure erhitzt wird; es tritt dann für jedes in Wirkung tretende Säuremolecül ein Molecül Wasser aus. Z. B.:

$$\underset{\text{Mannitan.}}{\Theta_6H_{12}\Theta_5} + \underset{\text{Stearinsäure.}}{2\Theta_{18}H_{36}\Theta_2} = 2H_2\Theta + \underset{\text{Distearyl-mannitan.}}{\Theta_6H_{10}(\Theta_{18}H_{35}\Theta)_2\Theta_5}$$

$$\underset{\text{Mannitan.}}{\Theta_6H_{12}\Theta_5} + \underset{\text{Stearinsäure.}}{4\Theta_{18}H_{36}\Theta_2} = 4H_2\Theta + \underset{\text{Tetrastearyl-mannitan.}}{\Theta_6H_8(\Theta_{18}H_{35}\Theta)_4\Theta_5}$$

Dieselben Verbindungen werden auch erhalten, wenn Mannit mit einer organischen Säure erhitzt wird; es wird dann natürlich ein Molecül Wasser mehr eliminirt als bei Entstehung derselben Substanzen aus Mannitan. Z. B.:

$$\underset{\text{Mannit.}}{\Theta_6H_{14}\Theta_6} + \underset{\text{Stearinsäure.}}{2\Theta_{18}H_{36}\Theta_2} = 3H_2\Theta + \underset{\text{Distearyl-mannitan.}}{\Theta_6H_{10}(\Theta_{18}H_{35}\Theta)_2\Theta_5}$$

$$\underset{\text{Mannit.}}{\Theta_6H_{14}\Theta_6} + \underset{\text{Stearinsäure.}}{4\Theta_{18}H_{36}\Theta_2} = 5H_2\Theta + \underset{\text{Tetrastearyl-mannitan.}}{\Theta_6H_8(\Theta_{18}H_{35}\Theta)_4\Theta_5}$$

Die Aether des Mannitans erleiden bei längerem Erhitzen mit Wasser Zersetzung, indem Mannitan und die betreffende Säure regenerirt werden. Eine entsprechende Spaltung tritt auch beim Erhitzen mit Alkalien oder mit Alkohol ein; man erhält dann, neben Mannitan, ein Salz oder einen Aether der betreffenden Säure.

Nach Angaben von Berthelot entsteht durch längeres Erhitzen von Tetrastearyl-mannitan mit überschüssiger Stearinsäure ein Hexastearyl-mannitan: $\Theta_6H_6(\Theta_{18}H_{35}\Theta)_6\Theta_5$. Berthelot nimmt danach an, das Mannitan enthalte sechs Atome durch Radicale vertretbaren Wasserstoffs. Da die Existenz dieser von theoretischem Standpunkt aus unwahrscheinlichen Verbindung bis jetzt nicht mit Sicherheit festgestellt ist, scheint es geeignet sie vorerst nicht weiter zu berücksichtigen und für das Mannitan die oben gebrauchte rationelle Formel beizubehalten, die seine Beziehungen zum Mannit in einfachster Weise ausdrückt.

Verbindungen des Mannits und des Mannitans mit Wasserstoffsäuren.

1351. Es wurde eben erwähnt, dass beim Erhitzen von Mannit mit einbasischen Säuren des Wassertyps Aetherarten des Mannitans erhalten werden. Der Mannit geht also bei dieser Einwirkung gleichzeitig durch Wasserverlust in Mannitan über. Dieselbe Umwandlung findet auch statt wenn Mannit mit Wasserstoffsäuren erhitzt wird; wenigstens erhielt Berthelot durch Erhitzen von Mannit mit Salzsäure das zweifach salzsaure Mannitan:

$$\left.\begin{matrix}\overset{vi}{\Theta_6H_8}\\H_2\end{matrix}\right\}\begin{matrix}Cl_2\\\Theta_3\end{matrix}.$$

Man kennt also bis jetzt keine der sechs Chlorverbindungen, die der sechsatomige Alkohol Mannit, nach Analogie mit andern mehratomigen Alkoholen (vgl. Glycerin) erzeugen könnte Man kennt ferner von den vier der Theorie nach möglichen Chloriden des Mannitans bis jetzt nur eines, das zweifach salzsaure Mannitan. Dieses steht zu dem bis jetzt unbekannten zweifach salzsauren Mannit in derselben Beziehung wie das salzsaure Glycid (Epichlorhydrin) zum einfach-salzsauren Glycerin (Monochlorhydrin), wie denn überhaupt das Mannitan und seine Abkömmlinge zum Mannit dieselbe Beziehung zeigen, wie das Glycid und seine Derivate zum Glycerin

Verbindungen des Mannits und des Mannitans mit mehrbasischen Säuren. Das Verhalten des Mannits zu mehrbasischen Säuren ist bis jetzt nur wenig, das Verhalten des Mannitans noch nicht untersucht worden. 1852.

Aus Mannit und Schwefelsäure hat man zwei der Aethylschwefelsäure bis zu einem gewissen Grad entsprechende Verbindungen erhalten. Durch Erhitzen von Mannit mit Weinsäure wurde die Mannitweinsäure erhalten. Die Formeln dieser Verbindungen sind:

Mannit-dischwefelsäure.	Mannit-trischwefelsäure.	Mannitweinsäure.
$\left.\begin{matrix} H_2 \\ \Theta_6H_8 \\ (S\Theta_2)_2 \\ M_2 \end{matrix}\right\}\Theta_7$	$\left.\begin{matrix} H_3 \\ \Theta_6H_8 \\ (S\Theta_2)_3 \\ M_3 \end{matrix}\right\}\Theta_9$	$\left.\begin{matrix} H_{10} \\ \Theta_6H_8 \\ (\Theta_4H_2\Theta_2)_6 \\ M_6 \end{matrix}\right\}\Theta_{23}$

Man hat ferner durch Einwirkung von Bernsteinsäure und von Citronensäure auf Mannit die folgenden Verbindungen erhalten·

Succinomannitan	Citromannitan.
$\left.\begin{matrix} \Theta_6H_8 \\ (\Theta_4H_4\Theta_2)H_2 \end{matrix}\right\}\Theta_5$	$\left.\begin{matrix} \Theta_6H_8 \\ (\Theta_6H_4\Theta_3).H_2 \end{matrix}\right\}\Theta_6$

Wenn man die Anzahl der bei Bildung dieser Substanzen austretenden Wassermolecüle für massgebend annehmen will, so muss die **Mannit-dischwefelsäure** als Mannitanverbindung angesehen werden. Es ist bis jetzt nicht nachgewiesen, ob sie bei Spaltung Mannit oder Mannitan erzeugt. Die **Mannit-trischwefelsäure** müsste als Mannitverbindung angesehen werden; und man weiss in der That, dass sie leicht in Schwefelsäure und Mannit zerfällt.

Das **Succinomannitan** ist offenbar ein Mannitan-derivat. Auch für die Citronensäureverbindung ist dies wahrscheinlich; von den zwei typischen Wasserstoffatomen dieser Verbindung stammt also das eine aus dem Mannit, das andere aus der Citronensäure.

Mannit *): $\Theta_6H_{14}\Theta_6 = \left.\begin{matrix} \Theta_6H_8 \\ H_6 \end{matrix}\right\}\Theta_6$.

*) Vgl. bes.: Liebig, Ann. Chem. Pharm. IX. 25. — Liebig u. Pelouze, ibid. XIX. 283. — Kirchner, ibid. XXXI. 337. — Gottlieb, ibid. LII. 122. — Sobrero, ibid. LXIV. 397. — Strecker, ibid. XCII. 80. — Ruspini, ibid. LXV. 204. — Ferner: Berthelot, Chimie organique fondée sur la synthèse II. 167 ff. Ann. Chim. Phys. XLVII. 247.

1353. Der Mannit wurde 1806 von Prout entdeckt. Er findet sich in sehr vielen Pflanzen. Zu seiner Darstellung dient gewöhnlich die Manna, der aus verschiedenen Fraxinusarten ausschwitzende und zu einer festen Masse eintrocknende Saft, sie enthält 32—37%.

Der Mannit entsteht, wie oben erwähnt (§. 1347) bei manchen Gährungen des Rohrzuckers und einiger anderer Zuckerarten, namentlich bei der s. g. schleimigen Gährung, der Buttersäuregährung etc. Er bildet sich daher häufig bei der Gährung zuckerhaltiger Pflanzensäfte, z. B. des Runkelrübensaftes. Einzelne Zuckerarten, z. B. der durch verdünnte Säuren umgewandelte Rohrzucker, liefern bei Einwirkung von Natriumamalgam, durch directe Addition von Wasserstoff, Mannit (Linnemann).

Zur Darstellung des Mannits zieht man Manna oder andere mannithaltige Substanzen mit heissem verdünntem Alkohol aus und reinigt den beim Erkalten auskrystallisirenden Mannit durch wiederholtes Umkrystallisiren. — Zur Darstellung im Grossen löst man Manna in drei Theilen Wasser, fällt mit Bleiessig, entfernt aus dem Filtrat das Blei durch Schwefelwasserstoff, verdunstet nach dem Abfiltriren des Schwefelbleies zum Syrup und giesst diesen in heissen Weingeist; beim Erkalten krystallisirt dann der Mannit aus.

Der Mannit bildet leicht wohlausgebildete Krystalle des rhombischen Systems, häufig auch feine seidenglänzende Nadeln. Er ist in Wasser leicht löslich (kalt in 6,5 Theilen, heiss in jeder Menge); in absolutem Alkohol ist er sehr wenig, in heissem verdünntem Alkohol leicht löslich. Von Aether wird er nicht gelöst. Die wässrige Lösung ist optisch unwirksam; sie hat einen schwach süssen Geschmack.

Der Mannit schmilzt bei 160°—165° zu einer farblosen Flüssigkeit, die beim Erkalten krystallinisch erstarrt. Bei längerem Erhitzen sublimirt ein kleiner Theil unverändert. Bei etwa 200° tritt Sieden ein; es entweicht Wasser und es bildet sich etwas Mannitan; die bei weitem grösste Menge bleibt indessen selbst bei 250° unverändert. Bei stärkerer Hitze tritt Zersetzung ein.

Zersetzungen des Mannits. Der Mannit wird bei Vermittlung von Platinmohr durch den Sauerstoff der Luft oxydirt. Man erhält, neben etwas Ameisensäure, einen unkrystallisirbaren, gährungsfähigen, optisch unwirksamen Zucker von der Zusammensetzung der Glucose, die Mannitose, und ausserdem Mannitsäure (§. 1361) (Gorup-Besanez) *). Von Salpetersäure wird der Mannit leicht oxydirt. Bei sehr gemässigter Einwirkung entstehen dieselben Producte wie bei der Oxydation durch Platinmohr; bei stärkerer Oxydation wird Zuckersäure (nach Carlet etwas Schleimsäure und Traubensäure vgl. §. 1317) und schliesslich Oxalsäure gebildet. Lässt man ein Gemisch von concentrirter Salpetersäure

*) Ann. Chem. Pharm. CXVIII. 257.

und Schwefelsäure auf Mannit einwirken, so wird Nitromannit gebildet (§. 1353). Wird Mannit mit Braunstein und Schwefelsäure oder mit saurem chromsaurem Kali und Schwefelsäure erhitzt, so tritt ebenfalls Oxydation ein, durch welche wesentlich Kohlensäure und Ameisensäure erzeugt werden. Auch von Gold- und Silbersalzen wird der Mannit beim Erwärmen oxydirt; er fällt also aus den Lösungen dieser Salze beim Erwärmen die Metalle. Eine alkalische Kupferlösung wird dagegen von Mannit selbst beim Kochen nicht reducirt; indessen verhindert der Mannit, ähnlich wie Zucker, die Fällung der Kupfersalze durch Kali.

Erhitzt man Mannit mit überschüssiger Jodwasserstoffsäure, so wird, unter Freiwerden von Jod, Caproyljodid: $\Theta_6H_{13}J$ erzeugt (Erlenmeyer und Wanklyn *) §. 1347).

Der Mannit kann in geeigneten Bedingungen in Gährung versetzt werden. Lässt man z. B. eine Mannitlösung einige Wochen lang mit Kreide und Käse oder einer andern eiweissartigen Substanz stehen, so entweicht Kohlensäure und Wasserstoff und es bilden sich: Essigsäure, Buttersäure, Milchsäure und Alkohol (13 — 33%). Ueberlässt man Mannitlösung mit zerschnittenen Geweben thierischer Testikel sich selbst, so entsteht eine kleine Menge eines gährungsfähigen, die Polarisationsebene nach links drehenden Zuckers (Berthelot) **).

Der Mannit kann mit Kalilauge gekocht werden ohne Zersetzung zu erleiden; beim Schmelzen mit Kalihydrat entsteht, unter Wasserstoffentwicklung, ein Gemenge von ameisensaurem, essigsaurem und propionsaurem Salz. Wird Mannit mit Kalk destillirt, so werden flüchtige Producte erzeugt, wahrscheinlich Aceton und Metaceton (§. 929).

Erhitzt man Mannit mit Phosphorjodür, so tritt lebhafte Reaction ein und es destillirt ein Gemenge verschiedener Jodverbindungen, unter welchen bis jetzt nur Jodmethylen (§. 952) mit Sicherheit nachgewiesen wurde (Butlerow) ***).

Gegen Säuren ist der Mannit im Allgemeinen sehr beständig; er erzeugt, ohne tiefer gehende Zersetzung Mannit- oder Mannitanverbindungen (vgl. §§. 1350 ff.).

Verbindungen des Mannits.

I. Mit Basen. Der Mannit bildet mit einigen Basen Verbindungen, die indessen bis jetzt nicht näher untersucht sind. 1354.

Ubaldini †) beschreibt die folgenden Verbindungen: $\Theta_6H_{12}O_6, Ca_2\Theta$; — $2\Theta_6H_{14}\Theta_6 . Ca_2\Theta$; — $\Theta_6H_{14}O_6, 2Ba_2\Theta + 5H_2\Theta$; — $2\Theta_6H_{14}O_6, Sr_2\Theta + 8H_2\Theta$.

---

*) Zeitschr. Chem. Pharm. 1861. 608.
**) Ann. de Chim. et Phys. L. 384.
***) Ann. Chem. Pharm. CXI. 147.
†) Jahresb. 1857. 508.

Eine Bleiverbindung: $C_6H_{10}Pb_4O_6$ scheidet sich in kleinen Blättchen aus, wenn man in heisse ammoniakalische Bleizuckerlösung eine Lösung von Mannit eingiesst. Die Verbindung wird von Wasser zersetzt.

II. Mit Säuren.

Es wurde oben erwähnt, dass bei Einwirkung von Säuren auf Mannit nur in manchen Fällen wahre Mannitverbindungen erzeugt werden, während gewöhnlich Mannitanverbindungen entstehen. Als wahre Mannitverbindungen können mit Sicherheit nur der Salpetersäure-Mannit, die Mannitschwefelsäure und die Mannitphosphorsäure angesehen werden.

Salpetersäure-mannit*), s. g. Nitromannit: $\left.\begin{matrix}C_6H_8\\(NO_2)_6\end{matrix}\right\} O_6$.

Der Salpetersäure-mannit entsteht, wenn Mannit mit höchst concentrirter Salpetersäure oder mit einem Gemenge von Salpetersäure und Schwefelsäure behandelt wird.

Man übergiesst zweckmässig gepulverten Mannit (1 Th) mit etwas Salpetersäure von 1,5 sp. Gew., reibt bis zur Lösung und giesst dann abwechselnd Schwefelsäure und Salpetersäure zu, bis 4,5 Th. Salpetersäure und 10,5 Th. Schwefelsäure verbraucht sind. Man vermischt die breiartige Masse mit viel Wasser, sammelt den ausgeschiedenen Nitromannit und reinigt durch Umkrystallisiren aus Alkohol (Strecker).

Der Nitromannit bildet weisse, seidenglänzende Nadeln, die bei etwa 70° schmelzen. Er ist in Weingeist und Aether, namentlich beim Erwärmen, löslich.

Der Nitromannit zersetzt sich beim Erhitzen auf 90° ohne Explosion, bei raschem Erhitzen tritt Verpuffung ein. Er explodirt nicht bei gelindem Reiben; beim Schlag dagegen zersetzt er sich mit heftigem Knall.

Bei längerem Aufbewahren erleidet der Nitromannit (ähnlich wie das Nitroglycerin §. 1242) freiwillige Zersetzung; die entstehenden Producte sind noch nicht untersucht.

Durch reducirende Substanzen wird der Nitromannit zersetzt, gewöhnlich unter Bildung von Mannit (vgl. §. 1347).

Lässt man auf eine weingeistige Lösung von Nitromannit Schwefelwasserstoff-schwefelammonium einwirken, so entsteht viel Ammoniak, freier Schwefel und Mannit (Dessaignes). — Kocht man Nitromannit längere Zeit mit einer Lösung von saurem schwefligsaurem Ammoniak, so wird, neben schwefelsaurem, salpetrigsaurem und salpetersaurem Ammoniak, Mannit erzeugt (A. und W. Knop). Behandelt man Nitromannit mit essigsaurem Eisenoxydul oder mit Eisenfeile und Essigsäure, so entsteht ebenfalls Mannit (Béchamp) oder nach Berthelot wesentlich

*) Sobrero, Ann. Chem. Pharm. LXIV. 397. — Strecker, ibid. LXXIII. 59. — Knop, ibid. LXXIV. 347. — Dessaignes, ibid. LXXXI. 251.

Mannitan. — Durch 40stündiges Erhitzen mit Barytwasser auf 100° erhielt Berthelot salpetersauren Baryt; er konnte indess weder Mannit noch Mannitan nachweisen.

Mannitschwefelsäuren *). Wenn man Mannit in Schwefelsäure löst und aus der mit Wasser verdünnten Lösung die unveränderte Schwefelsäure durch Neutralisiren mit kohlensaurem Kalk oder Baryt entfernt, so gewinnt man ein in Wasser lösliches Kalk- oder Barytsalz. Nach den wenigen bis jetzt vorliegenden Versuchen scheinen auf diesem Weg zwei verschiedene Mannitschwefelsäuren erhalten werden zu können.

Favre erhielt indem er ein wie oben angegeben bereitetes Kalksalz erst mit Bleizucker fällte und dem Filtrat dann dreibasisch essigsaures Blei zufügte, ein Bleisalz: $\Theta_6H_{10}(S\Theta_3)_2Pb_2\Theta_7 + 3Pb_2\Theta$.

Berthelot setzte zu dem auf dieselbe Weise dargestellten Kalksalz Weingeist und versetzte das Filtrat mit einer weingeistigen Lösung von Bleizucker; es entstand ein Niederschlag: $\Theta_6H_{10}(S\Theta_3)_2Pb_2\Theta_7 + 5Pb_2\Theta$.

Die beiden Bleisalze sind, wie es scheint, basische Bleisalze der Mannitdischwefelsäure: $\Theta_6H_{12}(S\Theta_3)_2\Theta_7$.

Knop und Schnedermann lösten Mannit in Schwefelsäure, neutralisirten nach dem Verdünnen mit kohlensaurem Baryt und dampften die vom schwefelsauren Baryt abfiltrirte Flüssigkeit ein bis sich krystallinische Körner bildeten. Dasselbe Salz kann aus der wässrigen Lösung durch Alkohol als krystallinisches Pulver gefällt werden. Es ist: $\Theta_6H_{11}(S\Theta_3)_3Ba_3\Theta_9$; also das neutrale Barytsalz der Mannit-trischwefelsäure.

Mannit-phosphorsäure entsteht, nach Berthelot, in sehr geringer Menge, wenn Mannit mit syrupdicker Phosphorsäure längere Zeit auf 150° erhitzt wird. Sie bildet ein in Wasser lösliches Kalksalz, welches durch Alkohol gelatinös gefällt wird.

Mannitan **): $\left.\begin{matrix}\Theta_6H_8\\H_4\end{matrix}\right\}\Theta_5$. Das Mannitan kann, wie oben erwähnt, 1355.
als erstes Anhydrid des Mannits angesehen werden. Es bildet sich in der That durch directen Wasserverlust wenn man Mannit auf 200° erhitzt. Es entsteht ferner wenn Mannit längere Zeit mit rauchender Salzsäure gekocht wird. Man erhält es ausserdem indem man Mannitan-verbindungen durch Wasser, Alkohol, Säuren oder Alkalien zersetzt.

Zur Darstellung des Mannitans können verschiedene Methoden befolgt werden; seine Reinigung wird dadurch erleichtert, dass es in Wasser und in absolutem Alkohol löslich, in Aether dagegen unlöslich ist Es mögen hier beispielsweise einige der von Berthelot angegebenen Darstellungsmethoden beschrieben werden. 1) Man erhitzt Mannit auf 200°, zieht mit Alkohol das gebildete Mannitan

---

*) Favre, Ann. Chim. Phys. XI. 77. — Knop und Schnedermann, Ann. Chem. Pharm. LI. 132. — Berthelot, Ann Chim. Phys. XLVII. 336.

**) Berthelot, Ann. Chim. Phys. XLVII. 297 (1856).

aus, dampft zur Trockne, zieht nochmals mit absolutem Alkohol aus und kocht schliesslich zur Entfernung empyreumatischer Producte mit etwas Bleioxyd. 2) Man erhitzt Stearinsäure-mannitan mit Wasser auf 240°, dampft die wässrige Lösung zur Trockne und zieht mit absolutem Alkohol aus. 3) Man zersetzt Essigsäure-Mannitan durch längeres Kochen mit Barytwasser, neutralisirt dann genau mit Schwefelsäure, filtrirt den schwefelsauren Baryt ab und dampft die Lösung zur Trockne. Bei Behandeln des Rückstandes mit absolutem Alkohol bleibt essigsaures Baryt ungelöst, während das Mannitan in Lösung geht.

Das Mannitan ist ein kaum flüssiger Syrup, von schwach süssem Geschmack. Es ist in Wasser und Alkohol leicht löslich, unlöslich in Aether. Bei langsamem Erhitzen verflüchtigt sich ein Theil unzersetzt.

Das Mannitan geht durch Aufnahme von Wasser wieder in Mannit über. Diese Umwandlung erfolgt langsam wenn Mannitan längere Zeit feuchter Luft ausgesetzt wird. Sie tritt rascher ein wenn man Mannitan mit Alkalien digerirt oder wenn man eine alkoholische Lösung von Mannitan, nach Zusatz von Salzsäure, sich selbst überlässt.

Diese Eigenschaft des Mannitans veranlasst, dass bei Zersetzungen von Mannitanverbindungen stets, neben Mannitan, etwas Mannit erhalten wird.

1356. **Mannitan-verbindungen** *). Die Verbindungen des Mannitans mit Säuren entstehen wenn Mannitan längere Zeit mit einer Säure einer höheren Temperatur ausgesetzt wird. Sie entstehen ebenso, wie dies oben schon erörtert wurde, bei Einwirkung von Säuren auf Mannit (vgl §. 1350).

Die Zusammensetzung, die Bildungsweise und das Zerfallen der wichtigsten Mannitanverbindungen wurden oben bereits besprochen. In Betreff der Darstellung und Eigenschaften der einzelnen genügen die folgenden Angaben.

Zweifach salzsaures Mannitan: $\Theta_6H_8H_2Cl_2\Theta_3$. Man erhitzt Mannit mit dem 10—15fachen Gewicht kalt gesättigter Salzsäure in einem zugeschmolzenen Ballon 50—60 Stunden lang auf 100°. Man neutralisirt dann mit kohlensaurem Kali, schüttelt mit Aether und dampft die ätherische Lösung ein. Der so erhaltene Syrup liefert bei mehrwöchentlichem Stehen über Schwefelsäure Krystalle von salzsaurem Mannitan.

Diäthyl-mannitan: $\Theta_6H_8.H_2(\Theta_2H_5)_2\Theta_5$. Man erhitzt in einer zugeschmolzenen Röhre ein Gemenge von Mannit, concentrirtem Aetzkali und Bromäthyl und zieht das Product mit Aether aus. Die Verbindung ist syrupförmig und in Wasser unlöslich; sie löst sich in Aether und in Alkohol.

Ameisensäure-Mannitan konnte von Berthelot nicht erhalten werden. Erhitzt man Mannitan mit krystallisirter Oxalsäure so entweicht reine Kohlensäure, der Rückstand enthält ein Gemenge oder eine Verbindung von Mannit mit Ameisensäure **).

*) Vgl. bes. Berthelot, Ann. Chim. Phys. XLVII. 297.

**) Vgl. auch Knop, Ann. Chem. Pharm. LXXIV. 347. — van Bemmelen, Jahresb. 1858. 436.

Diacetyl-mannitan: $\Theta_6H_8.H_2(\Theta_2H_3\Theta)_2\,\Theta_5$. Man erhitzt Mannit mit Eisessig während 15—20 Stunden auf 200°—220°, neutralisirt mit kohlensaurem Natron und schüttelt mehrmals mit Aether. Das Product ist flüssig.

Dibutyryl-mannitan: $\Theta_6H_8.H_2(\Theta_4H_7\Theta)_2.\Theta_5$ wurde durch sechsstündiges Erhitzen von Mannit mit Buttersäure auf 200° erhalten. Erhitzt man diese Verbindung längere Zeit mit überschüssiger Buttersäure auf 200° — 250°, so entsteht **Tetrabutyryl-mannitan:** $\Theta_6H_8(\Theta_4H_7\Theta)_4\,\Theta_5$.

Dipalmityl-mannitan: $\Theta_6H_8.H_2(\Theta_{16}H_{31}\Theta)_2.\Theta_5$ erhielt Berthelot indem er Mannit mit Palmitinsäure 20 Stunden lang auf 120° erhitzte. Sie wird wie die folgende Verbindung gereinigt.

Tetra-stearyl-mannitan: $\Theta_6H_8.(\Theta_{18}H_{35}\Theta)_4.\Theta_5$. Man erhitzt Mannit oder Mannitan 20 Stunden lang mit Stearinsäure auf 200°—250°. Man setzt dann der fettartigen Masse etwas Aether und einen Ueberschuss von gelöschtem Kalk zu und erhitzt einige Zeit im Wasserbad. Die freie Stearinsäure wird dadurch an Kalk gebunden und man erhält durch Ausziehen mit Aether die gebildete Mannitanverbindung, die beim Verdunsten als fettartige in Wasser unlösliche Masse zurückbleibt.

Succinomannitan wird nach van Bemmelen durch mehrstündiges Erhitzen von Mannit mit Bernsteinsäure auf 170° erhalten. Es ist eine amorphe in Wasser, Alkohol und Aether unlösliche Masse.

Mannitweinsäure (vgl. § 1351) erhielt Berthelot indem er Mannit mit gleichviel Weinsäure fünf Stunden lang auf 100° — 120° erhitzte. Das Product wurde mit Wasser verdünnt, mit Kreide neutralisirt und das Filtrat mit Alkohol gefällt. Der Niederschlag wurde wiederholt in Wasser gelöst und mit Alkohol gefällt. Man erhielt so ein Kalksalz von der Formel:

$$\left.\begin{matrix}\Theta_6H_8\\(\Theta_4H_4\Theta_2)_6\\Ca_6\end{matrix}\right\}\Theta_{18}+5H_2\Theta.$$

Citro-Mannitan entsteht nach van Bemmelen beim Erhitzen von Mannit mit Citronensäure.

Mannid: $\left.\begin{matrix}\Theta_6H_8\\H_2\end{matrix}\right\}\Theta_4$. Diese Substanz, die als zweites Anhydrid des 1357.
Mannits angesehen werden kann, erhielt Berthelot einmal, neben Buttersäure mannit, als er Mannit mit Buttersäure längere Zeit auf 200°—250° erhitzte.

Nachdem die Buttersäureschicht abgegossen war, blieben von einer Flüssigkeit durchtränkte Mannitkrystalle. Sie wurden in Wasser gelöst; die Lösung wurde zur Trockne gedampft und mit Alkohol ausgezogen. Die Lösung wurde wieder verdunstet, dann mit Aether ausgezogen und nochmals in Alkohol gelöst etc.

Das Mannid ist ein kaum flüssiger Syrup. Es löst sich leicht in Wasser und absolutem Alkohol. Es zieht aus der Luft mit ausnehmender Begierde Feuchtigkeit an und geht allmälig in Mannit über.

1358. Dulcit*): $C_6H_{14}O_6$. Diese dem Mannit isomere und in den meisten Eigenschaften sehr ähnliche Substanz wurde 1836 von Hünefeld im Kraut von Melampyrum nemorosum aufgefunden und als Melampyrin beschrieben. 1850 erhielt Laurent denselben Körper aus einer 1848 von Madagascar importirten Mannaart, deren botanischer Ursprung bis jetzt unbekannt ist. Eichler fand später (1855) eine mit Melampyrin identische Substanz in Scrophularia nodosa und Rhinantus crista galli. — Die Identität des Melampyrins mit dem von Laurent dargestellten Dulcit wurde vor Kurzem von Gilmer erwiesen. — Auch der von Kubel aus Evonymus europaeus dargestellte krystallinische Körper ist offenbar Dulcit.

Man erhält den Dulcit am leichtesten aus der Dulcit-manna. Diese stellt feste nierenförmige Massen dar, die aus fast reinem krystallisirtem Dulcit bestehen. Durch einmaliges Umkrystallisiren aus siedendem Wasser erhält man reinen Dulcit.

Der Dulcit bildet wohlausgebildete farblose monoklinometrische Prismen. Er löst sich in drei Theilen Wasser von 16°, in Weingeist ist er nur wenig, in Aether nicht löslich. Er schmilzt bei 182°.

Der Dulcit verhält sich dem Mannit sehr ähnlich. Er wird, wie dieser, bei längerem Erhitzen mit concentrirter Jodwasserstoffsäure reducirt unter Bildung von Caproyljodid: $C_6H_{13}J$ (Erlenmeyer und Wanklyn). Mit Salpetersäure und Schwefelsäure erzeugt er krystallisirbaren Salpetersäure-Dulcit (s. g. Nitrodulcit) (Béchamp). Von Salpetersäure wird er oxydirt unter Bildung von Schleimsäure, Traubensäure und gährungsfähigem Zucker (Carlet). Bei längerem Erhitzen verliert er Wasser und erzeugt das dem Mannitan entsprechende Dulcitan (Berthelot). Durch Einwirkung von Schwefelsäure entsteht die bis jetzt nicht näher untersuchte Dulcitschwefelsäure. Er kann, wie der Mannit, in Gährung versetzt werden und liefert dann, je nach der Natur des Fermentes, entweder Alkohol, Milchsäure und Buttersäure oder einen gährungsfähigen Zucker.

Der Dulcit bildet, wie der Mannit, Verbindungen mit Basen.

Die krystallisirte Barytverbindung ist nach dem Trocknen bei 140°: $C_6H_{12}Ba_2O_6$; lufttrocken enthält sie $7H_2O$ (Laurent), über Schwefelsäure getrocknet $4^1/_2$ H_2O (Gilmer).

Dulcitan-verbindungen. Erhitzt man Dulcit mit Säuren, so entstehen den Mannitanverbindungen (§. 1356) entsprechende Dulcitanverbindungen.

Berthelot beschreibt die folgenden:

Dibutyryl-dulcitan: $C_6H_8.H_2(C_4H_7O)_2.O_5$; — Distearyl-dulcitan: $C_6H_8.H_2$

*) Vgl. bes. Eichler, Jahresb. 1856. 655. — Laurent, Ann. Chem. Pharm. LXXVI. 358; LXXX. 345. — Jacquelin, ibid. LXXX. 345. — Carlet, ibid. CXVII. 143. — Gilmer, 372. — Erlenmeyer und Wanklyn, Zeitschr. Chem. Pharm. 1862. — Ferner: Berthelot, Chim. org. II. 207.

$(\Theta_{18}H_{35}\Theta)_2.\Theta_5$; — Tetrastearyl-dulcitan: $\Theta_6H_8(\Theta_{18}H_{35}\Theta)_4\Theta_5$. — Dulcitweinsäure, deren Kalksalz: $\Theta_6H_8.H_6(\Theta_4H_2\Theta_2)_2.Ca_2.\Theta_{11} + 4H_2\Theta$.

Quercit und Pinit: $\Theta_6H_{12}\Theta_5$.

Der Quercit und der Pinit sind, wie oben erwähnt (§. 1346), isomer 1859. mit Mannitan und Dulcitan. Sie zeigen in ihrem ganzen Verhalten eine grosse Aehnlichkeit mit diesen beiden Verbindungen und mit dem Mannit und Dulcit. Beide Substanzen sind bis jetzt verhältnissmässig wenig untersucht.

Quercit *): $\Theta_6H_{12}\Theta_5$. Der Quercit wurde 1849 von Braconnot in den Eicheln entdeckt und nachher noch von Dessaignes und von Berthelot untersucht.

Zur Darstellung des Quercits fällt man aus dem wässrigen Auszug zerstossener Eicheln die Gerbsäure mit Kalk, lässt das Filtrat, nach Zusatz von Hefe, gähren, um den gährungsfähigen Zucker zu zerstören, und dampft, nach nochmaligem Filtriren, zum Syrup ein. Nach einiger Zeit setzen sich Krystalle ab, die man mit kaltem Weingeist wascht und aus siedendem Wasser umkrystallisirt.

Der Quercit bildet farblose Krystalle des monoklinometrischen Systems. Er schmeckt süss, schmilzt bei 235° und löst sich in 8—10 Th. kalten Wassers. Seine Lösung dreht die Polarisationsebene nach rechts; $[(\alpha) = + 33°,5]$.

Er giebt mit Salpeter-Schwefelsäure harzartigen Salpetersäure-Quercit (s. g. Nitroquercit), aus welchem durch Schwefelammonium Quercit regenerirt wird. Bei Oxydation mit Salpetersäure liefert er wesentlich Oxalsäure, aber keine Schleimsäure. — Mit Schwefelsäure erzeugt er die bis jetzt nicht näher untersuchte Quercit-schwefelsäure.

Der Quercit verbindet sich, wie der Mannit und Dulcit, mit Basen. Erhitzt man Quercit mit Säuren, so entstehen den Mannitanverbindungen (§. 1356) entsprechende und mit denselben isomere Verbindungen.

Von diesen Quercitverbindungen hat Berthelot die folgenden beschrieben:

Distearylquercit: $\Theta_6H_{10}(\Theta_{18}H_{35}\Theta)_2\Theta_5$; Quercitweinsäure; und Benzoylquercit.

Pinit **): $\Theta_6H_{12}\Theta_5$. Diese Verbindung wurde 1855 von Berthelot 1860. im Harz der Californischen Fichte (Pinus lambertiana) entdeckt.

---

*) Vgl. Dessaignes, Ann. Chem. Pharm. LXXXI. 103 u. 251. — Berthelot, Chim. org. II. 218.

**) Berthelot, Chim. org. II. 213. Jahresb. 1855. 675 u. 677. — Johnson, Jahresb. 1856. 667.

Man zieht den eingetrockneten aus den Stämmen ausfliessenden Saft mit Wasser aus, verdunstet das Filtrat und zieht nochmals mit Wasser aus (Berthelot). Oder: man löst in Alkohol, entfärbt mit Thierkohle und setzt Aether zu bis Trübung entsteht. Nach einigen Stunden scheiden sich Krystalle aus, die man durch Umkrystallisiren reinigt.

Der Pinit bildet farblose, zu Warzen vereinigte, undeutlich ausgebildete Krystalle. Er schmeckt süss und ist in Wasser ausnehmend löslich; von verdünntem Weingeist wird er etwas gelöst, in absolutem Alkohol und in Aether ist er unlöslich. Seine Lösung dreht die Polarisationsebene nach rechts; $[(\alpha) = + 58,^{\circ}6]$. Er ist ohne Zersetzung schmelzbar (über 150°). Er giebt mit Schwefelsäure eine Pinitschwefelsäure. Bei Einwirkung von Salpetersäure scheint eine Salpetersäureverbindung zu entstehen. Bei Oxydation bildet sich Oxalsäure.

Der Pinit verbindet sich mit Basen. Die Bleiverbindung ist: $\Theta_6H_{12}\Theta_5.2Pb_2\Theta$.

Erhitzt man Pinit längere Zeit mit Säuren, so entstehen den Mannitanverbindungen ähnliche und mit ihnen isomere Verbindungen.

Berthelot beschreibt: Distearylpinit: $\Theta_6H_{10}(\Theta_{18}H_{35}\Theta)_2\Theta_5$; Tetrastearylpinit: $\Theta_6H_8(\Theta_{18}H_{35}\Theta)_4\Theta_5$; Pinitweinsäure und zwei Benzoylverbindungen.

Mannitsäure: $\Theta_6H_{12}\Theta_7$.

1861. Döbereiner hatte schon beobachtet, dass bei Oxydation des Mannits durch Platinmohr eine eigenthümliche nicht flüchtige Säure erzeugt wird. Gorup-Besanez *) hat in neuester Zeit diese Oxydation des Mannits ausführlicher untersucht und die gebildete Säure als Mannitsäure beschrieben.

Man vermischt Mannit mit dem doppelten Gewicht Platinmohr, befeuchtet das Gemenge mit Wasser und überlässt es bei einer 30° bis höchstens 40° nicht übersteigenden Temperatur so lange sich selbst als noch unzersetzter Mannit vorhanden ist; (bei 20 — 30 Gr. Mannit etwa 3 Wochen). Man zieht die Masse mit Wasser aus, fällt die Lösung mit Bleiessig, zersetzt den gut ausgewaschenen Niederschlag mit Schwefelwasserstoff und verdunstet die Lösung anfangs im Wasserbad, zuletzt in der Kälte über Schwefelsäure. Neben Mannitsäure entsteht noch ein gährungsfähiger Zucker, die Mannitose (vgl. §. 1847).

Die Mannitsäure ist nicht krystallisirbar, sie bildet eine gummiartige Masse, die in Wasser und Alkohol löslich, in Aether beinahe unlöslich ist. Sie reducirt aus alkalischer Kupferlösung Kupferoxydul und aus salpetersaurem Silberoxyd metallisches Silber.

Von den mannitsauren Salzen konnte bis jetzt keines in krystallisirtem Zustand erhalten werden. Die Zusammensetzung der von Gorup-Besanez analysirten Salze entspricht der Formel: $\Theta_6H_{10}M_2\Theta_7$.

---

*) Ann. Chem. Pharm. CXVIII. 257.

Das **Kalksalz**: $\Theta_6H_{10}Ca_2\Theta_7$ war aus wässriger Lösung durch Weingeist gefällt; das **Bleisalz**: $\Theta_6H_{10}Pb_2\Theta_7$ schied sich aus der durch Kochen von Mannitsäure mit Bleioxyd erhaltenen Lösung beim Erkalten aus. Das **Kupfersalz**: $\Theta_6H_{10}Cu_2\Theta_7$ blieb beim Verdunsten der wässrigen Lösung als grüne amorphe Masse. Das **Silbersalz**: $\Theta_6H_{10}Ag_2\Theta_7$ schied sich als grüngelber Niederschlag aus, als eine concentrirte wässrige Lösung von mannitsaurem Kalk mit salpetersaurem Silberoxyd vermischt wurde.

Es wurde oben bereits erwähnt (§. 1346), dass die aus dem Mannit durch einfache Oxydation sich ableitende Säure $\Theta_6H_{12}\Theta_7$ aller Analogie nach **einbasisch** sein sollte und dass es somit zweifelhaft ist, ob die von Gorup-Besanez untersuchte zweibasische Mannitsäure wirklich zum Mannit in so einfacher Beziehung steht. Es muss hier noch erwähnt werden, dass die Analysen des Silbersalzes und des Bleisalzes weniger Wasserstoff geben als die Berechnung verlangt. Sie stimmen annähernd mit der Formel: $\Theta_6H_8M_2\Theta_7$; und man könnte die Mannitsäure vielleicht als Oxydationsderivat eines fünfatomigen Alkohols ansehen und durch die rationelle Formel ausdrücken:

$$\left.\begin{matrix}\overset{v}{\Theta_6H_5O_3}\\ H_2M_2\end{matrix}\right\}\Theta_4.$$

Zuckersäure und Schleimsäure: $\Theta_6H_{10}\Theta_8 = \left.\begin{matrix}\Theta_6H_4\Theta_2\\ H_4M_2\end{matrix}\right\}\Theta_6.$

1362. Die Zuckersäure und die Schleimsäure können, wie oben erwähnt (§. 1346), sowohl nach Zusammensetzung als nach Eigenschaften, als directe Oxydationsabkömmlinge des sechsatomigen Alkohols: $\Theta_6H_{14}\Theta_6$ angesehen werden. Man kann also beide als sechsatomig betrachten und durch die folgende rationelle Formel ausdrücken:

$$\left.\begin{matrix}\overset{vi}{\Theta_6H_4\Theta_2}\\ H_6\end{matrix}\right\}\Theta_6 \quad \text{oder} \quad \left.\begin{matrix}H_4\\ \Theta_6H_4O_2\\ H_2\end{matrix}\right\}\Theta_6.$$

Diese Formel drückt, wenn man die früher entwickelten Betrachtungen auf sie anwendet (vgl. §§. 1059, 1294, 1298), die wichtigsten der bis jetzt bekannten Eigenschaften dieser Säuren aus. Sie zeigt zunächst, dass diese Säuren **zweibasisch** sind. Sie zeigt ferner, dass sie ausser den **zwei** basischen, d. h. leicht durch Metalle vertretbaren Wasserstoffatomen, noch **vier** weitere typische Wasserstoffatome enthalten, die zwar auch durch Radicale vertretbar sind, die aber, bei gewöhnlichen Salzzersetzungen wenigstens, nicht durch wahre Metalle vertreten werden. Sie zeigt endlich, dass beide Säuren derselben Oxydationsreihe angehören, wie die mit der Bernsteinsäure homologe Adipinsäure (§. 1131):

Adipinsäure . . . . $\Theta_6H_{10}\Theta_4$

Zuckersäure und Schleimsäure $\Theta_6H_{10}\Theta_8$

und sie lässt es somit wahrscheinlich erscheinen, dass die Adipinsäure durch indirecte Oxydation die Säuren $Θ_6H_{10}Θ_8$ zu erzeugen im Stande ist und dass diese, umgekehrt, durch Reduction in Adipinsäure verwandelt werden können. In der That wird denn auch nach vorläufigen Angaben von Crum Brown *), durch Einwirkung von Jodwasserstoffsäure auf Schleimsäure eine Säure von der Zusammensetzung der Adipinsäure erhalten.

Die Zuckersäure und die Schleimsäure sind bis jetzt verhältnissmässig wenig untersucht. Man kennt namentlich für keine der beiden Säuren Abkömmlinge, in welchen der typische aber nicht basische Wasserstoff eine Rolle spielt.

1363. **Zuckersäure** **): $Θ_6H_{10}Θ_8$. Die Zuckersäure war schon Scheele bekannt; sie wurde nachher wesentlich von Hess, Thaulow, Heintz und Liebig untersucht. Sie entsteht bei gemässigter Oxydation von Rohrzucker, von Milchzucker (dann neben Schleimsäure) und von anderen Zuckerarten; auch bei Oxydation von Mannit wird Zuckersäure erhalten.

Zur Darstellung von Zuckersäure erwärmt man 1 Th. Rohrzucker mit 8 Th. Salpetersäure von 1,25—1,30 sp. Gew. bis zur beginnenden Reaction und entfernt dann das Feuer. Wenn sich die Flüssigkeit, nach Beendigung der lebhaften Einwirkung, bis auf 50° abgekühlt hat, so erhält man sie durch gelindes Feuer längere Zeit auf dieser Temperatur, bis keine rothen Dämpfe mehr entweichen. Man verdünnt dann mit dem halben Volum Wasser, theilt in zwei Theile, sättigt den einen mit kohlensaurem Kali und giesst den andern zu. (Man kann auch die ganze Flüssigkeit mit kohlensaurem Kali neutralisiren und dann überschüssige Essigsäure zufügen). Die Flüssigkeit setzt beim Stehen während mehrerer Tage Krystalle von saurem zuckersaurem Kali ab. Man reinigt dieses Salz durch mehrmaliges Umkrystallisiren aus siedendem Wasser, wenn nöthig unter Zusatz von Thierkohle (Heintz). Statt des sauren Kalisalzes kann ebenso gut das saure Ammoniaksalz dargestellt werden (Liebig).

Bei der Oxydation des Milchzuckers mit Salpetersäure (vgl. §. 1323) kann leicht neben Schleimsäure auch Zuckersäure gewonnen werden. Man dampft die von der Schleimsäure abfiltrirte Flüssigkeit in sehr gelinder Wärme auf ein Drittheil ein, neutralisirt zur Hälfte mit kohlensaurem Kali etc

Freie Zuckersäure erhält man am besten aus dem Cadmiumsalz. Man löst dann das saure Kalisalz oder das saure Ammoniaksalz in siedendem Wasser, neutralisirt mit Kali oder Ammoniak, vermischt kochend mit der Lösung eines Cadmiumsalzes und kocht noch einige Zeit. Man zerlegt endlich das in Wasser suspendirte Cadmiumsalz durch Schwefelwasserstoff (Heintz).

Die Zuckersäure ist nicht krystallisirbar; wird bei ihrer Darstellung alles Erhitzen vermieden, so erhält man eine farblose spröde Masse. Sie

*) Ann. Chem. Pharm. CXXV. 19.

**) Vgl. bes. Hess, Ann. Chem. Pharm. XXVI. 1, XXX. 302, XXXIII. 116. — Thaulow, ibid. XXVII. 113. — Heintz, ibid. LI. 183; Jahresb. 1858. 251; 1859. 290; Zeitschr. Chem. Pharm. 1861. 15. — Liebig, Ann. Chem. Pharm. CXIII 4.

ist zerfliesslich, in Wasser und Alkohol leicht löslich, unlöslich in Aether. Die Lösung der aus Rohrzucker dargestellten Zuckersäure ist, wie Carlet vor Kurzem fand, optisch wirksam; sie dreht die Polarisationsebene nach rechts.

Die Zuckersäure färbt sich schon beim Trocknen im Wasserbad braun. Sie reducirt aus Goldlösung und beim Erwärmen aus ammoniakalischer Silberlösung das Metall. Bei Destillation mit Braunstein und Schwefelsäure liefert sie Ameisensäure; bei Oxydation mit Salpetersäure entsteht zuerst rechtsdrehende Weinsäure (Liebig), später Oxalsäure. Erhitzt man Zuckersäure mit Kalihydrat auf 250°, so entsteht essigsaures und oxalsaures Kali. Vielleicht:

$$\underset{\text{Zuckersaures Kali.}}{\Theta_6H_8K_2O_8} + 2KH\Theta = \underset{\text{Essigsaures Kali.}}{2\Theta_2H_3K\Theta_2} + \underset{\text{Oxalsaures Kali.}}{O_2K_2\Theta_4} + 2H_2\Theta$$

Zuckersaure Salze. Die Zuckersäure bildet mit den wahren Metallen saure und neutrale Salze Für das Blei kennt man ausserdem ein sechsbasisches Salz, bei dessen Bildung auch die vier typischen, nicht basischen, Wasserstoffatome der Zuckersäure durch Blei ersetzt werden. 1864.

$$\left.\begin{array}{r} H_4 \\ \Theta_6H_4\Theta_2 \\ HK. \end{array}\right\}\Theta_6 \qquad \left.\begin{array}{r} H_4 \\ \Theta_6H_4O_2 \\ K_2 \end{array}\right\}\Theta_6 \qquad \left.\begin{array}{r} \Theta_6H_4O_2 \\ Pb_6 \end{array}\right\}\Theta_6$$

Saures zuckersaures Kali. — Neutrales zuckersaures Kali. — Sechsbasisch zuckersaures Blei.

Das saure Kalisalz: $\Theta_6H_9K\Theta_8$ und das saure Ammoniaksalz: $\Theta_6H_9(NH_4)\Theta_8$ sind in kaltem Wasser verhältnissmässig schwer löslich (1 Th. in etwa 80—90 Th.) und leicht krystallisirbar. Das neutrale Kalisalz: $\Theta_6H_8K_2\Theta_8$ bildet sehr zerfliessliche Krystalle.

Das neutrale Ammoniaksalz und die Natronsalze konnten bis jetzt nicht krystallisirt erhalten werden.

Das Barytsalz: $\Theta_6H_8Ba_2\Theta_8$ und die entsprechend zusammengesetzten Verbindungen mit Kalk und Strontian, sind in Wasser unlösliche Niederschläge die bei Anwendung heisser Lösungen aus mikroscopischen Krystallen bestehen. Die freie Zuckersäure fällt Kalk-, Baryt- oder Strontiansalze nicht, aber sie wird von Baryt-, Strontian- oder Kalk-wasser gefällt. Zuckersaure Salze, selbst saure, erzeugen in Kalk-, Baryt- oder Strontiansalzen Niederschläge.

Das Magnesiumsalz: $\Theta_6H_8Mg_2\Theta_8 + 3H_2\Theta$, das Zinksalz: $\Theta_6H_8Zn_2\Theta_8 + H_2\Theta$ und das Cadmiumsalz: $\Theta_6H_8Cd_2\Theta_8$ sind krystallinisch, in kaltem Wasser kaum, in siedendem etwas löslich. Mischt man neutrales zuckersaures Kali (oder Ammoniak) in der Kälte mit der Lösung eines Cadmiumsalzes, so entsteht ein flockiger, harzartig zusammenballender Niederschlag; werden beide Lösungen siedend gemischt, so erhält man ein weisses schweres Pulver, das aus mikroscopischen Nadeln besteht.

Die Bleisalze der Zuckersäure haben, je nach der Darstellung, eine sehr wechselnde Zusammensetzung. Kocht man zuckersaures Kali mit überschüssigem

Bleizucker, so scheidet sich ein harzartiges Salz aus, dessen Zusammensetzung annähernd der Formel: $\Theta_6H_7Pb_3\Theta_8$ entspricht (Heintz).

Durch Einkochen der von diesem Salz abgegossenen Lösung erhielt Hess ein amorphes Salz, dessen Analyse etwa der Formel $\Theta_6H_6Pb_4\Theta_8$ entspricht; bei demselben Verfahren erhielt Thaulow einen schweren, körnigen Niederschlag, der nahezu $\Theta_6H_5Pb_5\Theta_8$ zusammengesetzt war. Wird das Kochen längere Zeit fortgesetzt, so wird der Niederschlag stets reicher an Blei, bei 9 — 10stündigem Kochen hat er die Zusammensetzung $\Theta_6H_4Pb_6O_8$ (Heintz). — Durch Zersetzen mit Schwefelwasserstoff geben diese basischen Bleisalze wieder Zuckersäure (Heintz).

1865. **Aether der Zuckersäure** *). Der neutrale Zuckersäureäthyläther: $\left.\begin{matrix}\Theta_6H_4\Theta_2\\ H_4.(\Theta_2H_5)_2\end{matrix}\right\}\Theta_6$ ist krystallisirbar, in Wasser und Alkohol leicht löslich, wenig löslich in Aether.

Er entsteht durch Einleiten von Salzsäure in eine Lösung von Zuckersäure in absolutem Alkohol. Man erhält ihn leichter, indem man zuckersauren Kalk in absolutem Alkohol vertheilt und Salzsäure einleitet. Es scheidet sich eine krystallinische Verbindung von Zuckersäure-äther und Chlorcalcium aus: $\Theta_6H_8(\Theta_2H_5)_2\Theta_8 + CaCl$, die sich leicht in Wasser, schwer in Weingeist, nicht in Aether löst. Man löst diese Verbindung in wenig Wasser, setzt etwas Alkohol und eine concentrirte Lösung von schwefelsaurem Natron zu, verdunstet rasch im Vacuum zur Trockne, zieht mit Alkohol aus und setzt viel Aether zu. Die Lösung hinterlässt beim Verdunsten einen Syrup, der allmälig krystallinisch erstarrt (Heintz).

Die **Aethylzuckersäure** konnte bis jetzt nicht erhalten werden. Dagegen erhielt Heintz durch Einleiten von Salzsäure in absoluten Weingeist, in welchem saures zuckersaures Kali vertheilt war, eine krystallisirbare Verbindung von der Zusammensetzung: $\Theta_6H_7(\Theta_2H_5)\Theta_7$. Diese Verbindung enthält 1 Mol. Wasser weniger als die Aethylzuckersäure; sie ist wahrscheinlich der **Aethyläther** des ersten Anhydrids der Zuckersäure:

$$\left.\begin{matrix}\Theta_6\overset{vi}{H_4}\Theta_2\\ H_4\end{matrix}\right\}\Theta_5 \qquad \left.\begin{matrix}\Theta_6\overset{vi}{H_4}\Theta_2\\ H_3(\Theta_2H_5)\end{matrix}\right\}\Theta_5.$$

1866. **Amid der Zuckersäure**: $\Theta_6H_{12}\Theta_6N_2 = \Theta_6H_4\Theta_2\begin{matrix}\left.H_4\right\}\Theta_4\\ \left.\begin{matrix}H_2\\ H_2\end{matrix}\right\}N_2\end{matrix}$. Das Amid der Zuckersäure (Sacharamid) scheidet sich als weisser Niederschlag aus, wenn trocknes Ammoniak in eine ätherische Lösung von Zuckersäureäther geleitet wird. Es kann aus warmem Wasser umkrystallisirt werden, geht aber beim Kochen mit Wasser in zuckersaures Ammoniak über und wird von Säuren rasch zu Zuckersäure und Ammoniak zersetzt (Heintz) **).

1867. **Schleimsäure**: $\Theta_6H_{10}\Theta_8$. Die Schleimsäure wurde, wie die iso-

*) Heintz, Jahresb. 1858. 251.

**) Jahresber. 1859. 290.

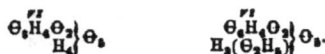

mere Zuckersäure von Scheele entdeckt und seitdem mehrfach untersucht*). Sie entsteht bei Oxydation von Milchzucker, Galactose, Melitose und Dulcit und ferner bei Oxydation verschiedener Gummiarten (Arabisch-Gummi, Traganth-Gummi etc.).

Zur Darstellung der Schleimsäure sind sehr viele Vorschriften gegeben worden. Behandelt man Milchzucker mit Salpetersäure, wie dies gelegentlich bei Weinsäure angegeben wurde, so erhält man 30 — 33 p. c. Schleimsäure (Liebig, Schwanert). Wird 1 Th. Milchzucker mit 2 Th Salpetersäure von 1,42 sp. Gew. bis zur beginnenden Reaction erhitzt, dann abgekühlt und nur zuletzt gelinde erwärmt, so gewinnt man 60—65 p. c. Schleimsäure (Guckelberger)**). Nach Pasteur ***) liefert Galactose doppelt so viel Schleimsäure als der Milchzucker. Die rohe Schleimsäure kann durch Umkrystallisiren aus siedendem Wasser gereinigt werden. Zweckmässiger ist es zunächst das Ammoniaksalz darzustellen; dieses durch mehrmaliges Umkrystallisiren aus siedendem Wasser zu reinigen und aus der kochenden Lösung die Schleimsäure durch verdünnte Salpetersäure zu fällen.

Die Schleimsäure ist ein weisses Krystallpulver. Sie löst sich kaum in kaltem, etwas leichter in siedendem Wasser (1 Th. in etwa 60 Th.); in Alkohol ist sie unlöslich.

Wird eine wässrige Lösung von Schleimsäure längere Zeit gekocht und dann eingedampft, so entsteht eine mit der gewöhnlichen Schleimsäure isomere Modification, die Paraschleimsäure (§. 1368).

Wird Schleimsäure für sich erhitzt, so schmilzt sie zunächst und liefert dann, neben anderen Zersetzungsproducten, Brenzschleimsäure und Kohlensäure:

$$\underset{\text{Schleimsäure.}}{\Theta_6H_{10}\Theta_8} = \underset{\text{Brenzschleimsäure.}}{\Theta_5H_4\Theta_3} + 3H_2O + \Theta\Theta_2$$

Oxydirt man Schleimsäure durch Kochen mit Salpetersäure, so entsteht Traubensäure und Oxalsäure (vgl. §. 1317. II. Carlet). Bei Destillation mit Braunstein und Schwefelsäure wird Ameisensäure gebildet.

Durch Einwirkung von Phosphorsuperchlorid auf Schleimsäure erhielt Liés-Bodart †) eine eigenthümliche chlorhaltige Säure: $\Theta_6H_2Cl_2M_2\Theta_4$, die bis jetzt nicht näher untersucht ist. Sie steht offenbar zur Schleimsäure in ähnlicher Beziehung wie die Chlormaleïnsäure zur Weinsäure (vgl. §. 1427).

---

*) Vgl. bes. Liebig, Ann. Chem. Pharm. IX. 24; XXVI. 160. — Hagen, ibid. LXIV. 347. — Schwanert, ibid. CXVI. 257. — Johnson, XCIV. 225.

**) Ann. Chem. Pharm. LXIV. 348.

***) Compt. rend. XLII. 347.

†) Ann. Chem. Pharm. C. 325.

Die Schleimsäure ist eine zweibasische Säure.

Das neutrale schleimsaure Ammoniak: $\Theta_6H_8(NH_4)_2\Theta_8$ bildet in kaltem Wasser schwer lösliche Prismen. Es zerfällt beim Erhitzen in Wasser, Kohlensäure und Carbopyrrolamid (Malaguti, Schwanert):

$$\Theta_6H_8(NH_4)_2\Theta_8 = \Theta_5H_6\Theta N_2 + \Theta\Theta_2 + 5H_2\Theta$$

Schleimsaures Ammoniak. Carbopyrrolamid.

Als secundäre Zersetzungsproducte des Carbopyrrolamids werden gleichzeitig Ammoniak und Pyrrol: Θ_4H_5N gebildet. — Das saure schleimsaure Ammoniak $\Theta_6H_9(NH_4)\Theta_8 + H_2\Theta$ bildet dünne farblose Nadeln.

Das neutrale schleimsaure Kali: $\Theta_6H_8K_2\Theta_8$ ist leicht krystallisirbar, es ist in kaltem Wasser fast unlöslich, löst sich aber leicht in siedendem Wasser (1 Th. in 8 Th.). Das saure Kalisalz: $\Theta_6H_9K\Theta_8 + H_2\Theta$ ist ebenfalls krystallisirbar aber in Wasser leichter löslich als das neutrale.

Das Baryt-, das Kalk- und das Strontiansalz der Schleimsäure (z. B.: $\Theta_6H_8Ca_2\Theta_8 + 1^1/_2H_2\Theta$) sind krystallinische, in siedendem Wasser etwas lösliche Niederschläge. Man erhält sie durch Fällen einer Lösung der betreffenden Metallsalze mit der Lösung eines schleimsauren Salzes; die freie Schleimsäure erzeugt keine Fällung. Das schleimsaure Silber: $\Theta_6H_8Ag_2\Theta_8$ ist ein weisser, in Wasser unlöslicher Niederschlag, der bei 100° getrocknet werden kann.

Schleimsaures Blei. Schleimsäure oder schleimsaure Salze fällen aus neutralen Bleisalzen ein weisses Pulver: $\Theta_6H_8Pb_2\Theta_8 + H_2\Theta$ (bei 100°, wird bei 150° wasserfrei). Aus Bleiessig fällt schleimsaures Ammoniak ein harzartig zusammenballendes basisches Salz, welches annähernd 6 Aequivalente Blei enthält (Hagen).

Aether der Schleimsäure. Die Schleimsäure bildet, als zweibasische Säure, neutrale und saure Aether. Die neutralen Aether des Methyls und des Aethyls sind von Malaguti *) durch Einwirkung des betreffenden Alkohols auf ein Gemenge von Schleimsäure und Schwefelsäure dargestellt worden. Sie sind beide krystallisirbar und nicht flüchtig. Sie sind in Wasser und Weingeist in der Siedhitze leicht, in der Kälte kaum löslich; von Aether werden sie nicht gelöst.

Zur Darstellung dieser Aether erwärmt man 1 Th. Schleimsäure mit 4 Th. Schwefelsäure, bis das Gemenge schwarz zu werden anfängt, lässt dann erkalten und setzt 4 Th. des betreffenden Alkohols zu. Nach 24 Stunden wäscht man die krystallinische Masse mit kaltem Weingeist und krystallisirt aus siedendem Weingeist oder aus siedendem Wasser um.

Der Schleimsäure-Methyläther: $\left.\begin{matrix}\Theta_6H_4\Theta_2\\H_4(\Theta H_3)_2\end{matrix}\right\}\Theta_6$ zersetzt sich bei etwa 160°, ohne vorher zu schmelzen; der Schleimsäureäthyläther: $\left.\begin{matrix}\Theta_6H_4\Theta_2\\H_4(\Theta_2H_5)_2\end{matrix}\right\}\Theta_6$ schmilzt bei 150°.

*) Ann. Chim. Phys. LXIII. 186.

Durch Eimdampfen einer wässrigen Lösung von nicht völlig reinem Schleimsäure-äthyläther erhielt Malaguti*) bisweilen die krystallisirbare Aethylschleimsäure: $\left.\begin{matrix}\Theta_6H_4\Theta_2\\ H_3(\Theta_2H_5)\end{matrix}\right\}\Theta_6$.

Die Amylschleimsäure: $\left.\begin{matrix}\Theta_6H_4\Theta_2\\ H_3(\Theta_5H_{11})\end{matrix}\right\}\Theta_6$ entsteht durch Einwirkung von Schwefelsäure auf ein Gemenge von Schleimsäure und Amylalkohol; sie ist krystallisirbar und in siedendem Wasser und Alkohol löslich.

Amid der Schleimsäure. Man kennt bis jetzt nur das dem neutralen Ammoniaksalz entsprechende Amid; das Mucamid.

$$\Theta_6H_{12}N_2\Theta_6 = \left.\begin{matrix}\Theta_6H_4\Theta_2\\ H_4\end{matrix}\right\}\Theta_4 \quad \left.\begin{matrix}H_2\\ H_2\end{matrix}\right\}N_2$$

Es entsteht bei Einwirkung von wässrigem Ammoniak auf Schleimsäureäther Aus siedendem Wasser kann es krystallisirt werden; erhitzt man es mit Wasser auf 130° — 140°, so geht es in schleimsaures Ammoniak über (Malaguti).

Paraschleimsäure: $\Theta_6H_{10}O_8$. Diese mit der gewöhnlichen 1368.
Schleimsäure isomere Modification entsteht, nach Malaguti **), wenn Schleimsäure in siedendem Wasser gelöst und die Lösung zur Trockne eingedampft wird. Zieht man den Rückstand mit Alkohol aus, so erhält man durch Verdunstung Krystalle von Paraschleimsäure.

Die Paraschleimsäure ist in Wasser löslicher als gewöhnliche Schleimsäure (100 Th. Wasser lösen kalt 1,4, heiss 5,8 Th.); sie ist in Alkohol löslich, während gewöhnliche Scheimsäure unlöslich ist. Die Salze der Paraschleimsäure sind denen der Schleimsäure sehr ähnlich, aber, mit Ausnahme des Ammoniaksalzes, etwas löslicher als diese.

Lässt man Paraschleimsäure oder paraschleimsaure Salze aus siedender wässriger Lösung durch Erkalten krystallisiren, so erhält man gewöhnliche Schleimsäure oder schleimsaure Salze. Bei trockener Destillation der Paraschleimsäure entsteht Brenzschleimsäure.

Theoretische Betrachtungen.

Nachdem im Vorhergehenden alle diejenigen Verbindungen beschrie- 1369.
ben worden sind, die zu den gewöhnlichen Alkoholen in einfacher verwandtschaftlicher Beziehung stehen und die sich der §. 603 mitgetheilten Tabelle einordnen lassen, scheint es geeignet auf eine empirische Gesetzmässigkeit aufmerksam zu machen, die dann hervortritt, wenn man für

---

*) Compt. rend. XX. 857.

**) Ann. Chem. Pharm. XV. 179.

die ein- und mehr-atomigen Alkohole und für die aus ihnen sich herleitenden Säuren die bis jetzt bekannten Anfangsglieder jeder Gruppe zusammenstellt.

	Alkohole	einbasische Säuren.	zweibasische Säuren.	dreibasische Säuren.
ein-atomig	CH_4O Methylalkohol	CH_2O_2 Ameisensäure		
zwei-atomig	$C_2H_6O_2$ Glycol	$C_2H_4O_3$ Glycolsäure	$C_2H_2O_4$ Oxalsäure	
drei-atomig	$C_3H_8O_3$ Glycerin	$C_3H_6O_4$ Glycerinsäure	$C_3H_4O_5$ Tartronsäure	
vier-atomig	$C_4H_{10}O_4$ Erythrit		$C_4H_6O_6$ Weinsäure	
fünf-atomig			$C_5H_8O_7$ Aposorbinsäure	$C_5H_6O_8$ Desoxalsäure
sechs-atomig	$C_6H_{14}O_6$ Mannit	$C_6H_{12}O_7$ Mannitsäure?	$C_6H_{10}O_8$ Zuckersäure	

Man sieht leicht, dass alle bis jetzt bekannten Anfangsglieder der verschiedenen homologen Reihen genau ebenso viel Kohlenstoffatome enthalten als typische Sauerstoffatome im Molecül vorhanden sind. Für sehr viele dieser Reihen existiren zahlreiche um n CH_2 reichere Glieder; für keine derselben kennt man Verbindungen, deren Molecül weniger Kohlenstoffatome als typische Sauerstoffatome enthält. (Mit einziger Ausnahme der Kohlensäure oder vielmehr der kohlensauren Salze.)

Die bis jetzt bekannten Thatsachen sind nicht zahlreich genug um aus ihnen mit voller Sicherheit die Existenz eines empirischen Gesetzes herleiten zu können, aber sie deuten mit ziemlicher Wahrscheinlichkeit das Vorhandensein einer solchen Gesetzmässigkeit an. Es ist bis jetzt nicht möglich die Ursache dieser Gesetzmässigkeit — vorausgesetzt, dass dieselbe wirklich existirt, — mit Sicherheit anzugeben, aber es scheint doch geeignet hier darauf aufmerksam zu machen, dass die Theorie der Atomigkeit der Elemente von derselben eine gewisse Rechenschaft zu geben im Stande ist; sowie, dass andrerseits die Existenz dieses empirischen Gesetzes eine bestimmtere Ansicht über die Constitution der in Rede stehenden Verbindungen ermöglicht.

Zum besseren Verständniss ist es nöthig hier nochmals den wahren Sinn derjenigen typischen Formeln zu besprechen, die in diesem Lehrbuch vorzugsweise gebraucht sind und die der hier benutzten Systematik zu Grunde liegen.

Es wurde mehrfach erörtert, dass für eine und dieselbe Substanz verschiedene rationelle Formeln möglich sind. Dies ist in der That der Fall, so lange man die rationellen Formeln nur als Umsetzungsformeln betrachtet; so lange man also durch dieselben nur die Beziehungen und Metamorphosen der Körper, nicht aber Hypothesen über die Verbindungsweise der Atome innerhalb des Molecüls ausdrücken will. In diesem Lehrbuch ist nun stets einer Art von rationellen Formeln der Vorzug gegeben worden; derjenigen nämlich, welche die aus der Theorie der Atomigkeit der Elemente sich herleitenden Ansichten über die Verbindungsweise der das Molecül zusammensetzenden Atome einschliesst.

Als typischer Sauerstoff ist, z. B., stets derjenige Sauerstoff angesehen, der nur mit einer seiner zwei Verwandtschaftseinheiten an Kohlenstoff gebunden ist.

Als typischer Wasserstoff ist stets derjenige Wasserstoff betrachtet, der mit der Kohlenstoffgruppe nur indirect in Verbindung steht, der also nur durch Vermittlung des typischen Sauerstoffs (oder Stickstoffs etc.) mit der Kohlenstoffgruppe verbunden ist.

Als Radical ist stets der Complex aller derjenigen Atome angesehen, welche direct durch die Verwandtschaft von Kohlenstoffatomen gebunden sind. Die Radicale enthalten also zunächst alle unter einander verbundene Kohlenstoffatome und ausserdem noch alle Atome der direct und vollständig an dieses Kohlenstoffskelett angelagerten Elemente.

Wenn man nun mit der Theorie der Atomigkeit der Elemente annimmt, dass in den sauerstoffhaltigen Verbindungen bisweilen aller Sauerstoff, bisweilen ein Theil desselben mit den Kohlenstoffatomen so vereinigt ist, dass nur eine der zwei Verwandtschaftseinheiten der Sauerstoffatome direct an Kohlenstoff gebunden ist, so kann man entweder annehmen, jedes dieser (typischen) Sauerstoffatome stehe mit einem anderen Kohlenstoffatome in Verbindung, oder man kann andrerseits annehmen, es könnten möglicherweise zwei oder selbst drei (typische) Sauerstoffatome mit demselben Kohlenstoffatom in directer Verbindung stehen. Im ersteren Fall müsste nothwendig das Molecül mindestens ebensoviel Kohlenstoffatome als typische Sauerstoffatome enthalten; im zweiten Fall dagegen könnte die Zahl der typischen Sauerstoffatome grösser sein als die Zahl der im Molecül enthaltenen Kohlenstoffatome.

Die oben erwähnte empirische Gesetzmässigkeit spricht zu Gunsten der ersteren dieser beiden Anschauungsweisen. Es scheint demnach, als sei, in den meisten Fällen wenigstens, jedes nur halb an Kohlenstoff gebundene Sauerstoffatom mit einem anderen Kohlenstoffatom in Verbindung.

Es wurde oben erwähnt, dass die Kohlensäure oder vielmehr die kohlensauren Salze eine Ausnahme von dieser Regel bilden. Die Theorie der Atomigkeit der Elemente lässt diese scheinbare Ausnahme deshalb wahrscheinlich erscheinen, weil die Kohlensäure nur 1 At. Kohlenstoff enthält.

1370. Betrachtungen über weiter-auflösende rationelle Formeln. Es ist in früheren Abschnitten mehrfach gezeigt worden, dass die Vorstellung, welche sich die Theorie der Atomigkeit der Elemente über die Verbindungsweise der das Molecül zusammensetzenden Atome macht, am vollständigsten und klarsten durch die graphisch dargestellten Formeln ausgedrückt wird, die in diesem Lehrbuch mehrfach benutzt worden sind. Es ist einleuchteud, dass für eine genauer untersuchte Substanz, für welche man sich mit einiger Sicherheit eine Vorstellung über die Verbindungsweise der Atome bilden kann, nur eine derartige Formel möglich ist; aber es ist ebenso einleuchtend, dass man eine solche graphische Formel in verschiedener Weise durch geschriebene Formeln ausdrücken kann; wobei natürlich nicht von den äusserlichen Verschiedenheiten die Rede sein kann, die dadurch entstehen, dass manche Chemiker übereinander schreiben was andere nebeneinander setzen, wodurch Formeln erhalten werden, die der Form nach verschieden sind, die aber trotz dieser scheinbaren Verschiedenheit dieselben Ideen ausdrücken.

Eine wirkliche Verschiedenheit der geschriebenen Formeln, selbst wenn sie dieselbe Gruppirung der Atome annehmen (wenn sie also durch dieselbe graphische Formel ausgedrückt werden können), kann dadurch entstehen, dass man entweder alle durch die graphische Formel ausgedrückten Ansichten in der geschriebenen Formel andeuten will, oder dass man sich damit begnügt einen Theil derselben durch die geschriebene Formel darzustellen. Da man im letzteren Falle nur die Gruppirung gewisser Atome ausdrücken will, während man die Verbindungsweise andrer vernachlässigt, so sind natürlich hier wieder verschiedene Arten von Formeln möglich, von welchen die einen in den Vordergrund stellen, was die andern weniger berücksichtigen, und umgekehrt.

Die in diesem Lehrbuch vorzugsweise gebrauchten Formeln drücken, wie öfter erwähnt, nur einen Theil der Ansichten, die in den graphischen Formeln enthalten sind, direct aus, indem sie einen andern Theil dieser Ansichten der Betrachtung vorbehalten. Sie bezeichnen direct: 1) die Kohlenstoffatome die man als untereinander verbunden annimmt; 2) diejenigen Atome, von welchen man annimmt, sie seien vollständig an Kohlenstoff gebunden; 3) diejenigen Atome, die als nur theilweise an Kohlenstoff gebunden angenommen werden (typischer Θ, etc.) und 4) die Atome, die man sich mit dem Kohlenstoff nur in indirecter Verbindung denkt (typischer H etc.).

Es scheint geeignet hier einzelne Arten von weiter auflösenden Formeln etwas näher zu besprechen; wesentlich um zu zeigen, dass solche Formeln dieselben Ideen ausdrücken wie die mehrfach benutzten graphischen Formeln und folglich auch wie die in diesem Lehrbuch vorzugsweise gebrauchten typischen Formeln, wenn man diese letzteren im Sinne der atomistischen Moleculartheorie auffasst.

Da, der Natur der Sache nach, in all den Fällen, in welchen die von der typischen Formel als Radical angenommene Atomgruppe Sauerstoff enthält (in welchen also vollständig an Kohlenstoff gebundener Sauerstoff vorhanden ist), bei manchen Zersetzungen die Gruppe $\Theta\Theta$ als Kohlensäure, oder in Form einer anderen Carbonylverbindung austritt, so kann man häufig diese Gruppe als selbständiges Radical in den betreffenden Verbindungen annehmen. Man löst also ein aus Kohlenstoff, Wasserstoff und Sauerstoff bestehendes Radical in der Weise auf, dass man neben einem aus Kohlenstoff und Wasserstoff bestehenden Radical (Kohlenwasserstoffradikal) noch so oft das Radical der Kohlensäure ($\Theta\Theta$) annimmt, als Sauerstoffatome im ganzen Radical enthalten sind. Formeln der Art sind früher öfter mitgetheilt worden (vgl. z. B. §§. 796, 801, 1109, 1309 etc.); sie sind beispielsweise:

$$\left.\begin{matrix}\Theta H_3 \\ \Theta' O \\ H\end{matrix}\right\}\Theta \qquad \left.\begin{matrix}\Theta'' H_2 \\ \Theta'' \Theta \\ H_2\end{matrix}\right\}\Theta_2 \qquad \left.\begin{matrix}\Theta_2 H_4 \\ \Theta\Theta \\ \Theta\Theta \\ H_2\end{matrix}\right\}\Theta_2$$

Essigsäure. Glycolsäure. Bernsteinsäure.

Es mag hier erwähnt werden, dass solche Formeln von Limpricht für die Essigsäure und die mit ihr homologen Säuren vorzugsweise gebraucht worden sind (während für die Bernsteinsäure und ihre Homologen, statt $2\Theta\Theta$, die Gruppe $\Theta_2\Theta_2$ (Oxalyl) als Radical angenommen wird). Man überzeugt sich leicht, dass auch die rationellen Formeln Kolbe's, neben anderen Ansichten, die weiter unten besprochen werden, denselben Gedanken einschliessen.

Eine zweite Abänderung der atomistischen Constitutionsformeln ergibt sich aus folgenden Betrachtungen. Statt den typischen Wasserstoff, wie dies in den gewöhnlichen typischen Formeln geschieht, von dem typischen Sauerstoff zu trennen, kann man beide vereinigt als Radical schreiben; man hat dann das Radical $H\Theta$ (Wasserrest, s. g. Wasserstoffhyperoxyd). Diese Betrachtung führt beispielsweise zu folgenden Formeln:

$$\Theta_2\overset{\prime}{H}_5 . H\Theta \qquad \Theta_2\overset{\prime\prime}{H}_4\left\{\begin{matrix}H\Theta \\ H\Theta\end{matrix}\right. \qquad \Theta_3\overset{\prime\prime\prime}{H}_5\left\{\begin{matrix}H\Theta \\ H\Theta \\ H\Theta\end{matrix}\right.$$

Alkohol Glycol. Glycerin.

$$\Theta_2\overset{\prime}{H}_3\Theta . H\Theta \qquad \Theta_2\overset{\prime\prime}{\Theta}_2\left\{\begin{matrix}H\Theta \\ H\Theta\end{matrix}\right. \qquad \Theta_4\overset{\prime\prime\prime}{H}_3\Theta_2\left\{\begin{matrix}H\Theta \\ H\Theta \\ H\Theta\end{matrix}\right.$$

Essigsäure. Oxalsäure. Aepfelsäure.

Will man diese Schreibweise mit der oben erwähnten Trennung

des Radicals $\Theta\Theta$ vereinigen, so kommt man zu Formeln wie die folgenden:

$$\dot{\Theta}\Theta\left\{\begin{matrix}\Theta H_3\\ H\Theta\end{matrix}\right. \qquad \left.\begin{matrix}H\Theta\\ \dot{\Theta}\Theta\end{matrix}\right\}\begin{matrix}\Theta\overset{''}{H}_2\\ H\Theta\end{matrix} \qquad \left.\begin{matrix}\Theta\overset{''}{\Theta}\\ \overset{''}{\Theta}\Theta\end{matrix}\right\}\begin{matrix}\Theta_2\overset{''}{H}_4\\ (H\Theta)_2\end{matrix} \qquad \left.\begin{matrix}H\Theta\\ \Theta\dot{\Theta}\\ \dot{\Theta}\Theta\end{matrix}\right\}\begin{matrix}\Theta_2\overset{'''}{H}_3\\ (H\Theta)_2\end{matrix}$$

Essigsäure. Glycolsäure. Bernsteinsäure. Aepfelsäure.

Man könnte nun ausserdem die mehrfach erwähnte Verschiedenheit in der chemischen Natur der typischen Wasserstoffatome in der Formel in irgend welcher Weise ausdrücken wollen. Man weiss nämlich, dass der typische Wasserstoff der einfacheren Säuren (Essigsäure etc.) sich von dem typischen Wasserstoff der Alkohole dadurch unterscheidet, dass der erstere leicht durch Metalle ersetzbar ist, der andre dagegen nicht. Man weiss ferner, dass in vielen mehratomigen Säuren der typische Wasserstoff nicht völlig gleichwerthig ist, insofern ein Theil desselben, wie der Wasserstoff der Essigsäure, leicht durch Metalle vertreten wird, während ein andrer Theil desselben, genau wie der typische Wasserstoff der Alkohole, diese leichte Vertretbarkeit nicht zeigt. Man könnte diesen Unterschied etwa dadurch in der Formel markiren wollen, dass man den alkoholischen Wasserstoff in Form des Wasserrestes HO in die Formel einführt, während man den sauren, d. h. leicht durch Metalle vertretbaren Wasserstoff in irgend andrer Weise schreibt. Man hätte so beispielsweise die folgenden Formeln:

$$\dot{\Theta}\Theta.\Theta\overset{''}{H}_2.\left.\begin{matrix}H\Theta\\ H\end{matrix}\right\}\Theta \qquad (\Theta\dot{\Theta})_2.\Theta_2\overset{'''}{H}_3.\left.\begin{matrix}H\Theta\\ H_2\end{matrix}\right\}\Theta_2 \qquad (\dot{\Theta}\Theta)_2.\Theta_2\overset{IV}{H}_2.\left.\begin{matrix}(H\Theta)_2\\ H_2\end{matrix}\right\}\Theta_2$$

Glycolsäure. Aepfelsäure. Weinsäure.

Man überzeugt sich leicht, dass die von Kolbe in letzter Zeit gebrauchten Formeln, neben der oben erwähnten Trennung des Radikuls $\Theta\Theta$, auch noch diese Schreibweise für den nicht durch Metalle vertretbaren Wasserstoff der mehratomigen Säuren benutzen; während sie den typischen Wasserstoff der Alkohole selbst in derselben Weise schreiben, wie den durch Metalle vertretbaren Wasserstoff der Säuren.

Die Formeln von Kolbe enthalten aber ausserdem, wenigstens in der von Kolbe selbst gebrauchten Form, auch den irrigen Gedanken, dass das Atom des Sauerstoffs nur halb so gross sei, als es von den übrigen Chemikern angenommen wird; sie schreiben $O = 8$, statt $\Theta = 16$. Diese irrige Annahme der Atomgrösse des Sauerstoffs veranlasst wesentlich die Verschiedenheit des äusseren Ansehens dieser Formeln. Sie sind beispielsweise *):

$$C_4H_5,O.HO \qquad HO.(C_2\dot{H}_3)[C_2O_2],O \qquad 2HO.(C_4\overset{''}{H}_4)\left[\begin{matrix}C_2O_2\\ C_2O_2\end{matrix}\right],O_2$$

Alkohol. Essigsäure. Bernsteinsäure.

---

*) $C = 6$, $O = 8$.

$$HO.C_2\left\{\begin{matrix}H_2\\HO_2\end{matrix}\right\}[C_2O_2],O \quad 2HO.C_4\left\{\begin{matrix}H_3\\HO_2\end{matrix}\right\}\left[\begin{matrix}C_2O_2\\C_2O_2\end{matrix}\right],O_2 \quad 2HO.C_4\left\{\begin{matrix}H_2\\HO_2\\HO_2\end{matrix}\right\}\left[\begin{matrix}C_2O_2\\C_2O_2\end{matrix}\right],O_2$$

Glycolsäure. Aepfelsäure. Weinsäure.

Durch diese irrige Annahme der Atomgrösse des Sauerstoffs wird es weiter möglich viele Substanzen von dem Typus Kohlensäure abzuleiten, d. h. sie zu betrachten als C_2O_4, in welcher 1, 2, 3 oder 4 Atome O ($^1/_2$, 1, $1^1/_2$ oder 2 Atome Θ) durch Elemente oder Radicale ersetzt sind. Es ist klar, dass diese Betrachtungs- oder Ausdrucksweise nicht möglich ist, wenn das Atom des Sauerstoffs = Θ=16 angenommen wird. Man muss sich dann, statt der Kohlensäure etwa des Sumpfgases: $ΘH_4$ oder des Chlorkohlenstoffs: $ΘCl_4$ als Typus bedienen, wodurch die Betrachtung zusammenfällt mit den in diesem Lehrbuch entwickelten Ansichten, welche den Kohlenstoff als vieratomiges Element ansehen.

Dieselbe irrige Ansicht über die Atomgrösse des Sauerstoffs gestattet endlich die Auffindung eines (im Grund genommen in die Formeln hineingelegten) Gesetzes, durch dessen Vorhandensein man auf die Ansicht hätte geführt werden können die Atomgrösse des Sauerstoffs sei Θ = 16, wenn diese Ansicht nicht schon vorher hinlänglich bewiesen gewesen wäre. Dieses Gesetz: dass die Sättigungscapacität der Sauerstoffsäuren abhängig sei von der Anzahl der extraradicalen Sauerstoffatome, — oder mit anderen Worten: dass in den Säurehydraten ebenso viel halbe Wassermoleküle anzunehmen seien als in der wasserfrei gedachten Säure halbe Sauerstoffatome (O=$^1/_2$Θ) in Verbindung mit dem Radical, — findet seine Erklärung darin, dass zwei halbe Sauerstoffatome nöthig sind, um ein ganzes Atom zu bilden.

Wenn man, wie dies in neuerer Zeit vielfach versucht worden ist, die in den typischen Formeln angenommenen Radicale weiter auflösen will, so lässt sich, bei consequenter Durchführung, keinerlei Grenze dieses Auflösens auffinden. Wenn man z. B. die Essigsäure als methylhaltigen Abkömmling der Ameisensäure ansieht, so muss consequenter Weise (und es ist dies von manchen Chemikern geschehen) im Aethylalkohol ein methylhaltiges Methyl als Radical angenommen werden. Dann kann aber die Propionsäure nicht als äthylhaltiger Abkömmling der Ameisensäure angesehen werden; sie enthält ebenfalls methylirtes Methyl. Im Propylalkohol muss dann ein Methyl, in welchem methylirtes Methyl enthalten ist, als Radical angenommen werden etc. etc. Mit einem Wort, die zusammengesetzteren Radicale verschwinden vollständig; jedes einzelne Kohlenstoffatom, in Verbindung mit einigen anderen Atomen, tritt in eine andere Atomgruppe ein, die selbst Ein Atom Kohlenstoff enthält u. s. f. *). Man geht eben bis auf die Elemente selbst zurück, die die Verbindung zusammensetzen. Dies sind aber gerade die Betrachtungen, welche zu der Ansicht geführt haben, der Kohlenstoff sei ein vieratomiges Element und die Kohlenstoffatome besässen die Eigenschaft

*) Formeln der Art sind von einigen Chemikern schon vor langer Zeit gebraucht worden; vgl. z. B. Rochleder, 1853, Sitzungsberichte der Wiener Academie; Buff. 1856. Ann. Chem. Pharm. C. 219.

sich untereinander zu verbinden. Es ist desshalb einleuchtend, dass alle Formeln, welche solche Betrachtungen einschliessen, nichts Anderes oder wenigstens nicht mehr ausdrücken können als die graphischen Formeln, welche die Molecüle kohlenstoffhaltiger Verbindungen als Aneinanderlagerungen vieratomiger Kohlenstoffatome darstellen.

Diese Entwicklung zeigt hinlänglich, warum in diesem Lehrbuch — neben den Betrachtungen, welche die Natur einer Verbindung aus der Natur und Verbindungsweise, der das Molecül zusammensetzenden Atome herzuleiten bemüht sind — die weniger weit-auflösenden typischen Formeln vorzugsweise gebraucht sind. Diese Formeln halten in dem Getrenntschreiben der einzelnen Atome da ein, wo eine wirkliche Grenze stattfindet. Sie leisten darauf Verzicht die Verbindungsweise der Kohlenstoffatome selbst und der vollständig an sie gebundenen Atome anderer Elemente auszudrücken; und zwar, weil bei vollständigem Auflösen der Radicale so complicirte Formeln erhalten werden, dass alle Uebersichtlichkeit verloren geht; und weil, andrerseits, nur halbauflösende Formeln der Willkühr allzuviel Spielraum lassen und trotzdem einer consequenten Durchführung kaum fähig sind.

Dabei darf aber nicht verkannt werden, dass nur vollständig auflösende Formeln (etwa die öfter benutzten graphischen Formeln) die Ansichten, die man sich über die Verbindungsweise der das Molecül zusammensetzenden Atome macht, vollständig auszudrücken im Stande sind; und ferner, dass weiter auflösende Formeln oft gewisse Analogieen und Beziehungen besonders übersichtlich hervortreten lassen, wie dies mehrfach in früheren Kapiteln gezeigt wurde.

In dieser Hinsicht bieten namentlich diejenigen Formeln Vortheile dar, welche in organischen Säuren die Gruppe: ΘΘ als Radical annehmen. Viele dieser Vortheile sind in früheren Kapiteln schon erörtert worden (vgl. bes. §§. 260. 796. 801. 1109. 1309); hier mag nochmals speciell darauf hingewiesen werden, dass solche Formeln eine eigenthümliche und in manchen Reactionen thatsächlich begründete Analogie zwischen organischen Abkömmlingen der Schwefelsäure und einigen andren organischen Verbindungen besonders deutlich hervortreten lassen. Diese Analogie ergibt sich hinlänglich aus folgenden Beispielen, die leicht vermehrt werden können *) (vgl. auch §. 998).

$\left.\begin{matrix}\Theta H_3 . \Theta\Theta \\ H\end{matrix}\right\}\Theta$	$\left.\begin{matrix}\Theta H_3 . S\Theta_2 \\ H\end{matrix}\right\}\Theta$
Essigsäure.	Methylschweflige Säure.

*) Auf diese interessanten Beziehungen ist zuerst (1833) von Mitscherlich, gelegentlich der Benzoësäure und Benzinschwefelsäure aufmerksam gemacht worden. Die Ansicht wurde später von Gerhardt und Chancel (Jahresb. 1852. 433) und in neuerer Zeit namentlich von Mendius (Ann. Chem. Pharm. CIII. 76. 1857) weiter ausgeführt.

$$\left.\begin{matrix}\Theta_2H_4.\Theta\Theta\\ H_2\end{matrix}\right\}\Theta_2 \qquad \left.\begin{matrix}\Theta_2H_4.S\Theta_2\\ H_2\end{matrix}\right\}\Theta_2$$

Milchsäure. Isäthionsäure.

$$\left.\begin{matrix}\Theta H_2.\Theta\Theta.\Theta\Theta\\ H_2\end{matrix}\right\}\Theta_2 \qquad \left.\begin{matrix}\Theta H_2.\Theta\Theta.S\Theta_2\\ H_2\end{matrix}\right\}\Theta_2 \qquad \left.\begin{matrix}\Theta H_2.S\Theta_2.S\Theta_2\\ H_2\end{matrix}\right\}\Theta_2$$

Malonsäure. Sulfoessigsäure. Disulfometholsäure.

Zweite Klasse.

Wasserstoff-ärmere Verbindungen.

Man kennt eine Anzahl von Substanzen, die, bei einer gewissen 1871.
Aehnlichkeit des chemischen Verhaltens und bei gleichem Gehalt von Kohlenstoff- und Sauerstoffatomen, sich von entsprechenden Verbindungen aus der Klasse der Fettkörper (§§. 603 ff.) dadurch unterscheiden, dass sie 2 Atome Wasserstoff weniger enthalten. Wir bezeichnen solche Substanzen als wasserstoff-ärmere Verbindungen.

Man kann in den hierhergehörigen Körpern die Kohlenstoffatome, wie in den Fettkörpern als in einfachster Weise aneinander gelagert annehmen (vergl. §. 273); aber man muss dann die weiter unten (§. 1876) noch näher zu besprechende Hypothese machen, dass zwei Verwandtschaftseinheiten der im Molecül enthaltenen Kohlenstoffatome nicht gesättigt, also gewissermassen frei in der Verbindung enthalten seien. Man könnte demnach solche Substanzen auch als „nicht gesättigt," oder auch als „Verbindungen mit freien Verwandtschaftseinheiten" oder „Verbindungen mit Lücken" bezeichnen.

Das Studium der wasserstoffärmeren Verbindungen hat in neuerer Zeit wesentlich an Interesse gewonnen, seitdem man zahlreiche verwandtschaftliche Bande aufgefunden hat, die diese Körper mit den Verbindungen aus der Klasse der Fettkörper verknüpfen, seitdem man zahlreiche Uebergänge aus der einen Körperklasse in die andre beobachtet hat.

Wenn man die hierhergehörigen Körper, in Bezug auf Zusammensetzung und Functionen in ähnlicher Weise tabellarisch zusammenstellt, wie dies früher (§. 604) für die Verbindungen aus der Klasse der Fettkörper geschah, so erkennt man leicht die Analogie der den beiden Körperklassen zugehörigen Verbindungen.

	Alkohole.	Säuren		
		einbasisch.	zweibasisch.	dreibasisch.
einatomig.	$\left.\begin{matrix}\Theta_nH_{2n-1}\\H\end{matrix}\right\}\Theta$	$\left.\begin{matrix}\Theta_nH_{2n-3}\Theta\\H\end{matrix}\right\}\Theta$		
	$\left.\begin{matrix}\Theta_3H_5\\H\end{matrix}\right\}\Theta$ Allylalkohol.	$\left.\begin{matrix}\Theta_3H_3\Theta\\H\end{matrix}\right\}\Theta$ Acrylsäure.		
zweiatomig.	$\left.\begin{matrix}\Theta_nH_{2n-2}\\H_2\end{matrix}\right\}\Theta_2$	$\left.\begin{matrix}C_nH_{2n-4}\Theta\\H_2\end{matrix}\right\}\Theta_2$	$\left.\begin{matrix}\Theta_nH_{2n-6}\Theta_2\\H_2\end{matrix}\right\}\Theta_2$	
	Θ_2H_2 Acetylen.	$\left.\begin{matrix}\Theta_3H_2\Theta\\H_2\end{matrix}\right\}\Theta_2$ Brenztraubensäure.	$\left.\begin{matrix}\Theta_4H_2\Theta_2\\H_2\end{matrix}\right\}\Theta_2$ Fumarsäure, etc.	
dreiatomig.	$\left.\begin{matrix}\Theta_nH_{2n-3}\\H_3\end{matrix}\right\}\Theta_3$			$\left.\begin{matrix}\Theta_nH_{2n-9}\Theta_3\\H_3\end{matrix}\right\}\Theta_3$
				$\left.\begin{matrix}\Theta_6H_3\Theta_3\\H_3\end{matrix}\right\}\Theta_3$ Aconitsäure.
sechsatomig.	$\left.\begin{matrix}\Theta_nH_{2n-6}\\H_6\end{matrix}\right\}\Theta_6$			
	$\left.\begin{matrix}\Theta_6H_6\\H_6\end{matrix}\right\}\Theta_6$ Zucker.			

Den einatomigen Alkoholen (§§. 612 ff.) und ihren Abkömmlingen entsprechen der Allylalkohol (§. 1381) und die übrigen Allylverbindungen, sowie einige Vinylverbindungen (§. 1380).

Den einbasischen Säuren (§§. 792) und ihren Aldehyden entsprechen die Acrylsäure und der Acrylaldehyd (Acrolein) und ferner die mit beiden homologen Substanzen (§§. 1392 ff.).

Zweiatomige Alkohole (Glycole, §§. 930 ff.) hat man bis jetzt in der Klasse der wasserstoffärmeren Verbindungen nicht dargestellt, aber man kennt Kohlenwasserstoffe von der Formel Θ_nH_{2n-2}, die als die Radicale dieser Glycole betrachtet werden können. Z. B. Acetylen (§§. 1411 ff.).

Den zweiatomig einbasischen Säuren (§§. 999 ff.: Glycolsäure, Milchsäure etc.) entspricht die Brenztraubensäure (§. 1419).

Die zweiatomig-zweibasischen Säuren der Bernsteinsäurereihe (§. 1105, sind in der Klasse der wasserstoffärmeren Verbindungen vertreten durch die Fumarsäure und Maleinsäure, die Citraconsäure, Itaconsäure und Mesaconsäure etc. (§§. 1421 ff.).

Man kennt weiter eine dreiatomig-dreibasische Säure, die Aconitsäure (§. 1436), die sich von einem bis jetzt unbekannten wasserstoffärmeren Glycerin herleitet. Sie entspricht der §. 1309 beschriebenen Carballylsäure.

Einige Zuckerarten endlich müssen offenbar als sechsatomige Alkohole, also als dem Mannit (§. 1346) entsprechend angesehen werden.

Es verdient zunächst bemerkt zu werden, dass in der Klasse der wasserstoffärmeren Verbindungen sehr häufig Isomerien vorkommen, und dass in den meisten dieser Fälle die eine isomere Modification leicht in eine andere übergeht, oder wenigstens übergeführt werden kann. 1872.

So gibt es z. B. zwei isomere Brenztraubensäuren, die beide schon §. 1336 besprochen sind. Die Formel $\Theta_4H_4O_4$ drückt gleichzeitig die Fumarsäure und die mit ihr isomere Maleinsäure aus. Eben so gibt die homologe Formel: $\Theta_5H_6O_4$ die Zusammensetzung der drei isomeren Säuren: Itaconsäure, Citraconsäure und Mesaconsäure. Es scheint ferner, nach den Untersuchungen von Berthelot und von Reboul, als existirten zwei Modificationen des Acetylens. Es muss weiter daran erinnert werden, dass das mit dem Allylalkohol isomere Aceton (vgl. §§. 923 ff.) bisweilen das Verhalten eines einatomigen Alkohols zeigt. Man kennt endlich zahlreiche Zuckerarten, die durch die gemeinschaftliche Formel: $\Theta_6H_{12}\Theta_6$ ausgedrückt werden.

Die Analogieen der wasserstoffärmeren Verbindungen mit den Substanzen aus der Klasse der Fettkörper sollen bei jeder Gruppe specieller besprochen werden; ebenso die zahlreichen verwandtschaftlichen Bande, welche die wasserstoffärmeren Substanzen untereinander verknüpfen. 1873.

Hier muss wesentlich noch darauf aufmerksam gemacht werden, dass es in vielen Fällen gelungen ist, von den normalen Substanzen (Fettkörper) in wasserstoffärmere Verbindungen, und umgekehrt von wasserstoffärmeren Verbindungen in die entsprechenden normalen Substanzen überzugehen.

Es ist als vereinzelte Thatsache schon seit einigen Jahren bekannt, dass das Aethylen, oder vielmehr seine Substitutionsproducte, in Acetylen übergeführt werden können; z. B.

$$\text{Bromäthylen: } \Theta_2H_3Br = HBr + \Theta_2H_2 \text{ Acetylen.}$$

Berthelot hat weiter gezeigt, dass das Acetylen durch directe Aufnahme von Wasserstoff in Aethylen überzugehen im Stande ist.

$$\text{Acetylen: } \Theta_2H_2 + H_2 = \Theta_2H_4 \text{ Aethylen.}$$

Nachdem dann Kekulé fand, dass solche directe Additionen von Wasserstoff und entsprechende Additionen von Brom verhältnissmässig häufig ausgeführt werden können, gewannen diese Reactionen an theoretischem Interesse und es kann wohl jetzt als die für wasserstoffärmere Substanzen am meisten charakteristische Reaction angesehen werden, dass sie durch directe Addition von Wasserstoff in die entsprechenden normalen Verbindungen übergehen; und, dass sie durch directe Addition von Brom, Körper erzeugen, welche die Zusammensetzung von Substitutionsproducten dieser normalen Substanzen besitzen *). Im Folgenden sind die wichtigsten Umwandlungen der Art zusammengestellt.

1374. I. Verwandlung normaler Substanzen in wasserstoffärmere.

An die oben besprochene Bildung des Acetylen aus den Substitutionsproducten des Aethylens reihen sich zunächst an: die Bildung der mit dem Acetylen homologen Substanzen: Allylen und Crotonylen aus den Substitutionsproducten des Propylens und des Butylens:

Brompropylen: $\Theta_3H_5Br = HBr + \Theta_3H_4$ = Allylen.
Brombutylen: $\Theta_4H_7Br = HBr + \Theta_4H_6$ = Crotonylen.

Ferner die Bildung des Bromacetylens aus Bibromäthylen:

Bibromäthylen: $\Theta_2H_2Br_2 = HBr. + \Theta_2HBr$ = Bromacetylen.

Hierher gehört ferner die Bildung des Allyljodids (§. 1383) aus Trijodhydrin und resp. Glycerin (§. 1253).

Trijodhydrin: $\Theta_3H_5J_3 = J_2 + \Theta_3H_5J$ = Allyljodid.

Auch die Bildung der Bromcrotonsäure (§. 1400) aus Bibrombuttersäure (Cahours) und die Entstehung der Isobrommaleinsäure (§. 1427) aus Isobibrombernsteinsäure (Kekulé) sind hierher zu rechnen:

Bibrombuttersäure . . : $\Theta_4H_6Br_2\Theta_2 = HBr + \Theta_4H_5Br\Theta_2$ = Bromcrotonsäure.
Isobibrombernsteinsäure: $\Theta_4H_4Br_2O_4 = HBr + \Theta_4H_3Br\Theta_4$ = Isobrommaleinsäure.

1375. II. Verwandlung wasserstoffärmerer Substanzen in normale.

a) Addition von Wasserstoff. (Durch Einwirkung von Natriumamalgam oder von Zink.)

An die oben schon erwähnte Umwandlung des Acetylens in Aethylen reihen sich zunächst die folgenden Reactionen an:

*) Im Nachfolgenden sind neben denjenigen wasserstoffärmeren Substanzen, für welche diese charakteristischen Reactionen durch den Versuch nachgewiesen sind, auch einige andere Körper abgehandelt, für welche dies bis jetzt nicht der Fall ist. Andrerseits muss hier darauf aufmerksam gemacht werden, dass manche der früher, in der Klasse der Fettkörper, abgehandelten Substanzen, vielleicht hieher gehören. Es verdiente namentlich für diejenigen Körper, für welche die Homologie mit besser untersuchten Verbindungen nicht thatsächlich festgestellt ist, untersucht zu werden, ob sie nicht vielleicht eher in die Klasse der wasserstoffärmeren Verbindungen gehören.

Die Fumarsäure und die Maleïnsäure liefern, durch directe Addition von Wasserstoff, Bernsteinsäure. Eben so gehen die drei isomeren Säuren: Itaconsäure, Citraconsäure und Mesaconsäure durch Aufnahme von Wasserstoff in Brenzweinsäure über. (Kekulé).

Fumarsäure, Maleïnsäure $\} = \Theta_4H_4\Theta_4 + H_2 = \Theta_4H_6\Theta_4$ . . Bernsteinsäure

Itaconsäure, Citraconsäure, Mesaconsäure $\} = \Theta_5H_6\Theta_4 + H_2 = \Theta_5H_8\Theta_4$ . . Brenzweinsäure.

In ähnlicher Weise bildet die Acrylsäure durch Aufnahme von Wasserstoff Propionsäure (Linnemann); die Brenztraubensäure liefert Milchsäure (Wislicenus) und einzelne Zuckerarten können in Mannit übergeführt werden. (Linnemann).

Acrylsäure . . . $= \Theta_3H_4\Theta_2 + H_2 = \Theta_3H_6O_2$ . . Propionsäure.

Brenztraubensäure $= \Theta_3H_4\Theta_3 + H_2 = \Theta_3H_6O_3$ . . Milchsäure.

Zucker . . . . . . $= \Theta_6H_{12}O_6 + H_2 = \Theta_6H_{14}\Theta_6$ . . Mannit.

Auch für die Aconitsäure ist eine directe Vereinignng mit Wasserstoff nachgewiesen (vgl. §. 1436).

Hierher kann auch noch die Umwandlung der Glyoxalsäure (§. 1419) in Glycolsäure gerechnet werden (Debus):

Glyoxalsäure: $\Theta_2H_2\Theta_3 + H_2 = \Theta_2H_4\Theta_3$ . . Glycolsäure;

und endlich die Verwandlung der Bromcrotonsäure in Buttersäure, wobei offenbar zunächst durch Rückwärtssubstitution Crotonsäure entsteht, die dann durch Aufnahme von Wasserstoff zu Buttersäure wird (Kekulé):

Crotonsäure: $\Theta_4H_6\Theta_2 + H_2 = \Theta_4H_8\Theta_4$ . . Buttersäure.

b) Addition von Brom.

Die wichtigsten Reactionen der Art sind die folgenden:

Die Fumarsäure und die isomere Maleïnsäure vereinigen sich direct mit Brom und erzeugen Verbindungen von der Zusammensetzung der zweifach-gebromten Bernsteinsäure. In derselben Weise vereinigen sich die drei isomeren Säuren: Itaconsäure, Citraconsäure und Mesaconsäure mit Brom und erzeugen zweifach-gebromte Brenzweinsäure. (Kekulé).

Ganz besonders bemerkenswerth ist dabei, dass aus Fumarsäure und aus der mit ihr isomeren Maleïnsäure zwei verschiedene Modificationen der zweifach-gebromten Bernsteinsäure erhalten werden; und dass ebenso aus Itaconsäure, Citraconsäure und Mesaconsäure drei verschiedene Modificationen der zweifach-gebromten Brenzweinsäure entstehen. Man hat nämlich:

Fumarsäure . . $\Theta_4H_4\Theta_4 + Br_2 = \Theta_4H_4Br_2\Theta_4$ = Bibrombernsteinsäure.

Maleïnsäure . . „ „ = „ = Iso-bibrombernsteinsäure.

Itaconsäure . . $C_5H_6O_4 + Br_2 = C_5H_6Br_2O_4$ = Ita-bibrombrenzweinsäure.
Citraconsäure „ „ „ = Citra-bibrombrenzweinsäure.
Mesaconsäure „ „ „ = Mesa-bibrombrenzweinsäure.

Aehnliche Brom-Additionen sind ferner für den Allylalkohol (Kekulé) und die Acrylsäure (Cahours) und für die Brenztraubensäure (Wislicenus) beobachtet, aber die gebildeten Producte sind bis jetzt nicht näher untersucht. Sie sind wahrscheinlich:

Allylalkohol . . . $C_3H_6O + Br_2 = C_3H_6Br_2O$ = Bibrompropylalkohol (Dibromhydrin).
Acrylsäure . . . . $C_3H_4O_2 + Br_2 = C_3H_4Br_2O_2$ = Bibrompropionsäure.
Brenztraubensäure $C_3H_4O_3 + Br_2 = C_3H_4Br_2O_3$ = Bibrom-milchsäure.

Besonderes Interesse haben noch die Versuche, die Cahours mit der aus Citra-bibrombrenzweinsäure gebildeten Bromcrotonsäure angestellt hat und die §. 1400 beschrieben sind.

c) Addition von Unterchloriger Säure.

Carius hat in neuester Zeit nachgewiesen, dass auch die unterchlorige Säure sich mit einigen wasserstoffärmeren Substanzen zu vereinigen im Stande ist. Er erhielt so aus Citraconsäure eine Säure, die als Chlorsubstitutionsproduct der mit der Aepfelsäure homologen aber noch nicht näher untersuchten Citramalsäure angesehen werden kann:

Citraconsäure: $C_5H_6O_4 + ClHO = C_5H_7ClO_5$. Chlor-citramalsäure.

In entsprechender Weise könnte liefern:

Allylalkohol: $C_3H_6O + ClHO = C_3H_7ClO_2$. Chlorpropylenglycol (Monochlorhydrin).
Maleïnsäure: $C_4H_4O_4 + ClHO = C_4H_5ClO_5$. Monochlor-äpfelsäure.

Nach vorläufigen Angaben von Carius scheint auch das Wasserstoffhyperoxyd bisweilen directe Additionsproducte zu erzeugen. Es könnte so erhalten werden:

Maleïnsäure: $C_4H_4O_4 + H_2O_2 = C_4H_6O_6$. Weinsäure.

Ein schon vor längerer Zeit angestellter Versuch die Fumarsäure direct mit Baryumhyperoxyd zu vereinigen, gab ein negatives Resultat (Kekulé).

1376. Es scheint geeignet hier die oben schon erwähnte Hypothese, die von der eigenthümlichen Natur der wasserstoffärmeren Verbindungen und gleichzeitig von dem häufigen Vorkommen isomerer Modificationen in dieser Körperklasse einige Rechenschaft gibt, etwas ausführlicher zu besprechen. Da die homologen Gruppen isomerer Säuren, die durch die Formeln: $C_4H_4O_4$ und $C_5H_6O_4$ ausgedrückt werden, in Bezug auf directe Addition bis jetzt am besten untersucht sind, so mögen diese Betrachtungen speciell für diese Säuren mitgetheilt werden.

Die zwei isomeren Säuren: $C_4H_4O_4$, Fumarsäure und Maleïnsäure, unterscheiden sich von der Bernsteinsäure nur durch 2 Atome Wasserstoff, welche sie weniger enthalten. Die drei isomeren Säuren: $\Theta_5H_6O_4$, Itaconsäure, Citraconsäure und Mesaconsäure, stehen in derselben Beziehung zu der mit der Bernsteinsäure homologen Brenzweinsäure.

Die zwei Säuren $\Theta_4H_4O_4$ verbinden sich durch directe Addition mit Wasserstoff und erzeugen so Bernsteinsäure; gerade so vereinigen sich die drei Säuren $\Theta_5H_6O_4$ mit Wasserstoff und bilden Brenzweinsäure. Dabei verdient besonders hervorgehoben zu werden, dass die aus den zwei Modificationen der Säure $\Theta_4H_4O_4$ entstehenden Bernsteinsäuren untereinander und mit gewöhnlicher Bernsteinsäure identisch sind; und dass ebenso aus den drei isomeren Säuren $\Theta_5H_6O_4$ dieselbe Brenzweinsäure erhalten wird.

Ebenso wie mit Wasserstoff, so verbinden sich diese Säuren auch mit Brom; aber während die durch Wasserstoffaddition erzeugten Substanzen identisch sind, gleichgültig aus welcher isomeren Modification sie erhalten wurden, finden im Gegentheil für die durch Brom-addition entstandenen Producte charakteristische Verschiedenheiten statt. Jede der zwei isomeren Säuren $\Theta_4H_4O_4$ und jede der drei isomeren Säuren $\Theta_5H_6\Theta_4$ erzeugt eine eigenthümliche ihr entsprechende bromhaltige Säure.

Diese Thatsachen fanden bis zu einem gewissen Grad ihre Erklärung in folgenden Betrachtungen.

In der Bernsteinsäure und der mit ihr homologen Brenzweinsäure sind, nach den Ansichten über die Atomigkeit der Elemente, die früher mehrfach entwickelt wurden (vgl. bes. §. 1369), alle Verwandtschaften der das Molecül zusammensetzenden Atome gesättigt; diese Säuren bilden gewissermassen geschlossene Molecüle. Sie enthalten zwei Atome typischen, (das heisst nur durch eine der zwei Verwandtschaftseinheiten an den Kohlenstoff gebundenen) Sauerstoffs. Zwei Wasserstoffatome sind nur durch Vermittlung dieser typischen Sauerstoffatome mit dem Kohlenstoff vereinigt. Diese beiden typischen Wasserstoffatome sind leicht durch Metalle vertretbar, weil noch zwei weitere Sauerstoffatome vorhanden sind, die durch beide Verwandtschaftseinheiten an den Kohlenstoff gebunden sind; die also, in der Ausdrucksweise der Typentheorie dem Radical angehören.

Man sieht nun leicht, dass ausser diesen zwei typischen Wasserstoffatomen in der Bernsteinsäure noch vier, in der Brenzweinsäure sechs Wasserstoffatome vorhanden sind. Dieser in der Ausdrucksweise der Typentheorie dem Radical angehörige Wasserstoff ist nach der Theorie der Atomigkeit der Elemente direct mit dem Kohlenstoff verbunden, und zwar so, dass stets zwei Atome Wasserstoff an dasselbe Kohlenstoffatom angelagert sind.

Nimmt man nun an, dass in der einen oder anderen dieser beiden normalen Säuren zwei solche Wasserstoffatome fehlen, so hat man einerseits die Zusammensetzung der Fumarsäure und der Maleïnsäure, andererseits die Formel der Itaconsäure, Citraconsäure und Mesaconsäure. Da nun in der Bernsteinsäure zwei Paare solcher an den Kohlenstoff gebundenen Wasserstoffatome vorhanden sind, so sieht man die Möglichkeit der Existenz zweier wasserstoffärmeren Säuren ein; für die Brenzweinsäure versteht man ebenso die Existenz von drei isomeren wasserstoffärmeren Säuren, je nachdem das eine oder das andere der drei Paare von Wasserstoffatomen, die in dem Molecül der normalen Substanz direct an den Kohlenstoff gebunden sind, nicht vorhanden ist.

An der Stelle des Molecüls, wo die beiden Wasserstoffatome fehlen, sind zwei Verwandtschaftseinheiten des Kohlenstoffs nicht gesättigt; es ist an der Stelle gewissermassen eine Lücke. Daraus erklärt sich die ausnehmende Leichtigkeit, mit welcher diese Substanzen sich durch Addition mit Wasserstoff oder mit Brom vereinigen. Die freien Verwandtschaftseinheiten des Kohlenstoffs haben ein Bestreben sich zu sättigen und so die Lücke auszufüllen.

Bringt man an diese freien Stellen Wasserstoff, so sind alle Kohlenstoffatome im Inneren des Molcüls an dasselbe Element, an Wasserstoff, gebunden; man sieht keinerlei Grund für die Existenz verschiedener Modificationen der so erhaltenen normalen Substanzen ein. In der That kennt man bis jetzt nur e i n e Bernsteinsäure und nur e i n e Brenzweinsäure.

Setzt man dagegen an dieselben freien Stellen Brom, so ist der Kohlenstoff im Inneren des Molecüls zum Theil an Wasserstoff, zum Theil an Brom gebunden und es ist dann leicht einzusehen, dass verschiedene Modificationen solcher bromhaltigen Säuren existiren müssen, je nachdem sich das Brom an der einen oder anderen Stelle befindet. Man sieht weiter leicht, dass aus jeder Modification einer wasserstoffärmeren Säure sich durch Bromaddition eine ihr entsprechende Modification der bromhaltigen Säure erzeugen muss. Man kann ferner voraussagen, dass aus den verschiedenen Modificationen einer bromhaltigen Säure durch Rückwärtssubstitution dieselbe normale Säure entstehen wird.

Dieselben Betrachtungen sind auch auf die übrigen wasserstoffärmeren Substanzen und die aus ihnen erzeugten Additionsproducte anwendbar [*]).

1377. Es ist einleuchtend, dass die für die wasserstoffärmeren Verbindungen benützten einfach typischen Formeln, die nach dem in diesem Lehrbuch vorzugsweise gebrauchten und mehrfach erörterten Princip geschrieben sind, in mannigfacher Weise weiter aufgelöst werden können, wie dies an anderen Beispielen schon mehrfach gezeigt wurde. (Vgl. z. B. §§. 801. 1369).

Statt der typischen Formeln:

Acrylsäure.	Brenztraubensäure.	Fumarsäure.
$\left.\begin{matrix}\Theta_3\overset{\prime}{H}_3\Theta\\ H\end{matrix}\right\}\Theta$	$\left.\begin{matrix}\Theta_3\ddot{H}_3\Theta\\ H_2\end{matrix}\right\}\Theta_2$	$\left.\begin{matrix}\Theta_4\ddot{H}_2\Theta_2\\ H_2\end{matrix}\right\}\Theta_2$

[*]) Kekulé Ann. Chem. Pharm. Suppl. II. 111.

kann man sich z. B. der folgenden Formeln bedienen:

$$\left.\begin{matrix}\overset{''}{\Theta}\Theta\left\{\begin{matrix}\Theta_2H_3\\ \\ \end{matrix}\right.\\ H\}\Theta\end{matrix}\right. \qquad \begin{matrix}\Theta\left\{\begin{matrix}H\\ \Theta_2H_3\end{matrix}\right.\\ \overset{''}{\Theta}\Theta\left\{\begin{matrix}\Theta_2H_3\\ \Theta\end{matrix}\right.\\ H\}\Theta\end{matrix} \qquad \begin{matrix}H\}\Theta\\ \Theta\Theta\left.\begin{matrix}\\ \end{matrix}\right\}\Theta_2H_3\\ \Theta\Theta\\ H\}\Theta\end{matrix}$$

Man kann ferner dieselben Formeln auch in anderer Weise schreiben, ohne dass dadurch die durch sie ausgedrückte Idee eine andere wird; z. B.:

$$\Theta_2H_3.\Theta\Theta.\Theta.H \qquad H.\Theta.\Theta_2H_3.\Theta\Theta.\Theta.H \qquad \Theta_2H_3\left\{\begin{matrix}\Theta\Theta\\ \Theta\Theta\end{matrix}\right\}\Theta_2.H_2$$

Diese weiter auflösenden Formeln haben für die in Rede stehenden Substanzen bis jetzt verhältnissmässig wenig Werth, weil bis jetzt nur wenig Reactionen bekannt sind, in welchen diese Körper in einfachere Verbindungen zerfallen oder durch welche sie aus einfacheren Verbindungen erzeugt werden. Sie deuten indess verschiedene synthetische Bildungsweisen an, von welchen bis jetzt nur e i n e thatsächlich verwirklicht ist. So erinnert z. B. die Formel der Acrylsäure an die von Will und Körner beobachtete Synthese der mit ihr homologen Crotonsäure aus Allylcyanid. (§. 1399); dieselbe Formel zeigt, dass die Crotonsäure vielleicht durch Einwirkung von Kohlensäure auf Allylnatrium oder durch Einwirkung von Kohlenoxyd auf die vom Allylalkohol sich herleitende Natriumverbindung wird erhalten werden können. In derselben Weise deutet die Formel der Fumarsäure an, dass diese Säure (oder die mit ihr isomere Maleïnsäure) voraussichtlich aus Acetylendicyanid darstellbar ist, etc.

Man vergleicht die wasserstoffärmeren Substanzen gewöhnlich mit denjenigen Verbindungen aus der Klasse der Fettkörper, welche gleich viel Kohlenstoff- und gleich viel Sauerstoffatome enthalten; die ersteren unterscheiden sich dann von den letzteren durch den Mindergehalt von 2 At. Wasserstoff. Man könnte die wasserstoffärmeren Substanzen auch mit denjenigen Verbindungen aus der Klasse der Fettkörper in Parallele stellen, die gleich viel Wasserstoff- und gleich viel Sauerstoffatome enthalten. Die wasserstoffärmeren Substanzen sind dann um 1 At. Kohlenstoff reicher als die entsprechenden normalen Verbindungen, z. B.

Diff. $= H_2$		Diff. $= \Theta$
$\Theta_3H_8\Theta$ Propylalkohol.	$\Theta_3H_6\Theta$ Allylalkohol.	Θ_2H_6O Aethylalkohol.
$\Theta_3H_6\Theta_2$ Propionsäure.	$\Theta_3H_4\Theta_2$ Acrylsäure.	$\Theta_2H_4O_2$ Essigsäure.

Eine Zusammenstellung der Art drückt bis jetzt keinerlei Thatsache aus, aber es wird vielleicht später gelingen den wasserstoffärmeren Substanzen geradezu 1 At. Kohlenstoff wegzunehmen oder den normalen Verbindungen 1 At. Kohlenstoff zuzuführen, und so von der einen Gruppe in die andere überzugehen.

Einatomige Verbindungen.

1878 Die einatomigen Verbindungen aus der Klasse der wasserstoffärmeren Substanzen zeigen in ihrem chemischen Verhalten die grösste Analogie mit den einatomigen Verbindungen aus der Klasse der Fettkörper.

Man kennt also zunächst einatomige Alkohole, durch deren Oxydation erst Aldehyde und dann einbasische Säuren erzeugt werden. Z. B.:

$$\left.\begin{matrix}\Theta_3H_5\\H\end{matrix}\right\}\Theta \qquad \left.\begin{matrix}\Theta_3H_3O\\H\end{matrix}\right\} \qquad \left.\begin{matrix}\Theta_3H_3O\\H\end{matrix}\right\}\Theta$$

Allylalkohol Acrylaldehyd Acrylsäure.

Aus den einatomigen Alkoholen, oder wenigstens dem bis jetzt am genauesten untersuchten Glied dieser Gruppe, dem Allylalkohol, hat man eine grosse Anzahl von Aetherarten der verschiedensten Säuren dargestellt. Man hat ferner das Radical dieses Alkohols an die Stelle von Wasserstoff in Ammoniak und in Harnstoff eingeführt und man hat so Verbindungen erhalten, die vollständig den §. 709 beschriebenen Stickstoffbasen der Alkoholradicale und den §. 1032 erwähnten Abkömmlingen des Harnstoffs entsprechen. Auch die wasserstoffärmeren einbasischen Säuren und die zugehörigen Aldehyde zeigen, so weit sie bis jetzt näher untersucht sind, die grösste Analogie mit den fetten Säuren (§. 828) und den ihnen entsprechenden Aldehyden (§. 915).

Die Analogie der wasserstoffärmeren Substanzen mit den Verbindungen aus der Klasse der Fettkörper zeigt sich ferner in manchen Zersetzungen und in manchen synthetischen Bildungsweisen.

So erhält man z. B. durch Zersetzung von Allylcyanid die Crotonsäure, gerade so wie man aus Aethylcyanid die Propionsäure und aus Propylcyanid die Buttersäure darstellen kann:

$$\underset{\text{Propylcyanid.}}{\Theta_3H_7.\Theta N} + 2H_2O = \underset{\text{Buttersäure.}}{\Theta_4H_8O_2} + NH_3$$

$$\underset{\text{Allylcyanid.}}{\Theta_3H_5.\Theta N} + 2H_2O = \underset{\text{Crotonsäure.}}{\Theta_4H_6O_2} + NH_3$$

Man kann demnach, genau wie in der Klasse der Fettkörper, so auch bei den wasserstoffärmeren Substanzen, aus einem Alkohol die um 1 At. Kohlenstoff reichere Säure darstellen (vgl. §. 819).

Man kann ferner die Vinylschwefelsäure durch directe Verbindung von Acetylen mit Schwefelsäurehydrat erhalten, gerade so wie sich durch Vereinigung von Aethylen mit Schwefelsäurehydrat die Aethylschwefelsäure darstellen lässt:

$$\underset{\text{Aethylen.}}{\Theta_2H_4} + H_2SO_4 = \underset{\text{Aethylschwefelsäure.}}{\left.\begin{matrix}\Theta_2H_5\\H\end{matrix}\right\}SO_4}$$

$$\underset{\text{Acetylen.}}{C_2H_2} + H_2SO_4 = \underset{\text{Vinylschwefelsäure.}}{\left.\begin{matrix}C_2H_3\\H\end{matrix}\right\} SO_4}$$

Verbindungen einatomiger Alkoholradicale: $\overset{\prime}{C_nH_{2n-1}}$. 1379.

Man kennt bis jetzt nur zwei einatomige Alkohole, die durch die allgemeine Formel: $\left.\begin{matrix}\overset{\prime}{C_nH_{2n-1}}\\H\end{matrix}\right\} O$ ausgedrückt werden:

$$\text{Vinylalkohol} = C_2H_4O = \left.\begin{matrix}\overset{\prime}{C_2H_3}\\H\end{matrix}\right\} O$$

$$\text{Allylalkohol} = C_3H_6O = \left.\begin{matrix}\overset{\prime}{C_3H_5}\\H\end{matrix}\right\} O$$

Genauer untersucht ist nur der Allylalkohol. Der empirischen Formel nach könnte auch der Pfeffermünzcampher: $C_{10}H_{20}O$ in diese Gruppe gerechnet werden.

Vinylverbindungen.

[Radical: Vinyl = $\overset{\prime}{C_2H_3}$].

Die aus dem Aethylen entstehenden Substitutionsproducte: Chloräthylen, Bromäthylen und Jodäthylen (§§. 953 ff.) können, ihrer Zusammensetzung nach, auch als das Chlorid, Bromid und Jodid des einatomigen Radicals Vinyl angesehen werden; sie könnten also, bei geeigneten Reactionen, durch doppelten Austausch andere Vinylverbindungen erzeugen. Versuche in dieser Richtung liegen bis jetzt nicht vor. 1380.

Ammoniakbasen, in welchen das einatomige Radical Vinyl angenommen werden kann, sind von Hofmann als Zersetzungsproducte der bei Einwirkung von Aethylenbromid auf Trimethylamin und Triäthylamin entstehenden einatomigen Bromide: Trimethyl-bromäthylammoniumbromid und Triäthyl-bromäthylammoniumbromid, erhalten worden. Die Bildung dieser Substanzen ist §. 981 besprochen. Analoge Phosphorbasen und entsprechende Arsenverbindungen wurden §§. 986 und 989 erwähnt.

Die Existenz des von Natanson *) beschriebenen Vinylamins (Acetylamins) ist durch die Versuche von Hofmann (vgl. §§. 977 ff.) zum Mindesten zweifelhaft, wenn nicht widerlegt.

Eine andere Reaction, durch welche, nach Analogie mit den Aethylverbindungen, die Bildung von Vinylverbindungen erwartet werden konnte, scheint nach vorläufigen Angaben von Berthelot **) günstige Resultate

*) Ann. Chem. Pharm. XCII. 48; XCVIII. 291.
**) ibid. CXVI. 119.

zu geben. Berthelot hat nämlich gezeigt, dass sich das Acetylen (§. 1414), gerade so wie das um 2 At. H reichere Aethylen, direct mit Schwefelsäurehydrat vereinigt, um Vinylschwefelsäure (Acetylschwefelsäure) zu erzeugen. Diese erleidet dann beim Kochen mit Wasser Zersetzung, indem sie mit einem Molecül Wasser sich zu Schwefelsäurehydrat und Vinylalkohol (Acetylalkohol) umsetzt.

$$\left.\begin{matrix}\Theta_2'H_3\\H\end{matrix}\right\}\Theta \qquad\qquad \left.\begin{matrix}\Theta_2'H_3\\S\Theta_2''\\H\end{matrix}\right\}\Theta_2$$

Vinylalkohol. Vinylschwefelsäure.

Der Vinylalkohol: $\Theta_2H_4\Theta$, durch systematische Rectification gereinigt, ist eine farblose Flüssigkeit. Er riecht eigenthümlich reizend, dem Aceton ähnlich; er siedet etwas unter 100°, löst sich in 10—15 Th. Wasser und wird aus dieser Lösung durch kohlensaures Kali ausgeschieden.

Die Vinylschwefelsäure bildet gewöhnlich ein leicht krystallisirbares Barytsalz; bisweilen erhält man indess, statt dieses krystallisirenden Salzes, ein amorphes und weniger beständiges Salz.

Der Vinylalkohol ist isomer mit Aldehyd (§. 887) und mit Aethylenoxyd (§. 966).

Allylverbindungen.

[Radical: Allyl $= \Theta_3'H_5$].

1881. Das einatomige Radical Allyl hat dieselbe Zusammensetzung wie das dreiatomige Radical des Glycerins. Vgl. §. 1218.

Einige Allylverbindungen sind schon seit längerer Zeit bekannt, namentlich das Allylsulfid und das Allylsulfocyanat. Das erstere bildet den Hauptbestandtheil des Knoblauchöls, das zweite ist das ätherische Senföl. Das Knoblauchöl wurde besonders von Wertheim *), das Senföl und seine zahlreichen Abkömmlinge wesentlich von Will **) untersucht. Beide Substanzen werden schon seit lange als Allylverbindungen betrachtet und Wertheim hat schon gezeigt, dass das Senföl in Knoblauchöl und dass das Knoblauchöl in Senföl umgewandelt, und dass aus beiden ein Körper von der Zusammensetzung des Allyloxyds erhalten werden kann.

Das Allyljodid wurde 1854 von Berthelot und Luca ***) durch Einwirkung von Phosphorjodür auf Glycerin erhalten. Aus diesem Jodid stellten dann Zinin †) und gleichzeitig Berthelot und Luca künstlich das

*) Ann. Chem. Pharm. LI. 289; LV. 297.

**) ibid. LII. 1; XCII. 59.

***) ibid. XCII. 306; XCVII. 126; C. 359.

†) ibid. XCV. 128.

Allylsulfocyanat (Senföl) dar. Die letzteren Chemiker gewannen ferner eine Anzahl anderer Allylverbindungen. Der **Allylalkohol** selbst, so wie eine grosse Anzahl Aetherarten und sonstiger Abkömmlinge des Allylalkohols wurden 1856 von Hofmann und Cahours *) beschrieben.

Die aus Propylen (§. 958) sich herleitenden Substitutionsproducte: Chlor-, Brom- und Jodpropylen, können, ihrer Zusammensetzung nach, als Allylchlorid, Allylbromid und Allyljodid angesehen werden. Man hat indessen aus dem Propylen und resp. den aus Propylen dargestellten Substitutionsproducten bis jetzt keine Allylverbindungen dargestellt. Nach allgemeinen, d. h. nicht durch specielle Thatsachen begründeten Angaben von Hofmann und Cahours, sind die aus Allylalkohol dargestellten Verbindungen: Allylchlorid, Allylbromid und Allyljodid, wirklich mit den aus Propylen dargestellten Substanzen: Chlorpropylen, Brompropylen und Jodpropylen identisch.

Das isolirte Radical Allyl: $(\Theta_3H_5)_2$ kann nicht mehr in Allylverbindungen zurückgeführt werden; es zeigt in seinem Verhalten einige Aehnlichkeit mit Acetylen (§. 1413); es ist §. 1418 beschrieben.

Der Allylalkohol ist isomer mit Aceton (§. 923) und ferner mit dem Aldehyd der Propionsäure und mit Propylenoxyd.

Allylalkohol. $\Theta_3H_6O = \left.\begin{matrix}\Theta_3H_5\\H\end{matrix}\right\}\Theta$. Der Allylalkohol wird am 1382
leichtesten aus Oxalsäure-allyläther durch Zersetzung mittelst Ammoniak erhalten.

Zur Darstellung des Oxalsäure-allyläthers erhitzt man Allyljodid mit oxalsaurem Silber und trocknem Aether einige Zeit auf 100°, destillirt die vom Jodsilber abgegossene Flüssigkeit und reinigt den bei 206°—207° siedenden oxalsauren Allyläther durch Rectification. Leitet man in diesen Aether trocknes Ammoniakgas, so erstarrt die Masse bald zu einem Brei von Oxamid, welches den gebildeten Allylalkohol mechanisch einschliesst. Man destillirt in einem Chlorcalciumbad und rectificirt über etwas schwefelsaures Kupferoxyd um anhängendes Ammoniak und Wasser zu entfernen.

Der Allylalkohol ist eine farblose, eigenthümlich riechende Flüssigkeit, die bei 103° siedet. Er ist mit Wasser, Alkohol und Aether mischbar.

In seinem chemischen Verhalten zeigt der Allylalkohol mit dem Aethylalkohol die grösste Aehnlichkeit. Er löst Kalium und Natrium unter Wasserstoffentwicklung auf und erzeugt dem Alkoholkalium entsprechende Verbindungen. Mit Chlor-, Brom- oder Jod-phosphor bildet er leicht: Allylchlorid, Allylbromid oder Allyljodid. Mit concentrirter Schwefelsäure liefert er Allylschwefelsäure. Bei Erwärmen mit Phos-

---

*) Ann. Chem. Pharm. C. 356; CII. 285.

phorsäureanhydrid gibt er ein farbloses, mit hellleuchtender Flamme brennendes Gas; wahrscheinlich: Allylen = Θ_3H_4 (vgl. §. 1416). Durch oxydirende Agentien wird er leicht in Acrolein (§. 1393) und Acrylsäure (§. 1396) umgewandelt.

Durch nascirenden Wasserstoff (Natriumamalgam) wird der Allylalkohol, wie es scheint, in Propylalkohol übergeführt. Brom verbindet sich direct und unter Erhitzung mit Allylalkohol; das Product scheint zum Theil aus Dibromhydrin (§. 1243) zu bestehen. (Kekulé).

Allyläther: $\Theta_6H_{10}\Theta = \left.\begin{matrix}\Theta_3H_5\\ \Theta_3H_5\end{matrix}\right\}\Theta$, entsteht bei Einwirkung von Allyljodid auf die Natriumverbindung des Allylalkohols, oder auch bei Einwirkung von Allyljodid auf Quecksilberoxyd oder Silberoxyd. Er siedet bei 82° und ist in Wasser unlöslich.

Mit dem so dargestellten Allyläther ist wahrscheinlich das von Wertheim beschriebene Allyloxyd identisch. Man erhält diesen Körper, indem man die bei Einwirkung von salpetersaurem Silberoxyd auf Allylsulfid (Knoblauchöl) entstehende Verbindung: $\Theta_6H_{10}O + 2AgN\Theta_3$ mit Ammoniak zersetzt, oder indem man Allylsulfocyanat (Senföl) mit Natronkalk in einer zugeschmolzenen Röhre auf 120° erhitzt. Das Allyloxyd findet sich, neben Allylsulfid, im rohen Knoblauchöl.

Durch Einwirkung von Allyljodid auf Alkoholnatrium oder durch Behandeln der Natriumverbindung des Allylalkohols mit Aethyljodid, entsteht ein intermediärer Aether, der Aethyl-allyläther: $\left.\begin{matrix}\Theta_2H_5\\ \Theta_3H_5\end{matrix}\right\}\Theta$, der bei 64° siedet.

1383. Aetherarten des Allylalkohols. Die Aetherarten des Allylalkohols werden im Allgemeinen nach denselben Methoden dargestellt wie die entsprechenden Aether des gewöhnlichen Alkohols.

Allylchlorid und Allylbromid entstehen bei Einwirkung von Chlor- oder Bromphosphor auf Allylalkohol.

Allyljodid: Θ_3H_5J. Dieser Aether, der als Ausgangspunct zur Darstellung aller übrigen Allylverbindungen dient, wurde 1854 von Berthelot und Luca entdeckt; er entsteht bei Einwirkung von Phosphorjodür (P_2J_4) auf Glycerin (vgl §. 1241).

Zur Darstellung des Allyljodids bringt man Glycerin mit gleichviel zweifach Jodphosphor zusammen; es tritt meist von selbst eine stürmische Reaction ein, bisweilen ist gelindes Erwärmen nöthig. Es ist zweckmässig mit verhältnissmässig kleinen Mengen zu arbeiten und nur das ohne weiteres Erhitzen überdestillirende Product aufzusammeln. Das Destillat wird mit Wasser gewaschen, mit Chlorcalcium entwässert und durch Rectification gereinigt.

Das Allyljodid siedet bei 101°; es ist löslich in Alkohol und Aether, unlöslich in Wasser. Sp. Gew. 1,789. Es riecht eigenthümlich lauchartig.

Wird Allyljodid mit concentrirter Salzsäure und Quecksilber erwärmt, so entsteht reines Propylen. Auch durch Einwirkung von Zink und verdünnter Schwefelsäure wird das Allyljodid in Propylen umgewandelt. Mit Natrium erzeugt es das isolirte Radical Allyl: $(\Theta_3H_5)_2$. (vgl. §. 1418).

Das Allyljodid zeigt leicht doppelte Zersetzung; es dient desshalb zur Darstellung vieler Aetherarten des Allylalkohols und zur Darstellung der Aminbasen des Allyls.

Von besonderem Interesse ist noch die Einwirkung des Allyljodids auf Zinkäthyl. Wird nämlich ein Gemenge beider Substanzen in einer zugeschmolzenen Röhre auf 100° erhitzt, so tritt lebhafte Reaction ein und es entstehen verschiedene Kohlenwasserstoffe, von welchen die meisten der homologen Reihe Θ_nH_{2n} angehören. Speciell nachgewiesen wurden: Aethylen: Θ_2H_4, Propylen: Θ_3H_6, Amylen: Θ_5H_{10}; Amylwasserstoff: Θ_5H_{12}; Allyl: Θ_6H_{10} (§. 1418) und Diamylen: $\Theta_{10}H_{20}$. Das Hauptproduct ist der Kohlenwasserstoff: Θ_5H_{10} (Amylen). Er entsteht nach der Gleichung:

$$2(\Theta_3H_5)J + \overset{\cdot\cdot}{Zn}(\Theta_2H_5)_2 = 2(\Theta_3H_5)(\Theta_2H_5) + \overset{\cdot\cdot}{Zn}J_2.$$

Nach dieser Bildung könnte dieser Kohlenwasserstoff als das gemischte Radical: Allyläthyl (vgl. §. 696) angesehen werden, er ist aber, wie Wurtz speciell nachgewiesen hat, identisch mit Amylen (§. 945) *). Diese interessante Synthese des Amylens findet ihre Erklärung in dem, was §. 276 über Aneinanderlagerung der Kohlenstoffatome gesagt wurde.

Allylsulfhydrat, Allylmercaptan: $\left.\begin{matrix}\Theta_3H_5\\H\end{matrix}\right\}S$. Dargestellt durch 1384.
Einwirkung von Allyljodid auf Kaliumsulfhydrat. Es siedet bei 90°, riecht dem Mercaptan ähnlich und bildet, wie dieses, eine krystallisirbare Quecksilberverbindung. Von Salpetersäure wird es leicht oxydirt unter Bildung einer eigenthümlichen Säure, die offenbar der äthylschwefligen Säure analog ist (§. 676).

Allylsulfid, Knoblauchöl: $\left.\begin{matrix}\Theta_3H_5\\\Theta_3H_5\end{matrix}\right\}S$. Das ätherische Oel des Knoblauchs besteht wesentlich aus Allylsulfid. Mit diesem natürlichen Knoblauchöl ist das künstlich, durch Einwirkung von Allyljodid auf Schwefelkalium, dargestellte Allylsulfid vollständig identisch. Das Allylsulfid kann endlich durch Erhitzen von Allylsulfocyanat (Senföl) mit Schwefelkalium erhalten werden.

Das künstliche Allylsulfid erhält man durch langsames Eintropfen von Allyljodid in eine alkoholische Lösung von Schwefelkalium. Man fügt zuletzt überschüssiges Schwefelkalium zu, versetzt mit Wasser, sammelt das sich abscheidende Oel und reinigt es durch Rectification. — Das Knoblauchöl erhielt Wertheim in-

*) Wurtz. Ann. Chem. Pharm. CXXIII. 202; CXXVII. 55.

dem er die Zwiebeln von Allium sativum mit Wasser destillirte. Ein Centner Knoblauch gibt etwa 3 — 4 Unzen rohes, braungelbes Oel. Das rohe Oel kann nicht destillirt werden. Man erhitzt es daher längere Zeit im Wasserbad, wodurch das Allylsulfid durch langsame Verdunstung überdestillirt. Das so erhaltene Oel wird dann durch nochmalige Rectification gereinigt.

Das Allylsulfid siedet bei 140°; es riecht durchdringend nach Knoblauch. Mit salpetersaurem Silberoxyd erzeugt es nach kurzer Zeit Schwefelsilber und eine krystallinische Verbindung, die aus siedendem Alkohol umkrystallisirt werden kann: $(\Theta_3H_5)_2O + 2AgNO_3$. Bei Einwirkung von Ammoniak auf diese Silberverbindung entsteht Allyloxyd.

Auch mit Quecksilberchlorid und Platinchlorid erzeugt das Allylsulfid unlösliche Verbindungen.

Ausser im Knoblauchöl findet sich das Allylsulfid auch in den aetherischen Oelen von Alliaria officinalis, Thlaspi arvense, Iberis amara, Sisymbrium nasturtium, Raphanus raphanistrum, Capsella bursa pastoris etc.; es ist meist von Senföl begleitet. Auch die ätherischen Oele von Cochlearia, Draba und Armoracea, von verschiedenen Lepidium- und Brassica-arten, so wie das Oel der Asa foetida scheinen Allylsulfid zu enthalten.

Allylschwefelsäure: $\Theta_3H_5.H.S\Theta_4$. Sie entsteht bei Einwirkung von Allylalkohol auf Schwefelsäurehydrat; ihr Barytsalz ist in Wasser löslich und krystallisirbar.

1365. Allylcyanid: $\Theta_3H_5.\Theta N$. Das Allylcyanid bildet sich, nach Angaben von Lieke *), bei Einwirkung von Allyljodid auf Cyansilber, es konnte indessen auf diesem Weg bis jetzt nicht rein erhalten werden. Will und Körner **) erhielten es in neuester Zeit rein aus dem in den Samen des schwarzen Senfes enthaltenen myronsauren Kali. Zersetzt man nämlich das bei Einwirkung von myronsaurem Kali auf salpetersaures Silberoxyd entstehende Silbersalz (§. 1388) durch Schwefelwasserstoff und unterwirft man die erhaltene wässrige Lösung der Destillation, so geht mit den Wasserdämpfen Cyanallyl über. Auch durch directes Erhitzen des myronsauren Kali's mit Wasser (auf 110° — 120°) wird Cyanallyl gebildet. Das Cyanallyl entsteht endlich, wenn gleich in untergeordneter Menge, bei der Gährung des myronsauren Kalis und bei der Zersetzung, welche Allylsulfocyanat (Senföl) beim Aufbewahren mit Wasser erleidet. Diese Bildungsweisen erklären warum das Senföl meistens etwas Cyanallyl enthält.

Das durch mehrmalige Rectification gereinigte Allylcyanid siedet bei 117°—118°, es riecht lauchartig. Wird es mit Kalilauge einige Stun-

*) Ann. Chem. Pharm. CXII. 316.
**) ibid. CXXV. 257.

den auf 100° erhitzt, so zerfällt es, unter Aufnahme von Wasser, in Ammoniak und Crotonsäure:

$$\underset{\text{Allylcyanid.}}{\Theta_3H_5 . \Theta N} = \Theta_4H_5N + 2H_2\Theta = \underset{\text{Crotonsäure.}}{\Theta_4H_6\Theta_2} + NH_3$$

Es verhält sich also ganz analog wie die Cyanide der einatomigen Alkoholradicale: Θ_nH_{2n+1} (vgl. §§. 609, 667).

Allylcyanat, Cyansäure-allyläther: $\Theta_3H_5 . \Theta N . \Theta = \left.\begin{matrix}\Theta_3H_5\\ \Theta N\end{matrix}\right\}\Theta$ 1386.
oder $\left.\begin{matrix}\Theta_3H_5\\ \Theta\Theta\end{matrix}\right\}N$. Diese Verbindung wurde von Cahours und Hofmann durch die bei gewöhnlicher Temperatur erfolgende Einwirkung von Allyljodid auf cyansaures Silber erhalten. Sie siedet bei 82°. Das Allylcyanat verhält sich genau wie die entsprechende Aethylverbindung (§. 670). Wird es mit Kalilauge gekocht, so entsteht Allylamin (§. 1390); bei Einwirkung von Ammoniak wird Allylharnstoff gebildet; Aethylamin erzeugt Aethyl-allylharnstoff; von Wasser wird es in Diallylharnstoff umgewandelt (§. 1391).

Allylsulfocyanat, Schwefelcyanallyl, Senföl: $\Theta_4H_5NS =$ 1387.
$\left.\begin{matrix}\Theta_3H_5\\ \Theta N\end{matrix}\right\}S = \left.\begin{matrix}\Theta_3H_5\\ \Theta S\end{matrix}\right\}N$. Das Allylsulfocyanat macht den Hauptbestandtheil des ätherischen Senföls aus und kann aus demselben leicht durch fractionirte Destillation dargestellt werden. Es findet sich, neben Allylsulfid, in verschiedenen andern ätherischen Oelen, z. B. dem ätherischen Oel aus Meerrettig, dem Oel aus Cochlearia officinalis etc. Es kann aus dem Allylsulfid (Knoblauchöl) künstlich dargestellt werden indem man die Quecksilberverbindung des Allylsulfids (§. 1384) mit Sulfocyankalium auf 120°—130° erhitzt. Man erhält es endlich durch Einwirkung von Allyljodid auf Sulfocyansilber (vgl. §. 1383).

Das **ätherische Senföl** gewinnt man aus den Samen des schwarzen Senfes. Man presst die zermahlenen Samen aus, zur Entfernung des fetten Oeles, übergiesst die so erhaltene Kleie mit Wasser, lässt einige Zeit stehen und destillirt. Das Senföl ist, wie Boutron und Robiquet zuerst zeigten, im schwarzen Senf nicht fertig gebildet enthalten, es entsteht vielmehr aus dem von Bussy zuerst dargestellten myronsauren Kali durch eine eigenthümliche Gährung, bei welcher das im schwarzen und im weissen Senf vorkommende Myrosin die Rolle des Fermentes spielt. Die Zusammensetzung des myronsauren Kalis ist in neuester Zeit von Will und Körner festgestellt worden. Dieses Salz enthält die Elemente des Senföls, des Zuckers und des sauren schwefelsauren Kalis und es spaltet sich, bei der Senföl-gährung, in der That in diese drei Substanzen:

$$\underset{\text{Myronsaures Kali.}}{\Theta_{10}H_{18}KNS_2\Theta_{10}} = \underset{\text{Senföl.}}{\Theta_4H_5NS} + \underset{\text{Glycose.}}{\Theta_6H_{12}\Theta_6} + \underset{\text{saures schwefelsaures Kali.}}{HKS\Theta_4}$$

Das Allylsulfocyanat ist eine farblose, in Alkohol und Aether lösliche, in Wasser unlösliche Flüssigkeit. Es siedet bei 148°.

Es besitzt einen eigenthümlich durchdringenden Geruch, reizt stark zu Thränen und zieht auf der Haut Blasen.

Das Senföl vereinigt sich direct mit einzelnen Sulfiden und mit vielen Sulfhydraten und erzeugt so sulfosinapinsaure Salze (§. 1391). Bei Behandlung mit festem Aetzkali oder mit alkoholischer Kalilösung entsteht ebenfalls sulfosinapinsaures Salz, gleichzeitig entweicht Kohlensäure und es werden ölartige Zersetzungsproducte gebildet, deren Natur noch nicht völlig festgestellt ist.

Die Zersetzung ist offenbar ähnlich der Einwirkung des Kalihydrat's auf Arsensulfid und andre unorganische Sulfide; aber das sauerstoffhaltige Spaltungsproduct erleidet gleichzeitig tiefer gehende Zersetzung. In der That enthält auch der Körper: $\Theta_7H_{11}N_2S\Theta$, dessen Bildung Will annimmt, die Elemente von: Senföl, Wasser und Allylamin.

Mit Ammoniak verbindet sich das Senföl direct und erzeugt Thiosinammin oder Allylsulfocarbamid (§. 1391). Kocht man Senföl mit wässrigen Alkalien oder mit Wasser und Bleioxyd, so entsteht Sinapolin oder Diallylharnstoff (§. 1391). Wird Senföl mit Natronkalk auf 120° erhitzt, so erhält man, wie oben erwähnt, Allyloxyd neben Sulfocyankalium (vgl. §. 1381); in ganz entsprechender Weise liefert es beim Erhitzen mit Schwefelkalium, Sulfocyankalium und Allylsulfid (Knoblauchöl, vgl. §. 1381, 1384).

1368. **Allylsulfocyanschwefelsäure***), das Silbersalz dieser Säure: $\Theta_4H_5Ag_2NS_2\Theta_4$, entsteht als weisser käsiger Niederschlag, wenn myronsaures Kali mit einer verdünnten Lösung von salpetersaurem Silberoxyd zusammengebracht wird.

Es wurde oben erwähnt, dass das myronsaure Kali bei Gährung in Senföl, Zucker und ein schwefelsaures Salz zerfällt. Bei der Bildung des allylsulfocyanschwefelsauren Silbers löst sich nur der Zucker los, während das Senföl mit dem schwefelsauren Salz vereinigt bleibt. Die so entstandene Säure kann demnach als Verbindung von Sulfocyanallyl (Senföl) mit Schwefelsäure angesehen werden; man könnte sie ausdrücken durch die Formel:

$$\left.\begin{array}{r}\Theta_3H_5\\ \overset{''}{\Theta}S\\ \overset{''}{S}\Theta_2\\ H_2\end{array}\right\}\begin{array}{l}N\\ \\ \Theta_2\end{array} \quad \text{oder} \quad \left.\begin{array}{r}\Theta_3H_5\\ \Theta N\\ \overset{''}{S}\Theta_2\\ H_2\end{array}\right\}\begin{array}{l}S\\ \\ \Theta_2\end{array}$$

Das allylsulfocyanschwefelsaure Silber zeigt eine eigenthümliche Beweglichkeit der Atome, insofern es bisweilen in Sulfocyanallyl und Schwefelsäure, bisweilen in Cyanallyl, freien Schwefel und Schwefelsäure zerfällt. Zersetzt man z. B. das Silbersalz mit Zink und Wasser, so entstehen: Sulfocyanallyl, metallisches Silber und schwefelsaures Zink; zer-

*) Will und Körner. Ann. Chem. Pharm. CXXV. 257.

legt man es dagegen durch Schwefelwasserstoff, so scheidet sich Schwefelsilber und freier Schwefel aus, und die Flüssigkeit enthält Schwefelsäure und Cyanallyl, welches durch Destillation gewonnen werden kann.

Beim Erhitzen des Silbersalzes erhält man wesentlich schwefelsaures Silber und Senföl, gleichzeitig aber auch Schwefelsilber und Cyanallyl.

Allyläther der fetten Säuren. Die Aetherarten des Allylal- 1389.
kohols mit fetten Säuren sind durch Einwirkung von Allyljodid auf die betreffenden Silbersalze erhalten worden. Die Einwirkung erfolgt leicht, aber die Reinigung des Productes ist mit Schwierigkeit verbunden, weil gleichzeitig Propylen und andere secundäre Zersetzungsproducte entstehen. Man kennt die folgenden Verbindungen:

$\left.\begin{matrix}\Theta_2H_3O\\ \Theta_3H_5\end{matrix}\right\}O$	$\left.\begin{matrix}\Theta_4H_7O\\ \Theta_3H_5\end{matrix}\right\}O$	$\left.\begin{matrix}\Theta_5H_9O\\ \Theta_3H_5\end{matrix}\right\}\Theta$
Allyl-acetat	Allyl-butyrat	Allyl-valerat.
sied. 98°—100°.	sied 140°—145°.	sied. 162°.

Oxalsäure-allyläther: $\left.\begin{matrix}\Theta_2O_2\\ (\Theta_3H_5)_2\end{matrix}\right\}O_2$. Die Bildung und Darstellung dieses Aethers wurde oben (§. 1332) schon besprochen. Er siedet bei 206°—207°. Von Wasser wird er langsam, von Kalilauge rasch zersetzt. Mit trocknem oder mit wässrigem Ammoniak erzeugt er Oxamid und Allylalkohol, bei Einwirkung von alkoholischer Ammoniaklösung entsteht das schön krystallisirende **Allyloxamethan:** $\begin{matrix}\left.H_2\right\}N\\ \Theta_2O_2\\ \left.\Theta_3H_5\right\}\Theta\end{matrix}$.

Von Natrium wird der Allyl-oxaläther bei gelinder Wärme angegriffen; es wird unter Entwicklung von Kohlenoxyd, **Kohlensäureallyläther** gebildet.

Weinsäure-Allyläther entsteht, nach Berthelot und Luca, bei Einwirkung von Allyljodid auf weinsaures Silber, als syrupdicke in Aether lösliche Flüssigkeit.

Stickstoffbasen des Allyls. Die vom Ammoniak sich her- 1390.
leitenden Allyl-basen zeigen in Zusammensetzung, in Bildung und in Verhalten, die grösste Analogie mit den früher ausführlich besprochenen Stickstoffbasen der gewöhnlichen Alkoholradicale (vgl. §§. 709 ff.). Man kennt die folgenden:

$N\left\{\begin{matrix}\Theta_3H_5\\ H\\ H\end{matrix}\right.$	$N\left\{\begin{matrix}\Theta_3H_5\\ \Theta_3H_5\\ H\end{matrix}\right.$	$N\left\{\begin{matrix}\Theta_3H_5\\ \Theta_3H_5\\ \Theta_3H_5\end{matrix}\right.$	$N\left\{\begin{matrix}\Theta_3H_5\\ \Theta_3H_5\\ \Theta_3H_5\\ \Theta_3H_5\end{matrix}\right\}J$
Allylamin.	Diallylamin.	Triallylamin.	Tetrallylammoniumjodid.

Bildungsweisen. 1) Das Allylamin entsteht bei Behandlung von Cyansäure-allyläther mit Kalihydrat:

$$\left.\begin{matrix}\Theta\Theta\\ \Theta_3H_5\end{matrix}\right\}N + 2\left.\begin{matrix}K\\ H\end{matrix}\right\}\Theta = \left.\begin{matrix}\Theta_3H_5\\ H\\ H\end{matrix}\right\}N + \left.\begin{matrix}\Theta\Theta\\ K_2\end{matrix}\right\}\Theta_2$$

Allyl-cyanat. Allylamin.

Die Zersetzung ist indess weniger nett als die des entsprechenden Aethyläthers.

2) Bei Einwirkung von Allyljodid auf wässriges Ammoniak entsteht, schon bei gewöhnlicher Temperatur, ein Gemenge der Jodide der vier Allylbasen; das Hauptproduct ist Tetrallylammoniumjodid.

Eigenschaften. Die drei Aminbasen sind flüchtig, ölförmig und in Wasser unlöslich; ihre Jodide werden von Kali zersetzt. Das Tetrallylammoniumjodid wird von Kalilauge nicht angegriffen; es wird, wie die entsprechende Aethylverbindung aus seiner wässrigen Lösung von Kalilauge als krystallinisch erstarrende Oelschicht ausgeschieden.

Mit Silberoxyd gibt es das in Wasser lösliche Tetrallylammoniumoxydhydrat; dieses zersetzt sich beim Erhitzen unter Bildung von Triallylamin.

Mit diesen von Hofmann und Cahours *) ermittelten Thatsachen steht eine etwas ältere Angabe von Berthelot und Luca **) im Widerspruch. Nach diesen Chemikern wird, wenn Allyljodid mit wässrigem Ammoniak 40 Stunden auf 100° erhitzt wird, nicht Allylamin, sondern Propylamin: Θ_3H_9N erzeugt.

Substitutionsproducte der allylhaltigen Stickstoffbasen. Man kennt eine Base, die als Bromsubstitutionsproduct des Diallylamins angesehen werden kann, es ist das Di-bromallylamin ***). Man erhält diesen Körper durch Einwirkung von Tribromhydrin (§. 1254) oder dem isomeren Allyltribromid (§. 1257. IV. 3) auf Ammoniak (vgl. §. 1256. 3).

$$N\left\{\begin{matrix}\Theta_3H_4Br\\ \Theta_3H_4Br\\ H\end{matrix}\right. \qquad N\left\{\begin{matrix}\Theta_3H_4Br\\ \Theta_3H_4.Br\\ H\end{matrix}\right., HCl.$$

Di-bromallylamin. Salzsaures Di-bromallylamin.

Das Di-bromallylamin ist flüssig, in Wasser schwer löslich und nicht destillirbar. Sein Chlorid krystallisirt schwer; das Platindoppelsalz: $NH(\Theta_3H_4Br)_2,HCl,PtCl_2$ ist ein gelber Niederschlag; eine Verbindung mit Quecksilberchlorid: $NH(\Theta_3H_4Br)_2,\dot{H}gCl_2$ bildet weisse Nadeln.

Durch Einwirkung von Aethyljodid auf Di-bromallylamin entsteht Aethyldibromallylamin: $N(\Theta_2H_5)(\Theta_3H_4Br)_2$.

Arsenbasen. Ein dem Tetrallylammoniumjodid entsprechendes Tetrallylarsoniumjodid entsteht, nach kurzen Angaben von Cahours

*) Ann. Chem. Pharm. CII. 302.

**) ibid. XCII. 308.

***) Simpson. ibid. CIX. 362; Reboul. ibid. Suppl. I. 232.

und Hofmann, bei Einwirkung von Allyljodid auf Arsenkalium. Das Diallyl-dimethylarsoniumjodid: $As(\Theta H_3)_2(\Theta_3H_5)_2J$ wurde von Cahours *) durch Einwirkung von Allyljodid auf Kakodyl erhalten.

Allylabkömmlinge der Amide der Kohlensäure und der Sulfocarbonsäure. Es existirt eine Anzahl von Substanzen, die nach Bildung und Verhalten als Amide der Kohlensäure oder der Sulfocarbonsäure angesehen werden können, in welchen 1 oder 2 Wasserstoffatome durch das Radical Allyl vertreten sind. Die chemische Natur dieser Substanzen ist leicht verständlich, wenn man sich dessen erinnert was früher über die Amide der Kohlensäure und der Sulfocarbonsäure gesagt wurde (vgl. §§. 1012 ff. u. 1047). 1391.

Wir geben zunächst eine Zusammenstellung der hierher gehörigen Verbindungen.

1) Allylabkömmlinge des **Carbamid's** oder Harnstoff's.

$$\left.\begin{array}{c}\overset{''}{\Theta}\Theta\\ \Theta_3H_5\\ H_3\end{array}\right\}N_2 \qquad \left.\begin{array}{c}\overset{''}{\Theta}\Theta\\ (\Theta_3H_5)_2\\ H_2\end{array}\right\}N_2 \qquad \left.\begin{array}{c}\overset{''}{\Theta}\Theta\\ \Theta_3H_5\\ \Theta_2H_5\\ H_2\end{array}\right\}N_2$$

Allylcarbamid — Diallylcarbamid (Sinapolin). — Aethyl-allyl-carbamid.

2) Als Allylabkömmling des **Carbimids** oder der Cyansäure ist der oben beschriebene Cyansäure-allyläther anzusehen (§. 1386). Als weiteres Amid dieser Verbindung kann das Sinammin oder Allylcyanamid angesehen werden.

$$\left.\begin{array}{c}\Theta N\\ \Theta_3H_5\end{array}\right\}\Theta \text{ oder } \left.\begin{array}{c}\overset{''}{\Theta}\Theta\\ \Theta_3H_5\end{array}\right\}N \qquad \left.\begin{array}{c}\Theta\\ \Theta_3H_5\\ H\end{array}\right\}N_2 \text{ oder } \left.\begin{array}{c}\Theta N\\ \Theta_3H_5\\ H\end{array}\right\}N$$

Cyansäure-allyläther. — Allylcyanamid.

3) Vom **Sulfocarbamid** leiten sich ab:

$$\left.\begin{array}{c}\overset{''}{\Theta}S\\ \Theta_3H_5\\ H_3\end{array}\right\}N_2 \qquad \left.\begin{array}{c}\overset{''}{\Theta}S\\ \Theta_3H_5\\ \Theta_2H_5\\ H_2\end{array}\right\}N_2$$

Allyl-sulfocarbamid (Thiosinammin). — Aethyl-thiosinammin.

4) Als zugehörige Aminsäure kann die Sulfosinapinsäure (Allylsulfocarbaminsäure angesehen werden:

$$\left.\begin{array}{c}H\\ \Theta_3H_5\end{array}\right\}N \atop \left.\begin{array}{c}\overset{''}{\Theta}S\\ H\end{array}\right\}S \quad \text{oder} \quad \frac{\left.\begin{array}{c}\Theta S\\ \Theta_3H_5\end{array}\right\}N}{H_2\,S} \quad \text{oder} \quad \frac{\left.\begin{array}{c}\Theta N\\ \Theta_3H_5\end{array}\right\}S}{H_2\,S}$$

---

*) Ann. Chem. Pharm. CXXII. 213.

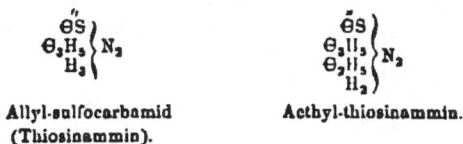

Diese Säure kann auch, wie oben schon erwähnt wurde und wie dies die zweite Formel ausdrückt, als Addition von Senföl mit Schwefelwasserstoff betrachtet werden.

5) Das Senföl selbst, oder das Sulfocyanallyl, ist ein Allylabkömmling des Sulfocarbimids.

$$\left.\begin{matrix}\Theta S\\ \Theta_3H_5\end{matrix}\right\}N \quad \text{oder} \quad \left.\begin{matrix}\Theta N\\ \Theta_3H_5\end{matrix}\right\}S.$$

Allylcarbamid, Allylharnstoff: $\Theta\Theta . \Theta_3H_5 . H_3 . N_2$. Hofmann und Cahours erhielten diese, aus Wasser und Alkohol leicht krystallisirende Substanz bei Einwirkung von Ammoniak auf Cyansäureallyläther. Den Aethyl-allylharnstoff erhielten sie in analoger Weise, indem sie statt des Ammoniaks Aethylamin anwandten. Sie zeigten ausserdem, dass das Methylamin und das Amylamin analoge Verbindungen erzeugen.

Der Diallyl-harnstoff oder das Sinapolin wurde schon von Will *) aus Senföl (Sulfocyanallyl) durch Erhitzen mit Bleioxydhydrat im Wasserbad erhalten:

$$2\left.\begin{matrix}\Theta S\\ \Theta_3H_5\end{matrix}\right\}N + 3Pb_2O + H_2O = \left.\begin{matrix}\Theta O\\ (\Theta_3H_5)_2\\ H_2\end{matrix}\right\}N_2 + 2Pb_2S + Pb_2\Theta O_3.$$

Senföl. Sinapolin.

Hofmann und Cahours erhielten dieselbe Verbindung, indem sie Cyansäureallyläther mit Wasser erhitzten; sie zeigten so, dass das Sinapolin vollständig dem Diäthylharnstoff (§. 1032) analog, dass es also Diallyl-carbamid ist:

$$2\left.\begin{matrix}\Theta O\\ \Theta_3H_5\end{matrix}\right\}N + H_2\Theta = \left.\begin{matrix}\Theta O\\ (\Theta_3H_5)_2\\ H_2\end{matrix}\right\}N_2 + \Theta\Theta_2.$$

Allyl-cyanat. Sinapolin.

Das Sinapolin krystallisirt aus heissem Wasser in glänzenden Blättchen, die in Alkohol und Aether löslich sind; es schmilzt bei etwa 100° und verflüchtigt sich zum Theil unzersetzt. Es vereinigt sich mit trockner Salzsäure zu: $\Theta\Theta . (\Theta_3H_5)_2H_2N_2$, HCl.

Das Sinammin oder Allylcyanamid **): $\Theta_3H_5 . \Theta N . H . N$, entsteht wenn Thiosinammin mit feuchtem Bleioxydhydrat im Wasserbad erwärmt wird. Es bildet bei langem Stehen farblose Krystalle: $2\Theta_4H_6N_2$, H_2O, die bei 100° ihr Krystallwasser verlieren und schmelzen. Es verbindet sich direct mit Säuren; das oxalsaure Salz ist krystallisirbar.

$$\left.\begin{matrix}\Theta S\\ \Theta_3H_5\\ H_3\end{matrix}\right\}N_2 + Pb_2\Theta = Pb_2S + H_2\Theta + \left.\begin{matrix}\Theta\\ \Theta_3H_5\\ H\end{matrix}\right\}N_2 = \left.\begin{matrix}\Theta N\\ \Theta_3H_5\\ H\end{matrix}\right\}N$$

Thiosinammin. Sinammin.

*) Ann. Chem. Pharm. LII. 25.

**) Vgl. Will. ibid. LII. 15.

Das **Aethyl-sinammin** entsteht in entsprechender Weise aus dem Aethylthiosinammin.

Thiosinammin: (Allylsulfocarbamid) *): $\overset{''}{\Theta}S . \Theta_3H_5 . H_3 . N_2$. Stellt man Senföl mit dem 3—4 fachen Volum concentrirter Ammoniaklösung zusammen, so entsteht nach einiger Zeit ein Krystallbrei von Thiosinammin:

$$\left.\begin{matrix}\Theta S\\ \Theta_3H_5\end{matrix}\right\}N \;+\; H_3N \;=\; \begin{matrix}\left.\begin{matrix}H_2\\ \Theta S\end{matrix}\right\}N\\ \left.\begin{matrix}\Theta_3H_5\\ H\end{matrix}\right\}N\end{matrix}$$

Sulfocyanallyl. Thiosinammin.

Das Thiosinammin ist in Alkohol, Aether und in heissem Wasser leicht löslich. Es bildet wohlausgebildete Krystalle, die bei 74° schmelzen.

Beim Erhitzen mit verdünnter Schwefelsäure entwickelt es Sulfocyansäure. Von Bleioxydhydrat oder von Quecksilberoxyd wird es beim Erwärmen in Sinammin umgewandelt.

Das Thiosinammin verbindet sich mit trockner Salzsäure; seine wässrige Lösung erzeugt mit salpetersaurem Silberoxyd einen krystallinischen, seine salzsaure Lösung mit Quecksilberchlorid einen weissen amorphen und mit Platinchlorid einen gelbrothen krystallinischen Niederschlag [$\Theta_4H_8N_2S, AgN\Theta_3$; $\Theta_4H_8N_2S, 2\overset{''}{H}gCl_2$ und $\Theta_4H_8N_2S$, HCl, $PtCl_2$].

Das **Aethyl-thiosinammin** (Aethyl-allyl-sulfocarbamid): $\overset{''}{\Theta}S . \Theta_3H_5 . \Theta_2H_5 . H_2 N_2$, entsteht durch Einwirkung von Aethylamin auf Senföl, es bildet ein krystallisirbares Platinsalz (Hinterberger) **). Jodwasserstoffsaures Aethylthiosinammin: $\Theta_6H_{12}N_2S$, HJ entsteht bei Einwirkung von Jodäthyl auf eine alkoholische Lösung von Thiosinammin (Weltzien) ***).

Sulfosinapinsäure †). Es wurde oben erwähnt, dass die Sulfosinapinsäure als Allylsulfocarbaminsäure betrachtet werden kann, dass man sie aber auch als directe Addition von Senföl und Schwefelwasserstoff ansehen kann. Man erhält in der That sulfosinapinsaure Salze durch directe Einwirkung von Senföl auf alkoholische Lösungen von Sulfhydraten oder von Sulfiden; und man weiss andrerseits, dass die sulfosinapinsauren Salze beim Erhitzen und bei Einwirkung von salpetersaurem Silberoxyd Zersetzung erleiden und dass dabei Senföl regenerirt wird. Die sulfosinapinsauren Salze zeigen beispielsweise die folgende Zusammensetzung: Θ_4H_6NS, HKS und Θ_4H_5NS, K_2S.

Einbasische Säuren: $\Theta_nH_{2n-2}\Theta_2 = \left.\begin{matrix}\Theta_nH'_{2n-3}\Theta\\ H\end{matrix}\right\}\Theta$.

Man kennt bis jetzt die folgenden Säuren dieser Gruppe: 1892.

Acrylsäure . . . $\Theta_3H_4\Theta_2 = \left.\begin{matrix}\Theta_3H'_3\Theta\\ H\end{matrix}\right\}\Theta$

*) Vgl. bes. Will. Ann. Chem. Pharm. LII. 8.

**) Ann. Chem. Pharm. LXXXIII. 346.

***) ibid. XCIV. 103.

†) Will. ibid. XCII. 59.

Crotonsäure . .	$\Theta_4H_6O_2$	=	$\left.\begin{matrix}\Theta_4\overset{\prime}{H}_5O\\H\end{matrix}\right\}O$
Angelicasäure . .	$\Theta_5H_8O_2$	=	$\left.\begin{matrix}\Theta_5\overset{\prime}{H}_7O\\H\end{matrix}\right\}O$
Brenzterebinsäure	$\Theta_6H_{10}\Theta_2$	=	$\left.\begin{matrix}\Theta_6H_9O\\H\end{matrix}\right\}O$
Damalursäure . .	$\Theta_7H_{12}O_2$		
—			
Damolsäure . . .	$\Theta_{13}H_{24}O_2$		
—			
Moringasäure und Cimicinsäure . .	$\Theta_{15}H_{28}O_2$		
Hypogäsäure . .	$\Theta_{16}H_{30}O_2$	=	$\left.\begin{matrix}\Theta_{16}\dot{H}_{29}O\\H\end{matrix}\right\}O$
—			
Oelsäure . . .	$\Theta_{18}H_{34}O_2$	=	$\left.\begin{matrix}\Theta_{18}\dot{H}_{33}O\\H\end{matrix}\right\}O$
Döglingsäure . .	$\Theta_{19}H_{36}O_2$		
—			
Brassicasäure oder Erucasäure . .	$\Theta_{22}H_{42}O_2$.		

Die meisten dieser Säuren, von denen einige bis jetzt wenig untersucht und manche sogar zweifelhaft sind, sind fertig gebildet in Fetten oder Oelen aufgefunden worden. Die Acrylsäure hat man aus Glycerin und aus Allylalkohol dargestellt; die Crotonsäure aus Allylcyanid. Die Angelicasäure ist ein Oxydationsproduct des Römisch Camillenöls, in welchem der ihr entsprechende Aldehyd: Θ_5H_8O enthalten zu sein scheint. Die Brenzterebinsäure entsteht durch trockne Destillation von Terebinsäure.

Besonders charakteristisch für die Säuren dieser Gruppe ist, dass sie bei Einwirkung von Kalihydrat unter Wasserstoffentwicklung zerfallen, indem zwei Säuren aus der Reihe der fetten Säuren gebildet werden, von welchen die eine stets Essigsäure ist. Z. B.:

$\Theta_5H_8O_2$	+	$2KH\Theta$	=	$\Theta_2H_3KO_2$	+	$\Theta_3H_5KO_2$	+	H_2
Angelicasäure.				Essigsaures Kali.		Propionsaures Kali.		

Diese Reaction ist bis jetzt nachgewiesen in folgenden Fällen:

Acrylsäure $= \Theta_3H_4\Theta_2 + 2H_2O = H_2 + \Theta_2H_4O_2 + \Theta H_2O_2 =$ Ameisensäure
Crotonsäure $= \Theta_4H_6O_2 + 2H_2O = H_2 + \Theta_2H_4O_2 + \Theta_2H_4O_2 =$ Essigsäure
Angelicasäure . $= \Theta_5H_8\Theta_2 + 2H_2\Theta = H_2 + \Theta_2H_4O_2 + \Theta_3H_6O_2 =$ Propionsäure

Brenzterebinsäure $= \Theta_8 H_{10}O_2 + 2H_2O = H_2 + \Theta_2H_4\Theta_2 + \Theta_4 H_8 O_2 =$ Buttersäure

Oelsäure $= \Theta_{18}H_{34}O_2 + 2H_2O = H_2 + \Theta_2H_4O_2 + \Theta_{16}H_{32}O_2 =$ Palmitinsäure

Die Hypogäsäure, bis jetzt in dieser Richtung nicht untersucht, müsste durch entsprechende Zersetzung Myristinsäure ($\Theta_{14}H_{28}\Theta_2$) liefern

Einzelne Säuren dieser Gruppe, namentlich die Acrylsäure und die Crotonsäure, scheinen sich direct mit Wasserstoff und mit Brom vereinigen zu können (vgl. §. 1375), die Angelicasäure besitzt, wie es scheint, diese Eigenschaft nicht (Kekulé).

Der empirischen Formel nach könnte auch die Campholsäure: $\Theta_{10}H_{18}O_2$ in diese Gruppe gerechnet werden. Sie liefert indessen, nach Barth *), beim Schmelzen mit Kalihydrat weder Essigsäure noch Caprylsäure und sie scheint sich ebenso wenig mit Wasserstoff oder mit Brom zu vereinigen (Kekulé). (Sie soll später, gelegentlich des Camphers beschrieben werden.)

Nur für zwei Säuren dieser Gruppe, für die Acrylsäure und die Angelicasäure, kennt man die entsprechenden **Aldehyde**; sie sind:

Acrylaldehyd oder Acrolein: $\Theta_3H_4O = \left.\begin{matrix}\Theta_3H_3O \\ H\end{matrix}\right\}$

Angelicaaldehyd . . . . $\Theta_5H_8\Theta = \left.\begin{matrix}\Theta_5H_7O \\ H\end{matrix}\right\}$

Acrolein und Acrylsäure.

Acrolein **): Θ_3H_4O.

Dass bei der Destillation glycerinhaltiger Fette eine heftig zu Thränen reizende Substanz gebildet wird, ist schon seit lange bekannt. Buchner, Hess und Brandes hatten sich vergeblich bemüht diesen Körper zu isoliren; dies gelang zuerst Redtenbacher, dem man die erste ausführliche Untersuchung über das Acrolein verdankt. Seitdem wurde das Acrolein noch besonders von Geuther und Cartmell, von Geuther und Hübner, und von Claus untersucht. 1803.

Bildung und Darstellung. 1) Das Acrolein entsteht aus dem Glycerin durch Austritt von Wasser:

$$\underset{\text{Glycerin.}}{\Theta_3H_8O_3} = \underset{\text{Acrolein.}}{\Theta_3H_4\Theta} + 2H_2\Theta$$

Schon beim Erhitzen des Glycerins für sich werden geringe Men-

*) Ann. Chem. Pharm. CVII. 249.

**) Vgl. bes. Redtenbacher. Ann. Chem. Pharm. XLVII. 113; Cartmell und Geuther. ibid. CXII. 1; Geuther und Hübner. ibid. CXIV. 35; Claus. ibid. II. Suppl. 117.

gen von Acrolein erzeugt; die Ausbeute ist bei weitem grösser, wenn man Glycerin mit Phosphorsäureanhydrid, mit concentrirter Schwefelsäure und ganz besonders, wenn man Glycerin mit saurem schwefelsaurem Kali destillirt. Die meisten Aetherarten des Glycerins bilden unter denselben Bedingungen ebenfalls Acrolein.

2) Das Acrolein entsteht ferner durch Oxydation des Allylalkohols (vgl. §. 1382); z. B. bei Behandeln von Allylalkohol mit chromsaurem Kali und Schwefelsäure, oder wenn Allylalkohol, bei Gegenwart von Platinschwarz, der Luft ausgesetzt wird.

3) Eine dritte, theoretisch interessanteBildungsweise des Acroleins ist in neuester Zeit von Linnemann *) beobachtet worden. Lässt man nämlich Brom auf Aceton (§. 923) einwirken, so entsteht ein Additionsproduct von der Formel: $\Theta_3H_6Br_2\Theta$, dieses zerfällt leicht, schon beim Erhitzen und liefert, neben andern Zersetzungsproducten, Acrolein und bromwasserstoffsaures Acrolein:

$$\Theta_3H_6Br_2\Theta = \Theta_3H_4\Theta + 2HBr.$$

Darstellung. Man erhitzt 200 Gr. Glycerin mit 400 Gr. gepulvertem saurem schwefelsaurem Kali in einem geräumigen Glasballon über freiem Feuer und fängt das bei guter Abkühlung verdichtete Product in einer Vorlage auf, die etwas Bleioxyd enthält. Man rectificirt sofort im Wasserbad, fängt nochmals in einem Bleioxyd enthaltenden Kölbchen auf und rectificirt von Neuem. Soll trocknes Acrolein dargestellt werden, so bringt man bei der vorletzten Destillation Chlorcalcium in die Vorlage, lässt 24 Stunden stehen und rectificirt. Man erhält 25—28 %.

Eigenschaften. Das Acrolein ist eine farblose Flüssigkeit, die bei 52°,4 siedet. Es riecht stechend ätherisch; seine Dämpfe greifen die Schleimhäute der Augen und der Nase ausnehmend heftig an. Es ist mit Aether und Alkohol mischbar, in Wasser nur wenig löslich (etwa in 40 Th.).

Das Acrolein verwandelt sich beim Aufbewahren, bisweilen sogar wenige Minuten nach seiner Darstellung, in eine weisse meist flockige Masse, die Redtenbacher als Disacryl bezeichnet. Manchmal entsteht statt des Disacryls eine harzartige Substanz, das Disacrylharz **). Bei Einwirkung wässriger Alkalien verwandelt sich das Acrolein rasch in braune harzartige Substanzen (Acrylharze). Alle diese Umwandlungsproducte scheinen mit dem Acrolein isomer zu sein. Bei Einwirkung von alkoholischer Kalilösung entsteht die, ebenfalls isomere, Hexacrolsäure (§. 1395).

Das Acrolein oxydirt sich ausnehmend leicht; schon durch Einwir-

*) Ann. Chem. Pharm. CXXV. 310.

**) Vgl. auch Geuther u. Cartmell. Ann. Chem. Pharm. CXII. 10.

kung des Sauerstoffs der Luft. Bei gemässigter Oxydation wird Acrylsäure (§. 1396) erzeugt; durch stärker oxydirende Substanzen entsteht Ameisensäure oder Kohlensäure, bisweilen auch Glycolsäure (§. 1070).

Bei Einwirkung von Silberoxyd auf Acrolein entsteht acrylsaures Silber; Quecksilberoxyd wirkt nicht ein. Ein Gemenge von Schwefelsäure und saurem chromsaurem Kali erzeugt wesentlich Ameisensäure und Kohlensäure. Durch Braunstein und Schwefelsäure wird das Acrolein verkohlt. Salpetersäure erzeugt Glycolsäure und, offenbar durch weitergehende Oxydation, Oxalsäure.

$$\underset{\text{Acrolein.}}{\Theta_3H_4\Theta} + 2\Theta_2 = \underset{\text{Glycolsäure.}}{\Theta_2H_4\Theta_3} + \Theta\Theta_2$$

Lässt man Natriumamalgam auf Acrolein einwirken, so entsteht, nach Versuchen von Linnemann *), Propylalkohol (§. 692), vielleicht als Product zweier auf einander folgender Wasserstoffadditionen, indem zuerst Allylalkohol (§. 1382) erzeugt wird, der dann durch nochmalige Aufnahme von H_2 zu Propylalkohol wird:

$$\underset{\text{Acrolein.}}{\Theta_3H_4\Theta} + H_2 = \underset{\text{Allylalkohol.}}{\Theta_3H_6\Theta}; \; \Theta_3H_6O + H_2 = \underset{\text{Propylalkohol.}}{\Theta_3H_8O}$$

Nach Linnemann werden so zwei isomere Modificationen des Propylalkohols erhalten, von welchen die eine, wie der von Friedel durch Einwirkung von Natriumamalgam auf das mit dem Allylalkohol isomere Aceton dargestellte Propylalkohol, bei 87°—88° siedet, während die andre denselben Siedpunkt zeigt wie der durch Gährung erhaltene Propylalkohol (96°—98°).

Verbindungen des Acroleins. Das Acrolein vereinigt sich 1394.
direct mit Salzsäure und mit Jodwasserstoff. Das salzsaure Acrolein: Θ_3H_4O, HCl, bildet weisse Nadeln, die bei 32° schmelzen, in Alkohol und Aether löslich, in Wasser aber unlöslich sind. Es zerfällt bei Destillation in Salzsäure und Acrolein. Auch bei Einwirkung von Säuren regenerirt es Acrolein, beim Erhitzen mit Kalihydrat dagegen liefert es Metacrolein (§. 1395).

Das Acrolein vereinigt sich, ähnlich wie Aldehyd (§. 846), mit Essigsäureanhydrid; das essigsaure Acrolein: $\Theta_3H_4\Theta + \left.\begin{matrix}\Theta_2H_3O\\ \Theta_2H_3O\end{matrix}\right\}\Theta$ siedet bei 180°; es ist unlöslich in Wasser und liefert beim Erhitzen mit Kalihydrat essigsaures Kali und Acrolein.

Lässt man Ammoniak in alkoholischer Lösung auf Acrolein einwirken, so entsteht eine durch Aether fällbare, weisse, völlig amorphe Substanz von schwach basischen Eigenschaften, das Acrolein-Ammoniak, deren Zusammensetzung noch nicht mit Sicherheit festgestellt ist.

*) Ann. Chem. Pharm. CXXV. 315.

Bei trockner Destillation liefert diese Verbindung flüchtige Basen, mit deren näherer Untersuchung Claus noch beschäftigt ist.

Mit sauren schwefligsauren Alkalien scheint das Acrolein, ähnlich wie die Aldehyde der fetten Säuren, Verbindungen einzugehen, die jedoch nicht krystallisirt erhalten werden können.

Acroleinchlorid: $\Theta_3H_4Cl_2$. Durch Einwirkung von Phosphorsuperchlorid auf Acrolein erhielten Hübner und Geuther das bei 84° siedende Acroleinchlorid, das vielleicht mit einfach gechlortem Allylchlorid (§. 1383) und mit zweifach gechlortem Propylen identisch ist. Bei Einwirkung von Ammoniak liefert es Acrolein-Ammoniak. Bei längerem Erhitzen von Acroleinchlorid mit weingeistigem Kali scheint die Verbindung: Θ_3H_3Cl (Monochlor-allylen §. 1416) zu entstehen.

1395. Isomere Modificationen des Acroleins. Es wurde oben (§. 1393) schon erwähnt, dass das Disacryl, das Disacrylharz und das Acrylharz wahrscheinlich mit dem Acrolein isomer, resp. polymer sind.

Man kennt ausserdem zwei wohlcharakterisirte Umwandlungsproducte des Acroleins, die entschieden als polymere Modificationen des Acroleins anzusehen sind. Es sind dies: das Metacrolein und die Hexacrolsäure.

Das Metacrolein *) erhält man durch Destillation des salzsauren Acroleins mit gepulvertem Kalihydrat. Es bildet wohlausgebildete Krystalle, ist in Aether und Alkohol löslich, in Wasser aber unlöslich und wird durch Wasser aus der alkoholischen Lösung krystallinisch gefällt. Es schmilzt bei 50° und siedet bei etwa 170°. Bei der Destillation verwandelt es sich zum Theil in gewöhnliches Acrolein. Bei Einwirkung von Säuren namentlich von concentrirter Salzsäure wird es ebenfalls in gewöhnliches Acrolein zurückgeführt. Nach diesen Eigenschaften scheint das Metacrolein die dem Metaldehyd (§. 839) entsprechende Modification des Acroleins zu sein; seine Molecularformel ist daher wahrscheinlich: $\Theta_6H_8\Theta_2$.

Hexacrolsäure. Diese Substanz erhielt Claus **) indem er Acrolein auf alkoholische Kalilösung einwirken liess. Aus der so erhaltenen Lösung scheidet Wasser Nichts aus; Säuren fällen die Hexacrolsäure als gelbe amorphe Flocken. Die Hexacrolsäure ist unlöslich in Wasser, löslich in Alkohol und Aether; sie bleibt beim Verdunsten dieser Lösung als ein dickes Oel, welches allmälig zu einer amorphen Masse erstarrt. Nach der Analyse des unkrystallinischen Natronsalzes und des amorphen,

*) Geuther und Cartmell. Ann. Chem. Pharm. CXII. 6.
**) Ann. Chem. Pharm. II. Suppl. 120.

in Wasser und Alkohol unlöslichen Kalksalzes scheint der Hexacrolsäure die Molecularformel: $\Theta_{18}H_{23}MO_6$ zuzukommen (= $6\Theta_3H_4\Theta$).

Acrylsäure *): $\Theta_3H_4O_2 = \left.\begin{matrix}\Theta_3H_3O\\H\end{matrix}\right\}O$. Die Acrylsäure wurde 1396. von Redtenbacher 1843 entdeckt. Sie entsteht bei Oxydation von Acrolein und folglich auch bei Oxydation von Allylalkohol (§. 1382). Zu ihrer Darstellung eignet sich nur die Oxydation des Acroleins durch Silberoxyd.

Die Acrylsäure ist in neuerer Zeit noch durch verschiedene Reactionen erhalten worden, die theoretisch nicht ohne Interesse sind. Zunächst fand Butlerow **), dass bei Einwirkung von Jodoform auf Natriumalkoholat, neben Methylenjodid (§. 952) und Aethylmilchsäure auch Acrylsäure entsteht (vgl. §. 1081). Dann hat es Berthelot ***) wahrscheinlich gemacht, dass sich in einer alkoholischen Barytlösung, die mehrere Jahre in einem schlecht verschlossenen Gefässe aufbewahrt worden war, neben Aldehydharz und Oxalsäure auch Acrylsäure gebildet hatte. Endlich hat Beilstein †) gezeigt, dass die Jodpropionsäure und die aus ihr entstehende Hydracrylsäure (§. 1296) direct in Acrylsäure übergeführt werden können.

$$\underset{\text{Jodpropionsäure.}}{\Theta_3H_5JO_2} = \underset{\text{Acrylsäure.}}{\Theta_3H_4O_2} + HJ$$

$$\underset{\text{Hydracrylsäure.}}{\Theta_{12}H_{22}O_{11}} = \underset{\text{Acrylsäure.}}{4\Theta_3H_4O_2} + 3H_2\Theta$$

Diese Umwandlung findet z. B. statt, wenn man jodpropionsaures Blei bei 150° — 200° destillirt, oder wenn man hydracrylsaures Blei auf 120° erhitzt. Die Zersetzungen erfolgen offenbar nach den Gleichungen:

$$\underset{\text{Jodpropions. Blei.}}{\Theta_3H_4JPbO_2} = \underset{\text{Acrylsäure.}}{\Theta_3H_4O_2} + PbJ$$

$$\underset{\text{Hydracryls. Blei.}}{\Theta_{12}H_{18}Pb_3O_{11}} = \underset{\text{Acryls. Blei.}}{3\Theta_3H_3PbO_2} + \underset{\text{Acrylsäure.}}{\Theta_3H_4O_2} + 3H_2O$$

Die Acrylsäure steht ausserdem in sehr einfacher Beziehung zur Milchsäure, als deren Jodwasserstoffäther die Jodpropionsäure angesehen werden kann; es ist

---

*) Vgl. bes. Redtenbacher. Ann. Chem. Pharm. XLVII. 125. — Claus. ibid. II. Suppl. 117.

**) ibid. CXIV. 204.

***) ibid. I. Suppl. 144.

†) ibid. CXXII. 360.

daher wahrscheinlich, dass sich ein Weg wird finden lassen, die Milchsäure durch einfache Wasserentziehung in Acrylsäure umzuwandeln.

$$\underset{\text{Milchsäure.}}{\Theta_3H_6\Theta_3} = \underset{\text{Acrylsäure.}}{\Theta_3H_4\Theta_2} + H_2\Theta$$

Die Acrylsäure ist, wie man sieht, isomer mit Lactid (§. 1084)

Darstellung. Die Darstellung der Acrylsäure aus Acrolein gelingt nur durch Anwendung von Silberoxyd. Man verfährt zweckmässig nach der von Claus angegebenen Modification der Redtenbacher'schen Methode Man lässt zu in Wasser suspendirtem Silberoxyd langsam mit Wasser (3 Vol.) vermischtes Acrolein fliessen und lässt einige Tage stehen, man fügt dann einen schwachen Ueberschuss von kohlensaurem Natron zu, dampft bis beinahe zur Trockne ein, zersetzt mit verdünnter Schwefelsäure, filtrirt und destillirt aus dem Filtrat die Acrylsäure ab. — Man kann auch das bei Einwirkung von Silberoxyd auf Acrolein entstehende acrylsaure Silber direct aus siedendem Wasser umkrystallisiren, dabei wird aber stets ein Theil unter Abscheidung von metallischem Silber zersetzt. — Trockne Acrylsäure wird sich wahrscheinlich am besten durch Einwirkung von trocknem Schwefelwasserstoff auf acrylsaures Blei darstellen lassen (Claus). Bei Zersetzung von acrylsaurem Silber durch Schwefelwasserstoff wird stets etwas Acrylsäure unter Bildung von Wasser zersetzt (Redtenbacher).

Eigenschaften. Die möglichst reine, aber noch etwas wasserhaltige Acrylsäure ist eine farblose Flüssigkeit von der Essigsäure ähnlichem Geruch. Sie siedet etwas über 100° und ist ohne Zersetzung flüchtig.

Die Acrylsäure wird von Salpetersäure und andern Oxydationsmitteln leicht angegriffen, es entsteht meist Essigsäure und Ameisensäure. Sie reducirt bei längerem Kochen Silberoxyd. Bei längerer Behandlung mit Alkalien wird sie zersetzt, unter Bildung von essigsaurem und ameisensaurem Salz (vgl. §. 1392).

$$\underset{\text{Acrylsäure.}}{\Theta_3H_4\Theta_2} + 2KH\Theta = \underset{\text{Essigs. Kali.}}{\Theta_2H_3K\Theta_2} + \underset{\text{Ameisens. Kali.}}{\Theta HK\Theta_2} + H_2$$

Lässt man Natriumamalgam auf wässrige Acrylsäure einwirken, so entsteht durch directe Addition von Wasserstoff Propionsäure (vgl. §. 1375) (Linnemann) *). Auch mit Brom scheint sich die Acrylsäure direct zu vereinigen; das Product ist wahrscheinlich Dibrompropionsäure (Cahours) **).

Acrylsaure Salze. Die Acrylsäure ist einbasisch. Ihre Salze sind meist in Wasser sehr löslich; zum Theil krystallisirbar. Sie erleiden sämmtlich beim Erhitzen auf etwa 100° theilweise Zersetzung, durch welche unlösliche basische Salze entstehen, während ein Theil der Acrylsäure frei wird.

---

*) Ann. Chem. Pharm. CXXV. 317.

**) ibid. II. Suppl. 83.

Das **Natron**- und das **Kalisalz** sind wasserfrei, schwer krystallisirbar und in Wasser sehr löslich. Das **acrylsaure Silber**: $Ꝋ_3H_3AgO_2$ ist in kaltem Wasser sehr wenig löslich, es krystallisirt aus der heissen Lösung in weissen seideglänzenden Nadeln. Das am meisten charakteristische Salz der Acrylsäure ist das **Bleisalz**: $Ꝋ_3H_3PbO_2$, es scheidet sich aus seiner kochenden ziemlich concentrirten Lösung beim Erkalten in seideglänzenden dünnen Nadeln aus, indem die ganze Masse zu einem filzartig aussehenden Krystallbrei erstarrt.

Substitutionsproducte der Acrylsäure. Man hat bis jetzt aus der Acrylsäure selbst keine Substitutionsproducte darzustellen versucht, aber man kennt drei Körper, die von einigen Chemikern als Chlorderivate der Acrylsäure oder ihrer Abkömmlinge angesehen werden. Es sind dies: die **Chlorsuccilsäure**: $Ꝋ_3HCl_3O_2$ (Trichlor-acrylsäure), das **Chlorsuccid**: $Ꝋ_3HCl_2OCl$ (Trichloracrylchlorid) und das **Chlorsuccilamid**: $Ꝋ_3HCl_3O.H_2N$ (Trichlor-acrylamid) (vgl. §. 1122). 1397.

Hydracrylsäure: $Ꝋ_{12}H_{22}O_{11}$. Die Bildung der Hydracrylsäure wurde schon früher erwähnt (§. 1296). Zu ihrer Darstellung digerirt man Jodpropionsäure mit überschüssigem Silberoxyd, fällt aus dem Filtrat das Silber durch Schwefelwasserstoff und dampft im Wasserbad ein. Die Hydracrylsäure bildet dann einen Syrup, in welchem feine Nadeln schwimmen. Die meisten ihrer Salze sind in Wasser sehr löslich. Das Bleisalz: $Ꝋ_{12}H_{18}Pb_2O_{11}$ bleibt beim Verdunsten als krystallinische zerfliessliche Masse; das Silbersalz: $Ꝋ_{12}H_{18}Ag_2O_{11}$ ist ebenfalls in Wasser sehr löslich, es wird durch ein Gemisch von Aether und Alkohol in weissen amorphen Flocken gefällt. Die Beziehungen der Hydracrylsäure zur Acrylsäure ergeben sich aus der §. 1396 besprochenen Zersetzung der hydracrylsauren Salze; ihre Beziehung zur Milchsäure wurde §. 1296 erwähnt. 1398.

Crotonsäure: $Ꝋ_4H_6O_2 = \left.\begin{matrix}Ꝋ_4H_5O\\H\end{matrix}\right\}O.$

Die Crotonsäure **) wurde 1858 von Schlippe im Crotonöl, dem aus den Samen von Croton tiglium ausgepressten fetten Oel, aufgefunden. Will und Körner zeigten 1863, dass eine Säure von derselben Zusammensetzung erhalten wird, wenn man Cyanallyl (§. 1385) durch Kochen mit Kalilauge zersetzt. 1399.

$$\underset{\text{Allylcyanid.}}{Ꝋ_3H_5 . ꝊN} = Ꝋ_4H_5N + 2H_2O = \underset{\text{Crotonsäure.}}{Ꝋ_4H_6O_2} + NH_3$$

Darstellung. Das Crotonöl enthält neben den Glycerinverbindungen verschiedener fetten Säuren auch die Glycerinverbindungen der Crotonsäure und der mit ihr homologen Angelicasäure. Man verseift das Crotonöl mit starker Natronlauge, setzt Kochsalz zu, nimmt die oben aufschwimmende, die Salze der fetten Säuren enthaltende, Seifenschicht ab, übersättigt die schwarzgefärbte Unterlauge

*) Beilstein. Ann. Chem. Pharm. CXX. 234; CXXII. 369.

**) Schlippe. ibid. CV. 21. — Will und Körner. ibid. CXXV. 273.

mit Weinsäure und destillirt. Aus dem Destillat stellt man ein Barytsalz dar und destillirt dasselbe schliesslich mit concentrirter Phosphorsäure. Anfangs geht Crotonsäure, später krystallinisch erstarrende Angelicasäure über (Schlippe). — Zur Darstellung der Crotonsäure aus Cyanallyl kocht man dieses mit überschüssiger Kalilauge, so lange Ammoniak entweicht, übersättigt mit Schwefelsäure und destillirt.

Eigenschaften. Die Crotonsäure aus Crotonöl ist ein wasserhelles Oel, das selbst bei — 7° nicht erstarrt. Die Säure aus Cyanallyl ist fest und krystallisirbar, sie schmilzt bei 72° und erstarrt bei 70°,5. Beide Säuren scheinen also nicht identisch, sondern nur isomer zu sein; sie stehen unter einander vielleicht in ähnlicher Beziehung wie Fumarsäure und Maleïnsäure (vgl. §. 1422). Die Salze der beiden Crotonsäuren sind noch nicht näher untersucht. Die Crotonsäure aus Cyanallyl gibt ein amorphes in heissem Wasser ziemlich lösliches Silbersalz; das Silbersalz der aus Crotonöl dargestellten Säure krystallisirt beim Erkalten der heiss bereiteten wässrigen Lösung. Von der aus Crotonöl dargestellten Crotonsäure ist ausserdem nachgewiesen, dass sie beim Schmelzen mit wasserhaltigem Kalihydrat, unter Wasserstoffentwicklung Essigsäure erzeugt. Wahrscheinlich:

$$\Theta_4H_6O_2 + 2KHO = 2\Theta_2H_3KO_2 + H_2$$

Crotonsäure. Essigs. Kali.

1400. Substitutionsproducte der Crotonsäure. Eine Säure von der Zusammensetzung der einfach gebromten Crotonsäure ist von Cahours *) und von Kekulé **) durch Zersetzung der aus der Citraconsäure entstehenden Bibrombrenzweinsäure (Citra-bibrombrenzweinsäure) erhalten worden.

Erhitzt man nämlich ein Citra-bibrombrenzweinsaures Salz mit Wasser zum Kochen, so entsteht, unter Entweichen von Kohlensäure, Brommetall und monobromcrotonsaures Salz (Kekulé).

$$\Theta_5H_4Br_2Ca_2O_4 = \Theta_4H_4BrCaO_2 + CaBr + \Theta O_2$$

Citra-bibrombrenzweins. Kalk. — Monobromcrotonsaurer Kalk.

Dieselbe Zersetzung tritt auch ein wenn Citra-bibrombrenzweinsäure mit Wasser und caustischen oder kohlensauren Alkalien gekocht wird. Bei Anwendung von wenig Alkali entsteht freie Bromcrotonsäure, wird mehr Alkali angewandt, so entsteht ein bromcrotonsaures Salz, aus dessen Lösung die Säure durch Zusatz einer Mineralsäure gefällt werden kann.

Der Bildung der Monobromcrotonsäure geht bisweilen, namentlich wenn die angewandte Citra-bibrombrenzweinsäure nicht völlig rein war, die Bildung einer

*) Vgl. bes. Ann. Chim. Phys. LXVII. 137.
**) Ann. Chem. Pharm. II. Suppl. 98.

ölförmigen Säure voraus, die die Zusammensetzung der zweifach gebromten Buttersäure zeigt. Diese Bibrombuttersäure (die übrigens von dem gleich zusammengesetzten aus Buttersäure dargestellten Substitutionsproduct verschieden ist) entsteht offenbar aus der Citrabibrombrenzweinsäure durch eine weniger weit gehende Zersetzung:

$$\underset{\text{Citrabibrombrenzweinsäure.}}{C_5H_6Br_2O_4} = \underset{\text{Bibrombuttersäure.}}{C_4H_6Br_2O_2} + CO_2$$

Sie ist ein Zwischenglied zwischen der Citra-bibrombrenzweinsäure und der Monobromcrotonsäure und sie zerfällt in der That, wenn man sie mit wässrigen Alkalien kocht, in Brommetall und Monobromcrotonsäure (Cahours).

$$\underset{\text{Bibrombuttersäure.}}{C_4H_6Br_2O_2} = \underset{\text{Monobromcrotonsäure.}}{C_4H_5BrO_2} + HBr.$$

Die Monobromcrotonsäure ist in kaltem Wasser sehr wenig löslich; sie krystallisirt leicht in langen platten Nadeln, die der Benzoësäure sehr ähnlich sehen. Sie schmilzt bei 65° (unter Wasser schon bei etwa 50°) und siedet, unter geringer Zersetzung, bei 228°—230°.

Die Salze der Monobromcrotonsäure sind meist krystallisirbar und in Wasser löslich. Das Kalksalz, $C_4H_4BrCaO_2$, wird aus wässriger Lösung durch Alkohol krystallinisch gefällt. Das Silbersalz $C_4H_4BrAgO_2$ ist in kaltem Wasser unlöslich, es kann aus siedender Lösung krystallisirt werden ohne Zersetzung zu erleiden. Der Aethyläther der Monobromcrotonsäure ist flüssig, er siedet bei 192°—195°.

Lässt man Natriumamalgam, bei Gegenwart von Wasser, auf Monobromcrotonsäure einwirken, so entsteht Buttersäure. Man kann annehmen, dass dabei das Brom durch Wasserstoff ersetzt wird und dass die so erzeugte Crotonsäure (oder mit der Crotonsäure isomere Säure) sich gleichzeitig mit H_2 vereinigt (Kekulé).

$$\underset{\text{Monobromcrotonsäure.}}{C_4H_5BrO_2} + 2H_2O + 2Na_2 = \underset{\text{Buttersaures Natron.}}{C_4H_7NaO_2} + NaBr + 2NaHO$$

Wird Monobromcrotonsäure mit 1 Mol. Brom längere Zeit auf 100° erhitzt, so tritt directe Addition ein; es entsteht eine krystallisirbare Säure von der Zusammensetzung der Tribrombuttersäure.

$$\underset{\text{Monobromcrotonsäure.}}{C_4H_5BrO_2} + Br_2 = \underset{\text{Tribrombuttersäure.}}{C_4H_5Br_3O_2}$$

Diese zerfällt beim Kochen mit wässrigen Alkalien in Brommetall und krystallisirbare Dibromcrotonsäure:

$$\underset{\text{Tribrombuttersäure.}}{C_4H_5Br_3O_2} = \underset{\text{Dibromcrotonsäure.}}{C_4H_4Br_2O_2} + HBr$$

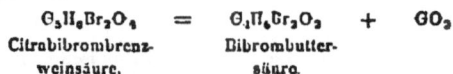

Die Dibromcrotonsäure ist nochmals fähig sich (bei 120° — 125°) mit Brom zu vereinigen:

$$\underset{\text{Dibromcrotonsäure}}{\Theta_4H_4Br_2\Theta_2} + Br_2 = \underset{\text{Tetrabrombuttersäure.}}{\Theta_4H_4Br_4\Theta_2}$$

Die so erhaltene krystallisirbare Tetrabrombuttersäure zerfällt dann wiederum beim Kochen mit Alkalien und erzeugt die ebenfalls krystallisirbare Tribromcrotonsäure (Cahours).

$$\underset{\text{Tetrabrombuttersäure.}}{\Theta_4H_4Br_4\Theta_2} = \underset{\text{Tribromcrotonsäure.}}{\Theta_4H_3Br_3\Theta_2} + HBr$$

Man sieht leicht, dass das Verhalten dieser bromhaltigen Säuren vollständig dem Verhalten der bromhaltigen Abkömmlinge des Aethylens analog ist (vgl. §. 950). Man hat:

Aethylen. Θ_2H_4		Crotonsäure. $\Theta_4H_6\Theta_2$	
$\Theta_2H_4Br_2$	Θ_2H_3Br	$\Theta_4H_6Br_2\Theta_2$	$\Theta_4H_5Br\,\Theta_2$
$\Theta_2H_3Br_3$	$\Theta_2H_2Br_2$	$\Theta_4H_5Br_3\Theta_2$	$\Theta_4H_4Br_2\Theta_2$
$\Theta_2H_2Br_4$	$\Theta_2H\,Br_3$	$\Theta_4H_4Br_4\Theta_2$	$\Theta_4H_3Br_3\Theta_2$
$\Theta_2H\,Br_5$	Θ_2Br_4		
Θ_2Br_6			

Angelicaaldehyd und Angelicasäure.

1401. **Angelicaaldehyd** *): $\Theta_5H_8\Theta$. Der Angelicaaldehyd scheint im Römisch-Camillenöl, dem aus den Blüthen von Anthemis nobilis dargestellten ätherischen Oel, enthalten zu sein. Er ist bis jetzt nicht in reinem Zustand dargestellt.

Das Römisch-Camillenöl siedet zwischen 175° und 210°; es ist ein Gemenge von etwas Angelicasäure, Angelicaaldehyd und einem Kohlenwasserstoff: $\Theta_{10}H_{16}$, die bis jetzt nicht getrennt werden konnten. Saure schwefligsaure Alkalien erzeugen keine krystallinische Verbindung. Erhitzt man das Römisch-Camillenöl mit Kalihydrat, so entsteht, unter Wasserstoffentwicklung, Angelicasäure:

$$\underset{\text{Angelicaaldehyd.}}{\Theta_5H_8\Theta} + KH\Theta = \underset{\text{Angelicasäure.}}{\Theta_5H_7K\Theta_2} + H_2$$

Digerirt man das Römisch-Camillenöl mit alkoholischer Kalilösung, so wird, nach Gerhardt, Baldriansäure erzeugt; nach Strecker entsteht Angelicasäure, Buttersäure und ein oder mehre Alkohole der Reihe: $\Theta^nH_{2n}\Theta$ (vielleicht Angelicaalkohol: $\Theta_5H_{10}\Theta$).

*) Vgl. bes. Gerhardt. Ann. Chem. Pharm. LXVII. 235.

Guajacen *) (Guajol.): C_5H_8O. Diese nach Zusammensetzung und Dampfdichte mit dem Angelicaaldehyd isomere Substanz wurde 1843 von Deville entdeckt und seitdem von Völckel und von Gilm untersucht. Sie entsteht, neben zahlreichen andern Producten, bei der trocknen Destillation des Guajakharzes und wird durch Rectification der flüchtigsten Bestandtheile gereinigt.

Das Guajacen siedet bei 118°, es ist ein farbloses, dem Bittermandelöl ähnlich riechendes Oel. Nach Angaben von Deville verwandelt es sich an der Luft durch Oxydation in schöne Krystallblätter. Gerhardt hatte danach vermuthet es sei Angelicaaldehyd. Nach v. Gilm gelingt es indessen nicht das Guajacen zu Angelicasäure zu oxydiren.

Angelicasäure **): $C_5H_8O_2 = \left.\begin{matrix}C_5H_7O\\H\end{matrix}\right\}O$. Die Angelicasäure 1402.
wurde 1843 von Buchner in der Angelicawurzel (Angelica Archangelica) aufgefunden und von Meyer und Zenner zuerst rein dargestellt. Reinsch fand sie dann in der Sumbul- oder Moschus-Wurzel. Gerhardt erhielt sie durch Erhitzen des Römisch-Camillenöls mit Kalihydrat. Schlippe fand sie, neben Crotonsäure, im Crotonöl (vgl. §. 1399). Nach Wagner entsteht Angelicasäure, neben Oreoselin, bei Behandlung des Peucedanins mit alkoholischer Kalilösung. Nach Neubauer findet sich Angelicasäure unter den Producten, die bei Oxydation der Baldriansäure mittelst übermangansauren Kali's entstehen.

Darstellung. 1) Aus Angelicawurzel. Man kocht die Wurzel mit Kalkhydrat und Wasser aus, filtrirt, concentrirt durch Eindampfen, übersättigt mit Schwefelsäure und destillirt. Das Destillat wird dann mit Kali neutralisirt, eingedampft und nochmals mit Schwefelsäure destillirt. Mit den Wasserdämpfen gehen dann Oeltropfen und krystallinisch erstarrende Angelicasäure über. — 2) Aus Römisch-Camillenöl. Man erhitzt das Oel mit gepulvertem Kalihydrat. Es tritt ein Zeitpunct ein, wo die Temperatur plötzlich steigt, während gleichzeitig die Entwicklung von Wasserstoff anfängt. Man entfernt dann das Feuer und lässt die Reaction ohne weiteres Erhitzen verlaufen. Man löst die erkaltete Salzmasse in Wasser und setzt eine Mineralsäure zu, wodurch die Angelicasäure als krystallinisch erstarrendes Oel gefällt wird.

Die Angelicasäure bildet wasserhelle Nadeln oder Prismen; sie schmilzt bei 45° und siedet bei 191°. Sie riecht eigenthümlich gewürzhaft. In Alkohol, Aether und siedendem Wasser ist sie leicht löslich, von kaltem Wasser wird sie kaum gelöst.

Schmilzt man Angelicasäure mit überschüssigem Kalihydrat, so

---

*) Deville und Pelletier. Ann. Chem. Pharm. LII. 402. Völckel. ibid. LXXXIX. 346; v. Gilm. ibid. CVI. 379.

**) Buchner. Ann. Chem. Pharm. XLII. 226; Meyer und Zenner. ibid. LV. 317; Reinsch und Ricker. ibid. LXVIII. 341; Gerhardt. ibid. LXVII. 237; Wagner. Journ. pr. Chem. LXII. 275. Jahresb. 1854. 638; Neubauer. Ann. Chem. Pharm. CVI. 64.

entsteht, unter Wasserstoffentwicklung, essigsaures und propionsaures Kali:

$$\underset{\text{Angelicasäure.}}{\Theta_5H_8O_2} + 2KHO = \underset{\text{Essigs. Kali.}}{\Theta_2H_3KO_2} + \underset{\text{Propions. Kali.}}{\Theta_3H_5KO_2} + H_2$$

Die angelicasauren Salze zeigen mit den acrylsauren Salzen darin Aehnlichkeit, dass sie beim Abdampfen leicht einen Theil der Säure verlieren.

Das Silbersalz: $\Theta_5H_7AgO_2$ und das Bleisalz: $\Theta_5H_7PbO_2$ sind in kaltem Wasser schwer löslich, beide sind krystallisirbar. Das Kalksalz ist in Wasser ziemlich löslich, es krystallisirt in glänzenden Blättchen: $\Theta_5H_7CaO_2 + H_2O$.

Angelicaanhydrid: $\left.\begin{matrix}\Theta_5H_7O\\ \Theta_5H_7O\end{matrix}\right\}O$ wurde von Chiozza*) durch Einwirkung von Phosphoroxychlorid auf angelicasaures Kali erhalten; es siedet unter theilweiser Zersetzung bei 280°. Ein gemischtes Anhydrid, das Acetyl-angelicaanhydrid entsteht, wenn Acetylchlorid auf angelicasaures Kali einwirkt (Chiozza).

1403. Brenzterebinsäure**) (Pyroterebinsäure): $\Theta_6H_{10}\Theta_2 = \left.\begin{matrix}\Theta_6H_9O\\ H\end{matrix}\right\}O$. Diese Säure wurde von Rabourdin entdeckt und seitdem von Chautard untersucht. Sie entsteht bei der trocknen Destillation der Terebinsäure (§. 1435), und wird durch wiederholte Destillation gereinigt:

$$\underset{\text{Terebinsäure.}}{\Theta_7H_{10}O_4} = \underset{\text{Brenzterebinsäure.}}{\Theta_6H_{10}O_2} + \Theta O_2$$

Sie ist flüssig, siedet bei 210° und riecht der Buttersäure ähnlich. Sie löst sich in 25 Th. Wasser, von Alkohol und Aether wird sie leicht gelöst.

Wird die Brenzterebinsäure allmälig in schmelzendes Kalihydrat eingetragen, so zerfällt sie, unter Wasserstoffentwicklung, in Essigsäure und Buttersäure (vgl. §. 1392).

1404. Hypogäsäure, Physetölsäure: $\Theta_{16}H_{30}O_2 = \left.\begin{matrix}\Theta_{16}H_{29}O\\ H\end{matrix}\right\}\Theta$. Diese Säure wurde von Hofstädter ***) in dem die Kopfhöhle des Pottwalls (Physeter macrocephalus) erfüllenden Fett zuerst aufgefunden und als Physetölsäure bezeichnet. Gössmann und Scheven †) fanden dieselbe

*) Ann. Chem. Pharm. LXXXVI. 260.

**) Rabourdin. Ann. Chem. Pharm. LII. 394. — Chautard. Jahresb. 1855. 652.

***) Ann. Chem. Pharm. XCI. 177.

†) ibid. XCIV. 230; vgl. ferner: Caldwell u. Gössmann. ibid. XCIX. 305.

Säure, neben Arachinsäure (§. 903) in dem aus den Früchten von Arachis hypogaea dargestellten Erdnussöl und nannten sie Hypogäsäure.

Darstellung. Man verseift Erdnussöl, zersetzt die Seife durch eine Mineralsäure, löst die ausgeschiedenen Säuren in Weingeist und setzt essigsaure Magnesia und Ammoniak zu, so lange noch ein Niederschlag entsteht. Man filtrirt, fügt eine alkoholische Lösung von Bleizucker und überschüssiges Ammoniak hinzu und lässt einige Tage stehen. Man zieht dann das hypogäsaure Blei mit Aether aus, fällt aus der ätherischen Lösung das Blei durch Schwefelwasserstoff, entfernt den Aether durch Destillation und krystallisirt aus Weingeist um.

Die Hypogäsäure bildet farblose Nadeln, sie schmilzt bei 34°—35° und ist in Alkohol und in Aether löslich. Sie färbt sich an der Luft gelb, indem sie sich allmälig oxydirt; die oxydirte Säure ist schwer krystallisirbar. Bei trockner Destillation liefert sie wesentlich Sebacinsäure (§. 1139). Ihr Verhalten zu schmelzendem Kalihydrat ist noch nicht untersucht. Von salpetriger Säure wird die Hypogäsäure in eine isomere, der Elaidinsäure (§. 1406) entsprechende Modification, die Gaïdinsäure übergeführt.

Die Gaïdinsäure: $\Theta_{16}H_{30}O_2$ schmilzt bei 38° und erstarrt beim Erkalten zu einer strahlig krystallinischen Masse; sie oxydirt sich nicht an der Luft.

Oelsäure *) (Oleïnsäure, Elainsäure): $\Theta_{18}H_{34}\Theta_2 = \left.\begin{matrix}\Theta_{18}H_{33}O\\ H\end{matrix}\right\}O.$ 1405.

Die Oelsäure findet sich als Glycerid in fast allen Fetten, in besonders grosser Menge in den flüssigen Fetten, den Oelen. Sie wurde schon von Chevreul dargestellt und nachher noch von vielen Chemikern untersucht. Ihre Reindarstellung lehrte zuerst Gottlieb 1846.

Darstellung. Zur Darstellung der Oelsäure eignen sich besonders Mandelöl, Olivenöl, Gänsefett, Schweineschmalz oder auch die rohe Oelsäure, die bei der Fabrication der Stearinsäure als Nebenproduct gewonnen wird. Die Darstellung reiner Oelsäure ist mit Schwierigkeiten verbunden, weil diese Säure aus der Luft Sauerstoff aufnimmt und dadurch ihre Krystallisationsfähigkeit verliert. Man verfährt zweckmässig in folgender Weise. Man verseift ein ölsäurereiches Fett (oder die rohe Oelsäure der Stearinfabrication) mit Kali- oder Natronlauge und zersetzt den erhaltenen Seifenleim durch Salzsäure. Aus dem abgeschiedenen Säuregemisch stellt man dann ein Bleisalz dar, indem man längere Zeit bei 100° mit Bleioxyd digerirt. Man zieht dieses Bleisalz mit Aether aus, wodurch nur ölsaures Blei gelöst wird; man schüttelt die ätherische Lösung mit überschüssiger wässriger Salzsäure, hebt die obere Schicht ab, und entfernt den Aether durch Destillation. Man erhält so rohe Oelsäure, d. h. Oelsäure, die durch die gebildeten Oxydationsproducte mehr oder weniger gefärbt und übelriechend geworden ist. — Zur weiteren Reinigung löst man in überschüssigem Ammoniak und fällt mit Chlorbaryum. Das erhaltene Barytsalz zieht man wiederholt mit kochendem

*) Vgl. bes. Gottlieb. Ann. Chem. Pharm. LVII. 38.

Alkohol aus und giesst jedesmal die heisse Lösung von der halb geschmolzenen Salzmasse ab. Aus der siedenden Lösung krystallisirt dann beim Erkalten ölsaurer Baryt, der noch 1 oder zweimal aus Alkohol umkrystallisirt werden muss. Das Barytsalz wird schliesslich mit Weinsäure zersetzt, die ausgeschiedene Oelsäure mit kaltem Wasser gewaschen und in einem Strom von Kohlensäure getrocknet.

Wenn die rohe, d. h. die aus dem in Aether löslichen Bleisalz dargestellte Oelsäure, nur wenig Oxydationsproducte enthält, so gelingt die Darstellung der reinen Oelsäure auch in folgender Weise. Man setzt die rohe Oelsäure längere Zeit einer Temperatur von —7° aus, die reine Oelsäure erstarrt krystallinisch, während die beigemengten Oxydationsproducte flüssig bleiben. Man presst in der Kälte aus, lässt die Säure schmelzen und kühlt von Neuem ab etc. Man wiederholt dies Verfahren mehreremal. Zuletzt löst man in wenig Alkohol und setzt nochmals der Kälte aus.

Die Oelsäure bildet blendend weisse Nadeln, die bei + 14° zu einer farblosen Flüssigkeit schmelzen, welche bei + 4° wieder krystallinisch erstarrt. Sie ist unlöslich in Wasser, sehr löslich in Alkohol und Aether. Selbst die alkoholische Lösung reagirt nicht auf Lackmus.

Die feste Oelsäure erleidet an der Luft keine Veränderung, die flüssige Säure dagegen zieht den Sauerstoff der Luft mit Begierde an, sie färbt sich dabei gelb, nimmt einen ranzigen Geruch an und verliert die Eigenschaft zu krystallisiren.

Zersetzungen. Die Oelsäure ist nicht flüchtig. Bei trockner Destillation liefert sie viel Sebacinsäure (§. 1139), ferner: Essigsäure, Caprylsäure und andre Säuren derselben homologen Reihe, Kohlensäure, Kohlenwasserstoffe etc. — Erhitzt man Oelsäure mit feuchtem Kalihydrat, so spaltet sie sich, unter Wasserstoffentwicklung, in Essigsäure und Palmitinsäure (Varrentrapp).

$$\underset{\text{Oelsäure.}}{\Theta_{18}H_{34}\Theta_2} + 2KH\Theta = \underset{\text{Palmitins. Kali.}}{\Theta_{16}H_{31}K\Theta_2} + \underset{\text{Essigs. Kali.}}{\Theta_2H_3K\Theta_2} + H_2$$

Wird Oelsäure mit Kalkhydrat und Natronkalk erhitzt, so entstehen wesentlich Kohlenwasserstoffe der Aethylenreihe, und zwar in vorwiegender Menge Propylen (§. 943), neben Aethylen, Butylen und Amylen (Berthelot).

Oxydirt man Oelsäure mit Salpetersäure, so entstehen einerseits flüchtige Säuren der Reihe $\Theta_nH_{2n}\Theta_2$, von der Essigsäure bis zur Caprinsäure *), andrerseits verschiedene Säuren der Reihe: $\Theta_nH_{2n-2}O_4$ (Bernsteinsäure etc. vgl. §§. 1134, 1138). Die Oelsäure reducirt das Silberoxyd.

Von salpetriger Säure wird die Oelsäure in eine isomere Modification, die Elaidinsäure übergeführt.

---

*) Vgl. bes. Redtenbacher. Ann. Chem. Pharm. LIX. 44.

Durch Einwirkung von Chlor oder Brom werden, nach Lefort, Substitutionsproducte erhalten, (Bichlor- und Bibromölsäure).

Versetzt man Olivenöl vorsichtig mit Schwefelsäure, so wird, nach Fremy *), neben Glycerinschwefelsäure, Sulfopalmitin- und Sulfostearinsäure, auch Sulfoölsäure gebildet. Diese wird von Wasser zersetzt; in der Kälte entsteht Metaoleïnsäure, in der Wärme Hydrooleïnsäure; beide liefern bei Destillation verschiedene Kohlenwasserstoffe der Reihe: $\Theta^n H_{2n}$, namentlich Caproylen und Caprylen (vgl. §. 945).

Oelsaure Salze. Die Salze der reinen Oelsäure sind noch wenig untersucht. Ihre Reindarstellung ist schwer, weil die Oelsäure neben den neutralen Salzen auch saure und basische Salze zu bilden im Stande ist. Nur die der Alkalien sind in Wasser löslich: die übrigen lösen sich in Alkohol und zum Theil (z. B. das Bleisalz) auch in Aether.

Oelsaurer Baryt: $\Theta_{18}H_{33}Ba\Theta_2$, fällt aus siedender alkoholischer Lösung beim Erkalten als weisses, lockeres Krystallpulver nieder; er schmilzt nicht bei 100°. Oelsaures Blei: $\Theta_{18}H_{33}Pb\Theta_2$, schmilzt bei 80°; löst sich in Aether, namentlich beim Erwärmen, und kann so von den Bleisalzen der Palmitinsäure Stearinsäure etc., die in Aether unlöslich sind, getrennt werden.

Aether der Oelsäure. Die Verbindungen der Oelsäure mit einatomigen Alkoholen sind bis jetzt nur wenig untersucht. Der Oelsäureäthyläther kann nach Varrentrapp durch Einleiten von Salzsäure in eine alkoholische Lösung von Oelsäure erhalten werden.

Besonders wichtig sind die Verbindungen der Oelsäure mit dem dreiatomigen Alkohol: Glycerin. Man kennt drei Verbindungen der Art, die den früher besprochenen Glyceriden der fetten Säuren (§. 1245) völlig analog sind.

$$\left.\begin{matrix}\overset{'''}{\Theta_3H_5}\\ (\Theta_{18}\overset{'}{H}_{33}\Theta)\\ H_2\end{matrix}\right\}\Theta_3 \qquad \left.\begin{matrix}\overset{'''}{\Theta_3H_5}\\ (\Theta_{18}H_{33}\Theta)_2\\ H\end{matrix}\right\}\Theta_3 \qquad \left.\begin{matrix}\overset{'''}{\Theta_3H_5}\\ (\Theta_{18}H_{33}\Theta)_3\end{matrix}\right\}\Theta_3$$

Mono-oleïn. Di-oleïn. Tri-oleïn.

Diese drei Verbindungen sind von Berthelot **) durch Erhitzen von Oelsäure mit Glycerin auf 200°—240° dargestellt worden. Das Trioleïn findet sich, wie oben schon erwähnt, fertig gebildet in den meisten Fetten und kann aus den an Oleïn reichen Fetten oder Oelen abgeschieden werden.

Selbst die an Oleïn reichsten Fette und Oele enthalten, neben Oleïn (Trioleïn) noch Palmitin, Stearin etc. Man setzt Mandelöl oder Olivenöl längere Zeit

---

*) Ann. Chem. Pharm. XIX. 296; XX. 50.

**) ibid. LXXXVIII. 308; XCII. 302.

einer Temperatur von etwa 0° aus, trennt den flüssigen Theil von dem erstarrten Palmitin etc. durch Abpressen, löst das Flüssige in dem dreifachen Volum heissen Alkohols und kühlt bis 0° (oder besser einige Grade unter 0°) ab. Dabei scheiden sich die Glyceride der fetten Säuren (Palmitinsäure, Stearinsäure etc.) mit einem Theil des Oleïns aus, während das meiste Oleïn in Lösung bleibt. Man entfernt den Alkohol durch Destillation und wäscht das zurückbleibende Oleïn mit Wasser.

Nach Kerwyck ist es geeignet das Oel erst 24 Stunden mit kalter Natronlauge zusammenzustellen, wodurch alles Palmitin, Stearin etc. verseift wird, während das Oleïn fast unangegriffen bleibt. Man setzt dann wässrigen Alkohol zu, hebt die obere, aus Oleïn bestehende Schicht ab, wäscht noch mehrmals mit verdünntem Alkohol und entfärbt mit Thierkohle.

Das Oleïn ist flüssig und erstarrt erst unter 0°; in reinem Zustand ist es völlig farblos und geruchlos. Es oxydirt sich leicht, schon durch Berührung mit dem Sauerstoff der Luft; dabei färbt es sich braun und nimmt einen ranzigen Geruch an. Von salpetriger Säure wird es in Elaïdin umgewandelt (§. 1406).

1406. Elaïdinsäure und Elaïdin *). Es wurde oben erwähnt, dass die Oelsäure bei Einwirkung von salpetriger Säure in eine isomere Modification, die Elaïdinsäure übergeführt wird. Das Glycerid der Oelsäure, das Oleïn ist derselben Umwandlung fähig, es geht bei Einwirkung von salpetriger Säure in das Glycerid der Elaïdinsäure in Elaïdin über.

Poutet beobachtete zuerst, 1819, dass das Oleïn des Olivenöls sich in eine feste Masse verwandelt, wenn man es mit einer Lösung von Quecksilber in Salpetersäure behandelt.

Boudet zeigte dann 1832, dass diese Umwandlung durch salpetrige Säure veranlasst wird.

Zur Darstellung von reiner Elaïdinsäure leitet man, durch reine Oelsäure einige Minuten lang und unter Abkühlen salpetrige Säure, wäscht das erstarrte Product mit Wasser und krystallisirt aus Alkohol um. — Man kann auch ölsauren Baryt, bei Gegenwart von Wasser mit der zur Zersetzung gerade hinreichenden Menge rother rauchender Salpetersäure übergiessen; die frei werdende Oelsäure geht dann allmälig in Elaïdinsäure über.

Das Elaïdin erhält man leicht durch Einleiten von salpetriger Säure in gereinigtes Oleïn. Man presst aus, löst in Aether und kühlt auf 0° ab, wodurch das Elaïdin krystallinisch ausfällt.

Die Gegenwart von Oxydationsproducten verhindert, oder verlangsamt wenigstens, diese moleculare Umwandlung der Oelsäure oder des Oleïns. Ein Ueberschuss von salpetriger Säure ist nachtheilig. In welcher Weise die salpetrige Säure wirkt und ob die von manchen Chemikern (Pelouze, Boudet, Gottlieb) beobachtete Ammoniakbildung ein die Umwandlung der Oelsäure nothwendig begleitendes Phaenomen ist, ist noch nicht ermittelt.

---

*) Boudet. Ann. Chem. Pharm. IV. 1; Laurent, ibid. XXVIII. 253; Meyer, ibid. XXXV. 174; Gottlieb, ibid. LVII. 33; Varrentrapp. ibid. XXXV. 211. — Boudet u. Pelouze. ibid. XXIX. 41.

Die **Elaïdinsäure** krystallisirt leicht in perlmutterglänzenden Tafeln. Sie schmilzt bei 45° und ist, wenigstens in einer sauerstofffreien Atmosphäre, unverändert flüchtig; sie löst sich leicht in Alkohol, weniger in Aether, nicht in Wasser.

In geschmolzenem Zustand absorbirt sie allmälig den Sauerstoff der Luft und bildet ein ranzig riechendes und beim Erkalten flüssigbleibendes Oxydationsproduct. Beim Schmelzen mit Kalihydrat scheint sie, wie die Oelsäure, in Palmitinsäure und Essigsäure zu zerfallen.

Das **Elaïdin** schmilzt bei 32° (oder 38° Duffy), es löst sich leicht in Aether, wenig in Alkohol. Beim Verseifen liefert es Glycerin und elaïdinsaures Salz.

Die elaïdinsauren Salze sind, zum Theil, leicht krystallisirbar. Das **Ammoniak-**, das **Kali-** und das **Natronsalz** krystallisiren aus alkoholischer Lösung; das letztere in grossen perlmutterglänzenden Platten. Das **Silbersalz** ist ein in Wasser wenig löslicher Niederschlag; es löst sich beim Erhitzen in wässrigem Ammoniak und scheidet sich beim Erkalten krystallinisch aus.

Die übrigen der §. 1392 aufgeführten Säuren: $\Theta_nH_{2n-2}\Theta_2$ sind noch sehr wenig untersucht und zum Theil sogar zweifelhaft. Es genügen daher wenige Angaben. 1407.

Damalursäure: $\Theta_7H_{12}\Theta_2$. Sie ist, nach Städeler *), neben zahlreichen andern Substanzen, in den flüchtigen Säuren des Kuhharns enthalten. Dieselbe Quelle liefert gleichzeitig, aber in noch geringerer Menge, **Damolsäure**: $\Theta_{13}H_{24}\Theta_2$?

Moringasäure: $\Theta_{15}H_{28}\Theta_2$ hat Walter **) eine bei etwa 0° fest werdende Säure genannt, die er neben Bensäure (§. 901) und anderen fetten Säuren aus dem Behenöl, dem fetten Oel der Behennüsse (Moringa aptera) dargestellt hatte. Dieselbe Zusammensetzung hat die **Cimicinsäure**: $\Theta_{15}H_{28}\Theta_2$. Sie ist, nach Carius ***) in der grauen Blattwanze (Raphigaster punctipennis, zum Geschlecht Cimex gehörig) enthalten und kann durch Aether ausgezogen werden. Sie schmilzt bei 44° und gibt beim Schmelzen mit Kalihydrat Essigsäure, vielleicht neben Cocinsäure ($\Theta_{13}H_{26}\Theta_2$, §. 901).

Döglingsäure: $\Theta_{19}H_{36}\Theta_2$. Diese der Oelsäure sehr ähnliche Säure findet sich, nach Scharling †), in Verbindung mit dem, dem Aethal (§. 699) ähnlichen, Döglal, im Döglingthran (von Balaena rostrata).

Brassicasäure, Erucasäure: $\Theta_{22}H_{42}\Theta_2$. Darby ††) erhielt aus dem fetten Oel des schwarzen und des weissen Senfs die bei 34° schmelzende Erucasäure. Die Brassicasäure erhielt Websky aus dem Rapsöl. Städeler †††) machte

*) Ann. Chem. Pharm. LXXVII. 27.
**) ibid. LX. 271.
***) ibid. CXIV. 147.
†) Jahresb. 1847—48, 567. Vgl. auch Ann. Chem. Pharm. XCVI. 236. Otto, ibid. CXXVII. 182.
††) Ann. Chem. Pharm. LXIX. 1.
†††) ibid. LXXXVII. 133.

auf die Identität beider Säuren aufmerksam. Nach Otto erleidet die Erucasäure durch salpetrige Säure keine Umwandlung und sie liefert auch beim Schmelzen mit Kalihydrat weder Essigsäure noch Arachinsäure.

An die im Vorhergehenden beschriebenen Säuren schliessen sich noch zwei andere Säuren an, die bis jetzt zu wenig untersucht sind, als dass ihnen mit einiger Sicherheit eine Stelle im System angewiesen werden könnte; es sind dies: die Leinölsäure und die Ricinusölsäure.

1408. **Leinölsäure** (trocknende Oelsäure). In den trocknenden Oelen (dem Leinöl, Nussöl, Mohnöl, Hanföl, Madiaöl) ist eine Säure enthalten, die jedenfalls von der eigentlichen Oelsäure (§. 1405) verschieden ist. Die Säure des Leinöls ist von Sacc und in neuerer Zeit wieder von Schüler *) untersucht worden. Nach den Analysen des letzteren kommt der freien Säure die Formel: $\Theta_{16}H_{28}\Theta_2$ zu, aber diese Formel ist bis jetzt weder durch Untersuchung der Salze noch durch das Studium der Metamorphosen der Leinölsäure bestätigt.

Sollte sich diese Formel bestätigen, so stünde die Leinölsäure in sehr einfacher Beziehung zu der mit der Oelsäure homologen Hypogäsäure und zur Palmitinsäure:

$$\underbrace{\Theta_{16}H_{32}\Theta_2 \quad \Theta_{16}H_{30}\Theta_2}_{-H_2} \quad \underbrace{\quad \Theta_{16}H_{28}\Theta_2}_{-H_2}$$

Palmitinsäure.	Hypogäsäure.	Leinölsäure.
$\Theta_{16}H_{32}\Theta_2$	$\Theta_{16}H_{30}\Theta_2$	$\Theta_{16}H_{28}\Theta_2$

1409. **Ricinölsäure** **): $\Theta_{18}H_{34}\Theta_3$. Im Ricinusöl (dem fetten Oel aus den Samen von Ricinus communis) ist eine eigenthümliche Säure enthalten, die wesentlich von Saalmüller und von Svanberg und Kolmodin untersucht worden ist.

Die Ricinölsäure unterscheidet sich von der Oelsäure durch 1 At. Θ, welches sie mehr enthält, sie könnte demnach zur Oelsäure in derselben Beziehung stehen, wie die Glycolsäure zur Essigsäure, die Milchsaure zur Propionsäure etc. Die bis jetzt studirten Zersetzungen der Ricinölsäure lassen es wahrscheinlich erscheinen, dass diese Beziehung eine rein äusserliche ist.

Andererseits unterscheidet sich die Ricinölsäure von der Stearinsäure durch den Mindergehalt von 2 At H und den Mehrgehalt von 1 At. Θ. Sie steht also zur Stearinsäure in derselben Beziehung wie die Essigsäure zum Alkohol:

$$\left.\begin{matrix}\Theta_{18}H_{35}\Theta \\ H\end{matrix}\right\}\Theta \qquad\qquad \left.\begin{matrix}\Theta_{18}H_{33}\Theta_2 \\ H\end{matrix}\right\}\Theta$$

Stearinsäure. Ricinölsäure.

---

*) Sacc. Ann. Chem. Pharm. LI. 213; Schüler, ibid. CI. 252.

**) Vgl. bes. Saalmüller. Ann. Chem. Pharm. LXIV. 108; Svanberg u. Kolmodin, Jahresb. 1. 564; Bouis. Ann. Chem. Pharm. LXXX. 303 und Jahresb. 8. 522.

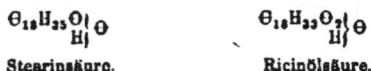

und wie die mit ihr homologe Brenztraubensäure zur Propionsäure (vgl. §§. 1336 u. 1419). Nimmt man nun an, dass das zweite Atom Sauerstoff nicht in der Nähe des typischen Sauerstoffs, sondern vielmehr im Inneren des Molecüls befindlich, so findet nicht nur die Thatsache, dass die Ricinölsäure einbasisch, sondern auch ihr Zerfallen zu Sebacinsäure und Caprylalkohol eine einfache Deutung. Man könnte diese Ansicht durch die folgende Formel ausdrücken, nach welcher die Ricinölsäure zur Sebacinsäure (vgl. §. 1139 und §. 1106 Anmerk.) in ähnlicher Beziehung steht wie die Essigsäure zur Kohlensäure:

Kohlensäure.	Essigsäure.	Sebacinsäure.	Ricinölsäure.
$\begin{matrix}H\\ \Theta\overset{''}{\Theta}\\ H\end{matrix}\begin{matrix}\}\Theta\\ \\ \}\Theta\end{matrix}$	$\begin{matrix}\Theta\overset{''}{\Theta}\\ H\end{matrix}\begin{matrix}\{\overset{'}{\Theta}H_3\\ \}\Theta\end{matrix}$	$\begin{matrix}H\\ \Theta\overset{''}{\Theta}\\ \Theta\overset{''}{\Theta}\\ H\end{matrix}\begin{matrix}\}\Theta\\ \}\overset{''}{\Theta}_8H_{16}\\ \}\Theta\end{matrix}$	$\begin{matrix}\Theta\overset{''}{\Theta}\\ \Theta\overset{''}{\Theta}\\ H\end{matrix}\begin{matrix}\{\overset{'}{\Theta}_8H_{17}\\ \}\overset{''}{\Theta}_8H_{16}\\ \}\Theta\end{matrix}$

Darstellung. Die Ricinölsäure kann genau auf dieselbe Weise dargestellt werden, die oben gelegentlich der Oelsäure angegeben wurde (§. 1405). Man verseift mit Natronlauge, zersetzt die ausgesalzene Seife mit Salzsäure und stellt aus dem Säuregemisch durch digeriren mit Bleioxyd ein Bleisalz dar. Man zieht das ricinölsaure Blei mit Aether aus, zersetzt durch Schütteln mit wässriger Salzsäure, dampft den Aether ab, löst die zurückbleibende Säure in Ammoniak und fällt mit Chlorbaryum. Man krystallisirt den ricinölsauren Baryt mehrmals aus warmem Alkohol um und zersetzt schliesslich mit Salzsäure. — Nach Bouis ist das Ricinolamid sehr geeignet zur Darstellung der Ricinölsäure, insofern es durch mässig verdünnte Schwefelsäure schon in der Kälte zu schwefelsaurem Ammoniak und Ricinölsäure zerlegt wird.

Die Ricinölsäure ist bei gewöhnlicher Temperatur flüssig, sie erstarrt bei 0° krystallinisch. Sie ist unlöslich in Wasser, löslich in Alkohol und in Aether. Von salpetriger Säure wird sie in eine feste Substanz übergeführt, die wahrscheinlich eine der Ricinölsäure isomere Modification ist (Ricinelaïdinsäure).

Bei der trocknen Destillation wird die Ricinölsäure zersetzt, die Zersetzungsproducte sind noch nicht näher untersucht, aber es ist nachgewiesen, dass sie keine Sebacinsäure enthalten.

Bei Destillation mit überschüssigem Natronhydrat zerfällt die Ricinölsäure in sebacinsaures Natron und Caprylalkohol (§. 697, 1139).

$$\Theta_{18}H_{34}\Theta_3 + 2NaH\Theta = C_{10}H_{16}Na_2\Theta_4 + \Theta_8H_{18}\Theta + H_2$$

Ricinölsäure. Sebacins. Natron. Caprylalkohol.

Es wurde früher schon erwähnt (§. 697), dass der so erhaltene Caprylalkohol von manchen Chemikern für Oenanthylalkohol gehalten wird und ferner, dass neben diesem Alkohol und bisweilen in überwiegender Menge ein aldehydartiger Körper erhalten wird, den man anfangs für Caprylaldehyd hielt, später aber als Methyl-önanthol erkannte (vgl. § 921).

Die ricinölsauren Salze sind meist krystallisirbar, sie lösen sich fast sämmtlich in Alkohol, einige auch in Aether.

Das Barytsalz: $\Theta_{18}H_{33}Ba\Theta_3$ wird aus wässeriger ammoniakhaltiger Lösung als käsiger Niederschlag gefällt; es krystallisirt aus warmem Alkohol in weissen Blättchen. Das Bleisalz ist in Aether löslich.

Von den Aethern der Ricinölsäure ist nur die Aethylverbindung dargestellt. Das Glycerid der Ricinölsäure macht den Hauptbestandtheil des Ricinusöls aus, es konnte bis jetzt nicht rein erhalten werden. Durch salpetrige Säure wird es in eine feste Modification umgewandelt.

Ricinolamid *): $\Theta_{18}H_{35}\Theta_2N = \left.\begin{matrix}\Theta_{18}H_{33}\Theta_2\\ H\\ H\end{matrix}\right\}N$. Man erhält diese Verbindung, indem man Ricinusöl mit alkoholischer Ammoniaklösung mehrere Wochen stehen lässt oder einige Tage in einem Bad von Salzwasser erhitzt. Das Ricinolamid krystallisirt in kleinen Warzen, die bei 66° schmelzen, es ist unlöslich in Wasser, löslich in Alkohol und Aether. Von Säuren wird es schon in der Kälte zersetzt, indem Ricinölsäure und das Ammoniaksalz der angewandten Säure entstehen. Alkalien bewirken dieselbe Zersetzung, aber erst beim Erhitzen; gleichzeitig entstehen secundäre Zersetzungsproducte.

Ricinelaïdinsäure **) oder Palminsäure hat man die bei Einwirkung von salpetriger Säure auf Ricinölsäure entstehende Substanz genannt. Sie ist wahrscheinlich isomer mit Ricinölsäure, ihre Zusammensetzung ist indess nicht mit Sicherheit festgestellt. Sie schmilzt bei 50° und krystallisirt in seidenglänzenden Nadeln. Das Glycerid dieser Säure ist das bei Einwirkung von salpetriger Säure auf Ricinusöl entstehende Ricinelaïdin oder Palmin, es schmilzt bei 45°.

Bemerkungen über die technische Verwendung der Fette.

1410. Eine auch nur einigermassen ausführliche Beschreibung der auf Verwendung der Fette und Oele begründeten industriellen Methoden würde die Grenzen dieses Lehrbuchs weit überschreiten; da indessen die Principien dieser technischen Verfahren auch wissenschaftlich grosses Interesse darbieten, so mögen sie hier kurz zusammengestellt werden.

Die thierischen und die vegetabilischen Fette und Oele sind meistens Glyceride, d. h. Aetherarten des dreiatomigen Alkohols Glycerin (§. 1245). Alle bis jetzt näher untersuchten Fette oder Oele hat man als Tri-glyceride erkannt, d. h. als Glycerin, in welchem die drei typischen Wasserstoffatome durch einatomige Säureradicale ersetzt sind; die meisten sind Gemenge verschiedener solcher Glycerinverbindungen. Gewöhnlich findet man die Glyceride von einer oder von mehreren Säuren aus der Reihe der „fetten Säuren" (§§. 828 ff.) neben dem Glycerid

*) Bouis. Ann. Chem. Pharm. LXXX. 303.

**) Vgl. bes. Playfair. Ann. Chem. Pharm. LX. 322; Bouis. Jahresb. 8. 523.

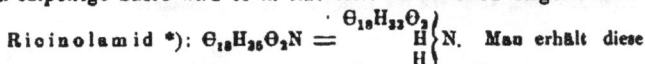

der Oelsäure oder einer andern derselben homologen Reihe zugehörigen Säure (§§. 1392 ff.). Am weitesten verbreitet in den Fetten und Oelen sind die folgenden drei Glyceride:

$$\left.\begin{matrix}\overset{'''}{\Theta_3}H_5\\(\Theta_{16}H_{31}\Theta)_3\end{matrix}\right\}\Theta_3 \qquad \left.\begin{matrix}\overset{'''}{\Theta_3}H_5\\(\Theta_{18}H_{35}\Theta)_3\end{matrix}\right\}\Theta_3 \qquad \left.\begin{matrix}\overset{'''}{\Theta_3}H_5\\(\Theta_{18}H_{33}\Theta)_3\end{matrix}\right\}\Theta_3$$

Tri-palmitin. Tri-stearin. Tri-olein.

Die beiden ersteren, und ebenso die in manchen Fetten aufgefundenen Glyceride der Laurinsäure, Myristinsäure und Arachinsäure (§§. 901, 903) sind fest; das Triolein und die Glyceride der mit der Oelsäure homologen Säuren sind flüssig. Die Consistenz eines Fettes hängt wesentlich von der Natur und dem Mengenverhältniss dieser Bestandtheile ab. Die festen Fette sind reich an Palmitin und Stearin; in den Oelen waltet das Olein vor.

Einige Oele, namentlich das Leinöl und andre trocknende Oele, enthalten statt des Oleïns die Glycerinverbindung der trocknenden Oelsäure (§. 1408); im Ricinusöl ist das Glycerid der Ricinusölsäure enthalten (§. 1409). — Einige Fettarten, besonders der Wallrath und die gewöhnlich als Wachs bezeichneten Körper (Bienenwachs, chinesisches Wachs etc.) enthalten statt des Glycerins einatomige Alkohole, sie sind Aetherarten des Cetylalkohols, des Myricylalkohols und des Cerylalkohols (vgl. §. 908).

Die Darstellung, Reinigung und directe Verwendung der natürlichen Fette und Oele kann hier nicht besprochen werden.

Auf der Zersetzung der natürlichen Glyceride beruht die Fabrication des Stearins, die Fabrication der Seifen und die Darstellung der Pflaster.

Zum Verständniss dieser Operationen muss man sich zunächst daran erinnern, dass alle Glyceride, als Aetherarten, die Fähigkeit besitzen durch Aufnahme von Wasser sich in ihre Generatoren, also in Glycerin und eine Säure, zu spalten. Z. B.:

$$\left.\begin{matrix}\overset{'''}{\Theta_3}H_5\\(\Theta_{16}H_{31}\Theta)_3\end{matrix}\right\}\Theta_3 + 3H_2\Theta = \left.\begin{matrix}\overset{'''}{\Theta_3}H_5\\H_3\end{matrix}\right\}\Theta_3 + 3\left.\begin{matrix}\Theta_{16}H_{31}\Theta\\H\end{matrix}\right\}\Theta$$

Tri-palmitin. Glycerin. Palmitinsäure.

$$\left.\begin{matrix}\overset{'''}{\Theta_3}H_5\\(\Theta_{18}H_{33}\Theta)_3\end{matrix}\right\}\Theta_3 + 3H_2\Theta = \left.\begin{matrix}\overset{'''}{\Theta_3}H_5\\H_3\end{matrix}\right\}\Theta_3 + 3\left.\begin{matrix}\Theta_{18}H_{33}O\\H\end{matrix}\right\}\Theta$$

Triolein. Glycerin. Oelsäure.

Diese Spaltung der Glyceride wird im Allgemeinen Verseifung genannt. Sie erfolgt schon durch Wasser allein, aber erst bei verhältnissmässig hoher Temperatur. Sie findet bei weitem leichter statt, wenn statt des Wassers eine zur Bindung der entstehenden Säuren hinreichende Menge von Base (Kali, Natron oder Kalk) angewandt wird; statt der Säuren entstehen dann natürlich die Salze dieser Säuren. Die Verseifung durch Wasser wird durch die Gegenwart einer selbst geringen Menge von Base und ebenso durch die Gegenwart einer geringen Menge von Säure (z. B. Schwefelsäure) erleichtert.

Die Spaltung der Glyceride kann ferner durch concentrirte, oder wenigstens verhältnissmässig concentrirte Schwefelsäure vermittelt werden. Dabei entsteht zunächst eine Schwefelsäureverbindung des Glycerins, die Glycerinschwefelsäure (§. 1242) und, wie es scheint auch Schwefelsäureverbindungen der in dem Fett enthaltenen Säuren (Sulfostearinsäure, Sulfoleïnsäure etc. vgl. §. 1405). Durch Einwirkung von Wasser werden dann diese Schwefelsäureverbindungen zersetzt, es entstehen: wässrige Schwefelsäure, freies Glycerin und freie Säuren.

Seife. Als Seifen bezeichnet man im Allgemeinen die Salze der in den natürlichen Fetten enthaltenen Säuren; man reservirt den Namen Seife specieller für die Kali- und die Natronsalze dieser Säuren. Die Kaliseifen sind stets weich (Schmierseife), die Natronseifen verhältnissmässig hart. Die Consistenz einer Seife hängt ausserdem ab von der Menge des eingeschlossenen Wassers und ferner von der Natur der sie bildenden Säuren. Oleïnreiche Fette oder Oele geben weichere Seifen als Talg, oder ähnliche Substanzen, die viel Palmitin oder Stearin enthalten. Die Seifen sind löslich in Wasser, namentlich in der Siedhitze; sie sind unlöslich in concentrirten Salzlösungen und in stark alkalischen Laugen. Zur Verseifung darf daher keine allzu concentrirte Lauge und namentlich kein zu grosser Ueberschuss von Lauge angewandt werden. Setzt man zur heissen wässrigen Lösung der Seife Kochsalz, eine gesättigte Kochsalzlösung oder eine starke alkalische Lauge, so scheidet sich die Seife als oben aufschwimmende Brocken oder halbflüssige beim Erkalten festwerdende Masse aus (Aussalzen, Kernseife). Wird zum Verseifen Kalilauge angewandt und die gebildete Seife dann durch Kochsalz ausgesalzen, so besteht die Seife wesentlich aus Natronsalzen. Die Concentration der kochsalzhaltigen Lauge bedingt den Wassergehalt der Seife.

Eine einigermassen concentrirte heisse wässrige Lösung von Natronseife (Seifenleim) bildet beim Erkalten eine gelatinöse Masse. Wird die Verseifung mit einer verhältnissmässig concentrirten Natronlauge vorgenommen, so erstarrt das Product zu einer halbfesten Masse; die Seife schliesst dann das gebildete Glycerin und eine beträchtliche Menge Wasser ein, sie enthält meist unzersetztes Fett und freies Alkali (Füllseife, wassersüchtige Seife). Dasselbe gilt von den Kaliseifen (weiche Seifen. Schmierseifen).

Erwähnung verdient noch das Verhalten der Seifen gegen Wasser. Wird einer heissen concentrirten Seifenlösung viel kaltes Wasser zugesetzt, so scheidet sich ein perlmutterglänzender Niederschlag aus, der aus sauren Salzen der Palmitinsäure oder Stearinsäure besteht. Die Seife zerfällt also in ein in Wasser wenig lösliches saures Salz, während die

Lösung ein basisches Salz, oder vielleicht freies Alkali, enthält. Auf diesem Zerfallen beruht, zum Theil wenigstens, das Reinigungsvermögen der Seifen, die Eigenschaft nämlich Fette aufzulösen. Enthält das mit der Seife zusammengebrachte Wasser Kalksalze (harte Wasser), so entsteht durch doppelte Zersetzung ein in Wasser unlösliches Kalksalz, es wird also so viel Seife verloren als zur Bindung des Kalkes nöthig ist.

Pflaster. Das gewöhnliche Bleipflaster wird durch Kochen eines natürlichen Fettes oder Oeles mit Bleioxyd (oder kohlensaurem Blei) und Wasser dargestellt. Es enthält demnach die Bleisalze, und zwar meist basischen Bleisalze, der in dem angewandten Fett enthaltenen Säuren. Man bereitet das Bleipflaster meist aus Olivenöl, es besteht dann wesentlich aus ölsaurem Blei. Die Gewinnung des Glycerins als Nebenproduct bei Darstellung des Bleipflasters wurde §. 1240 erwähnt.

Stearin. Als Stearin bezeichnet man ein Gemenge der aus natürlichen Fetten oder Oelen dargestellten festen fetten Säuren. Die Zusammensetzung des Stearins, und folglich auch sein Schmelzpunct (vgl. §. 903), wechselt mit der Natur des angewandten Materials. Da meist Talg oder Palmöl zur Darstellung angewandt werden, so enthält das Stearin gewöhnlich viel Palmitinsäure mit mehr oder weniger Stearinsäure.

Von den verschiedenen Operationen der Stearinfabrication kann hier nur die Verseifung näher besprochen werden. Das durch Verseifung gewonnene Gemenge sämmtlicher im angewandten Fett enthaltenen Säuren wird nachher (erst kalt, dann warm) ausgepresst um die Oelsäure und andre etwa vorhandene flüssige Säuren zu entfernen.

Die in der Stearinfabrication zur Verseifung angewandten Methoden sind, nach dem was oben über die Zersetzungen der Glyceride gesagt wurde, leicht verständlich.

a) Verseifen durch Kalk. Das erste Verfahren der Stearinfabrication war von Gay-Lussac und Chevreul 1825 patentirt worden. Man verseifte mit Kali- oder Natronlauge und zersetzte die Seife durch eine Säure. Das jetzt noch sehr vielfach angewandte Verfahren der Verseifung durch Kalk wurde 1829 von Milly und Motard angegeben. Man erhitzt das Fett mit Wasser und einer zur Zersetzung hinreichenden Menge von Kalkhydrat und zersetzt die ausgewaschene Kalkseife durch Schwefelsäure. Ein später (1854) von Milly angegebenes Verfahren hat die Menge des Kalkes und folglich die Menge der zur Zersetzung der Kalkseife angewandten Schwefelsäure sehr vermindert. Es ist dann eine höhere Temperatur nöthig und die Verseifung muss folglich in geschlossenen Apparaten (Autoclaven) vorgenommen werden. Nimmt man auf 100 Th. Talg 2,5 Th. Kalk, so muss auf 170° — 180° (8 Atmosphären) erhitzt werden.

b) Verseifen durch Wasser und Wasserdampf. Die Methode der Verseifung durch Wasser wurde zuerst von Tilghmann und fast gleichzeitig von Melsens angegeben. In Tilghmann's Verfahren wird ein Gemenge von Fett und Wasser durch eine eiserne Spirale, die in einem Block von Eisen erhitzt wird, durchgepresst. Dasselbe Princip kommt im Apparat von Wright und Fouché zur Ausführung. Der Apparat besteht aus zwei in einiger Entfernung übereinanderstehenden Cylindern (Autoclaven), die durch Röhren mit einander in Verbindung sind. Er ist so eingerichtet, dass die im unteren Cylinder erhitzte Flüssigkeit fortwährend in beiden Cylindern circulirt. Man erhitzt auf 180°, 190° oder 200° (10, 12, 15 Atmosphären).

Viele Fabricanten haben es zweckmässig gefunden dem zur Verseifung dienenden Wasser 1—2 pCt. Schwefelsäure zuzusetzen.

Die Verseifung durch Wasserdampf allein ist in der berühmten Stearinfabrik von Price in London in Anwendung. Das von Wilson angegebene Verfahren besteht darin stark überhitzten Wasserdampf in das in einem Destillirapparat befindliche Fett einzuleiten. Die fetten Säuren und das Glycerin destilliren direct mit den Wasserdämpfen über. Das Verfahren ist nur für Palmöl anwendbar. Die Verseifung findet bei 290° statt. — Es wurde früher schon erwähnt, dass bei diesem Verfahren reines Glycerin als Nebenproduct gewonnen werden kann (vgl. §. 1240).

c) Verseifen durch Schwefelsäure und Destillation des Productes. Auch die Methode der Verseifung durch Schwefelsäure ist, dem Princip nach, schon in den älteren Angaben von Gay-Lussac und Chevreul enthalten. Der chemische Vorgang bei dieser Verseifung wurde wesentlich von Fremy erforscht; er ist oben schon angedeutet.

In Bezug auf die Ausführung könnte man zwei Methoden unterscheiden, je nach dem verhältnissmässig verdünnte oder stark concentrirte Schwefelsäure mit dem Fett zusammengebracht wird.

In dem ursprünglichen Verfahren von G. Gwynne, G. Wilson und W. Colley Jones wurden in das erwärmte Fett 37 pCt. Schwefelsäure von 66° eingetragen und dann etwa 24 Stunden auf 90°—92° erhitzt. Man fand bald, dass die Menge der Schwefelsäure beträchtlich vermindert werden kann (für manche Fette genügen 5—9 pCt.); in demselben Masse aber muss die Temperatur erhöht werden (bei wenig Schwefelsäure bis 115°).

Wird concentrirte Schwefelsäure mit heissem Fett zusammengebracht, so findet die Spaltung des Fettes fast augenblicklich statt. Das ursprüngliche Verfahren von Knab brachte 1 Th. auf 120° erhitzte Schwefelsäure zu 2 Th. auf 100° erhitztem Fett. Man fand bald, dass die Menge der Schwefelsäure zu gross ist und verringerte sie allmälig auf 30, dann auf 15 und zuletzt auf 4—5 pCt. Die Zersetzung ist bei 10—15 pCt. Schwefelsäure immer noch in etwa 2 Minuten beendigt; sie erfordert eine um so höhere Temperatur je geringer die Menge der angewandten Schwefelsäure (bei 4 pCt. Schwefelsäure muss das Fett auf etwa 115° erhitzt werden).

Wenn das Fett nach der einen oder der anderen dieser Methoden durch Schwefelsäure zersetzt worden ist, so wird es noch längere Zeit mit Wasser oder Wasserdampf erhitzt. Dadurch werden nicht nur die entstandenen Schwefelsäureverbindungen zersetzt, es wird auch, namentlich wenn wenig Schwefelsäure angewandt wurde, die Zersetzung des Fettes zu Ende geführt. Schliesslich werden die ausgewaschenen Säuren für sich oder mit überhitztem Wasserdampf destillirt.

Wird die Zersetzung der Fette mit verhältnissmässig verdünnter Schwefelsäure oder mit wenig concentrirter Schwefelsäure vorgenommen, so wird nur ein Theil des Glycerins verkohlt, während ein andrer Glycerinschwefelsäure erzeugt, die dann durch das Kochen mit Wasser zerlegt wird. Wendet man eine grössere Menge concentrirter Schwefelsäure an, so entstehen viel theerartige Producte; die Zerstörung erstreckt sich dann nicht nur auf das Glycerin, sondern auch auf einen mehr oder weniger grossen Theil der Oelsäure und, wie es scheint, selbst auf die festen fetten Säuren. Ob bei der Destillation der mit Schwefelsäure verseiften Fette aus der Oelsäure Elaïdinsäure gebildet wird, ist noch nicht mit voller Sicherheit nachgewiesen, scheint aber sehr wahrscheinlich. Die flüssige Oelsäure dieses Destillates scheint von der gewöhnlichen Oelsäure verschieden zu sein; sie gibt mit salpetriger Säure keine Elaïdinsäure, soll aber bei Behandlung mit concentrirter Schwefelsäure feste Fettsäuren erzeugen (vgl. §. 1405 Metaoleïnsäure etc.).

Zweiatomige Verbindungen.

Kohlenwasserstoffe: $\Theta_n H_{2n-2}$.

Gerade so wie mit den gewöhnlichen Alkoholen eine Reihe von ebenfalls einatomigen Alkoholen parallel läuft, die 2 Atome Wasserstoff weniger enthalten, so läuft auch neben den aus jenen Alkoholen erzeugbaren Kohlenwasserstoffen: $\Theta_n H_{2n}$ eine Reihe von um 2 At. Wasserstoff ärmeren Kohlenwasserstoffen her. 1411.

Man kennt verschiedene Kohlenwasserstoffe von der Zusammensetzung $\Theta_n H_{2n-2}$, aber man hat bis jetzt nur einen derselben, das Acetylen: $\Theta_2 H_2$, näher untersucht. Man hat namentlich nur für das Acetylen nachgewiesen, dass es auch thatsächlich zum Aethylen in so einfacher Beziehung steht, wie es die Formeln ausdrücken (§. 1373).

$$\underset{\text{Aethylen.}}{\Theta_2 H_4} - H_2 = \underset{\text{Acetylen.}}{\Theta_2 H_2}$$

An das Acetylen schliessen sich noch das Allylen: $\Theta_3 H_4$ und das Crotonylen: $\Theta_4 H_6$ an, welche offenbar zum Propylen (§. 943) und zum Butylen (§. 944) in derselben Beziehung stehen, wie das Acetylen zum Aethylen, z. B.:

$$\Theta_3H_6 - H_2 = \Theta_3H_4$$

Propylen. Allylen.

Auch das isolirte Radical des Glycerins und des Allylalkohols (§. 1382), das Allyl: Θ_6H_{10} hat die Zusammensetzung eines Kohlenwasserstoffs dieser Reihe. Es bleibt indessen noch zu entscheiden, ob es wirklich zum Caproylen (§. 945) in naher verwandtschaftlicher Beziehung steht.

Ausser diesen Verbindungen kennt man noch eine Anzahl andrer Kohlenwasserstoffe, die wenigstens ihrer Zusammensetzung nach in diese Reihe gerechnet werden können. Die meisten dieser Kohlenwasserstoffe sind sehr wenig untersucht, sie sollen, wenn überhaupt etwas Näheres über sie bekannt ist, gelegentlich der Substanzen besprochen werden, aus welchen sie erzeugt werden; hier genügt es sie übersichtlich zusammenzustellen:

1412. Kohlenwasserstoffe: Θ_nH_{2n-2}.

Θ_2H_2. Acetylen (§. 1413).

Θ_3H_4. Allylen (§. 1416).

Θ_4H_6. Crotonylen (§. 1417). Dieselbe Zusammensetzung hat auch das Kautschen; es entsteht, nach Bouchardat *), neben Butylen (§. 944) bei der trocknen Destillation von Kautschouk, es bildet bei niederen Temperaturen weisse Krystallnadeln, die bei − 10° schmelzen: es siedet bei 14°,5.

Θ_5H_8. Nach Couerbe **) findet sich dieser Kohlenwasserstoff in der durch Zusammenpressen des aus Harz bereiteten Leuchtgases gewonnenen Flüssigkeit. Er siedet bei 50°; Dampfdichte: 2,354. — Dieselbe Flüssigkeit enthält auch den Kohlenwasserstoff:

Θ_6H_{10}. Siedep. 65°−70°; Dampfdichte: 2,637. — Diese Formel kommt ausserdem dem Radical Allyl zu (§. 1418).

Θ_8H_{14}. Conylen. Von Wertheim ***) als Zersetzungsproduct des Coniins erhalten.

Θ_9H_{16}. Campholen. Entsteht bei Destillation der Camphersäure mit Phosphorsäure (Delalande) †).

$\Theta_{10}H_{18}$. Man kennt mindestens drei Kohlenwasserstoffe von dieser Zusammensetzung.

1) Sebacin, erhalten durch Destillation von sebacinsaurem Kalk mit überschüssigem Kalk (§. 1139).

2) Menthen; aus Menthencampher bei Destillation mit Schwefelsäure oder wasserfreier Phosphorsäure (Walter).

---

*) Ann. Chem. Pharm. XXVII. 30.

**) Ann. Chim. Phys. LXIX. 184. J. pr. Chem. 18. 165.

***) Ann. Chem. Pharm. CXXIII. 182.

†) ibid. XXXVIII. 340.

8) Camphin. Aus Campher, bei Destillation mit Jod (Claus).

$\Theta_{12}H_{22}$. Naphtol; findet sich, nach Pelletier und Walter, in dem Steinöl von Amiano.

Acetylen: Θ_2H_2. 1418.

Das Acetylen wurde schon 1836 von Edm. Davy beobachtet *). Er erhielt es aus der schwarzen Masse, die bei der Bereitung des Kaliums aus geglühtem Weinstein und Kohle häufig neben dem Kalium übergeht und die wahrscheinlich Kohlenstoffkalium enthält, durch directe Einwirkung von Wasser. Die Beobachtung von Davy war fast vergessen, bis 1860 Berthelot **) dasselbe Gas auf völlig verschiedene Weise darstellte und einer ausführlicheren Untersuchung unterwarf.

Schon vorher hatten Quet ***) und Böttger †) die explodirenden Kupfer- und Silberverbindungen des Acetylens dargestellt; der erstere aus dem Gas, welches bei Einwirkung des Inductionsfunkens auf mit Kali versetzten Alkohol entsteht, der zweite aus Leuchtgas. Beide hatten beobachtet, dass die Kupferverbindung beim Erwärmen mit Salzsäure ein mit leuchtender Flamme brennendes Gas entwickelt, aber sie hatten dieses Gas nicht näher untersucht. Dies that zuerst Berthelot. Berthelot fand zunächst, dass das Acetylen sehr häufig entsteht, wenn organische Substanzen durch Hitze zersetzt werden; er erhielt es namentlich, indem er Aethylen, oder die Dämpfe von Alkohol, Aether, Aldehyd oder selbst Holzgeist durch glühende Röhren leitete, oder in dem er den Dampf von Chloroform über erhitztes Kupfer streichen liess. Er zeigte dann, dass das Sumpfgas bei Einwirkung von Hitze, oder leichter noch durch den Funken eines kräftigen Inductionsapparats in Wasserstoff und Acetylen zerfällt:

$$2\Theta H_4 = \Theta_2H_2 + 3H_2.$$

Er fand weiter, dass das Methylchlorid schon bei schwacher Glühhitze Acetylen liefert, und dass alles Leuchtgas Acetylen enthält. Er bewies endlich, dass das Acetylen auch durch directe Vereinigung von Kohlenstoff und Wasserstoff erhalten werden kann, indem er zeigte, dass der in einer Atmosphäre von Wasserstoff zwischen Kohlenspitzen übergehende Flammenbogen einer starken galvanischen Säule beträchtliche Mengen von Acetylen erzeugt.

Eine andre synthetische Bildungsweise des Acetylens ist in neuester Zeit von Wöhler ††) aufgefunden worden. Erhitzt man nämlich die von

---

*) Vgl. Gmelin, Handbuch der Chemie. IV. 509.

**) Ann. Chem. Pharm. CXVI. 116; CXXIII. 207, 212, 214; CXXIV. 272. — Zusammenstellung der verschiedenen Abhandlungen. Ann. Chim. Phys. LXVII. 52.

***) Ann. Chem. Pharm. CVIII. 116.

†) ibid. CIX 351.

††) ibid. CXXIV. 220.

Caron dargestellte Legirung von Zink und Calcium bei sehr hoher Temperatur mit Kohle, so entsteht ein Kohlenstoffcalcium, welches durch Einwirkung von Wasser in Acetylen und Kalkhydrat zerfällt.

Von besonderem Interesse ist noch die von Odling beobachtete Synthese des Acetylens. Wird nämlich Kohlenoxyd mit Sumpfgas durch eine glühende Röhre geleitet, so entsteht viel Acetylen:

$$\Theta H_4 + \Theta\Theta = \Theta_2H_2 + H_2\Theta.$$

Interessant ist weiter das Auftreten von Acetylen bei der Elektrolyse maleïnsaurer Salze (Kekulé):

$$\Theta_4H_2Na_2\Theta_4 + H_2\Theta = \Theta_2H_2 + Na_2\Theta\Theta_3 + \Theta\Theta_2 + H_2.$$

Von grossem theoretischem Interesse sind endlich die von Miasnikoff *) und Sawitsch **) beobachteten und von Reboul ***) bestätigten Bildungsweisen des Acetylens aus Aethylen.

Diese Versuche sind desshalb interessant, weil sie deutlich die Beziehungen des Acetylens zum Aethylen darthun. Das Acetylen unterscheidet sich vom Aethylen durch 2 Atome Wasserstoff, welche es weniger enthält; es kann durch directe Addition von Wasserstoff in Aethylen übergeführt werden (§. 1373) und man kann es andrerseits aus Aethylen darstellen. Es ist zwar bis jetzt nicht gelungen dem Aethylen selbst, durch eine einfache Reaction, Wasserstoff zu entziehen; ersetzt man aber zunächst 1 At. H des Aethylens durch Brom, so kann das so erzeugte Bromäthylen (§. 954) leicht in Bromwasserstoff und Acetylen gespalten werden. Man verbindet also das Aethylen zunächst mit Brom und erhält so Aethylenbromid; dieses zerfällt leicht, z. B. bei Einwirkung von alkoholischer Kalilösung in Bromwasserstoff und Monobromäthylen; das Monobromäthylen seinerseits verliert bei geeigneten Reactionen nochmals Bromwasserstoff und gibt so Acetylen:

$$\underset{\text{Aethylenbromid.}}{\Theta_2H_4Br_2} = \underset{\text{Bromäthylen.}}{\Theta_2H_3Br} + HBr$$

$$\underset{\text{Bromäthylen.}}{\Theta_2H_3Br} = \underset{\text{Acetylen.}}{\Theta_2H_2} + HBr$$

Da dieses Zerfallen des Bromäthylens ebenfalls bei Einwirkung von alkoholischer Kalilösung stattfindet, so ist es einleuchtend, dass schon bei Einwirkung von Aethylenbromid auf eine im Ueberschuss vorhandene heisse Lösung von Aetzkali in Alkohol Acetylen erhalten wird.

Nach den Versuchen von Sawitsch und Reboul scheint es wahrscheinlich, dass auch aus Bibromäthylen ($\Theta_2H_2Br_2$) Acetylen erzeugt werden kann.

---

*) Ann. Chem. Pharm. CXVIII. 330.

**) ibid. CXIX. 182.

***) ibid. CXXIV. 267; CXXV. 81.

$$\underset{\text{Bibromäthylen.}}{\Theta_2H_2Br_2} = \underset{\text{Acetylen.}}{\Theta_2H_2} + Br_2$$

Man erhält nämlich bei Einwirkung von Kali auf Bromäthylenbromid, neben Bromacetylen §. 1415; auch Acetylen:

$$\underset{\text{Monobromäthylenbromid.}}{\Theta_2H_3Br\ .\ Br_2} = \underset{\text{Acetylen.}}{\Theta_2H_2} + Br_2 + HBr$$

Nach Reboul liefert auch das Bibromäthylenbromid bei Einwirkung von alkoholischer Kalilösung neben Bromacetylen noch Acetylen:

$$\underset{\text{Bibromäthylenbromid.}}{\Theta_2H_2Br_2\ .\ Br_2} = \underset{\text{Acetylen.}}{\Theta_2H_2} + 2Br_2$$

Für einige der erwähnten Bildungsweisen des Acetylens scheint es geeignet weitere Details beizufügen. 1) Synthese des Acetylens. Die directe Vereinigung des Kohlenstoffs und Wasserstoffs gelingt leicht im Flammenbogen einer galvanischen Batterie, die aus 40—50 Bunsen'schen Elementen besteht; man erhält dann etwa 10 C. c. m. Acetylen in der Minute. Eine weit schwächere Batterie erzeugt auch schon Acetylen, aber in sehr geringer Menge. Die Kohlenspitzen werden am zweckmässigsten aus der s. g. metallischen Kohle (aus Gasretorten) angefertigt. Wenn der Versuch völlig beweisend sein soll, so muss die Kohle vollständig rein sein; man erhitzt sie zweckmässig an der Luft zum Rothglühen und glüht dann noch etwa zwei Stunden in einem Strom von trocknem Chlor. — 2) Bildung von Acetylen aus Aethylen. Leitet man dampfförmiges Monobromäthylen durch eine heisse alkoholische Kalilösung, so wird ein grosser Theil zu Acetylen und Bromwasserstoff zersetzt Wirkt Aethylenbromid auf überschüssige alkoholische Kalilösung ein, so entsteht direct, neben Monobromäthylen, etwas Acetylen. Das Monochloräthylen und das Aethylenchlorid verhalten sich wie die entsprechenden Bromverbindungen. — Wird Monobromäthylen in einer zugeschmolzenen Röhre mit Natriumamylat (§. 694) auf 100° erhitzt, so entsteht Acetylen. — Behandelt man Monobromäthylenbromid mit festem Kalihydrat oder mit alkoholischer Kalilösung, so entsteht, neben Bibromäthylen und Bromacetylen auch Acetylen (vgl. §. 1415).

Zur Darstellung des Acetylens eignet sich besonders die Zersetzung des Aethers durch Glühhitze. Man leitet Aetherdampf durch ein zum starken Glühen erhitztes Porzellanrohr, welches man zweckmässig noch mit Porzellanscherben anfüllt.

Bei allen Darstellungen von Acetylen stellt man sich zunächst Acetylen-Kupfer dar, indem man das erhaltene Gas in eine ammoniakalische Lösung von Kupferchlorür einleitet. Man zersetzt dann das noch feuchte Acetylenkupfer durch Erwärmen mit wässriger Salzsäure.

Enthält ein Gasgemenge gleichzeitig Aethylen und Acetylen, so können durch eine ammoniakalische Kupferchlorürlösung beide Gase absorbirt werden. Beim Sieden entweicht dann das Aethylen, während das unlösliche Acetylenkupfer nicht zersetzt wird (Berthelot).

Eigenschaften. Das Acetylen ist ein farbloses Gas. Sp. Gew. 1414. 0,92. Es besitzt einen charakteristischen, unangenehmen Geruch, brennt mit stark leuchtender, russender Flamme und ist in Wasser ziemlich löslich. Vom Inductionsfunken wird es unter Absatz von Kohle zersetzt.

Vermischt man es mit Chlor, so tritt meist schon im zerstreuten Tageslicht Verpuffung ein.

Verbindungen und Umwandlungen des Acetylens. Das Acetylen verbindet sich bisweilen mit Chlor und erzeugt dann eine dem Aethylenchlorid sehr ähnliche ölartige Flüssigkeit: $C_2H_2Cl_2$. Auch mit Brom vereinigt sich das Acetylen direct. Man erhält entweder ein farbloses neutrales Oel: $C_2H_2Br_2$, welches mit Bibromäthylen (§. 954) isomer aber nicht identisch ist, und bei 130°, unter theilweiser Zersetzung siedet (Berthelot); oder bisweilen ein an Brom reicheres Product: $C_2H_2Br_4$, welches, wie es scheint mit dem aus Bibromäthylen (Siedep. 88°) entstehenden Bibromäthylenbromid identisch ist (Reboul).

Die Ursache dieses verschiedenen Verhaltens des Acetylens gegen Brom ist bis jetzt nicht ermittelt. Das von Berthelot angewandte Acetylen war aus Aether dargestellt, das von Reboul untersuchte aus Aethylen. Man weiss andrerseits, dass Acetylen von der verschiedenartigsten Herkunft von Chlor meist unter Verpuffung zersetzt wird und dass nur bisweilen, und unter bis jetzt nicht näher ermittelten Bedingungen, Acetylenchlorid: $C_2H_2Cl_2$ erzeugt wird. Es ist daher nicht wohl anzunehmen, dass die verschiedenen Darstellungsmethoden verschiedene isomere Modificationen des Acetylens liefern; die Ursache des verschiedenen Verhaltens scheint vielmehr darin zu liegen, dass die Versuche unter verschiedenen Bedingungen ausgeführt wurden.

Das Acetylen kann durch directe Vereinigung mit Wasserstoff in Aethylen übergeführt werden. Diese Umwandlung erfolgt leicht, wenn Acetylenkupfer mit Ammoniak und Zink zusammengebracht wird. Der in der ammoniakalischen Lösung freiwerdende Wasserstoff verbindet sich dann direct mit Acetylen:

$$\underset{\text{Acetylen.}}{C_2H_2} + H_2 = \underset{\text{Aethylen.}}{C_2H_4}$$

Das Acetylen vereinigt sich, ähnlich wie das Aethylen, direct mit Schwefelsäurehydrat und erzeugt so Vinylschwefelsäure, aus welcher durch Kochen mit Wasser Vinylalkohol erhalten werden kann (vgl. §. 1380):

$$\underset{\text{Acetylen.}}{C_2H_2} + H_2SO_4 = \underset{\text{Vinylschwefelsäure.}}{C_2H_3 . H . SO_4}$$

Die Vereinigung des Acetylens mit Schwefelsäure erfolgt indess noch langsamer als die des Aethylens (1 Liter Acetylen erfordert etwa 4000 Stösse).

Metallverbindungen des Acetylens. Kupferverbindung. Leitet man Acetylen durch eine ammoniakalische Lösung von Kupferchlorür, so entsteht ein rother amorpher Niederschlag, der durch Decantiren ausgewaschen werden muss, weil er sich an der Luft durch Oxydation verändert. Dieselbe Verbindung entsteht auch bei Anwendung einer ammoniakalischen Lösung von Kupferoxydul, oder von schwefligsaurem Kupferoxydul, so wie bei Anwendung einer alkalischen Lösung von Kupferchlorür in Chlorkalium.

Das Acetylenkupfer zersetzt sich beim Schlag mit zischendem Geräusch; es verpufft bei 120°. Es verpufft ferner bei Berührung mit Chlor, Brom, oder Jod. Von verdünnter Salzsäure wird es in der Kälte ohne Gasentwicklung gelöst; beim Erwärmen tritt Zersetzung ein, es entstehen: Kupferchlorür und Acetylen.

Das Acetylenkupfer enthält stets Sauerstoff; es ist wahrscheinlich:

$$\Theta_2(Cu_2)H + n(Cu_2)_2\Theta$$

seine Zersetzung mit Salzsäure ist dann, wenn man von dem Kupferoxydul absieht:

$$\Theta_2(Cu_2)H + HCl = \Theta_2H_2 + (Cu_2)\ Cl.$$

S i l b e r v e r b i n d u n g. Durch Einwirkung von Acetylen auf eine ammoniakalische Lösung von salpetersaurem Silberoxyd entsteht ein grauer amorpher Niederschlag, der beim Stoss, beim Erhitzen, und auch bei Berührung mit Chlor oder mit Salzsäuregas explodirt, bei Einwirkung von wässriger Salzsäure aber zu Acetylen und Chlorsilber zersetzt wird. Der Niederschlag enthält 88—89 % Silber; er ist also: Θ_2Ag_2 (oder vielleicht: $2\Theta_2HAg + Ag_2\Theta$) (Reboul).

S u b s t i t u t i o n s p r o d u c t e d e s A c e t y l e n s. Man kennt bis jetzt 1415.
nur ein Substitutionsproduct des Acetylens, das M o n o b r o m a c e t y l e n: Θ_2HBr; eine Verbindung, die die merkwürdige Eigenschaft besitzt sich an der Luft von selbst zu entzünden. Die Bildung dieser selbstentzündlichen Substanz wurde schon von Sawitsch beobachtet, ihre wahre Natur wurde von Reboul *) erkannt.

Das Monobromacetylen entsteht aus den an Brom reicheren Substitutionsproducten des Aethylens und folglich auch aus den Bromsubstitutionsproducten des Aethylenbromids, bei Einwirkung von alkoholischer Kalilauge.

Die folgenden Formeln zeigen, in welcher Weise diese Körper zerfallen können:

Bibromäthylen	$= \Theta_2H_2Br_2 = HBr + \Theta_2HBr$ Bromacetylen
	$\Theta_2H_2Br_2 = Br_2 + \Theta_2H_2$ Acetylen.
Tribromäthylen	$= \Theta_2H\ Br_3 = Br_2 + \Theta_2HBr$ Bromacetylen.
ferner:	
Bromäthylenbromid	$= \Theta_2H_3Br_3 = HBr + \Theta_2H_2Br_2$ Bibromäthylen.
	$\Theta_2H_3Br_3 = 2HBr + \Theta_2HBr$ Bromacetylen.
	$\Theta_2H_3Br_3 = HBr + Br_2 + \Theta_2H_2$ Acetylen.

*) Ann. Chem. Pharm. CXXIV. 267; CXXV 81.

Bibromäthylenbromid $= \Theta_2H_2Br_4 = HBr + \Theta_2HBr_3$ Tribromäthylen.

$\Theta_2H_2Br_4 = HBr + Br_2 + \Theta_2HBr$ Bromacetylen.

$\Theta_2H_2Br_4 = 2Br_2 + \Theta_2H_2$ Acetylen.

Aus den Versuchen von Reboul ergiebt sich in der That, dass bei Einwirkung von Bromäthylenbromid und von Bibromäthylenbromid auf alkoholische Kalilösung gleichzeitig Bromacetylen und Acetylen entstehen.

Lässt man Bromäthylenbromid tropfenweise in siedende alkoholische Kalilauge fallen, so entweicht ein Gasgemisch, welches, nach mehrmaligem Waschen mit Wasser, neben Acetylen etwa 40% Bromacetylen enthält. Es erwärmt sich an der Luft unter Erzeugung eines phosphorescirenden Scheines und liefert dabei, ohne Abscheidung von Kohle und ohne eigentliche Verbrennung, viel Bromwasserstoff. Von Brom wird dieses Gasgemisch vollständig absorbirt, es entsteht ein Gemenge von $\Theta_2H_2Br_4$ (Acetylentetrabromid oder Bibromäthylenbromid, siehe oben) und Θ_2HBr_3. Die letztere Verbindung ist krystallisirbar und schmilzt bei 48° — 50°.

Leitet man das Gemenge von Acetylen und Bromacetylen in ammoniakalische Kupferchlorürlösung, so bildet sich ein Niederschlag der nur aus Acetylenkupfer besteht; das Bromacetylen wird also zersetzt, und man findet in der That Bromammonium in Lösung; die Zersetzung erfolgt vielleicht nach der Gleichung:

$$2\Theta_2HBr + 3(Cu_2)_2\Theta + 2NH_3 + H_2O = 2\Theta_2H(Cu_2) + 4Cu_2\Theta + 2NH_4Br.$$

Man erhält ein an Bromacetylen reicheres Gas, wenn man die in der ersten Waschflasche verdichtete Flüssigkeit in einem mit Kohlensäure gefüllten Kölbchen bis 80° erhitzt. Diese Flüssigkeit ist mit Bromacetylen und Acetylen gesättigtes Bibromäthylen. Das beim Erwärmen entweichende Gas enthält bis 85% Bromacetylen, es entzündet sich an der Luft von selbst und brennt mit purpurfarbener Flamme unter Bildung von Bromwasserstoff und Kohle.

Wird Bibromäthylenbromid in derselben Weise mit siedender alkoholischer Kalilösung zersetzt, so bildet sich direct ein an der Luft selbstentzündliches und an Bromacetylen sehr reiches Gas, welches indess immer noch Acetylen enthält.

Das Bromacetylen konnte bis jetzt nicht rein erhalten werden. Es verdichtet sich bei einem Druck von 3 Atmosphären zu einer farblosen Flüssigkeit. Es ist in Wasser ziemlich löslich.

1416. Allylen: Θ_3H_4. Das mit den Acetylen homologe Allylen wurde von Sawitsch *) durch Erhitzen von Monobrompropylen mit Alkoholnatrium erhalten. Es riecht dem Acetylen ähnlich und bildet, wie dieses, mit ammoniakalischer Kupferoxydullösung und mit ammoniakalischer Silberlösung verpuffende Niederschläge. Es brennt mit heller stark russender Flamme, und verbindet sich direct mit Brom zu einer ätherisch riechenden Flüssigkeit.

*) Ann. Chem. Pharm. CXIX. 185.

Zwei Verbindungen, die ihrer Zusammensetzung nach, als Allylenchlorid: $\Theta_3H_4Cl_2$ und Allylenbromid: $\Theta_3H_4Br_2$ betrachtet werden könnten, wurden §. 1254 beschrieben.

Crotonylen: Θ_4H_6. Vor Kurzem hat Caventou *) gezeigt, dass das Brombutylen: Θ_4H_7Br ein ähnliches Verhalten zeigt wie das Brompropylen. Erhitzt man es einige Zeit mit Natriumäthylat auf 100°, so entsteht Crotonylen: 1417.

$$\Theta_4H_7Br + \left.\begin{matrix}\Theta_2H_5\\ Na\end{matrix}\right\}\Theta = NaBr + \left.\begin{matrix}\Theta_2H_5\\ H\end{matrix}\right\}\Theta + \Theta_4H_6.$$

Das Crotonylen ist bei niederen Temperaturen flüssig, es siedet bei + 18°. Es verbindet sich direct mit Brom und erzeugt so zwei Bromverbindungen:

$$\Theta_4H_6Br_2 \text{ und } \Theta_4H_6Br_4.$$

Die erste Verbindung entsteht wenn man zu abgekühltem Crotonylen langsam Brom zufliessen lässt; sie ist flüssig und siedet bei 148°—158°. Bleibt diese Verbindung längere Zeit mit überschüssigem Brom stehen, so wird das zweite Bromid erzeugt; es ist fest und krystallisirbar.

Das erstere dieser beiden Bromide scheint mit Bibrombutylen nur isomer aber nicht identisch zu sein; das zweite scheint ebenfalls von dem isomeren Bibrombutylenbromid verschieden.

Allyl: Θ_6H_{10}. Es wurde oben schon erwähnt (vgl. §. 1218. 1383), dass das isolirte Radical des Glycerins und des Allylalkohols nicht nur durch seine Zusammensetzung, sondern auch durch einige seiner Eigenschaften mit dem Acetylen und den mit diesem homologen Kohlenwasserstoffen Θ_nH_{2n-2} einige Aehnlichkeit zeigt. 1418.

Berthelot und Luca **) erhielten das Allyl durch mehrstündiges Erhitzen von 10 Th. Allyljodid (§. 1383) mit 4—5 Th. Natrium. Es ist ein ätherisch-durchdringend riechendes Oel; es siedet bei 59° und brennt mit hellleuchtender Flamme.

Das Allyl verbindet sich direct mit Brom und mit Jod. Die Bromverbindung: $\Theta_6H_{10}Br_4$ entsteht unter Wärmeentwicklung; sie bildet farblose Krystalle, die bei 37° schmelzen und ohne Zersetzung flüchtig sind. Die Jodverbindung: $\Theta_6H_{10}J_4$ erhält man durch Auflösen von Jod in schwach erwärmtem Allyl; sie ist ebenfalls krystallisirbar; sie schmilzt über 100° und zersetzt sich bei höherer Temperatur. Die Bromverbindung erzeugt mit Natrium leicht wieder Allyl.

Das Allyl mischt sich mit Schwefelsäure; beim Stehen scheint der gelöste Kohlenwasserstoff eine Umänderung zu erleiden, wenigstens scheidet sich nach

*) Compt. rend. LVI. 712.
**) Ann. Chem. Pharm. C. 361.

einigen Stunden eine oben aufschwimmende Oelschicht aus. Mit rauchender Salpetersäure erzeugt das Allyl eine flüssige, in Aether lösliche Nitroverbindung. Bei Einwirkung von Chlor scheint ein Substitutionsproduct zu entstehen.

Es gelang bis jetzt nicht, weder aus dem Allyl noch aus seiner Jodverbindung Allyljodid: Θ_3H_5J (§. 1383) zu erzeugen.

Zweiatomige Säuren: $\Theta_nH_{2n-2}\Theta_3$.

1419. Der empirischen Formel nach könnten die folgenden Säuren in diese Gruppe gestellt werden:

Glyoxalsäure	$\Theta_2 H_2 \Theta_3$
Brenztraubensäure	$\Theta_3 H_4 \Theta_3$
Convolvulinolsäure	$\Theta_{13}H_{24}\Theta_3$
Jallapinolsäure	$\Theta_{16}H_{30}\Theta_3$
Ricinölsäure	$\Theta_{18}H_{34}\Theta_3$

Die Glyoxalsäure ist, wegen ihrer Beziehungen zur Oxalsäure und zum Glyoxal, schon früher abgehandelt worden (§. 1115). Es muss hier nachträglich bemerkt werden, dass diese Säure, wie Debus *) in neuester Zeit gezeigt hat, durch Einwirkung von Zink in Glycolsäure übergeführt werden kann. Die Glyoxalsäure besitzt also eine der für die meisten in dieser Klasse abgehandelten Verbindungen charakteristischen Eigenschaften, die nämlich, sich durch directe Addition mit zwei Atomen Wasserstoff zu vereinigen.

Die Brenztraubensäure wurde §. 1336 als ein Zersetzungsproduct der Weinsäure beschrieben. Seitdem hat Wislicenus **) nachgewiesen, dass sie bei Einwirkung von Natriumamalgam sich mit zwei Atomen Wasserstoff vereinigt, um Milchsäure zu erzeugen, und dass sie, ebenfalls durch directe Addition, zwei Atome Brom aufzunehmen im Stande ist. Es ist dadurch erwiesen, dass die Brenztraubensäure zur gewöhnlichen Milchsäure in derselben Beziehung steht wie die Acrylsäure zur Propionsäure, und dass ihre Beziehung zur Acrylsäure dieselbe ist wie die der Milchsäure zur Propionsäure.

Eine wässrige Lösung von durch Destillation gereinigter Brenztraubensäure gibt bei Einwirkung von Natriumamalgam leicht das Natronsalz der gewöhnlichen Milchsäure. — Auch bei Einwirkung von Jodwasserstoffsäure oder Phosphorjodür (P_2J_4) entsteht Milchsäure. Lässt man dieselben Reagentien in grösserer Menge einwirken, so wird durch weitergehende Reduction der vorher gebildeten Milchsäure Propionsäure erzeugt (vgl. §. 1068). — Die Brenztraubensäure addirt sich direct zu Brom. Das Product ist bis jetzt nicht näher untersucht; es ist wahrscheinlich Bibrommilchsäure.

Die Reduction der Brenztraubensäure zu Milchsäure findet auch bei Einwirkung von Zink auf eine wässrige Lösung der Säure statt (Debus) ***).

*) Ann. Chem. Pharm. CXXVI. 145.

**) ibid. CXXVI. 225.

***) ibid. CXXVII. 332.

1420. Convolvulinolsäure und Jalappinolsäure. Nach Untersuchungen von Mayer *) enthält die knollige Jalappawurzel (Rhizom von Convolvulus Schiedanus) Convolvulin; die stängliche Jalappawurzel (Rhizom von Convolvulus orizabensis) enthält Jalappin. Beide Substanzen erleiden bei Einwirkung von Säuren Spaltung, indem sie einerseits Zucker, andrerseits Convolvulinolsäure und resp. Jalappinolsäure liefern:

$C_{31}H_{50}O_{16}$	+	$5H_2\Theta$	=	$\Theta_{13}H_{24}\Theta_3$	+	$3\Theta_6H_{12}\Theta_6$
Convolvulin				Convolvulinolsäure.		Glycose
$\Theta_{34}H_{56}\Theta_{16}$	+	$5H_2\Theta$	=	$\Theta_{16}H_{30}\Theta_3$	+	$3\Theta_6H_{12}O_6$
Jalappin.				Jalappinolsäure.		Glycose.

Nach Spirgatis **) findet sich eine mit dem Jalappin identische Substanz im Scammonium-harz; sie zerfällt wie das Jalappin in Zucker und eine als Scammonolsäure bezeichnete Substanz, die mit der Jalappinolsäure identisch ist.

Die Convolvulinolsäure schmilzt bei 42° — 42°,5; die Jalappinolsäure oder Scammonolsäure bei 64°—65°. Beide Säuren sind einbasisch.

Ricinölsäure: $\Theta_{18}H_{34}\Theta_3$. Diese Säure wurde §. 1409 beschrieben; ihr Verhalten gegen nascirenden Wasserstoff und gegen Brom wurde bis jetzt nicht untersucht.

Zweibasische Säuren: $\Theta_nH_{2n-4}O_4$.

1421. In diese Gruppe gehören, der empirischen Zusammensetzung nach, die folgenden Säuren:

Fumarsäure, Maleïnsäure	$\Theta_4\ H_4\ \Theta_4$
Itaconsäure, Citraconsäure, Mesaconsäure	$\Theta_5\ H_6\ \Theta_4$
Terebinsäure	$\Theta_7\ H_{10}\Theta_4$
Camphersäure	$\Theta_{10}H_{16}O_4$.

Für die Fumarsäure und die mit ihr isomere Maleïnsäure ist experimentell nachgewiesen, dass sie bei Einwirkung von nascirendem Wasserstoff durch directe Wasserstoffaufnahme in Bernsteinsäure übergehen, und dass sie ebenso sich direct mit Brom verbinden, um Substitutionsproducte der Bernsteinsäure zu erzeugen. Ebenso weiss man für

*) Vgl. bes. Ann. Chem. Pharm. XCV. 129.
**) ibid. CXVI. 289.

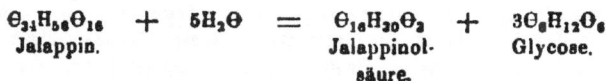

die **Itaconsäure** und ihre Isomeren, die **Citraconsäure** und **Mesaconsäure**, dass sie durch directe Aufnahme von Wasserstoff in Brenzweinsäure und durch directe Vereinigung mit Brom in Substitutionsproducte der Brenzweinsäure überzugehen im Stande sind. Diese Beziehungen sind §. 1375 ausführlich besprochen.

Das Verhalten der **Terebinsäure** zu nascirendem Wasserstoff und zu Brom ist bis jetzt nicht untersucht, aber diese Säure zeigt sonst ein so eigenthümliches Verhalten, dass sie wohl kaum dieser Gruppe zugezählt werden kann. Sie soll dessenungeachtet hier abgehandelt werden.

Auch die **Camphersäure** ist, wie es scheint, nicht wirklich homolog mit den fünf zuerst genannten Säuren dieser Gruppe; sie konnte wenigstens bis jetzt weder mit Brom noch mit Wasserstoff vereinigt werden (Kekulé). Sie wird später gelegentlich des Camphers besprochen.

Auch die **Lithofellinsäure**: $\Theta_{20}H_{36}\Theta_4$ könnte der empirischen Formel nach in diese Gruppe gerechnet werden; sie ist aber einbasisch und bis jetzt sehr wenig untersucht.

Fumarsäure und Maleïnsäure: $\Theta_4H_4\Theta_4 = \left.\begin{matrix}\Theta_4\overset{..}{H}_2\Theta_2 \\ H_2\end{matrix}\right\}\Theta_2$.

1422. Die Fumarsäure und die mit ihr isomere Maleïnsäure sind beide Zersetzungsproducte der Aepfelsäure (vgl. §. 1301). Erhitzt man nämlich Aepfelsäure, so entweicht anfangs Wasser und es destillirt dann eine saure Flüssigkeit über. Nach einiger Zeit erstarrt der Rückstand, während des Erhitzens, zu krystallinischer **Fumarsäure**. Das Destillat liefert beim Verdunsten **Maleïnsäure**:

$$\underset{\text{Aepfelsäure.}}{\Theta_4H_6\Theta_5} = \underset{\substack{\text{Fumarsäure}\\ \text{Maleïnsäure.}}}{\Theta_4H_4\Theta_4} + H_2\Theta$$

Erhitzt man Aepfelsäure längere Zeit auf 120°—150°, so wird nur Fumarsäure erzeugt (wahrscheinlich weil die Maleïnsäure bei längerem Erhitzen auf 130° in Fumarsäure übergeht). Wird die Aepfelsäure dagegen rasch destillirt, so entsteht viel Maleïnsäure.

Wird die **Maleïnsäure** der Destillation unterworfen, so zerfällt sie zu Wasser und **Maleïnsäureanhydrid**, welches letztere durch Aufnahme von Wasser wieder in Maleïnsäure übergeht.

$$\underset{\text{Maleïnsäure.}}{\Theta_4H_4\Theta_4} = \underset{\substack{\text{Maleïnsäure-}\\ \text{anhydrid.}}}{\Theta_4H_2\Theta_3} + H_2\Theta$$

Die Fumarsäure liefert kein ihr zugehöriges Anhydrid; sie zerfällt vielmehr beim Erhitzen in Wasser und Maleïnsäureanhydrid.

Diese Zersetzung macht es möglich die Fumarsäure in Maleïnsäureanhydrid und folglich in Maleïnsäure umzuwandeln. Umgekehrt kann die Maleïnsäure leicht in Fumarsäure übergeführt werden. Erhitzt man nämlich Maleïnsäure längere Zeit auf 130°, so verwandelt sie sich in Fumarsäure; wird Maleïnsäure mit concentrirter Jodwasserstoffsäure oder Bromwasserstoffsäure erwärmt, oder längere Zeit mit verdünnter Salpetersäure gekocht, so geht sie ebenfalls in Fumarsäure über.

Das Verhalten der Fumarsäure und der Maleïnsäure zu nascirendem Wasserstoff und zu Brom und die wahrscheinliche Ursache der Verschiedenheit dieser isomeren Säuren sind §§. 1375, 1376 besprochen.

Fumarsäure *). Die Fumarsäure, deren Bildung aus Aepfelsäure oben beschrieben wurde, ist fertig gebildet in verschiedenen Pflanzen enthalten; sie entsteht, nach Mühlhäuser **), bei Oxydation eiweissartiger Substanzen durch Königswasser. Aus Aepfelsäure wird sie auch durch längeres Kochen mit Salzsäure (Dessaignes) oder durch anhaltendes Erhitzen mit concentrirter Bromwasserstoffsäure erzeugt (Kekulé). 1423.

Braconnot stellte 1810 aus verschiedenen Pilzen die Boletsäure dar; Pfaff fand 1826 im isländischen Moos die Flechtensäure; Winckler gewann 1833 aus Fumaria officinalis die Fumarsäure. 1834 zeigte Demarçay, dass die von Pelouze aus der Aepfelsäure dargestellte und als Paramaleïnsäure bezeichnete Säure (welche Lassaigne schon vorher beobachtet hatte) mit der Fumarsäure identisch ist. Schödler erkannte die Identität der Flechtensäure und Bolley und Dessaignes die der Boletsäure mit der Fumarsäure. Später wurde dieselbe Säure von Probst in Chelidonium glaucum und von Wicke in Corydalis bulbosa aufgefunden.

Die Darstellung der Fumarsäure aus diesen Pflanzen kann hier nicht näher beschrieben werden ***).

Eigenschaften. Die Fumarsäure krystallisirt aus der heissen wässrigen Lösung beim Erkalten meist in kleinen Prismen, bisweilen in Schuppen; die aus Aepfelsäure direct dargestellte Säure bildet gewöhnlich grössere Krystalle. In kaltem Wasser ist sie wenig, in siedendem Wasser mehr, in Alkohol und in Aether leicht löslich. Sie wird von concentrirter Salpetersäure gelöst und selbst beim Kochen nicht zersetzt. Sie schmilzt schwierig; bei etwa 200° zerfällt sie in Maleïnsäureanhydrid und Wasser, während ein Theil unverändert sublimirt.

Die Fumarsäure liefert mit Phosphorchlorid das Fumarylchlorid. Durch Einwirkung von Natriumamalgam, bei Gegenwart von Wasser, liefert sie leicht Bernsteinsäure. Dieselbe Umwandlung tritt ein,

*) Vgl. bes. Pelouze. Ann. Chem. Pharm. XI. 263. — Liebig. ibid. XI. 276. — Rieckher. ibid. XLIX. 31.
**) Ann. Chem. Pharm. CL. 176.
***) Vgl. bes. Delffs. Pogg. Ann. LXXX. 435.

wenn eine alkalische Lösung von Fumarsäure längere Zeit mit Zink digerirt wird oder wenn man Fumarsäure mit Jodwasserstoffsäure erhitzt (Kekulé). Auch durch Gährung geht die Fumarsäure in Bernsteinsäure über. — Erwärmt man Fumarsäure mit Brom und Wasser, so entsteht Bibrombernsteinsäure (§. 1128).

Fumarsaure Salze *). Die Fumarsäure ist zweibasisch. Ihre Salze können meist durch Einwirkung der Säure auf essigsaure Salze dargestellt werden. Das am meisten charakteristische Salz ist das Silbersalz.

Das neutrale fumarsaure Kali: $\Theta_4H_2K_2\Theta_4$, $2H_2\Theta$ und das neutrale fumarsaure Natron: $\Theta_4H_2Na_2\Theta_4$, $3H_2\Theta$ sind krystallisirbar und in Wasser sehr löslich; sie werden aus der wässrigen Lösung durch Alkohol gefällt. Das saure Kalisalz ist weniger löslich als das neutrale; es kann durch Essigsäure aus der concentrirten Lösung des neutralen Salzes gefällt werden. — Ein neutrales Ammoniaksalz der Fumarsäure existirt nicht; die ammoniakalische Lösung der Säure gibt beim Verdunsten grosse Krystalle des sauren Salzes. Das Baryt-, das Strontian- und das Kalksalz der Fumarsäure sind in Wasser sehr wenig löslich; man erhält sie als krystallinische Niederschläge wenn man eine heisse Lösung von Fumarsäure mit dem essigsauren Salz der betreffenden Base mischt. — Das neutrale fumarsaure Blei: $\Theta_4H_2Pb_2\Theta_4$, $2H_2\Theta$ entsteht als weisser Niederschlag beim Vermischen von wässriger Fumarsäure mit einer Lösung von Bleizucker. Es kann aus siedendem Wasser krystallisirt werden. — Das fumarsaure Silber ist in Wasser völlig unlöslich, so dass eine kalte wässrige Lösung von Fumarsäure in salpetersaurem Silberoxyd noch einen reichlichen Niederschlag hervorbringt. Es ist amorph und wird selbst durch längeres Stehen nicht krystallinisch; es verpufft beim Erhitzen.

Fumarsäure-äthyläther: $\left.\begin{matrix}\Theta_4H_2\Theta_2\\(\Theta_2H_5)_2\end{matrix}\right\}\Theta_2$. Dieser Aether wurde von Hagen **) durch Destillation einer mit Salzsäure gesättigten Lösung von Fumarsäure oder Aepfelsäure in Alkohol dargestellt. Er bildet sich auch bei Einwirkung von Fumarylchlorid auf Alkohol (Kekulé). Er ist eine angenehm riechende in Wasser unlösliche Flüssigkeit. Bei längerer Einwirkung auf wässriges Ammoniak erzeugt er Fumaramid.

Die Aether der Aepfelsäure (§. 1301) liefern bei Destillation Fumarsäureäther; dies erklärt die oben erwähnte Darstellung des Fumarsäureäthers aus Aepfelsäure. Das Destillat käuflicher Aepfelsäure enthält neben Maleïnsäure gewöhnlich etwas Fumarsäureäther, der offenbar aus dem der Aepfelsäure beigemischten Aepfelsäureäther entsteht (Kekulé).

1424. Fumarylchlorid: $\Theta_4H_2\Theta_2 . Cl_2$. Es wurde von Perkin und Duppa ***) durch Destillation von äpfelsauren Kalk mit Phosphorchlorid

*) Vgl. bes. Winckler. Buchner's Rep. XXXIX. 48. 368; XLVIII. 84. 363. — Rieckher. Ann. Chem. Pharm. XLIX. 31.

**) Ann. Chem. Pharm. XXXVIII. 274.

***) ibid. CXII. 26.

dargestellt. Man erhält es leicht, indem man Fumarsäure mit Phosphorchlorid destillirt (Kekulé) *).

Das Fumarylchlorid siedet bei 160°; es erzeugt mit Wasser Fumarsäure; mit Alkohol Fumarsäure-äther; durch Einwirkung von Ammoniak oder durch Zusammenreiben mit kohlensaurem Ammoniak liefert es Fumaramid.

Es verbindet sich direct mit Brom zu Bibromsuccinylchlorid: $C_4H_2Br_2O_2.Cl_2$ (Siedp. 218°—220°), aus dem durch Wasser gewöhnliche Bibrombernsteinsäure erhalten wird (Kekulé).

Fumaramid: $C_4H_2O_2.H_4N_2 = \left.\begin{matrix}C_4H_2O_2\\H_2\\H_2\end{matrix}\right\}N_2$. Das Fumaramid ist eine weisse krystallinische Substanz, die von Hagen durch Einwirkung von Fumarsäureäther auf wässriges Ammoniak erhalten wurde. Es bildet sich auch bei Einwirkung von Fumarylchlorid auf Ammoniak oder kohlensaures Ammoniak (Kekulé). Es ist unlöslich in Alkohol und in kaltem Wasser, von siedendem Wasser wird es gelöst, indem es theilweise in fumarsaures Ammoniak übergeht. Fumarimid. vgl. §. 1304.

Maleïnsäure **). Die Bildung der Maleïnsäure aus Aepfelsäure wurde oben erwähnt (§. 1422). 1425.

Die Maleïnsäure ist bis jetzt nicht fertig gebildet im Pflanzenreich gefunden worden. Die aus Equisetum fluviatile dargestellte Equisetsäure wurde längere Zeit, auf die Autorität von Regnault hin, für Maleïnsäure gehalten, bis sie Baup als Aconitsäure erkannte. Die Maleïnsäure wurde von Vauquelin, Braconnot und Lassaigne als Zersetzungsproduct der Aepfelsäure beobachtet und von Pelouze zuerst näher untersucht.

Eigenschaften. Die Maleïnsäure krystallisirt in farblosen Prismen oder Blättern. Sie ist ausnehmend löslich in Wasser; löslich in Alkohol und Aether. Sie schmilzt bei etwa 130° und zerfällt bei 160° in Wasser und Maleïnsäureanhydrid.

Erhält man Maleïnsäure längere Zeit im Schmelzen, so geht sie in Fumarsäure über (Pelouze). Dieselbe Umwandlung erfolgt, wenn Maleïnsäure mit concentrirter Jodwasserstoffsäure oder Bromwasserstoffsäure zum Sieden erhitzt, oder wenn sie mit verdünnter Salpetersäure längere Zeit gekocht wird. — Erhitzt man Maleïnsäure längere Zeit mit Jodwasserstoffsäure, so entsteht Bernsteinsäure. Wird eine wässrige Lösung von Maleïnsäure mit Natriumamalgam zusammengebracht, so wird ebenfalls, durch directe Aufnahme von Wasserstoff, Bernsteinsäure gebildet (Kekulé). Auch durch Gährung, namentlich wenn das Kalksalz mit Käse sich selbst überlassen wird, geht die Maleïnsäure in Bernsteinsäure über (Dessaignes). Bei Elektrolyse maleïnsaurer Salze entsteht

*) Ann. Chem. Pharm. Suppl. II. 86.

**) Vgl. bes. Pelouze. Ann. Chem. Pharm. XI. 263. — Büchner. ibid. XLIX. 57.

am Sauerstoffpol Acetylen, während am Wasserstoffpol Bernsteinsäure gebildet wird (Kekulé).

$$\Theta_4 H_2 Na_2 O_4 + H_2\Theta = \Theta_2 H_2 + \Theta\Theta_3 Na_2 + \Theta\Theta_2 + H_2.$$

Wird Maleïnsäure mit Wasser und Brom erwärmt, so wird etwas Bibrombernsteinsäure erzeugt, offenbar aus vorher gebildeter Fumarsäure. Gleichzeitig entsteht eine mit der gewöhnlichen Bibrombernsteinsäure isomere Säure, die Isobibrombernsteinsäure: $\Theta_4 H_2 Br_2 O_2 . \Theta_2$, die in Wasser sehr löslich ist, bei 160° schmilzt und bei 170° oder auch beim Kochen oder Eindampfen ihrer wässerigen Lösung in Bromwasserstoff und Isobrommaleïnsäure (§. 1427) zerfällt (Kekulé) *).

Maleïnsaure Salze **). Die Maleïnsäure ist zweibasisch wie die Fumarsäure. Sie bildet leicht Doppelsalze, die von der Fumarsäure bis jetzt nicht erhalten werden konnten.

Das neutrale maleïnsaure Kali: $\Theta_4 H_2 K_2 \Theta_4$ und das entsprechende Natronsalz sind schwer krystallisirbar und werden aus wässriger Lösung durch Alkohol gefällt. Die sauren Salze und namentlich das saure Natronsalz krystallisiren leichter. Auch das maleïnsaure Natron-Kali: $\Theta_4 H_2 KNaO_4, H_2O$ ist krystallisirbar. — Für die Maleïnsäure kennt man ein neutrales Ammoniaksalz, als zerfliessliche halbkrystallinische Masse; das saure Ammoniaksalz bildet luftbeständige Blättchen. Die neutralen Salze von Kalk, Strontian und Baryt sind selbst in kaltem Wasser ziemlich löslich. Am wenigsten löslich ist das Barytsalz; man erhält es als krystallinischen Niederschlag beim Vermischen einer concentrirten wässrigen Lösung von Maleïnsäure mit essigsaurem Baryt. Barytwasser fällt aus Maleïnsäurelösung ein weisses körniges Salz, welches sich in wenig Wasser löst, allmälig aber krystallinisch ausfällt. — Die sauren Salze von Baryt, Strontian und Kalk sind leicht löslich und krystallisirbar. — Das maleïnsaure Blei: $\Theta_4 H_2 Pb_2 \Theta_4$, $3H_2\Theta$ wird durch Zusatz von Maleïnsäure zu Bleizucker als amorpher Niederschlag erhalten, der bald krystallinisch wird. Das neutrale Silbersalz: $\Theta_4 H_2 Ag_2 \Theta_4$, durch Vermischen von salpetersaurem Silberoxyd mit einem maleïnsauren Salz erhalten, ist ein amorpher Niederschlag, der nach einigen Stunden zu glänzenden Krystallen wird. Das saure Silbersalz: $\Theta_4 H_3 Ag\Theta_4$ scheidet sich in weissen Nadeln aus, wenn man eine Lösung von Maleïnsäure mit salpetersaurem Silberoxyd vermischt und die Flüssigkeit einige Zeit stehen lässt.

1426. Maleïnsäureanhydrid ***). $\Theta_4 H_2 \Theta_2 . \Theta$. Man erhält diesen Körper indem man Maleïnsäure rasch destillirt und das Product mehrmals rectificirt, wobei man jedesmal das zuerst Uebergehende beseitigt. Das Maleïnsäureanhydrid ist eine weisse krystallinische Masse; es schmilzt bei 57° und siedet bei 196°. Es geht durch Aufnahme von Wasser in Maleïnsäure über.

Das Maleïnsäureanhydrid vereinigt sich direct mit Brom und erzeugt eine Substanz, die die Zusammensetzung des Bibrombernsteinsäureanhydrids: $\Theta_4 H_2 Br_2 \Theta_2 . \Theta$ besitzt und durch Aufnahme von Wasser in

*) Ann. Chem. Pharm. Suppl. II. 92.

**) Vgl. bes. Büchner. ibid. XLIX. 57.

***) Pelouze. Ann. Chem. Pharm. XI. 263. — Kekulé. ibid. Suppl. II. 87.

Iso-bibrombernsteinsäure (vgl. §. 1425) übergeht. Dieses Iso-bibrombernsteinsäureanhydrid zerfällt bei 180° in Bromwasserstoff und Isobrommaleïnsäureanhydrid: $\Theta_4HBr\Theta_2 . \Theta$ (Kekulé).

1427. Substitutionsproducte der Maleïnsäure. Weder die Fumarsäure noch die Maleïnsäure bilden bei Einwirkung von Chlor oder von Brom direct Substitutionsproducte, aber man hat auf indirectem Weg Körper erhalten, die die Zusammensetzung solcher Substitutionsproducte besitzen und die, ihren Eigenschaften nach, eher der Maleïnsäure als der Fumarsäure entsprechen.

Chlormaleïnsäure: $\left.\begin{matrix}\Theta_4HCl\Theta_2\\H_2\end{matrix}\right\}\Theta_2$. Sie wurde von Perkin und Duppa *) durch Einwirkung von Phosphorchlorid auf Weinsäure erhalten (vgl. §. 1323).

Erhitzt man Weinsäure (1 Th.) mit Phosphorchlorid (5—6 Th.), so entweicht viel Salzsäure und Phosphoroxychlorid, welches man durch längeres Erhitzen im Luftstrom auf 120° entfernt. Der Rückstand ist ölförmiges Chlormaleïnsäurechlorid: $\Theta_4HCl\Theta_2 . Cl_2$. Dieses zerfällt mit Wasser zu Chlormaleïnsäure und Salzsäure.

Die Zersetzung erklärt sich in folgender Weise. Bei Einwirkung von Phosphorchlorid auf Weinsäure entsteht zunächst das Tetrachlorid der Weinsäure:

$$\left.\begin{matrix}\Theta_4H_2\Theta_2\\H_4\end{matrix}\right\}\Theta_4 + 4PCl_5 = \Theta_4H_2\Theta_2.Cl_4 + 4P\Theta Cl_3 + 4HCl.$$

Dieses, identisch mit dem Chlorid der zweifach gechlorten Bernsteinsäure, zerfällt (ähnlich wie dies für die entsprechende Iso-Bibrombernsteinsäure beobachtet ist) beim Erhitzen in Salzsäure und Monochlormaleïnsäurechlorid:

$$\underset{\text{Bichlorsuccinylchlorid.}}{\Theta_4H_2Cl_2\Theta_2 . Cl_2} = \underset{\text{Chlormaleïnchlorid.}}{\Theta_4HCl\Theta_2 . Cl_2} + HCl$$

Die Chlormaleïnsäure bildet weisse mikroskopische Nadeln. Sie ist in Wasser und Alkohol löslich und schmilzt beim Erhitzen. Sie ist zweibasisch. Das Bleisalz und das Silbersalz sind krystallinische Niederschläge.

Brommaleïnsäure. Man kennt vier Säuren von der Zusammensetzung der einfach gebromten Maleïnsäure.

Brommaleïnsäure **): $\left.\begin{matrix}\Theta_4HBr\Theta_2\\H_2\end{matrix}\right\}\Theta_2$. Es wurde früher (§. 1128) erwähnt, dass beim Kochen einer wässrigen Lösung von bibrombernsteinsaurem Baryt saurer brommaleïnsaurer Baryt entsteht:

$$\left.\begin{matrix}\Theta_4H_2Br_2\Theta_2\\Ba_2\end{matrix}\right\}\Theta_2 = \left.\begin{matrix}\Theta_4HBr\Theta_2\\HBa\end{matrix}\right\}\Theta_2 + BaBr.$$

Aus diesem Barytsalz kann durch Schwefelsäure leicht Brommaleïnsäure erhalten werden.

*) Pelouze. Ann. Chem. Pharm. CXV. 105.

**) Ann. Chem. Pharm. Suppl. I. 364.

Die Brommaleïnsäure krystallisirt leicht in grossen aus prismatischen Krystallen bestehenden Warzen. Sie ist in Wasser, Alkohol und Aether sehr löslich. Sie schmilzt bei 125°—126° und zersetzt sich bei etwa 150° in Wasser und eine ölige Flüssigkeit, die nach mehrmaliger Rectification bei etwa 212° siedet. Dieses Brommaleïnsäureanhydrid geht durch allmälige Aufnahme von Wasser wieder in dieselbe Brommaleïnsäure über.

Die Brommaleïnsäure geht durch Einwirkung von Natriumamalgam leicht in Bernsteinsäure über. Es wird also nicht nur das Brom durch Wasserstoff substituirt, sondern gleichzeitig die so erzeugte Maleïnsäure durch Wasserstoff-addition in Bernsteinsäure übergeführt. — Die Brommaleïnsäure liefert beim Kochen mit Kalk keine Weinsäure (vgl. §. 1308). Wird die Brommaleïnsäure mit Wasser und Brom auf 100° erhitzt, so entsteht eine zerfliessliche krystallisirbare Säure, welche Bibromweinsäure zu sein scheint. Vielleicht:

$$\Theta_4H_3BrO_4 + 2Br_2 + 2H_2O = \Theta_4H_4Br_2O_6 + 3HBr.$$

Die Brommaleïnsäure ist zweibasisch. Ihre Salze bilden meist aus undeutlichen Krystallen bestehende Warzen. Das Silbersalz: $\Theta_4HBrAg_2\Theta_4$ scheidet sich beim Vermischen von brommaleïnsaurem Ammoniak mit salpetersaurem Silberoxyd als weisser amorpher Niederschlag aus; es kann aus siedendem Wasser krystallisirt werden, ohne Zersetzung zu erleiden.

Isobrommaleïnsäure *). Es wurde oben (§. 1425) schon erwähnt, dass die mit der gewöhnlichen Bibrombernsteinsäure isomere, aus Maleïnsäure dargestellte, Isobibrombernsteinsäure beim Erhitzen auf 180° oder auch beim Kochen und Eindampfen ihrer wässrigen Lösung in Bromwasserstoff und die mit der eben beschriebenen Brommaleïnsäure isomere Isobrommaleïnsäure zerfällt. Dieselbe Säure wird auch beim Kochen des oben erwähnten Isobrombernsteinsäureanhydrid's mit Wasser erhalten.

Die Isobrommaleïnsäure ist der Brommaleïnsäure sehr ähnlich. Sie schmilzt erst bei 160°; ihr Silbersalz wird beim Kochen mit Wasser leicht zersetzt.

Dass beim Erhitzen von Isobibrombernsteinsäureanhydrid auf 180° Bromwasserstoff und krystallisirbares Isobrommaleïnsäureanhydrid: $\Theta_4HBrO_2.\Theta$ erhalten wird, wurde oben erwähnt.

Zwei andere Säuren von derselben Zusammensetzung finden sich im löslichsten Theil der Nebenproducte, die bei Einwirkung von Brom auf Bernsteinsäure, neben Bibrombernsteinsäure entstehen. Beide sind leicht krystallisirbar und in Wasser sehr löslich (Kekulé).

Bibrommaleïnsäure: $\left.\begin{matrix}\Theta_4Br_2\Theta_2\\H_2\end{matrix}\right\}\Theta_2$. Die Bibrommaleïnsäure

*) Kekulé. Ann. Chem. Pharm. Suppl. II. 91.

entsteht in geringer Menge, neben Bibrombernsteinsäure und den ebenerwähnten zwei Modificationen der Monobrommaleïnsäure bei Einwirkung von Brom auf Bernsteinsäure. Sie findet sich in den letzten Mutterlaugen und kann durch Destillation derselben und langsames Verdunsten des Destillats erhalten werden. Sie entsteht wahrscheinlich durch Zersetzung der vorher gebildeten Tribrombernsteinsäure.

Die Bibrommaleïnsäure bildet grosse zu Warzen vereinigte Nadeln. Sie ist ausnehmend löslich und mit Wasserdämpfen flüchtig. Sie schmilzt bei 112°; ihr Silbersalz und ihr Bleisalz sind krystallinische Niederschläge, beide verpuffen beim Erhitzen, das Silbersalz detonirt auch beim Schlag (Kekulé).

Isomaleïnsäure: $\Theta_4H_4\Theta_4$. Nach Angaben von Kämmerer *) existirt noch eine dritte, mit der Fumarsäure und Maleïnsäure isomere Säure, die Isomaleïnsäure. Kämmerer fand in einem zu photographischen Abdrücken verwandten Silberbade, welches neben salpetersaurem Silberoxyd Milchzucker enthielt und in welches mit Bernsteinsäure oder mit Citronensäure getränkte Papiere eingetaucht worden waren, das Silbersalz einer mit der Aepfelsäure isomeren Säure, der Isomalsäure. Aus dieser wurde durch Einwirkung von Phosphorchlorid ein Chlorid erhalten, welches durch Einwirkung von Wasser Isomaleïnsäure lieferte. 1428.

Die Isomaleïnsäure ist krystallisirbar. Sie löst sich in Wasser schwerer als Maleïnsäure, leichter als Fumarsäure. Ihr neutrales Kalisalz bildet zerfliessliche Krystalle. Das Bleisalz ist ein amorpher Niederschlag. Das Silbersalz ist in Wasser leicht löslich, seine Lösung scheidet beim Kochen metallisches Silber aus.

Itaconsäure, Citraconsäure, Mesaconsäure: $\Theta_5H_6O_4 = \left.\begin{matrix}\Theta_5H_4O_2\\H_2\end{matrix}\right\}\Theta_2$.

Die Itaconsäure und die Citraconsäure sind Zersetzungsproducte der Aconitsäure (§. 1436) und können, da diese durch Erhitzen von Citronensäure gebildet wird, auch direct aus Citronensäure dargestellt werden. — Die Mesaconsäure ist ein Umwandlungsproduct der Citraconsäure. 1429.

Wird Citronensäure der trocknen Destillation unterworfen (vgl. §. 1338), so entsteht zuerst Aconitsäure:

$$\text{Citronensäure} \; . \; \Theta_6H_8O_7 = H_2\Theta + \Theta_6H_6O_6 \; . \; . \; \text{Aconitsäure.}$$

Diese zerfällt dann bei weiterem Erhitzen unter Bildung von Itaconsäure und Citraconsäure:

$$\text{Aconitsäure} \; . \; \Theta_6H_6O_6 = \Theta O_2 + \Theta_5H_6\Theta_4 \; . \; . \; . \left\{\begin{matrix}\text{Itaconsäure.}\\\text{Citraconsäure.}\end{matrix}\right.$$

Gleichzeitig destillirt auch Citraconsäureanhydrid über, denn die Itaconsäure und die Citraconsäure zerfallen beide bei raschem Erhitzen in Wasser und Citraconsäureanhydrid:

*) Journ. pr. Chem. LXXXVIII. 321.

$$\left.\begin{array}{l}\text{Itaconsäure}\\ \text{Citraconsäure}\end{array}\right\} . \; \Theta_5H_6\Theta_4 = H_2\Theta + \Theta_5H_4\Theta_3 \; . \; . \; \text{Citracon-anhydrid.}$$

Das Citraconsäureanhydrid geht leicht durch Aufnahme von Wasser in Citraconsäure über und es muss demnach, obgleich es aus beiden isomeren Säuren entstehen kann, doch als das der Citraconsäure zugehörige Anhydrid betrachtet werden.

Diese Umwandlungen erklären die Darstellung der Itaconsäure und der Citraconsäure. — Die flüssigen Destillationsproducte der Citronensäure geben beim Verdunsten oder Erkalten Krystalle, die aus Itaconsäure und Citraconsäure bestehen. Die weniger lösliche Itaconsäure kann leicht durch Auspressen und Umkrystallisiren gereinigt werden.

Durch wiederholte Destillation des flüssig gebliebenen Antheils oder auch des ganzen Productes erhält man leicht Citraconsäureanhydrid, welches dann durch Wasser in reine Citraconsäure übergeführt werden kann.

Die Itaconsäure und die Citraconsäure können leicht in einander übergeführt werden. Die Itaconsäure liefert, wie schon erwähnt, durch Destillation Citraconsäureanhydrid, aus welchem durch Einwirkung von Wasser Citraconsäure entsteht. Andrerseits geht die Citraconsäure durch anhaltendes Erhitzen auf 100° in Itaconsäure über.

Aus der Citraconsäure kann die dritte isomere Säure, die Mesaconsäure erhalten werden. Kocht man nämlich Citraconsäure längere Zeit mit verdünnter Salpetersäure oder erhitzt man mit concentrirter Jodwasserstoffsäure, so entsteht Mesaconsäure. Die Itaconsäure liefert bei derselben Behandlung keine Mesaconsäure.

Die drei isomeren Säuren zeigen schon in ihren physikalischen Eigenschaften wesentliche Unterschiede:

Die Citraconsäure schmilzt bei 80, sie ist zerfliesslich und in Wasser sehr löslich.

Die Itaconsäure schmilzt bei 160°; sie löst sich bei 10° in 17 Th. bei 12° in 20 Th. Wasser.

Die Mesaconsäure schmilzt bei 208°; sie ist in kaltem Wasser nur wenig löslich.

Das Verhalten der Itaconsäure, der Citraconsäure und der Mesaconsäure zu nascirendem Wasserstoff und zu Brom wurde oben (§. 1375) schon ausführlich besprochen. Man erinnert sich, dass die drei isomeren Säuren durch directe Aufnahme von Wasserstoff in Brenzweinsäure übergehen; während sie durch Aufnahme von Brom drei verschiedene Säuren erzeugen, welche die Zusammensetzung der Bibrombrenzweinsäure besitzen, und die als: Ita-bibrombrenzweinsäure, Citra-bibrombrenzweinsäure und Mesa-bibrombrenzweinsäure unterschieden werden.

Itaconsäure *): $\left.\begin{matrix}\Theta_5H_4\Theta_2\\H_2\end{matrix}\right\}\Theta_2$.

Die Itaconsäure wurde von Baup 1831 entdeckt und namentlich von Crasso und Gottlieb untersucht. Ihre Bildung aus Aconitsäure und aus Citronensäure wurde eben besprochen. 1430.

Zur Darstellung der Itaconsäure unterwirft man Citronensäure der Destillation. Es ist zweckmässig die Destillation in kleinen Kölbchen vorzunehmen, in welchen jedesmal etwa 100 Gr. Citronensäure möglichst rasch abdestillirt werden. Man wechselt die Vorlage sobald das Destillat ölartig zu fliessen beginnt und unterbricht die Operation wenn es sich dunkel färbt. Das Destillat erstarrt dann beim Erkalten zu einem Brei von Krystallen. Man giesst, wenn nöthig, das Flüssige ab, presst aus und krystallisirt aus Wasser um.

Die Itaconsäure bildet grosse rhombische Prismen oder Säulen, ausnehmend leicht spaltbar parallel der die kurze Axe schneidenden Prismenfläche. Sie löst sich in 17 Th. Wasser von 10°, in 12 Th. von 20°. In siedendem Wasser und in Alkohol ist sie noch leichter löslich. Sie schmilzt bei 161°. Bei vorsichtigem Erhitzen sublimirt ein Theil unverändert.

Die Itaconsäure wird durch Destillation zersetzt in Wasser und Citraconsäureanhydrid. Stellt man eine wässrige Lösung von Itaconsäure mit Natriumamalgam zusammen, so entsteht leicht Brenzweinsäure (§. 1129). Dieselbe Umwandlung tritt ein, wenn die Säure längere Zeit mit concentrirter Jodwasserstoffsäure erhitzt wird. Lässt man Brom bei Gegenwart von Wasser auf Itaconsäure einwirken, so bildet sich unter Wärmeentwicklung Bibrombrenzweinsäure (§ 1130). Kekulé **).

Lässt man Brom auf eine wässrige Lösung von itaconsaurem Kali einwirken, so entstehen, nach Cahours ***), unter Entweichen von Kohlensäure, verschiedene Zersetzungsproducte. Das Hauptproduct ist eine flüssige Säure von der Zusammensetzung der Bibrombuttersäure: $\Theta_4H_6Br_2O_2$ (vgl. auch §. 1400) (Bromotriconsäure); sie bildet krystallisirbare Salze und wird von Kaliumamalgam in eine feste krystallisirbare Säure übergeführt, die den Geruch der flüchtigen fetten Säuren besitzt. Gleichzeitig entsteht eine krystallisirbare Säure, welche dieselbe Zusammensetzung besitzt, und ausserdem noch ein neutrales und in Alkalien unlösliches Oel, von der Zusammensetzung des Tribomacetons, oder des Tribromessigsäure-methyläthers: $\Theta_3H_3Br_3\Theta_2$.

Wird statt des neutralen itaconsauren Kali's eine alkalische Lösung angewandt, so erhält man eine andre krystallisirbare Säure, die die Zusammensetzung der Bibrompropionsäure: $\Theta_3H_4Br_2\Theta_2$ besitzt und welche Cahours Bromitonsäure nennt.

Salze der Itaconsäure. Die Itaconsäure ist zweibasisch.

---

*) Vgl. bes. Baup. Ann. Chem. Pharm. XIX. 29; XXIX. 166. — Crasso, ibid. XXXIV. 53. — Gottlieb. LXXVII. 265.

**) Ann. Chem. Pharm. Suppl. I. 338.

***) ibid. LXIV. 353.

Die neutralen und die sauren Salze der Alkalien sind krystallisirbar und sehr löslich. Auch das saure Ammoniaksalz ist krystallisirbar; die Lösung des neutralen Salzes verliert beim Eindampfen Ammoniak. Die neutralen und sauren Salze von Baryt und Strontian sind in Wasser sehr löslich; das neutrale Kalksalz: $\Theta_5H_4Ca_2\Theta_4$, $H_2\Theta$ löst sich weniger leicht (in 45 Th. Wasser von 18°). Das itaconsaure Blei und das krystallinische itaconsaure Silber sind in Wasser sehr wenig löslich. Ein saures Silbersalz der Itaconsäure konnte nicht erhalten werden. Alle itaconsauren Salze sind unlöslich in Alkohol.

Itaconsäure-äthyläther: $\Theta_5H_4(\Theta_2H_5)_2\Theta_4$ wurde von Malaguti *) dargestellt; er siedet bei 227.

Amidartige Verbindungen der Itaconsäure sind bis jetzt nicht bekannt. Die dem Imid und der Aminsäure entsprechenden Phenylderivate werden gelegentlich des Anilins beschrieben

1431. Citraconsäure **): $\left.\begin{matrix}\Theta_5H_4\Theta_2 \\ H_2\end{matrix}\right\}\Theta_2$. Die Citraconsäure wurde schon 1822 von Lassaigne beobachtet und namentlich von Crasso und Gottlieb untersucht.

Ihre Bildung aus Citronensäure, Aconitsäure und Itaconsäure wurde oben besprochen. Nach Engelhardt ***) wird auch bei Destillation von Milchsäure Citraconsäure erhalten.

Reine Citraconsäure kann nur aus Citraconsäureanhydrid erhalten werden. Man unterwirft das Rohproduct der Destillation der Citronensäure, oder die von der rohen Itaconsäure abgegossene oder abgepresste Flüssigkeit, oder die Mutterlaugen von der Krystallisation der Itaconsäure einer mehrmaligen Rectification und stellt das bei 212° überdestillirende Citraconsäureanhydrid mit Wasser zusammen.

Die Citraconsäure krystallisirt aus wässriger Lösung meist in kleinen nadelförmigen Krystallen. Aus Citraconsäureanhydrid erhält man durch Einwirkung der Feuchtigkeit der Luft leicht grosse monoklinometrische Säulen. Die Citraconsäure ist in feuchter Luft zerfliesslich, sie löst sich ausnehmend leicht in Wasser; auch in Alkohol und Aether ist sie löslich. Sie schmilzt bei 80° und verdampft schon bei wenig höherer Temperatur.

Die Citraconsäure zerfällt durch Destillation in Wasser und Citraconsäureanhydrid. Durch längeres Kochen mit verdünnter Salpetersäure wird sie in Mesaconsäure umgewandelt (Gottlieb). Dieselbe Umwandlung erfolgt auch beim Erhitzen mit Jodwasserstoffsäure (Kekulé). Wird Citraconsäure mit concentrirter Salpetersäure behandelt, so entsteht

---

*) Ann. Chem. Pharm. XXV. 273.

**) Vgl bes. Dumas. Ann. Chem. Pharm. VIII. 17. — Robiquet, ibid. XXV. 138. — Liebig. ibid. XXVI. 119. 152; — Crasso. ibid. XXXIV. 68; — Gottlieb. ibid. LXXVII. 265; — Baup. ibid. LXXXI. 96.

***) ibid. LXX. 243.

ein krystallinisch erstarrendes Oel, aus welchem zwei krystallisirbare Körper dargestellt werden können, die bis jetzt nicht näher untersucht sind (Baup).

Stellt man Citraconsäure mit Wasser und Natriumamalgam zusammen, so entsteht leicht Brenzweinsäure; auch durch längeres Erhitzen mit Jodwasserstoff wird Brenzweinsäure gebildet. Lässt man Brom auf Citraconsäure und Wasser einwirken, so entsteht die mit der §. 1130 beschriebenen Ita-bibrombrenzweinsäure isomere Citra-bibrombrenzweinsäure (Kekulé) *).

Die Citra-bibrombrenzweinsäure ist weit löslicher als die isomere Ita-bibrombrenzweinsäure. Sie bildet meist mikroskopische zu blumenkohlartigen Massen vereinigte Nadeln. Beim Erhitzen liefert sie Monobromcitraconsäureanhydrid (siehe unten) Werden die Lösungen ihrer Salze gekocht, so entsteht Monobromcrotonsäure (§. 1400) Nach Cahours wird gleichzeitig und als Zwischenproduct eine Säure von der Zusammensetzung der Bibrombuttersäure erzeugt (vgl § 1400)

Die citraconsauren Salze geben bei Einwirkung von Brom dieselben Producte wie die itaconsauren Salze (Cahours)

Lässt man auf eine wässrige Lösung von Citraconsäure (oder zweckmässiger auf citraconsauren Baryt) das Hydrat der unterchlorigen Säure einwirken, so entsteht, unter Wärmeentwicklung und durch directe Addition, eine chlorhaltige Säure, die Carius **) Chlorcitramalsäure nennt und die als ein Substitutionsproduct der mit der Aepfelsäure homologen Citramalsäure angesehen werden kann (vgl. §. 1375).

$$\underset{\text{Citraconsäure.}}{\Theta_5H_6\Theta_4} + ClHO = \underset{\text{Chlorcitramalsäure.}}{\Theta_5H_7ClO_5}$$

Die Chlorcitramalsäure ist eine weisse amorphe Masse. Sie ist zweibasisch. Das Barytsalz ist ein krystallinisches Pulver. Die Chlorcitramalsäure wird durch Zink in Citramalsäure übergeführt. Beim Kochen ihrer Salze entsteht die mit der Weinsäure homologe Citraweinsäure, welche von der §. 1337 erwähnten Homoweinsäure verschieden zu sein scheint (Carius).

Citraconsaure Salze. Die Citraconsäure ist zweibasisch wie die Itaconsäure.

Die Alkalisalze sind sehr löslich und schwer krystallisirbar. Das neutrale Barytsalz: $\Theta_5H_4Ba_2\Theta_4$ scheidet sich aus heisser wässriger Lösung als krystallinisches Pulver aus; es ist in kaltem Wasser schwer löslich. Das neutrale Bleisalz wird durch Bleizucker aus der Lösung des Ammoniaksalzes als amorpher voluminöser Niederschlag gefällt, der sich beim Erhitzen leicht in der Flüssig-

*) Ann. Chem. Pharm. Suppl. II. 94.
**) ibid. CXXVI. 204.

keit löst, beim Erkalten als krystallinisches Pulver ausfällt und dann selbst beim Sieden unlöslich ist. Das citraconsaure Silber: $\Theta_5H_4Ag_2\Theta_4$ ist ein amorpher Niederschlag, in kochendem Wasser sehr löslich; es krystallisirt beim Erkalten in feinen Nadeln. Die Citraconsäure bildet ein saures Silbersalz: $\Theta_5H_5Ag\Theta_4$ (Gottlieb).

Der Aethyläther der Citraconsäure: $\Theta_5H_4(\Theta_2H_5)_2\Theta_4$ siedet bei 225° (Crasso).

1432. Citraconsäureanhydrid: $\Theta_5H_4\Theta_2 . \Theta$. Die Darstellung dieser Verbindung wurde oben besprochen. Sie ist ein in Wasser unlösliches bei 212° siedendes Oel. Durch Aufnahme von Wasser geht das Citraconsäureanhydrid leicht in Citraconsäure über; es löst sich demnach bei längerer Berührung mit Wasser allmälig auf. Mit Phosphorchlorid erzeugt es Citraconsäurechlorid.

Wird Citraconsäureanhydrid mit Brom gelinde erwärmt, so findet directe Addition statt, durch welche zunächst Bibrombrenzweinsäureanhydrid erzeugt wird:

$$\Theta_5H_4\Theta_2 . \Theta + Br_2 = \Theta_5H_4Br_2\Theta_2 . \Theta.$$

Dieses zerfällt bei weiterem Erhitzen in Bromwasserstoff und Bromcitraconsäureanhydrid (Kekulé) *):

$$\Theta_5H_4Br_2\Theta_2 . \Theta = HBr + \Theta_5H_3Br\Theta_2 . \Theta.$$

Citraconsäurechlorid: $\Theta_5H_4\Theta_2 . Cl_2$. Es wurde von Gerhardt und Chiozza **) durch Einwirkung von Phosphorchlorid auf Citraconsäureanhydrid erhalten. Es siedet bei 175°.

Amide der Citraconsäure. Durch längeres Erhitzen von citraconsaurem Ammoniak auf 180° erhält man das Citraconimid: $\Theta_5H_4\Theta_2 . HN$ als gelbe amorphe Masse. Durch Kochen mit Ammoniak scheint es Citraconaminsäure zu geben (Gottlieb) ***). Beide Körper besitzen wenig nette Eigenschaften. Entsprechende Phenylderivate sind später bei Anilin beschrieben.

1433. Substitutionsproducte der Citraconsäure. Es wurde oben schon erwähnt, dass das Citraconsäureanhydrid sich direct mit Brom vereinigt und dass das so gebildete Bibrombrenzweinsäureanhydrid beim Erhitzen zerfällt zu Bromwasserstoff und Bromcitraconsäureanhydrid †): $\Theta_5H_3Br\Theta_2 . \Theta$. Das Bromcitraconsäureanhydrid siedet bei 225°, es krystallisirt aus Aether und namentlich aus Schwefelkohlenstoff in grossen Blättchen; auch aus siedendem Wasser kann es umkrystallisirt werden, es scheidet sich beim Erkalten meist als krystalli-

---

*) Ann. Chem. Pharm. Suppl. II. 103.

**) ibid. LXXXVII. 294.

***) ibid. LXXVII. 274.

†) Kekulé. ibid. Suppl. I. 350; Suppl. II. 103.

nisch erstarrendes Oel aus. Von kaltem Wasser wird es anfangs nicht gelöst, allmälig löst es sich auf, indem es durch Wasseraufnahme in Bromcitraconsäure übergeht.

Die Bromcitraconsäure zerfällt mit ausnehmender Leichtigkeit in Wasser und Anhydrid; lässt man ihre wässrige Lösung im Wasserbad oder selbst bei gewöhnlicher Temperatur verdunsten, so bleibt ein krystallinischer Rückstand von Bromcitraconsäureanhydrid.

Wird die wässrige Lösung der Bromcitraconsäure mit Ammoniak neutralisirt und dann mit salpetersaurem Silber versetzt, so entsteht ein amorpher, rasch krystallinisch werdender Niederschlag von bromcitraconsaurem Silber: $Θ_5H_3BrAg_2Θ_4$. Auch das Kalk- und das Barytsalz der Bromcitraconsäure sind krystallisirbar. Beide setzen sich allmälig in Krystallen ab, wenn die Lösung des Ammoniaksalzes mit Chlorcalcium oder Chlorbaryum vermischt wird, oder wenn man dem Gemisch Alkohol zufügt.

Es wurde oben schon erwähnt, dass das Bromcitraconsäureanhydrid auch bei trockner Destillation der Citra-bibrombrenzweinsäure entsteht:

$$Θ_5H_6Br_2Θ_4 = Θ_5H_3BrΘ_3 + H_2Θ + HBr.$$

Mesaconsäure *): $Θ_5H_6Θ_4 = \left.\begin{matrix}Θ_5H_4Θ_2\\ H_2\end{matrix}\right\}Θ_2$. Die Mesaconsäure 1434.
wurde 1851 von Gottlieb entdeckt und namentlich von Pebal untersucht. Sie entsteht, wenn eine verdünnte Lösung von Citraconsäure längere Zeit mit Salpetersäure gekocht wird. Man erhält sie auch, wenn man Citraconsäure mit concentrirter Jodwasserstoffsäure längere Zeit auf 100° erhitzt (Kekulé).

Die Mesaconsäure ist in kaltem Wasser schwer löslich (in etwa 37 Th. bei 18°); von siedendem Wasser wird sie leicht gelöst und scheidet sich beim Erkalten in feinen weissen Nadeln aus. In Alkohol und Aether ist sie leichter löslich; beim Verdunsten dieser Lösungen krystallisirt sie in durchsichtigen Prismen. Sie schmilzt bei 208°, erstarrt beim Erkalten krystallinisch und ist bei etwas höherer Temperatur unzersetzt sublimirbar.

Die Mesaconsäure kann auf indirectem Weg wieder in Citraconsäure verwandelt werden. Wird nämlich Mesaconsäure mit Anilin erhitzt so entsteht Citraconanil, aus welchem Citraconsäure regenerirt werden kann (Gottlieb).

Lässt man Natriumamalgam auf Mesaconsäure und Wasser einwirken so wird Brenzweinsäure erzeugt. Dieselbe Umwandlung tritt ein wenn man Mesaconsäure längere Zeit mit Jodwasserstoffsäure erhitzt. Erwärmt man Mesaconsäure mit Wasser und Brom auf 60°—80°, so

*) Gottlieb. Ann. Chem. Pharm. LXXVII. 268; Pebal. ibid. LXXVIII. 129; Baup. ibid. LXXXI. 96.

findet directe Addition statt; es entsteht die mit der Ita-bibrombrenzweinsäure und der Citra-bibrombrenzweinsäure isomere **Mesa-bibrombrenzweinsäure** (Kekulé) *)

Die Mesa-bibrombrenzweinsäure: $\Theta_5H_6Br_2\Theta_4$ ist in Wasser weit löslicher als die Citra-bibrombrenzweinsäure, dagegen weniger löslich als die Ita-bibrombrenzweinsäure. Sie krystallisirt in durchscheinenden Warzen oder Kugeln. Die Lösungen ihrer Salze werden beim Kochen zersetzt, indem, wie aus Citra-bibrombrenzweinsäure, **Bromcrotonsäure** gebildet wird.

Mesaconsaure Salze. Die Mesaconsäure ist zweibasisch, wie die Itaconsäure und die Citraconsäure.

Das **Kali-** und das **Natronsalz** sind krystallisirbar und in Wasser sehr löslich. Die Lösung des neutralen Ammoniaksalzes verliert beim Eindampfen Ammoniak und gibt Krystalle des sauren Salzes. Das neutrale und das saure **Barytsalz** und das neutrale **Kalksalz** sind ebenfalls leicht löslich und krystallisirbar. Das **neutrale Bleisalz** wird durch Doppelzersetzung als krystallinischer in Wasser schwer löslicher Niederschlag erhalten. Es löst sich in heisser Lösung von Mesaconsäure und gibt dann beim Erkalten Krystalle von saurem mesaconsaurem Bleioxyd. Das **mesaconsaure Silber**: $\Theta_5H_4Ag_2\Theta_4$ fällt als käsiger, körnig-krystallinischer Niederschlag aus, wenn die Lösung des neutralen Ammoniaksalzes mit salpetersaurem Silberoxyd vermischt wird. Es kann in siedender Lösung von Mesaconsäure gelöst werden und scheidet sich beim Erkalten krystallinisch aus.

Der **Mesaconsäure-äthyläther**: $\Theta_5H_4(\Theta_2H_5)_2\Theta_4$ wurde von Pebal dargestellt, er siedet bei 220°.

1435. **Terebinsäure** (Terebilsäure): $\Theta_7H_{10}\Theta_4$ und **Diaterebinsäure**. Die Terebinsäure wurde von Bromeis (1841) entdeckt und dann von Rabourdin und in neuester Zeit wieder von Ekman untersucht **)

Sie zeigt in Beziehung auf Zusammensetzung ihrer Salze ein höchst eigenthümliches Verhalten. Sie bildet nämlich zunächst sauer reagirende Salze von der Zusammensetzung $\Theta_7H_9M\Theta_4$, welche die kohlensauren Salze nicht weiter zersetzten; sie verhält sich also wie eine einbasische Säure. Sobald diese **terebinsauren** Salze mit freien Basen zusammenkommen nehmen sie MHO auf und verwandeln sich in neutral reagirende Salze von der Zusammensetzung: $\Theta_7H_{10}M_2\Theta_5$, die als **diaterebinsaure** Salze bezeichnet worden sind. Zersetzt man diese diaterebinsauren Salze durch eine Säure, so entsteht ein Niederschlag von Terebinsäure. Die Aether und die Amide zeigen ein ganz entsprechendes Verhalten.

Man könnte dieses Verhalten in folgender Weise ausdrücken: Die

*) Ann. Chem. Pharm. Suppl. II. 100.

**) Bromeis. Ann. Chem Pharm. XXXVII. 297; Rabourdin. ibid. LII. 391. — Ekman, Limpricht, Lehrb. der org. Chem. S. 1016, nach briefl Mittheilungen.

einbasische Terebinsäure: $\Theta_7H_{10}\Theta_4$ vereinigt sich, bei Einwirkung von Basen, mit Wasser und erzeugt so Salze der zweibasischen Diaterebinsäure: $\Theta_7H_{12}\Theta_5$; diese letztere hat in freiem Zustand keine Beständigkeit, sie zerfällt sofort in Wasser und Terebinsäure. Die Terebinsäure könnte mit der Metaphosphorsäure, die Diaterebinsäure mit der gewöhnlichen Phosphorsäure verglichen werden; aber die Diaterebinsäure geht weit leichter in die entsprechende Metasäure (Terebinsäure) über als die Phosphorsäure. Die Terebinsäure steht in dieser Hinsicht in der Mitte zwischen der Metaphosphorsäure und der mit dieser analog betrachteten Salpetersäure, für welche bekanntlich keine der dreibasischen Phosphorsäure entsprechende Modification existirt und die nur mit einigen Basen sog. basische Salze bildet, welche den Salzen der dreibasischen Phosphorsäure entsprechen.

Man könnte danach die Terebinsäure und die Diaterebinsäure durch folgende rationelle Formeln ausdrücken:

$$\left.\begin{matrix}\Theta_7H_9\Theta_2{}' \\ H\end{matrix}\right\}\Theta_2 \qquad\qquad \left.\begin{matrix}\Theta_7H_9\Theta_2{}'' \\ H_2\end{matrix}\right\}\Theta_3$$

Terebinsäure. Diaterebinsäure.

Die Diaterebinsäure ist homolog mit der Aepfelsäure (§. 1301) und sie ist wie diese dreiatomig aber dabei nur zweibasisch. Die Terebinsäure: $\Theta_7H_{10}\Theta_4$ ist mit den aus der Aepfelsäure durch Austritt von Wasser entstehenden Säuren: $\Theta_4H_4\Theta_4$ (Fumarsäure und Maleïnsäure) nur scheinbar homolog; sie ist einbasisch, während jene Säuren zweibasisch sind.

Darstellung und Eigenschaften. Die Terebinsäure entsteht bei Oxydation von Terpentinöl oder Colophonium mit Salpetersäure.

Man lässt Terpentinöl allmälig in erwärmte Salpetersäure von 1,25 sp. Gew. einfliessen, dampft in einem Kolben bis zum Syrup ein, verdünnt mit Wasser, filtrirt vom ausgeschiedenen Harz ab und dampft von Neuem ein. Die nach einigen Tagen auskrystallisirende Terebinsäure wird durch Umkrystallisiren aus Wasser und Alkohol gereinigt.

Die Terebinsäure bildet glänzende Prismen, die bei 168° schmelzen; sie sublimirt leicht, schon weit unter dem Schmelzpunct. Sie ist in kaltem Wasser sehr wenig löslich (etwa in 100 Th.); siedendes Wasser löst sie reichlich. Auch von Alkohol wird sie namentlich beim Erhitzen gelöst; in Aether ist sie sehr wenig löslich.

Sie zerfällt beim Erhitzen in Kohlensäure und Brenzterebinsäure (§. 1403):

$$\Theta_7H_{10}\Theta_4 = \Theta_6H_{10}\Theta_2 + \Theta\Theta_2$$

Terebinsäure. Brenzterebinsäure.

Von Salpetersäure wird sie nicht verändert.

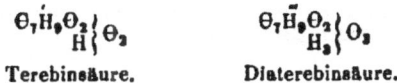

Terebinsaure Salze: $\Theta_7H_9M\Theta_4 = \left.\begin{matrix}\Theta_7\overset{'}{H_9}\Theta_2\\ M\end{matrix}\right\}\Theta_2$. Sie entstehen durch Einwirkung von Terebinsäure auf kohlensaure Salze; durch Auflösen der Metalle (Zink, Eisen) in Terebinsäure; oder durch doppelte Zersetzung. Sie sind alle krystallisirbar, trocknen aber beim Verdunsten häufig zu einer gummiartigen Masse ein, die erst durch die Feuchtigkeit der Luft allmälig krystallinisch wird. Sie reagiren sämmtlich sauer.

Das Kalisalz: $\Theta_7H_9K\Theta_4$, $H_2\Theta$ und das Natronsalz: $\Theta_7H_9Na\Theta_4$, $H_2\Theta$ bilden leicht lösliche Krystalle, die bei 100° das Krystallwasser verlieren. Auch das Ammoniaksalz: $\Theta_7H_9(NH_4)\Theta_4$ ist krystallisirbar und sehr löslich, es verliert bei gewöhnlicher Temperatur langsam, bei 100° rasch Ammoniak. Terebinsaurer Baryt: $\Theta_7H_9Ba\Theta_4$, $2H_2\Theta$ wird aus syrupdicker Lösung durch Alkohol in Nadeln gefällt. Das Bleisalz: $\Theta_7H_9Pb\Theta_4$, $^1/_2H_2\Theta$ ist selbst in kaltem Wasser leicht löslich. Das terebinsaure Silber: $\Theta_7H_9Ag\Theta_4$ bildet feine Nadeln, die in kaltem Wasser wenig löslich sind.

Die wasserhaltigen terebinsauren Salze könnten auch als saure Salze der Diaterebinsäure betrachtet werden; man könnte annehmen, dass sie bei 100° durch Wasserverlust in terebinsaure Salze übergehen.

Diaterebinsaure Salze: $\Theta_7H_{10}M_2\Theta_5 = \left.\begin{matrix}\Theta_7\overset{'''}{H_9}\Theta_2\\ HM_2\end{matrix}\right\}\Theta_3$. Sie entstehen, wie schon erwähnt, durch Einwirkung von Terebinsäure oder terebinsauren Salzen auf die Hydrate der Basen. Durch Säuren werden sie zersetzt unter Abscheidung von Terebinsäure. Sie reagiren neutral.

Das Kali- und das Ammoniaksalz sind zerfliesslich und nicht krystallisirbar. Das Barytsalz trocknet zu einer gummiartigen Masse ein: $\Theta_7H_{10}Ba_2\Theta_5$, $8H_2\Theta$, die bei 140° nur $2H_2\Theta$ verliert. Alkohol fällt das Salz $\Theta_7H_{10}Ba_2\Theta_5$, $H_2\Theta$; die zerflossene Masse nimmt aus der Luft Feuchtigkeit an und liefert wasserreichere Krystalle: $\Theta_7H_{10}Ba_2\Theta_5$, $4H_2\Theta$. Auch das Magnesiumsalz hält 1 Mol. Krystallwasser hartnäckig zurück. Der diaterebinsaure Kalk scheidet sich bei freiwilligem Verdunsten in mikroskopischen, in Wasser schwer löslichen Tafeln aus: $\Theta_7H_{10}Ca_2\Theta_5$, $3H_2\Theta$; beim Kochen der Lösung bildet sich ein krystallinischer Niederschlag des wasserfreien Kalksalzes. Das diaterebinsaure Blei: $\Theta_7H_{10}Pb_2\Theta_5$, $2H_2\Theta$ bildet kleine in kaltem Wasser unlösliche Krystallwarzen. Das diaterebinsaure Silber: $\Theta_7H_{10}Ag_2\Theta_5$ wird durch doppelte Zersetzung als amorpher Niederschlag gefällt; aus siedendem Wasser, in welchem es sehr wenig löslich ist, krystallisirt es beim Erkalten in Nadeln.

Aether der Terebinsäure und Diaterebinsäure. Durch Erhitzen von terebinsaurem Silber mit Jodäthyl auf 150° erhält man den Terebinsäure-äthyläther: $\left.\begin{matrix}\Theta_7\overset{'}{H_9}\Theta_2\\ \Theta_2H_5\end{matrix}\right\}\Theta_2$. Er siedet bei 225°. Von Alkalien wird er leicht zu Weingeist und diaterebinsaurem Salz zersetzt. Mit nicht überschüssigen Basen bildet er leicht lösliche

Salze, die vielleicht äthyldiaterebinsaure Salze sind und aus deren Lösung erst beim Erwärmen mit einer Säure Terebinsäure-äthyläther gefällt wird.

Diaterebinsaures Silber wird von Jodäthyl leicht zersetzt. Das Product, vielleicht Diaterebinsäure-äthyläther, zerfällt schon bei 40° zu Terebinsäure-äthyläther und Alkohol:

$$\left.\begin{matrix}\Theta_7\overset{''}{H}_9\Theta_2\\ H.(\Theta_2H_5)_2\end{matrix}\right\}\Theta_3 = \left.\begin{matrix}\Theta_7\overset{''}{H}_9\Theta_2\\ \Theta_2H_5\end{matrix}\right\}\Theta_2 + \left.\begin{matrix}\Theta_2H_5\\ H\end{matrix}\right\}\Theta$$

Diaterebinsäure-äthyläther. — Terebinsäure-äthyläther.

Amide der Terebinsäure und Diaterebinsäure. Das Amid der Terebinsäure, Terebamid: $\Theta_7H_{11}\Theta_3N$, entsteht wenn Terebinsäure in Ammoniakgas auf 140°—160° erhitzt wird. Es ist krystallisirbar, in Wasser und Alkohol in der Kälte schwer, in der Wärme leicht löslich. Von caustischen Alkalien wird es gelöst unter Bildung von diaterebaminsauren Salzen, aus deren Lösung durch Säuren wieder Terebamid gefällt wird. Der diaterebaminsaure Baryt: $\Theta_7H_{12}Ba\Theta_4N$ wird aus wässeriger Lösung durch Alkohol in feinen Nadeln gefällt.

$$\left.\begin{matrix}H_2\\ \Theta_7\overset{''}{H}_9\Theta_2\end{matrix}\right\}\begin{matrix}N\\ \Theta\end{matrix} \qquad \left.\begin{matrix}H_2\\ \Theta_7\overset{''}{H}_9\Theta_2\\ H.Ba\end{matrix}\right\}\begin{matrix}N\\ \\ \Theta_2\end{matrix}$$

Terebamid. — Diaterebaminsaurer Baryt.

Dreiatomige Verbindungen.

1436. Man kennt bis jetzt nur eine Verbindung, die mit einiger Sicherheit hierher gezählt werden kann; es ist dies die Aconitsäure: $\Theta_6H_6\Theta_6$. Sie ist dreiatomig und dreibasisch und nimmt unter den wasserstoffärmeren Substanzen dieselbe Stellung ein, wie die als Carballylsäure beschriebene Säure unter den Fettkörpern (vgl. §. 1310).

Aconitsäure *): $\Theta_6H_6\Theta_6 = \left.\begin{matrix}\Theta_6\overset{'''}{H}_3\Theta_3\\ H_3\end{matrix}\right\}\Theta_3$. Die Aconitsäure findet sich fertig gebildet in verschiedenen Pflanzen; sie kann künstlich, durch Einwirkung von Hitze auf Citronensäure erhalten werden (vgl. §. 1338). Sie entsteht ferner, wenn Citronensäure lange Zeit mit Salzsäure gekocht wird (Dessaignes) **); wenn man Citronensäure mit Phosphorchlorid längere Zeit erwärmt und das Product dann mit Wasser zersetzt und

---

*) Vgl. bes Buchner. Ann. Chem. Pharm. XXVIII. 243; Baup. ibid. XXIX. 169; LXXVII. 293; Crasso. ibid. XXXIV. 53; Wicke. ibid. XC. 98; Pebal. ibid. XCVIII. 73, 78, 94.

**) Jahresber. 1856. 463.

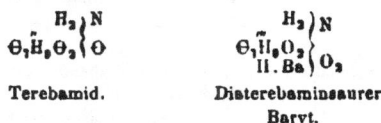

endlich wenn Oxychlorcitronensäure (§. 1342) durch Erhitzen auf 100° zersetzt wird (Pebal).

Die Aconitsäure wurde 1820 von Peschier in Aconitum Napellus und paniculatum entdeckt; Braconnot und Regnault fanden sie in einigen Equisetumarten (Equisetum fluviatile, limosum etc.). Wicke stellte sie aus Delphinium consolida dar. Die aus der Citronensäure entstehende Säure wurde von Baup und von Dahlström näher untersucht. Die aus Aconitum- und Equisetumarten dargestellten Säuren (Aconitsäure und Equisetsäure) hatte man längere Zeit für identisch mit Maleïnsäure gehalten (vgl. §. 1425); Baup zeigte, dass sie mit der aus Citronensäure dargestellten Säure, die er anfangs als Citridinsäure bezeichnete, identisch sind.

Darstellung und Eigenschaften. Man gewinnt die Aconitsäure am leichtesten aus Citronensäure.

Man erhitzt Citronensäure möglichst rasch bis die Bildung weisser Nebel aufgehört hat und eine ölige Flüssigkeit überzudestilliren beginnt. Man löst den gelben Rückstand nach dem Erkalten in wenig Wasser, dampft bis zur beginnenden Krystallisation ab und setzt zu der beim Erkalten krystallinisch erstarrenden Masse Aether. Die unzersetzte Citronensäure bleibt zum grössten Theil ungelöst, während die Aconitsäure in Lösung geht. Die ätherische Lösung gibt beim Verdunsten körnig krystallinische Rinden. Zur weiteren Reinigung fällt man die wässrige Lösung der Säure mit Bleizucker, zersetzt das Bleisalz mit Schwefelwasserstoff und dampft die filtrirte Lösung zur Krystallisation ein.

Die Darstellung der Aconitsäure aus den sie enthaltenden Pflanzen kann hier nicht ausführlich beschrieben werden. Die Aconitsäure findet sich meist in Verbindung mit Kalk. Der wässrige Auszug von Aconitumarten setzt, nach hinlänglichem Eindampfen, aconitsauren Kalk ab. Man löst in verdünnter Salpetersäure, stellt durch Zusatz von Bleizucker das Bleisalz dar, zerlegt dieses mit Schwefelwasserstoff und reinigt schliesslich mit Aether.

Die Aconitsäure krystallisirt in kleinen Blättchen, die meist zu Warzen oder Rinden vereinigt sind. Sie ist selbst in kaltem Wasser sehr löslich (in 3 Th.), auch von Alkohol und von Aether wird sie leicht gelöst. Sie schmilzt bei 140° und zersetzt sich bei stärkerem Erhitzen unter Bildung von Kohlensäure, Itaconsäure, Citraconsäure und Citraconsäure-anhydrid (vgl. §§. 1338, 1429).

Wird Aconitsäure mit Wasser auf 180° erhitzt, so entsteht Itaconsäure (Pebal). Erwärmt man Aconitsäure mit Phosphorchlorid, so wird eine kirschrothe Flüssigkeit erhalten, die mit Wasser wieder Aconitsäure erzeugt, also offenbar ein dieser Säure entsprechendes Chlorid ist.

Die Aconitsäure verbindet sich, bei Einwirkung von Natriumamalgam, direct mit Wasserstoff (Kekulé *), Dessaignes **). Das Product ist

*) Ann. Chem. Pharm. Suppl. II. 110.

**) ibid. Suppl. II. 188.

bis jetzt nicht näher untersucht; es ist vielleicht Carballylsäure (§. 1310). Der aconitsaure Kalk liefert, nach Dessaignes, bei der durch Käse eingeleiteten Gährung, Bernsteinsäure.

Aconitsaure Salze. Die Aconitsäure ist eine dreibasische Säure; sie bildet also, ähnlich wie die Phosphorsäure oder Citronensäure, drei Reihen von Salzen:

$$\left.\begin{matrix}\Theta_6H_3\Theta_3\\M_3\end{matrix}\right\}\Theta_3 \qquad \left.\begin{matrix}\Theta_6H_3\Theta_3\\HM_2\end{matrix}\right\}\Theta_3 \qquad \left.\begin{matrix}\Theta_6H_3\Theta_3\\H_2M\end{matrix}\right\}\Theta_3$$

Neutrale Salze. Einfach-saure Salze. Zweifach-saure Salze.

Die neutralen Alkalisalze sind bis jetzt nicht krystallisirt erhalten worden; die sauren Alkalisalze sind krystallisirbar und in Wasser sehr löslich. Der aconitsaure Baryt: $\Theta_6H_3Ba_3\Theta_6$, $3\,H_2\Theta$ ist ein gallertartiger in Wasser wenig, im sauren Flüssigkeiten leicht löslicher Niederschlag. Der aconitsaure Kalk: $\Theta_6H_3Ca_3\Theta$, $3\,H_2\Theta$ kann durch doppelte Zersetzung oder durch Sättigen der Säure mit kohlensaurem Kalk dargestellt werden. Er krystallisirt nur aus sehr concentrirten Lösungen, ist aber, wenn einmal gebildet, in Wasser nur schwer löslich. Das aconitsaure Blei wird aus Bleizuckerlösung selbst durch freie Aconitsäure als amorpher auch in siedendem Wasser fast unlöslicher Niederschlag gefällt. Das aconitsaure Silber: $\Theta_6H_3Ag_3\Theta_6$ ist ein amorpher in sauren Flüssigkeiten löslicher Niederschlag. Es wird beim Kochen mit Wasser unter Ausscheidung von metallischem Silber zersetzt.

Aconitsäure-äthyläther: $\Theta_6H_3(\Theta_2H_5)_3\Theta_6$; wurde von Crasso durch Einleiten von Salzsäure in eine alkoholische Lösung von Aconitsäure dargestellt. Er siedet, unter theilweiser Zersetzung, bei 236°.

Amidartige Verbindungen der Aconitsäure sind bis jetzt nicht bekannt; einige Phenylabkömmlinge solcher Amide werden später beschrieben.

Kohlenhydrate.

Mit dem Namen Kohlenhydrate bezeichnet man schon seit lange 1437.
eine Gruppe von Körpern, in welchen Wasserstoff und Sauerstoff in demselben Verhältniss enthalten sind wie im Wasser, die man also, ihrer empirischen Formel nach, als Hydrate des Kohlenstoffs ansehen könnte. Diese Körper enthalten sämmtlich 6 oder 12 (oder vielleicht auch höhere Multiplen von sechs) Kohlenstoffatome im Molecül. Die Anzahl der Sauerstoffatome ist entweder der der Kohlenstoffatome gleich, oder wenigstens nahezu gleich. Die in diese Gruppe gehörigen Verbindungen können in der That sämmtlich durch eine der folgenden Formeln ausgedrückt werden:

$$\Theta_6\ H_{12}\ \Theta_6$$
$$\Theta_{12}\ H_{22}\ \Theta_{11}$$
$$\Theta_6\ H_{10}\ \Theta_5$$

Die Beziehungen dieser Körper zu genauer untersuchten und dem System eingeordneten Verbindungen sind bis jetzt noch sehr wenig erforscht; man kann ihnen daher weder mit Sicherheit eine Stelle im System der Kohlenstoffverbindungen anweisen, noch sie durch rationelle Formeln ausdrücken. Den einzigen Anhaltspunkt in dieser Hinsicht bietet die von Linnemann in neuerer Zeit gemachte Beobachtung, dass einzelne Zuckerarten bei Einwirkung von Natriumamalgam durch directe Aufnahme von Wasserstoff in Mannit übergehen (vgl. §. 1375). Danach scheint es als stünden wenigstens diese Zuckerarten zum Mannit in derselben Beziehung wie der Allylalkohol zum Propylalkohol, wie Acrylsäure zu Propionsäure, wie Fumarsäure und Maleïnsäure zu Bernsteinsäure, etc. Man könnte daher diese Zuckerarten als sechsatomige Alkohole der um 2 Atome Wasserstoff ärmeren Körperklasse ansehen und sie durch die Formel ausdrücken (vgl. §. 1371):

$$\left.\begin{matrix} \overset{VI}{C_6H_6} \\ H_6 \end{matrix}\right\} O_6$$

Da bekanntlich die Aldehyde und selbst das Aceton ebenfalls die Fähigkeit besitzen sich direct mit Wasserstoff zu vereinigen, so könnte man diese Zuckerarten auch als dem Mannit entsprechende Aldehyde oder Acetone betrachten (vgl. §. 1347).

Jedenfalls zeigen alle bis jetzt studirten Zersetzungen der Kohlenhydrate, dass in ihnen die Kohlenstoffatome in derselben Weise an einandergelagert angenommen werden müssen, als in den in der Klasse der Fettkörper beschriebenen Substanzen (vgl. §. 278). Das Verhalten der Zuckerarten gegen Säuren (vgl. §§. 1456, 1457) zeigt ferner die grosse Analogie dieser Substanzen mit den mehratomigen Alkoholen und ganz besonders mit dem Mannit.

1438. In Bezug auf Zusammensetzung können die hier zu beschreibenden Verbindungen in drei Gruppen eingetheilt werden.

I. Gruppe. (Glycosen).

$C_6H_{12}O_6$. Dextrose *) (Traubenzucker).
Levulose (Fruchtzucker).
Galactose.

*) Da der Name Glycose, mit welchem man häufig speciell den Traubenzucker bezeichnet, vielfach für alle dem Traubenzucker ähnliche Zuckerarten angewandt worden ist, so scheint es geeignet dem Traubenzucker selbst eine specielle Benennung zu geben. Wir bezeichnen daher den rechtsdrehenden Traubenzucker als Dextrose, den linksdrehenden Fruchtzucker dagegen mit dem von Berthelot und A. schon gebrauchten Namen Levulose. Den allgemeineren Namen Glycose gebrauchen wir für die dem Traubenzucker oder Fruchtzucker ähnlichen Zuckerarten, so lange ihre Identität mit rechtsdrehendem Traubenzucker (Dextrose), oder linksdrehendem Fruchtzucker (Levulose) nicht bestimmt nachgewiesen ist. — Für den Rohrzucker und den Milchzucker sind die von Berthelot vorgeschlagenen Namen: Saccharose und Lactose benutzt.

II. Gruppe.

$\Theta_{12}H_{22}\Theta_{11}$. Saccharose (Rohrzucker).
Lactose (Milchzucker).
Melitose.
Melezitose
Trehalose (oder Mycose).

III. Gruppe.

$\Theta_6H_{10}\Theta_5$. Dextrin.
Gummi (Arabin, Bassorin etc.)
Glycogen.
Amidon (Stärkmehl).
Inulin, (Lichenin, Paramylon).
Cellulose (Holzfaser).
Tunicin.

An die in der ersten Gruppe aufgezählten Körper schliessen sich zunächst noch einige ebenfalls gährungsfähige Zuckerarten von gleicher Zusammensetzung an, die bis jetzt nicht näher untersucht sind. (§. 1474).

Man kennt ferner drei den Zuckerarten ähnliche Stoffe, die dieselbe Zusammensetzung besitzen wie die Glycosen, die sich aber von diesen wesentlich dadurch unterscheiden, dass sie nicht gährungsfähig und nicht in gährungsfähige Modificationen überführbar sind. Es sind dies:

Sorbin
Inosit
Eucalin.

Auch das Phloroglucin: $\Theta_6H_6O_3$ könnte, seiner Zusammensetzung nach, in die Gruppe der Kohlenhydrate gestellt werden, man kennt indess bis jetzt keine Beziehungen dieses Körpers zu den eben aufgezählten Substanzen. Es wird desshalb später gelegentlich des Phloretins und der Phloretinsäure abgehandelt werden.

Die meisten der aufgezählten Substanzen (bis zum Glycogen, incl.) zeigen keine Spur vor organischer Structur, sie sind vielmehr in Wasser löslich und zum grössten Theil krystallisirbar. Die in der Reihe zuletzt stehenden Verbindungen dagegen zeigen, wenigstens in der Form, in welcher sie sich im Körper der Pflanzen und Thiere finden, entschieden organische Structur; es sind entweder Körner, wie das Amidon und die ihnen nahestehenden Körper: Inulin, Lichenin, Paramylon, oder es sind Zellen, wie das Tunicin und die Cellulose.

Vorkommen der Kohlenhydrate. Die meisten der in diese 1430.
Gruppe gehörigen Körper sind fertig gebildet im Organismus der Thiere und besonders der Pflanzen aufgefunden worden. Das feste Gerüste der Pflanzen besteht wesentlich aus Cellulose; in vielen Pflanzentheilen (namentlich in den Samen, Wurzeln und Wurzelknollen) lagert sich Stärkmehl ab; die Pflanzensäfte enthalten meist Gummi und ausserdem ver-

schiedene Zuckerarten, namentlich Rohrzucker, Traubenzucker und Fruchtzucker; die beiden letzteren Zuckerarten finden sich in besonders reichlicher Menge in den Früchten. Auch die Melitose, die Melezitose und die Trehalose sind vegetabilischen Ursprungs; ebenso das Inulin und das Lichenin; aber diese Körper scheinen im Pflanzenreich weit weniger verbreitet zu sein als die vorhergenannten Substanzen.

Im Organismus der Thiere finden sich weit weniger Kohlenhydrate als in dem der Pflanzen; im Thierkörper walten die später zu beschreibenden stickstoffhaltigen und dem Eiweiss ähnlichen Verbindungen vor. Indessen sind einige Kohlenhydrate ausschliesslich animalischen Ursprungs. So findet sich der Milchzucker in der Milch der Säugethiere; das Glycogen in der Leber. Das Paramylon ist in einer Infusorienart, der Euglena viridis, aufgefunden worden; das Tunicin findet sich in den Decken vieler Tunicaten. Der Traubenzucker endlich, der wie oben erwähnt im Pflanzenreich sehr verbreitet ist, findet sich ebenso in vielen thierischen Flüssigkeiten und Geweben, z. B. im Blut, im Chylus, in der Leber, etc., er ist ein normaler Bestandtheil des Harns und wird namentlich in der Harnruhr in grossen Mengen ausgeschieden.

1440. Bildung und Umwandlung der Kohlenhydrate. Viele Kohlenhydrate können als Umwandlungsproducte aus anderen Körpern derselben Gruppe erhalten werden. Solche Umwandlungen finden unter sehr verschiedenen Bedingungen und unter dem Einfluss der verschiedenartigsten Reagentien statt, wie dies bei der Specialbeschreibung der einzelnen hierher gehörigen Körper näher gezeigt werden wird. In manchen Fällen vermittelt die Wärme allein solche Umwandlungen; so liefert z. B. das Amidon Dextrin. Weit häufiger finden Umwandlungen der Art durch Einwirkung gewisser Fermente statt und sie gehen daher oft der eigentlichen Gährung voraus (vgl. §. 1451), noch leichter können sie durch längeres Kochen mit verdünnten Säuren (namentlich Schwefelsäure) hervorgerufen werden.

Es scheint geeignet die wichtigsten dieser Umwandlungen hier zusammenzustellen:

I. Durch Säuren. Von allen Kohlenhydraten scheinen nur die drei in der Reihe zuerst genannten Substanzen: Dextrose, Levulose und Galactose, durch längeres Kochen mit verdünnter Schwefelsäure oder andern Säuren nicht verändert zu werden. Sie bilden gewissermassen die Endglieder in der Reihe dieser Umwandlungsproducte; sie sind den diese Umwandlungen vermittelnden Reagentien gegenüber beständig. Keine dieser drei Substanzen konnte bis jetzt in eine der anderen übergeführt werden. Alle übrigen Kohlenhydrate geben bei längerem Kochen mit verdünnten Säuren die eine oder die andere dieser drei Zuckerarten.

1) Am häufigsten entsteht Dextrose (Traubenzucker). Verschiedene Kohlenhydrate liefern ausschliesslich Dextrose; namentlich die fol-

genden: Melezitose, Trehalose, Dextrin, Glycogen, Amidon. Einzelne Kohlenhydrate, z. B. der Rohrzucker, liefern neben Dextrose auch Levulose (vgl. I. 5.)

2) Die Levulose entsteht als ausschliessliches Product bei Umwandlung des Inulins; sie bildet sich, neben Dextrose, aus Rohrzucker.

3) Die Galactose ist ein Umwandlungsproduct der Lactose (Milchzucker).

4) In manchen Fällen ist die Natur der entstehenden Glycose noch nicht mit Sicherheit nachgewiesen; so weiss man z. B. für die aus Paramylon, Bassorin und Lichenin entstehenden Zuckerarten noch nicht, ob sie rechts- oder links-drehend sind.

5) Einzelne Kohlenhydrate liefern beim Kochen mit verdünnter Schwefelsäure zwei verschiedene Umwandlungsproducte. So erhält man z. B. aus Rohrzucker (Saccharose) ein Gemenge von Dextrose und Levulose. Auch aus Tunicin und aus Cellulose (oder wenigstens aus manchen Umwandlungsproducten der Cellulose) kann Dextrose erhalten werden. In beiden Fällen scheint gleichzeitig eine andere Zuckerart zu entstehen, die bis jetzt nicht näher untersucht ist.

6) Sorbin und Inosit werden durch Kochen mit verdünnten Säuren nicht verändert.

II. Durch Fermente oder fermentartige Körper. Es wurde oben erwähnt, dass auch gewisse Fermente (Diastase, Hefe, etc. vgl. §. 1448) die Umwandlung mancher Kohlenhydrate vermitteln können. Auch dabei wird meistens Dextrose, Levulose oder Galactose gebildet. Bisweilen indess entstehen andere Producte, die ihrerseits durch längeres Kochen mit verdünnter Schwefelsäure in Dextrose übergeführt werden können. So erhält man z. B. aus Amidon die Maltose (§. 1474).

III. Durch Hitze. In manchen Fällen werden derartige Umwandlungen durch Hitze hervorgerufen; so entsteht z. B. aus Amidon Dextrin, aus Rohrzucker ein Gemenge von Dextrose und Levulosan.

Auch concentrirte Säuren und andere Reagentien bewirken bisweilen solche Umwandlungen.

Die eben erwähnten Umwandlungen der durch die allgemeine Formel: 1441.
$\Theta_{12}H_{22}\Theta_{11}$ ausgedrückten Zuckerarten werfen schon jetzt ein eigenthümliches Licht auf die Constitution dieser Verbindungen. Man sieht zunächst, dass diese Zuckerarten, in Bezug auf Zusammensetzung, zu den durch die Formel: $\Theta_6H_{12}\Theta_6$ ausgedrückten Glycosen in ähnlicher Beziehung stehen wie der Diäthylenalkohol zum Glycol (§. 962) oder wie das Diglycerin zum Glycerin (§ 1250). Man könnte diese Beziehung etwa durch die Formeln ausdrücken:

$$\left.\begin{matrix}\overset{vi}{\Theta_6H_6}\\ H_6\end{matrix}\right\}\Theta_6 \qquad\qquad \left.\begin{matrix}\overset{vi}{\Theta_6H_6}\\ \overset{vi}{\Theta_6H_6}\\ H_{10}\end{matrix}\right\}\Theta_{11}$$

Die eben erwähnten Umwandlungen zeigen dann weiter, dass die Zuckerarten

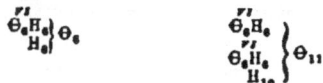

$\Theta_{12}H_{22}\Theta_{11}$ durch Aufnahme von Wasser in ähnlicher Weise zerfallen, wie das Diäthylenglycol und wie das Diglycerin; aber sie lehren ausserdem, dass die entstehenden Producte nicht immer gleichartig sind. Man hat nämlich:

Melezitose (und Trehalose)	+	$H_2\Theta$	=	Dextrose	+	Dextrose
Lactose	+	$H_2\Theta$	=	Galactose	+	Galactose
Saccharose	+	$H_2\Theta$	=	Dextrose	+	Levulose
Melitose	+	$H_2\Theta$	=	Dextrose	+	Eucalin.

Wenn man daher die Zuckerarten $\Theta_{12}H_{22}\Theta_{11}$, so wie dies die oben gegebene Formel ausdrückt, als die den Glycosen: $\Theta_6H_{12}\Theta_6$ entsprechenden Aetherarten betrachten will, so ist es jedenfalls klar, dass einzelne derselben als gemischte Aether, das heisst als aus verschiedenen Generatoren erzeugt, angesehen werden müssen.

Einzelne der durch die empirische Formel $\Theta_6H_{10}\Theta_5$ ausgedrückten Kohlenhydrate scheinen eine noch complicirtere Zusammensetzung zu besitzen. So liefert z. B. das Amidon neben Dextrose noch Dextrin (vgl. §. 1497); und da für das Dextrin die verdoppelte Formel $\Theta_{12}H_{20}\Theta_{10}$ wahrscheinlich ist, so müsste das Amidon selbst durch die verdreifachte Formel: $\Theta_{18}H_{30}\Theta_{15}$ ausgedrückt werden. Man käme etwa zu folgenden rationellen Formeln

$$\left.\begin{matrix}\Theta_6H_6\\H_4\end{matrix}\right\}\Theta_5 \qquad \left.\begin{matrix}\Theta_6H_6\\\Theta_6H_6\\H_8\end{matrix}\right\}\Theta_{10} \qquad \left.\begin{matrix}\Theta_6H_6\\\Theta_6H_6\\\Theta_6H_6\\H_{12}\end{matrix}\right\}\Theta_{15}$$

Glycosan. Dextrin. Amidon.

1442. Zur Vervollständigung dessen was über Vorkommen und Bildung der Kohlenhydrate und namentlich der Zuckerarten gesagt worden ist muss hier noch Folgendes beigefügt werden.

Die Glycose, d. h. eine Zuckerart von der Zusammensetzung $\Theta_6H_{12}\Theta_6$, ist häufig als Spaltungsproduct verschiedener namentlich im Pflanzenreich sehr verbreiteter und meist sehr complicirter zusammengesetzter Substanzen erhalten worden, die man gerade dieser Spaltung wegen unter dem Namen Glucoside zusammenfasst. Man hat bis jetzt nur in wenigen Fällen die bei Spaltung eines Glucosids auftretende Zuckerart näher untersucht; man weiss also bis jetzt für die meisten dieser Zuckerarten nicht, ob sie mit Dextrose oder Levulose identisch, oder ob sie von beiden verschieden sind. Man kann ferner aus der Natur der durch Spaltung eines Glucosids entstandenen Zuckerart nicht auf die Natur des in dem bestehenden Glucosids enthaltenen Kohlenhydrats schliessen. Die Spaltung der Glucoside erfolgt nämlich durch den Einfluss derselben Reagentien, durch welche die meisten Kohlenhydrate in die beständigeren Zuckerarten (Dextrose und Levulose) übergeführt werden und es ist sehr möglich, dass das in einem Glucosid enthaltene Kohlenhydrat während der Spaltung Veränderung erleidet. Vielleicht können sogar aus manchen Glucosiden verschiedene Kohlenhydrate erhalten werden, je nachdem man die Spaltung durch ein energisch oder ein weniger energisch wirkendes Reagens einleitet.

Es mag hier erwähnt werden, dass es bis jetzt nur für die bei Spaltung von Amygdalin, Salicin und Gerbsäure (Tannin) auftretenden Glycosen nachgewiesen ist, dass sie mit Dextrose identisch sind. Die aus allen übrigen Glucosiden erhaltenen Zuckerarten sind bis jetzt nicht näher untersucht. Der aus Quercitrin entstehende Zucker scheint, nach Rigaud, eine eigenthümliche Glycose zu sein, die auf polarisirtes Licht keine Wirkung ausübt (vgl. §. 1474).

Bildung von Zucker aus stickstoffhaltigen Substanzen. 1443. Es muss noch erwähnt werden, dass, nach in neuerer Zeit gemachten Beobachtungen*), auch einzelne stickstoffhaltige Substanzen, z. B. Leim, Knorpel, Chitin, bei längerem Kochen mit Schwefelsäure, neben anderen Zersetzungsproducten, dem Traubenzucker ähnliche Zuckerarten zu erzeugen im Stande sind.

Die bis jetzt bekannten Bildungen zuckerartiger Substanzen aus stickstoffhaltigen Materien sind folgende*).

Gerhardt hatte schon vor langer Zeit beobachtet, dass thierischer Leim bei längerem Kochen mit verdünnter Schwefelsäure einen gährungsfähigen Zucker erzeugt. Bödeker und Fischer bestätigten diese Angabe; sie erhielten Zucker, indem sie hyaline Knorpel (Rippenknorpel, Luftröhrenknorpel) mit concentrirter Salzsäure kochten. — Das Chitin (der Krebspanzer und der Maikäferflügel) geht durch Behandeln mit concentrirter Schwefelsäure (Berthelot) oder durch längeres Kochen mit verdünnter Schwefelsäure (Städeler) theilweise in Zucker über. Aus der Haut der Seidenraupe und aus der Schlangenhaut erhielt de Luca einen gährungsfähigen Zucker; in beiden Materien scheint indess Cellulose oder eine der Cellulose ähnliche Substanz enthalten zu sein.

Künstliche Bildungsweisen von Kohlenhydraten sind bis 1444. jetzt nur sehr wenige bekannt, aber diese haben gerade desshalb besonderes Interesse.

Nach Beobachtungen von Berthelot kann aus Glycerin und aus Mannit durch eine eigenthümliche Gährung, bei welcher die Gewebe thierischer Testikel als Ferment dienen, eine gährungsfähige, wie es scheint linksdrehende Zuckerart erhalten werden (vgl. §§. 1241, 1353).

Nach Angaben von Gorup-Besanez entsteht bei Oxydation des Mannits, neben Mannitsäure (§. 1361), ein der Levulose ähnlicher aber optisch unwirksamer Zucker, der als Mannitose bezeichnet wird (vgl. §§. 1353. 1347). Eine ähnliche Zuckerart erhielt Carlet durch Oxydation des Dulcits (§. 1358) mittelst Salpetersäure. Noch interessanter sind zwei in neuerer Zeit beobachtete synthetische Bildungsweisen zuckerartiger Substanzen, obgleich die gebildeten Zuckerarten bis jetzt

*) Vgl. Gerhardt. Précis de Chimie organique. (1845). II. 244. Schiff. Ann. Chem. Pharm. CXIX. 256; Fischer und Bödeker. ibid. CXVII. 111; Städeler. ibid. CXI. 21; De Luca. Compt. rend. LVII. 487.

nicht näher untersucht worden sind und obgleich man sich über die Art ihrer Bildung bis jetzt keinerlei Rechenschaft zu geben im Stande ist.

Löwig beobachtete nämlich, dass bei Einwirkung von Natriumamalgam auf Oxalsäureäther, neben Desoxalsäure (§. 1345), ein gährungsfähiger Zucker entsteht. Andrerseits fand Butlerow, dass aus dem Dioxymethylen (§. 969) durch Einwirkung starker Basen eine zuckerartige Substanz erhalten wird.

1445. Verhalten der Kohlenhydrate gegen Fermente. Gährung. Eine ausführliche Besprechung der Gährungserscheinungen im Allgemeinen muss späteren Betrachtungen vorbehalten bleiben. Hier ist dieser Gegenstand nur so weit zu erörtern, als dies zum Verständniss der für die Kohlenhydrate speciell wichtigen Gährungen und somit zur Charakteristik der wichtigsten Kohlenhydrate nöthig ist.

Die Gährungen gehören derjenigen Kategorie chemischer Metamorphosen an, bei welchen ein vorhandener Körper eine bestimmte Umwandlung oder Zersetzung erleidet, ohne dass eine andere Substanz sich direct bei dieser Metamorphose betheiligt. Solche Umwandlungen oder Zersetzungen werden häufig schon durch Veränderung der physikalischen Bedingungen allein veranlasst, z. B. durch Wärme. In andern Fällen dagegen erfolgen sie nur bei Gegenwart bestimmter Substanzen. Diese nehmen an der Metamorphose selbst keinen directen Antheil. Sie tauschen nicht, wie dies bei den gewöhnlichen chemischen Metamorphosen der Fall ist, einen Theil ihrer Elemente gegen solche der andern Substanz aus; sie erleiden entweder gar keine Umänderung, oder wenigstens keine die mit der Metamorphose der andern Substanz in nothwendiger Beziehung steht. Die Art ihrer Wirkung ist bis jetzt nicht erklärt; man weiss nur, dass ihre Gegenwart nöthig ist. Man hat desshalb diese Erscheinungen häufig als Gegenwartswirkungen oder als Contactwirkungen bezeichnet.

Es muss hier noch speciell darauf aufmerksam gemacht werden, dass manche Metamorphosen, für die wir jetzt eine chemische Erklärung besitzen, als Gegenwarts- oder Contactwirkungen erscheinen, wenn man nur die entstehenden Producte mit den angewandten Substanzen vergleicht, ohne die Bildung der während der Metamorphose entstehenden und im weiteren Verlauf der Reaction wieder verschwindenden Zwischenproducte zu berücksichtigen. So konnte z. B. die Bildung des Aethers bei Einwirkung von Schwefelsäure auf Alkohol früher als Contactwirkung aufgefasst werden, während sie jetzt als Aufeinanderfolge zweier doppelter Zersetzungen erkannt ist (vgl. §§. 653 ff.).

In Bezug auf die Natur der Substanz, deren Gegenwart die Metamorphose veranlasst, kann man drei Arten von Gegenwartswirkungen unterscheiden:

1) Die einwirkende Substanz ist eine unorganische Verbindung.
2) Sie ist eine organische, also kohlenstoffhaltige Verbindung.
3) Sie ist ein organisirtes, lebendes Wesen; Pflanze oder Thier.

Die erste Gruppe von Gegenwartswirkungen bezeichnet man noch jetzt häufig als Contactwirkungen (im engeren Sinn). Hierher gehören z. B. die oben erwähnten Umwandlungen, welche viele Kohlenhydrate bei Einwirkung von Säuren und namentlich beim Kochen mit sehr verdünnten Mineralsäuren erleiden (§. 1440 I.).

In die zweite Kategorie gehören die ebenfalls schon erwähnten Umwandlungen vieler Kohlenhydrate durch Diastase, durch Speichel, durch die löslichen Bestandtheile der Hefe etc. Man hat derartige Umwandlungen häufig Gährungen und die sie hervorbringenden Substanzen Fermente genannt. Es scheint geeigneter sie als Umwandlungen durch fermentartige Körper zu bezeichnen und den Namen Gährung specieller für die dritte Gruppe von Gegenwartswirkungen zu reserviren, für diejenigen also, bei welchen die Metamorphose hervorgerufen wird durch ein organisirtes lebendes Wesen, welches dann speciell als Ferment zu bezeichnen ist *).

Es wurde bereits erwähnt, dass die Ursachen aller dieser Gegen- 1447.
wartswirkungen bis jetzt unbekannt sind. Es ist einleuchtend, dass die Erscheinung selbst nicht erklärt ist, wenn man auch den Nachweis für die Nothwendigkeit des Vorhandenseins eines bestimmten Körpers geliefert hat. Aber man darf sich andererseits auch darüber nicht täuschen, dass diese Erscheinungen kaum weniger erklärt sind als viele, wenn nicht alle gewöhnlichen chemischen Metamorphosen. Wir wissen z. B. nicht, warum viele Körper durch gewisse physikalische Bedingungen (z. B. durch Wärme) Zersetzung oder moleculare Umwandlung erleiden; und wenn wir solche Umwandlungen oder Zersetzungen bei Gegenwart gewisser Substanzen mit besonderer Leichtigkeit vor sich gehen sehen, so wird dadurch zwar der zu erklärende Fall ein anderer und vielleicht complicirterer, aber da der erste, vielleicht einfachere bis jetzt nicht erklärt ist, so liegt kein Grund vor den zweiten, wie dies häufig geschieht, für eine Ausnahme und für weniger erklärt zu halten.

In Betreff der wahren Gährungen glaubte man lange, dass alle in Zersetzung begriffenen stickstoffhaltigen Pflanzen- und Thiersubstanzen, namentlich die eiweissartigen Körper, als Fermente zu wirken im Stande seien. Man nahm an, dass je nach der Natur des Fermentes und namentlich nach dem Stadium seiner Zersetzung eine andere Gährung eintrete. Die Erzeugung der bei den Gährungen constant auftretenden organischen Wesen, deren Vorhandensein schon vorher nachgewiesen war, hielt man für mehr zufällig, für eine zweite Folge derselben Ursache. Es kann jetzt, namentlich nach den schönen Untersuchungen von Pasteur,

---

*) In den nachfolgenden Angaben über Gährung und Fermente sind vorzugsweise die neueren Abhandlungen von Pasteur benutzt, obgleich die Genauigkeit der von diesem Chemiker veröffentlichten Versuche und die Richtigkeit der auf sie begründeten Ansichten von mancher Seite, namentlich von Pouchet, in Zweifel gezogen werden.

als ziemlich erwiesen betrachtet werden, dass die eigentlichen Gährungen nur bei Gegenwart gewisser organisirter Wesen stattfinden, und dass diese die wahren Fermente sind. Man kann ferner als bewiesen ansehen, dass jeder Gährung ein bestimmtes Ferment, d. h. eine bestimmte Pflanzen- oder Thierspecies entspricht, und dass umgekehrt eine jede Species constant eine bestimmte Gährung hervorruft. Wenn aber auch dadurch die Nothwendigkeit bestimmter Fermente für bestimmte Gährungen sicherer noch nachgewiesen ist wie früher; wenn man auch weiss, in welchen Bedingungen die als Fermente wirkenden Organismen sich bilden und sich entwickeln; so ist damit doch die Frage, in welcher Weise das Ferment die Gährung hervorbringt, oder mit anderen Worten die Frage, warum die Anwesenheit eines gewissen Organismus eine gewisse Zersetzung der gerade gegenwärtigen Substanzen zur Folge hat, noch keineswegs gelöst, und man weiss namentlich noch nicht, ob die das organisirte Ferment zusammensetzende Materie einfach durch ihr Zugegensein die Gährung hervorbringt, oder ob die Zersetzung dieser Materie den Anstoss zur Gährung gibt, oder endlich ob die Gährung eine Folge der Lebensthätigkeit des organisirten Fermentes ist.

Es ist hier nicht der Ort die verschiedenen Ansichten ausführlicher zu besprechen, durch welche man die Gährungserscheinungen zu erklären bemüht war; wir beschränken uns darauf, die wichtigsten dieser Erklärungsversuche kurz anzudeuten.

Man begnügte sich früher mit der Annahme: die Fermente und fermentartigen Körper wirkten nur durch Contact und man behauptete dann, bei diesen Contactwirkungen sei eine eigenthümliche Kraft, die katalytische Kraft thätig (vgl. §. 653). Es ist einleuchtend, dass diese, wesentlich durch Berzelius und Mitscherlich vertheidigte Ansicht keinerlei Erklärung einschliesst. Nachdem dann Cagniard de Latour und fast gleichzeitig Schwann (1837) durch sorgfältige mikroskopische Untersuchungen die organische Structur der Hefe erkannt hatten, nahm man an, die Gährung sei eine Wirkung der Lebensthätigkeit der Hefezellen. Die gährende Substanz wurde gewissermassen als Nahrungsmittel des organisirten Ferments betrachtet, die Producte der Gährung als Secrete. Diese Ansicht, die man als vitale Gährungstheorie bezeichnen könnte, fand gleich nach ihrem Erscheinen in Liebig einen heftigen Gegner und sie wurde in Liebigs Annalen mit der gefährlichsten aller Waffen, mit Ironie bekämpft *). Bald nachher suchte dann Liebig die Gährungserscheinungen und zahlreiche andere Zersetzungen und Umwandlungen, die man unter der allgemeinen Bezeichnung Contactwirkungen zusammengefasst hatte, in chemisch-mechanischer Weise zu erklären. Diese mechanische Gährungstheorie **) lässt sich, ihrem Hauptinhalt nach, in folgender Weise zusammenfassen. „Die in den Gährungsprocessen vor sich gehenden Umwandlungen und Zersetzungen werden durch eine Materie bewirkt, deren kleinste Theilchen sich in einem Zustand der Umsetzung und Bewegung befinden, die sich andern nebenliegenden ruhenden Atomen mittheilt, so dass auch in die-

*) Ann. Chem. Pharm. XXIX. 100.

**) Vgl. bes. Ann. Chem. Pharm. XXX. 250. 363. Handwörterbuch. III. 217. Chemische Briefe. 4. Aufl. I. 287.

sen, in Folge der eingetretenen Störung des Gleichgewichts der chemischen Anziehung, die Elemente und Atome ihre Lage ändern und sich zu einer oder mehreren neuen Gruppen ordnen." Sehr viele leicht zersetzbare Körper und namentlich alle stickstoffhaltigen Pflanzen- und Thiersubstanzen, die in Fäulniss übergegangen sind, können als Gährungserreger oder Fermente wirken. Damit ein Körper gährt, ist es aber weiter nöthig, dass seine Elemente leicht beweglich und von einer schwachen Kraft zusammengehalten sind; denn der Widerstand muss von dem Stoss überwunden werden können. Dass die Producte der Gährung wechseln mit der Temperatur und dem Zustand der Umsetzung ist einleuchtend, denn die neue Ordnungsweise der Atome, welche die Natur und die Eigenschaften der neu gebildeten Producte bedingt, steht nothwendig in einer ganz bestimmten Beziehung zu der Art und Weise, zu der Richtung und Stärke der auf sie einwirkenden Bewegung. Ist ein Ferment zufällig organisirt (z. B. Hefe), so ist die Gährung doch die Wirkung einer chemisch-mechanischen Ursache; sie wird veranlasst durch die Bewegung der Elemente des Stoffes, der zur Hefe wird, oder durch eine weitere Veränderung der Hefe, an welcher die vitale Thätigkeit keinen Antheil mehr hat.

Diese mechanische Gährungstheorie von Liebig war bis vor Kurzem fast allgemein angenommen In neuerer Zeit, namentlich nach dem von Pasteur die Anwesenheit organisirter Fermente auch für andere Gährungserscheinungen nachgewiesen worden ist, scheinen viele Chemiker wieder mehr der vitalen Gährungstheorie zuzuneigen. Diese ist natürlich nur auf die wahren Gährungen, also auf diejenigen Gährungserscheinungen, bei welchen organisirte Fermente nachgewiesen sind, anwendbar. Die durch die Anwesenheit unorganischer Substanzen veranlassten Umwandlungen, von welchen die meisten von der mechanischen Gährungstheorie niemals berücksichtigt worden waren, werden vielleicht zum Theil als Aufeinanderfolge mehrerer doppelten Zersetzungen erkannt werden. Andere, und die durch fermentartige Substanzen hervorgebrachten Umwandlungen finden vielleicht ihre Erklärung in der früher (§. 234 Anmerk.) angedeuteten Ansicht.

Es scheint geeignet hier zunächst das Wichtigste von dem zusam- 1448.
menzustellen, was über die für die Kohlenhydrate speciell interessanten Fermente und fermentartigen Körper bekannt ist.

I. Fermentartige Körper. Die Eigenschaft viele Kohlenhydrate in andere Substanzen von analoger Zusammensetzung umzuwandeln ist, ausser bei organischen Säuren, deren Wirkungsweise offenbar vollständig derjenigen der verdünnten Mineralsäuren analog ist, bis jetzt ausschliesslich bei denjenigen leicht zersetzbaren stickstoffhaltigen Pflanzen- und Thiersubstanzen beobachtet worden, die dem Eiweiss oder dem Käsestoff ähnlich sind. Es scheint, als besässen alle eiweissartigen Körper, die im Zustand der Zersetzung begriffen sind, diese Eigenschaft wenigstens bis zu einem gewissen Grade. Vielen dieser Substanzen scheinen aber insofern specifische Eigenschaften zuzukommen, als sie manche Umwandlungen mit besonderer Leichtigkeit hervorzurufen im Stande sind, und als sie in manchen Fällen wirksam sind, in welchen andere sehr ähnlich, wenn nicht völlig gleich zusammengesetzte Substanzen sich völlig indifferent verhalten. Zu diesen besonders wirksamen fermentartigen Körpern gehören wesentlich die Diastase, das Synaptas und das lösliche Ferment der Hefe; ferner viele Drüsensäfte, z. B. der Speichel, der Pankreassaft. etc.

Da diese fermentartig wirkenden Körper für das Studium der Kohlenhydrate besonders wichtig sind, scheint es geeignet die Darstellungsweisen und die Eigenschaften der wichtigsten derselben hier kurz anzudeuten.

Diastase nennt man die in keimenden Getreidesamen offenbar durch Zersetzung oder Umwandlung des Klebers entstehende Substanz. Man gewinnt sie am besten aus Malz (gekeimter und geschrotener Gerste) indem man längere Zeit mit Wasser stehen lässt, den ausgepressten Saft bis auf 70° erhitzt, von coagulirten eiweissartigen Substanzen abfiltrirt und mit Alkohol fällt. Zu weiterer Reinigung löst man im Wasser und fällt nochmals mit Alkohol. Die Diastase ist ein weisses amorphes Pulver, löslich in Wasser und verdünntem Weingeist, unlöslich in Alkohol.

Synaptas. Diese der Diastase ähnliche und ähnlichwirkende Substanz findet sich in den süssen und den bitteren Mandeln. Zu ihrer Darstellung presst man süsse Mandeln, zur Entfernung des Oeles, rührt dann mit Wasser an, presst aus, lässt die Flüssigkeit stehen, bis die untere Schicht klar geworden ist und von Essigsäure nicht mehr gefällt wird und fällt mit Alkohol. Das Synaptas bildet eine weisse zerreibliche in Wasser theilweise lösliche Masse.

Das lösliche Ferment der Hefe gewinnt man indem man Hefe mit Wasser zerreibt und dann abfiltrirt; es wird durch Zusatz von Alkohol als flockiger Niederschlag gefällt.

Die wichtigsten der durch fermentartige Substanzen hervorgebrachten Umwandlungen wurden schon §. 1440 II. erwähnt; sie werden §. 1451 und gelegentlich der einzelnen Kohlenhydrate noch näher besprochen.

II. Organisirte Fermente. Es wurde bereits erwähnt, dass nach Pasteur's neueren Untersuchungen verschiedene Arten von organisirten Fermenten existiren, die stets eine bestimmte Art von Gährung hervorrufen. Genauere Angaben liegen bis jetzt vor über die folgenden Fermente:

Ferment der Alkoholgährung. Hefe*). Die Alkoholgährung wird durch ein vegetabilisches Ferment hervorgerufen, welches als Torula cerevisiae oder Mycoderma cerevisiae bezeichnet wird. Es besteht aus kleinen, meist kettenförmig aneinandergereihten runden Zellen, die sich durch Knospung fortpflanzen. Die jüngeren lebenskräftigen Zellen, deren Inhalt meist flüssig ist, bilden die Oberhefe, während die Unterhefe aus älteren Zellen mit granulösem Inhalt besteht.

Das Ferment der Milchsäuregährung**) ist ebenfalls vegetabilisch. Es besteht aus mikroskopischen Kügelchen, die weit kleiner sind als die der gewöhnlichen Hefe.

Auch die schleimige Gährung***) wird durch ein vegetabili-

---

*) Vgl. bes. Pasteur. Ann. Chim. Phys. LVIII. 364.

**) Jahresb. 1857. 510. 1859. 553.

***) Ibid. 1861. 728.

sches Ferment veranlasst, welches aus kettenförmig vereinigten Kügelchen besteht, deren Durchmesser von 0,0012 bis 0,0014 Mm. wechselt.

Die Buttersäuregährung, d. h. die Zersetzung des milchsaueren Kalks zu buttersauerem Kalk wird nach Pasteur *) durch ein animalisches Ferment, also durch ein Infusorium veranlasst. Die einzelnen Individuen bilden kleine cylindrische Stäbchen von 0,002 bis 0,02 Mm. Länge, die sich gleitend vorwärts bewegen und durch Theilung fortpflanzen. Sie leben und vermehren sich ohne freien Sauerstoff zu bedürfen. Es mag hier nachträglich noch erwähnt werden, dass, nach neueren Untersuchungen von Pasteur **) auch zur Bildung der Essigsäure aus Alkohol die Gegenwart der als Ferment wirkenden Mycodermaarten unumgänglich nöthig ist (vgl. §. 854)

Erzeugung und Entwicklung der organisirten Fermente. Man war früher der Ansicht, die in verwesenden, in faulenden und in gährenden Substanzen sich findenden niederen Pflanzen und Thierspecies entstünden durch Selbsterzeugung (generatio equivoca, génération spontanée). Zahlreiche Versuche verschiedener Forscher und namentlich die ausführlichen Untersuchungen, welche Pasteur in neuerer Zeit angestellt hat ***), haben mit ziemlicher Sicherheit nachgewiesen, dass dies nicht der Fall ist. Sie haben den von vielen Physiologen schon seit lange angenommenen Satz bestätigt, dass alles Lebende aus Keimen erzeugt wird. Werden diese Keime nicht absichtlich zugebracht, so stammen sie aus der Luft. Die atmosphärische Luft enthält nämlich unter den vielen Resten mineralischer und organischer Substanzen, die in ihr suspendirt sind, auch zahllose Keime und Sporen niederer Thiere und Pflanzen, welche zur Erzeugung der betreffenden Pflanzen- oder Thierspecies Veranlassung geben können, sobald sie in zur Entwicklung dieser Species günstige Bedingungen kommen. 1449.

Eine ausführliche Besprechung dieses Gegenstandes gehört nicht in das Gebiet der Chemie; hier müssen nur einige Bemerkungen Platz finden, die für die Gährungen der Kohlenhydrate speciell von Wichtigkeit sind.

Eine jede Gährung setzt die Gegenwart eines bestimmten Fermentes voraus. Dieses Ferment kann entweder als solches zugebracht, also gewissermassen gepflanzt werden, oder man kann es in der Flüssigkeit dadurch erzeugen, dass man die Sporen des betreffenden Fermentes einträgt, also gewissermassen sät, oder auch dadurch, dass man zu zufälligem Hineinfallen der Sporen aus der Luft Gelegenheit gibt (Selbstgährung).

*) Jahresb. 1861. 727.
**) ibid. 1861. 726.
***) Vgl. bes. Pasteur. Ann. Chem. Phys. LXIV. 5.

Es ist ferner nöthig, dass die Sporen die zu ihrer Entwicklung und dass das Ferment die zu seinem Wachsthum nöthigen Bedingungen, also namentlich die zu seiner Ernährung nöthigen Substanzen vorfinde. Es muss weiter dafür Sorge getragen werden, dass die Temperatur eine zur Entwicklung des betreffenden Fermentes günstige sei und man muss endlich alle die Substanzen ausschliessen, deren Gegenwart der Entwicklung oder der Wirkung des Fermentes hindernd im Wege steht.

Es ist hier nicht der Ort die zahlreichen Versuche näher zu erörtern, durch welche die Nothwendigkeit der Sporen für die Bildung der Fermente und das Vorhandensein dieser Sporen in der Luft nachgewiesen worden sind. Wir erwähnen nur, dass Luft, in welcher durch Glühen alle organischen Substanzen und folglich auch die Fermentkeime zerstört worden sind, selbst in sonst günstigen Bedindungen keine Fermente hervorzubringen im Stande ist; und weiter, dass auch durch sorgfältiges Filtriren der Luft durch Baumwolle die Fermentkeime mit ziemlicher Sicherheit zurückgehalten werden können. Der aus der Luft sich absetzende Staub ist sehr reich an Sporen und erzeugt in günstigen Bedingungen leicht Fermente.

Besondere Berücksichtigung verdienen die zur Ernährung der Fermente nöthigen Substanzen. Die Hefe und die übrigen vegetabilischen Fermente bedürfen zu ihrem Wachsthum derselben Nahrungsmittel wie die höher organisirten Pflanzen; also wesentlich Kohlensäure, Ammoniak und verschiedene Mineralsubstanzen, besonders phosphorsaure Salze. In den meisten Fällen werden diese Nahrungsmittel der Hefe von den in den gährenden Flüssigkeiten enthaltenen eiweissartigen Körpern (Eiweiss, Kleber, Käsestoff etc.) geliefert und die alte Beobachtung, dass alle im Zustand der Zersetzung begriffenen eiweissartigen Körper eine Gährung hervorzurufen im Stande sind, erklärt sich dadurch, dass diese Körper die zum Wachsthum der Fermente und zur Entwicklung der Fermente aus den von der Luft gelieferten Sporen nöthigen Nahrungsmittel liefern. Die Anwesenheit eiweissartiger Substanzen ist zur Entwicklung der Fermente nicht unumgänglich nöthig; sie können, wie Pasteur gezeigt hat, durch rein unorganische Nahrungsmittel ersetzt werden, z. B durch Ammoniaksalze und phosphorsaure Salze, welche letzteren man zweckmässig durch Einäschern von Hefe darstellt. Für manche Fermente kann mit Vortheil die gewöhnliche Hefe, oder eigentlich die sie bildende Materie, als Nahrungsmittel angewandt werden. So erhält man z. B. das Ferment der Milchsäuregährung leicht in reinem Zustand und in grosser Menge, wenn man Hefe einige Zeit mit dem 15 bis 20fachen Volum Wasser kocht, dem Filtrat Zucker und etwas Kreide zusetzt und dann etwas Milch, oder besser etwas der grauen Substanz zufügt, die sich in einer in Milchsäuregährung begriffenen Flüssigkeit an der Oberfläche abscheidet. Nach kurzer Zeit tritt Gährung ein, durch welche das Milchsäureferment sich rasch vermehrt. — Dass gewöhnliche Hefe sich auch in einer reinen Zuckerlösung, wenn gleich langsam, weiterentwickelt, erklärt sich daraus, dass die absterbenden und sich zersetzenden Hefezellen durch ihre Zersetzung diejenigen Substanzen liefern, die den fortwachsenden und den sich neubildenden Zellen als Nahrungsmittel nöthig sind.

Man versteht jetzt leicht, warum viele zuckerhaltige Pflanzensäfte, z. B. Traubensaft, von selbst in Gährung übergehen. Die Sporen stammen aus der Luft, oder dem aus der Luft sich absetzenden Staub; sie entwickeln sich zu Hefe, weil in der Flüssigkeit hinlänglich viel Mineralsubstanzen und elweissartige Körper vorhanden sind. Man begreift ferner, warum bei den meisten Gährungen mehrere Arten von Gährung gleichzeitig verlaufen. Da nämlich die Luft alle Arten von Sporen enthält, so kommt leicht neben dem Ferment, dessen ausschliessliche Bildung man hervorrufen will, auch noch ein andres Ferment zur Entwicklung und neben der Hauptgährung lauft dann noch eine andre Gährung her.

Nachdem im Vorhergehenden die verschiedenen Fermente besprochen worden sind, durch welche die verschiedenen Arten von Gährung hervorgerufen werden, ist es nöthig die verschiedenen Gährungen nochmals mit besonderer Rücksicht auf die durch sie entstehenden Producte zusammenzustellen. 1450.

1) Alkoholgährung, geistige Gährung. Bei Gegenwart von Hefe als Ferment erleiden die Zuckerarten und namentlich die Glycosen, eine verhältnissmässig rasch und regelmässig verlaufende Gährung, bei welcher als Hauptproducte Alkohol und Kohlensäure entstehen. Man glaubte früher die Glycose zerfalle ausschliesslich in diese beiden Producte:

$$\underset{\text{Glycose.}}{\Theta_6H_{12}\Theta_6} = \underset{\text{Aethyl-alkohol.}}{2\Theta_2H_6\Theta} + 2\Theta\Theta_2$$

Die Versuche von Pasteur*) haben indess gezeigt, dass 5,6—6,5 pCt. der Glycose in andrer Weise zersetzt werden. Man findet nämlich stets unter den Producten der Alkoholgährung auch Bernsteinsäure (0,6—0,7 pCt. der angewandten Glycose) und Glycerin (3,2—3,6 pCt.). Es wird ferner ein Theil des Zuckers von der sich vermehrenden Hefe aufgenommen und zu Cellulose und Fett (zusammen 1,2 — 1,5 pCt.) umgewandelt.

Milchsäure und Essigsäure werden bei der normalen Alkoholgährung nicht gebildet. Enthält eine gegohrene Flüssigkeit Milchsäure, so ist stets auch das Milchsäureferment nachzuweisen. Essigsäure entsteht leicht, wenn schon gebildeter Alkohol bei Gegenwart von Mycodermaarten der Einwirkung der Luft ausgesetzt bleibt.

Ueber die Entstehung der mit dem Aethylalkohol homologen Alkohole und andrer Substanzen, die in gegohrenen Flüssigkeiten aufgefunden worden sind (vgl. §. 691), ist bis jetzt Nichts bekannt.

Die zur Alkoholgährung günstige Temperatur ist 5° — 30°; bei 25°—30° verläuft die Gährung rasch; bei niederen Temperaturen langsam.

2) Schleimige Gährung. Bei dieser Gährung, deren Ferment oben besprochen wurde, verwandelt sich der Zucker unter gleichzeitiger

*) Vgl. Jahresb. 1857, 508; 1858, 484; 1859, 549; 1860, 514 u. bes. Ann. Chim. Phys. LVIII. 323.

Entwicklung von Kohlensäure, in Mannit (51 pCt.) und eine eigenthümliche Gummiart (45,5 pCt. (§. 1491).

Pasteur *) drückt diese Zersetzung, der Mengenverhältnisse der gebildeten
Producte wegen, durch die Gleichung aus:

$$25C_6H_{12}O_6 \;=\; 12C_6H_{14}O_6 \;+\; 12C_6H_{10}O_5 \;+\; 6CO_2 \;+\; 6H_2O$$
Glycose.   Mannit.   Gummi.

Bisweilen wird mehr Gummi erhalten und man beobachtet dann andre, grössere Kügelchen, die vielleicht ein eigenthümliches Ferment sind, welches den Zucker
lediglich in Gummi überführt.

Die schleimige Gährung tritt am leichtesten ein in einer mit Eiweiss versetzten Zuckerlösung. Sie ist gewöhnlich von einer geringen Milchsäure- und Buttersäuregährung begleitet.

3) Milchsäure-gährung. Das Ferment dieser Gährung wurde
oben erwähnt (§. 1448. II.). Der Zucker spaltet sich, wie es scheint
geradezu und ohne dass ein andres nothwendiges Product auftritt, in
Milchsäure (vgl. §. 1077):

$$C_6H_{12}O_6 \;=\; 2C_3H_6O_3$$
Glycose.   Milchsäure.

Die Gährung tritt leicht ein, aber sie hört auf, sobald die Flüssigkeit stark sauer geworden ist. Es ist daher nöthig die Milchsäure in
dem Verhältniss, in welchem sie sich bildet wegzunehmen, entweder in
dem man von Zeit zu Zeit etwas kohlensaures Natron zufügt, oder indem man gleich von Anfang kohlensauren Kalk oder Zinkoxyd zusetzt,
durch welche die entstehende Milchsäure sofort gebunden und dadurch
die Flüssigkeit neutral gehalten wird.

Bei der Milchsäuregährung bilden sich stets, und zwar in sehr wechselnden
Verhältnissen, Mannit, Buttersäure und Alkohol. Die Bildung dieser Substanzen
beruht wahrscheinlich auf der Anwesenheit andrer Fermente. Mannit entsteht stets
wenn die Flüssigkeit sauer wird; vielleicht weil das Ferment der schleimigen Gährung nur in sauren Lösungen wirksam ist; vielleicht auch weil der Mannit selbst,
bei Gegenwart von Milchsäureferment und Kreide, unter Entwicklung von Kohlensäure und Wasserstoff, zu Milchsäure, Buttersäure und Alkohol gähren kann (Pasteur) **) (§. 1353). Die Buttersäure wird offenbar aus vorher gebildeter Milchsäure
durch das §. 1448. erwähnte eigenthümliche Ferment erzeugt (vgl. §§. 896, 1078)
und da bei der Buttersäuregährung nothwendig Wasserstoff frei wird:

$$2C_3H_6O_3 \;=\; C_4H_8O_2 \;+\; 2CO_2 \;+\; 2H_2$$
Milchsäure.   Buttersäure.

so verdankt vielleicht der Mannit indirect der gleichzeitig gebildeten Buttersäure

---

*) Vgl. bes. Jahresb. 1861. 728.
**) Vgl. bes. Jahresb. 1857. 510, 1859. 553 und Ann. Chim. Phys. LII. 404.

seine Entstehung. Wenn nämlich das Buttersäure-ferment zur Wirkung kommt, ehe aller Zucker verschwunden ist, so kann der bei der Buttersäure-gährung frei werdende Wasserstoff vielleicht einen Theil des Invertzuckers zu Mannit umwandeln.

Ob während des Sauerwerdens der Milch, wobei der Milchzucker rasch in Milchsäure übergeht, das für die Milchsäuregährung eigenthümliche Ferment schon vorhanden ist, ist bis jetzt nicht nachgewiesen.

4) Langsame Gährung. Berthelot *) hat darauf aufmerksam gemacht, dass auch einige direct nicht gährungsfähige Kohlenhydrate z. B. Gummi und Amidon und ebenso das der Alkoholgährung nicht fähige Sorbin (§. 1475), so wie einige andre Substanzen, die in chemischer Beziehung, aber nicht in Zusammensetzung, mit den Zuckerarten Aehnlichkeit zeigen (z. B. Mannit, §. 1353, Dulcit, §. 1358, Glycerin, §. 1241) in Gährung versetzt werden können, wenn man sie längere Zeit bei 40° mit Kreide und faulendem Käse (oder ähnlichen Substanzen) stehen lässt. Die so eingeleitete Gährung verläuft sehr langsam und unregelmässig, sie liefert wechselnde Mengen von Milchsäure, Buttersäure und Alkohol. Berthelot betrachtet diese Gährung als eine langsame Alkoholgährung. Pasteur hat darauf aufmerksam gemacht, dass sie mit der Milchsäuregährung mehr Aehnlichkeit zeige. Sie wird wohl bei genauerer Untersuchung als eine Aufeinanderfolge von Umwandlungen durch fermentartige Substanzen und von verschiedenen gleichzeitig verlaufenden Gährungen erkannt werden.

Es bleibt nun noch übrig das Verhalten der wichtigsten Kohlenhydrate gegen die verschiedenen Fermente näher ins Auge zu fassen. 1451.

1) Die Zuckerarten $\Theta_6H_{12}\Theta_6$ (Glycosen) sind direct gährungsfähig, sie werden also durch Hefe direct in Alkoholgährung versetzt. Die Gährung tritt bei allen Glycosen verhältnissmässig rasch ein, aber sie erfolgt doch nicht für alle mit gleicher Leichtigkeit. So gährt z. B. Dextrose rascher als Levulose; und daher kommt es, dass der durch Umwandlung von Rohrzucker erhaltene Invertzucker, welcher Dextrose und Levulose zu gleichen Theilen enthält (§. 1472), im Verlauf der Alkoholgährung stets reicher an Levulose wird, bis endlich auch diese verschwindet.

Enthält eine Substanz eine gährungsfähige Glycose und gleichzeitig einen andren nicht gährungsfähigen Körper, so kann die erstere durch Gährung zerstört und so der letztere rein erhalten werden. Lässt man z. B. die durch kurzes Kochen mit verdünnter Schwefelsäure umgewandelte Melitose, ein Gemenge von Dextrose und Eucalin, mit Hefe gähren, so enthält die Flüssigkeit nach beendigter Gährung reines Eucalin (vgl. auch §. 1359).

Für die mit den Glycosen gleich zusammengesetzten Körper, Eucalin, Sorbin

*) Jahresb. 1856. 664. 1857. 509. Ann. Chim. Phys. L. 322.

und Inosit wurde oben (§. 1438) schon erwähnt, dass sie nicht gährungsfähig sind.

2) Die Zuckerarten $\Theta_{12}H_{22}\Theta_{11}$ sind nicht direct gährungsfähig, aber sie können dennoch durch Fermente, z. B. durch Hefe, in Alkoholgährung versetzt werden. Die Gährung tritt dabei stets verhältnissmässig langsam ein, sie erfordert meist grössere Mengen von Hefe, und der eigentlichen Alkoholgährung geht eine Umwandlung des Zuckers $\Theta_{12}H_{22}\Theta_{11}$ in eine oder mehrere Zuckerarten $\Theta_6H_{12}\Theta_6$ voraus. Diese Umwandlung wird vermittelt durch das in der Hefe enthaltene, lösliche und der Diastase ähnliche Ferment.

Dies Verhalten ist bestimmt für den Rohrzucker nachgewiesen. Er geht bei Einwirkung von Hefe zunächst, genau wie beim Kochen mit verdünnten Säuren, in Invertzucker über; dieser, ein Gemenge von Dextrose und Levulose, wird dann von der Hefe in Alkoholgährung versetzt.

Die übrigen Zuckerarten: $\Theta_{12}H_{22}\Theta_{11}$ (Lactose, Melitose, Melezitose und Trehalose) zeigen wahrscheinlich dasselbe Verhalten; man hat indess den Vorgang bis jetzt nicht näher verfolgt und man hat die der wahren und stets langsam eintretenden, Alkoholgährung vorausgehende Bildung direct gährungsfähiger Glycosen nicht speciell nachgewiesen.

Der Milchzucker (Lactose) geht verhältnissmässig schwer in Alkoholgährung über. Schill hatte in der gährenden Flüssigkeit früher Glycose gefunden, nach Berthelot und nach Luboldt dagegen wird der Milchzucker durch Fermente nicht erst in Glycose (Galactose) umgewandelt, er findet sich vielmehr zu allen Zeiten der Gährung in der gährenden Flüssigkeit. Man sieht übrigens leicht, dass aus der Abwesenheit der Galactose nicht der Beweis hergeleitet werden kann, der Milchzucker sei direct gährungsfähig; da nämlich die Galactose sehr leicht gährt, während der Milchzucker schwerer in Galactose übergeht als der Rohrzucker in Invertzucker, so kann die Galactose in demselben Masse durch Gährung verschwinden, als sie durch Umwandlung aus Milchzucker erzeugt wird.

Die Melitose, durch deren Umwandlung, wie mehrfach erwähnt, neben Dextrose noch Eucalin erzeugt wird, kann durch Hefe in Gährung versetzt werden; die Dextrose wird durch diese Gährung zerstört, das nicht gährungsfähige Eucalin bleibt unverändert.

3) Von den Kohlenhydraten $\Theta_6H_{10}\Theta_5$ verhalten sich einige, nach neueren Versuchen von Berthelot, ähnlich wie die Zuckerarten: $\Theta_{12}H_{22}\Theta_{11}$. So können z. B. Amidon und Gummi durch Hefe allein in Alkoholgährung versetzt werden. Aber auch hier tritt die Gährung langsam ein, sie erfordert verhältnissmässig viel Hefe und es wird offenbar anfangs eine gährungsfähige Zuckerart $\Theta_6H_{12}\Theta_6$ erzeugt.

Die meisten Kohlenhydrate $\Theta_6H_{10}\Theta_5$ können durch die §. 1448. I. erwähnten eigenthümlichen Fermente, die keine wahre Alkoholgährung hervorzurufen im Stande sind, in gährungsfähige Zuckerarten umgewandelt werden. In den meisten Fällen sind die durch diese Fermente erzeugten Umwandlungsproducte identisch mit den durch verdünnte Säuren darstellbaren.

Durch Einwirkung der Diastase wird z. B. Amidon zuerst in lösliches Amidon und dann in Dextrose übergeführt; häufig, namentlich bei Einwirkung von Stärkekleister, entsteht neben Dextrose auch Maltose. Das Dextrin liefert mit Diastase leicht Traubenzucker (Dextrose); ebenso das Glycogen etc. Einzelne Kohlenhydrate scheinen von Diastase nicht verändert zu werden, z. B. Cellulose, Inulin, Paramylon.

Verhalten der Kohlenhydrate gegen polarisirtes Licht. 1452.
Die meisten Kohlenhydrate und namentlich die löslichen Verbindungen dieser Gruppe zeigen ein eigenthümliches Verhalten gegen polarisirtes Licht; sie besitzen nämlich die Eigenschaft der Circularpolarisation, d. h. ihre Lösungen bewirken eine Drehung der Schwingungsebenen der polarisirten Lichtstrahlen.

Alle Zuckerarten sind optisch wirksam; die meisten sind rechtsdrehend, d. h. sie drehen die Polarisationsebene nach rechts; andere sind linksdrehend. Die Stärke der Drehung ist für die verschiedenen Zuckerarten wesentlich verschieden. Für manche Zuckerarten wechselt das Rotationsvermögen mit der Temperatur, für andre ist es bei verschiedenen Temperaturen gleich. Für manche zeigen frisch bereitete Lösungen ein andres Drehungsvermögen als dieselbe Lösung nach längerem Stehen.

Die Stärke der Drehung ist für dieselbe Zuckerart, und bei sonst gleichen Verhältnissen, einzig abhängig von der Anzahl der Molecüle, welcher der Lichtstrahl begegnet. Sie steht also bei gleicher Concentration der Lösung in gradem Verhältniss zur Länge der Schicht; bei gleicher Länge der Schicht verhält sie sich wie die Concentration.

Man bezeichnet als: Molecularrotationsvermögen, specifisches Rotationsvermögen oder specifische Drehkraft die in Graden ausgedrückte Winkeldrehung der Polarisationsebene, welche eine 100 Millimeter lange Schicht einer wässrigen Lösung der reinen Substanz ausüben würde, wenn diese Lösung das spec. Gewicht = 1 hätte. Man drückt die specifische Drehkraft aus durch das Zeichen $[\alpha]$. Für rechtsdrehende Substanzen $+ [\alpha]$; für linksdrehende $- [\alpha]$.

Die specifische Drehkraft ergibt sich aus einer der folgenden Gleichungen:

I. $$[\alpha] = \frac{\alpha}{\varepsilon \cdot \delta \cdot \lambda}$$

II. $$[\alpha] = \frac{a \cdot V}{l \cdot p.} \quad \text{oder} \quad [\alpha] = \frac{a}{v \cdot l}$$

In diesen Gleichungen bezeichnet:

α oder a die beobachtete Drehung.

ε die Concentration der Lösung, nach Gewicht (1 Gramm Lösung enthält ε Gramme Substanz).

δ das specifische Gewicht der Lösung.

λ oder l, die Länge der Schicht in Decimetern ($\lambda \times 100$ Millimeter)

ferner:

p Das Gewicht der Substanz in Grammen

V Das Volum der diese Substanz enthaltenden Lösung
und endlich:

ϱ Die Concentration der Lösung nach Volum; d. h. die Menge der in 1 C. C. m. Lösung enthaltene Substanz in Grammen ($\varrho = \frac{P}{V} = \varepsilon . \delta .$).

Die Gleichung I. kommt in Anwendung, wenn Concentration und spec. Gewicht der Lösung bekannt sind; die Gleichung II, wenn die Lösung, wie dies gewöhnlich geschieht, durch Abwägen der Substanz und Auffüllen auf ein bestimmtes Volum dargestellt wurde.

Da die verschiedenfarbigen Lichtstrahlen bekanntlich eine ungleich grosse Drehung erleiden, so muss man bei Bestimmung des Rotationsvermögens sich eines einfachen farbigen Lichtes bedienen. Man gebrauchte früher (in Biot's Apparat) vorzugsweise das rothe oder auch das gelbe Licht; die specifische Drehkraft für das rothe Licht wurde mit $[\alpha]_r$, die für das gelbe mit $[\alpha]_j$ bezeichnet. — Die jetzt gebräuchlichen Apparate (Saccharimeter von Soleil u. A.) sind meistens so eingerichtet, dass der polarisirte Lichtstrahl zunächst durch Quarzplatten geht, deren Dicke so gewählt ist, dass der Lichtstrahl die sog. Uebergangsfarbe (teinte de passage) annimmt Ein mattes Violettrosa, welches die werthvolle Eigenthümlichkeit besitzt, dass es durch die geringste Drehung schon eine sehr merkliche Veränderung der Färbung erfährt Die neueren Bestimmungen des spec. Drehungsvermögens beziehen sich meist auf die Uebergangsfarbe; sie werden mit $[\alpha]$ bezeichnet. (Die Bestimmungen für gelbes Licht sind gleichwerthig mit denen für die Uebergangsfarbe; die Bestimmungen für den rothen Strahl werden durch Multiplication mit $\frac{30}{23}$ gleichwerthig).

Hat der Polarisationsapparat eine Kreistheilung (wie der Apparat von Biot), so gibt die Ablesung direct den beobachteten Drehungswinkel (α oder a). Im Saccharimeter von Soleil und in andern ähnlich construirten Apparaten entsprechen gewöhnlich hundert Einheiten der Theilung einer Quarzplatte von 1 Millimeter Dicke; man erhält also den Drehungswinkel für die Uebergangsfarbe (oder für den gelben Strahl) indem man die Ablesung mit 24° (Drehungswinkel der Uebergangsfarbe durch eine Quarzplatte von 1 Millimeter Dicke) multiplicirt und mit 100 dividirt:

$$\alpha \text{ oder a} = \frac{n \cdot 24^{\circ}.}{100.}$$

1453. Im Folgenden sind die für die verschiedenen Kohlenhydrate beobachteten specifischen Drehungsvermögen zusammengestellt.

I. Glycosen: $\Theta_6H_{12}\Theta_6$.

Dextrose . $[\alpha] = + 56^{\circ}$

Levulose . $[\alpha] = - 106^{\circ}$ bei 15°; $- 53^{\circ}$ bei 90°

Galactose . $[\alpha] = + 83^{\circ},8$.

Die frisch bereitete Lösung der krystallisirten Dextrose (Traubenzucker) zeigt nahezu das doppelte Drehungsvermögen (Birotation); dasselbe sinkt allmälig, rascher beim Erwärmen, und wird zuletzt bei $+ 56^{\circ}$ constant. Die durch Schmelzen entwässerte Dextrose zeigt selbst frisch gelöst das normale Drehungsvermögen $+ 56^{\circ}$.

Man sieht leicht, dass die sp. Drehkraft der Dextrose und der Galactose sich nahezu verhalten wie 2 : 3.

Die spec. Drehkraft der Levulose wechselt mit der Temperatur. Sie ist bei 15° etwa doppelt so gross wie die der Dextrose, aber von umgekehrtem Zeichen. Bei 90° sinkt sie auf die Hälfte, ist also nahezu gleich gross, wie die Drehkraft der Dextrose.

Gemenge von Dextrose und Levulose können je nach den Mengenverhältnissen der Bestandtheile und nach der Temperatur rechts- oder links-drehend sein. Dies gilt z. B. für den Honig und für den aus Früchten dargestellten Zucker. Der aus Rohrzucker entstehende Invertzucker enthält Dextrose und Levulose zu gleichen Theilen; seine specifische Drehkraft ist bei 15° $= [\alpha] = -25°$ (entsprechend der Berechnung: $-\frac{106}{2} + \frac{56}{2} = -25$); sie ist bei 25° $= -12{,}5$ und bei 90° etwa $= 0$, bei höheren Temperaturen wird das Gemenge rechtsdrehend.

Für einige noch nicht näher untersuchte Zuckerarten $\Theta_6H_{12}\Theta_6$ (§. 1474) liegen noch folgende Angaben vor. Aus Mannit entsteht durch Gährung eine linksdrehende Glycose, deren spec. Drehkraft schwächer ist als die der Levulose. Aus Gummi bildet sich bisweilen eine rechtsdrehende Zuckerart; deren sp. Drehkraft um $^1/_3$ schwächer ist als die der Dextrose. Die durch Spaltung des Quercitrins erhaltene Glycose scheint inactif., etc. (vgl. §. 1474); die Maltose ist stark rechtsdrehend $[\alpha] = +168°$.

II. Zuckerarten: $\Theta_{12}H_{22}\Theta_{11}$.

Saccharose	.	$[\alpha] = +73°{,}8$
Lactose	. .	$[\alpha] = +59°{,}3$
Melitose	. .	$[\alpha] = +102°$
Melezitose	.	$[\alpha] = +94°$
Trehalose	.	$[\alpha] = +220$

Das Drehungsvermögen der Saccharose (Rohrzucker), der Melitose, Melezitose und Trehalose wird durch Temperatur und Zeit nicht merklich verändert. Für die Lactose zeigt eine frisch dargestellte Lösung eine weit grössere Drehkraft $[\alpha] = \frac{8}{5} \cdot 59{,}3$ etwa); die Drehkraft nimmt rasch ab und wird bei 59°,3 constant. Alle diese Zuckerarten werden durch verdünnte Säuren, namentlich beim Kochen, in entsprechende Glycosen umgewandelt; dabei ändert die Lösung natürlich ihr spec. Drehungsvermögen.

III. Kohlenhydrate: $\Theta_6H_{10}O_5$.

Gummi (Arabin)		$[\alpha] = -36°$ (etwa).
Dextrin	. . .	$[\alpha] = +138°{,}7$.
Inulin	. . . .	$[\alpha] = -34°{,}4$.

An diese Substanzen schliesst sich an: Das lösliche Stärkmehl $[\alpha] = +211°$ und ein aus Cellulose erhaltenes Dextrin, dessen spec. Drehkraft $[\alpha] = -88°{,}9$ gefunden wurde.

IV. Nicht gährungsfähige Kohlenhydrate: $\Theta_6H_{12}\Theta_6$.

Eucalin	.	$[\alpha] = +65$ (etwa).
Sorbin	.	$[\alpha] = -46°{,}9$.
Inosit	.	(inactif.)

Chemischer Charakter der Kohlenhydrate.

1454. Der chemische Charakter der Kohlenhydrate, selbst der Zuckerarten, ist bis jetzt, obgleich diese Körper sehr häufig untersucht worden sind, nicht mit Sicherheit festgestellt. Es hat dies einerseits seinen Grund darin, dass die Kohlenhydrate unter dem Einfluss der meisten Reagentien mit ausnehmender Leichtigkeit Umwandlungen oder Zersetzungen erleiden und andrerseits darin, dass die meisten den Kohlenhydraten noch nahe stehenden Abkömmlinge höchst unerquickliche und wenig charakteristische Eigenschaften besitzen.

Am meisten Analogie zeigen die besser untersuchten Kohlenhydrate noch mit den mehratomigen Alkoholen, besonders mit dem Mannit (§. 1347). Einzelne Zuckerarten schliessen sich den mehratomigen Säuren (z. B. Weinsäure, Citronensäure) in so fern an, als sie mit verschiedenen Basen salzartige Verbindungen zu erzeugen im Stande sind. Am meisten Licht auf den chemischen Charakter der Kohlenhydrate werfen die im Folgenden zusammengestellten Thatsachen.

Verhalten gegen Hitze.

1455. Die einfacheren Zuckerarten, Glycosen: $\Theta_6H_{12}\Theta_6$, verhalten sich beim Erhitzen ähnlich wie Mannit; sie erzeugen dem Mannitan (§. 1349) entsprechende Verbindungen. Z. B.:

$$\text{Dextrose: } \Theta_6H_{12}\Theta_6 = H_2\Theta + \Theta_6H_{10}\Theta_5 \text{ Glycosan}$$
$$\text{Levulose: } \Theta_6H_{12}\Theta_6 = H_2\Theta + \Theta_6H_{10}\Theta_5 \text{ Levulosan}$$

Bei weiterem Erhitzen tritt noch mehr Wasser aus und es entstehen Körper, deren Formeln noch nicht mit Sicherheit festgestellt sind und die man im Allgemeinen als Caramel bezeichnet (vgl. §. 1482). Sie entsprechen vielleicht den Polyglycerinverbindungen (§. 1230). Wird die Hitze noch mehr gesteigert, so tritt vollständige Zerstörung des Molecüls ein und man erhält, als Producte der trocknen Destillation, Kohlenoxyd, Kohlensäure, Sumpfgas, Essigsäure, Aldehyd, Aceton, Furfurol, flüssige Kohlenwasserstoffe und eine grosse Anzahl noch nicht näher untersuchter Zersetzungsproducte.

Die Zuckerarten: $\Theta_{12}H_{22}\Theta_{11}$ scheinen bei Einwirkung von Hitze zunächst in Glycosen und die aus diesen entstehenden Anhydride umgewandelt zu werden. Für die Saccharose (Rohrzucker) ist mit Sicherheit nachgewiesen, dass sie bei längerem Erhitzen auf 160° sich in ein Gemenge von Dextrose und Levulosan umwandelt (vgl. §. 1472).

$$\underset{\text{Saccharose.}}{\Theta_{12}H_{22}\Theta_{11}} = \underset{\text{Dextrose.}}{\Theta_6H_{12}\Theta_6} + \underset{\text{Levulosan.}}{\Theta_6H_{10}\Theta_5}$$

Bei stärkerem Erhitzen entsteht dann zunächst, unter weiterem Austritt von Wasser, Caramel; später tritt trockne Destillation ein und man erhält die oben aufgezählten Producte.

Von den Kohlenhydraten: $\Theta_6H_{10}\Theta_5$ werden einige durch Hitze zunächst ohne Wasserverlust in eine andre Substanz von gleicher Zusammensetzung umgewandelt. So entsteht z. B. aus Amidon das Dextrin (vorher vielleicht lösliches Amidon §. 1499). Aus Glycogen entsteht eine dem Dextrin ähnliche, vielleicht mit ihm identische Substanz. Bei stärkerer Hitze erleidet dann das Dextrin Zersetzung, es liefert zahlreiche flüchtige Producte und hinterlässt viel Kohle. Die Cellulose wird beim Erhitzen direct durch trockne Destillation zersetzt (§. 1502).

Aetherartige Verbindungen der Kohlenhydrate.

I. Die meisten Kohlenhydrate zeigen mit den mehratomigen Alko- 1456.
holen (Glycerin und namentlich Mannit) insofern Aehnlichkeit, als sie bei Einwirkung von höchst concentrirter Salpetersäure oder besser bei Einwirkung eines Gemenges von Salpetersäure und Schwefelsäure Verbindungen erzeugen, welche die Zusammensetzung von Nitrosubstitutionsproducten besitzen. Die so erhaltenen Verbindungen verhalten sich gegen reducirende Substanzen genau wie das sog. Nitroglycerin (§. 1242) und der sog. Nitromannit (§. 1354); sie geben nämlich keine amidartigen Verbindungen, regeneriren vielmehr die zu ihrer Erzeugung angewandten Kohlenhydrate. Es sind also keine wahren Nitrosubstitutionsproducte, sondern vielmehr **Aetherarten der Salpetersäure.**

Man hat solche Nitroderivate für Dextrose, für Rohrzucker, Milchzucker und Trehalose, für Amidon, Dextrin, Gummi und für Cellulose dargestellt. Die meisten dieser Nitroderivate sind indessen bis jetzt nicht einmal analysirt. In einzelnen Fällen, z. B. für die Cellulose, hat man nachgewiesen, dass je nach den Bedingungen des Versuchs eine grössere oder geringere Menge von Wasserstoff durch die Gruppe (NO_2) ersetzt werden kann; aber man hat bis jetzt für kein Kohlenhydrat die Grenze festgestellt, bis zu welcher die Nitrirung gebracht werden kann.

Die Existenz dieser Nitroderivate gestattet also bis jetzt keinen Schluss auf die chemische Natur der Kohlenhydrate. Man weiss für keine Verbindung dieser Gruppe **wieviel** Wasserstoffatome durch Radicale von Säuren und speciell durch das Radical der Salpetersäure vertretbar sind. Da ferner einzelne mehratomige Säuren, z. B. die Weinsäure (vgl. §. 1325) genau in denselben Bedingungen ebenfalls Nitroderivate zu erzeugen im Stande sind, so beweist die Existenz dieser Nitroderivate nicht einmal, dass die Kohlenhydrate wirklich mehratomige Alkohole sind, sie könnten vielmehr, mit andern rationellen Formeln, als der Weinsäure etc. ähnliche organische Säuren angesehen werden.

Das einzige Kohlenhydrat, aus welchem bis jetzt ein wohlcharakterisirtes Nitroderivat erhalten wurde, ist der nicht-gährungsfähige Inosit (§. 1476).

Inosit.	Nitroinosit.
$\left.\begin{matrix}\overset{vi}{\Theta_6H_6}\\H_6\end{matrix}\right\}\Theta_6$	$\left.\begin{matrix}\overset{vi}{\Theta_6H_6}\\(N\Theta_2)_6\end{matrix}\right\}\Theta_6$.

1457. II. Die Zuckerarten besitzen, nach Untersuchungen von Berthelot, die Eigenschaft sich mit Säuren, unter Elimination von Wasser zu vereinigen um ätherartige Verbindungen zu erzeugen, die den früher beschriebenen Abkömmlingen des Mannits sehr ähnlich sind (vgl. §. 1350). Nach den von Berthelot gegebenen Formeln sind diese Saccharide (vgl. §§. 1460, 1467. III.) nicht eigentlich Aetherarten der Glycosen, sondern vielmehr Aetherarten des aus der Glycose durch Wasseraustritt entstehenden Glycosans; genau so wie die Abkömmlinge des Mannits als Aether des Mannitans zu betrachten sind. Berthelot beschreibt z. B.:

$$\left.\begin{matrix}\overset{vi}{\Theta_6H_6} \\ H_4\end{matrix}\right\}\Theta_5 \qquad \left.\begin{matrix}\overset{vi}{\Theta_6H_6} \\ H_2.(\Theta_4H_7\Theta)_2\end{matrix}\right\}\Theta_5 \qquad \left.\begin{matrix}\overset{vi}{\Theta_6H_6} \\ H_2.(\Theta_{18}H_{35}\Theta)_2\end{matrix}\right\}\Theta_5$$

Glycosan. Buttersäure-Saccharid. Stearinsäure-Saccharid.

Eine entsprechende Aethylverbindung entsteht beim Erhitzen von Zucker mit Aethylbromid und Kali:

$$\left.\begin{matrix}\overset{vi}{\Theta_6H_6} \\ H_2(\Theta_2H_5)_2\end{matrix}\right\}\Theta_5$$

Aethylsaccharid.

Nach Berthelot bildet die Essigsäure ein Saccharid, in welchem 6 mal das Radical Acetyl enthalten ist. Er betrachtet danach das Glycosan als einen sechsatomigen Alkohol.

Es scheint geeignet hier darauf aufmerksam zu machen, dass alle Saccharide unkrystallisirbar und nicht flüchtig sind, dass sie also wenig Garantie für Reinheit darbieten. Das eben erwähnte Essigsäure-saccharid ist zudem in Wasser, Alkohol und Aether löslich und wird nur in sehr geringer Menge erhalten.

III. Durch Vereinigung mit mehrbasischen Säuren, z. B. Schwefelsäure, Phosphorsäure, Weinsäure, etc., erzeugen die Zuckerarten complicirt zusammengesetze Säuren, die bis jetzt wenig untersucht sind (vgl. §. 1467. III.).

1458. Verbindungen der Kohlenhydrate mit Basen. Die meisten Kohlenhydrate zeigen insofern das Verhalten schwacher Säuren, als sie mit Basen salzartige Verbindungen zu erzeugen im Stande sind. Diese Verbindungen sind im Allgemeinen wenig untersucht; sie haben sämmtlich wenig nette Eigenschaften und ihre Zusammensetzung ist oft je nach der Darstellung verschieden. Einzelne müssen, ihrer Zusammensetzung nach, entschieden als das betreffende Kohlenhydrat angesehen werden, in welchem Wasserstoff durch Metall ersetzt ist; z. B. die Barytverbindung der Dextrose:

$$\Theta_6H_{12}\Theta_6 \qquad \Theta_6H_{11}Ba\Theta_6.$$

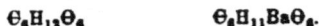

Für andere bleibt es unentschieden, ob sie nicht vielleicht eher als additionelle (basische) Verbindungen anzusehen sind. So kann z. B. die Barytverbindung des Rohrzuckers betrachtet werden, als:

$$C_{12}H_{20}Ba_2O_{11}, \; H_2O \quad \text{oder} \quad C_{12}H_{21}BaO_{11}, \; BaHO \quad \text{oder} \quad C_{12}H_{22}O_{11}. \; Ba_2O.$$

Man hat solche Verbindungen für nahezu alle Kohlenhydrate beobachtet. Nicht nur die Zuckerarten, sondern auch Amidon, Inulin, Lichenin, Gummi und selbst Cellulose erzeugen Verbindungen der Art. Man kennt wesentlich Verbindungen von Kalk, Baryt und Blei, indessen ist auch die Existenz von Natron - und Kaliverbindungen nachgewiesen.

Auf den chemischen Charakter der Kohlenhydrate werfen unsere jetzigen Kenntnisse über diese salzartigen Verbindungen kein Licht.

Zersetzungen der Kohlenhydrate. Es scheint geeignet 1459. hier die wichtigsten Zersetzungen der verschiedenen Kohlenhydrate übersichtlich zusammenzustellen, wesentlich um auf die verschiedene Beständigkeit hinzuweisen, welche die verschiedenen Kohlenhydrate denselben Reagentien gegenüber zeigen.

Einwirkung von Alkalien. Die Zuckerarten $C_6H_{12}O_6$ (Glycosen) werden von Alkalien mit ausnehmender Leichtigkeit zerstört. Selbst sehr verdünnte alkalische Lösungen wirken zersetzend. Die Zersetzung erfolgt in der Kälte langsam, sie wird durch Wärme sehr beschleunigt. Die Flüssigkeit wird anfangs gelb, dann braun, zuletzt entstehen braune humusartige Materien, die bis jetzt nicht näher untersucht sind. Aus der Dextrose hat man als erstes Product der Einwirkung alkalischer Flüssigkeiten die Glucinsäure erhalten (§. 1469).

Die Zuckerarten $C_{12}H_{22}O_{11}$ sind im Allgemeinen Alkalien gegenüber weit beständiger. Sie werden von verdünnten alkalischen Lösungen in der Kälte nicht, und auch beim Erwärmen nur langsam angegriffen. Beim Kochen mit concentrirten alkalischen Flüssigkeiten erleiden sie Zersetzung.

Auch die Kohlenhydrate $C_6H_{10}O_5$ sind gegen Alkalien verhältnissmässig beständig (vgl. Amidon und Cellulose).

Beim Schmelzen mit trocknem oder nahezu trocknem Kalihydrat erzeugen die meisten Kohlenhydrate Oxalsäure.

Einwirkung von Säuren. Die Producte der Einwirkung von 1460. Säuren auf Kohlenhydrate sind je nach der Natur der angewandten Substanzen und den Bedingungen des Versuchs sehr verschieden. Man kann wesentlich drei Arten der Einwirkung unterscheiden.

1) Das angewandte Kohlenhydrat geht bei Einwirkung einer Säure in ein andres Kohlenhydrat über.

2) Das Kohlenhydrat verbindet sich, unter Ausscheidung von Wasser, mit der angewandten Säure und erzeugt eine ätherartige Verbindung.

3) Das Kohlenhydrat erleidet tiefer gehende Zersetzung.

Die durch Einwirkung verdünnter Mineralsäuren stattfindenden Umwandlungen der Kohlenhydrate wurden §. 1440. I. schon besprochen. Es wurde dort erwähnt, dass die meisten Zuckerarten von der Formel $\Theta_{12}H_{22}\Theta_{11}$ und ebenso die meisten Kohlenhydrate von der Zusammensetzung $\Theta_6H_{10}\Theta_5$ durch verdünnte Mineralsäuren entweder direct oder indirect in Glycosen ($\Theta_6H_{12}\Theta_6$) umgewandelt werden. Es mag hier nachträglich erwähnt werden, dass auch concentrirte Mineralsäuren bei gemässigter Einwirkung in manchen Fällen dieselben Umwandlungen veranlassen. So wird Cellulose von concentrirter Schwefelsäure oder concentrirter Salzsäure zum Theil in lösliche Cellulose, in eine Art Dextrin und in Glycose umgewandelt; aus Amidon entsteht durch dieselben Reagentien: lösliches Amidon, Dextrin und Glycose. Im Allgemeinen sind gerade diejenigen Kohlenhydrate, die von Alkalien am leichtesten zerstört werden, also die Glycosen, Säuren gegenüber am beständigsten; während andrerseits die den Alkalien gegenüber verhältnissmässig beständigen Kohlenhydrate ($\Theta_{12}H_{22}\Theta_{11}$ und $\Theta_6H_{10}\Theta_5$) durch Säuren leicht verändert werden, indem sie in gegen Säuren beständige, von Alkalien aber leicht zersetzbare Modificationen übergehen.

Die Bildung ätherartiger Verbindungen bei Einwirkung von Säuren auf Kohlenhydrate wurde §. 1457. II. besprochen. Die hierhergehörigen Reactionen sind, kurz zusammengefasst, folgende:

1) Werden schwächere Säuren, also namentlich organische Säuren, bei Abschluss von Wasser mit Kohlenhydraten erhitzt, so entstehen ätherartige Verbindungen. Die so erhaltenen Saccharide sind wahrscheinlich in allen Fällen Abkömmlinge der Glycosen, insofern die Kohlenhydrate $\Theta_{12}H_{22}\Theta_{11}$ und $\Theta_6H_{10}\Theta_5$ durch Einwirkung von Säuren in Glycosen übergehen.

2) Bei Einwirkung von kalter concentrirter Schwefelsäure entstehen häufig den Aetherschwefelsäuren analoge Verbindungen, sog. Sulfosäuren.

3) Kalte höchst concentrirte Salpetersäure, oder ein Gemenge von Salpetersäure und Schwefelsäure erzeugen aus den meisten Kohlenhydraten sog. Nitro-derivate, d. h. Aetherarten der Salpetersäure.

In Betreff der bei Einwirkung von Säuren auf Kohlenhydrate eintretenden Zersetzungen genügen hier die folgenden Angaben:

1) Alle Kohlenhydrate, selbst die Glycosen, erleiden bei lang anhaltendem Kochen mit verdünnten Mineralsäuren Zersetzung. Diese Zersetzung erfolgt um so rascher je weniger verdünnt die Säure ist; sie tritt sehr schnell ein bei Anwendung von verhältnissmässig concentrirter Salzsäure, die entstehenden humusartigen Producte sind bis jetzt nicht näher untersucht.

2) Alle Kohlenhydrate werden beim Erhitzen mit concentrirter Schwefelsäure vollständig zerstört. Die Schwefelsäure wirkt dabei Wasser entziehend und gleichzeitig oxydirend; es entweicht also viel schweflige Säure und es bleibt zuletzt eine kohle-ähnliche Materie. Dieselbe

Zersetzung tritt auch in der Kälte ein, aber sie erfolgt dann meist langsam.

. Die verschiedenen Kohlenhydrate zeigen concentrirter Schwefelsäure gegenüber eine sehr ungleiche Beständigkeit. Die Glycosen sind weit beständiger als die Zuckerarten $\Theta_{12}H_{22}\Theta_{11}$. Vermischt man z. B eine concentrirte Lösung von Milchzucker oder Rohrzucker mit concentrirter Schwefelsäure, so reicht meist die von selbst eintretende Erwärmung hin, um vollständige Zerstörung des Zuckers zu veranlassen.

3) Alle Kohlenhydrate werden durch Einwirkung von heisser Salpetersäure, gleichgültig ob concentrirt oder verdünnt, oxydirt.

Einwirkung oxydirender Substanzen. Die Kohlenhydrate 1461. werden sämmtlich mit ausnehmender Leichtigkeit oxydirt. Die Natur der Oxydationsproducte scheint weit weniger von der Natur des angewandten Kohlenhydrats als von der Art der Oxydation abhängig zu sein; was seinen Grund wohl darin hat, dass sämmtliche Körper dieser Gruppe unter dem Einfluss der verschiedenartigsten Reagentien zunächst in Glycosen überzugehen im Stande sind. Indessen zeigt sich doch, namentlich bei Einwirkung von Salpetersäure, eine bemerkenswerthe Verschiedenheit der einzelnen Kohlenhydrate.

Stark oxydirende Substanzen erzeugen meist Oxydationsproducte von verhältnissmässig einfacher Zusammensetzung, namentlich Kohlensäure, Ameisensäure und Oxalsäure. So entsteht bei Destillation von Glycose, Rohrzucker, Amidon, Cellulose etc. mit Braunstein und Schwefelsäure, oder mit chromsaurem Kali und Schwefelsäure, oder auch mit Bleihyperoxyd und Wasser, wesentlich Ameisensäure und Kohlensäure. Aus Milchzucker wird bei Destillation mit chromsaurem Kali und Schwefelsäure gleichzeitig auch Aldehyd erhalten.

Anhaltendes Kochen mit mässig concentrirter Salpetersäure erzeugt wesentlich Oxalsäure (vgl. §. 1110). Wird die Oxydation dadurch gemässigt, dass man verdünntere Salpetersäure anwendet und stärkere Erhitzung vermeidet, so entstehen Producte, die den angewandten Kohlenhydraten noch näher stehen; wesentlich Schleimsäure (§. 1367), Zuckersäure (§. 1363) und Weinsäure, bisweilen auch Traubensäure (§§. 1317. II. 1323, 1333).

Die Bildung der Zuckersäure und der mit ihr isomeren Schleimsäure erklärt sich aus der Gleichung:

$$\text{Glycose: } \Theta_6H_{12}\Theta_6 + 3\Theta = H_2\Theta + \Theta_6H_{10}\Theta_8 \begin{cases}\text{Zuckersäure.}\\ \text{Schleimsäure.}\end{cases}$$

Die Weinsäure entsteht wahrscheinlich durch weitere Oxydation der anfangs gebildeten Zuckersäure; die Traubensäure wird vielleicht durch Oxydation der Schleimsäure erzeugt (vgl. §§. 1317. II. 1363, 1367).

Die meisten Zuckerarten liefern bei dieser gemässigten Oxydation nur Zuckersäure; andre erzeugen, meistens neben Zuckersäure, Schleimsäure. Die Bildung der Schleimsäure wurde bis jetzt wesentlich für Milchzucker, für die aus Milchzucker entstehende Galactose und für Gummiarten (Arabin, Bassorin) nachgewiesen; auch Melitose liefert etwas Schleimsäure. Die übrigen Zuckerarten, also namentlich Rohrzucker und Traubenzucker, erzeugen nur Zuckersäure. Für die Cellulose ist bis jetzt weder die Bildung von Zuckersäure noch von Schleimsäure beobachtet.

In älteren Untersuchungen wird häufig auch Aepfelsäure als Oxydationsproduct der Kohlenhydrate angegeben. Es ist wahrscheinlich, dass das was man früher für Aepfelsäure hielt Zuckersäure war, indessen hat die Bildung der Aepfelsäure von theoretischem Standpuncte aus Nichts Unwahrscheinliches.

Die löslichen Kohlenhydrate werden von vielen Metalloxyden und Metallsalzen oxydirt; sie wirken also reducirend. Sie fällen z. B. aus Silbersalzen, namentlich in ammoniakalischer Lösung, metallisches Silber; sie scheiden aus Kupfersalzen und namentlich aus einer alkalischen Lösung von Kupferoxyd, Kupferoxydul aus. Diese letztere Reaction kann zur quantitativen Bestimmung vieler Zuckerarten angewandt werden (vgl. §. 1466).

Die Glycosen wirken im Allgemeinen leichter reducirend als die Zuckerarten: $\Theta_{12}H_{22}O_{11}$; von letzteren reducirt der Milchzucker leichter als der Rohrzucker. Die Producte, welche bei diesen gemässigten Oxydationen aus den Zuckerarten entstehen, sind bis jetzt nicht näher untersucht (vgl. Gallactinsäure und Pectolactinsäure §. 1484).

1462. Einwirkung von Ammoniak auf Kohlenhydrate. Erwähnung verdienen hier endlich noch die durch Einwirkung von Ammoniak auf Kohlenhydrate entstehenden Producte, die indessen bis jetzt nicht in wohlcharakterisirtem Zustand erhalten werden konnten. Die Versuche in dieser Richtung haben desshalb auch theoretisches Interesse, weil, worauf Hunt schon 1848 aufmerksam machte, der Knochenleim (Glutin) annähernd die Zusammensetzung eines Amids der Kohlenhydrate besitzt:

$$\Theta_6H_{12}O_6 + 2NH_3 = \Theta_6H_{10}N_2O_2 + 4H_2O.$$

Dass umgekehrt aus Leim und ähnlichen Materien Zucker erhalten werden konnte, wurde §. 1443 erwähnt.

Die bis jetzt vorliegenden Versuche zeigen, dass die verschiedenen Kohlenhydrate, wenn sie mit Ammoniakgas oder mit einer concentrirten Lösung von Ammoniak längere Zeit erhitzt werden, unter Austritt von Wasser stickstoffhaltige Substanzen liefern, die, wenn zu ihrer Darstellung eine nicht allzuhohe Temperatur angewandt wurde, mit dem Knochenleim wenigstens einige Aehnlichkeit zeigen.

Dusart *) erhielt schon 1856, indem er Traubenzucker, Milchzucker oder Amidon mit wässrigem Ammoniak längere Zeit auf 150° erhitzte, stickstoffhaltige Substanzen, die aus wässriger Lösung durch Alkohol in zähen Fäden gefällt wurden und mit Gerbsäure eine unlösliche und der Fäulniss widerstehende Verbindung gaben. Im günstigsten Fall wurden Substanzen erhalten, die 14 pCt. Stickstoff enthielten. — Fast gleiche Resultate erhielt Schützenberger 1861. Aus Dextrin wurde bei 168 stündigem Erhitzen eine in Wasser lösliche und zu einer amorphen Masse eintrocknende Substanz erhalten, die 11 pCt. Stickstoff enthielt und durch Gerbsäure gefällt wurde.

P. Thenard wandte bei seinen Versuchen meist eine höhere Temperatur an (180°); er erhielt neben stickstoffhaltigen in Wasser löslichen Producten auch noch andre in Wasser unlösliche und meist gelb oder braun gefärbte Körper, in welchen 18,8 und selbst 19,8 pCt. Stickstoff gefunden wurden.

Specielle Beschreibung der wichtigsten Kohlenhydrate.

Eine auch nur einigermassen vollständige Geschichte der Kohlenhydrate würde die Grenzen dieses Lehrbuchs weit überschreiten **). Bei der Einzelbeschreibung der hierher gehörigen Körper sind daher, dem Zweck dieses Werkes gemäss, von den zahlreichen und vielfach widersprechenden Beobachtungen diejenigen ausgewählt worden, die von chemischem Gesichtspunct aus besonderes Interesse darbieten. Von den für Pflanzen- und Thier-physiologie interessanten Thatsachen konnten nur die wichtigsten berührt werden. In Betreff der industriellen Verwerthung der in diese Klasse gehörigen Körper hat man sich darauf beschränkt die Principien derjenigen Methoden anzugeben, die auf chemische Processe begründet sind. 1463.

Glycosen: $\Theta_6H_{12}\Theta_6$.

Dextrose; Traubenzucker, Krümmelzucker, Stärkezucker, Harnzucker, Glycose, etc. 1464.

Den krystallisirbaren Zucker des Honigs unterschied Lowitz 1792, den Zucker des Mostes Proust 1802 vom Rohrzucker. Die Umwandlung des Amidons zu Glycose beobachtete Kirchhoff 1811, die der Cellulose Braconnot 1819.

Vorkommen. Die Dextrose ist im Pflanzenreich sehr verbreitet. Sie findet sich in vielen Pflanzensäften und in besonders reichlicher Menge in den süssen Früchten. In den Früchten findet sich die Dextrose stets mit gleich viel Levulose, also als Invertzucker (§. 1472); sie ist in den meisten Fällen von Rohrzucker begleitet. Auch der Honig

---

*) Vgl. bes. Hunt. Jahresb. 1847—48, 845; Dusart. ibid. 1861, 911. Compt. rend. LII 974; Schützenberger. Jahresb. 1861. 910; P. Thenard. ibid. 1861. 908.

**) Eine sehr ausführliche Beschreibung der Kohlenhydrate findet sich in Gmelin's Handbuch der organischen Chemie (bearbeitet von Kraut) Bd. IV. S. 581—784. Wenig vollständig, aber des Gesichtspunctes wegen von Interesse ist die Behandlung in Berthelot's Chimie organique, fondée sur la synthèse. II. 229—326.

und die meisten Mannaarten enthalten Dextrose und Levulose, also Invertzucker, häufig neben Rohrzucker.

Dextrose ohne gleichzeitiges Vorhandensein von Levulose ist bis jetzt nur selten beobachtet worden. Nach Biot im Honigthau der Linde (1842) und in der Eschen-Manna. Es hat dies vielleicht darin seinen Grund, dass die leichter lösliche Levulose durch atmosphärische Einflüsse entfernt worden war.

Die Dextrose ist ferner in neuerer Zeit in fast allen thierischen Flüssigkeiten als normaler Bestandtheil aufgefunden worden, und zwar ohne Levulose. Z. B. im Blut, im Chylus, in der Leber, in der Amnios- und Allantois-Flüssigkeit, im Eiweiss, Eigelb etc. Auch der Harn enthält geringe Mengen von Dextrose als normalen Bestandtheil (Brücke, Bence Jones). In grosser Menge (bis zu 10 pCt.) findet sie sich im Harn bei Harnruhr (Diabetes mellitus).

Bildung. Die Bildung der Dextrose durch Umwandlung andrer Kohlenhydrate wurde oben schon ausführlich besprochen (§. 1440); es wurde dort gezeigt, dass manche Kohlenhydrate, z. B. Glycogen, Amidon, Dextrin bei diesen Umwandlungen ausschliesslich Dextrose liefern, während aus andern neben Dextrose noch eine andre Zuckerart (aus Rohrzucker z. B. Levulose) erhalten wird. — Auch das Auftreten der Dextrose als Spaltungsproduct vieler Glucoside wurde oben schon erwähnt (§. 1442). Die §. 1444 erwähnten Zuckerarten sind bis jetzt nicht näher untersucht; man weiss also nicht ob sie mit Dextrose identisch oder nur isomer sind.

Darstellung. 1) Aus Honig oder aus dem Zucker der Früchte. Die Darstellung von reiner Dextrose ist mit Schwierigkeiten verbunden wenn die angewandte Substanz neben Invertzucker auch Rohrzucker enthält. Ist kein Rohrzucker vorhanden, so gelingt die Reinigung leicht, weil die Levulose des Invertzuckers flüssig und ausserdem in Wasser und in Alkohol leichter löslich ist als die Dextrose Man breitet z. B. Honig auf porösen Steinen aus und krystallisirt den trocknen körnigen Rückstand aus warmem Alkohol um. Oder man reibt Honig mit wenig Alkohol an, giesst das Flüssige ab, presst aus, wiederholt dies Verfahren mehrmals und krystallisirt schliesslich aus warmem Alkohol.

2) Aus diabetischem Harn. Man dampft zum Syrup ein, lässt (zweckmässig unter Zusatz von etwas Alkohol) krystallisiren, presst aus und krystallisirt aus warmem Alkohol um, wenn nöthig unter Zusatz von Thierkohle. Enthält der Harn viel Kochsalz, so erhält man häufig neben Dextrose, bisweilen ausschliesslich, Krystalle der Kochsalzverbindung der Dextrose.

3) Aus Stärkmehl. Man kocht Stärkmehl mehre Stunden lang mit sehr verdünnter Schwefelsäure (1—2 pCt.), neutralisirt mit Kreide und dampft ein. Der Syrup setzt beim Stehen körnige Krystalle ab, oder erstarrt zu einer körnig krystallinischen Masse. — Der durch Einwirkung von Malzauszug auf Stärkmehl entstehende Zucker scheint von Dextrose verschieden zu sein (§. 1474).

1465. Eigenschaften. Dextrose ist in Wasser ausnehmend löslich. Die zum Syrup eingedampfte Lösung liefert selten wohl ausgebildete

Krystalle, sie setzt gewöhnlich körnige oder blumenkohlartige Massen ab. Die Krystalle sind: $\Theta_6H_{12}O_6$, H_2O; sie erweichen bei 60° und verlieren bei wenig höherer Temperatur ihr Krystallwasser. Aus heissem absolutem Alkohol erhält man beim Erkalten nadelförmige Krystalle, die kein Krystallwasser enthalten ($\Theta_6H_{12}O_6$) und die erst bei 196° schmelzen. Eine frisch bereitete Lösung der krystallisirten Dextrose, sowohl der wasserhaltigen als der wasserfreien, zeigt die spec. Drehkraft: $[\alpha] = + 104°$. Die spec. Drehkraft vermindert sich bei längerem Stehen der Lösung, rascher beim Erhitzen, und wird schliesslich bei + 56° constant. Die wasserfreie Dextrose zeigt nach dem Schmelzen bei 146° selbst in frisch bereiteter Lösung die geringere Drehkraft (56°); ebenso die wasserhaltige Dextrose, wenn sie unter Schmelzung bei 100° entwässert wurde.

Die Dextrose löst sich in etwa dem gleichen Gewicht Wasser; sie löst sich leicht in verdünntem, weniger leicht in absolutem Alkohol (1 Th. in 50 Th. Alkohol von 0,83 sp. Gew. bei 17°; in 4,6 Th. bei Siedhitze). Sie wird beim Kochen mit verdünnter Schwefelsäure nicht verändert und ist direct gährungsfähig.

Zersetzungen. Die Dextrose schmilzt beim Erhitzen, verliert bei 1466. etwa 170° Wasser und liefert Glycosan (§. 1468). Bei stärkerem Erhitzen entsteht unter weiterem Austritt von Wasser Caramel, bei noch stärkerer Hitze tritt trockene Destillation ein (vgl. §. 1455).

Mit höchst concentrirter Salpetersäure erzeugt die Dextrose eine bis jetzt nicht näher untersuchte Nitroverbindung; beim Erwärmen mit verdünnterer Salpetersäure wird sie zu Zuckersäure und Oxalsäure oxydirt. Sie löst sich beim Zusammenreiben mit kalter Schwefelsäure ohne Färbung und bildet Dextrose-schwefelsäure; durch Erwärmen mit concentrirter Schwefelsäure wird sie verkohlt. Destillirt man Dextrose mit oxydirenden Substanzen, so entsteht Ameisensäure; reibt man sie trocken mit 6 Th. Bleihyperoxyd zusammen, so tritt Entzündung ein.

Die Dextrose wird von Alkalien und von alkalischen Erden in der Kälte langsam, beim Erhitzen rasch verändert; die Flüssigkeit wird erst gelb, dann braun; anfangs entsteht Glucinsäure (§. 1469), später humusartige Substanzen.

Die Dextrose oxydirt sich leicht und wirkt desshalb häufig reducirend. Sie reducirt z. B. Eisenoxydsalze zu Eisenoxydulsalzen, Ferridcyankalium zu Ferrocyankalium (vgl. §. 543); sie fällt aus Silbersalzen metallisches Silber (in ammoniakalischer Lösung als Spiegel) und aus manchen Kupfersalzen metallisches Kupfer, sie reducirt Kupferoxydhydrat, besonders leicht in alkalischer Lösung, zu Kupferoxydul.

Die zuletzt erwähnte Reduction kann zur Nachweisung und zur quantitativen Bestimmung der Dextrose angewandt werden.

Setzt man zu einer Lösung von Dextrose Kalilauge und dann schwefelsaures Kupferoxyd, so löst sich das anfangs gefällte Kupferoxyd mit tiefblauer Farbe auf; die Lösung wird in der Kälte langsam, beim Erhitzen fast augenblicklich roth-gelb, unter Ausscheidung von Kupferoxydul (Trommer).

Zur quantitativen Bestimmung der Dextrose ist es geeignet eine alkalische Lösung von Kupferoxyd anzuwenden; z. B. eine Lösung von weinsaurem Kupferoxyd-Kali. Fehling löst einerseits 40 Gr. Kupfervitriol in 160 Gr. Wasser; andererseits 160 Gr. Seignettesalz (weinsaures Natron - Kali) in Wasser und 600 — 700 C. C. m. Natronlauge von 1,12 sp. Gew.; vermischt beide Lösungen und setzt Wasser zu bis das Volum des Gemisches 1154,4 C. C. m. beträgt. Schiff vermischt heisse Lösungen von Seignettesalz und Kupfervitriol, trocknet das weinsaure Kupferoxyd bei 100° und löst vor jedem Versuch n gramm in n $34^1/_2$ C. C. m. sehr verdünnter Natronlauge (1,006 sp. Gew.). — 10 C. C. m. dieser Lösungen werden von 0,05 Gr. Dextrose vollständig reducirt; die Dextrose verwandelt 10 Aeq. Kupferoxyd in Kupferoxydul. — Man bringt 10 C. C. m. der Kupferlösung in eine Porzellanschale, setzt etwa das vierfache Volum Wasser zu, erhitzt zum Sieden und tropft aus der Bürette die zu prüfende Zuckerlösung ein, bis die blaue Farbe der Kupferlösung vollständig verschwunden ist *).

Die Dextrose kann auch durch Gährung oder vermittelst des Saccharimeters bestimmt werden (vgl. §. 1481).

Verbindungen der Dextrose.

1467. I. Mit Basen **). Die Verbindungen der Dextrose mit Basen sind wenig untersucht. Sie sind sehr wenig beständig, da die Dextrose von den meisten Basen zersetzt wird.

Die Verbindungen mit Kali und Natron erhält man, nach Winckler, als krystallinische Niederschläge, wenn man eine Lösung von Dextrose in starkem Alkohol mit einer alkoholischen Lösung des betreffenden Alkalis vermischt. — Die Barytverbindung: $\Theta_6H_{11}BaO_6$ wird aus der alkoholischen Zuckerlösung durch eine Lösung von Barythydrat in verdünntem Alkohol, als weisses Pulver gefällt. — Die Kalkverbindung: $\Theta_6H_{10}Ca_2\Theta_6,H_2O$ [oder: $\Theta_6H_{12}\Theta_6 . Ca_2\Theta$] scheidet sich als weisser Niederschlag aus, wenn man Kalkhydrat in wässriger Dextrose löst und dann Alkohol zufügt. — Die Bleiverbindung: $\Theta_6H_{10}Pb_2O_6,Pb_2\Theta$ erhielt Soubeiran indem er wässrige Lösungen von Dextrose und von Bleizucker vermischte und dann Ammoniak zufügte. Nach Peligot und nach Stein erhält man eine Verbindung, die nur 3Pb enthält, wenn man Dextrose mit einer ammoniakalischen Lösung von Bleizucker fällt.

II. Mit Chlornatrium ***). Die Dextrose bildet mit Chlornatrium drei verschiedene Verbindungen:

---

*) Fehling. Ann. Chem. Pharm. LXXII. 106; CVI. 75. — Schiff. ibid. CXII. 368.

**) vgl. bes. Winckler. Jahrb. pr. Pharm. XVIII. 100; Mayer. Ann. Chem. Pharm. LXXXIII. 138; Stein, ibid. XXX. 83. Peligot, ibid. XXX. 74.

***) vgl. bes. Städeler, Jahresb. 1854, 621; Brunner, Ann. Chem. Pharm. XIV. 316, XXXI. 195; Pasteur, ibid. LXXX. 150.

1) $C_6H_{12}O_6 . 2NaCl$

2) $2C_6H_{12}O_6 . 2NaCl . H_2O$

3) $2C_6H_{12}O_6 . NaCl . H_2O$.

Man erhält diese Verbindungen wenn man eine Lösung von Dextrose mit Kochsalz vermischt und dann zur Krystallisation eindampft. Diabetischer Harn erzeugt diese Verbindungen weit leichter als Dextrose von anderer Herkunft. Die Verbindung 1) bildet kleine, die Verbindung 2) wohlausgebildete Krystalle (Städeler). Die Verbindung 3) wird am leichtesten erhalten; sie bildet grosse wohlausgebildete luftbeständige Krystalle. Ihre wässrige Lösung zeigt die spec. Drehkraft: $[\alpha] = + 47°,14$; die Drehkraft der frisch bereiteten Lösung ist doppelt so gross. Die spec. Drehkraft ist also genau eben so gross, als wenn die Dextrose unverbunden in der Lösung enthalten wäre.

III. Verbindungen mit Alkoholen und mit Säuren (Saccharide). Die Zusammensetzung und die Bildungsweisen dieser Verbindungen wurden oben schon besprochen (§. 1457).

Berthelot *) beschreibt die folgenden Verbindungen.

Buttersäure-Saccharid (Dibutyryl-glycosan): $C_{14}H_{22}O_7 = C_6H_8(C_4H_7O)_2O_5$. Man erhitzt Dextrose längere Zeit mit Buttersäure auf 100° und reinigt das Product nach der gelegentlich der analogen Glycerinverbindungen angegebenen Methode (§. 1245). Oelartige in Wasser wenig lösliche Flüssigkeit. Rohrzucker und Trehalose geben dieselbe oder wenigstens eine sehr ähnliche Verbindung. Auch Milchzucker, Dextrin und Cellulose scheinen derartige Verbindungen zu erzeugen. Die meisten dieser Verbindungen sind offenbar mit der aus Dextrose dargestellten Verbindung nur isomer, aber nicht identisch, insofern sie sich von einer anderen Modification der Glycose herleiten.

Stearinsäure-Saccharid (Distearyl-glycosan): $C_{42}H_{78}O_7 = C_6H_8(C_{18}H_{35}O)_2O_5$ entsteht wenn Dextrose und Stearinsäure etwa 60 Stunden lang auf 120° erhitzt wird. Man reinigt das Product wie die entsprechenden Verbindungen des Glycerins (§. 1245) oder des Mannits. Feste, wachsartige, in Alkohol und Aether lösliche, in Wasser unlösliche Masse. Rohrzucker und Trehalose, und wie es scheint auch Amidon, geben ähnliche Verbindungen.

Essigsäure-Saccharid (nach Berthelot Hexa-acetyl-glycosan): $C_{18}H_{22}O_{11} = C_6H_4(C_2H_3O)_6O_5$, ist ein in Wasser, Alkohol und Aether lösliches Oel; es entsteht wenn Dextrose mit Essigsäure 50 Stunden lang auf 100° erhitzt wird.

Die eben beschriebenen Verbindungen werden durch Erwärmen mit verdünnter Schwefelsäure oder mit Alkohol und Salzsäure langsam in ihre Generatoren, also in Dextrose und die betreffende Säure zerlegt.

Aethylsaccharid (Diaethyl-glycosan): $C_{10}H_{18}O_5 = C_6H_8(C_2H_5)_2O_5$.

Diese Verbindung wurde von Berthelot **) durch Erhitzen von Rohrzucker mit Aethylbromid und Kali erhalten; sie ist ölförmig und in Wasser fast unlöslich.

---

*) Chimie org. fondée sur la Synthèse II. 271 ff.

**) ibid. 301.

Dextrose-Schwefelsäure. Peligot *) erhielt diese Verbindung, indem er Dextrose mit $1^1/_2$ Th. concentrirter Schwefelsäure vermischte und nach Zusatz von Wasser mit kohlensaurem Baryt neutralisirte. Das durch Zusatz von Bleiessig gefällte Bleisalz entspricht der Formel: $\Theta_{24}H_{40}Pb_6S\Theta_{21}$; die Säure entstünde demnach nach der Gleichung:

$$4\Theta_6H_{12}\Theta_6 + S\Theta_4H_2 = \Theta_{24}H_{44}SO_{27} + H_2\Theta.$$

Phosphorsäure scheint mit Dextrose eine ähnliche Verbindung zu erzeugen (Berthelot).

Verbindungen mit Weinsäure **). Mit Weinsäure scheinen die verschiedenen Zuckerarten verschiedene Verbindungen zu erzeugen. Berthelot beschreibt:

1) Aus Dextrose: $\Theta_6H_{12}\Theta_6 + 4\Theta_4H_6\Theta_6 = \Theta_{22}H_{26}\Theta_{25} + 5H_2\Theta$

2) Aus Rohrzucker: $\Theta_6H_{12}\Theta_6 + 2\Theta_4H_6\Theta_6 = \Theta_{14}H_{18}O_{15} + 3H_2\Theta$

3) Aus Milchzucker: $\Theta_6H_{12}\Theta_6 + 4\Theta_4H_6O_6 = \Theta_{22}H_{30}O_{27} + 3H_2O$

4) „ „ $3\Theta_6H_{12}O_6 + 4\Theta_4H_6O_6 = \Theta_{34}H_{46}\Theta_{35} + 7H_2\Theta$

Er betrachtet alle diese Verbindungen als Abkömmlinge des Glycosans. Die Analyse der bei 110° getrockneten Kalksalze führte zu den folgenden Formeln

für 1) $\Theta_{22}H_{22}Ca_4O_{25} + 2H_2O$

„ 2) $\Theta_{14}H_{16}Ca_2\Theta_{15} + H_2O$

„ 3) $\Theta_{22}H_{24}Ca_6\Theta_{27} + 5H_2\Theta$

„ 4) $\Theta_{34}H_{42}Ca_4\Theta_{35} + 5H_2\Theta$

Glucoside. Es wurde oben bereits erwähnt (§. 1442), dass eine grosse Anzahl im Pflanzenreich sehr weit verbreiteter Körper, die Glucoside, bei Einwirkung gewisser Reagentien in der Weise zersetzt werden, dass neben Glycose noch eine oder mehrere andere Substanzen entstehen. Die meisten der bis jetzt untersuchten Glucoside liefern bei diesen Spaltungen eine Verbindung aus der Klasse der aromatischen Substanzen; ihre Beschreibung muss daher späteren Kapiteln vorbehalten bleiben. Diejenigen Glucoside, bei deren Spaltung Verbindungnn erhalten werden, die in früheren Kapiteln schon beschrieben wurden, sind jedesmal gelegentlich der aus ihnen entstehenden Substanzen erwähnt worden; es sind dies die folgenden: Convolvulin und Jalappin (§. 1420). und Myronsäure (1387).

Für die aus diesen Glucosiden erhaltene Zuckerart ist übrigens noch nicht mit Bestimmtheit nachgewiesen, ob sie wirklich Dextrose ist.

1468. Glycosan: $\Theta_6H_{10}\Theta_5$. Diese Verbindung entsteht nach Gélis ***), wenn trockene Dextrose auf 170° erhitzt wird. Sie konnte bis jetzt

*) Ann. Chem. Pharm. XXX. 79.

**) Berthelot. Chim. org. II. 294.

***) Jahresb. 1860. 510.

nicht von unveränderter Dextrose und von gleichzeitig gebildetem Caramel gereinigt werden.

Es ist eine farblose kaum süss schmeckende Masse. Es dreht die Polarisationsebene nach rechts, etwas schwächer als Dextrose.

Es geht nicht direct in Gährung über, wird aber durch Kochen mit verdünnten Säuren zu Dextrose und dadurch gährungsfähig.

Die bei stärkerem Erhitzen der Dextrose oder des Glycosans entstehenden dem Caramel ähnlichen Substanzen sind bis jetzt nicht näher untersucht *). (Vgl. §. 1482).

1469. Glucinsäure **): $\Theta_{12}H_{18}\Theta_9$. Diese bis jetzt nur wenig untersuchte Säure entsteht wesentlich bei Einwirkung von Alkalien oder alkalischen Erden auf Dextrose. Eine mit Kalk oder Baryt vermischte Lösung von Dextrose verliert nach einigen Wochen die alkalische Reaction und enthält dann ein glucinsaures Salz. Setzt man zu getrockneter Dextrose eine heisse gesättigte Barytlösung, so tritt unter Erwärmung heftige Reaction ein und es wird glucinsaurer Baryt gebildet. Die aus dem Bleisalz durch Schwefelwasserstoff dargestellte Säure ist amorph, in Wasser und Alkohol sehr löslich.

Das Kalksalz: $\Theta_{12}H_{12}Ca_3\Theta_9$ wird aus wässeriger Lösung durch Alkohol als gallertartige Masse gefüllt. Das saure Kalksalz krystallisirt in feinen Nadeln. Bleiessig fällt ein basisches Bleisalz: $\Theta_{12}H_{12}Pb_6\Theta_9,2H_2O$.

Die Glucinsäure kann vielleicht ausgedrückt werden durch die Formel:

$$\left.\begin{matrix}\Theta_{12}H_{12}\Theta_3\\ H_6\end{matrix}\right\}\Theta_6.$$

1470. Levulose ***). (Schleimzucker, unkrystallisirbarer Fruchtzucker). Die Levulose bildet, gemengt mit Dextrose, den Invertzucker (§. 1472). Sie entsteht aus Inulin (§. 1494) durch längeres Kochen mit verdünnter Schwefelsäure, oder auch mit Wasser allein. Sie bildet sich beim Kochen von Levulosan mit Wasser oder mit verdünnter Säure.

Aus Invertzucker erhält man die Levulose indem man 10 Th Invertzucker mit 6 Th. Kalkhydrat und 100 Th. Wasser innig mischt Die anfangs flüssige Masse wird nach einigem Schütteln breiartig. Man presst die flüssige Kalkverbindung der Dextrose aus, und zerlegt den festen, aus der Kalkverbindung der Levulose bestehenden Rückstand mit Oxalsäure (Dubrunfaut).

Die Levulose ist nicht krystallisirbar, sie bildet einen farblosen Syrup. Sie schmeckt süsser als Dextrose und ist in Wasser und in Weingeist leichter löslich als diese. Die wässrige Lösung der Levulose ist linksdrehend; die spec. Drehkraft wechselt mit der Temperatur; sie

*) vgl. Gelis. Jahresb. 1857. 497.

**) vgl. Peligot. Ann Chem. Pharm. XXX. 75; Mulder ibid: XXXVI. 258.

***) vgl. bes. Bouchardat, Jahresb. 1847—48, 794; Dubrunfaut, ibid. 1847—48, 792; 1849. 464; 1856, 673.

ist bei 14° $[\alpha] = -106°$; bei 52° $[\alpha] = -79°,5$; bei 90° $[\alpha] = -53°$.

Die Levulose ist direct gährungsfähig. Sie verliert beim Erhitzen auf 170° Wasser und erzeugt Levulosan (§. 1471). Sie bildet mit Kalk (3 Aeq. Ca) eine wenig lösliche aus feinen Nadeln bestehende Verbindung. Sie reducirt alkalische Kupferlösungen wie Dextrose.

1471. **Levulosan** *), $\Theta_6H_{10}\Theta_5$. Diese dem Glycosan entsprechende Verbindung entsteht, wie eben erwähnt, beim Erhitzen der Levulose.

Man kann das Levulosan aus Rohrzucker auch in folgender Weise darstellen. Man erhitzt Rohrzucker rasch auf 160° und hält einige Zeit bei dieser Temperatur. Der Rohrzucker verwandelt sich dabei ohne Gewichtsverlust in ein Gemenge von Dextrose und Levulosan. Man löst in Wasser und lässt durch Hefe gähren. Die Dextrose wird dadurch zerstört, das Levulosan bleibt unverändert Durch Eindampfen der Lösung geht das Levulosan theilweise in Levulose über, man muss daher zuletzt wieder auf 170° erhitzen.

Das Levulosan ist eine amorphe, in Wasser lösliche Masse. Es geht durch Kochen mit Wasser oder verdünnten Säuren in Levulose über. Es ist nicht direct gährungsfähig.

1472. **Invertzucker** (Fruchtzucker, umgewandelter Rohrzucker). Der Invertzucker ist ein Gemenge von Dextrose und Levulose zu gleichen Theilen. Er findet sich fertig gebildet in den meisten süssen Früchten, im Honig und in manchen Mannaarten. Er entsteht durch Umwandlung des Rohrzuckers.

Der **Rohrzucker** geht durch verdünnte Säuren (namentlich Schwefelsäure) schon in der Kälte, weit rascher beim Erhitzen, in Invertzucker über. Dieselbe Umwandlung erfolgt durch ein in Wasser lösliches in der Hefe enthaltenes Ferment und sie geht daher der Alkoholgährung des Rohrzuckers voraus (Berthelot); sie wird ferner veranlasst durch ein eigenthümliches in den Früchten enthaltenes Ferment (Buignet).

Die süssen **Früchte** enthalten stets Invertzucker, d. h. ein Gemenge von Dextrose und Levulose zu **gleichen** Theilen; viele Früchte enthalten gleichzeitig Rohrzucker. In Trauben, Kirschen, Stachelbeeren, Feigen etc. ist nur Invertzucker enthalten; Abrikosen, Pfirsiche, Ananas, Citronen, Pflaumen, Himbeeren etc. enthalten gleichzeitig Rohrzucker. Der Invertzucker entsteht offenbar aus ursprünglich gebildetem Rohrzucker, weniger durch Einwirkung der in den Früchten enthaltenen Säure, als durch Vermittlung des in den Früchten vorkommenden Ferments **).

Der **Bienenhonig** besteht häufig nur aus Invertzucker; er enthält häufig Rohrzucker und bisweilen mehr Dextrose als Levulose. Aus der Zusammensetzung des Honigs kann man schliessen, dass auch der Nectar der Blüthen dieselben

*) Gélis. Jahresb 1859. 547. 1860 510.
**) Buignet. Ann. Chim. phys. LXI. 233—308.

Zuckerarten enthält; wenigstens beweisen die Versuche von Kemper und Kraut*), dass die Bienen die ihnen gelieferten Zuckerarten nicht umzuändern im Stande sind. Auch der Honigthau enthält Rohrzucker und Invertzucker. In der Manna von Kurdistan (eine Art Honigthau) fand Berthelot **): 61 pCt. Rohrzucker, 16,5 pCt. Invertzucker und 22,5 pCt. gummiähnlicher Materien; in der Manna von Sinai (von Tamarix mannifera) 55 pCt. Rohrzucker, 25 pCt. Invertzucker und 20 pCt. Gummi.

Der Invertzucker zeigt alle Eigenschaften eines Gemenges von Dextrose und Levulose.

Er setzt bei längerem Stehen Krystalle von Dextrose ab, während der flüssig gebliebene Theil vorwiegend aus Levulose besteht. Er kann durch Kalk in Dextrose und Levulose zerlegt werden.

Die sp. Drehkraft des Invertzuckers (vgl. §. 1453) entspricht bei verschiedenen Temperaturen der eines Gemenges von Dextrose und Levulose.

Der Invertzucker ist direct gährungsfähig. Da aber die Dextrose rascher gährt als die Levulose, so verändert die Flüssigkeit während der Gährung fortwährend ihre sp. Drehkraft, sie wird stets reicher an Levulose und man findet, wenn die Gährung nahezu vollendet ist, fast nur Levulose in Lösung.

Diese Eigenschaften des Invertzuckers erklären die bei Gährung des Rohrzuckers auftretenden Erscheinungen.

Es wurde mehrfach erwähnt (vgl. §§. 1347. 1375. 1437), dass manche Zuckerarten bei Einwirkung von Natriumamalgam durch directe Addition von Wasserstoff Mannit liefern***). Diese Versuche sind mit dem durch Schwefelsäure umgewandelten Rohrzucker, also mit Invertzucker, angestellt. Da aus Dextrose wie es scheint kein Mannit gebildet wird, so ist es wahrscheinlich, dass die Levulose die Eigenschaft besitzt sich direct mit Wasserstoff zu vereinigen.

Galactose †) (anfangs als Lactose bezeichnet). Die Galactose 1478.
entsteht durch Umwandlung der Lactose (Milchzucker) (§. 1483). Man erhält sie, indem man Milchzucker mehrere Stunden mit sehr verdünnter Schwefelsäure kocht, mit Kreide neutralisirt und zur Krystallisation eindampft.

Die Galactose krystallisirt leichter als Dextrose; sie bildet aus mikroskopischen Säulen bestehende Warzen. Sie ist sehr löslich in Wasser fast unlöslich in Weingeist.

---

*) Kritische Zeitschrift für Chemie etc. 1863. 859.

**) Ann. Chim. Phys. LXVII. 82.

***) Linnemann. Ann. Chem. Pharm. CXXIII. 136.

†) Erdmann. Jahresb. 1855. 673; Pasteur. ibid. 1856. 645.

Ihre spec. Drehkraft ist $[\alpha] = + 83^\circ,2$ bei 15°, die frisch bereitete Lösung dreht stärker $[\alpha] = + 139^\circ,6$.

Die Galactose ist direct gährungsfähig; unterbricht man die Gährung, so findet man stets unveränderte Galactose in Lösung (vgl. §. 1451). Die Galactose reducirt alkalische Kupferlösungen genau wie Dextrose. Sie verbindet sich nicht mit Kochsalz. Sie liefert bei Oxydation mit Salpetersäure doppelt soviel Schleimsäure als der Milchzucker.

1474. An die eben beschriebenen drei Modificationen der Glycose schliessen sich zunächst noch die folgenden Körper an, die in Zusammensetzung und in manchen Eigenschaften mit einer der beschriebenen Glycosen übereinstimmen, in andern Eigenschaften aber abweichen.

1) Maltose *). Die durch Einwirkung von Diastase oder von Malzauszug mit Stärkmehl oder Stärkekleister entstehende Zuckerart ist, nach Biot und Dubrunfaut, verschieden von Dextrose. Ihre spec. Drehkraft ist dreimal so gross wie die der Dextrose. Sie wird durch Kochen mit verdünnter Schwefelsäure in Dextrose übergeführt. Sie ist direct gährungsfähig.

Neuere Versuche von Musculus machen es wahrscheinlich, dass die als Maltose bezeichnete Substanz nur ein Gemenge von 1 Th. Dextrose und 2 Th. Dextrin ist (vgl. §. 1497).

2) Fleischzucker. Diese bis jetzt nicht näher untersuchte Glycose wurde in neuester Zeit von Meissner **) als normaler Bestandtheil des Muskelfleisches aufgefunden. Er krystallisirt leichter wie Dextrose, ist in Alkohol weniger löslich, und gibt keine Verbindung mit Chlornatrium. Er ist direct gährungsfähig und reducirt leicht die alkalische Kupferlösung. Bei Oxydation mit Salpetersäure gibt er keine Schleimsäure. Das optische Verhalten ist bis jetzt nicht untersucht.

3) Mannitose, von Gorup-Besanez ***) durch Oxydation des Mannits bei Gegenwart von Platinmohr, neben Mannitsäure (§. 1361) erhalten. Sie konnte bis jetzt nicht von einem andern nicht gährungsfähigen Körper (vielleicht Mannitan) getrennt werden. Sie ist optisch inactiv und gährungsfähig.

4) Dulcitose, entsteht nach Carlet †), neben Schleimsäure, Traubensäure und Oxalsäure, bei Oxydation des Dulcits (§. 1358) durch Salpetersäure. Sie reducirt alkalische Kupferlösung wie Dextrose und ist gährungsfähig.

5) Aus Mannit und aus Glycerin erhielt Berthelot durch eine eigenthümliche Gährung, bei welcher die zerschnittenen Gewebe der Testikel als Ferment gedient hatten, eine der Levulose ähnliche Zuckerart. Sie ist zerfliesslich und nicht krystallisirbar, wird von Alkalien gebräunt und reducirt alkalische Kupferlösung. Sie ist gährungsfähig und wahrscheinlich linksdrehend (vgl. §. 1353).

6) Eine eigenthümliche Zuckerart erhielt Fermond ††) aus einer wässerigen Lösung von arabischem Gummi, die längere Zeit (unter Schimmelbildung) aufbewahrt worden war. Die Zuckerart dreht das polarisirte Licht nach rechts, um die Hälfte schwächer als Dextrose; sie erzeugt mit Salpetersäure keine Schleimsäure.

---

*) Dubrunfaut. Jahresb. 1847—48. 793.

**) Jahresb. 1861. 800; 1862. 532.

***) Ann. Chem. Pharm. CXVIII. 257.

†) ibid. CXVII. 143.

††) Berthelot. Traité. II. 250.

7) Quercitose. Die durch Zersetzung des Quercitrins mit verdünnter Schwefelsäure, neben Quercetin, entstehende Zuckerart ist, nach Rigaud *), der Dextrose in allen Eigenschaften ähnlich, aber optisch unwirksam.

Nach neueren Angaben von Hlasiwetz und Pfaundler **) entsteht aus Quercitrin, bei derselben Behandlung, eine zuckerartige Substanz, die, nach Reuss, dieselbe Krystallform besitzt wie der Rohrzucker, die aber sowohl der Zusammensetzung als den Eigenschaften nach von dem Rohrzucker verschieden ist. Dieser, als Isodulcit bezeichnete Körper krystallisirt in grossen wohlausgebildeten Krystallen: $\Theta_6H_{12}O_5$, $H_2\Theta$, die bei 105° — 110° unter Wasserverlust schmelzen. Er löst sie in 2,09 Th Wasser von 18°, und wird auch von heissem absolutem Alkohol leicht gelöst. Er ist nicht gährungsfähig und dreht die Polarisationsebene schwach nach rechts ($[\alpha] = + 7°,6$).

Er reducirt die alkalische Kupferlösung und erzeugt mit concentrirter Salpetersäure ein Nitroderivat: $\Theta_6H_9(N\Theta_2)_3O_5$. Der Isodulcit ist demnach in wasserhaltigem Zustand mit dem Mannit und Dulcit, in wasserfreiem Zustand mit dem Quercit und Pinit isomer.

An die gährungsfähigen Glycosen schliessen sich noch drei der ei- 1475.
gentlichen Alkoholgährung unfähige Substanzen von gleicher Zusammensetzung an; das Sorbin, der Inosit und das Eucalin.

Sorbin: $\Theta_6H_{12}O_6$. Das Sorbin wurde 1852 von Pelouze ***) in Vogelbeersaft, der über ein Jahr lang in offenen Gefässen gestanden hatte, aufgefunden.

Es bildet farblose durchsichtige Krystalle von stark süssem Geschmack. Es löst sich sehr leicht in Wasser (in etwa $^1/_2$ Th.), nicht in kaltem, wenig in kochendem Weingeist. Seine wässrige Lösung ist linksdrehend $[\alpha] = - 46°,6$. Es wird von verdünnter Schwefelsäure nicht in Glycose übergeführt und von Hefe nicht in Alkoholgährung versetzt. Bei Gegenwart von Kreide und von Käse als Ferment gährt es langsam und erzeugt Milchsäure, Buttersäure und etwas Alkohol (Berthelot).

Bei Oxydation mit Salpetersäure erzeugt es Oxalsäure und etwas Traubensäure (Dessaignes). Es reducirt alkalische Kupferlösung und wird von Alkalien und bei längerem Kochen mit Säuren ähnlich wie Glycose zersetzt.

Inosit †) $\Theta_6H_{12}\Theta_6$, $2H_2\Theta$. Der Inosit wurde 1850 von Scherer 1476.
im Herzmuskel aufgefunden; von Cloetta in Lunge, Nieren, Milz und Leber, von Müller im Gehirn nachgewiesen. Vohl erhielt ihn 1856 aus grünen Bohnen (unreife Früchte von Phaseolus vulgaris), bezeichnete

*) Ann. Chem. Pharm. XC. 195.

**) Kritische Zeitschrift für Chemie etc. 1863. 604.

***) Ann. Chem. Pharm. LXXXIII. 47.

†) Scherer. ibid. LXXIII. 322; LXXXI. 375. — Cloetta. ibid. XCIX. 289: — Müller, ibid CIII. 140; — Vohl. ibid. XCIX. 125, CI. 50, CV. 330. Cooper-Lane. ibid. CXVII. 118.

ihn anfangs als **Phasseomannit**, erkannte aber später seine Identität mit Inosit.

Der wasserhaltige Inosit bildet grosse wasserhelle Krystalle (rhombische Tafeln oder Prismen), er verwittert an trockner Luft und schmilzt bei 210°. Er löst sich leicht in Wasser (1 Th. in 6 Th. bei 19°), in Aether und absolutem Alkohol ist er nicht löslich.

Der Inosit ist optisch inactiv. Er wird von Hefe nicht in Gährung versetzt, gährt aber bei Gegenwart von Kreide und von Käse als Ferment und erzeugt dann Milchsäure und Buttersäure. Er reducirt nicht die alkalische Kupferlösung und wird von verdünnten Säuren und Alkalien selbst beim Kochen nicht verändert. Von erhitzter Salpetersäure wird er zu Oxalsäure oxydirt, mit concentrirter Salpetersäure liefert er Nitro-inosit.

Nitro-inosit, Salpetersäure-inosit: $\Theta_6H_6(N\Theta_2)_6\Theta_6$. Man trägt entwässerten Inosit in Salpetersäure von 1,52 sp. Gew. und fällt mit Schwefelsäure. Das sich abscheidende Pulver oder krystallinisch erstarrende Oel wird mit Wasser gewaschen und aus siedendem Alkohol krystallisirt. Der Nitroinosit bildet farblose Rhomboëder, die bei langsamem Erhitzen schmelzen, bei raschem Erhitzen oder beim Schlag verpuffen. Er löst sich leicht in Alkohol, nicht in Wasser.

1477. **Eucalin** *): $\Theta_6H_{12}\Theta_6$. Das Eucalin ist ein Spaltungsproduct der Melitose (§. 1486). Man lässt Melitose mit Hefe gähren, setzt, nach beendigter Gährung, Alkohol zu, filtrirt und dampft ein.

Das Eucalin ist ein schwach süssschmeckender Syrup. Es ist nicht gährungsfähig, reducirt alkalische Kupferlösung nicht und wird durch Kochen mit verdünnter Schwefelsäure nicht in Glycose umgewandelt. Es dreht die Polarisationsebene nach rechts: $[\alpha] = + 65^0$ etwa.

Zuckerarten: $\Theta_{12}H_{22}\Theta_{11}$.

1478. **Saccharose**, Rohrzucker, gewöhnlicher Zucker.

Der Rohrzucker ist im Pflanzenreich sehr weit verbreitet. Er findet sich in besonders reichlicher Menge im Saft einiger Gramineen, namentlich im Zuckerrohr (Saccharum officinarum), dem asiatischen Zuckerrohr (Sorghum saccharatum), dem Mais etc.; ferner in fleischigen Wurzeln, ganz besonders der Runkelrübe (Beta vulgaris); im Stamme einiger Birken- und Ahornarten (besonders Acer saccharinum) etc. Die meisten süssen Früchte enthalten, neben Invertzucker, auch Rohrzucker (vgl. §. 1472); einige Früchte, z. B. Wallnüsse, Haselnüsse, Mandeln, die Früchte des Johannisbrodbaums etc. enthalten nur Rohrzucker. Auch der Honig, manche Mannaarten und der Nectar der Blüthen enthalten, neben Invertzucker, Rohrzucker; der Nectar der Cactusarten fast nur Rohrzucker.

---

*) Berthelot, Jahresb. 1855. 674.

Künstliche Bildungsweisen des Rohrzuckers sind bis jetzt nicht bekannt.

Darstellung. Der Rohrzucker wird fast ausschliesslich aus dem Saft des Zuckerrohrs und der Runkelrüben dargestellt; verhältnissmässig geringe Mengen bereitet man aus dem asiatischen Zuckerrohr und aus dem Zuckerahorn. Die in der Zuckerfabrication angewandten Darstellungs- und Reinigungsmethoden können hier nicht näher besprochen werden. Von chemischem Gesichtspunct aus ist die Fabrication und die Reinigung (Raffiniren) des Zuckers nichts anderes als eine Krystallisation des in den angewandten Pflanzensäften enthaltenen Zuckers und ein Reinigen der zuerst erhaltenen gefärbten Krystalle durch wiederholtes Umkrystallisiren, meist unter Zusatz entfärbender Substanzen (Thierkohle, Eiweiss, Blut).

Eigenschaften. Der Rohrzucker bildet bei langsamem Verdunsten grosse monoklinometrische Prismen, fast immer mit hemiedrischen Flächen (Kandiszucker); beim Erkalten heiss gesättigter Lösungen erhält man kleinere Krystalle von derselben Form (Hutzucker). Die Krystalle leuchten beim Zerbrechen. Sp. Gew. 1,606. Er ist in Wasser ungemein löslich; er löst sich in $^1/_3$ kalten Wassers, noch leichter in heissem Wasser. Concentrirte Lösungen sind dickflüssig (Syrup). Er ist unlöslich in Aether und in kaltem absolutem Alkohol; siedender absoluter Alkohol löst etwa $1^1/_4$ pCt.; von wasserhaltigem Alkohol wird er weit leichter gelöst.

Die wässrige Lösung des Rohrzuckers dreht die Ebene des polarisirten Lichtes nach rechts; $[\alpha] = + 73^0,8$ (vgl. §. 1453).

Der Rohrzucker schmilzt bei 160° zu einer klaren Flüssigkeit, die beim Erkalten zu einer durchsichtigen amorphen Masse (Gerstenzucker) erstarrt, welche allmälig wieder krystallinisch wird.

Umwandlungen und Zersetzungen. Wird Rohrzucker längere Zeit auf 160°—161° erhitzt, so verwandelt er sich ohne Gewichtsverlust in ein Gemenge von Dextrose und Levulosan (Gélis): 1479.

$$\underset{\text{Saccharose.}}{\Theta_{12}H_{22}\Theta_{11}} = \underset{\text{Dextrose.}}{\Theta_6H_{12}\Theta_6} + \underset{\text{Levulosan.}}{\Theta_6H_{10}\Theta_5}$$

Bei stärkerem Erhitzen entweicht Wasser, indem wahrscheinlich die Dextrose in Glycosan übergeht; später entsteht, unter weiterem Austritt von Wasser, Caramel (§. 1482); zuletzt tritt trockene Destillation ein, durch welche Kohlenoxyd, Kohlensäure, Sumpfgas, Aldehyd, Aceton, Essigsäure, flüssige Kohlenwasserstoffe und andere bis jetzt nicht näher untersuchte Substanzen gebildet werden *).

Der Rohrzucker ist nicht direct gährungsfähig (vgl. §. 1450).

*) Vgl. bes. Völckel. Ann. Chem. Pharm. LXXXV. 59. LXXXVI. 63. LXXXVII. 303.

Durch das lösliche Ferment der Hefe, durch das in den meisten Früchten enthaltene Ferment, etc., wird er unter Aufnahme von Wasser in Invertzucker, d. h. in ein Gemenge von Dextrose und Levulose übergeführt:

$$\Theta_{12}H_{22}\Theta_{11} + H_2\Theta = \Theta_6H_{12}\Theta_6 + \Theta_6H_{12}\Theta_6$$

Saccharose. Dextrose. Levulose.

Dieselbe Umwandlung findet auch statt, wenn Rohrzucker längere Zeit mit Wasser gekocht wird. Sie wird durch Gegenwart von Säuren und, wie es scheint, auch von einigen Salzen beschleunigt. Sehr verdünnte Säuren wandeln den Rohrzucker in der Kälte langsam, beim Erhitzen sehr rasch in Invertzucker um. Die verschiedenen Säuren wirken ungleich rasch; organische Säuren wirken langsamer als Mineralsäuren; am raschesten wirkt Schwefelsäure. Beim Kochen des Zuckers mit selbst sehr verdünnten Säuren entstehen, namentlich wenn das Kochen lange fortgesetzt wird, braune humusartige Substanzen. Concentrirte Salzsäure etc. zerstören den Zucker rasch Trockner Zucker wird von concentrirter Schwefelsäure beim Erwärmen, eine concentrirte Zuckerlösung schon in der Kälte zersetzt, unter reichlicher Entwicklung von schwefliger Säure und Bildung einer schwarzen kohleartigen Materie.

Der Rohrzucker wird leicht oxydirt; er reducirt beim Erhitzen Silber- und Quecksilbersalze und fällt aus Goldchlorid metallisches Gold. Er reducirt reines Kupferoxydhydrat selbst beim Kochen nur sehr langsam; bei Gegenwart von Alkali entsteht zunächst eine blaue Lösung, beim Kochen tritt dann Reduction ein. Die alkalische Lösung des weinsauren Kupferoxyds wird von Rohrzucker nur sehr langsam reducirt. Er entzündet sich beim Zusammenreiben mit 8 Th. Bleihyperoxyd und gibt mit chlorsaurem Kali ein durch den Schlag verpuffendes Gemenge. Bei Destillation mit oxydirenden Gemischen liefert er Ameisensäure; beim Erhitzen mit verdünnter Salpetersäure entstehen Zuckersäure und Oxalsäure. Höchst concentrirte Salpetersäure erzeugt die durch Schwefelsäure fällbare Nitro-saccharose. Auch von Bleichkalk wird der Rohrzucker oxydirt, die Producte sind nicht näher untersucht.

Beim Kochen mit Kalilauge wird der Rohrzucker weit langsamer zersetzt als die Glycosen. Schmilzt man Rohrzucker mit wasserhaltigem Kalihydrat, so entstehen wesentlich: Ameisensäure, Essigsäure und Propionsäure; trocknes Kalihydrat erzeugt Oxalsäure (Gottlieb) *). Destillirt man Rohrzucker mit Natronkalk, so entstehen geringe Mengen von Aethylen, Propylen und Amylen (Berthelot) **); durch Destillation mit gebranntem Kalk erhält man Aceton, Metaceton (§. 929) etc. (Gottlieb).

*) Ann. Chem. Pharm. LII. 122.

**) Jahresb. 1857. 426.

Verbindungen des Rohrzuckers.

I. Mit Basen *).

Setzt man zu einer alkoholischen Lösung von Rohrzucker concentrirte Kali- 1480.
oder Natronlauge, so entstehen gelatinöse Niederschläge: $\Theta_{12}H_{21}K\Theta_{11}$ und $\Theta_{12}H_{21}Na\Theta_{11}$.

Eine Barytverbindung: $\Theta_{12}H_{22}Ba_2\Theta_{12}$ ($\Theta_{12}H_{20}Ba_2\Theta_{11},H_2\Theta$ oder $\Theta_{12}H_{22}O_{11}$, $Ba_2\Theta$) wird als krystallinischer Niederschlag erhalten, wenn man Barythydrat oder Schwefelbarium zu einer wässrigen Zuckerlösung fügt. Die Verbindung kann aus siedendem Wasser umkrystallisirt werden, sie ist unlöslich in Alkohol.

Kalkverbindungen. Aetzkalk löst sich in Zuckerwasser weit leichter als in reinem Wasser. Die Lösung schmeckt bitter und wird von Kohlensäure nur schwer vollständig gefällt. Es existiren 3 oder 4 Verbindungen des Zuckers mit Kalk:

1) $\Theta_{12}H_{22}O_{11}$. $Ca_2\Theta$
2) $2\Theta_{12}H_{22}\Theta_{11}$. $3Ca_2\Theta$ (?)
3) $\Theta_{12}H_{22}\Theta_{11}$. $2Ca_2\Theta . 2H_2\Theta$.
4) $\Theta_{12}H_{22}O_{11}$. $3Ca_2O$.

(Die Constitution dieser Verbindungen ist unbekannt; wahrscheinlich vertritt das Calcium wenigstens zum Theil den Wasserstoff des Zuckers.

Die Verbindung 1) (Einfach-Zuckerkalk) ist in Wasser löslich, man erhält sie als weissen Niederschlag, wenn man einer Lösung von Kalkhydrat in Zucker, die nicht zu viel Kalk enthält, Alkohol zusetzt. — Die Verbindung 2) entsteht wenn Zuckerlösung mit überschüssigem Kalkhydrat gekocht und das Filtrat eingedampft wird; sie ist wahrscheinlich nur ein Gemenge von 1) und 3). – Fällt man die durch Digestion von Zuckerlösung mit überschüssigem Kalkhydrat erhaltene Flüssigkeit durch Alkohol, so entsteht die Verbindung 3). — Die Verbindung 4) ist in Wasser wenig löslich. Sie scheidet sich beim Erhitzen einer kalt dargestellten Lösung von Kalkhydrat in Zuckerlösung als amorphe Masse aus, wesshalb die Lösungen von Kalk in Zuckerwasser beim Kochen meist zu einem kleisterartigen Brei erstarren.

Auch Magnesia und Bleioxyd werden von Zuckerwasser gelöst. Eine krystallinische Bleiverbindung: $\Theta_{12}H_{18}Pb_4\Theta_{11}$ erhält man wenn man Zuckerwasser mit Bleiglätte kocht und das Filtrat erkalten lässt; wenn man einer Zuckerlösung Bleizucker und Ammoniak zufügt; oder wenn man Bleizucker durch eine Lösung von Zuckerkalk fällt.

II. Mit Kochsalz.

Durch Krystallisation einer gemischten Lösung von Kochsalz und Zucker erhielt Peligot **) kleine an der Luft zerfliessende Krystalle: $\Theta_{12}H_{22}\Theta_{11}$,NaCl.

*) Vgl. bes. Peligot. Ann. Chem. Pharm. XXX. 69. 92. LXXX. 342. — Stein, ibid. XXX. 82. — Soubeiran, ibid. XLIII. 125, 227. — Berthelot, Jahresb. 1856. 635.

**) Ann. Chem. Pharm. XXX. 71.

III. Mit Säuren.

Die bei Einwirkung von Säuren auf Rohrzucker entstehenden Verbindungen zerfallen in zwei Gruppen

1) Aetherartige Verbindungen des Rohrzuckers selbst. Hierher gehört mit Sicherheit die Salpetersäure-saccharose oder der Nitro-rohrzucker; vielleicht auch die §. 1457. III. 2) erwähnte Verbindung mit Weinsäure.

2) Aetherartige Verbindungen der aus Rohrzucker entstehenden Glycosen. Als solche sind offenbar die beim Erhitzen von Essigsäure, Buttersäure und Stearinsäure mit Rohrzucker entstehenden Verbindungen zu betrachten. (Berthelot). vgl. §. 1467. III.).

Salpetersäure-saccharose*), Nitro-rohrzucker. Man erhält diese Verbindung als amorphe Masse, wenn man Rohrzucker in ein Gemenge von Schwefelsäure und concentrirter Salpetersäure einträgt. Der Nitro-rohrzucker explodirt beim Schlag; er ist bis jetzt nicht näher untersucht; seine Zusammensetzung scheint nach Sobrero, $\Theta_{12}H_{18}(N\Theta_2)_4\Theta_{11}$.

Quantitative Bestimmung des Rohrzuckers.

1481. 1) Der Zuckergehalt des Zuckerrohrs oder der Runkelrübe kann annähernd durch Ausziehen mit starkem Alkohol, Eindampfen der Lösung und Wägen des Rückstandes bestimmt werden

2) Der Gehalt einer Zuckerlösung, die nur Rohrzucker enthält, kann bestimmt werden durch das spec. Gewicht; also vermittelst des Aräometers.

3) Eine annähernde Bestimmung des Rohrzuckers (und auch der Glycosen) ist ferner möglich durch quantitative Bestimmung der bei der Gährung entweichenden Kohlensäure. Aus dem was §. 1450 über die Alkoholgährung gesagt wurde, ist es einleuchtend, dass die Gährungsmethode nicht absolut genaue Resultate geben kann; die Erfahrung hat indess gezeigt, dass die Versuche eine ziemliche Annäherung besitzen, wenn man durch einen zweiten Versuch die von einer gleichgrossen Menge Hefe allein entwickelte Kohlensäure bestimmt und in Abzug bringt.

4) Auch die §. 1466 beschriebene Titrirmethode mittelst weinsaurer Kupferlösung kann zur Bestimmung des Rohrzuckers dienen; nur muss der Rohrzucker zuerst durch Kochen mit verdünnter Schwefelsäure in Invertzucker übergeführt werden, der die Kupferlösung genau ebenso reducirt wie Dextrose.

5) Die genauesten Resultate gibt die optische Zuckerprobe, d. h. die Bestimmung des Rotationsvermögens vermittelst des Saccharimeters. Das Princip dieser Methode ist aus dem §. 1452 Gesagten verständlich.

Enthält eine Lösung nur Rohrzucker, so ergibt sich ihre Concentration (1 C. C. m. Lösung enthält v Gramme Substanz) aus der Gleichung:

$$v = \frac{a}{[\alpha] \cdot l.}$$

in welcher a die beobachtete Drehung, $[\alpha]$ die spec. Drehkraft des Zuckers (für Rohrzucker $+ 73^\circ{,}8$) und l die Länge der Schicht (in Decimetern) bezeichnet.

*) Flores Domonte und Menard; Schönbein. Jahresb. 1847—48. 1146.— Reinsch. ibid. 1849. 469.

Die jetzt gebräuchlichen Saccharimeter, z. B. das Soleil'sche, sind so eingerichtet, dass 100 Theilstriche der Theilung die durch eine Quarzplatte von 1 Millimeter Dicke veranlasste Drehung ausdrücken. Dieselbe Drehung wird aber hervorgebracht durch eine 200 Millimeter lange Schicht einer Zuckerlösung, die in 100 C. C. m. 16,471 Gramme Rohrzucker enthält. Wenn man daher aus 16,471 Grammen der zu prüfenden Substanz 100 C. C. m. Lösung darstellt, so gibt die Ablesung direct den Procentgehalt an Zucker.

Enthält eine Substanz neben Rohrzucker auch noch andere Zuckerarten, die durch verdünnte Säuren keine Umwandlung erfahren (z. B. Dextrose, Invertzucker etc.); so muss das Rotationsvermögen zuerst für die Substanz selbst und dann für die durch Kochen mit verdünnter Schwefelsäure oder Salzsäure umgewandelte Substanz bestimmt werden.

Caramel. Als Caramel bezeichnet man im Allgemeinen die beim 1482.
Erhitzen der verschiedenen Zuckerarten unter Austritt von Wasser entstehenden Substanzen. Der gewöhnliche Caramel wird aus Rohrzucker erhalten, indem man denselben längere Zeit auf 190°—220° erhitzt. Der Zucker färbt sich dabei unter Wasserverlust erst gelb, dann braun und verwandelt sich in eine nicht krystallisirbare Materie.

Gélis *) unterscheidet wesentlich drei nach einander aus Rohrzucker entstehende Substanzen, die er durch folgende Formeln ausdrückt: Caramelan: $C_{12}H_9O_9$: Caramelen: $= C_{36}H_{25}O_{25} = 3C_{12}H_8O_8 + HO$; Caramelin: $C_{96}H_{51}O_{51}$ — Diese Formeln zeigen wenigstens, dass der Zucker bei Einwirkung von Hitze fortwährend Wasser verliert.

Da der Rohrzucker beim Erhitzen zunächst in ein Gemenge von Dextrose und Levulosan übergeht, so ist es einleuchtend, dass der aus Rohrzucker dargestellte Caramel im Grund genommen ein Zersetzungsproduct der Glycosen (Dextrose und Levulose) ist.

Lactose, Milchzucker, $\Theta_{12}H_{22}\Theta_{11}$. Der Milchzucker ist bis 1483.
jetzt nur in der Milch der Säugethiere aufgefunden worden.

Darstellung. Man fällt das Casein der Milch durch Zusatz von etwas Säure (Schwefelsäure, Essigsäure), oder besser durch Lab, dampft die Molken bis zu Syrupconsistenz ein und lässt längere Zeit an einem kühlen Ort stehen. Man reinigt durch wiederholtes Umkrystallisiren aus Wasser, zweckmässig unter Zusatz von Thierkohle; oder durch wiederholtes Fällen der wässrigen Lösung mit Alkohol.

Der Milchzucker bildet harte wohlausgebildete Krystalle des rhombischen Systems. Die Krystalle sind wasserhaltig: $\Theta_{12}H_{22}\Theta_{11} + H_2\Theta$, haben also die Zusammensetzung der Glycosen; sie verlieren ihr Krystallwasser bei etwa 140°. Der krystallisirte Milchzucker löst sich in etwa 6 Th. kalten und in etwa 2 Th. siedenden Wassers, in Alkohol und in Aether ist er unlöslich.

Die wässrige Lösung des Milchzuckers dreht die Polarisationsebene

*) Jahresb. 1857. 497.

nach rechts; $[\alpha] = + 59^{\circ},3$. Eine frisch bereitete Lösung zeigt eine um etwa $^{8}/_{8}$ stärkere Drehkraft; das Rotationsvermögen sinkt in der Kälte langsam, beim Erhitzen rasch und wird bei 59°,3 constant.

Zersetzungen und Umwandlungen. Der trockene Milchzucker bräunt sich beim Erhitzen (bei etwa 160°) ohne zu schmelzen, er verliert dann (bei 175°) Wasser und liefert Lactocaramel: $\Theta_{12}H_{20}\Theta_{10}$. Bei 203° tritt Schmelzung ein, bei stärkerer Hitze entstehen humusartige Substanzen.

Wird Milchzucker mit verdünnter Schwefelsäure gekocht, so entsteht Galactose (§. 1473); dieselbe Umwandlung scheint auch durch längeres Kochen mit Wasser bewirkt zu werden.

Der Milchzucker wird durch Hefe nicht direct in Alkoholgährung versetzt; lässt man ihn aber längere Zeit mit grösseren Mengen von Hefe stehen, so tritt allmälig Gährung ein. Wird Käse oder Kleber als Ferment angewandt, so verwandelt sich der Milchzucker, durch Milchsäuregährung (vgl. §. 1450. III.) in Milchsäure (§. 1077). Dabei wird stets Alkohol gebildet, namentlich wenn man keine Kreide zur Bindung der entstehenden Säure zugesetzt hatte, und um so mehr, je verdünnter die Lösung (vgl. §. 1450. III.).

Der Milchzucker wird durch oxydirende Substanzen leicht verändert. Er reducirt z. B. aus Silberlösungen metallisches Silber *). Eine Lösung von Milchzucker löst bei Gegenwart von Kali Kupferoxydhydrat mit tiefblauer Farbe, die Lösung scheidet schon in der Kälte Kupferoxydul aus. Aus der weinsauren Kupferlösung fällt Milchzucker weniger Kupferoxydul als Glycose (etwa $^{7}/_{10}$) **). Beim Erhitzen mit Salpetersäure liefert er Schleimsäure, Zuckersäure, Weinsäure, etwas Traubensäure und zuletzt Oxalsäure (vgl. §. 1461).

Höchst concentrirte Salpetersäure oder ein Gemenge von Salpetersäure und Schwefelsäure erzeugen s. g. Nitro-lactose. Bei Destillation mit oxydirenden Gemischen wird Ameisensäure erhalten.

Erhitzt man Milchzucker mit Brom und Wasser einige Stunden auf 100° so entsteht, wahrscheinlich durch directe Addition von Brom, eine bromhaltige Substanz, die beim Zersetzen mit Basen Lactonsäure (Isodiglycoläthylensäure) erzeugt (§. 1485).

Von concentrirter Schwefelsäure, concentrirter Salzsäure, von Alkalien etc. wird der Milchzucker namentlich beim Erwärmen oder Kochen unter Bildung brauner oder schwarzer Materien zerstört.

Verbindungen des Milchzuckers.

Die Verbindungen des Milchzuckers mit Basen sind bis jetzt nicht

*) Liebig's Silberspiegel. Ann. Chem. Pharm. XCVIII. 132.

**) Vgl. Rigaud. Ann. Chem. Pharm. XC. 298; Boedeker, ibid. C. 290; Schiff, ibid. CIV. 330; Fehling, ibid. CVI. 78.

näher untersucht. Mit Chlornatrium scheint sich der Milchzucker nicht zu vereinigen. Die bei Einwirkung organischer Säuren, namentlich Weinsäure entstehenden Verbindungen sind §. 1467. III. erwähnt.

Salpetersäure-Milchzucker, Nitro-lactose*), wird am besten durch Einwirkung von Salpeter-schwefelsäure und Fällen des Productes mit Wasser erhalten. Er krystallisirt aus alkoholischer Lösung in perlglänzenden Blättchen, die beim Erhitzen detoniren.

Lactocaramel **): $\Theta_6H_{10}\Theta_5$. Entsteht wenn Milchzucker längere Zeit auf 180° erhitzt wird. Er ist eine dunkelbraune, in Wasser lösliche, in Alkohol unlösliche Substanz. 1484.

Galactinsäure und Pectolactinsäure haben Boedeker und Struckmann ***) zwei Säuren genannt, die bei Oxydation von Milchzucker in alkalischer Lösung durch Kupferoxyd entstehen sollen. Beide Säuren sind syrupförmig und geben unkrystallisirbare Salze.

— —

Lactonsäure, Isodiglycoläthylensäure†): $\Theta_6H_{10}\Theta_6$. Es wurde oben erwähnt (§. 1483), dass aus dem bei Einwirkung von Brom auf Milchzucker entstehenden bromhaltigen Product eine eigenthümliche und wohlcharakterisirte Säure erhalten werden kann. Barth und Hlasiwetz nennen diese Säure, ihrer Isomerie mit der Diglycoläthylensäure wegen, Isodiglycoläthylensäure. Da die bis jetzt vorliegenden Angaben nicht gestatten, die Säure mit Sicherheit dem System einzuordnen, so mag sie hier besprochen werden. 1485.

Zur Darstellung der Lactonsäure verfahren Barth und Hlasiwetz in folgender Weise. Milchzucker wird mit gleich viel Brom und etwa dem 10fachen Gewicht Wasser 5–6 Stunden lang auf 100° erhitzt. Das Product wird mit Silberoxyd zersetzt, und aus dem vom Bromsilber getrennten Filtrat, das Silber durch Schwefelwasserstoff gefällt. Aus der so erhaltenen sauren Flüssigkeit stellt man durch Sättigen mit kohlensaurem Cadmiumoxyd das Cadmiumsalz dar und zersetzt dieses nach mehrmaligem Umkrystallisiren aus siedendem Wasser durch Schwefelwasserstoff. Man kann auch das Product der Einwirkung von Brom auf Milchzucker mit kohlensaurem Natron neutralisiren und die Lösung kochen, während man so lange kohlensaures Natron zufügt, als die Lösung noch sauer wird. Man erhält so das Natronsalz der Lactonsäure, aus welchem leicht das Cadmiumsalz erhalten werden kann.

Die Lactonsäure krystallisirt in feinen Nadeln, die schon unter 100°

---

*) Reinsch. Jahresb. 1849. 470; Vohl. Ann. Chem. Pharm. LXX. 362.
**) Jahresb. 1856. 646.
***) Ann. Chem. Pharm. C. 264.
†) Hlasiwetz. Ann Chem. Pharm. CXIX. 281; Barth und Hlasiwetz, ibid. CXXII. 96.

schmelzen. Sie löst sich leicht in Wasser und in siedendem Alkohol; die alkoholische Lösung wird durch Aether gefällt. Ihre wässrige Lösung dreht die Polarisationsebene nach links, $[\alpha] = - 25^{\circ}$, etwa. Sie reducirt beim Erwärmen eine alkalische Kupferlösung und gibt mit ammoniakalischer Silberlösung einen Silberspiegel. Bei vorsichtiger Oxydation mit Salpetersäure liefert sie wesentlich Schleimsäure.

Die Lactonsäure ist einbasisch.

Das Ammoniaksalz: $\Theta_6H_9(NH_4)O_6 + H_2O$ und das Natronsalz $\Theta_6H_9Na\Theta_6 + 3H_2\Theta$ ($\Theta_6H_9NaO_6 + H_2\Theta$ bei 100°) sind krystallisirbar, löslich in Wasser, unlöslich in Alkohol. Das Kalisalz konnte nicht krystallisirt erhalten werden. Das krystallisirbare Kalksalz ist in heissem Wasser leicht, in kaltem Wasser schwer löslich; es ist bei $140^{\circ} = \Theta_6H_8Ca\Theta_6$, in lufttrockenem Zustand enthält es $3^1/_2$ H_2O, bei 100° getrocknet $1^1/_2$ $H_2\Theta$. — Das Cadmiumsalz $\Theta_6H_8Cd\Theta_6$ ist in kaltem Wasser sehr schwer und auch in siedendem Wasser verhältnissmässig wenig löslich. Aus heiss gesättigter Lösung krystallisirt es in feinen Nadeln: $\Theta_6H_8Cd\Theta_6 + 1^1/_2$ $H_2\Theta$; bei freiwilligem Verdunsten erhält man grössere Krystalle. Essigsaures Blei erzeugt in der Lösung des Ammoniaksalzes einen weissen voluminösen Niederschlag, wahrscheinlich: $\Theta_6H_8PbO_6 + 2Pb_2\Theta$. Das Silbersalz wird aus concentrirten Lösungen als amorpher Niederschlag erhalten, der sich am Licht rasch bräunt.

Die Lactonsäure enthält 2 Atome Wasserstoff weniger als die Glycosen. Ihre Bildung erklärt sich vielleicht aus den Gleichungen:

$$\Theta_6H_{12}O_6 + Br_2 = \Theta_6H_{12}Br_2\Theta_6$$
$$\Theta_6H_{12}Br_2\Theta_6 = 2HBr + \Theta_6H_{10}O_6.$$

Da sie einbasisch ist, so könnte sie vielleicht durch die typische Formel ausgedrückt werden:

$$\left.\begin{matrix}\Theta_6H_5\overset{\prime}{\Theta} \\ H_5\end{matrix}\right\}\Theta_5.$$

Sie gehörte dann als fünfatomig-einbasische Säure in die Gruppe der wasserstoffärmeren Verbindungen (vgl. §. 1349) Sie ist, der empirischen Formel nach, homolog mit Weinsäure und sie steht ferner zur Schleimsäure (§. 1367), zur Citronensäure (§. 1388) und zur Mannitsäure (§. 1361) in einfacher Beziehung. Man hat:

Schleimsäure	$\Theta_6H_{10}\Theta_8$	—	Θ_2	=	$\Theta_6H_{10}\Theta_6$
Citronensäure	$\Theta_6H_8\Theta_7$	—	$\Theta + H_2$	=	$\Theta_6H_{10}\Theta_6$
Mannitsäure	$\Theta_6H_{12}\Theta_7$	—	$H_2\Theta$	=	$\Theta_6H_{10}\Theta_6$.

1486. **Melitose**: $\Theta_{12}H_{22}\Theta_{11}$. Diese Zuckerart wurde von Johnston 1843 beobachtet und von Berthelot *) näher untersucht. Sie findet sich in der

*) Jahresb. 1855. 673. Ann. Chem. Pharm. CVIII. 122.

von verschiedenen Eucalyptusarten stammenden Manna von Van-Diemensland, und wird durch Ausziehen mit Wasser und Eindampfen der Lösung dargestellt.

Die Melitose krystallisirt aus Wasser in feinen Nadeln; aus Alkohol erhält man kleine, aber wohlausgebildete Krystalle.

Die Krystalle sind wasserhaltig: $\Theta_{12}H_{22}\Theta_{11} + 3H_2\Theta$, sie verlieren bei 100° 2 Mol. H_2O und werden bei 130° wasserfrei. Sie lösen sich in etwa 9 Th. kalten Wassers, in siedendem Wasser sind sie sehr löslich; auch von siedendem Alkohol werden sie etwas gelöst. Sie schmecken schwach süss.

Die wässrige Lösung der Melitose dreht die Polarisationsebene nach rechts; $[\alpha] = + 102°$.

Beim Erhitzen mit verdünnter Schwefelsäure zerfällt die Melitose in eine gährungsfähige Glycose (wahrscheinlich Dextrose) und in nicht gährungsfähiges Eucalin (§. 1477):

$$\underset{\text{Melitose.}}{\Theta_{12}H_{22}\Theta_{11}} + H_2\Theta = \underset{\text{Glycose.}}{\Theta_6H_{12}\Theta_6} + \underset{\text{Eucalin.}}{\Theta_6H_{12}\Theta_6}$$

Von Hefe wird sie in Gährung versetzt; aber sie zerfällt dabei zunächst in Glycose und Eucalin und sie liefert desshalb nur halb so viel Alkohol und Kohlensäure als die Glycosen. Sie reducirt aus alkalischen Kupferlösungen kein Kupferoxydul und wird beim Kochen mit verdünnten Alkalien oder mit Barytwasser nicht verändert. Bei Oxydation mit Salpetersäure entsteht etwas Schleimsäure, neben viel Oxalsäure.

Melezitose (Lärchenzucker) *): $\Theta_{12}H_{22}\Theta_{11}$. Von Bonastre beob- 1487.
achtet, und von Berthelot näher untersucht. Sie findet sich in der von Pinus Larix stammenden Manna von Briançon und kann durch siedenden Alkohol ausgezogen werden.

Sie bildet kleine, glänzende Krystalle, die an der Luft verwittern, also offenbar Krystallwasser enthalten (der von Berthelot beobachtete Wasserverlust, etwa 4 pC., entspricht nahezu 1 Mol. H_2O). Sie löst sich leicht in Wasser, kaum in kaltem, wenig in kochendem Alkohol, nicht in Aether. Die wässrige Lösung dreht die Polarisationsebene nach rechts; $[\alpha] = + 94°$. Sie schmeckt etwa so süss wie Dextrose. Sie schmilzt bei 140° und wird bei etwa 200° zersetzt.

Durch Kochen mit verdünnter Schwefelsäure wird sie in Dextrose umgewandelt. Diese Umwandlung erfolgt langsamer wie die Inversion des Rohrzuckers, aber rascher wie diejenige der Trehalose. Durch Hefe wird die Melezitose nur sehr langsam, bisweilen nicht, in Alkoholgährung

*) Bonastre. Ann. Chem. Pharm. X. 237; Berthelot. ibid. CVIII. 120, Ann. Chim. Phys. LV. 282. Traité II. 266.

versetzt. Sie wird von wässerigen Alkalien nicht verändert und reducirt aus alkalischen Kupferlösungen kein Kupferoxydul. Mit Salpetersäure liefert sie Oxalsäure.

1488. Mycose, Trehalose *): $C_{12}H_{22}O_{11}$. Wiggers beobachtete 1833 im Mutterkorn eine eigenthümliche Zuckerart, die von Mitscherlich 1857 näher untersucht und als Mycose bezeichnet wurde. Berthelot stellte 1857 aus einer orientalischen Manna, die von einer Echinopsart stammt und als Trehala bezeichnet wird, die Trehalose dar. Er hielt sie anfangs für verschieden von Mycose, erklärte aber später beide für identisch.

Aus der Trehala-manna gewinnt man die Trehalose durch Ausziehen mit siedendem Alkohol. Zur Darstellung der Mycose fällt man den wässrigen Auszug des Mutterkorns mit Bleiessig, entfernt aus dem Filtrat das Blei durch Schwefelwasserstoff, dampft zum Syrup ein und lässt durch längeres Stehen krystallisiren.

Die Mycose (Trehalose) bildet glänzende, rhombische Krystalle: $C_{12}H_{22}O_{11} + 2H_2O$, die bei raschem Erhitzen auf 109° schmelzen, bei langsamem Erhitzen aber ihr Krystallwasser schon unter 100° verlieren. Sie löst sich leicht in siedendem Alkohol, nicht in Aether. Die wässrige Lösung dreht die Polarisationsebene nach rechts. Für Trehalose fand Berthelot $[\alpha] = + 199°$ (für $C_{12}H_{22}O_{11}, 2H_2O$); die spec. Drehkraft der Mycose ist nach Mitscherlich: $[\alpha] = + 192°,5$.

Die Mycose schmeckt stark süss. Sie wird durch mehrstündiges Kochen mit verdünnter Schwefelsäure in Dextrose umgewandelt. Mit concentrirter Salpetersäure erzeugt sie ein detonirendes Nitroderivat; beim Erhitzen mit verdünnter Salpetersäure liefert sie Oxalsäure. Sie erleidet mit Hefe nur langsam und unvollständig Alkoholgährung. Durch Kochen mit Alkalien wird sie nicht verändert; aus alkalischen Kupferlösungen reducirt sie kein Oxydul. Beim Erhitzen mit Essigsäure oder Buttersäure entstehen Saccharide, die von den entsprechenden aus Dextrose erhaltenen Verbindungen (§. 1467) nicht zu unterscheiden sind.

1489. Kohlenhydrate: $C_6H_{10}O_5$.

Es wurde oben schon erwähnt, dass die Formel $C_6H_{10}O_5$ eine rein empirische Formel ist, und dass sie nicht einmal mit Wahrscheinlichkeit die Moleculargrösse der hierher gehörigen Körper ausdrückt. Manche Umwandlungen lassen im Gegentheil schon jetzt für viele Kohlenhydrate von der Formel: $C_6H_{10}O_5$ vermuthen, dass ihre Moleculargrösse durch die verdoppelte oder die verdreifachte Formel ($C_{12}H_{20}O_{10}$ oder $C_{18}H_{30}O_{15}$) dargestellt werden muss (vgl. §. 1441).

1490. Dextrin (Stärkegummi): $C_6H_{10}O_5$ Das Dextrin ist ein Umwand-

*) Wiggers. Ann. Chem. Pharm. I. 173; Mitscherlich, ibid. CVI. 15; Berthelot, ibid. CVIII. 118; CIX. 34; Ann. Chim. Phys. LV. 272 u. 291; Traité II. 263; vgl. auch Liebig und Pelouze. Ann. Chem. Pharm. XIX. 285.

lungsproduct des Amidons. Es scheint fertig gebildet in vielen Pflanzensäften enthalten zu sein. Es wurde schon 1811 von Vauquelin beobachtet und lange Zeit als Gummi angesehen, bis Payen und Persoz (1838) es als eigenthümliches Umwandlungsproduct des Amidons erkannten.

Bildung. Das Dextrin entsteht wenn trocknes Amidon bei 150°—160° geröstet, oder wenn Amidon mit Wasser längere Zeit in einem geschlossenen Apparat auf etwa 150° erhitzt wird. Es bildet sich ferner bei Einwirkung von Säuren auf Amidon. Man erhält es z. B. wenn man Amidon mit verdünnter Schwefelsäure auf 85° erwärmt, wenn man in der Kälte concentrirte Schwefelsäure auf Amidon einwirken lässt, oder wenn man mit sehr verdünnter Salpetersäure befeuchtetes Amidon auf 110° erhitzt. Bei diesen verschiedenen Bildungsweisen wird das Amidon zunächst in lösliches Stärkmehl umgewandelt, welches dann durch weitere Veränderung Dextrin erzeugt. Das Dextrin entsteht endlich bei Einwirkung verschiedener Fermente, z. B. Diastase, auf Amidon.

Darstellung. Die Darstellung des Dextrins ergibt sich aus den eben erwähnten Bildungsweisen. 1) Man erhitzt trocknes Stärkmehl längere Zeit auf 150°—160°, bis es sich gelb zu färben beginnt und in Wasser vollständig löslich ist (Leiocom). 2) Man befeuchtet Stärkmehl mit sehr verdünnter Salpetersäure (1 Th. Salpetersäure auf 500 Th. Stärkmehl) trocknet zuerst an der Luft, dann bei einer langsam bis auf 110° steigenden Temperatur. 3) Man erwärmt Gerstenmalz (5 Th.) mit Wasser (400 Th.) auf 60°, setzt Stärkmehl zu (100 Th.), erwärmt längere Zeit auf 65°—70°, erhitzt dann, um die Wirksamkeit der Diastase zu zerstören, rasch bis 100°, lässt erkalten, filtrirt und dampft ein.

Die Umwandlung des Amidons zu Dextrin ist beendigt, wenn das Product durch Jod nicht mehr gebläut wird.

Eigenschaften. Das Dextrin bildet eine feste, gummiartige Masse. Es ist durchsichtig und farblos oder schwach gelb gefärbt. Das Leiocom ist ein gelbes oder gelbbraunes Pulver.

Das Dextrin zieht aus feuchter Luft Wasser an (2 Mol. H_2O); es löst sich ausnehmend leicht in Wasser, von verdünntem Alkohol wird es gelöst, in absolutem Alkohol und in Aether ist es unlöslich. Das über Schwefelsäure getrocknete Dextrin hält 1 Molecül Wasser zurück, bei 100° wird es wasserfrei.

Die wässrige Lösung des Dextrins dreht die Polarisationsebene nach rechts: $[\alpha] = + 138°,7$.

Umwandlungen und Zersetzungen. Das Dextrin wird durch Kochen mit verdünnten Säuren in Dextrose umgewandelt. Durch die Einwirkung von Diastase und von andern Fermenten (bei 60° — 70°) geht es langsam in Dextrose über. Durch Hefe wird es nicht in Alkoholgährung versetzt.

Erhitzt man Dextrin, so färbt es sich unter fortwährendem Wasserverlust stets dunkler gelb; bei 225° beginnt es zu schmelzen, bei 235° bläht es sich auf und liefert dann Essigsäure und andere Producte der trocknen Destillation. Höchst concentrirte Salpetersäure erzeugt ein Nitroderivat; bei Erwärmen mit Salpetersäure entsteht Oxalsäure und wahrscheinlich auch Zuckersäure, keine Schleimsäure. Das Dextrin löst, bei Gegenwart eines Alkalis, Kupferoxydhydrat mit blauer Farbe; es reducirt selbst beim Erwärmen kein Kupferoxydul.

Verbindungen des Dextrins.

1) Mit Basen. Eine wässrige Lösung von Dextrin wird von Barytwasser nicht gefällt. Eine Lösung in Alkohol oder Holzgeist erzeugt mit reiner Lösung von Barythydrat in Holzgeist einen weissen Niederschlag: $\Theta_{12}H_{18}Ba_2\Theta_{10}$. Bleizucker fällt die Lösung des Dextrins nicht, Bleiessig nur wenn sie sehr concentrirt ist; eine ammoniakalische Lösung von Bleizucker bewirkt Fällung. Es existiren, wie es scheint, zwei verschiedene Bleiverbindungen: $\Theta_{12}H_{18}Pb_2\Theta_{10}$ und $\Theta_{12}H_{18}Pb_2\Theta_{10},Pb_2\Theta$.

2) Mit Säuren.

Salpetersäure-Dextrin, Nitro-dextrin. Man löst Dextrin in höchst concentrirter Salpetersäure und fällt durch Schwefelsäure. Der klebrige Niederschlag zerfällt beim Zerreiben mit Wasser in Pulver; er ist in Alkohol löslich. $\Theta_6H_8(N\Theta_2)_2\Theta_5$ (Béchamp).

Die beim Erhitzen von Dextrin mit Essigsäure oder Buttersäure entstehenden Producte scheinen mit den aus Dextrose erhaltenen Verbindungen (§. 1467) identisch zu sein (Berthelot).

1491. Gährungs-gummi. Bei der schleimigen Gährung und häufig auch bei der Milchsäuregährung (§. 1450) entsteht neben Mannit eine dem Gummi ähnliche Substanz, von der Zusammensetzung: $\Theta_6H_{10}\Theta_5$. Ihre wässrige Lösung ist rechtsdrehend, sie reducirt die alkalische Kupferoxydlösung nicht und liefert bei Oxydation mit Salpetersäure keine Schleimsäure (Brüning)*).

1492. Gummi. Unter dem Namen Gummi fasst man, einer gewissen Uebereinstimmung der physikalischen und chemischen Eigenschaften wegen, eine Anzahl im Pflanzenreich sehr weit verbreiteter Körper zusammen, über deren chemische Natur bis jetzt sehr wenig bekannt ist. Die am besten untersuchte Gummi-art ist das von verschiedenen Acacia-arten stammende arabische Gummi.

Arabisches Gummi**), Arabin, Arabinsäure, Gummisäure. Das arabische Gummi besteht wesentlich aus den Kalk- und Kalisalzen der Gummisäure (Arabinsäure). Man erhält diese indem man eine concentrirte Gummilösung mit

*) Ann. Chem. Pharm. CIV. 197.

**) Vgl. bes. Neubauer. Ann. Chem. Pharm. CII. 105. — Fremy. Jahresb. 1860. 503.

Salzsäure versetzt und mit Alkohol fällt. Sie bildet in feuchtem Zustand eine milchweisse amorphe Masse, die beim Trocknen glasartig wird. Bei 100° getrocknet zeigt sie die Zusammensetzung: $\Theta_{12}H_{22}\Theta_{11}$; bei 120° — 130° verliert sie Wasser und wird zu $\Theta_{12}H_{20}\Theta_{10}$. Sie ist in Wasser sehr löslich, unlöslich in Alkohol. Die wässrige Lösung dreht die Polarisationsebene nach links.

Die Arabinsäure verbindet sich mit Basen; wie es scheint in sehr verschiedenen Verhältnissen. Die Bleiverbindung wird aus einer wässrigen Gummilösung durch Bleiessig gefällt; die Kali-, Baryt- und Kalk-verbindungen sind in Wasser löslich und werden durch Alkohol gefällt. Diese Verbindungen sind, nach Neubauer: $3\Theta_6H_{10}\Theta_5,K_2\Theta$; $2\Theta_6H_{10}\Theta_5,Ca_2\Theta$; $2\Theta_6H_{10}\Theta_5,Ba_2\Theta$; $3\Theta_6H_{10}\Theta_5$, $2Pb_2\Theta$.

Die Gummisäure verwandelt sich beim Erhitzen auf 120° — 150° in Metagummisäure; dieselbe Umwandlung erleiden auch die gummisauren Salze und demnach auch das arabische Gummi. Schichtet man eine concentrirte Gummilösung über concentrirte Schwefelsäure, so wird bei mehrstündiger Berührung die Gummisäure vollständig in Metagummisäure verwandelt.

Die bei längerer Aufbewahrung einer wässrigen Gummilösung bisweilen entstehende Zuckerart wurde §. 1474 erwähnt. Lässt man Gummi längere Zeit mit verdünnter Schwefelsäure in der Kälte stehen oder erwärmt man die Lösung, so nimmt das Rotationsvermögen fortwährend ab und die anfangs linksdrehende Substanz wird allmälig rechtsdrehend. Die Gummisäure scheint dabei zunächst in eine dem Dextrin ähnliche Substanz und schliesslich in eine Art Glycose (vielleicht Galactose, §. 1473) umgewandelt zu werden.

Concentrirte Salpetersäure erzeugt ein detonirendes Nitroderivat; beim Erwärmen mit mässig verdünnter Salpetersäure entsteht viel Schleimsäure, neben Zuckersäure, Weinsäure und Oxalsäure.

Von Hefe wird die Lösung des Gummis nicht in Gährung versetzt; durch Käse dagegen tritt, bei Gegenwart von Kreide, Gährung ein; es entsteht neben etwas Milchsäure auch Alkohol.

Metagummisäure. Sie entsteht, wie oben erwähnt, beim Erhitzen der Gummisäure oder gummisauren Salze. Ihr Kalksalz (Cerasin) findet sich neben dem Kalksalz der Gummisäure (Arabin) in den Gummiarten der gewöhnlichen Obstbäume. Durch Wasser wird das Arabin gelöst, während das Cerasin ungelöst bleibt.

Die Metagummisäure und ihre Salze werden von Wasser nicht gelöst. Die Säure wird beim Kochen mit Wasser nicht verändert, bei Gegenwart von Basen aber geht sie in Gummisäure, resp. gummisaure Salze über.

Bassorin nennt man den in kaltem Wasser unlöslichen, in siedendem Wasser aufquellenden Bestandtheil des Bassora- des Traganth-gummis und andrer Gummiarten. Es hat, bei 110°, die Zusammensetzung: $\Theta_6H_{10}\Theta_5$, liefert bei Oxydation mit Salpetersäure viel Schleimsäure und beim Kochen mit verdünnter Schwefelsäure eine krystallisirbare Glycose.

Pflanzenschleim. Als Pflanzenschleim bezeichnet man eine gummiartige Materie, die in sehr vielen Pflanzen, z. B. in der Wurzel von Althaea officinalis, den Knollen der Orchisarten, in Leinsamen, in Quittenkörnern etc. enthalten ist. Man lässt das Material durch längeres Stehen mit Wasser aufquellen, kocht, filtrirt, dampft ein und setzt Alkohol zu. Es scheiden sich dann fadenförmige Massen aus, die mit Wasser stark aufquellen und deren Analyse zu der Formel:

$C_6H_{10}O_5$ führt. Durch Kochen mit verdünnten Säuren soll der Pflanzenschleim in Gummi und in Zucker zerfallen.

1493. Lichenin, Moosstärke*): $C_6H_{10}O_5$. An die Gummiarten und namentlich die Metagummisäure reiht sich zunächst das Lichenin an. Es findet sich in vielen Flechten- und Moosarten, namentlich im isländischen Moos, und zwar nicht in abgesonderten Körnern wie das Amidon, sondern als aufgequollene Masse zwischen den Zellen.

Man zieht isländisches Moos nach einander mit Aether, Alkohol, verdünnter Kalilauge und verdünnter Salzsäure aus, kocht dann mit Wasser und filtrirt heiss. Der Auszug gesteht beim Erkalten zu einer gallertartigen Masse; er gibt mit Alkohol einen weissen Niederschlag. — Man kann auch isländisches Moos mit viel rauchender Salzsäure übergiessen, das Filtrat mit Wasser verdünnen und mit Alkohol fällen.

Das Lichenin ist eine farblose oder schwach gelbe, spröde durchscheinende Masse. Es quillt in kaltem Wasser auf und löst sich in kochendem Wasser zu einem dicken Schleim; die heisse Lösung erstarrt beim Erkalten zu einer Gallerte. In Alkohol und in Aether ist es unlöslich.

Durch Kochen mit verdünnter Schwefelsäure oder durch Einwirkung von kalter concentrirter Schwefelsäure wird es in eine bis jetzt nicht näher untersuchte Glycose umgewandelt. Bei Oxydation mit Salpetersäure liefert es Oxalsäure, aber keine Schleimsäure.

Es löst sich in Alkalien und in der Hitze in Kalk- oder Barytwasser. Die wässrige Lösung gibt mit Bleiessig einen weissen Niederschlag.

1494 Inulin, Helenin**), etc. $C_6H_{10}O_5$. Diese in ihren physikalischen Eigenschaften zwischen den Gummiarten und dem Stärkmehl stehende Substanz ist im Pflanzenreich sehr verbreitet. Sie findet sich namentlich in vielen Wurzeln: z. B. Inula Helenium, Anchelica archangelica, Colchicum autumnale, Leontodon taraxacum, Cychorium Intybus etc.; in besonders reichlicher Menge in den Knollen der Dahlien.

Darstellung. Aus Dahlienknollen. Der ausgepresste Saft der Dahlienknollen erstarrt nach einigen Stunden zu einem steifen Brei. Wäscht man zerriebene Dahlienknollen mit kaltem Wasser aus, so setzt die milchige Flüssigkeit beim Stehen ein weisses Pulver ab. Kocht man zerriebene Dahlienknollen mit Wasser, so erstarrt der Auszug, nach hinlänglichem Eindampfen zu einer gallertartigen Masse; er liefert mit Alkohol einen weissen Niederschlag.

---

*) Vgl. bes. Guérin-Varry. Ann. Chem. Pharm. XIII. 71. — Mulder. ibid. XXVIII. 279; Knap und Schnedermann, ibid. LV. 164.

**) Vgl. bes. Mulder. Ann. Chem. Pharm. XXVIII. 278; Parnell. ibid. XXXIX. 213; Croockwit. ibid. XLV. 184. Bouchardat. Jahresb. 1847—48. 794; Thirault. ibid. 1854. 623; Dubrunfaut. ibid. 1856. 673.

Das durch kaltes Wasser dargestellte Inulin (Synantherin) scheint organische Structur zu besitzen; es bildet weisse dem Stärkmehl ähnliche Körner. Das sich aus heissem Wasser abscheidende Inulin (Sinistrin) zeigt keine organische Structur, es bildet eine durchscheinende amorphe Masse.

Das Inulin quillt in kaltem Wasser auf, indem es sich nur sehr wenig löst, in heissem Wasser ist es leicht löslich, von Alkohol und Aether wird es nicht gelöst. Die wässrige Lösung dreht die Polarisationsebene nach links; $[\alpha] = -34^{\circ},4$

Kocht man Inulin längere Zeit mit Wasser oder erhitzt man mit verdünnten Säuren zum Sieden, so geht es in Levulose (§. 1470) über. Durch Diastase wird das Inulin nicht verändert; von Hefe wird es nicht in Gährung versetzt. Bei Oxydation mit Salpetersäure liefert es Oxalsäure und wahrscheinlich Zuckersäure, aber keine Schleimsäure.

Die wässrige Lösung des Inulins wird durch Barytwasser gefällt; sie gibt mit Bleizucker oder Bleiessig keinen Niederschlag, bei Zusatz von Ammoniak entsteht Fällung. Das Inulin reducirt in der Wärme, namentlich bei Gegenwart von Ammoniak, Blei-, Kupfer- und Silbersalze.

Glycogen *), Thierisches Amidon: $C_6H_{10}O_5$. Das Glycogen wurde 1495.
1856 von Bernard in der Leber entdeckt und später auch in der Placenta aufgefunden. Es zeigt in seinen physikalischen Eigenschaften eine grosse Aehnlichkeit mit Inulin.

Darstellung. Man trägt möglichst frische und in kleine Stücke zerschnittene Leber in siedendes Wasser ein, kocht etwa 1 Stunde, filtrirt und fällt die erkaltete opalescirende Flüssigkeit durch Alkohol. Das so bereitete Glycogen enthält noch eiweissartige Körper und etwas Fett. Man kocht zur Zerstörung der ersteren mit concentrirter Kalilauge, so lange noch Ammoniak entweicht und fällt die verdünnte und filtrirte Flüssigkeit von Neuem mit Alkohol. Man löst dann noch mehrmals in Essigsäure oder in kalter und sehr verdünnter Salpetersäure und fällt jedesmal mit Alkohol. (Kaninchenleber liefert etwa 2 pC. reines Glycogen; Kekulé).

Man kann das Glycogen auch durch Ausspritzen der Leber gewinnen. Man spritzt in die Pfortader langsam Wasser ein, lässt erst die blutrothe Flüssigkeit wegfliessen und sammelt nur die später kommende rosa gefärbte oder milchweisse Lösung. Man kocht auf, filtrirt und fällt mit Alkohol (Gorup-Besanez).

Versetzt man die durch Auskochen der Leber mit wenig Wasser erhaltene Lösung, nach dem Erkalten mit viel Eisessig, so fällt fast reines Glycogen aus (Bernard).

---

*) Vgl. bes. Bernard. Jahresb. 1857. 552; Hensen. ibid. 1857. 553; Pelouze. ibid. 1857. 553. Kekulé. ibid. 1858. 570; Gorup-Besanez. Ann. Chem. Pharm. CXVIII: 227.

Das Glycogen ist ein weisses, formloses Pulver. In lufttrocknem Zustand hat es die Zusammensetzung: $\Theta_6H_{12}\Theta_6$, bei 100° wird es zu $\Theta_6H_{10}\Theta_5$. Es bildet mit Wasser eine opalescirende Lösung, von Alkohol und von Aether wird es nicht gelöst.

Es geht durch Sieden mit verdünnter Schwefelsäure leicht in Dextrose (§. 1464) über; auch von Diastase und von vielen andern Fermenten (Speichel, Blut etc.) wird es in Dextrose umgewandelt. Es bildet mit sehr concentrirter Salpetersäure eine dem Xyloïdin (§. 1498) ähnliche Materie: bei Oxydation mit Salpetersäure liefert es Oxalsäure. Von Jod wird es violett oder braunroth gefärbt. Es reducirt alkalische Kupferlösung nicht. Mit Bleiessig erzeugt es einen weissen Niederschlag.

1496. Amidon, Amylum, Stärke, Stärkmehl: $\Theta_6H_{10}\Theta_5$. Das Amidon ist im Pflanzenreich ungemein verbreitet. Es findet sich in besonders reichlicher Menge in den Samen der Cerealien und der Leguminosen, im Mark einiger Palmenarten und in vielen Wurzeln und Wurzelknollen, namentlich den Kartoffeln.

Darstellung. Aus Kartoffeln (Kartoffelstärke). Man wascht zerriebene Kartoffeln auf Sieben mit Wasser aus und reinigt das beim Stehen der Flüssigkeit sich absetzende Stärkmehl durch wiederholtes Waschen mit Wasser. — Aus Weizen (Weizenstärke). Man zerreibt in kaltem Wasser eingeweichten Weizen und presst aus; die milchige Flüssigkeit setzt beim Stehen Stärkmehl ab, welches noch viel stickstoffhaltige Substanz (Kleber) enthält. Lässt man die Flüssigkeit durch Stehen sauer werden, so löst sich der Kleber auf, während reines Stärkmehl bleibt. Auch aus Reis, Mais und Rosskastanien kann Stärkmehl gewonnen werden. — Der Sago ist das amidonreiche Mark der Stämme verschiedener Sagus- und Cycas-arten; die Tapiokka wird aus den Wurzeln von Janipha Manihot, das Arrow-root aus den Wurzelsprossen von Maranta indica und arundinacea gewonnen.

Das Stärkmehl bildet ein weisses, zartes Pulver; es besteht selten aus formlosen Massen, gewöhnlich aus kleinen Körnern von organischer Structur. Die Grösse der Körner ist verschieden je nach der Herkunft. Spec. Gew. 1,5.

Ueber die Structur der Stärkekörner sind verschiedene Ansichten ausgesprochen worden. Das Ansehen der Körner unter dem Mikroskop macht es wahrscheinlich, dass sie aus übereinander gelagerten Schichten bestehen, welche einen excentrisch liegenden Kern umschliessen. Nach einzelnen Beobachtern steht dieser Kern (Nabelfleck, Centralhöhle) mit der Aussenfläche in Verbindung. Betrachtet man die Stärkekörner im Polarisationsmikroskop, so sieht man dunkle Kreuze, welche die Lage des Nabelflecks besser erkennen lassen.

Die Grösse der Stärkekörner ist beispielsweise folgende.

Aus:

	Millimeter
Kartoffeln	0,185
Sago	0.070

Getreide	0.050
Mais	0.030
Samen von Chenopodium quinoa	0.002

Das bei 100° getrocknete Stärkmehl ist: $\Theta_6H_{10}O_5$; es zieht an feuchter Luft begierig Wasser an. Das lufttrockene Stärkmehl entspricht annähernd der Zusammensetzung $\Theta_6H_{10}\Theta_5,2H_2\Theta$; im Vacuum über Schwefelsäure wird es zu $\Theta_6H_{10}\Theta_5,H_2\Theta$.

Das Stärkmehl ist unlöslich in Alkohol und in Aether. Von kaltem Wasser wird es nicht gelöst, in heissem Wasser (72°—75°) quillt es auf ohne sich eigentlich zu lösen und bildet Kleister.

Reibt man Kartoffelstärke anhaltend mit kaltem Wasser, so geht etwas Amidon in Lösung. Es scheint demnach als enthielte das Innere der Stärkekörner eine lösliche Materie, während die äussere Schicht, vielleicht nur wegen grösserer Dichte in Wasser unlöslich ist. — Bei der Kleisterbildung zerplatzen die Stärkekörner und ein Theil des Inhalts geht in Lösung, während hautartige Massen ungelöst bleiben.

Die Stärke und namentlich der Stärkekleister färbt sich durch Jod intensiv blau und erzeugt die s. g. Jodstärke. Erhitzt man Jodstärke mit Wasser, so verschwindet die blaue Farbe, kehrt aber beim Erkalten wieder, wenn nicht das Jod durch längeres Erhitzen verflüchtigt ist. Von Brom wird die Stärke intensiv gelb gefärbt.

Umwandlungen und Zersetzungen.

Unter dem Einfluss sehr vieler Agentien geht das Amidon in lösliches Amidon (§. 1499), in Dextrin (§. 1490) und in Dextrose (§. 1464) über. Man kann annehmen, und es ist dies die dermalen allgemein herrschende Ansicht, das lösliche Amidon und das Dextrin würden aus dem Stärkmehl durch isomere Umwandlung gebildet und das anfangs erzeugte Dextrin liefere dann durch Wasseraufnahme Dextrose. Nach neueren Versuchen von Musculus *) scheint der Vorgang ein anderer zu sein. Das lösliche Amidon ist das Product einer einfachen Umwandlung; aber das Dextrin und die Dextrose entstehen gleichzeitig als sich ergänzende Spaltungsproducte des Amidons. 1497.

$$\underset{\text{Amidon.}}{\Theta_{18}H_{30}\Theta_{15}} + H_2\Theta = \underset{\text{Dextrin.}}{\Theta_{12}H_{20}\Theta_{10}} + \underset{\text{Dextrose.}}{\Theta_6H_{12}\Theta_6}$$

Wird diese Spaltung durch Reagentien hervorgerufen, durch welche das Dextrin selbst in Dextrose übergeht, so wird natürlich, wenn die Reaction hinlänglich lange fortgesetzt wurde, nur Dextrose erhalten.

*) Jahresb. 1861. 717.

Die wichtigsten dieser Umwandlungen des Stärkmehls sind folgende:

1) Wird Stärkmehl längere Zeit auf 100° erhitzt, so geht es in lösliches Stärkmehl über (Maschke); beim Erhitzen auf 160° entsteht Dextrin. War das Amidon vorher mit sehr verdünnter Salpetersäure durchfeuchtet, so entsteht schon beim Trocknen bis 110° leicht Dextrin (vgl. §. 1490).

2) Wird Stärkmehlkleister anhaltend mit Wasser gekocht, so entsteht anfangs lösliches Stärkmehl, bei länger fortgesetztem Kochen (oder leichter beim Erhitzen auf 150° — 160°) bildet sich Dextrin und schliesslich Dextrose. Kocht man Stärkmehl mit sehr verdünnten Säuren, so finden dieselben Umwandlungen weit rascher statt

3) Mengt man Stärkmehl mit Salpetersäure (2 Th. käuflicher Salpetersäure auf 1 Th. rauchende) und lässt man das Gemenge etwa 24 Stunden stehen, oder erwärmt man ein Gemenge von Stärkmehl mit käuflicher Salpetersäure bis zum Auftreten rother Dämpfe, so entsteht lösliches Stärkmehl, welches durch Zusatz von Alkohol gefällt werden kann. Wird Stärkmehl (3 Th.) mit concentrirter Schwefelsäure (2 Th.) zusammengerieben und das Gemisch nach $^1/_2$ Stunde mit Alkohol versetzt, so scheidet sich lösliches Stärkmehl aus Erhitzt man Stärkmehl (1 Th.) mit Eisessig (4 Th.) etwa 6 Stunden lang auf 100°, so entsteht ebenfalls lösliches Stärkmehl.

4) Wird Stärkmehl mit Kalilauge gekocht, so entsteht anfangs lösliches Stärkmehl, dann Dextrin. Kocht man Stärkmehl mit Chlorzink, so wird nur lösliches Stärkmehl aber kein Dextrin gebildet.

5) Die meisten Fermente (Diastase, das lösliche Ferment der Hefe, Speichel, Pancreassaft, Leim, Kleber und ähnliche stickstoffhaltige Materien) verwandeln das Stärkmehl in Dextrin und Dextrose. Nach Musculus entstehen beide stets in dem Verhältniss von 2 Dextrin ($2\Theta_6H_{10}\Theta_5$) auf 1 Dextrose ($\Theta_6H_{12}\Theta_6$) und nur durch lang dauernde Einwirkung des Fermentes wird das Dextrin schliesslich vollständig in Dextrose übergeführt.

Behandelt man z. B. Stärkmehl bei 65°—75° mit Diastase und viel Wasser, so enthält die Lösung vom Beginn der Reaction an bis zum Moment, wo alles Stärkmehl verschwunden ist, 2 Dextrin auf 1 Dextrose. Trägt man neues Stärkmehl ein, so geht die Umwandlung rasch weiter und das Verhältniss von Dextrin und Dextrose bleibt stets dasselbe. Erst wenn alles Stärkmehl verschwunden ist. wird allmälig das Dextrin durch Einwirkung der Diastase in Dextrose übergeführt.

Das Stärkmehl wird durch Hefe nicht direct in Gährung versetzt, da es aber durch das lösliche Ferment der Hefe in Dextrose umgewandelt wird, so ist es indirect der Alkoholgährung fähig. Die Technik bereitet bekanntlich beträchtliche Mengen von Alkohol und von alkoholhaltigen Getränken aus dem Stärkmehl der Getreidearten und der Kartoffeln, aus Reis etc.

Von den Zersetzungen des Stärkmehls mögen noch die folgenden erwähnt werden.

Bei trockner Destillation entstehen dieselben Producte wie aus Zucker (Essigsäure, Kohlenwasserstoffe etc.). Durch Destillation mit oxydirenden Gemischen wird Ameisensäure erhalten. Bei Destillation mit Salzsäure und Braunstein entsteht neben Ameisensäure auch Chloral

(§. 885) *). Höchst concentrirte Salpetersäure erzeugt Xyloïdin (§. 1498); durch Erwärmen mit verdünnter Salpetersäure wird Oxalsäure und wahrscheinlich auch Zuckersäure gebildet. Beim Schmelzen mit schwach wasserhaltigem Kalihydrat entsteht ebenfalls Oxalsäure (Gay-Lussac), neben Ameisensäure, Essigsäure und Metacetonsäure (Gottlieb) **). Concentrirte Schwefelsäure erzeugt Stärkmehlschwefelsäure (§. 1498. 2).

Verbindungen des Stärkmehls.

1) Mit Basen.

Das Stärkmehl löst sich in nicht zu verdünnter Kalilauge zu einer opalescirenden Flüssigkeit, die kein Rotationsvermögen besitzt. Barytwasser oder Kalkwasser bringen in dünnem Stärkekleister einen Niederschlag hervor. Auch mit Ammoniak versetzter Bleizucker bewirkt reichliche Fällung; etwa: $\Theta_{12}H_{18}Pb_2\Theta_{10},Pb_2O$. 1498.

2) Mit Säuren.

Xyloïdin ***). (Nitro-amidon, Pyroxam): $\Theta_{12}H_{19}(NO_2)\Theta_{10}$.

Das Stärkmehl löst sich in höchst concentrirter Salpetersäure ohne Gasentwicklung. Wasser fällt aus der Lösung eine weisse körnige Masse, die in Wasser, Alkohol, Aether und in Alkalien unlöslich ist, von Säuren aber gelöst wird. Das Xyloïdin verpufft bei 180° und detonirt beim Schlag. Bei Einwirkung von Eisenchlorür entwickelt es Stickoxydgas und liefert lösliches Stärkmehl; es muss also als ein Salpetersäureäther des löslichen Stärkmehls angesehen werden.

Stärkmehlschwefelsäure †). Die Zusammensetzung dieser bei Einwirkung von concentrirter Schwefelsäure auf Stärkmehl entstehenden Verbindung ist noch nicht mit Sicherheit festgestellt. Die von Berthelot durch Erhitzen von Stärkmehl mit Essigsäure (auf 180°) entstehende Verbindung ist offenbar identisch mit der aus Dextrose erhaltenen Substanz (vgl. §. 1467).

Lösliches Amidon, lösliches Stärkmehl ††). $\Theta_{12}H_{20}\Theta_{10}$. 1499.
Die Bedingungen, unter welchen das gewöhnliche Stärkmehl in diese lösliche Modification übergeht, sind oben erörtert worden (§. 1497). Das

*) Städeler. Ann. Chem. Pharm. LXI. 101.

**) ibid. LII. 121.

***) Braconnot (1833). Ann. Chem. Pharm. VII. 245; Liebig. ibid. VII. 249; Pelouze. ibid. XXIX. 38; Ballot. ibid. XLV. 47; Béchamp. Jahresb. 1855. 685. —

†) Fehling. Ann. Chem. Pharm. LV. 13; Blondeau de Caroller. ibid. LII. 516.

††) Maschke Jahresb. 1854. 621; Béchamp; ibid. 1854. 622, 1856. 670. Ann. Chem. Pharm. C. 364.

durch Eisessig etc., oder das durch Fällen einer wässrigen Lösung mit Alkohol dargestellte lösliche Stärkmehl ist ein weisses Pulver. Beim Verdunsten der wässrigen Lösung erhält man eine gummi-ähnliche Masse.

Das lösliche Stärkmehl löst sich leicht in kaltem und in heissem Wasser. Es ist unlöslich in Alkohol. Die wässrige Lösung dreht die Polarisationsebene nach rechts $[\alpha] = + 211^0$. Sie wird von Alkohol, von Kalkwasser, Barytwasser und von Gerbsäure gefällt. Von Jod wird sie blau gefärbt ohne Fällung.

Die Umwandlungen des löslichen Stärkmehls ergeben sich aus dem was oben gelegentlich des gewöhnlichen Stärkmehls gesagt wurde.

Es muss hier noch erwähnt werden, dass nach Béchamp bei Einwirkung von Kalilauge oder von Chlorzink auf gewöhnliches Stärkmehl, zuerst, und ehe lösliches Stärkmehl entsteht, eine andere in Wasser unlösliche Modification des Stärkmehls gebildet wird, die übrigens dasselbe Rotationsvermögen besitzt wie das lösliche Stärkmehl.

1500. Paramylon: $\Theta_6H_{10}\Theta_5$. Diese dem Stärkmehl oder vielleicht eher der Cellulose ähnliche Substanz wurde von Gottlieb *) in der Euglena viridis, einer grünen, im Wasser lebenden Infusorienart aufgefunden. Es bildet weisse Körner, kleiner als Weizenstärke. Es ist unlöslich in Wasser, Alkohol und Aether. Von Alkalien wird es gelöst; von Säuren aus dieser Lösung wieder gefällt.

Es wird von Jod nicht gefärbt. Diastase verändert es nicht. Durch concentrirte Salzsäure, und wie es scheint auch durch lang anhaltendes Kochen mit verdünnter Schwefelsäure wird es in einen gährungsfähigen und alkalische Kupferlösung reducirenden Zucker verwandelt. Bei Oxydation mit Salpetersäure liefert es viel Oxalsäure.

1501. Cellulose, Holzfaser. $\Theta_6H_{10}\Theta_5$.

Die Cellulose ist im Pflanzenreich ganz allgemein verbreitet, sie bildet fast ausschliesslich das feste Gerüste der Pflanzen. Nicht nur die Pflanzenzellen, sondern auch zahlreiche Ablagerungen in und zwischen den Zellen bestehen aus Cellulose. Die jungen Pflanzenzellen sind fast reine Cellulose, in den meisten Pflanzentheilen findet sie sich mit einer grösseren oder geringeren Menge zum grossen Theil so gut wie nicht untersuchter Substanzen verunreinigt. — Von der gewöhnlichen Cellulose unterscheiden manche Forscher, mit Payen, die inkrustirende Materie; andere bestreiten die Existenz derselben als selbstständige Verbindung. Auch das Pollenin, im Pollen der Blüthen; das Medullin, im Mark der Pflanzen, und das Fungin der Pilze sind wohl nur unreine Cellulose. Gestützt auf neuere Untersuchungen unterscheidet Fremy von

*) Ann. Chem. Pharm. LXXV. 51.

der gewöhnlichen Cellulose die Para-cellulose, d. h. das markstrahlenbildende Utriculargewebe des Holzes; die Vasculose, d. h. den die Gefässe bildenden Bestandtheil des Holzes; die Fibrose, d. h. die Substanz der Holzfasern; und das die Oberhaut der Blätter bildende Cutin. Auch das Suberin oder der Korkstoff wird von den meisten Chemikern für verschieden von der Cellulose angesehen.

Die Eigenschaften dieser wenig charakterisirten, der Cellulose ähnlichen Materien können hier nicht näher besprochen werden, ebenso wenig die Eigenschaften derjenigen Pflanzentheile, die, wie das Holz, entschieden Gemenge verschiedener grossentheils noch so gut wie nicht untersuchter Substanzen sind; es sind vielmehr nur die wichtigsten Eigenschaften der gewöhnlichen Cellulose zusammenzustellen.

Die gereinigte Baumwolle-, die Hanf- und die Leinenfaser und folglich auch das reine Papier, namentlich das schwedische Filtrirpapier, sind fast reine Cellulose. Durch Behandeln mit verschiedenen Lösungsmitteln (verdünnte Alkalien, sehr verdünnte Salzsäure, Fluorwasserstoffsäure, Chlorwasser, Alkohol, Aether, Wasser) können die in diesen Substanzen enthaltenen Verunreinigungen fast vollständig entfernt werden.

Die Cellulose ist rein weiss; sie zeigt fast immer die Structur des Pflanzengewebes aus welchem sie erhalten wurde. Spec. Gew. 1,25 — 1,45. Sie ist unlöslich in Wasser, Alkohol, Aether, verdünnten Säuren, verdünnten Alkalien etc. Das einzige bis jetzt bekannte Lösungsmittel der Cellulose ist, wie Schweizer *) 1858 fand, das Kupferoxydammoniak (eine Lösung von frisch gefälltem und ausgewaschenem Kupferoxydhydrat, oder kohlensaurem Kupferoxyd, in möglichst wenig concentrirtem Ammoniak. In Berührung mit diesem Lösungsmittel quillt die Cellulose zuerst auf und geht dann vollständig in Lösung. Durch Wasser, Säuren, Salze etc. wird sie als gelatinöser Niederschlag gefällt, der bei directem Trocknen zu einer hornartigen Masse, nach sorgfältigem Waschen mit Alkohol zu einem feinen weissen Pulver wird. Die so dargestellte Cellulose besitzt, mit Ausnahme der Structur, alle Eigenschaften der natürlichen Cellulose, sie wird nur, der grösseren Zertheilung wegen, von allen Reagentien leichter angegriffen.

Die Paracellulose, die Vasculose, die Fibrose und das Cutin von Fremy sind in Kupferoxydammoniak unlöslich; die Paracellulose wird löslich durch längeres Kochen mit Wasser, mit verdünnten Säuren oder Alkalien.

Umwandlungen und Zersetzungen. Die Cellulose erleidet 1502.
unter dem Einfluss sehr vieler Reagentien ähnliche Umwandlungen wie das Amidon; die dabei sich bildenden Producte sind indess noch weniger untersucht, wie die aus dem Amidon entstehenden. Zunächst wird eine

*) Vgl. bes. Schweizer. Jahresb. 1857. 246; ferner: Schlossberger, ibid. 1858. 199; Geist, Erdmann, Schweizer, Schlossberger, ibid. 1859. 541, etc.

dem Stärkmehl ähnliche und bisweilen als **Amyloid** bezeichnete Substanz gebildet, die in Wasser unlöslich ist, mit Wasser aufquillt und von Jod blau gefärbt wird. Die Bildung dieser Substanz veranlasst, dass die Cellulose, die an sich von Jod nicht gefärbt wird, eine blaue Farbe annimmt, wenn man erst Schwefelsäure, Kalilauge, Chlorzink etc. und dann mit Jod auf sie einwirken lässt. Später entsteht, nach Béchamp, eine in Wasser lösliche Modification der Cellulose; nachher ein dem Dextrin ähnlicher, aber schwächer nach rechts drehender Körper, das **Cellulose-dextrin** (Holzdextrin). Diese verschiedenen Producte liefern beim Kochen mit verdünnten Säuren eine bis jetzt nicht näher untersuchte Glycose.

Wird Cellulose mit concentrirter Schwefelsäure zusammengerieben, so entsteht eine gallertartige Materie, die neben **Cellulose-schwefelsäure** (§. 1503) je nach der Dauer der Einwirkung das eine oder das andere der oben erwähnten Umwandlungsproducte enthält. Kocht man zuletzt mit Wasser, so wird Glycose erzeugt. Durch Eintauchen von Papier in Schwefelsäure, die mit dem halben Volum Wasser verdünnt ist und nachheriges Auswaschen erhält man das **Pergamentpapier** *), (vegetabilisches Pergament), eine dem Pergament oder thierischen Blasen ähnliche Materie, die mit Vortheil zu Diffusionsversuchen und zu den von Graham angegebenen dialytischen Trennungen **) verwendet werden kann. Es besteht wahrscheinlich aus unveränderten Fasern von Cellulose, die durch das zuerst entstehende Umwandlungsproduct (Amyloid) zusammengeklebt sind. — Wird Cellulose anhaltend mit verdünnter Schwefelsäure gekocht, so entsteht Glycose. Die aus ihrer Lösung in Kupferoxyd-ammoniak gefällte Cellulose erleidet diese Umwandlung leichter.

Kocht man Cellulose mit mässig verdünnter Salzsäure oder setzt man sie in der Kälte der Einwirkung concentrirter Salzsäure aus, so entsteht zunächst ein feines Pulver, offenbar indem die schwächeren Stellen der Cellulosefasern sich auflösen. Bei längerer Einwirkung von concentrirter Salzsäure erhält man eine klare Lösung, die anfangs von Wasser gefällt wird; dabei bilden sich, nach Béchamp, die oben aufgezählten Umwandlungsproducte.

Eine wässerige Lösung von Chlorzink erzeugt aus Cellulose schon in der Kälte die durch Jod blau werdende Substanz; beim Erhitzen tritt Lösung ein und es entsteht schliesslich Glycose.

Auch Alkalien scheinen in der Kälte, und bei mässiger Concentration auch beim Erwärmen, dieselben Umwandlungsproducte zu erzeugen. In kalten alkalischen Flüssigkeiten quillt die Cellulose auf, beim Erwär-

*) Vgl. bes. Hofmann. Ann. Chem. Pharm. CXII. 243.

**) Graham ibid. CXXI. 1.

men erhält man eine braune Lösung, die beim Kochen wieder farblos wird. Dabei entstehen: Kohlensäure, Ameisensäure, Essigsäure und Oxalsäure und gleichzeitig Holzgeist. Wird Cellulose mit Wasser befeuchtet und mit gleichviel Kalihydrat der Destillation unterworfen, so geht viel Holzgeist über (Peligot); schmilzt man Cellulose mit schwach wasserhaltigem Kalihydrat, so bildet sich Oxalsäure (Gay-Lussac, Possoz, vgl. §. 1110).

Behandelt man Cellulose in der Kälte mit höchst concentrirter Salpetersäure, oder mit einem Gemenge von Salpetersäure und Schwefelsäure oder auch mit einem Gemenge von Salpeter und Schwefelsäure, so erhält man Nitro-cellulose (Pyroxylin, Schiessbaumwolle, §. 1504). Wird Cellulose mit mässig verdünnter Salpetersäure erwärmt, so tritt Oxydation ein, es entsteht viel Oxalsäure, wahrscheinlich auch Zuckersäure, aber keine Schleimsäure. Bei Destillation mit oxydirenden Gemischen liefert die Cellulose viel Ameisensäure.

Wird Cellulose der trockenen Destillation unterworfen, so entsteht neben zahlreichen andern Producten viel Essigsäure.

Bei Destillation des Holzes*), welches wesentlich aus Cellulose oder wenigstens der Cellulose sehr ähnlichen Materien besteht, treten zahlreiche Zersetzungsproducte auf. Die gasförmigen Producte (Holzgas) enthalten: Wasserstoff, Kohlenoxyd, Kohlensäure, Sumpfgas, Aethylen, verschiedene mit dem Aethylen homologe Kohlenwasserstoffe und Acetylen. Die flüssigen Destillationsproducte bilden zwei Schichten. Die wässrige Schicht (roher Holzessig) enthält wesentlich Essigsäure (vgl. §. 854) und Holzgeist (Methylalkohol §. 628); und ferner Essigsäure-Aethyläther, Aceton, Aldehyd, essigsaures Ammoniak, Lignon (§. 927) etc. Die in Wasser unlösliche Schicht (Holztheer) enthält, ausser den oben erwähnten Producten, noch zahlreiche Kohlenwasserstoffe: z. B. Toluol, Xylol, Cumol; Paraffin, Naphthalin, Pyren ($\Theta_{15}H_{12}$), Reten ($\Theta_{18}H_{18}$), etc. Sie enthält ferner, wenn Buchenholz angewandt wurde, Kreosot und bei Fichtenholz, Phenol (Carbolsäure) und Kreosot. Sie enthält ausserdem zahlreiche bis jetzt nicht näher untersuchte Producte, z. B.: Eupion, Kapnomor, Pikamar, Pittakall, Cedriret etc.

Verbindungen der Cellulose.

1503. Mit Basen. Die Cellulose scheint mit verschiedenen Basen Verbindungen eingehen zu können. Lässt man z. B. Baumwolle einige Zeit in starker Kalilauge oder Natronlauge liegen und wäscht dann mit Alkohol aus, so erhält man Körper, deren Gehalt an Base sehr nahe den Formeln: $\Theta_{24}H_{40}\Theta_{20}$, $K_2\Theta$ und $\Theta_{24}H_{40}\Theta_{20}$, $Na_2\Theta$ entspricht, denen aber

*) Vgl. bes. Reichenbach. Ann. Chem. Pharm. II. 253, 259; VIII. 238. — Völckel. ibid. LXXX 306; LXXXVI. 66. 331. — Gorup-Besanez. ibid. LXXXVII. 258. — Duclos. ibid. CIX. 135. — Ferner: Gmelin. Handbuch. VII. 1. Abth. S. 597. —

durch Wasser alles Alkali entzogen wird (Gladstone). Aus Bleiessig absorbirt die Cellulose Bleioxyd (Vogel).

Mit Säuren. Die bei Einwirkung von concentrirter Schwefelsäure entstehende Cellulose-schwefelsäure (Holz-schwefelsäure) ist bis jetzt nicht näher untersucht.

Die durch Erhitzen von Cellulose mit Stearinsäure oder mit Buttersäure und Schwefelsäure entstehenden Verbindungen sind von den entsprechenden aus Dextrose dargestellten Substanzen nicht zu unterscheiden (Berthelot).

1504. **Salpetersäure-Cellulose***) (Nitro-cellulose, Pyroxylin, Schiessbaumwolle). Pelouze hatte schon 1838 beobachtet, dass Cellulose (Papier oder Leinwand) beim Eintauchen in concentrirte Salpetersäure sich in eine explosive Substanz verwandele, die er für Xyloïdin (§. 1498) hielt. Schönbein lenkte dann 1846 die Aufmerksamkeit von Neuem auf dieses Product und nannte es Schiessbaumwolle. Flores Domonte und Menard entdeckten 1847 die Löslichkeit des Pyroxyl's in alkoholhaltigem Aether und somit das Collodium.

Das Pyroxylin entsteht bei Eintauchen von Cellulose (Baumwolle oder Papier) in höchst concentrirte Salpetersäure, oder in ein Gemenge von Salpetersäure und Schwefelsäure (Knop), oder auch in ein frisch bereitetes Gemenge von Salpeter und Schwefelsäure (Millon, Gaudin).

Das Pyroxylin ist im Ansehen nicht von der Cellulose zu unterscheiden, aus welcher es dargestellt wurde, aber es fühlt sich etwas härter an und wird beim Reiben stark elektrisch. Seine Eigenschaften sind verschieden je nach der zur Darstellung angewandten Methode. Es brennt stets beim Entzünden mit einer Art von Verpuffung rasch ab; manche Darstellungsmethoden geben ein beim Schlag explodirendes aber in Aether-alkohol unlösliches Product; andere dagegen liefern nicht detonirendes aber dafür in Aether-alkohol lösliches Pyroxylin. Auch die Zusammensetzung des Pyroxylins ist je nach der Art der Darstellung verschieden. Es hat stets die Zusammensetzung der Cellulose, in welcher eine gewisse Anzahl von Wasserstoffatomen durch die Atomgruppe $(N\Theta_2)$ ersetzt ist. Es entsteht also nach der allgemeinen Gleichung:

$$\underset{\text{Cellulose.}}{\Theta_{12}H_{20}\Theta_{10}} + nN\Theta_3H = \underset{\text{Pyroxylin.}}{\Theta_{12}H_{20-n}(N\Theta_2)_n\Theta_{10}} + nH_2\Theta$$

Das chemische Verhalten des Pyroxylins zeigt ferner, dass es nicht ein wahres Nitrosubstitutionsproduct, sondern vielmehr eine ätherartige

*) Vgl. bes. Pelouze. Ann. Chem. Pharm. XXIX. 40; zahlreiche Angaben über Darstellung, Eigenschaften und Zusammensetzung. Jahresb. seit 1847. Reduction und andere Zersetzungen, bes. Béchamp. Jahresb. 1853. 550; 1855. 681.

Verbindung der Salpetersäure ist (vgl. §§. 1242, 1354, 1456). Mit anderen Worten, die Atomgruppe NO_2 (Nitrogruppe, Radical der Salpetersäure) ersetzt nicht Wasserstoff des Radicals, sondern vielmehr typischen Wasserstoff; sie ist nicht direct an Kohlenstoff, sondern durch Sauerstoff gebunden. Je nach der Darstellung werden nun Producte erhalten, zu deren Erzeugung eine grössere oder geringere Anzahl von Salpetersäuremolecülen mitgewirkt haben. Den bis jetzt vorliegenden Analysen nach scheinen wesentlich die folgenden Producte zu existiren:

$\Theta_6H_8(NO_2)_2\Theta_5$	$\Theta_6H_7(NO_2)_3\Theta_5$
Dinitro-cellulose.	Trinitro-cellulose.

oder vielmehr, wenn man für die Cellulose die wahrscheinlichere Formel: $\Theta_{12}H_{20}\Theta_{10}$ annimmt:

$\Theta_{12}H_{17}(N\Theta_2)_3\Theta_{10}$;	$\Theta_{12}H_{16}(N\Theta_2)_4\Theta_{10}$;	$\Theta_{12}H_{15}(N\Theta_2)_5\Theta_{10}$;	$\Theta_{12}H_{14}(N\Theta_2)_6\Theta_{10}$
Trinitro-cellulose.	Tetranitrocellulose.	Pentanitro-cellulose.	Hexanitro-cellulose.

wenn nicht auch diese Formeln noch verdoppelt werden müssen.

Da für die Cellulose selbst bis jetzt keine rationelle Formel gegeben werden kann, so sind auch für die ihr entsprechenden Salpetersäure-äther nur empirische Formeln möglich. Es ist bis jetzt nicht durch den Versuch festgestellt, wie weit die Nitrirung der Cellulose getrieben werden kann. Porret und Teschemacher fanden bis 17,8 pC. Stickstoff, was annähernd einer acht- oder neun-fach nitrirten Cellulose entspricht. Die nach den gewöhnlichen Methoden dargestellte Schiessbaumwolle enthält meist 11—14 pC. Stickstoff, liegt also zwischen Tetranitro- und Hexanitro-cellulose.

Dass das Pyroxylin wirklich eine Aetherart der Salpetersäure und nicht ein wahres Substitutionsproduct ist, ergibt sich wesentlich aus folgenden Thatsachen.

1) Eine concentrirte Lösung von Eisenchlorür liefert mit Pyroxylin schon in der Kälte langsam, rasch beim Erhitzen Stickoxydgas und regenerirt gewöhnliche Cellulose. Ebenso wirkt essigsaures Eisenoxydul, nur erzeugt dabei der Stickstoff Ammoniak (Béchamp).

2) Auch durch eine alkoholische Lösung von Kaliumsulfhydrat wird Cellulose regenerirt (Hadow).

3) Von Kali- oder Natronlauge wird das Pyroxylin, namentlich beim Erwärmen, gelöst unter Bildung von salpetersauren Salzen.

3) Aehnlich wie Alkalien wirkt auch Ammoniak und selbst Wasser. Bei Einwirkung der zuletzt genannten Reagentien (Kali, Ammoniak, Wasser) scheint sich die Rückbildung der Cellulose Schritt für Schritt verfolgen zu lassen und es scheint sogar, als könne man in gewissen Bedingungen die Reaction bei bestimmten Producten einhalten.

Die Rückbildung der Cellulose aus Salpetersäure-cellulose und namentlich die Bildung der weniger nitrirten Zwischenglieder erklärt sich aus den Gleichungen:

Pentanitro-cellulose: $\Theta_{12}H_{15}(N\Theta_2)_5\Theta_{10} + H_2\Theta = N\Theta_3H + \Theta_{12}H_{16}(N\Theta_2)_4\Theta_{10}$
Tetranitrocellulose.

Tetranitro-cellulose: $\Theta_{12}H_{16}(N\Theta_2)_4\Theta_{10} + H_2\Theta = N\Theta_3H + \Theta_{12}H_{17}(N\Theta_2)_3\Theta_{10}$
Trinitrocellulose.

Trinitro-cellulose: $\Theta_{12}H_{17}(N\Theta_2)_3\Theta_{10} + H_2\Theta = N\Theta_3H + \Theta_{12}H_{18}(N\Theta_2)_2\Theta_{10}$
Dinitrocellulose.

Leitet man in eine dickflüssige Lösung von Schiessbaumwolle (Penta- oder Hexa-nitrocellulose) in Aether und Alkohol Ammoniak, so wird die Lösung dünnflüssig und scheidet bei Zusatz von viel Wasser Tetranitrocellulose als weisses Pulver aus (Béchamp).

Setzt man alkoholische Kalilösung zu einer Lösung von Schiessbaumwolle in Aether-alkohol und fällt dann mit Wasser, so scheidet sich Trinitrocellulose aus (Béchamp).

Behandelt man Schiessbaumwolle so lange bei 100° mit Wasserdampf als noch Dämpfe von Salpetersäure oder Untersalpetersäure entweichen, so bleibt Dinitrocellulose (Van Kerckhoff und Reuter).

Es wurde oben schon erwähnt, dass auch die Eigenschaften des Pyroxylins je nach der Darstellung verschieden sind. Man muss wesentlich das leicht explodirbare aber in einem Gemenge von Aether und Alkohol unlösliche oder wenigstens unvollständig lösliche Pyroxylin (Schiessbaumwolle) von dem weniger explosiven, beim Schlag nicht detonirenden aber in Aether-alkohol löslichen Pyroxylin (Collodium-wolle) unterscheiden. Man weiss bis jetzt nicht, ob diese verschiedenen Producte sich constant durch verschiedene Zusammensetzung unterscheiden und man kennt ebenso wenig die Eigenschaften der verschiedenen durch bestimmte Formeln ausdrückbaren Pyroxyline.

Aus den zahlreichen zur Darstellung des Pyroxylins angegebenen Methoden, die zum Theil die Bereitung leicht explodirbarer Schiessbaumwolle, zum Theil die Gewinnung löslicher Collodiumwolle zum Zweck haben, ergibt sich im Allgemeinen Folgendes:

I. Leicht explodirbare aber unlösliche Schiessbaumwolle wird erhalten: 1) durch höchst concentrirte Salpetersäure; 2) durch ein Gemisch von Salpetersäure mit Schwefelsäure, wenn beide Säuren möglichst concentrirt, wenn das Gemisch erst nach dem Erkalten angewandt wird und wenn die Einwirkung nur kurze Zeit dauert.

II. Wenig explodirbare aber lösliche Collodiumwolle entsteht: 1) bei Anwendung eines Gemisches von Salpetersäure und Schwefelsäure, wenn beide Säuren weniger concentrirt sind; wenn das Gemisch angewandt wird während es noch warm ist; und wenn die Einwirkung längere Zeit dauert. 2) Bei Anwendung eines warmen Gemenges von Salpeter und Schwefelsäure.

Darstellung. Von den zahlreichen zur Darstellung des Pyroxylins empfohlenen Methoden mögen hier einige angeführt werden.

I. Explodirende Schiessbaumwolle. 1) Gereinigte Baumwolle (oder Papier) wird $^1/_2$ Minute, oder länger, in höchst concentrirte Salpetersäure eingedampft und rasch gewaschen. 2) Ein erkaltetes Gemenge von 1 Vol. rauchender Salpetersäure (sp. Gew. 1,45—1,50) mit 1 Vol. — 3 Vol. Schwefelsäure (sp. Gew. 1,84); Einwirkung 3—10 Minuten.

II. Lösliche Collodiumwolle. 1) Ein Gemenge von destillirter Salpetersäure (Siedep. 123°, sp. Gew. 1,42) mit gleichviel Schwefelsäure (spec. Gew. 1,83), bei 60°; zehn Minuten. 2) Man bringt in ein auf 50° abgekühltes Gemenge von 2 Th. Salpeter und 3 Th. Schwefelsäure (sp. Gew. 1,83) Baumwolle und lässt 24—48 Stunden bei etwa 30° einwirken. 3) Man lässt Baumwolle 5—10 Minuten in einem frisch dargestellten und noch heissen (68°—71°) Gemenge von 4 Th. Salpeter, 3 Th. englischer und 3 Th. rauchender Schwefelsäure.

Die unlösliche Schiessbaumwolle kann durch Eintauchen in die zuletzt mitgetheilten Gemische in lösliche Collodiumwolle umgewandelt werden.

III. Ein in Alkohol allein lösliches Pyroxylin erhält man, indem man Baumwolle 5 Minuten lang in ein 80° warmes Gemenge von 4 Vol. Schwefelsäure (sp. Gew. 1,83) und $3^1/_2$ Vol. Salpetersäure (sp. Gew. 1,40) eintaucht (Sutton).

In Betreff der Eigenschaften und Zersetzungen des Pyroxylins ist noch Folgendes zu erwähnen.

Die Schiessbaumwolle kann häufig auf 100° und selbst auf 180° erhitzt werden, ohne sich zu zersetzen, meistens explodirt sie indess bei weit niederen Temperaturen. Beim Aufbewahren erleidet sie gewöhnlich spontane Zersetzung, durch welche Oxalsäure und andere bis jetzt nicht näher untersuchte Producte entstehen.

Das Pyroxylin ist unlöslich in Kupferoxyd-ammoniak; es löst sich beim Erwärmen in concentrirter Salpetersäure und wird durch Wasser aus dieser Lösung gefällt. Es wird von kalter Schwefelsäure nicht angegriffen; beim Erwärmen löst es sich, wird aber selbst bei 100° nur sehr langsam zersetzt. In Berührung mit concentrirter Schwefelsäure und Quecksilber entwickelt es allen Stickstoff als Stickoxyd (Walter-Crum).

Das Pyroxylin ist unlöslich in Wasser, in Alkohol, in Aether, Essigsäure, Chloroform etc.; es löst sich in Methylalkohol, Essigsäure-methyläther, Essigsäure-äthyläther und — wenn nach gewissen Methoden dargestellt — in einem Gemenge von Aether und Alkohol, oder auch in Alkohol allein.

Collodium (Collodion). Als Collodion bezeichnet man die mehrfach erwähnte Lösung des Pyroxylins in einem Gemenge von Alkohol und Aether. Es lässt beim Verdunsten eine durchsichtige Haut, die alle Eigenschaften des Pyroxylins besitzt. Durch Zusatz von Wasser wird structurloses Pyroxylin gefällt.

Zur Darstellung des Collodions löst man 1 Th. Pyroxylin in 20 Th. Alkohol und 80 Th Aether; oder 1 Gr. in 20 C. C. Alkohol (95°) und 20 C. C. m. Aether (58°). — Zum Gebrauch in der Photographie wird das so dargestellte Collodium noch mit Alkohol und Aether verdünnt. Das Collodium ist bisweilen dickflüssig, bisweilen dünnflüssig; es hängt dies nicht nur vom Procentgehalt an Pyroxylin, sondern auch von der Bereitungsweise des Pyroxylins ab.

1505. Tunicin *): $C_6H_{10}O_5$. Diese der vegetabilischen Cellulose ähnliche Substanz wurde von C. Schmidt 1846 entdeckt, von Berthelot näher untersucht und von der Cellulose unterschieden. Sie findet sich in den Decken vieler Tunicaten oder Ascidien (Cynthia-, Phallusiaarten etc.).

Man behandelt die äusseren Hüllen der Tunicaten mit Wasser, Alkohol, Aether, verdünnten Säuren, Alkalien etc (Schmidt); oder man kocht sie erst mit concentrirter Salzsäure, dann mit wässrigem Kali (Berthelot).

Das Tunicin bildet eine weisse, zarte Masse, die noch die Structur der zu seiner Darstellung verwendeten Substanzen besitzt. Es wird von alkoholischer Jodlösung gelb gefärbt und von Kupferoxyd-ammoniak kaum gelöst. Behandelt man es erst mit concentrirter Schwefelsäure und kocht dann mit Wasser, so entsteht ein gährungsfähiger, die alkalische Kupferlösung reducirender Zucker.

---

*) Schmidt. Ann. Chem. Pharm. LIV. 284; Berthelot. Jahresb. 1858. 481.

Dritte Klasse.

Kohlenstoff-reichere Verbindungen.

Es ist in früheren Kapiteln mehrfach gezeigt worden, dass aus der Theorie der Atomigkeit der Elemente in sehr vielen Fällen eine Vorstellung über die Verbindungsweise der die Molecüle zusammensetzenden Atome hergeleitet werden kann und dass die so gewonnene Vorstellung von der Zusammensetzung und den Eigenschaften der genauer untersuchten Verbindungen in klarer und ziemlich befriedigender Weise Rechenschaft gibt. 1506.

Die Zusammensetzung aller in die Klasse der „Fettkörper" (§. 603 ff.) gehörigen Verbindungen konnte dadurch erklärt werden, dass man annahm, eine gewisse Anzahl von Kohlenstoffatomen seien unter einander durch je e i n e Verwandtschaftseinheit gebunden; und mit dieser Kohlenstoffgruppe seien dann Atome anderer Elemente in der Weise vereinigt, dass alle oder nur ein Theil der Verwandtschaftseinheiten dieser Atome mit den noch verwendbaren Verwandtschaftseinheiten der Kohlenstoffatome in Bindung seien (vgl. §§. 273 ff.).

Es existirt nun eine grosse Anzahl von Substanzen, die in ihren Eigenschaften mit gewissen Verbindungen aus der Klasse der Fettkörper eine grosse Analogie zeigen, in ihrer Zusammensetzung aber sich von diesen entsprechenden Substanzen wesentlich unterscheiden. Vergleicht man sie mit Körpern, die gleich viel Wasserstoff- und gleich viel Sauerstoff-atome enthalten, so sind sie reicher an Kohlenstoff. Setzt man sie dagegen mit Substanzen in Parallele, in welchen die Anzahl von Kohlenstoff- und von Sauerstoff-atomen dieselbe ist, so unterscheiden sie sich durch den Mindergehalt von Wasserstoff. Man könnte solche Verbindungen im Allgemeinen als k o h l e n s t o f f r e i c h e r e oder auch als w a s s e r s t o f f ä r m e r e Substanzen bezeichnen.

Die Theorie der Atomigkeit der Elemente kann sich von der Verbindungsweise der Atome in diesen kohlenstoffreicheren oder wasserstoffärmeren Substanzen in zweierlei Art Rechenschaft geben. Sie kann entweder annehmen, die Kohlenstoffatome seien wie in den „Fettkörpern" durch je eine Verwandtschaftseinheit gebunden, aber es seien zwei oder mehr Verwandtschaftseinheiten der im Molecül enthaltenen Kohlenstoffatome nicht gesättigt. Sie kann andrerseits die Annahme machen, alle oder wenigstens ein Theil der im Molecül enthaltenen Kohlenstoffatome seien in gewissermassen dichterer Aneinanderlagerung, also nicht durch je eine, sondern vielmehr durch je zwei oder vielleicht je drei Verwandtschaftseinheiten unter einander gebunden. A priori hat weder die eine noch die andere Annahme eine überwiegende Wahrscheinlichkeit; es ist vielmehr wahrscheinlich, dass beide Arten von Verbindungsweise vorkommen; und man sieht so die Möglichkeit isomer Substanzen ein, deren Verschiedenheit darauf beruht, dass in der einen Verwandtschaftseinheiten der Kohlenstoffatome nicht gesättigt sind, während sich in der andern die Kohlenstoffatome in dichterer Bindung befinden.

Welche dieser beiden Hypothesen in bestimmten Fällen den Vorzug verdient, kann nur durch sorgfältiges Studium der betreffenden Substanzen entschieden werden. Man wird im Allgemeinen der ersteren Hypothese, also der Annahme freier Verwandtschaftseinheiten, den Vorzug geben, wenn die betreffende Verbindung mit Leichtigkeit in normale Substanzen aus der Klasse der Fettkörper übergeht, oder aus solchen entsteht; wenn sie sich also durch directe Addition mit Wasserstoff vereinigt, oder wenn sie ähnliche Reactionen zeigt. Man wird andererseits eine dichtere Bindung der Kohlenstoff-atome für wahrscheinlicher halten, wenn Verwandlungen der Art nicht hervorgebracht werden können, wenn dagegen leicht Derivate erhalten werden, deren Zusammensetzung durch dieselbe dichtere Aneinanderlagerung der Kohlenstoffatome erklärt werden kann. Aus diesen Gründen ist für die §§. 1371 ff. beschriebenen Substanzen der ersteren Annahme der Vorzug gegeben worden; aus denselben Gründen erscheint für die meisten der im Folgenden abzuhandelnden Körper die zweite Hypothese wahrscheinlicher. Dabei muss aber schon jetzt darauf aufmerksam gemacht werden, dass die meisten der in späteren Abschnitten zu beschreibenden Verbindungen gerade in dieser Richtung noch sehr wenig untersucht sind und dass es desshalb möglich, ja sogar wahrscheinlich erscheint, dass manche Körper, für welche bei dem jetzigen Stand unserer Kenntnisse die Hypothese der dichteren Bindung der Kohlenstoffatome eine grössere Wahrscheinlichkeit hat, durch die Fortschritte der Wissenschaft als Verbindungen mit freien Verwandtschaftseinheiten erkannt werden.

Wir bezeichnen die Substanzen, für welche die erstere der eben erörterten Hypothesen grössere Wahrscheinlichkeit hat, als wasserstoffärmere Verbindungen. Wir nennen diejenigen Körper, bei welchen die Annahme einer dichteren Bindung der Kohlenstoffatome wahrscheinlicher erscheint: kohlenstoffreichere Verbindungen.

1507. Ueber die Verbindungsweise der Kohlenstoffatome in den kohlenstoffreicheren Verbindungen ist in den meisten Fällen keine bestimmte Ansicht möglich. Es sind vielmehr in den meisten Fällen verschiedene Hypothesen zulässig, die zu demselben Resultat führen und von welchen, bei dem jetzigen Stand unserer Kenntnisse, keine grade überwiegende Wahrscheinlichkeit besitzt. Es scheint desshalb geeignet nur in wenigen Fällen, und namentlich bei verhältnissmässig einfach zusammengesetzten Substanzen, die Vorstellung, die man sich über die Verbindungsweise der Kohlenstoffatome machen kann, specieller zu erörtern; weniger um die Constitution der betreffenden Verbindungen zu erklären, als um beispielsweise zu zeigen, wie die hier im Allgemeinen angedeutete Hypothese auf specielle Fälle angewandt werden kann. Hier muss nur darauf noch aufmerksam gemacht werden, dass für die kohlenstoffreicheren Verbindungen eigenthümliche Isomerien desshalb möglich sind, weil eine gewisse Anzahl von Kohlenstoffatomen sich in verschiedener Weise binden und so verschiedene Atomgruppen erzeugen können, deren Atomigkeit dieselbe ist.

Nimmt man z. B. an, dass drei Kohlenstoffatome sich durch je zwei Verwandtschaftseinheiten binden, so entsteht eine Atomgruppe, welche noch vier nicht gesättigte Verwandtschaftseinheiten enthält. Denkt man sich andererseits zwei Kohlenstoffatome durch je drei Verwandtschaftseinheiten gebunden und ein drittes Atom mit einem dieser beiden durch je eine Verwandtschaftseinheit in Bindung, so hat man eine Gruppe von drei Kohlenstoffatomen, die ebenfalls vier freie Verwandtschaftseinheiten enthält etc.

In Betreff der Systematik der kohlenstoffreicheren Verbindungen 1508.
mag noch Folgendes bemerkt werden.

Man könnte alle wasserstoffärmeren oder kohlenstoffreicheren Verbindungen, ohne sich um die etwaige Ursache ihrer eigenthümlichen Zusammensetzung weiter zu kümmern, an die normalen, in diesem Lehrbuch als „Fettkörper" bezeichneten Substanzen, in folgender Weise anreihen:

I. Fettkörper.

II. Substanzen, welche 2 At. H weniger enthalten als die entsprechenden Verbindungen aus der Klasse der Fettkörper.

III. Substanzen, welche 4 At. H weniger enthalten, etc.

IV. „ 6 „ „ etc. etc.

Bei einer Classification der Art, die allerdings äusserlich streng systematisch erscheint, würden vielfach die heterogensten Substanzen vereinigt und andererseits nahe verwandte Körper getrennt werden müssen. Es scheint desshalb geeigneter, die kohlenstoffreicheren Verbindungen wesentlich in folgende drei Gruppen abzutheilen:

I. Campherarten und Terpene.

II. Aromatische Substanzen.

III. Naphtalin und Abkömmlinge.

Jede dieser Gruppen umfasst Körper, in welchen alle Kohlenstoffatome, oder wenigstens ein Theil derselben, nach einem gewissen Symmetriegesetz in dichterer Bindung angenommen werden können. Die Zusammensetzung der aus diesen Körpern entstehenden Abkömmlinge und Zersetzungsproducte kann, in den meisten Fällen, durch Annahme derselben Verbindungsweise der Kohlenstoffatome gedeutet werden.

An jede Gruppe reihen sich dann eine Anzahl wenig erforschter Substanzen an, für welche, sei es nach Zusammensetzung oder nach Eigenschaften, dieselbe oder eine ähnliche Verbindungsweise der Kohlenstoffatome wenigstens wahrscheinlich erscheint.

Einzelne dieser wenig untersuchten und vereinzelt stehenden Substanzen werden zweckmässig vor diesen drei Körpergruppen abgehandelt, weil sie mit den früher beschriebenen Körpern (Fettkörper, wasserstoffärmere Verbindungen) durch verwandschaftliche Bande verknüpft sind, oder weil sie durch Aehnlichkeit des Verhaltens sich enger an dieselben anschliessen. Zu diesen vereinzelt stehenden Substanzen, die hier zunächst abgehandelt werden sollen, gehören wesentlich die folgenden: 1) Körper, welche 4 At. H weniger enthalten, als entsprechende Verbindungen aus der Klasse der Fettkörper: Aconsäure, Sorbinsäure, Mellithsäure; 2) Substanzen, welche 6 At. H weniger enthalten etc.: Brenzschleimsäure und Furfurol, Meconsäure, Comensäure und Pyrocomensäure, Chelidonsäure etc. Für einzelne dieser Substanzen ist es schon jetzt wahrscheinlich, dass ihre eigenthümliche Zusammensetzung nicht auf dichterer Bindung der Kohlenstoffatome, sondern auf unvollständiger Sättigung beruht. Dies gilt namentlich für die Aconsäure, (§. 1509) insofern dieselbe aus der Itaconsäure (§. 1430) durch directe Entziehung von Wasserstoff dargestellt werden kann, und für die Brenzschleimsäure (§. 1510), die aus der in die Klasse der Fettkörper gehörigen Schleimsäure (§. 1367) entsteht und für deren Aether wenigstens directe Addition mit Chlor und mit Brom beobachtet worden ist.

Säuren, welche vier Atome Wasserstoff weniger enthalten als die entsprechenden Verbindungen aus der Klasse der Fettkörper.

1509. Aconsäure*): $C_5H_4O_4$. Die Aconsäure ist ein Zersetzungsproder Ita-bibrombrenzweinsäure (§. 1130); sie entsteht, wenn die Salze dieser Säure mit Wasser oder mit Basen gekocht werden:

$$\underset{\text{Ita-bibrombrenzweinsäure.}}{C_5H_4Br_2Na_2O_4} = 2NaBr + \underset{\text{Aconsäure.}}{C_5H_4O_4}$$

*) Kekulé. Ann. Chem. Pharm. 1. Suppl. 347.

Die Aconsäure wird also indirect aus Itaconsäure (§. 1430) erhalten, welche durch directe Vereinigung mit Brom die Ita-bibrombrenzweinsäure erzeugt. Sie unterscheidet sich von der Itaconsäure durch den Mindergehalt von 2 At. H.

Wird die wässrige Lösung von ita-bibrombrenzweinsaurem Natron gekocht, so wird die Flüssigkeit bald sauer; beim Eindampfen scheidet sich Bromnatrium aus und die Lösung enthält wesentlich freie Aconsäure. Wird während des Kochens noch so viel kohlensaures Natron zugefügt, dass auf 1 Mol Ita-bibrombrenzweinsäure drei Aeq Natron vorhanden sind, so scheiden sich beim Erkalten der hinlänglich concentrirten Lösung grosse Krystallplättchen von aconsaurem Natron aus, die durch Umkrystallisiren aus Wasser gereinigt werden. — Kocht man eine wässrige Lösung von ita-bibrombrenzweinsaurem Baryt, so wird die Flüssigkeit sauer; setzt man während des Kochens noch so lange kohlensauren Baryt zu, bis die Lösung nicht mehr sauer reagirt, so wird durch nachherigen Zusatz von Alhohol aconsaurer Baryt als weisse Flocken gefällt, die durch Anziehen von Feuchtigkeit leicht zerfliessen.

Die Aconsäure ist krystallisirbar; sie ist bis jetzt nicht näher untersucht. Sie ist einbasisch.

Das aconsaure Natron ist in Wasser sehr löslich; es bildet beim Erkalten der heissen Lösung glänzende Platten; bei langsamem Verdunsten erhält man grosse wohlausgebildete Krystalle, die drei Molecüle Krystallwasser enthalten: $\Theta_5H_3Na\Theta_4$, $3H_2\Theta$ und an trockener Luft langsam verwittern.

Der aconsaure Baryt: $\Theta_5H_3BaO_4$ ist sehr löslich in Wasser, unlöslich in Alkohol; aus heissem verdünntem Alkohol krystallisirt er in feinen Nadeln.

Sorbinsäure und Parasorbinsäure: $\Theta_6H_8O_2$. Merck beob- 1510.
achtete 1859, dass bei Destillation des unvollständig mit Kalk gesättigten Saftes der Vogelbeeren eine flüchtige Säure übergeht. Hofmann *) untersuchte dieses „Vogelbeeröl" genauer; er fand, dass es wesentlich aus einer flüchtigen und flüssigen Säure besteht, die durch moleculare Umwandlung in eine isomere krystallisirbare Säure übergeht. Er nannte die krystallisirbare Säure Sorbinsäure, die flüssige Parasorbinsäure.

Das „Vogelbeeröl" (rohe Parasorbinsäure) erhielt Merck in folgender Weise. Der Saft unreifer Vogelbeeren war mit einer zur vollständigen Sättigung unzureichenden Menge von Kalkmilch gekocht worden; die Lösung hatte beim Erkalten äpfelsauren Kalk abgesetzt (vgl. §. 1301). Die Mutterlauge wurde dann, anfangs für sich, später unter Zusatz von Schwefelsäure, destillirt. Das saure Destillat wurde mit kohlensaurem Natron neutralisirt, zur Trockne eingedampft und mit verdünnter Schwefelsäure zersetzt. Das sich abscheidende braune Oel wurde in Aether gelöst und nach Verdunsten des Aethers destillirt. Das Vogelbeeröl

*) Ann. Chem. Pharm. CX. 129.

ist eine farblose, allmälig gelb werdende Flüssigkeit von eigenthümlich aromatischem Geruch.

Parasorbinsäure. Man erhält sie durch Rectification des Vogelbeeröls. Sie siedet bei 221°, zersetzt sich aber beim Destilliren theilweise unter Bildung einer gelben harzartigen Substanz. Sie ist frisch dargestellt farblos und besitzt einen eigenthümlich aromatischen Geruch; spec. Gew. 1.068. Sie löst sich in Wasser in nicht unbeträchtlicher Menge, in Alkohol und Aether in jedem Verhältniss. Die Lösungen reagiren sauer.

Die Parasorbinsäure ist eine schwache Säure. Keines ihrer Salze konnte krystallisirt erhalten werden; das Ammoniaksalz gibt mit salpetersaurem Silber einen weissen gallertartigen Niederschlag: $\Theta_6H_7Ag\Theta_2$.

Wird Parasorbinsäure mit festem Kalihydrat gelinde erwärmt (100°), oder längere Zeit mit concentrirter Salzsäure gekocht, oder mit concentrirter Schwefelsäure erwärmt, so geht sie in die isomere Sorbinsäure über.

Sorbinsäure. Man erhält sie durch die eben erwähnten Umwandlungen der Parasorbinsäure. Sie ist in kaltem Wasser kaum, in siedendem Wasser mässig löslich; von Alkohol und Aether wird sie leicht gelöst. Aus einer siedenden Mischung von 1 Th. Alkohol und 2 Th. Wasser krystallisirt sie beim Erkalten in zolllangen weissen Nadeln. Sie schmilzt in siedendem Wasser; der Schmelzpunkt der trockenen Säure liegt bei 134°,5; bei höherer Temperatur verflüchtigt sie sich ohne Zersetzung.

Die Sorbinsäure ist einbasisch.

Das Kalisalz und das Natronsalz sind sehr löslich und schwer krystallisirbar; auch das Ammoniaksalz ist leicht löslich, krystallisirt aber in schönen langen Nadeln. Die concentrirte Lösung des Ammoniaksalzes gibt mit Chlorcalcium allmälig einen krystallinischen Niederschlag von sorbinsaurem Kalk: $\Theta_6H_7Ca\Theta_2$. Das Barytsalz: $\Theta_6H_7Ba\Theta_2$ ist in Wasser löslich; es scheidet sich beim Erkalten einer wässrigen mit Alkohol vermischten Lösung in wasserfreien glänzenden Schuppen aus. Die Lösung des Ammoniaksalzes wird von Mangan- und von Zink-salzen krystallinisch, von Blei-Quecksilber- und Kupfersalzen amorph gefällt. Das sorbinsaure Silber: $\Theta_6H_7Ag\Theta_2$ ist ein in Wasser unlöslicher kaum krystallinischer Niederschlag.

Ueber sonstige Derivate der Sorbinsäure liegen noch folgende Angaben vor.

Sorbinsäure-äthyläther: $\Theta_6H_7(\Theta_2H_5)\Theta_2$, erhalten durch Einleiten von Salzsäure in eine alkoholische Lösung von Sorbinsäure, aromatisch riechende, bei 195°,5 siedende Flüssigkeit.

Sorbylchlorid entsteht durch die bekannten Reactionen; es ist flüssig.

Sorbamid: $\Theta_6H_7\Theta.H_2N$ kann durch Einwirkung von Sorbylchlorid auf kohlensaures Ammoniak oder durch Erhitzen von Sorbinsäureäther mit wässrigem Ammoniak auf 120° erhalten werden. Es bildet weisse, leicht schmelzbare, in

Wasser und Alkohol lösliche Nadeln. — Anilin erzeugt ein Phenylderivat des Sorbamids, das Phenylsorbamid

Erhitzt man Sorbinsäure mit überschüssigem Baryt, so wird ein flüssiger aromatisch riechender Kohlenwasserstoff gebildet; wahrscheinlich: Θ_5H_8.

Die Sorbinsäure unterscheidet sich von der Capronsäure (§. 899) durch 4 Atome Wasserstoff, welche sie weniger enthält; sie enthält 4 Atome Wasserstoff mehr als die bis jetzt unbekannte Säure $\Theta_6H_4\Theta_2$, die mit der Benzoësäure homolog wäre:

$\Theta_6H_{12}\Theta_2$	$\Theta_6H_8\Theta_2$	$\Theta_6H_4\Theta_2$
Capronsäure.	Sorbinsäure.	Homologe der Benzoësäure.

Vergleicht man die Sorbinsäure mit Körpern, die gleich viel Wasserstoff- und Sauerstoff-atome enthalten, so stellt sie sich zwischen die Buttersäure und die Toluylsäure, und sie unterscheidet sich von jeder dieser beiden Säuren durch zwei Atome Kohlenstoff:

$\Theta_4H_8\Theta_2$	$\Theta_6H_8\Theta_2$	$\Theta_8H_8\Theta_2$
Buttersäure.	Sorbinsäure.	Toluylsäure.

Die Sorbinsäure steht also, in Bezug auf Zusammensetzung, in der Mitte zwischen den einbasischen fetten Säuren und den einbasischen aromatischen Säuren.

Mellithsäure.

Mellithsäure, Honigsteinsäure *): $\Theta_4H_2\Theta_4$. Das Thonerde- 1511.
salz der Mellithsäure bildet das als **Honigstein** bezeichnete, in den Braunkohlenlagern Thüringens und einiger anderen Localitäten vorkommende Mineral. Die Mellithsäure wurde 1799 von Klaproth entdeckt, sie wurde von Wöhler, Wöhler und Liebig und von Liebig und Pelouze zuerst analysirt und dann noch von verschiedenen Chemikern bearbeitet. Die aus der Mellithsäure entstehenden amidartigen Verbindungen: **Paramid** und **Euchronsäure**, wurden 1841 von Wöhler entdeckt und dann noch von Schwarz untersucht.

Die Beziehungen dieser beiden Substanzen zur Mellithsäure werden am besten durch folgende Formeln ausgedrückt:

Mellithsäure.	Paramid.	Euchronsäure.
$\Theta_4H_2\Theta_4$	$\Theta_4\Theta_2HN$	$\Theta_{12}\Theta_6H_4N_2$
$\left.\begin{matrix}\Theta_4\Theta_2'' \\ H_2\end{matrix}\right\}\Theta_2$	$\left.\begin{matrix}\Theta_4\Theta_2'' \\ H\end{matrix}\right\}N$	$\begin{matrix}\left.\begin{matrix}H_2 \\ (\Theta_4\Theta_2'')_3\end{matrix}\right\}N_2 \\ \left.\begin{matrix}(\Theta_4\Theta_2'')_3 \\ H_2\end{matrix}\right\}\Theta_2\end{matrix}$

*) Wöhler. Pogg. Ann. VII. 325; Liebig und Wöhler, ibid. XVIII. 161; Liebig

Das Paramid kann demnach als Imid der zweibasischen Mellithsäure betrachtet werden; man könnte es auch, mit verdoppelter Formel, als das Diamid der Mellithsäure ansehen. Die Euchronsäure erscheint als eine complicirtere Aminsäure der Mellithsäure. In der Mellithsäure selbst und in ihren Abkömmlingen wird das zweiatomige Radical: $\Theta_4\Theta_2$ angenommen.

Die Constitution dieses Radicals, d. h. die Verbindungsweise der zusammensetzenden Atome, kann von der Theorie der Atomigkeit der Elemente in folgender Weise aufgefasst werden. Zwei Kohlenstoffatome sind durch je drei Verwandtschaftseinheiten vereinigt, an dieselben sind zwei weitere Kohlenstoffatome durch je eine Verwandtschaftseinheit gebunden; jedes dieser letzteren Kohlenstoffatome bindet ausserdem ein Atom Sauerstoff. Die so entstehende Atomgruppe: Θ_4O_2 enthält noch zwei freie Verwandtschaftseinheiten, sie spielt also die Rolle eines zweiatomigen Radicals.

Zur Darstellung der Mellithsäure dient stets der Honigstein. Man kocht das fein gepulverte Mineral mit kohlensaurem Ammoniak, setzt zuletzt Ammoniak zu, filtrirt von der Thonerde ab und dampft zur Krystallisation ein. Da die Mellithsäure durch Chlor nicht angegriffen wird, so kann man aus dem durch Umkrystallisiren vereinigten neutralen Ammoniaksalz die Säure leicht abscheiden, indem man in die heisse Lösung Chlor einleitet (H. Müller) *).

Man kann auch aus dem Ammoniaksalz zunächst durch doppelte Zersetzung das Bleisalz darstellen und dieses durch Schwefelwasserstoff zerlegen; oder man kann durch Kochen mit Barythydrat oder durch doppelte Zersetzung mit Chlorbarium das Barytsalz bereiten und dieses durch Schwefelsäure zersetzen. In beiden Fällen hält die Mellithsäure leicht etwas Ammoniak zurück und es ist daher zweckmässig zuletzt noch mit Chlor zu behandeln (Müller). Sehr reine Mellithsäure erhält man nach Schwarz durch Zersetzen des Silbersalzes mit Salzsäure.

Die Mellithsäure bildet feine seideglänzende Nadeln. Sie löst sich leicht in Wasser, besonders in der Siedhitze; auch in Alkohol ist sie leicht löslich. Die Krystalle verlieren bei 200° nicht an Gewicht; sie sind schmelzbar und liefern bei höherer Temperatur ein krystallinisches Sublimat von Pyromellithsäure (§. 1513). Die Mellithsäure ist ausnehmend beständig, sie wird weder von kochender Salpetersäure, noch von Chlor oder Brom angegriffen.

Die Mellithsäure ist zweibasisch. Die Alkalisalze sind in Wasser löslich und krystallisirbar; alle übrigen Salze sind unlöslich in Wasser, können aber grossentheils krystallisirt erhalten werden.

Das neutrale mellithsaure Ammoniak: $\Theta_4(NH_4)_2\Theta_4$, $3H_2\Theta$ ist weniger löslich als das saure Salz, es bildet grosse leicht verwitternde Krystalle, de-

---

und Pelouze, Ann. Chem. Pharm. XIX. 252; Wöhler, ibid. XXXVII. 264; Schwarz, ibid. LXVI. 46; Erdmann und Marchand, ibid. LXVIII. 329; Erdmann, ibid. LXXX. 281; Karmrodt, ibid. LXXXI. 164.

*) Privatmittheilung.

ren Lösung beim Eindampfen Ammoniak verliert. Ein übersaures Salz: $\Theta_4H(NH_4)\Theta_4, \Theta_4H_2\Theta_4, 4H_2\Theta$ erhält man durch Zersetzen des mellithsauren Kupferoxyd-ammoniaks mit Schwefelwasserstoff und Eindampfen der Lösung in grossen rhombischen Säulen. Das saure Kalisalz: $\Theta_4HK\Theta_4, 2H_2\Theta$ ist in Wasser leichter löslich als das neutrale: $\Theta_4K_2O_4, 3H_2O$; beide bilden grosse Krystalle. Das mellithsaure Natron: $\Theta_4Na_2O_4, 4H_2\Theta$ bildet feine Nadeln. Das Barytsalz: $\Theta_4Ba_2\Theta_4, H_2O$, das Kalksalz und das Strontiansalz erhält man aus der Lösung des Ammoniaksalzes durch doppelte Zersetzung als amorphe, bald krystallinisch werdende Niederschläge. Mellithsaure Magnesia: $\Theta_4Mg_2\Theta_4, 6H_2\Theta$ fällt bei Zusatz von kohlensaurer Magnesia zu einer heissen wässerigen Lösung von Mellithsäure als krystallinisch erstarrendes Oel aus. Mellithsaure Thonerde findet sich als Honigstein: $\Theta_4al_2\Theta_4, 6H_2\Theta$ (oder $\Theta_{12}Al_4\Theta_{12}, 18H_2\Theta$) in honiggelben durchscheinenden Quadratoktaëdern, es wird von Alkalien, von Ammoniak und von kohlensaurem Ammoniak leicht unter Abscheidung von Thonerde zersetzt; aus salpetersaurer Lösung krystallisirt es in denselben Formen wie der natürliche Honigstein; durch doppelte Zersetzung erhält man es als krystallinischen Niederschlag. — Das neutrale Kupfersalz: $\Theta_4Cu_2\Theta_4, 4H_2O$ entsteht als amorpher, krystallinisch werdender Niederschlag, wenn siedende Lösungen von Mellithsäure und essigsaurem Kupfer vermischt werden; aus kalten Lösungen scheidet sich ein gallertartiger, ebenfalls krystallinisch werdender Niederschlag von halbsaurem mellithsaurem Kupfer: $\Theta_4Cu_2O_4, \Theta_4HCu\Theta_4, 8H_2\Theta$ aus. Setzt man zu einer Lösung von mellithsaurem Ammoniak eine Lösung von Kupfervitriol, so fällt krystallinisches mellithsaures Kupferoxyd-ammoniak: $\Theta_4Cu_2O_4, \Theta_4Cu(NH_4)\Theta_4, 8H_2\Theta$.

Das mellithsaure Silber: $\Theta_4Ag_2\Theta_4$ ist ein weisses krystallinisches Pulver.

Ueber die Aether der Mellithsäure *) liegen widersprechende Angaben vor.

Die Aethylmellithsäure entsteht nach Erdmann und Marchand, wenn Mellithsäure längere Zeit mit Schwefelsäure und Alkohol gekocht wird; sie bildet ein amorphes gummiartiges Barytsalz: $O_4(\Theta_2H_5)Ba\Theta_4$.

Den Mellithsäure äthyläther: $\Theta_4(\Theta_2H_5)_2\Theta_4$, erhielten Limpricht und Scheibler als zähe Flüssigkeit durch Einwirkung von Aethyljodid auf mellithsaures Silber. Kraut stellte durch dieselbe Reaction den Mellithsäure-methyläther, den Mellithsaure-äthyläther und den Mellithsäure-amyläther dar; er erhielt den Methyläther und den Aethyläther krystallisirt. Müller erhielt die Aether der Mellithsäure durch Einwirkung von Mellithsäure-chlorid auf die betreffenden Alkohole; der Methyläther ist krystallisirt, der Aethyläther flüssig.

Nach Limpricht und Scheibler erzeugt der Mellithsäure-äthyläther mit wässerigem Ammoniak sogleich einen krystallinischen Niederschlag von Mellamid; beim Verdunsten der Lösung krystallisirt mellaminsaures Ammoniak.

Durch Erwärmen von Mellithsäure mit Phosphorchlorid erhielt Müller, neben Salzsäure und Phosphoroxychlorid das Mellithsäurechlorid, als feste, nicht

*) Erdmann u. Marchand. Ann. Chem. Pharm. LXVIII. Limpricht u. Scheibler, Limpricht's Lehrbuch der org. Chemie 1095; Kraut, Jahresb. 1863. 281; H. Müller, Privatmittheilung.

krystallinische und nicht flüchtige Substanz. Mit Wasser erzeugt es Mellithsäure, mit Alkoholen Mellithsäureäther. Erwärmt man das Chlorid mit Mellithsäure, so bleibt bei nachherigem Behandeln mit Wasser ein weisser in Wasser unlöslicher, in Alkalien allmälig löslicher Körper, der Mellithsäure-anhydrid zu sein scheint.

1512. Paramid: $\Theta_4\Theta_2HN$ und Euchronsäure *): $\Theta_{12}\Theta_8H_4N_2$. Beide Substanzen entstehen bei der Zersetzung des mellithsauren Ammoniaks durch Hitze.

Man erhitzt mellithsaures Ammoniak längere Zeit auf 150° - 160°, bis kein Ammoniak mehr entweicht, und zieht den Rückstand mit Wasser aus. Das Paramid bleibt als weisses Pulver, die Lösung enthält euchronsaures Ammoniak.

Das Paramid ist ein weisses, amorphes Pulver; es ist unlöslich in Wasser und Alkohol, von Schwefelsäure wird es gelöst, von Wasser wieder gefällt. Wird es mit Wasser auf 200° erhitzt, oder wird es mit Wasser, mit Alkalien oder mit Ammoniak längere Zeit gekocht, so entsteht Mellithsäure:

$$\underset{\text{Paramid.}}{\Theta_4\Theta_2HN} + 2H_2\Theta = \underset{\text{Saures mellithsaures Ammoniak.}}{\Theta_4H(NH_4)\Theta_4}$$

Bei kürzerer Einwirkung von Alkalien entsteht Euchronsäure:

$$\underset{\text{Paramid.}}{3\Theta_4\Theta_2HN} + 2H_2\Theta = \underset{\text{Euchronsäure.}}{\Theta_{12}\Theta_8H_4N_2} + NH_3$$

Giesst man eine ammoniakalische Lösung von Paramid sogleich in Salzsäure, so entsteht ein weisser krystallinischer Niederschlag, nach Schwarz, Paramidsäure: $\Theta_{12}\Theta_7H_5N_3$. Versetzt man die ammoniakalische Lösung des Paramids mit salpetersaurem Silberoxyd, so entsteht ein gelatinöser Niederschlag, dessen Zusammensetzung bei 150° am besten mit der Formel: $\Theta_8\Theta_4Ag(NH_3Ag)N_2$ übereinstimmt; bei 200° verliert die Verbindung Ammoniak, ihr Silbergehalt entspricht dann annähernd der Formel: $\Theta_8\Theta_4Ag_2N_2$ oder $\Theta_4\Theta_2AgN$.

Euchronsäure. Die Darstellung des euchronsauren Ammoniaks wurde eben erwähnt, es bildet weisse, kaum krystallinische Rinden. Wird die wässrige Lösung dieses Ammoniaksalzes durch Salzsäure zersetzt, so scheidet sich Euchronsäure als weisses Krystallpulver aus. Die Euchronsäure ist in kaltem Wasser sehr wenig löslich; die krystallisirte Säure scheint 2 Mol. Krystallwasser zu enthalten, die sie bei etwa 200° vollständig verliert. Wird sie mit Wasser auf 200° erhitzt, so geht sie in mellithsaures Ammoniak über:

*) Wöhler. Ann. Chem. Pharm. XXXVII. 264; Schwarz, ibid. LXVI. 46.

$$\Theta_{12}\Theta_8H_4N_2 + 4H_2\Theta = \Theta_4H_2\Theta_4 + 2\Theta_4H(NH_4)\Theta_4$$

Euchronsäure. Mellithsäure. Saures mellithsaures Ammoniak.

Bringt man eine wässrige Lösung von Euchronsäure mit Zink in Berührung, oder setzt man sie der Wirkung des galvanischen Stroms aus, so entsteht ein tiefblau gefärbter, bis jetzt nicht näher untersuchter Körper, den Wöhler Euchron nennt.

Pyromellithsäure *). Wenn Mellithsäure bei möglichst niedri- 1513.
ger Temperatur destillirt wird, so sublimiren weisse Krystalle, oder es destillirt ein krystallinisch erstarrendes Oel; gleichzeitig entsteht Kohlensäure, etwas Kohlenoxyd und es bleibt Kohle. Reine Pyromellithsäure wird am besten aus dem durch Umkrystallisiren gereinigten Natronsalz dargestellt. Sie bildet farblose Prismen, die in kaltem Wasser schwer, in heissem Wasser und in Alkohol leicht löslich sind. Die krystallisirte Säure enthält Krystallwasser, welches sie bei 100° verliert; sie ist schmelzbar und sublimirt unter geringer Zersetzung.

Die Pyromellithsäure bildet mit den Alkalien in Wasser lösliche und krystallisirbare Salze. Das Kalksalz, das Barytsalz, das Bleisalz und das Silbersalz sind weisse krystallinische Niederschläge.

Die Analysen der Pyromellithsäure und einiger ihrer Salze führen für die krystallisirte Säure zu der Formel: $\Theta_8H_2\Theta_4 . H_2\Theta$; die trockne Säure ist: $\Theta_8H_2\Theta_4$; die Salze: $\Theta_8Ag_2\Theta_4$, etc. Die Bildung der Pyromellithsäure ist dann schwer verständlich, man hätte etwa:

$$2\Theta_4H_2\Theta_4 = \Theta_8H_2\Theta_4 + 3\Theta\Theta + H_2\Theta$$

Mellithsäure. Pyromellithsäure.

Gerhardt hat die mit den Analysen ebenfalls übereinstimmende Formel $\Theta_{10}H_6\Theta_8 , H_2\Theta$ vorgeschlagen: die Pyromellithsäure wäre dann vierbasisch, ihre Bildung aus Mellithsäure würde ausgedrückt durch:

$$3\Theta_4H_2\Theta_4 = \Theta_{10}H_6\Theta_8 + 2\Theta\Theta_2$$

Mellithsäure. Pyromellithsäure.

Substanzen welche 6 Atome Wasserstoff weniger enthalten wie die entsprechenden Verbindungen aus der Klasse der Fettkörper.

Brenzschleimsäure und Furfurol.

Die Brenzschleimsäure wurde schon von Scheele 1780 bemerkt, 1514.
aber damals für Bernsteinsäure gehalten; sie wurde von Houton-Labillar-

*) Erdmann. Ann. Chem. Pharm. LXXX. 281.

dière als eigenthümliche Säure erkannt und später noch von Malaguti, Liès-Bodart und Schwanert untersucht.

Das Furfurol wurde 1831 von Döbereiner entdeckt und dann wesentlich von Stenhouse, Fownes und Cahours bearbeitet. Gerhardt betrachtete es zuerst, seiner Zusammensetzung wegen und wegen einzelner Eigenschaften, als Aldehyd der Brenzschleimsäure; Schulze und Schwanert zeigten vor Kurzem, dass es wirklich durch Oxydation leicht in Brenzschleimsäure übergeht. Aus dem durch Destillation des schleimsauren Ammoniaks von Malaguti dargestellten Bipyromucamid (Carbopyrrolamid) erhielt Schwanert dann noch die Carbopyrrolsäure und das Pyrrol, welches letztere schon vorher von Anderson unter den Producten der trocknen Destillation thierischer Materien aufgefunden worden war.

Die Beziehungen dieser Substanzen zu einander können in mannigfacher Weise durch Formeln ausgedrückt werden. Wenn man zunächst nur die Brenzschleimsäure und das Furfurol berücksichtigt, so kann man sich der Formeln bedienen:

1) $\left.\begin{matrix}\Theta_5\dot{H}_3\Theta_2\\ H\end{matrix}\right\}\Theta$ — Brenzschleimsäure. $\left.\begin{matrix}\Theta_5\dot{H}_3\Theta_2\\ H\end{matrix}\right\}$ — Furfurol.

Will man gleichzeitig die Beziehungen dieser Körper zum Carbopyrrolamid und zur Carbopyrrolsäure ausdrücken, so kommt man zu folgenden Formeln:

2) $\left.\begin{matrix}\Theta_5\overset{\prime\prime\prime}{H}_2\Theta\\ H\end{matrix}\right\}\Theta_2$ — Brenzschleimsäure. $\left.\begin{matrix}\Theta_5\overset{\prime\prime\prime}{H}_3O\\ H\end{matrix}\right\}\Theta$ — Furfurol. $\left.\begin{matrix}H\\ \Theta_5\overset{\prime\prime}{H}_3\Theta\\ H_2\end{matrix}\right\}N_2$ — Carbopyrrolamid. $\begin{matrix}\left.H\right\}N\\ \Theta_5\overset{\prime\prime}{H}_3\Theta\\ \left.H\right\}\Theta\end{matrix}$ — Carbopyrrolsäure.

oder auch zu den folgenden:

3) $\left.\begin{matrix}\Theta_5\overset{\prime\prime}{H}_2\Theta\\ H_2\end{matrix}\right\}\Theta_2$ $\left.\begin{matrix}\Theta_5\overset{\prime\prime\prime}{H}_2\Theta\\ H_2\end{matrix}\right\}\Theta$ $\left.\begin{matrix}H_2\\ \Theta_5\overset{\prime\prime\prime}{H}_2\Theta\\ H_2\end{matrix}\right\}N_2$ $\begin{matrix}\left.H_2\right\}N\\ \Theta_5\overset{\prime\prime\prime}{H}_2O\\ \left.H\right\}O\end{matrix}$

Will man ausserdem noch das Pyrrol in den Kreis der Betrachtung ziehen, so muss man ein Kohlenstoffatom von den in den Formeln 2) und 3) als Radical angenommenen Gruppen trennen und man muss schliesslich bis auf die Elemente selbst zurückgehen, welche die in Rede stehenden Verbindungen zusammensetzen, und sich von der Art wie sich diese Elemente gegenseitig binden Rechenschaft geben. Es scheint geeignet diesen Gegenstand gerade bei der Brenzschleimsäure, für welche bei dem jetzigen Stand unserer Kenntnisse eine bestimmte Entscheidung nicht möglich ist, etwas ausführlicher zu besprechen, wesentlich um den Weg anzudeuten, nach welchem derartige Fragen zu behandeln sind.

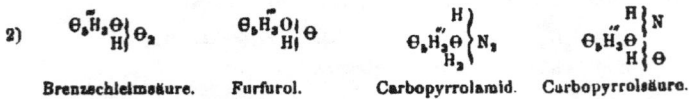

Die Formeln 2) können, bei weiterem Auflösen des Radicals, in folgender Weise geschrieben werden:

2a)	$\begin{array}{l}\left.\Theta_4H_3\right\}\Theta\\ \left.\begin{matrix}\Theta\Theta\\ H\end{matrix}\right\}\Theta\end{array}$	$\begin{array}{l}\left.\Theta_4H_3\right\}\\ \left.\begin{matrix}\Theta\Theta\\ H\end{matrix}\right\}\Theta\end{array}$	$\begin{array}{l}\left.\begin{matrix}H\\ \Theta_4H_3\end{matrix}\right\}N\\ \left.\begin{matrix}\Theta\Theta\\ H_2\end{matrix}\right\}N\end{array}$	$\begin{array}{l}\left.\begin{matrix}H\\ \Theta_4H_3\end{matrix}\right\}N\\ \left.\begin{matrix}\Theta\Theta\\ H\end{matrix}\right\}\Theta\end{array}$	$\left.\begin{matrix}\Theta_4H_3\\ H\\ H\end{matrix}\right\}N$
	Brenzschleim-säure.	Furfurol.	Carbopyrrol-amid.	Carbopyrrol-säure.	Pyrrol.

Die Formeln 3) werden zu:

3a) $\left.\begin{matrix}\Theta_4H_2.\Theta\Theta\\ H_2\end{matrix}\right\}\Theta_2$ $\quad \left.\begin{matrix}\Theta_4H_2.\Theta\Theta\\ H_2\end{matrix}\right\}\Theta$ $\quad \Theta_4H_2.\Theta\Theta\begin{matrix}\left.H_2\right\}N\\ \left.H_2\right\}N\end{matrix}$ $\quad \Theta_4H_2.\Theta\Theta\begin{matrix}\left.H_2\right\}N\\ \left.H\right\}\Theta\end{matrix}$ $\quad \left.\begin{matrix}\Theta_4H_3\\ H\\ H\end{matrix}\right\}N$

oder

$H\Theta.\Theta_4H_2.\Theta\Theta.\Theta H$ $\quad H\Theta.\Theta_4H_2.\Theta\Theta.H$ $\quad H_2N.\Theta_4H_2.\Theta\Theta.NH_2$ $\quad H_2N.\Theta_4H_2.\Theta\Theta.H\Theta_2$
$\Theta_4H_3.NH_2.$

Diese verschiedenen Formeln bezeichnen nun Folgendes:

Die Formeln 1) zeigen nur, dass das Furfurol zur Brenzschleimsäure in ähnlicher Beziehung steht; wie der Aldehyd zur Essigsäure.

Die Formeln 2) betrachten die Brenzschleimsäure als ein der Metaphosphorsäure analoges Anhydrid einer unbekannten dreiatomigen Säure: $\left.\begin{matrix}\Theta_5H_3\Theta\\ H_3\end{matrix}\right\}\Theta_3$, die mit Itaconsäure, Citraconsäure und Mesaconsäure isomer wäre. Die Brenzschleimsäure ist in der That isomer mit Citraconsäureanhydrid (§. 1432).

Nach den Formeln 3) erscheint die Brenzschleimsäure als eine einbasisch-zweiatomige Säure, ähnlich der Glycolsäure und namentlich der Brenztraubensäure (§§. 1372. 1419). Das Furfurol ist das entsprechende Halb-aldehyd; es steht zur Brenzschleimsäure in derselben Beziehung wie die schweflige Säure (als Hydrat) zur Schwefelsäure, wie die Glyoxalsäure zur Oxalsäure und wie die salicylige Säure zur Salicylsäure (vgl. §. 1115). Das Carbopyrrolamid ist das Diamid, die Carbopyrrolsäure eine Aminsäure der Brenzschleimsäure. Dass die Carbopyrrolsäure verschieden ist von dem gleich zusammengesetzten Amid der Brenzschleimsäure erklärt sich aus den Betrachtungen, die gelegentlich der amidartigen Verbindungen der Glycolsäure und der Milchsäure mitgetheilt wurden (vgl. §§ 1066. 1092). Die Carbopyrrolsäure entspricht dem Glycocoll und dem Alanin; das Brenzschleimsäureamid dagegen dem Glycolamid und dem Lactamid (§. 1093); und die Beobachtung von Schwanert, dass weder aus Brenzschleimsäure noch ihrem Amid Carbopyrrolsäure oder Carbopyrrolamid erhalten werden können, ist darnach leicht erklärlich.

$$\begin{matrix} \left.\begin{matrix} H_2 \\ \Theta_5\ddot{H}_2\Theta \\ H \end{matrix}\right\}\begin{matrix} N \\ \\ \Theta \end{matrix} & \qquad & \left.\begin{matrix} H \\ \Theta_5\ddot{H}_2\Theta \\ H_2 \end{matrix}\right\}\begin{matrix} \Theta \\ \\ N \end{matrix} \end{matrix}$$

Carbopyrrolsäure. Brenzschleimsäure-amid.

Von den weiter auflösenden Formeln geben die zuerst mitgetheilten (2a) eine scheinbar einfache Beziehung des Pyrrols zu den übrigen Substanzen, aber sie betrachten die Brenzschleimsäure als eine Aethersäure der Kohlensäure, das Carbopyrrolamid als einen Abkömmling des Carbamids und die Carbopyrrolsäure als ein Derivat der Carbaminsäure; eine Auffassung, die zwar für die letztere Substanz, ihres leichten Zerfallens wegen, eine gewisse Wahrscheinlichkeit hat, für die Brenzschleimsäure selbst aber kaum zulässig ist.

Nach den Formeln 3a ist die Brenzschleimsäure völlig der Glycolsäure oder der Milchsäure analog, und diese Analogie wiederholt sich für alle Abkömmlinge. Die Bildung des Pyrrols durch Zersetzung der Carbopyrrolsäure entspricht vollständig der Erzeugung von Aethylamin aus Alanin (§§ 1098, 1100). Diese letzteren Formeln sind ausserdem ein geschriebener Ausdruck für die einfachste Vorstellung, die man sich nach der Theorie der Atomigkeit der Elemente über die Verbindungsweise der die betreffenden Substanzen zusammensetzenden Atome, machen kann.

1515. Versucht man nämlich, nach den Grundideen der Theorie der Atomigkeit der Elemente, sich davon Rechenschaft zu geben, wie durch gegenseitige Bindung vieratomiger Kohlenstoffatome das einatomige Radical: Θ_4H_3 und das zweiatomige Radical $\Theta_5H_2\Theta$ entstehen können, so kommt man etwa zu folgender Ansicht. Wenn vier Kohlenstoffatome sich so vereinigen, dass je zwei Verwandtschaftseinheiten des einen Atoms sich gegen zwei eines andren Atoms binden, so entsteht eine Atomgruppe, in welcher noch vier Verwandtschaftseinheiten nicht gesättigt sind. Werden drei derselben durch Wasserstoff gebunden, so hat man das einatomige Radical: Θ_4H_3. Sind nur zwei Wasserstoffatome vorhanden, so ist das Radical (Θ_4H_2) zweiatomig. Tritt nun mit diesen vier Kohlenstoffatomen ein fünftes in der Weise in Verbindung, dass sich nur je eine Verwandtschaftseinheit der beiden Atome sättigt, und ist das neu hinzutretende Kohlenstoffatom gleichzeitig mit Sauerstoff in Verbindung, so entsteht das zweiatomige Radical: $\Theta_5H_2\Theta$.

Diese Vorstellung tritt deutlicher hervor in den folgenden graphischen Formeln:

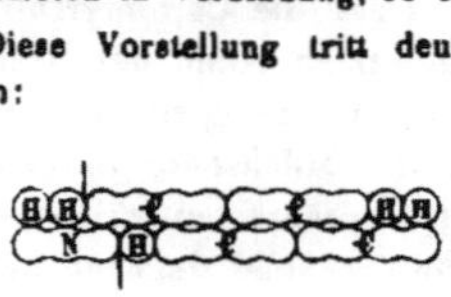

Pyrrol.

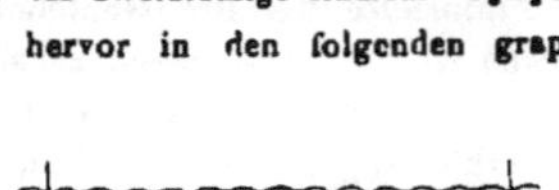

Brenzschleimsäure.

bei deren Gebrauch wohl kaum an die früher mehrfach gemachte Bemerkung erinnert werden muss, daran nämlich, dass diese graphische Darstellung in keiner

Weise die räumliche Lagerung der Atome, sondern nur die Verbindungsweise der Atome unter einander ausdrücken soll (vgl. §§. 271, 801 etc.).

Nach dem was §. 1506 über die Constitution kohlenstoffreicherer Verbindungen im Allgemeinen gesagt wurde, ist es klar, dass man in der Brenzschleimsäure und ihren Abkömmlingen die Kohlenstoffatome sich auch in weniger directer Aneinanderlagerung denken kann. Man muss dann aber die weitere Annahme machen, es sei eine gewisse Anzahl von Verwandtschaftseinheiten der Kohlenstoffatome nicht gesättigt. Diese Auffassung hat desshalb eine gewisse Wahrscheinlichkeit, weil der Brenzschleimsäureäthyläther, nach Versuchen von Malaguti, die merkwürdige Eigenschaft besitzt sich geradezu und additionell mit 4 Atomen Chlor zu vereinigen. Man könnte demnach in der Brenzschleimsäure vier nicht gesättigte Verwandtschaftseinheiten annehmen und man käme etwa zu folgender Vorstellung über die Verbindungsweise der Kohlenstoffatome:

Furfurol *): $\Theta_5H_4\Theta_2$. Das Furfurol entsteht, wenn Kleie, Mehl, 1516.
Gummi oder Holzfaser mit mässig verdünnter Schwefelsäure oder mit Chlorzink destillirt werden; es bildet sich ferner (nach Völkel) bei der trocknen Destillation des Zuckers und des Holzes.

Die Kleie und namentlich die Weizenkleie ist das beste Material zur Darstellung des Furfurols. Aus welchem Bestandtheil der Kleie das Furfurol entsteht, ist bis jetzt nicht ermittelt; reine Holzfaser und reines Stärkmehl liefern kein Furfurol.

Zur Darstellung des Furfurols destillirt man in einer kupfernen Blase 1 Th. Weizenkleie mit 1 Th. Schwefelsäure und 3 Th. Wasser, bis etwa 3 Th. überdestillirt sind und viel schweflige Säure entweicht. Oder man destillirt 3 Th. Kleie mit 1 Th. Chlorzink und soviel Wasser, dass die Masse davon gerade benetzt wird. Die erste Methode liefert, nach Schwanert, aus 100 Th. Kleie 3—3,6 Th. Furfurol; nach der zweiten erhielt Babo aus 100 Th. Kleie 1—2 Th. Furfurol. — Man neutralisirt die übergegangene Flüssigkeit mit kohlensaurem Natron oder Kreide, versetzt mit Kochsalz (oder Chlorcalcium) und destillirt von Neuem. Man trennt das als schweres Oel sich ausscheidende Furfurol von der wässrigen Flüssigkeit und destillirt diese letztere nochmals mit Kochsalz etc. Aus der wässrigen Flüssigkeit kann man auch durch Zusatz von Ammoniak Furfuramid darstellen und dieses durch Destillation mit wässriger nicht überschüssiger Salzsäure zersetzen. Man kann auch nach Zusatz des Kochsalzes das sich ölförmig abscheidende Furfurol direct wegnehmen und der Flüssigkeit direct Ammoniak zufügen. — Das Furfurol wird schliesslich mit Chlorcalcium entwässert und rectificirt.

Das Furfurol ist ein farbloses Oel von eigenthümlich gewürzhaftem

*) Vgl. Döbereiner. Ann. Chem. Pharm. III. 141; Stenhouse. ibid. XXXV. 301; LXXIV. 278. Fownes. ibid. LIV. 52; Cahours. ibid. LXIX. 82. Babo. ibid. LXXXV. 100. Schwanert. ibid. CXVI. 257.

Geruch. Es siedet bei 162°; sp. Gew. 1,164. Es ist leicht löslich in Alkohol und löst sich bei 13° in 11 Th Wasser. Es färbt sich beim Aufbewahren gelb und verwandelt sich allmälig in eine schwarze theerartige Masse.

Diese leichte Zersetzbarkeit des Furfurols wird, wie es scheint, nur durch Verunreinigungen veranlasst. Reines, d. h. wiederholt mit Wasser destillirtes und mehrfach rectificirtes Furfurol ist nach Schwanert haltbar. Das rohe Furfurol enthält, neben Aceton, auch noch eine weit schwerer flüchtige, als Metafurfurol bezeichnete Substanz, die durch Säuren tief roth gefärbt wird und mit Ammoniak keine feste Verbindung liefert.

Das Furfurol ist durch sein ganzes Verhalten als Aldehyd charakterisirt. Es liefert bei gemässigter Oxydation, namentlich bei Einwirkung von Silberoxyd Brenzschleimsäure. Es verbindet sich, wie die meisten Aldehyde, direct mit sauren schwefligsauren Alkalien. Es liefert bei Einwirkung von Ammoniak, ähnlich wie Bittermandelöl oder wie salicylige Säure, eine amidartige Verbindung, das Furfuramid; welches, gerade so wie das aus Bittermandelöl erhaltene Hydrobenzamid, durch Alkalien in ein isomeres Alkaloid, das Furfurin umgewandelt wird. Auch gegen Schwefelammonium verhält sich das Furfurol ähnlich wie salicylige Säure, es liefert: Thiofurfurol.

Von Salpetersäure wird das Furfurol leicht oxydirt, unter Bildung von Oxalsäure; bei Einwirkung oxydirender Gemische liefert es braune harzartige Substanzen. Auch durch Erhitzen mit Kalihydrat liefert es ein braunes Harz.

1517. Verbindungen und Derivate des Furfurols.

Furfurol-schwefligsaures Natron: $C_5H_4O_2.HNaSO_3$ *). Man erhält diese Verbindung als in Wasser leicht, in Alkohol schwer lösliche Krystalle, indem man Furfurol in einer concentrirten Lösung von saurem schwefligsaurem Natron auflöst und die Lösung zur Krystallisation eindampft, oder, nach hinlänglichem Eindampfen, mit Alkohol überschichtet. (Schwanert).

Thiofurfurol: C_5H_4OS. Diese Verbindung, die als Furfurol betrachtet werden kann, in welchem die Hälfte des Sauerstoffs durch Schwefel ersetzt ist, scheidet sich als gelbes Krystallpulver aus, wenn man durch eine verdünnte Lösung von Furfuramid in Alkohol langsam Schwefelwasserstoff leitet. Das Thiofurfurol schmilzt beim Erhitzen und liefert bei stärkerer Hitze ein weisses Sublimat, nach Cahours $C_8H_8O_2$, welches aus Alkohol umkrystallisirt werden kann.

Furfuramid: $C_{15}H_{12}O_3N_2$. Wenn Furfurol, oder eine wässrige

*) Schwanert gibt die unwahrscheinliche und mit den Analysen weniger übereinstimmende Formel: $C_5H_3NaSO_5$.

Lösung von Furfurol einige Tage mit Ammoniak zusammengestellt wird, so scheidet sich Furfuramid in weissen, oder gelblichen Krystallen aus. Es ist unlöslich in kaltem Wasser, löst sich leicht in Alkohol und in Aether und kann aus siedendem Alkohol umkrystallisirt werden. Durch siedendes Wasser wird es langsam, durch Kochen mit Säuren rasch in Furfurol und Ammoniak zersetzt. Bei Einwirkung von Schwefelwasserstoff in alkoholischer Lösung liefert es Thiofurfurol Beim Erhitzen auf 120° oder beim Kochen mit verdünnter Kalilauge verwandelt es sich in das isomere Furfurin.

Die Bildung des Furfuramids erklärt sich aus der Gleichung:

$$3\Theta_5H_4\Theta_2 + 2NH_3 = \Theta_{15}H_{12}\Theta_3N_2 + 3H_2\Theta$$

Furfurol. Furfuramid.

Man gibt dem Furfuramid gewöhnlich die rationelle Formel:

$$\left.\begin{matrix}\Theta_5\overset{''}{H}_4\Theta \\ \Theta_5\overset{''}{H}_4\Theta \\ \Theta_5\overset{''}{H}_4\Theta\end{matrix}\right\} N_2$$

Man betrachtet es also als tertiäres Diamid und nimmt an, dass bei seiner Bildung sich das Furfurol wie das Oxyd eines zweiatomigen Radicals verhalte ($\Theta_5\overset{''}{H}_4\Theta . \Theta$). Andre rationelle Formeln ergeben sich leicht aus den §. 1514 mitgetheilten Betrachtungen.

Furfurin: $\Theta_{15}H_{12}\Theta_3N_2$. Die Bildung dieser mit dem Furfuramid isomeren Base wurde eben schon erwähnt. Man erhitzt Furfuramid $^1/_2$ Stunde lang auf 120° (Bertagnini) *) oder man trägt trocknes Furfuramid in verdünnte siedende Kalilauge ein und kocht noch 15 Minuten. 1518.

Beide Methoden geben ein beim Erkalten erstarrendes Oel. Aus dem so erhaltenen Furfurin stellt man zweckmässig das krystallisirbare oxalsaure Salz dar und zersetzt dieses in heisser wässriger Lösung durch Ammoniak. Beim Erkalten krystallisirt dann reines Furfurin.

Das Furfurin bildet weisse seidenglänzende Nadeln. Es löst sich leicht in Alkohol und in Aether; in kaltem Wasser ist es nicht, in siedendem Wasser nur wenig löslich (in 137 Th.). Es schmilzt schon unter 100°.

Das Furfurin ist eine starke Base; seine Lösung reagirt alkalisch; seine Salze sind meist krystallisirbar.

Das leicht lösliche salzsaure Furfurin: $\Theta_{15}H_{12}\Theta_3N_2, HCl, H_2\Theta$ erzeugt in Platinchlorid einen hellgelben Niederschlag: $\Theta_{15}H_{12}\Theta_3N_2, HCl, PtCl_2$, der aus Alkohol umkrystallisirt werden kann. Das neutrale oxalsaure Furfurin

*) Ann. Chem. Pharm. LXXXVIII. 128.

ist in Wasser leicht löslich; das saure oxalsaure Salz: $C_{15}H_{12}\Theta_3N_2, C_2H_2\Theta_4$ bildet in kaltem Wasser schwer lösliche Tafeln (Fownes).

Fucusol: $C_5H_4\Theta_2$. Nach Stenhouse *) liefern verschiedene Seealgen (Fucus nodosus, F. vesiculosus, F. serratus) bei Destillation mit Schwefelsäure ein dem Furfurol sehr ähnliches, aber doch in manchen Eigenschaften abweichendes Oel. Es verhält sich nahezu wie Fufurol und liefert: Thiofucusol, Fucusamid und Fucusin. Alle diese Verbindungen sind den aus Furfurol erhaltenen sehr ähnlich, zeigen aber in Löslichkeit und bisweilen in Krystallform geringe Verschiedenheiten. Auch aus Moos (Sphagnum) und aus Flechten (Cetraria islandica) scheint Fucusol erhalten zu werden.

1519. Brenzschleimsäure, Pyroschleimsäure **): $C_5H_4\Theta_3$ (vgl. §. 1514).

Die Brenzschleimsäure entsteht bei der trocknen Destillation der Schleimsäure (§. 1367) und bei Oxydation des Furfurols mittelst Silberoxyd.

Darstellung. 1) Man unterwirft Schleimsäure der trocknen Destillation, versetzt das Destillat mit Wasser, filtrirt, dampft zur Krystallisation ein und reinigt durch Umkrystallisiren, durch Destilliren oder durch Sublimiren ***). 2) Man kocht Furfurol mit Wasser und frisch gefälltem Silberoxyd, fällt aus dem Filtrat das Silber durch Salzsäure, dampft zur Krystallisation ein und reinigt die meist schmutzig grün gefärbte Säure durch Umkrystallisiren aus verdünntem Alkohol.

Die Brenzschleimsäure bildet weisse Nadeln oder Blätter, die bei 134° schmelzen und leicht (schon bei etwa 100°) sublimiren. Sie löst sich in 28 Th. kalten, in 4 Th. siedenden Wassers; in Alkohol ist sie leicht löslich.

Sie wird von Salpetersäure nicht angegriffen, bei Einwirkung von Phosphorsuperchlorid liefert sie ein entsprechendes Chlorid; mit Schwefelsäureanhydrid erzeugt sie Sulfobrenzschleimsäure (§. 1520). Durch Einwirkung von Brom auf die wässrige Lösung des Kalisalzes entsteht eine ölförmige bis jetzt nicht näher untersuchte Verbindung. Die wässrige Lösung der Säure wird von Eisenchlorid grün gefärbt.

Die Brenzschleimsäure ist einbasisch; sie löst Eisen und Zink unter Entwicklung von Wasserstoff.

Die Alkalisalze sind in Wasser leicht löslich und schwer krystallisirbar. Das Barytsalz: $C_5H_3Ba\Theta_3$ bildet kleine Krystalle, die sich in Wasser und in Alkohol lösen (Schwanert). Das brenzschleimsaure Silber: $C_5H_3Ag\Theta_3$ bil-

---

*) Ann. Chem. Pharm. LXXIV. 284.

**) Vgl. bes. Houton - Labillardière. Ann. Chim. Phys. IX. 365; Pelouze. Ann. Chem. Pharm. IX. 273. — Boussingault. ibid. XV. 184. — Schwanert. ibid. CXIV. 63; CXVI. 257. Liès-Bodart, ibid. C. 327.

***) Arppe. Ann. Chem. Pharm. LXXXVII. 238.

det weisse Krystallschuppen, beim Eindampfen der wässrigen Lösung wird es theilweise zersetzt.

Derivate der Brenzschleimsäure.

Brenzschleimsäureäthyläther: $Θ_5H_3(Θ_2H_5)Θ_3$. Malaguti *) 1520.
erhielt diesen Aether indem er Brenzschleimsäure mit Alkohol und Salzsäure destillirte. Er bildet eine blättrig-krystallinische Masse, die bei 34° schmilzt; er siedet bei 208°—210°. Von Alkohol und Aether wird er leicht gelöst, in Wasser ist er nicht löslich. Mit Ammoniak erzeugt er Brenzschleimsäureamid (Schwanert); mit Chlor verbindet er sich direct und bildet den §. 1515 schon erwähnten chlorhaltigen Aether: $Θ_5H_3Cl_4(Θ_2H_5)Θ_3$ (§. 1523) (Malaguti).

Brenzschleimsäure-chlorür, Chlorpyromucyl: $Θ_5H_3Θ_2Cl$, wurde von Liès-Bodart durch Destillation von Brenzschleimsäure mit Phosphorchlorid erhalten. Es siedet bei 170°. Mit Wasser regenerirt es Brenzschleimsäure, mit Ammoniak liefert es leicht Brenzschleimsäureamid.

Sulfo-brenzschleimsäure. Lässt man Schwefelsäureanhydrid längere Zeit auf trockne Brenzschleimsäure einwirken, so entsteht ein braungelber Syrup, aus welchem ein in Wasser lösliches, schwer krystallisirbares Barytsalz dargestellt werden kann: $Θ_5H_2Ba_2SΘ_6$. Die Zusammensetzung dieses Barytsalzes zeigt, dass die Sulfobrenzschleimsäure zweibasisch ist (Schwanert).

Brenzschleimsäure-amid, Pyromucamid: $Θ_5H_5NΘ_2$ (vgl. §. 1514). Das Amid der Brenzschleimsäure entsteht bei Einwirkung von Brenzschleimsäurechlorid auf Ammoniak (Liès-Bodart), oder wenn man Brenzschleimsäureäther einige Zeit mit concentrirtem wässrigem Ammoniak auf 120° erhitzt (Schwanert). Es ist krystallisirbar, schmilzt bei etwa 130° und sublimirt leicht und ohne Zersetzung zu erleiden. Es ist löslich in Wasser und in Alkohol.

Carbopyrrolamid und Carbopyrrolsäure. Es wurde oben 1521.
schon erwähnt (§. 1514), dass das eben beschriebene, aus der Brenzschleimsäure darstellbare Amid isomer ist mit der Carbopyrrolsäure, einem Zersetzungsproduct des Carbopyrrolamids.

Carbopyrrolamid, Bipyromucamid: $Θ_5H_6ΘN_2$. Das Carbopyrrolamid wurde zuerst von Malaguti **) durch Destillation von schleimsaurem Ammoniak oder von Schleimsäureamid erhalten (vgl. §. 1367); es wurde vor Kurzem von Schwanert ***) ausführlicher untersucht.

*) Ann. Chem. Pharm. XXV. 276. Schwanert. ibid. CXVI. 267.
**) ibid. C. 327.
***) ibid. CXVI. 270.

Zur Darstellung des Carbopyrrolamids unterwirft man schleimsaures Ammoniak der trocknen Destillation, entfernt das auf dem wässerigen Destillat als Oelschicht schwimmende Pyrrol (§. 1522) und dampft die Flüssigkeit, die neben Carbopyrrolamid noch kohlensaures Ammoniak enthält, im Wasserbad ein. Der Rückstand erstarrt beim Erkalten krystallinisch. Man reinigt durch wiederholtes Umkrystallisiren aus Alkohol, unter Zusatz von Thierkohle

Das Carbopyrrolamid bildet weisse glänzende Krystallblättchen, die in Alkohol und Aether leicht. in Wasser weniger löslich sind. Es schmilzt bei 173° zu einer bei 133° krystallinisch erstarrenden Flüssigkeit. Wird es in wässriger Lösung mit überschüssigem Barythydrat gekocht, so zerfällt es in Ammoniak und Carbopyrrolsäure:

$$\underset{\text{Carbopyrrolamid.}}{\Theta_5H_6\Theta N_2} + H_2\Theta = \underset{\text{Carbopyrrolsäure.}}{\Theta_5H_5O_2N} + NH_3$$

Carbopyrrolsäure: $\Theta_5H_5\Theta_2N$. Die Bildung des Barytsalzes dieser Säure wurde eben erwähnt.

Man kocht Carbopyrrolamid mit überschüssigem Barythydrat so lange noch Ammoniak entweicht, entfernt den überschüssigen Baryt durch Kohlensäure und dampft ein; beim Erkalten scheiden sich grosse Krystallblättchen von carbopyrrolsaurem Baryt aus. — Setzt man zur concentrirten wässrigen Lösung dieses Salzes starke Salzsäure, so scheidet sich ein weisser flockiger Niederschlag von Carbopyrrolsäure aus. Sie wird möglichst rasch abfiltrirt und aus wässrigem Alkohol umkrystallisirt.

Die Carbopyrrollsäure bildet kleine weisse Säulen. Sie sublimirt bei etwa 190° und zersetzt sich bei wenig höherer Temperatur in Kohlensäure und Pyrrol:

$$\underset{\text{Carbopyrrolsäure.}}{\Theta_5H_5\Theta_2N} = \Theta O_2 + \underset{\text{Pyrrol.}}{\Theta_4H_5N}$$

Von Säuren wird sie rasch zersetzt; statt des Pyrrols erhält man dessen Umwandlungsproducte: Ammoniak und Pyrrolroth (§. 1522).

Carbopyrrolsaure Salze. Das Barytsalz: $\Theta_5H_4BaO_2N$ bildet grosse weisse Blätter, die in Wasser und Alkohol löslich sind. Das Bleisalz: $\Theta_5H_4PbO_2N$, erhalten durch Kochen des Barytsalzes mit Bleioxydhydrat, ist in Wasser sehr löslich und bleibt beim Verdunsten als perlmutterglänzende Krystallschuppen.

Weder aus Carbopyrrolamid noch aus Carbopyrrolsäure konnte durch Einwirkung von salpetriger Säure Brenzschleimsäure erhalten werden; beide Verbindungen erleiden, unter Entwicklung von Kohlensäure, eine tiefer gehende Zersetzung (Schwanert).

1522. Pyrrol und Pyrrolroth.

Pyrrol*): Θ_4H_5N (vgl. §. 1514). Das Pyrrol wurde schon von

*) Vgl. bes. Anderson. Ann. Chem. Pharm. CV. 349. — Schwanert, ibid. CXVI. 278.

Runge im Steinkohlentheer beobachtet; Anderson isolirte es dann aus dem durch Destillation thierischer Materien erhaltenen s. g. Knochenöl. Schwanert zeigte vor Kurzem, dass es in grosser Menge bei der trocknen Destillation des schleimsauren Ammoniaks entsteht (§. 1367) und dass die Carbopyrrolsäure (§. 1521) beim Erhitzen gerade auf in Pyrrol und Kohlensäure zerfällt.

Die Darstellung des Pyrrols aus Knochenöl kann hier nicht näher beschrieben werden. Aus schleimsaurem Ammoniak erhält man es leicht, indem man die auf dem wässrigen Destillat schwimmende Oelschicht (oder das während des Eindampfens dieses Destillats überdestillirende Oel) abhebt, über Kalihydrat destillirt, mit Chlorcalcium entwässert und rectificirt.

Das Pyrrol ist eine farblose Flüssigkeit, die an der Luft allmälig braun wird. Es riecht angenehm ätherisch und siedet bei 133°. In Wasser ist es kaum, in Alkohol und Aether leicht löslich. Seine Dämpfe färben einen mit Salzsäure befeuchteten Fichtenspan intensiv carminroth. Das Pyrrol scheint eine schwache Base zu sein; es löst sich in der Kälte in verdünnten Mineralsäuren, aber es bildet keine Salze, wird vielmehr bei längerer Einwirkung von Säuren, namentlich beim Kochen, in Pyrrolroth verwandelt.

Vermischt man eine alkoholische Lösung von Pyrrol mit Quecksilberchlorid, so scheidet sich ein weisser undeutlich krystallinischer Niederschlag aus: $\Theta_4H_5N, 2HgCl_2$. — Cadmiumchlorid fällt ein weisses krystallinisches Pulver.

Pyrrolroth. Wird Pyrrol mit überschüssiger Schwefelsäure oder Salzsäure erwärmt oder gekocht, so scheiden sich amorphe, orangerothe oder braune Flocken von Pyrrolroth aus, deren Farbe um so dunkler ist, je länger die Säure einwirkte. Das Pyrrolroth ist unlöslich in Wasser und in Aether, von heissem Alkohol wird es etwas gelöst. Es löst sich nicht in Säuren und in Alkalien.

Die Analysen von Anderson führen zu der Formel: $\Theta_{12}H_{14}ON_2$; danach entstände das Pyrrolroth nach der Gleichung:

$$\underset{\text{Pyrol.}}{3\Theta_4H_5N} + H_2O = \underset{\text{Pyrrolroth.}}{\Theta_{12}H_{14}\Theta N_2} + NH_3$$

Schwanert fand weniger Kohlenstoff und weniger Stickstoff als diese Formel verlangt.

Chlorbrenzschleimsäureäther *): $\Theta_5H_3Cl_4(\Theta_2H_5)\Theta_3$. Es wurde oben schon erwähnt (§§. 1520, 1515), dass der Brenzschleimsäureäther die merkwürdige Eigenschaft besitzt, sich durch Addition mit Chlor

*) Malaguti. Ann. Chem. Pharm. XXV. 279. XXXII. 41.

zu vereinigen. Leitet man über Brenzschleimsäureäther trockenes Chlorgas, so tritt Erwärmung ein und es werden, ohne Entwicklung von Salzsäure, zwei Molecüle Chlor absorbirt. Das Product ist eine angenehm riechende syrupartige Flüssigkeit, die sich leicht in Alkohol und in Aether, nicht in Wasser löst.

Der Chlorbrenzschleimsäureäther zersetzt sich beim Erhitzen unter reichlicher Entwicklung von Salzsäure. Die dem Aether entsprechende chlorhaltige Säure ist bis jetzt nicht dargestellt. Bei Einwirkung von Alkalien oder von Ammoniak auf den Aether wird Alkohol gebildet, aber es entsteht gleichzeitig Chlormetall.

Meconsäure, Comensäure, Pyrocomensäure.

1524. Die **Meconsäure** findet sich fertig gebildet, in Verbindung mit Morphin, im Opium, dem aus Papaver somniferum ausfliessenden, an der Luft getrockneten Saft. Sie ist **dreibasisch** und unterscheidet sich von der ebenfalls dreibasischen Chelidonsäure (§. 1532) nur durch ein Atom Sauerstoff, welches sie mehr enthält. Die Meconsäure erzeugt, unter Austritt von Kohlensäure, die **zweibasische Comensäure**. Diese verliert bei trockener Destillation nochmals Kohlensäure und liefert die **einbasische Pyrocomensäure**, die mit der ebenfalls einbasischen Brenzschleimsäure (§. 1519) und auch mit Citraconsäureanhydrid (§. 1432) isomer ist.

$$\text{Meconsäure} \quad \Theta_7H_4\Theta_7 = C\Theta_2 + \Theta_6H_4\Theta_5 \quad \text{Comensäure.}$$
$$\text{Comensäure} \quad \Theta_6H_4\Theta_5 = C\Theta_2 + \Theta_5H_4\Theta_3 \quad \text{Pyrocomensäure.}$$

Für die Meconsäure und die Comensäure kennt man ausser den Salzen auch noch Aetherarten und amidartige Verbindungen. Die Comensäure und die Pyrocomensäure liefern leicht Substitutionsproducte. Thatsächliche Beziehungen zu andern und namentlich zu besser untersuchten und dem System eingeordneten Verbindungen sind bis jetzt nicht bekannt. Die Thatsache, dass die in Rede stehenden Säuren bei Oxydation nur Oxalsäure liefern, scheint darauf hinzuweisen, dass sie sich eher den der Klasse der Fettkörper zugehörigen Verbindungen als den aromatischen Substanzen anschliessen und die Homologie mit einzelnen entschieden in die Klasse der aromatischen Verbindungen gehörigen Substanzen ist daher vielleicht nur äusserlich; es ist indess immerhin bemerkenswerth, dass, den empirischen Formeln nach, die Comensäure mit der **Gallussäure**, die Pyrocomensäure mit der **Pyrogallussäure** homolog ist.

Bei dem jetzigen Stand unserer Kenntnisse über die in Rede stehenden Säuren ist es kaum möglich für dieselben rationelle Formeln aufzustellen, welche etwas anderes ausdrücken als die Beziehungen dieser Säuren untereinander und zu ihren nächsten Abkömmlingen, d. h. zu ihren Salzen, Aethern und amidartigen Verbindungen.

Diesen Anforderungen entsprechen schon die Formeln:

1) $\left.\begin{matrix}\Theta_7\overset{'''}{H}\Theta_4\\ H_3\end{matrix}\right\}\Theta_3$ Meconsäure. $\left.\begin{matrix}\Theta_6\overset{''}{H}_2\Theta_3\\ H_2\end{matrix}\right\}\Theta_2$ Comensäure. $\left.\begin{matrix}\Theta_5H_3\Theta_2\\ H\end{matrix}\right\}\Theta$ Pyrocomensäure.

Will man diese Formeln so schreiben, dass die Anzahl der im Radical enthaltenen Sauerstoffatome gleichzeitig die Basicität der Säure ausdrückt (vgl. §. 603 etc.), so hat man:

2) $\left.\begin{matrix}\overset{VI}{\Theta_7\Theta_3}\\ HH_3\end{matrix}\right\}\Theta_4$ $\left.\begin{matrix}\Theta_6\overset{'''}{H}\Theta_3\\ HH_2\end{matrix}\right\}\Theta_3$ $\left.\begin{matrix}\Theta_5\overset{'}{H}_2\Theta\\ HH\end{matrix}\right\}\Theta_2$

Nach diesen Formeln schliessen sich die in Rede stehenden Säuren auch in so fern den meisten organischen Säuren an, als sie einem multiplen Wassertyp zugerechnet werden, in welchem genau die Hälfte des Wasserstoffs durch Radicale ersetzt ist.

Diese Formeln können dann weiter aufgelöst werden; namentlich so, dass man in ihnen 1, 2 oder 3mal das Radical der Kohlensäure annimmt. Man hätte etwa:

1a) $\Theta_4\overset{'''}{H}\Theta\left\{\begin{matrix}\Theta\Theta\\ \Theta\Theta\\ \Theta\Theta\end{matrix}\right\}\Theta_3\left\{\begin{matrix}H\\ H\\ H\end{matrix}\right.$ $\Theta_4\overset{''}{H}_2\Theta\left\{\begin{matrix}\Theta\Theta\\ \Theta\Theta\end{matrix}\right\}\Theta_2\left\{\begin{matrix}H\\ H\end{matrix}\right.$ $\Theta_4\overset{'}{H}_3\Theta.\Theta\Theta.\Theta.H$

oder:

2a) $H.\Theta.\overset{IV}{\Theta}_4\left\{\begin{matrix}\Theta\Theta\\ \Theta\Theta\\ \Theta\Theta\end{matrix}\right\}\Theta_3\left\{\begin{matrix}H\\ H\\ H\end{matrix}\right.$ $H.\Theta.\overset{'''}{\Theta}_4H\left\{\begin{matrix}\Theta\Theta\\ \Theta\Theta\end{matrix}\right\}\Theta_2\left\{\begin{matrix}H\\ H\end{matrix}\right.$ $H.\Theta.\overset{''}{\Theta}_4H_2.\Theta\Theta.\Theta.H$

In diesen weiter auflösenden Formeln liegt die Ansicht, dass in den betreffenden Säuren eine an Kohlenstoff sehr reiche Atomgruppe anzunehmen sei; also gewissermassen ein Kern, der durch dichtere Aneinanderlagerung der Kohlenstoffatome entstanden ist. Nach den Formeln 2a könnte man etwa das Vorhandensein von 4 Kohlenstoffatomen annehmen, die durch je zwei Verwandtschaftseinheiten unter einander gebunden sind (vgl. §. 1515). Den Formeln 1a könnte man den Gedanken unterlegen, es sei vielleicht, ähnlich wie dies für die Ricinölsäure als möglich angedeutet wurde (§. 1409), ein Atom Sauerstoff im Inneren der Kohlenstoffgruppe enthalten und es übe desshalb auf die Basicität der Säure keinen Einfluss aus.

Will man die Comensäure als mit der Gallussäure homolog ansehen, so müsste man sie durch die folgende Formel darstellen:

$\left.\begin{matrix}\overset{IV}{\Theta_6\Theta}\\ H_4\end{matrix}\right\}\Theta_4$ Comensäure. $\left.\begin{matrix}\overset{IV}{\Theta_7H_2\Theta}\\ H_4\end{matrix}\right\}\Theta_4$ Gallussäure.

Sie enthielte dann keinen Wasserstoff im Radical und die als Substitutionsproducte angesehenen Abkömmlinge könnten demnach nicht wahre Substitutionsproducte sein, sie müssten vielmehr, ähnlich wie die Nitroweinsäure (§. 1325), als

27 *

gemischte Säuren angesehen werden, d. h. man müsste annehmen, das Chlor ersetze typischen Wasserstoff.

1525. **Meconsäure** *): $\Theta_7HM_3\Theta_7$. Die Meconsäure findet sich an Morphin gebunden im Opium. Sie wurde schon von Seguin und von Sertürner (1805) beobachtet, von Robiquet 1833 zuerst näher untersucht und von Liebig als dreibasische Säure erkannt.

Die Darstellung der Meconsäure geschieht am vortheilhaftesten nach der von Robiquet angegebenen, von Gregory und How modificirten Methode. Man zieht Opium wiederholt mit Wasser von 35° – 40° aus, dampft den Auszug, unter Zusatz von Marmorstücken, bis zur Syrupsconsistenz ein, fügt eine concentrirte Lösung von Chlorcalcium zu, kocht und giesst ab. Beim Erkalten setzt sich der meconsaure Kalk ab; die Flüssigkeit enthält das Morphin. Man rührt mit kaltem Wasser an, filtrirt und presst den Niederschlag aus.

Man vertheilt diesen rohen meconsauren Kalk (1 Th.) in siedendem Wasser (20 Th.) und setzt Salzsäure (3 Th.) zu; beim Erkalten krystallisirt Meconsäure. Man behandelt diesen Niederschlag noch ein- oder zweimal in derselben Weise, um den Kalk möglichst vollständig zu entfernen. Das allmälige Zersetzen des meconsauren Kalkes ist desshalb vortheilhaft, weil die Meconsäure in der Siedhitze durch Gegenwart von Säuren sehr leicht zu Kohlensäure und Comensäure zersetzt wird; aus demselben Grunde muss auch zu starkes Erhitzen und namentlich Kochen vermieden werden.

Zur weiteren Reinigung stellt man meconsaures Ammoniak dar, indem man die Säure mit dem doppelten Gewicht Wasser im Wasserbad erwärmt und so lange Ammoniak zufügt bis sie vollständig gelöst ist. Das beim Erkalten auskrystallisirende meconsaure Ammoniak wird noch zwei- bis dreimal aus wenig siedendem Wasser umkrystallisirt und zuletzt in heisser Lösung durch überschüssige Salzsäure zersetzt, worauf beim Erkalten farblose Meconsäure auskrystallisirt, die noch aus wenig heissem Wasser umkrystallisirt wird.

Zur Reinigung der Meconsäure ist Thierkohle nicht vortheilhaft, weil dieselbe viel Säure zurückhält; sie muss jedenfalls nach dem Gebrauch mit einer alkalischen Flüssigkeit ausgezogen werden.

Die Meconsäure bildet weisse Schuppen, bisweilen grössere rhombische Säulen: $\Theta_7H_4\Theta_7.3H_2\Theta$, die bei 100° ihr Krystallwasser verlieren. Sie löst sich schwer in kaltem, leicht in siedendem Wasser (in 4 Th.); von Alkohol wird sie leicht, von Aether wenig gelöst. Sie schmilzt über 150°.

Die Meconsäure zerfällt mit bemerkenswerther Leichtigkeit in Comensäure und Kohlensäure. Diese Zersetzung tritt langsam ein, wenn Meconsäure in wässriger Lösung anhaltend gekocht wird; sie findet sehr rasch statt, wenn man die Säure mit concentrirter Salzsäure kocht. Wird

---

*) Robiquet. Ann. Chem. Pharm. V. 90. — Pelletier. ibid. V. 153. — Liebig. ibid. VII. 237; XXVI. 113, 148. — Pelouze. ibid IX. 273. — Gregory. ibid. XXIV. 43. — Stenhouse. ibid. LI. 231 und besonders: How. ibid. LXXXIII. 350.

Meconsäure für sich erhitzt, so erfolgt dieselbe Zersetzung bei etwa 220°; bei höherer Temperatur erleidet die gebildete Comensäure weitere Zersetzung. Chlor oder Brom zersetzen bei Gegenwart von Wasser die Meconsäure schon in der Kälte; es entweicht Kohlensäure und die gebildete Comensäure geht in Chlorcomensäure über. Beim Kochen mit überschüssigem Ammoniak entsteht aus Meconsäure unter Austritt von Kohlensäure, Comenaminsäure. Durch Erhitzen mit Aethyljodid wird ebenfalls Kohlensäure gebildet, während gleichzeitig Aethylcomensäure entsteht.

Von Salpetersäure wird die Meconsäure leicht oxydirt, es entsteht viel Oxalsäure. Auch beim Kochen mit concentrirter Kalilauge wird neben Kohlensäure viel Oxalsäure erzeugt. Durch Einwirkung von Chlorjod oder Bromjod entsteht Jodomecon (Jodoform, §. 1530).

Die wässrige Lösung der Meconsäure wird von Eisenchlorid intensiv roth gefärbt, die Färbung wird weder durch Kochen noch durch verdünnte Säuren zerstört.

Meconsaure Salze. Die Meconsäure ist dreibasisch; sie bildet drei Reihen von Salzen:

$\Theta_7H_3M\Theta_7$	$\Theta_7H_2M_2\Theta_7$	$\Theta_7HM_3\Theta_7$
zweifach-saures Salz.	einfach-saures Salz.	neutrales Salz.

Die einfach sauren Salze reagiren neutral.

Ammoniaksalze. Das neutrale Salz ist unbekannt; das einfach-saure Salz: $\Theta_7H_2(NH_4)_2\Theta_7$ krystallisirt in feinen Nadeln; leitet man durch seine Lösung Chlor, so scheidet sich das zweifach-saure Salz: $\Theta_7H_3(NH_4)\Theta_7, H_2\Theta$ in körnigen Krystallen aus, die in kaltem Wasser schwer löslich sind. Die sauren Salze von Kali und Natron sind krystallisirbar. — Kalksalze. Die wässrige Lösung der Meconsäure und ebenso die Lösung saurer und selbst neutraler meconsaurer Salze fällen aus Chlorcalciumlösung zweifach-saures Salz: $\Theta_7H_2Ca\Theta_7, H_2\Theta$. Eine mit Ammoniak übersättigte Lösung eines meconsauren Salzes erzeugt mit Chlorcalcium einen gelben gallertartigen Niederschlag von einfach-saurem meconsaurem Kalk: $\Theta_7H_2Ca_2\Theta_7, H_2\Theta$. — Das neutrale Bleisalz: $\Theta_7HPb_3\Theta_7, H_2\Theta$ entsteht durch Fällen von Bleizucker mit selbst überschüssiger Meconsäurelösung; es bildet gelblich weisse, selbst in siedendem Wasser unlösliche Flocken. — Meconsaures Silber. Wässrige Meconsäure erzeugt mit salpetersaurem Silberoxyd einen weissen Niederschlag von einfach saurem Salz: $\Theta_7H_2Ag_2\Theta_7$; wird derselbe anhaltend mit Wasser gekocht, so geht er in gelbes neutrales Salz über. Dieses neutrale meconsaure Silber, $\Theta_7HAg_3\Theta_7$, entsteht auch als gelber Niederschlag, wenn eine mit Ammoniak genau neutralisirte Lösung von Meconsäure (einfach-saures Salz) mit salpetersaurem Silber versetzt wird.

Aether der Meconsäure. Von den drei Aetherarten, welche die Meconsäure als dreibasische Säure zu bilden im Stande ist, sind bis jetzt nur zwei dargestellt: die Aethylmeconsäure und die Diäthylmeconsäure; der neutrale Meconsäure-äthyläther ist bis jetzt nicht bekannt.

$\Theta_7HM_2(\Theta_2H_5)\Theta_7$	$\Theta_7HM(\Theta_2H_5)_2\Theta_7$	$\Theta_7H(\Theta_2H_5)_3\Theta_7$
Aethylmeconsäure.	Diäthylmeconsäure.	Meconsäure-äthyläther.

Leitet man in eine Lösung von Meconsäure in absolutem Alkohol trockenes Salzsäuregas, so setzt die Flüssigkeit beim Erkalten federförmige Krystalle von Aethylmeconsäure ab. Die Mutterlauge hinterlässt beim Eindampfen ein krystallinisch erstarrendes Oel, aus welchem durch mehrmaliges Umkrystallisiren aus Wasser Diäthylmeconsäure erhalten wird.

Die Aethylmeconsäure ist zweibasisch; sie bildet wesentlich saure Salze. Die Diäthylmeconsäure ist einbasisch.

Wird statt des absoluten Alkohols gewöhnlicher Weingeist angewandt, so krystallisirt zuerst Aethylmeconsäure aus; die Flüssigkeit setzt dann weniger deutliche Krystalle ab, die aus einer Verbindung von Meconsäure mit Aethylmeconsäure bestehen (Mecon-äthermeconsäure: $\Theta_7H_3(\Theta_2H_5)\Theta_7, \Theta_7H_4\Theta_7$) (How).

Amide der Meconsäure. Die Amide der Meconsäure sind bis jetzt sehr wenig untersucht. Stellt man Aethylmeconsäure mit wässriger oder alkoholischer Ammoniaklösung zusammen, so entsteht eine gelbe gallertartige Substanz, die beim Trocknen ein gelbes Pulver liefert. Löst man in heissem Wasser und setzt etwas Salzsäure zu, so bildet sich ein weisser Niederschlag, der aus Wasser umkrystallisirt werden kann. Man hätte dabei die Bildung der Meconaminsäure erwarten sollen:

$$\underset{\text{Aethylmeconsäure.}}{\Theta_7H_3(\Theta_2H_5)\Theta_7} + NH_3 = \underset{\text{Meconaminsäure.}}{\Theta_7H_3(H_2N)\Theta_6} + \Theta_2H_6\Theta$$

Die Analyse führt indess zu einer weniger einfachen Formel. Das analysirte Product scheint mit etwas Ammoniaksalz verunreinigte Meconaminsäure gewesen zu sein. How hält es für ein eigenthümliches complicirteres Amid und erklärt seine Bildung durch die Gleichung:

$$\underset{\text{Aethylmeconsäure.}}{6\Theta_7H_3(\Theta_2H_5)\Theta_7} + 7NH_3 = \underset{\text{Meconamidsäure.}}{\Theta_{42}H_{19}(H_2N)_7\Theta_{36}} + 6\Theta_2H_6\Theta$$

1526. **Comensäure*):** $\Theta_6H_4\Theta_5$. Die Comensäure entsteht, wie oben erwähnt, aus der Meconsäure, wenn diese für sich erhitzt, oder wenn sie längere Zeit mit Wasser oder concentrirter Salzsäure gekocht wird.

Darstellung. Man kocht Meconsäure oder meconsauren Kalk mit concentrirter Salzsäure; beim Erkalten scheidet sich ein rothes oder braunrothes Krystallpulver von Comensäure aus. Da beim Entfärben mit Thierkohle viel Säure von der Kohle absorbirt wird, so reinigt man zweckmässiger in folgender Weise. Man löst kochend in möglichst wenig wässrigem Ammoniak, krystallisirt das beim Erkalten ausfallende Ammoniaksalz mehrmals aus siedendem Wasser um, zersetzt, wenn es farblos geworden, seine wässrige Lösung mit Salzsäure und

*) Robiquet. Ann. Chem. Pharm. V. 90. — Liebig. ibid. VII. 237, XXVI. 116, 148. — Stenhouse. ibid. XLIX. 28, LI. 231 und besonders How. ibid. LXXX. 65.

krystallisirt die sich beim Erkalten abscheidende Comensäure nochmals aus siedendem Wasser (How).

Die Comensäure bildet weisse, oder häufig schwach gelb gefärbte Körner oder Prismen. Sie löst sich in 16 Th. siedenden Wassers; in kaltem Wasser und in Alkohol ist sie kaum löslich. Ihre wässrige Lösung wird von Eisenoxydsalzen blutroth gefärbt, wie die Lösung der Meconsäure.

Bei trockner Destillation zerfällt sie in Kohlensäure und Pyrocomensäure, unter gleichzeitiger Bildung von Essigsäure und empyreumatischen Producten. Von Salpetersäure wird sie sehr leicht oxydirt, es entsteht wesentlich Oxalsäure. Bei Einwirkung von Chlor oder Brom erzeugt sie mit ausnehmender Leichtigkeit, selbst bei Gegenwart von Wasser, Substitutionsproducte. Bei anhaltendem Kochen mit überschüssigem Ammoniak liefert sie Comenaminsäure. Durch Erhitzen mit Aethyljodid wird Aethylcomensäure gebildet.

Comensaure Salze. Die Comensäure ist zweibasisch, sie bildet also saure und neutrale Salze.

Die neutralen Salze von Kali, Natron und Ammoniak sind nicht krystallisirbar. Das saure comensaure Kali: $\Theta_6H_3KO_5$ und das saure comensaure Ammoniak: $\Theta_6H_3(NH_4)O_5,H_2O$ krystallisiren leicht und sind in kaltem Wasser schwer löslich. Saurer comensaurer Kalk: $\Theta_6H_3Ca\Theta_5,3H_2\Theta$ und saurer comensaurer Baryt: $\Theta_6H_3Ba\Theta_5.3H_2\Theta$ scheiden sich krystallinisch aus, wenn eine kalt gesättigte Lösung des sauren Ammoniaksalzes mit Chlorcalcium oder Chlorbaryum versetzt wird. Wendet man eine mit Ammoniak übersättigte Lösung von comensaurem Ammoniak an, so erhält man krystallinische Niederschläge von neutralem comensaurem Kalk: $\Theta_6H_2Ca_2\Theta_5,3H_2\Theta$, (oder $6H_2\Theta$) oder neutralem comensaurem Baryt: $\Theta_6H_2Ba_2\Theta_5.5H_2\Theta$; beide Salze halten bei 120° 1 Mol. $H_2\Theta$ zurück. Neutrales comensaures Blei: $\Theta_6H_2Pb_2O_5,H_2O$ (bei 100°) entsteht als weisser körniger Niederschlag, wenn eine wässrige Lösung von Comensäure mit Bleizucker vermischt wird; es ist in überschüssiger Comensäure leicht löslich. Saures comensaures Silber: $\Theta_6H_3Ag\Theta_5$ und neutrales comensaures Silber: $\Theta_6H_2Ag_2\Theta_5$ entstehen beide durch doppelte Zersetzung; das erstere aus einer wässrigen Lösung der Comensäure, das zweite aus einer mit Ammoniak genau neutralisirten Lösung. Das saure Salz ist ein weisser, das neutrale ein gelber Niederschlag.

Aether der Comensäure. Man kennt bis jetzt nur den sauren Aether der Comensäure, die Aethyl-comensäure: $\Theta_6H_2H(\Theta_2H_5)O_5$. Sie entsteht, wenn man Comensäure mit Alkohol und Aethyljodid auf 100° erhitzt, oder wenn man Comensäure in absolutem Alkohol suspendirt und Salzsäure einleitet. Sie bildet grosse Nadeln, die bei 135° schmelzen und leicht in glänzenden Prismen sublimiren. Sie löst sich leicht in Weingeist und in heissem Wasser; beim Kochen zerfällt sie in Alkohol und Comensäure (How).

Amide der Comensäure. Man kennt bis jetzt nur die Comenaminsäure: $\Theta_6H_3(H_2N)\Theta_4$. How erhielt das Ammoniaksalz dieser Säure indem er Comensäure (oder Meconsäure) anhaltend mit überschüssigem Ammoniak kochte, oder indem er saures comensaures Ammoniak in einem zugeschmolzenen Rohr auf 200° erhitzte. Aus den Ammoniaksalz wird durch Salzsäure die Comenaminsäure gefällt. Sie bildet farblose Tafeln, die in kaltem Wasser schwer, in siedendem Weingeist leicht löslich sind. Die krystallisirte Säure enthält 2 Molecüle Krystallwasser: $\Theta_6H_3(H_2N)\Theta_4,2H_2O$. Sie regenerirt beim Kochen mit Kali Comensäure.

Die Comenaminsäure bildet leicht Salze mit 1 Aeq. Base; diese Salze reagiren aber sauer. Mit Baryt bildet sie zwei Verbindungen. Die eine: $\Theta_6H_2Ba(H_2N)O_4,H_2\Theta$ wird als krystallinischer Niederschlag erhalten, wenn die Lösung von comenaminsaurem Ammoniak mit Chlorbaryum versetzt wird; sie kann aus siedendem Wasser umkrystallisirt werden. Die andere scheidet sich als schweres weisses Pulver aus, wenn man eine mit Ammoniak übersättigte Lösung von comenaminsaurem Ammoniak durch Chlorbaryum fällt. Sie enthält 2 Aequivalente Baryum und ist wahrscheinlich ein basisches Salz, dessen Bildung leicht verständlich ist, wenn man das Baryum als zweiatomiges Element ansicht. Sie ist, bei 100°, $\Theta_6H_2Ba(H_2N)\Theta_4,BaH\Theta$.

Wollte man die gewöhnlichen Salze der Comenaminsäure als saure Salze und das zuletzt erwähnte Barytsalz als das neutrale Salz ansehen, so wäre zunächst auffallend, dass dieses Barytsalz beim Trocknen Wasser zurückhält ($\Theta_6HBa_2(H_2N)\Theta_4,H_2\Theta$); und man müsste ferner die Comenaminsäure als zweibasische Säure ansehen. Sie wäre dann nicht die dem sauren Ammoniaksalz entsprechende Aminsäure, müsste vielmehr als zur Comensäure in ähnlicher Beziehung stehend angesehen werden, wie die Asparaginsäure zur Aepfelsäure; eine Anschauung, die mit der Bildung und dem Zerfallen der Comenaminsäure im Widerspruch steht.

Durch Einleiten von Salzsäure in eine alkoholische Lösung von Comenaminsäure entsteht, nach How, zunächst die Salzsäure-verbindung des Comenaminsäureäthyläthers: $\Theta_6H_2(\Theta_2H_5)(H_2N)\Theta_4,HCl$, aus welcher durch Ammoniak der Comenaminsäure-äthyläther gefällt wird. Diese, dem Oxamethan etc. entsprechende Verbindung krystallisirt in Nadeln: $\Theta_6H_2(\Theta_2H_5)(H_2N)\Theta_4\ H_2\Theta$, die bei 100° ihr Krystallwasser verlieren und bei 205° schmelzen. Die Verbindung ist neutral, unterstützt also die Ansicht, dass die Comenaminsäure einbasisch ist.

1527. Substitutionsproducte der Comensäure*). Es wurde bereits erwähnt, dass die Comensäure mit bemerkenswerther Leichtigkeit Substitutionsproducte erzeugt. Die Chlor- oder Bromsubstitutionsproducte entstehen schon, wenn Chlorwasser oder eine wässrige Bromlösung in der Kälte auf in Wasser suspendirte Comensäure oder auf eine Lösung von comensaurem Ammoniak einwirken. Sie entstehen auch durch Einwirkung derselben Reagentien und ebenfalls in der Kälte, unter Entwicklung von Kohlensäure, aus Meconsäure oder meconsaurem Ammoniak (How).

*) Ann. Chem. Pharm. LXXX. 80, LXXXIII. 854.

Chlorcomensäure: $\Theta_6H_3Cl\Theta_4$, $1^1/_2H_2\Theta$; sie bildet lange farblose Nadeln, die in kaltem Wasser schwer, in siedendem Wasser und in Alkohol leicht löslich sind und bei 100° ihr Krystallwasser verlieren. Ihre wässrige Lösung erzeugt mit salpetersaurem Silberoxyd einen weissen krystallinischen Niederschlag von saurem chlorcomensaurem Silber: $\Theta_6H_2AgCl\Theta_4$; die mit Ammoniak übersättigte Lösung fällt das neutrale Silbersalz: $\Theta_6HAg_2Cl\Theta_4$ als gelben amorphen Niederschlag.

Brom-comensäure: $\Theta_6H_3Br\Theta_4$, $1^1/_2H_2\Theta$; sie bildet schöne rhombische Krystalle, die sich der Chlorcomensäure ähnlich verhalten.

Pyrocomensäure *), (Pyromeconsäure): $\Theta_5H_4\Theta_3$. Die Pyrocomensäure entsteht bei trockner Destillation der Comensäure und der Meconsäure. Sie wurde schon von Sertürner 1817 beobachtet, aber für sublimirte Meconsäure gehalten; Robiquet erkannte sie als eigenthümliche Säure; sie wurde wesentlich von Stenhouse und Brown untersucht. 1528.

Zur Darstellung der Pyrocomensäure unterwirft man Meconsäure der trockenen Destillation (260°—320°), presst das halbfeste Destillat zwischen Papier aus und reinigt durch nochmalige Sublimation.

Die Pyrocomensäure bildet grosse durchsichtige Tafeln; sie löst sich leicht in Wasser und Alkohol, schmilzt bei 120°—125° und sublimirt leicht schon unter 100°.

Sie wird von Salpetersäure und von überschüssigem Chlor leicht zu Oxalsäure oxydirt. Bromwasser erzeugt Brom-pyrocomensäure; durch Einwirkung von Chlorjod entsteht Jod-pyrocomensäure. Ihre wässrige Lösung wird von Eisenoxydsalzen blutroth gefärbt.

Pyrocomensaure Salze. Die Pyrocomensäure ist einbasisch. Sie ist eine sehr schwache Säure, zersetzt kohlensaure Salze nicht und scheint mit Alkalien keine Salze zu bilden, wenigstens krystallisirt aus der alkalisch reagirenden Lösung von Pyrocomensäure in Alkalien beim Verdunsten freie Pyrocomensäure.

Pyrocomensaurer Kalk: $\Theta_5H_3CaO_3$, $^1/_2H_2\Theta$ und pyrocomensaurer Baryt scheiden sich in feinen Nadeln aus, wenn man eine wässrige mit Ammoniak übersättigte Lösung der Säure mit essigsaurem Kalk oder essigsaurem Baryt vermischt. Das pyrocomensaure Blei: $\Theta_5H_3Pb\Theta_3$, auf dieselbe Weise dargestellt, ist ein weisses krystallinisches Pulver. Pyrocomensaures Silber wird durch Zusatz von salpetersaurem Silberoxyd zu einer wässrigen Lösung von Pyrocomensäure als gelber gallertartiger Niederschlag erhalten, der in Wasser und Alkohol ziemlich löslich ist.

Der Aether und das Amid der Pyrocomensäure konnten bis jetzt nicht erhalten werden.

Substitutionsproducte der Pyrocomensäure. Durch Zu- 1529.

---

*) Robiquet. Ann. Chem. Pharm. V. 90; Stenhouse. ibid. XLIX. 18; Brown. ibid. LXXXIV. 32; XCII. 321.

satz von Bromwasser zu einer wässrigen Lösung von Pyrocomensäure erhielt Brown die in kaltem Wasser wenig lösliche, in Prismen krystallisirende, Brom-pyrocomensäure: $\Theta_5H_3Br\Theta_3$, deren alkoholische Lösung in Bleizucker einen weissen krystallinischen Niederschlag hervorbringt.

Die Jod-pyrocomensäure: $\Theta_5H_3JO_3$ entsteht, wenn eine wässrige Lösung von Chlorjod auf eine kalt gesättigte Lösung von Pyrocomensäure einwirkt. Sie bildet glänzende Blättchen und erzeugt ein krystallinisches Barytsalz, wenn eine alkoholische mit Ammoniak versetzte Lösung mit einer alkoholischen Lösung von essigsaurem Baryt vermischt wird.

1530. Jodomecon. Mit diesem Namen bezeichnet Brown *) eine Substanz, die er durch Einwirkung von überschüssigem Chlorjod auf Pyrocomensäure, Comensäure oder Meconsäure und Behandlung der Flüssigkeit mit Kali erhielt. Er gibt dem Jodomecon die Formel: $\Theta_3H_4J_8O_2$ und erklärt seine Bildung aus der Gleichung:

$$\text{Pyrocomensäure: } \Theta_5H_4\Theta_3 + 8JCl + 4H_2\Theta = \Theta_3H_4J_8\Theta_2 + 2C\Theta_2 + 8HCl.$$

Das s. g. Jodomecon ist wohl nur Jodoform (§. 1261) mit dem es in allen Eigenschaften übereinstimmt.

Brown beschreibt es als gelbe hexagonale Tafeln; unlöslich in Wasser, löslich in Alkohol und Aether; dem Safran ähnlich riechend und leicht, schon unter 100°, sublimirbar, etc.

1531. Paracomensäure. Bei trockner Destillation der Meconsäure oder der Comensäure tritt gegen Ende der Operation ein krystallinisches Sublimat auf, welches in seinen Eigenschaften fast vollständig mit der Comensäure übereinkommt. Stenhouse **) hält es für eine von der gewöhnlichen Comensäure verschiedene, mit ihr isomere Modification.

Chelidonsäure.

1532. Die Chelidonsäure: $\Theta_7H_4O_6$ unterscheidet sich von der Meconsäure (§. 1524) durch ein Atom Sauerstoff, welches sie weniger enthält; sie ist dreibasich wie diese. Es scheint danach als stehe die Chelidonsäure zur Meconsäure in ähnlicher Beziehung wie die Bernsteinsäure zur Aepfelsäure:

Chelidonsäure	$\Theta_7H_4\Theta_6$	$\Theta_4H_6O_4$	Bernsteinsäure
Meconsäure	$\Theta_7H_4\Theta_7$	$\Theta_4H_6\Theta_5$	Aepfelsäure.

*) Ann. Chem. Pharm. XCII. 324.
**) ibid. XLIX. 25.

Will man die Chelidonsäure durch eine rationelle Formel ausdrücken, die nach den mehrfach erörterten Principien gebildet ist, so käme man etwa zu folgenden Formeln:

$$\text{Chelidonsäure}\quad \left.\begin{matrix}\Theta_7\overset{'''}{H}\Theta_3\\ H_3\end{matrix}\right\}\Theta_3 \qquad \left.\begin{matrix}\overset{IV}{\Theta_7\Theta_3}\\ H.H_3\end{matrix}\right\}\Theta_4\quad \text{Meconsäure}$$

oder, wenn man diese Formeln weiter auflösen will:

$$\text{Chelidonsäure}\quad \left.\begin{matrix}\Theta_4H.(\Theta\Theta)_3\\ H_3\end{matrix}\right\}\Theta_3 \qquad \left.\begin{matrix}\Theta_4(\Theta\Theta)_3\\ H.H_3\end{matrix}\right\}\Theta_4\quad \text{Meconsäure.}$$

Da für die Chelidonsäure bis jetzt weder Umwandlungen noch Zersetzungen untersucht sind, so lässt sich vorerst nicht entscheiden, ob diese Beziehung eine rein äusserliche oder ob sie thatsächlich begründet ist. Eine einfache Beziehung beider Säuren erscheint desshalb wahrscheinlich, weil beide in Pflanzen vorkommen, die der Familie der Papaveraceen angehören.

Die **Chelidonsäure** *) wurde 1838 von Probst entdeckt und namentlich von Lerch untersucht. Sie findet sich, neben Aepfelsäure, im Kraut von Chelidonium majus. Die Pflanze enthält stets wenig Chelidonsäure; am meisten noch zur Zeit der Blüthe, während in der jungen Pflanze Aepfelsäure vorwaltet.

Zur Darstellung der Chelidonsäure presst man das Kraut von Chelidonium majus aus, kocht, zur Entfernung des Chlorophylls, filtrirt, setzt etwas Salpetersäure und dann salpetersaures Blei zu, so lange ein krystallinischer Niederschlag entsteht. Der Zusatz von Salpetersäure hat zum Zweck, das äpfelsaure Blei in Lösung zu halten; zu viel Salpetersäure ist zu vermeiden, weil aus stark saurer Lösung auch die Chelidonsäure nicht gefällt wird (Hutstein empfiehlt für 1 Pfund Saft 2—3 Gr. Salpetersäure).

Der durch salpetersaures Blei erzeugte Niederschlag enthält neben chelidonsaurem Blei auch chelidonsauren Kalk. Man zersetzt mit Schwefelwasserstoff und kocht dann mit Kreide, oder man zersetzt direct durch eine Lösung von (mehrfach) Schwefelcalcium. Aus dem Filtrat gewinnt man durch Entfärben mit Thierkohle und Eindampfen krystallisirten chelidonsauren Kalk. Da dem Kalksalz durch Salzsäure nur schwer alles Calcium entzogen wird, so stellt man zweckmässig durch doppelte Zersetzung mit kohlensaurem Ammoniak das Ammoniaksalz dar und zersetzt dieses durch überschüssige Salzsäure. Die Chelidonsäure scheidet sich in feinen Nadeln aus, die aus Wasser umkrystallisirt werden.

Die Chelidonsäure krystallisirt in feinen seideglänzenden Nadeln, die 1 Molecül Krystallwasser enthalten: $\Theta_7H_4\Theta_6,H_2\Theta$, welches sie bei gewöhnlicher Temperatur langsam, bei 100° rasch verlieren. Bei langsamem Verdunsten der wässrigen Lösung erhält man grössere Nadeln,

*) Probst. Ann. Chem. Pharm. XXIX. 116. Lerch. ibid. LVII. 273. Hutstein. Jahresb. 1851. 431.

die, wie es scheint, $1^1/_2\ H_2\Theta$ enthalten. Sie löst sich wenig in kaltem, leicht in siedendem Wasser (bei 8° in 166, bei 100° in 26 Th.). In Alkohol ist sie wenig löslich.

Die Chelidonsäure zersetzt sich bei etwa 220°; es entweicht Kohlensäure und entsteht eine krystallisirbare bis jetzt nicht näher untersuchte Säure. Mit Wasser und selbst mit Salzsäure kann die Chelidonsäure gekocht werden ohne Veränderung zu erleiden; von concentrirter Schwefelsäure wird sie in der Kälte ohne Zersetzung gelöst. Von verdünnter Salpetersäure wird sie leicht oxydirt; es entsteht eine noch nicht untersuchte Säure und wie es scheint keine Oxalsäure. Lässt man bei Gegenwart von Wasser Brom auf Chelidonsäure einwirken, so entsteht, neben Bromoform, noch fünffach gebromtes Aceton: $\Theta_3HBr_5\Theta$ (Wilde).

Chelidonsaure Salze. Die Chelidonsäure ist dreibasisch; sie giebt also drei Reihen von Salzen:

$\Theta_7H_3M\Theta_6$	$\Theta_7H_2M_2\Theta_6$	$\Theta_7HM_3\Theta_6$
zweifach-saure Salze.	einfach-saure Salze.	neutrale Salze.

Die neutralen chelidonsauren Salze sind meist gelb gefärbt; sie sind mit Ausnahme der Alkalisalze in Wasser nicht oder wenigstens schwer löslich. Die sauren Salze sind farblos, zum grössten Theil krystallisirbar und wenigstens in heissem Wasser löslich. Die meisten halten selbst bei 100° ein halbes Molecül Wasser hartnäckig zurück.

Chelidoninsäure. Mit diesem Namen bezeichnet Zwenger*) eine Säure, die er aus dem Kraut von Chelidonium majus erhielt, indem er den Saft erst mit Essigsäure ansäuerte und mit Bleizucker fällte und dann Bleiessig zufügte. Aus dem so erhaltenen Bleisalz wurde durch Schwefelwasserstoff die Säure dargestellt. Zwenger gibt ihr die unzulässige Formel: $C_{13}H_{11}O_{12}$; nimmt man die Formel $\Theta_7H_{10}\Theta_6$ an, so unterschiede sich die Säure von der Chelidonsäure durch den Mehrgehalt von 6 At. H.. Walz hält für wahrscheinlich, dass die s. g. Chelidoninsäure Bernsteinsäure war.

Säuren aus Kohlenoxydkalium.

1533. Das Kohlenoxyd verbindet sich, wie Liebig zuerst zeigte (1834), direct mit Kalium. Dieselbe Verbindung entsteht auch als Nebenproduct bei der Darstellung des Kaliums nach der Methode von Brunner. Die Zusammensetzung der bei der Kaliumbereitung entstehenden „schwarzen Masse" und des durch directe Vereinigung der Bestandtheile erhaltenen Kohlenoxydkaliums ist noch nicht mit voller Sicherheit festgestellt. Aus der Zusammensetzung der Zersetzungsproducte und aus

*) Ann. Chem. Pharm. CXIV. 350. vgl. Walz. Jahresb. 1860. 263.

den synthetischen Versuchen von Brodie ergibt sich indess mit ziemlicher Sicherheit, dass die Verbindung durch die Verhältnissformel: $K_n\Theta_n\Theta_n$ ausgedrückt werden muss.

Aus der bei der Kaliumbereitung entstehenden schwarzen Masse erhielt Gmelin 1825 die **Krokonsäure**, die dann noch namentlich von Liebig und Heller und in neuerer Zeit wieder von Will und von Lerch untersucht wurde.

Berzelius und Wöhler beobachteten zuerst, dass aus der durch Einwirkung von Wasser auf die schwarze Masse erhaltenen Lösung von krokronsaurem Kali sich häufig ein cochenillerothes Pulver absetzt. Gmelin erkannte dasselbe als das Kalisalz einer neuen Säure. Heller verfolgte diese Beobachtungen weiter und nannte die Säure **Rhodizonsäure**. Sie wurde seitdem namentlich von Thaulow und in neuerer Zeit von Will und von Lerch untersucht.

Werner*) erhielt, als er Rhodizonsäure darstellen wollte, eine in schwarzen Nadeln krystallisirende und von der Rhodizonsäure verschiedene Säure, die er indess nicht weiter untersuchte.

Viele der durch die oben erwähnten Untersuchungen dunkel gebliebenen Punkte sind durch eine ausführliche Untersuchung, die Lerch vor Kurzem veröffentlicht hat, aufgeklärt worden. Nach diesen Versuchen verändert das Kohlenoxydkalium durch die Einwirkung des Sauerstoffs und der Feuchtigkeit der Luft fortwährend seine Zusammensetzung und es liefert je nach dem Stadium der Zersetzung, in welchem es verarbeitet wird, eine der folgenden vier Säuren:

Trihydrocarboxylsäure,
Bihydrocarboxylsäure,
Hydrocarboxylsäure,
Carboxylsäure.

Erst als letzte Zersetzungsproducte und durch Spaltung einer dieser vier Säuren entstehen Krokonsäure oder Rhodizonsäure.

Im Folgenden sind zunächst die wichtigsten Resultate der älteren Untersuchungen kurz zusammengestellt, um nachher die Angaben von Lerch im Zusammenhang mittheilen zu können.

Kohlenoxydkalium**): $\Theta_n\Theta_nK_n$. Wird reines und völlig tro- 1534.
ckenes Kohlenoxyd über geschmolzenes Kalium geleitet, so wird das Gas reichlich absorbirt (schon bei 100°) und es entsteht anfangs eine graue krystallinische, später eine schwammige, schwarze (oder nach Brodie

---

*) Journ. f. pr. Chem. XIII. 404.

**) Liebig Ann. Chem. Pharm. XI. 182; XXIV. 14; Heller, ibid. XXIV. 2; Brodie, ibid. CXIII 358; Lerch, ibid. CXXIV. 20 und Sitzungsb. Wiener Acad. 1862. Abt. I. 722.

dunkelrothe) Masse. In Berührung mit Wasser zersetzt sich dieselbe mit furchtbarer Heftigkeit und auch in trocknem Zustand explodirt sie bisweilen unter nicht genauer zu ermittelnden Umständen; unter Steinöl lässt sie sich lange Zeit unverändert aufbewahren. Von reinem Alkohol wird sie heftig angegriffen; ein Theil des Kaliums (etwa $^2/_3$) geht in Lösung und es bleibt rhodizonsaures Kali. Aethyljodid und Benzoylchlorid sind ohne Wirkung. 100 Theile Kalium absorbiren 72 Th. Kohlenoxyd; die Verbindung hat also die Zusammensetzung: $\Theta_2\Theta_2K_2$ (Brodie).

Bei der Darstellung des Kaliums nach der von Brunner angegebenen und von Wöhler modificirten Methode, also bei Destillation von kohlensaurem Kali mit Kohle, verdichtet sich in der Steinöl enthaltenden Kupfervorlage und in weiter vorgelegten ebenfalls Steinöl enthaltenden Waschflaschen ein schwarzes, amorphes Pulver (s. g. schwarze Masse), welches mit dem durch directe Vereinigung von Kohlenoxyd mit Kalium dargestellten Kohlenoxydkalium in allen Eigenschaften identisch ist. Die Waschflaschen liefern diese schwarze Substanz ziemlich rein, in der Kupfervorlage ist sie mit Kaliumkügelchen gemengt, von welchen sie mechanisch so viel wie möglich getrennt werden muss.

Diese schwarze Substanz bleibt in trocknem Steinöl oder in andern flüssigen Kohlenwasserstoffen unverändert; von trocknem Sauerstoff oder von trockner Luft wird sie nicht angegriffen. Von Wasser wird sie mit ausnehmender Heftigkeit, gewöhnlich mit Explosion zersetzt. Auch in Berührung mit feuchter Luft tritt gewöhnlich Entzündung, bisweilen Explosion ein. Wirkt die Feuchtigkeit langsamer ein, namentlich auf dünne Schichten, so wird die Entzündung vermieden, die Veränderung ist langsamer und die schwarze Substanz wird allmälig roth und endlich gelb. Trägt man die schwarze Substanz in geringen Mengen in Wasser ein, so entweicht Wasserstoff, die gelbe Lösung enthält Kali und kohlensaures Kali; sie liefert beim Eindampfen krokonsaures Kali. Wird die schwarze Substanz mit Alkohol behandelt, so entweicht ebenfalls Wasserstoff und es geht Kalium in Lösung; der schwarze Rückstand wird an der Luft oder beim Auswaschen mit wasserhaltigem Alkohol roth und enthält dann rhodizonsaures Kali. Aus der durch feuchte Luft veränderten schwarzen Masse wird, so lange sie roth gefärbt ist, wesentlich rhodizonsaures, sobald sie gelb geworden ist, wesentlich krokonsaures Kali erhalten. Dass aus derselben Substanz bald Rhodizonsäure, bald Krokonsäure erhalten wird, erklärt sich daraus, dass die Rhodizonsäure bei Einwirkung von überschüssigem Alkali in Krokonsäure übergeht. Beide Säuren sind indess, wie Lerch gezeigt hat, die letzten Umwandlungsproducte der vorher gebildeten Hydrocarboxylsäuren (vgl. §. 1538).

1535. Krokonsäure *): $\Theta_5\Theta_5H_2$. Die Bildung des krokonsauren Kali's

*) Gmelin. Handbuch. 4. Aufl. V. 178; Liebig. Ann. Chem. Pharm. XI. 185;

aus Kohlenoxydkalium und aus rhodizonsaurem Kali wurde oben erwähnt; das Auftreten der Krokonsäure bei Zersetzung der von Lerch erhaltenen Säuren wird gelegentlich dieser beschrieben (vgl. §. 1538).

Darstellung. Zur Darstellung der Krokonsäure bereitet man zunächst krokonsaures Kali. Man trägt die schwarze Masse direct in kleinen Antheilen in siedendes Wasser ein, oder man zieht sie erst mit Alkohol unvollständig aus, oder man lässt sie an der Luft roth oder gelb werden und bringt dann in Wasser. Die filtrirte Lösung gibt beim Eindampfen im Wasserbad gelbe Nadeln von krokonsaurem Kali, die durch Auspressen und wiederholtes Umkrystallisiren gereinigt werden. — Zur Darstellung der Krokonsäure bringt man das gepulverte Kalisalz mit absolutem Alkohol und einer zur völligen Zersetzung unzureichenden Menge von Schwefelsäure zusammen; lässt, unter öfterem Umschütteln, mehrere Stunden stehen und filtrirt. Beim Verdunsten krystallisirt Krokonsäure.

Die Krokonsäure bildet blassgelbe blättrige oder körnige Krystalle: $\Theta_5\Theta_5H_2, 3H_2O$, die ihr Krystallwasser schon in trockner Luft langsam verlieren. Sie ist löslich in Wasser und Alkohol; sie zersetzt sich beim Erhitzen (schon bei 120°) und bildet anfangs ein weisses, bei stärkerer Hitze ein gelbes Sublimat. Von oxydirenden Substanzen wird sie in Leukonsäure (Oxykrokonsäure) übergeführt; bei Einwirkung von Jodwasserstoff erzeugt sie Hydrokrokonsäure; mit Schwefelwasserstoff entsteht Hydrothiokrokonsäure (§. 1538).

Die Krokonsäure ist zweibasisch. Mit Ausnahme eines gleich zu erwähnenden Kalisalzes kennt man nur neutrale Salze; diese enthalten in trocknem Zustand keinen Wasserstoff.

Krokonsaures Kali: $\Theta_5O_5K_2, 2H_2\Theta$, glänzende orangegelbe Nadeln, die ihr Krystallwasser schon unter 100° verlieren; in kaltem Wasser wenig, in siedendem leicht löslich, unlöslich in Alkohol. Halbsaures krokonsaures Kali: $\Theta_5O_5K_2$, $\Theta_5\Theta_5HK$, $2H_2\Theta$ erhielt Gmelin, indem er zu der heiss gesättigten Lösung des neutralen Salzes wenig Schwefelsäure zufügte; aus der braunrothen Lösung scheiden sich beim Erkalten hyacinthrothe Nadeln ab. Krokonsaurer Kalk und krokonsaurer Baryt, bei 100°: $\Theta_5\Theta_5Ca_2, H_2O$ und $\Theta_5O_5Ba_2, 1^1/_2H_2O$, entstehen als gelbe Niederschläge, wenn die Lösung des Kalisalzes mit Chlorcalcium oder Chlorbaryum vermischt wird; das Kalksalz verliert sein Krystallwasser bei 100°, das Barytsalz hält es noch bei 200° zurück. Das krokonsaure Blei ist ein flockiger gelber Niederschlag, $\Theta_5\Theta_5Pb_2$, $2H_2\Theta$, der erst bei 180° sein Wasser verliert. Krokonsaures Kupfer: $\Theta_5\Theta_5Cu_2$, $3H_2O$ scheidet sich nach einiger Zeit in rhombischen Tafeln aus, wenn wässrige Lösungen von krokonsaurem Kali und schwefelsaurem Kupferoxyd vermischt werden; es verliert bei 100° langsam $2H_2O$ und wird bei 162° wasserfrei. Das krokonsaure Silber: $\Theta_5\Theta_5Ag_2$ ist ein hell orangerother Niederschlag, nach dem Trocknen über Schwefelsäure wasserfrei.

XXIV. 14; Heller. ibid. XXIV. 1; Gmelin. ibid. XXXVII. 58; Will. ibid. CXVIII. 177; Lerch. ibid. CXXIV. 35 und Sitzungsb. der Wiener Acad. 1862. Abt. I. 777.

1536. Rhodizonsäure *): $\Theta_5H_4\Theta_6$. Aus dem Kohlenoxydkalium und der bei Darstellung des Kaliums entstehenden schwarzen Masse erhält man auf dem oben schon angedeuteten Weg leicht rhodizonsaures Kali. Aus diesem können durch doppelte Zersetzung andre rhodizonsaure Salze dargestellt werden. Die Rhodizonsäure selbst wurde aus den so bereiteten Salzen bis jetzt nicht in reinem Zustand erhalten.

Nach Lerch erhält man reine Rhodizonsäure, wenn man die Carboxylsäure aus ihren Salzen abzuscheiden versucht (vgl. §. 1538). Sie bildet farblose in Wasser und Alkohol leicht lösliche Prismen: $\Theta_5H_4\Theta_6.H_2\Theta$, die bei 100° ihr Krystallwasser verlieren, indem sie gleichzeitig schwarz werden.

Von den rhodizonsauren Salzen sind die folgenden näher beschrieben, rhodizonsaures Kali: $\Theta_5H_2K_2\Theta_6, H_2\Theta$; es bleibt als gelbrothes, beim Trocknen dunkler werdendes Pulver, wenn man die s. g. schwarze Masse zuerst mit absolutem und dann mit wasserhaltigem Alkohol, dem man zuletzt etwas Essigsäure zusetzt, auszieht bis die Lösung nicht mehr gefärbt ist und nicht mehr alkalisch reagirt. Es verliert sein Krystallwasser zwischen 100° und 150° und hat dann dieselbe Zusammensetzung wie das krystallisirte wasserhaltige krokonsaure Kali. Es löst sich wenig in kaltem, leichter in heissem Wasser; in Alkohol ist es unlöslich. Die wässrige Lösung des rhodizonsauren Kali's gibt mit Chlorbarium einen dunkelrothen Niederschlag von rhodizonsaurem Baryt: $\Theta_5H_2Ba_2\Theta_6,H_2\Theta$, der bei 100° ein Mol. $H_2\Theta$ verliert. Das rhodizonsaure Blei und das rhodizonsaure Silber sind ebenfalls dunkelrothe Niederschläge; das erstere: $\Theta_5HPb_3\Theta_6.H_2\Theta$ wird bei 100°—120° wasserfrei, das letztere ist in lufttrocknem Zustand: $\Theta_5HAg_3\Theta_6$.

Die Rhodizonsäure scheint, nach der Zusammensetzung des Bleisalzes und des Silbersalzes, eine dreibasische Säure zu sein. Sie unterscheidet sich von der Krokonsäure nur durch den Mehrgehalt von $H_2\Theta$:

$\Theta_5H_2\Theta_5$	$\Theta_5H_4\Theta_6$
Krokonsäure.	Rhodizonsäure.

Wird die Lösung des rhodizonsauren Kali's bei Gegenwart von Kali oder kohlensaurem Kali gekocht, so entsteht krokonsaures Kali. Bei Einwirkung oxydirender Substanzen liefert die Rhodizonsäure dasselbe Product wie die Krokonsäure, also Leukonsäure.

1537. Leukonsäure, Oxykrokonsäure **). Sie entsteht bei Oxydation des krokonsauren und auch des rhodizonsauren Kalis durch Salpetersäure oder durch Chlor. Die freie Säure wurde bis jetzt nur in Form eines in Wasser löslichen, in Alkohol und Aether unlöslichen Syrups

*) Heller. Ann. Chem. Pharm. XXIV. 1; XXXIV. 232; Liebig. ibid. XXIV. 14; Thaulow. ibid. XXVII. 1; Brodie. ibid. CXIII. 359; Will. ibid. CXVIII. 187; Lerch. ibid. CXXIV. 32 und Sitzungsb. d. Wiener Acad. 1862. Abt. I. 763.

**) Will. Ann. Chem. Pharm. CXVIII. 182. Lerch. ibid. CXXIV. 40.

erhalten. Die bis jetzt analysirten Salze der Leukonsäure sind amorphe Niederschläge.

Will beschreibt die folgenden Salze: **Leukonsaures Kali:** $\Theta_5H_7K\Theta_9$, **leukonsaurer Baryt:** $\Theta_5H_5Ba_3\Theta_9$, **leukonsaures Blei:** $\Theta_5H_5Pb_3\Theta_9$, **leukonsaures Silber:** $\Theta_5H_5Ag_3O_9$.

Nach der Zusammensetzung dieser Salze scheint die Leukonsäure dreibasisch zu sein. Ihre Beziehung zur Krokonsäure ergibt sich aus den Formeln:

$$\underset{\text{Leukonsäure.}}{\Theta_5H_8O_9} = \underset{\text{Krokonsäure.}}{\Theta_5H_2O_5} + 3H_2O + O$$

Carboxylsäure und Hydrocarboxylsäuren. Es wurde bereits erwähnt, dass, nach neueren Untersuchungen von Lerch *), das krokonsaure und das rhodizonsaure Kali nur die letzten Umwandlungsproducte des Kohlenoxydkaliums sind und dass aus dem nicht oder wenig veränderten Kohlenoxydkalium andere Säuren erhalten werden können. 1538.

Die s. g. schwarze Masse verändert sich, wie erwähnt, durch Einwirkung der Feuchtigkeit und des Sauerstoffs der Luft. Sie erscheint je nach dem Grad der Umsetzung entweder grau, schwarz, grün, roth, oder endlich gelb gefärbt.

Aus der noch unveränderten grau oder schwarz gefärbten Masse, also aus reinem Kohlenoxydkalium, wird durch Zersetzen mit Salzsäure **Trihydrocarboxylsäure** erhalten. Eine noch schwarze aber mit Alkohol behandelte Masse liefert **Bihydrocarboxylsäure**. Ist die Masse vor oder nach der Behandlung mit Alkohol etwas der Luft ausgesetzt gewesen, so liefert sie **Hydrocarboxylsäure**. Die durch Einwirkung der Luft roth gewordene Masse ist das Kalisalz der **Carboxylsäure**, welche in freiem Zustand nicht dargestellt werden konnte; man erhält statt ihrer **Rhodizonsäure**.

Lerch vermuthet danach das Kohlenoxydkalium sei ursprünglich:

$$\Theta_{10}O_{10}K_{10};$$

es verliere durch Einwirkung des Sauerstoffs der Luft fortwährend Kalium und werde zu den folgenden Kaliumverbindungen, die als Salze der oben erwähnten Säuren anzusehen sind:

$$\Theta_{10}\Theta_{10}K_8$$
$$\Theta_{10}O_{10}K_6$$
$$\Theta_{10}O_{10}K_4$$

*) Ann. Chem. Pharm. CXXIV. 20 und Sitzungsb. d. Wiener Acad. 1862. Abt. I. 721.

Die diesen Kaliumverbindungen entsprechenden Säuren sind:

Trihydrocarboxylsäure	$\Theta_{10}O_{10}H_{10}$
Bihydrocarboxylsäure	$\Theta_{10}\Theta_{10}H_{8}$
Hydrocarboxylsäure	$\Theta_{10}O_{10}H_{6}$
Carboxylsäure	$\Theta_{10}O_{10}H_{4}$

Die Carboxylsäure und ihre Salze spalten sich, nach Lerch, zu zwei Mol. Krokonsäure; z. B.:

$$\underset{\text{Carboxylsaures Kali.}}{\Theta_{10}\Theta_{10}K_4} = \underset{\text{Krokonsaures Kali.}}{2\Theta_5O_5K_2}$$

sie liefern bei geeigneter Behandlung mit Wasser Rhodizonsäure; z. B.:

$$\underset{\text{Carboxylsaures Kali.}}{\Theta_{10}O_{10}K_4} + 2H_2O = \underset{\text{Rhodizonsaures Kali.}}{2\Theta_5O_6H_2K_2}$$

Die Trihydrocarboxylsäure bildet weisse seidenglänzende Nadeln; ihre farblose Lösung wird an der Luft erst grau, dann röthlich und setzt schwarze Krystalle, meist lange Nadeln von Bihydrocarboxylsäure ab.

Die Hydrocarboxylsäure bildet dunkel rothbraune Säulen. Die Carboxylsäure wurde bis jetzt nicht in freiem Zustand erhalten.

Besonders bemerkenswerth ist, dass Lerch aus keiner dieser Säuren die ihr entsprechenden Salze darstellen konnte. Er schreibt dies dem Umstand zu, dass während der Operation Sauerstoff aus der Luft aufgenommen und so die Säure oxydirt werde.

Er erhielt z. B. aus Trihydrocarboxylsäure durch essigsaures Blei einen violetten Niederschlag: $\Theta_{10}\Theta_{10}H_4Pb_4 . 2Pb_2O$, den er für basisch-bihydrocarboxylsaures Blei hält. Dieselbe Säure gibt in alkoholischer Lösung mit Ammoniak einen blauen krystallinischen Niederschlag von carboxylsaurem Ammoniak: $\Theta_{10}\Theta_{10}H(NH_4)_3$.

Aus Bihydrocarboxylsäure wurden vier Kalisalze erhalten. Eines derselben, blau-schwarze Nadeln, hält Lerch nach einer Kaliumbestimmung für bihydrocarboxylsaures Kali: $\Theta_{10}\Theta_{10}H_4K_4$; es wird an der Luft roth, ohne dass der Kaliumgehalt beträchtliche Veränderung erleidet; Lerch hält das Product für carboxylsaures Kali: $\Theta_{10}O_{10}K_4$. Ein grünes krystallisirtes Salz wird für dreibasisch-carboxylsaures Kali angesehen: $\Theta_{10}\Theta_{10}HK_3$; ein rothes Salz für zweibasisch-carboxylsaures Kali: $\Theta_{10}\Theta_{10}H_2K_2$. — Aus der Bihydrocarboxylsäure sollen ferner durch Bleizucker die folgenden Salze entstehen: rhodizonsaures Blei: $\Theta_5\Theta_6HPb_3$ und basisch-rhodizonsaures Blei: $\Theta_5\Theta_6HPb_3$, $PbH\Theta$. — Auch durch Baryt erhalte man wesentlich rhodizonsauren Baryt: $\Theta_5\Theta_6H_2Ba_3, H_2\Theta$.

Aus keinem dieser Salze wurde die entsprechende Säure wieder abgeschieden und die Natur der Salze kann daher nicht als bewiesen angesehen werden. Aus den carboxylsauren Salzen wurde durch Zersetzung mit Säuren Rhodizonsäure erhalten.

Lerch gibt ferner an, die Bihydrocarboxylsäure werde durch Schwefelwasserstoff, durch Jodwasserstoff, oder auch durch Zink und Schwefelsäure in Trihydrocarboxylsäure umgewandelt, und er betrachtet diese Umwandlung als directe Addition von Wasserstoff.

Durch Oxydation der Bihydrocarboxylsäure oder der Trihydrocarboxylsäure mittelst Salpetersäure, oder mittelst Chlor oder Brom erhielt er harte farblose Krystalle, deren Analyse zu der Formel: $\Theta_{10}H_{28}O_{23}$ führte; er nennt diese Substanz: Oxycarboxylsäure und betrachtet sie als ein Hydrat der oxydirten Bihydrocarboxylsäure:

$$\Theta_{10}H_{28}O_{23} = \Theta_{10}H_{8}O_{14}, 9H_2\Theta = \Theta_{10}H_{8}(O_4)\Theta_{10}, 9H_2\Theta.$$

Es gelang nicht Salze der Oxycarboxylsäure darzustellen, da dieselbe sowohl beim Erwärmen als beim Behandeln mit Basen in Bihydrocarboxylsäure übergeht.

In Betreff der Krokonsäure erwähnt Lerch, dass sie leicht durch Spaltung der Carboxylsäure entstehe und dass sie folglich auch durch Zersetzung der verschiedenen Hydrocarboxylsäuren erhalten werde. Er erhielt ferner durch Oxydation der Krokonsäure mit Chlor syrupförmige Oxykrokonsäure: $\Theta_5H_2\Theta_9$, identisch mit der von Will als Leukonsäure beschriebenen Säure. Durch Einwirkung von Jodwasserstoff auf Krokonsäure erhielt er Hydrokrokonsäure: $\Theta_5\Theta_5H_4$; durch Einwirkung von Schwefelwasserstoff Hydrothiokrokonsäure: $\Theta_5\Theta_4SH_4$.

Die Rhodizonsäure: $\Theta_5H_4\Theta_6$ bei 100°, $\Theta_5H_6O_7$ lufttrocken, erhält man nach Lerch in farblosen Krystallen, wenn man die aus Trihydrocarboxylsäure oder aus Bihydrocarboxylsäure dargestellten carboxylsauren Salze durch Salzsäure zerlegt. Rhodizonsaure Salze entstehen aus den carboxylsauren Salzen durch Aufnahme von Wasser und folglich aus den trihydrocarboxylsauren, bihydrocarboxylsauren und hydrocarboxylsauren Salzen durch Oxydation und gleichzeitige Aufnahme von Wasser. Die Rhodizonsäure scheint ebenfalls eine Hydrorhodizonsäure: $\Theta_5H_6\Theta_6$ zu erzeugen.

Die im Vorhergehenden zusammengestellten Angaben sind zu unvollständig 1539.
und stehen unter einander zu wenig im Zusammenhang, als dass es möglich wäre nach ihnen sich über die Natur der beschriebenen Säuren eine einigermassen klare Vorstellung zu machen.

Lerch betrachtet die Carboxylsäure als:

$$\text{Carboxylsäure} \quad \left.\begin{matrix}\Theta_{10}\Theta_8\\ H_2\end{matrix}\right\}\Theta_8$$

er hält die drei Hydrocarboxylsäuren für Anlagerungen von 1, 2 oder 3 Molecülen Wasserstoff zu Carboxylsäure:

Hydrocarboxylsäure	$(H_2)\,\Theta_{10}\left.\begin{matrix}O_6\\H_4\end{matrix}\right\}O_4$
Bihydrocarboxylsäure	$(H_2)_2\Theta_{10}\left.\begin{matrix}O_6\\H_4\end{matrix}\right\}O_4$
Trihydrocarboxylsäure	$(H_2)_3\Theta_{10}\left.\begin{matrix}O_6\\H_4\end{matrix}\right\}O_4$

Eine solche Auffassung entbehrt bis jetzt aller Analogie und ist vom Standpunct der Theorie der Atomigkeit der Elemente nicht wohl zulässig.

Versucht man nach der Theorie der Atomigkeit der Elemente sich eine Ansicht darüber zu bilden, wie durch Aneinanderlagerung von Kohlenstoff- und Sauerstoff-atomen Substanzen entstehen können, ähnlich den aus Kohlenoxydkalium dargestellten Säuren, so kommt man etwa zu folgender Vorstellung. Wenn verschiedene mit je einem Atom Sauerstoff verbundene Kohlenstoffatome sich durch Bindung von je einer Verwandtschaftseinheit aneinanderreihen, so entstehen Atomgruppen, die aus n ΘO bestehen und die stets noch zwei ungesättigte Verwandtschaftseinheiten enthalten, also noch 2 At. H oder 2 At. K, etc. binden können. Die einfachsten nach dieser Anschauung möglichen Verbindungen wären die folgenden:

$$\Theta_2O_2H_2$$
$$\Theta_3O_3H_2$$
$$\Theta_4O_4H_2$$
$$\Theta_5O_5H_2$$

Von diesen Verbindungen ist nun die erste gleich zusammengesetzt, wie die Trihydrocarboxylsäure; die letzte Formel drückt gleichzeitig die Krokonsäure und die Carboxylsäure aus, die zweite und die dritte entsprechen sehr nahe der Bihydrocarboxylsäure und der Hydrocarboxylsäure.

Es wäre also möglich, dass das Kohlenoxydkalium in reinem und unzersetztem Zustand die Zusammensetzung $\Theta_2O_2K_2$ besitzt. Bei directer Zersetzung durch Säuren kann es geradezu Kalium gegen Wasserstoff austauschen und Trihydrocarboxylsäure erzeugen Wird durch Oxydation Kalium entzogen, so können sich, vielleicht unter Austritt von ΘO, mehrere Molecüle zu einem vereinigen, und es könnten so Bihydrocarboxylsäure, Hydrocarboxylsäure und zuletzt Carboxylsäure oder Krokonsäure entstehen.

Ausser den eben erwähnten vier Körpern sieht man ferner die Möglichkeit von Substanzen ein, welche 1 oder 2 Atome Sauerstoff mehr enthalten, der dann, als typischer Sauerstoff angelagert, d. h. nur zur Hälfte mit Kohlenstoff gebunden anzunehmen ist. Die Oxycarboxylsäure und die Oxykrokonsäure sind vielleicht Verbindungen der Art. In den einfachen und in den an Sauerstoff reicheren Verbindungen könnte endlich ein Theil des Sauerstoffs durch Wasserstoff ersetzt sein; derartige Verbindungen sind vielleicht die Hydrokrokonsäure und die Rhodizonsäure.

Campherarten und Terpene.

1540. Es existirt eine grosse Anzahl durch Analogieen und durch verwandtschaftliche Bande verknüpfter Substanzen, welche 10 Atome Kohlenstoff im Molecül enthalten. Viele dieser Körper zeigen mit andern dem System eingeordneten Verbindungen eine gewisse Analogie des chemischen Charakters, aber ihr Gesammtverhalten gestattet nicht sie andern Gruppen einzuordnen. Diese Substanzen bilden vielmehr eine in sich bis zu einem gewissen Grad abgeschlossene Familie, deren einzelne Glieder in anderen Gruppen wohl Analogieen vorfinden, für welche aber bis jetzt keine wahren Homologieen bekannt sind. Bei den meisten Umwandlungen entstehen Körper, die noch derselben Familie zugehören und nur bisweilen werden Producte erhalten, die entschieden in die Klasse der Fettkörper oder in die Klasse der aromatischen Substanzen zu rechnen sind.

Dieses eigenthümliche Verhalten könnte zu der Ansicht führen, dass 10 Kohlenstoffatome einer gewissen Aneinanderlagerung oder einer gewissen Verbindungsweise fähig sind, die weder bei einer grösseren noch bei einer geringeren Anzahl vorkommen kann.

In die hier zu besprechende Körpergruppe gehören einerseits die Campherarten, und ihre Abkömmlinge, andrerseits das Terpentinöl und die zahlreichen mit ihm isomeren Kohlenwasserstoffe, welche im Allgemeinen als Terpene bezeichnet werden mögen.

Die Campherarten und ihre Abkömmlinge zeigen eine gewisse Analogie mit den einatomigen Alkoholen und ihren Derivaten. Der aus Borneocampher entstehende Kohlenwasserstoff Borneen entspricht dem Aethylen und seinen Homologen.

Die Terpene haben dieselbe Zusammensetzung wie das aus Borneocampher entstehende Borneen. Die meisten verbinden sich mit Wasser und erzeugen Hydrate, die dem Borneocampher isomer sind und die zu ihm wahrscheinlich in ähnlicher Beziehung stehen wie das von Wurtz dargestellte Amylenhydrat zum wahren Amylalkohol.

Im Folgenden sind zunächst die Campherarten und ihre Abkömmlinge besprochen; dann das Terpentinöl und die übrigen Kohlenwasserstoffe von der Formel: $\Theta_{10}H_{16}$. Im Anschluss an beide Körpergruppen werden dann noch einige Substanzen beschrieben, die, nach Vorkommen und Zusammensetzung, sich an beide Körpergruppen anzureihen scheinen, deren speciellere Beziehungen aber bis jetzt nicht thatsächlich festgestellt sind. Einzelne vielleicht ebenfalls hierhergehörige Substanzen werden, weil bis jetzt allzu wenig untersucht, erst später aufgeführt.

Es scheint geeignet schon hier, im Allgemeinen, darauf aufmerksam zu machen, dass für die Campherarten und die Terpene sehr vielfache Fälle von Isomerie und namentlich von physikalischer Isomerie beobachtet worden sind. Es kommt also häufig vor, dass verschiedene Modificationen einer Substanz existiren, die, bei vollständiger oder wenigstens fast vollständiger Uebereinstimmung der chemischen Eigenschaften, in ihren physikalischen Eigenschaften und namentlich in ihrem optischen Verhalten verschieden sind. Solche feine Verschiedenheiten sonst identischer oder fast identischer Modificationen machen das Studium der hierhergehörigen Verbindungen besonders schwer, geben ihm aber gleichzeitig auch ein besonderes Interesse.

Campherarten.

1541. Die Beziehungen der Campherarten und ihrer wichtigsten Abkömmlinge untereinander und zu andern verwandten Substanzen treten deutlich hervor in folgender Tabelle:

$\Theta_{10}H_{20}$ (Diamylen)	$\Theta_{10}H_{18}$ Camphin und Menthen	$\Theta_{10}H_{16}$ Borneen (Terpene)	$\Theta_{10}H_{14}$ Cymol.
$\Theta_{10}H_{20}\Theta$ Menthencampher	$\Theta_{10}H_{18}O$ Borneocampher	$\Theta_{10}H_{16}O$ Campher	$\Theta_{10}H_{14}\Theta$ (Carvol u. Thymol)
	$\Theta_{10}H_{18}O_2$ Campholsäure	$\Theta_{10}H_{16}O_2$ Camphinsäure	
		$\Theta_{10}H_{16}O_4$ Camphersäure	

Diese Tabelle zeigt zunächst die Stellung, welche die Campherarten und ihre Abkömmlinge in Bezug auf Zusammensetzung gegenüber den früher beschriebenen, der Klasse der Fettkörper zugehörigen Verbindungen und gegenüber den später zu beschreibenden aromatischen Substanzen einnehmen.

Man hat einerseits das Diamylen, also einen Kohlenwasserstoff aus der Reihe des Aethylens (§. 941); andrerseits das mit dem Benzol homologe und entschieden in die Klasse der aromatischen Substanzen gehörige Cymol. Das Camphin und das Menthen gehören daher, wenigstens der Zusammensetzung nach, in die Reihe des Acetylens (§. 1412). Das Borneen und die mit ihm isomeren Terpene nähern sich durch ihre Zusammensetzung den Kohlenwasserstoffen aus der Klasse der aromatischen Substanzen. Der Menthencampher (oder Pfeffermünzcampher) hat die Zusammensetzung des Diamylenoxyds; er ist also der empirischen Formel nach homolog mit den Aldehyden (§. 915) und den Acetonen (§. 919), mit Aethylenoxyd (§. 966) und mit Allylalkohol etc. (§. 1382). Der chemische Charakter dieser Campherart ist bis jetzt nicht völlig festgestellt; und man kennt namentlich keine thatsächlichen Beziehungen dieser Substanz zu den zwei andern Campherarten und ihren Abkömmlingen.

Der Borneocampher ist der empirischen Formel nach homolog mit Acrolein (§. 1393), die Campholsäure mit Acrylsäure (§. 1396);

die **Camphersäure** könnte der Zusammensetzung nach in die homologe Reihe der Fumarsäure und Itaconsäure, etc. (§. 1421) gerechnet werden.

Die wichtigsten Verbindungen dieser Gruppe sind: das **Borneol** 1542
(Borneocampher) und der gewöhnliche **Campher**, und die aus beiden entstehenden Säuren und Kohlenwasserstoffe. Diese Substanzen stehen untereinander in ähnlicher Beziehung wie einzelne der früher schon abgehandelten Körper. Man kann sie z. B. in folgender Weise mit den einatomigen Alkoholen und ihren Abkömmlingen vergleichen.

Borneol	$\Theta_{10}H_{18}\Theta$	analog mit:		$\Theta_2H_6\Theta$	Alkohol.
Campher	$\Theta_{10}H_{16}\Theta$	„	„	$\Theta_2H_4\Theta$	Aldehyd.
Camphinsäure	$\Theta_{10}H_{16}\Theta_2$	„	„	$\Theta_2H_4\Theta_2$	Essigsäure.
Camphin (Menthen)	$\Theta_{10}H_{18}$	„	„	Θ_2H_6	Aethylwasserstoff.
Borneen	$\Theta_{10}H_{16}$	„	„	Θ_2H_4	Aethylen.
Cymol	$\Theta_{10}H_{14}$	„	„	Θ_2H_2	Acetylen.

Will man auch die Campholsäure und die Camphersäure in den Kreis der Betrachtung ziehen, so käme man etwa zu folgender Vergleichung:

Borneol	$\Theta_{10}H_{18}\Theta$	analog mit:		$\Theta_3H_6\Theta$	Allylalkohol.
Campher	$\Theta_{10}H_{16}\Theta$	„	„	$\Theta_3H_4\Theta$	Acroleïn.
Camphinsäure	$\Theta_{10}H_{16}\Theta_2$	„	„	$\Theta_3H_4\Theta_2$	Acrylsäure.
Borneen	$\Theta_{10}H_{16}$	„	„	Θ_3H_4	Allylen (u. Acetylen).
Camphin (Menthen)	$\Theta_{10}H_{18}$	„	„	Θ_3H_6	Propylen (u. Aethylen).
Menthencampher	$\Theta_{10}H_{20}\Theta$	„	„	$\Theta_3H_8\Theta$	Propylalkohol (und Alkohol).
Campholsäure	$\Theta_{20}H_{18}\Theta_2$	„	„	$\Theta_3H_6\Theta_2$	Propionsäure (und Essigsäure).
Camphersäure	$\Theta_{10}H_{16}\Theta_4$	„	„	$\Theta_3H_4\Theta_4$	Malonsäure (u. Oxalsäure).

In der **ersten** Zusammenstellung sind die gewöhnlichen Alkohole als Ausgangspunct des Vergleichs gewählt; die Körper der Camphergruppe enthalten dann stets **4 At. Wasserstoff weniger** als die sonst gleich zusammengesetzte Substanz, mit welcher man sie vergleicht; d. h. als dasjenige Glied der durch die oben benutzten Beispiele angedeuteten homologen Reihen, welches 10 At. Kohlenstoff enthält. In der **zweiten** Tabelle sind die um 2 At. Wasserstoff ärmeren Alkohole als Ausgangspunct des Vergleichs benutzt; die Körper der Camphergruppe unterscheiden sich dann nur durch den Mindergehalt von **2 At. Wasserstoff** von den sonst gleich zusammengesetzten Substanzen, mit welchen sie in Parallele gesetzt sind.

Man überzeugt sich leicht, dass die eben mitgetheilten Zusammenstellungen eine gewisse Anzahl thatsächlicher Analogieen ausdrücken;

aber ein genaueres Studium der Campherarten und ihrer Abkömmlinge zeigt, dass die durch diese Zusammenstellungen angedeuteten Analogieen weit davon entfernt sind vollständig zu sein.

1543. Im Folgenden ist zunächst, um von dem chemischen Charakter der Campherarten und ihrer Abkömmlinge ein allgemeines Bild zu geben, das Wichtigste über das Verhalten dieser Körper zusammengestellt.

Das Borneol (Borneocampher) verhält sich in mancher Beziehung wie ein einatomiger Alkohol; man könnte es also durch die typische Formel: $\left.\begin{matrix}\Theta_{10}H_{17}'\\H\end{matrix}\right\}O$ darstellen. Es erzeugt beim Erhitzen mit Säuren, unter Austritt von Wasser, ätherartige Verbindungen (Berthelot); z. B.:

$$\underset{\text{Borneol.}}{\Theta_{10}H_{18}\Theta} + \underset{\text{Stearinsäure.}}{\Theta_{18}H_{36}O_2} = H_2O + \left.\begin{matrix}\Theta_{10}H_{17}\\\Theta_{18}H_{35}O\end{matrix}\right\}\Theta \text{ Stearinsäure-borneol.}$$

$$\Theta_{10}H_{18}O + HCl = H_2\Theta + \Theta_{10}H_{17}.Cl \text{ Borneol-chlorid.}$$

Es verliert ferner bei gemässigter Oxydation zwei Atome Wasserstoff und erzeugt so gewöhnlichen Campher:

$$\underset{\text{Borneol.}}{\Theta_{10}H_{18}O} + O = H_2O + \underset{\text{Campher.}}{\Theta_{10}H_{16}\Theta}$$

Der Campher (Laurineencampher) kann dieser Bildung nach als der dem Borneol entsprechende Aldehyd angesehen werden. Er verhält sich auch in so fern ähnlich wie die Aldehyde und besonders wie die später zu beschreibenden Aldehyde der aromatischen Reihe, als er bei Einwirkung von alkoholischer Kalilösung in den entsprechenden Alkohol und die zugehörige Säure zerfällt (Berthelot):

$$\underset{\text{Campher.}}{2\Theta_{10}H_{16}O} + H_2O = \underset{\text{Borneol.}}{\Theta_{10}H_{18}O} + \underset{\text{Camphinsäure.}}{\Theta_{10}H_{16}O_2}$$

Bei Einwirkung von Phosphorchlorid tauscht er zunächst (wie die Aldehyde) Sauerstoff gegen Chlor aus und erzeugt ein Chlorid: $\Theta_{10}H_{16}Cl_2$, welches leicht Salzsäure verliert und die Verbindung $\Theta_{10}H_{15}Cl$ liefert.

Im Uebrigen besitzt der Campher nicht die Eigenschaften, die man als besonders charakteristisch für die Aldehyde hält; er verbindet sich weder mit Ammoniak noch mit schwefligsauren Salzen; er konnte bis jetzt durch Oxydation nicht in Camphinsäure übergeführt werden; bei Einwirkung von Chlor oder Brom erzeugt er Substitutionsproducte, während aus den Aldehyden meist die Chloride oder Bromide der entsprechenden Säuren entstehen.

Der Menthencampher (Menthol, Pfeffermünzcampher) zeigt nach neueren Versuchen von Oppenheim das Verhalten eines einatomigen Alkohols. Er verbindet sich, unter Austritt von Wasser, mit Säuren und erzeugt bei Einwirkung von Chlor- oder Bromphosphor ein entsprechendes Chlorid, oder Bromid. Z. B.:

$\left.\begin{matrix}\Theta_{10}H_{19}\\ H\end{matrix}\right\}O$	$\left.\begin{matrix}\Theta_{10}H_{19}\\ \Theta_2H_3O\end{matrix}\right\}\Theta$	$\Theta_{10}H_{19}.Cl$	$\Theta_{10}H_{19}.Br$
Menthol.	Essigsäure-menthol.	Menthylchlorid.	Menthylbromid.

Er kann weder in Borneol noch in gewöhnlichen Campher übergeführt werden und liefert auch bei Oxydation keine Camphersäure. Seine Beziehung zu den eigentlichen Campherarten ist daher wohl nur scheinbar; er gehört vielleicht in die homologe Reihe des Allylalkohols (§. 1379).

Bei Einwirkung von Phosphorsäureanhydrid (oder andrer Wasser entziehender Substanzen) verlieren die drei Campherarten die Elemente des Wassers und erzeugen die Kohlenwasserstoffe: Menthen, Borneen und Cymol:

Menthencampher	$\Theta_{10}H_{20}O = H_2O + \Theta_{10}H_{18}$	Menthen.
Borneol	$\Theta_{10}H_{18}O = H_2\Theta + \Theta_{10}H_{16}$	Borneen.
Campher	$\Theta_{10}H_{16}O = H_2O + \Theta_{10}H_{14}$	Cymol.

Diese drei Kohlenwasserstoffe stehen also ihrer Bildung nach zu den Campherarten, aus welchen sie erzeugt wurden, in ähnlicher Beziehung wie das Aethylen zum Alkohol.

Das Menthen gehört wahrscheinlich in die homologe Reihe des Acetylens (§. 1412). Das Cymol ist homolog mit Benzol (aromatische Substanzen).

Das Borneen ist isomer mit den Terpenen (Terpentinöl, etc.); es ist bis jetzt nicht näher untersucht und man weiss namentlich nicht, ob es durch directe oder indirecte Aufnahme von Wasser wieder in Borneol überzugehen im Stande ist.

Nach Angaben von Berthelot kann einer der vielen durch die Formel $\Theta_{10}H_{16}$ ausgedrückten Kohlenwasserstoffe (Terpene), das aus dem Terpentinöl dargestellte Camphen, durch directe Oxydation vermittelst Platinmohr in gewöhnlichen Campher übergeführt werden.

$$\underset{\text{Camphen.}}{\Theta_{10}H_{16}} + O = \underset{\text{Campher.}}{\Theta_{10}H_{16}O}$$

Wenn sich diese Angabe bestätigt, so vermittelt sie den Uebergang aus der Gruppe der Terpene in die Camphergruppe.

Mit dem Menthen ist vielleicht der von Claus durch Destillation von Campher mit Jod erhaltene Kohlenwasserstoff Camphin isomer, für welchen Claus die Formel: Θ_9H_{14} annimmt. Ist das Camphin wirklich $\Theta_{10}H_{18}$, so steht es vielleicht zum Borneol in ähnlicher Beziehung wie der Aethylwasserstoff zum Alkohol.

Von den aus den eigentlichen Campherarten entstehenden Säuren: **Camphinsäure**, **Campholsäure** und **Camphersäure** ist bis jetzt nur die letztere näher untersucht.

Die Bildung der **Camphinsäure** wurde oben erwähnt; sie ist bis jetzt nicht einmal analysirt.

Die **Campholsäure** entsteht beim Erhitzen von Campher mit Natronkalk:

$$\underset{\text{Campher.}}{\Theta_{10}H_{16}\Theta} + H_2O = \underset{\text{Campholsäure.}}{\Theta_{10}H_{18}\Theta_2}$$

Sie ist einbasisch und könnte der empirischen Formel nach in die Reihe der Acrylsäure gerechnet werden (§. 1302), sie erzeugt aber beim Schmelzen mit Kalihydrat weder Essigsäure noch Caprinsäure. Ihre Umwandlungen sind bis jetzt wenig untersucht, man weiss nur, dass sie bei Destillation mit Phosphorsäureanhydrid **Campholen** liefert, vielleicht:

$$\underset{\text{Campholsäure.}}{\Theta_{10}H_{18}O_2} = \underset{\text{Campholen.}}{\Theta_9H_{16}} + \Theta O + H_2\Theta$$

Die **Camphersäure** entsteht bei Oxydation des Camphers mit Salpetersäure:

$$\underset{\text{Campher.}}{\Theta_{10}H_{16}O} + \Theta_3 = \underset{\text{Camphersäure.}}{\Theta_{10}H_{16}\Theta_4}$$

Sie ist zweibasisch und zeigt in ihrem Verhalten eine grosse Aehnlichkeit mit den zweibasisch-zweiatomigen Säuren aus der Klasse der Fettkörper, z. B. mit Bernsteinsäure (§. 1120). Der empirischen Formel nach könnte sie in die Reihe der Fumarsäure und Itaconsäure etc. gestellt werden, aber sie verbindet sich weder mit Wasserstoff noch mit Brom (vgl. §. 1421).

Wird camphersaurer Kalk der trocknen Destillation unterworfen, so entsteht **Phoron**:

$$\underset{\text{Camphersäure.}}{\Theta_{10}H_{16}O_4} = H_2\Theta + \Theta\Theta_2 + \underset{\text{Phoron.}}{\Theta_9H_{14}\Theta}$$

Dieses erzeugt bei Destillation mit Phosphorsäureanhydrid **Cumol**.

$$\underset{\text{Phoron.}}{\Theta_9H_{14}\Theta} = H_2O + \underset{\text{Cumol.}}{\Theta_9H_{12}}$$

1544. Die Bildung der eben erwähnten aus der Campholsäure und der Camphersäure entstehenden Zersetzungsproducte ist leicht verständlich; ihre Beziehungen zu den aus den Campherarten sich herleitenden Säuren treten deutlich hervor, wenn man sich für diese Säuren weiter auflösender Formeln bedient.

Man kann die Camphinsäure und die Camphorsäure zunächst durch die typischen Formeln ausdrücken:

$$\left.\begin{matrix}\Theta_{10}H_{15}O\\H\end{matrix}\right\}O \qquad \left.\begin{matrix}\Theta_{10}H_{14}O_2\\H_2\end{matrix}\right\}O_2,$$

Camphinsäure. Camphersäure.

und man kann diese Formeln dann nach den früher mehrfach angegebenen Principien weiter auflösen:

$$\left.\begin{matrix}\Theta_9H_{15}.\Theta O\\H\end{matrix}\right\}O \qquad \left.\begin{matrix}\Theta_8H_{14}.(\Theta O)_2\\H_2\end{matrix}\right\}O_2$$

Camphinsäure. Camphersäure.

Das **Campholen** kann dann als Hydrür des Radicals Θ_9H_{15} angesehen werden ($\Theta_9H_{15}.H$); es stünde zur Camphinsäure in ähnlicher Beziehung wie Methylwasserstoff zu Essigsäure. Dasselbe Radical in isolirtem Zustand ist vielleicht das bei Destillation von Camphersäure mit Phosphorsäure entstehende **Camphyl** ($\Theta_{18}H_{30} = (\Theta_9H_{15})_2$).

Das **Phoron**: $\Theta_9H_{14}O$ könnte als Carbonylverbindung des in der Camphersäure enthaltenen Radicals angesehen werden, es wäre dann einigermassen den Aldehyden und Acetonen analog:

$$\Theta_8H_{14}.\Theta O \qquad \left.\begin{matrix}\Theta H_3\\H\end{matrix}\right\}\Theta O \qquad \left.\begin{matrix}\Theta H_3\\\Theta H_3\end{matrix}\right\}\Theta O;$$

Phoron. Aldehyd. Aceton.

es ist, der empirischen Formel nach, homolog mit gewöhnlichem Campher:

$$\Theta_9\,H_{14}O = \text{Phoron.}$$
$$\Theta_{10}H_{16}O = \text{Campher.}$$

Physikalische Isomerie. Es wurde oben schon angedeutet 1545.
(§. 1540), dass in der Camphergruppe häufig Fälle von **Isomerie** und namentlich von **physikalischer Isomerie** beobachtet worden sind. Es scheint geeignet die wichtigsten der in dieser Richtung beobachteten Thatsachen hier übersichtlich zusammenzustellen.

Die Campherarten und die meisten ihrer Abkömmlinge sind optisch wirksam; sie wirken drehend auf die Ebene des polarisirten Lichtes (vgl. 1452). Aehnlich wie für die Weinsäure (§§. 1314 ff.), für die Zuckerarten (§. 1453) und für andere der früher beschriebenen Substanzen, so hat man auch für die eigentlichen **Campherarten** und für die aus ihnen entstehende **Camphersäure** die Beobachtung gemacht, dass chemisch identische oder nahezu identische Modificationen existiren, die durch ihr Verhalten gegen polarisirtes Licht sich von einander unterscheiden.

I. Borneol.

1) Der gewöhnliche aus Dryobalanops camphora gewonnene Borneocampher ist rechtsdrehend. Sein Drehungsvermögen ist: $[\alpha] = + 33{,}^{0}4$.

2) Im Krappfuselöl ist eine Modification des Borneocamphers enthalten, welche das polarisirte Licht nach links dreht; die spec. Drehkraft ist eben so gross wie die des Dryobalanops-camphers, aber von umgekehrtem Zeichen: $[\alpha] = - 33{,}^{0}4$.

3) Eine dritte Modification des Borneols entsteht bei Destillation des Bernsteins mit verdünnter Kalilauge; sie ist rechtsdrehend wie der Dryobalanops-campher, aber das Drehungsvermögen ist weit kleiner: $[\alpha] = + 4^{0}{,}5$.

4) Das aus gewöhnlichem Campher durch alkoholische Kalilösung dargestellte Borneol endlich ist eine vierte Modification. Es ist rechtsdrehend wie das Borneol aus Dryobalanops oder aus Bernstein; sein Drehungsvermögen ist um $^{1}/_{3}$ grösser als dasjenige des Dryobalanopsborneols: $[\alpha] = + 44{,}^{0}9$.

Aus den mitgetheilten Thatsachen ergibt sich, dass das aus Dryobalanops gewonnene Borneol durch eine Aufeinanderfolge chemischer Metamorphosen in eine andere optisch verschiedene Modification umgewandelt werden kann. Durch gemässigte Oxydation kann es zunächst in gewöhnlichen Campher übergeführt werden; dieser liefert dann beim Erhitzen mit alkoholischer Kalilösung die vierte Modification des Borneols, welche stärker nach rechts dreht als der ursprünglich angewandte Dryobalanops-campher.

II. Campher.

1) Der gewöhnliche aus Laurus camphora gewonnene Campher (Laurineencampher) ist rechtsdrehend; $[\alpha] = + 47{,}^{0}4$. Dieselbe Modification entsteht durch Oxydation des Dryobalanops-borneols.

2) Eine linksdrehende Modification des Camphers, deren Drehungsvermögen im Uebrigen eben so gross ist, wie das des gewöhnlichen Camphers, findet sich im ätherischen Oel von Matricaria Parthenium (Familie der Compositen): $[\alpha] = - 47^{0}{,}4$. Dieselbe Modification wird durch Oxydation aus dem linksdrehenden Borneol des Krappfuselöls erhalten.

3) Optisch inactiv ist der im Lavendelöl (aus Lavandula angustifolia, Familie der Labiaten) vorkommende Campher.

4) Eine vierte Modification des Camphers entsteht durch Oxydation des aus Bernstein dargestellten Borneols (I. 3); sie ist rechtsdrehend; das Drehungsvermögen ist etwa $^{1}/_{5}$ von dem des gewöhnlichen Camphers.

5) Der aus Camphen, und folglich aus Terpentinöl dargestellte Campher ist bis jetzt nicht näher untersucht. Vielleicht gelingt es aus den verschiedenen Terebentenen correspondirende Camphene darzustellen,

durch deren Oxydation vielleicht ebensoviel Modificationen des Camphers erhalten werden können (Berthelot).

III. Camphersäure.

Man kennt eine rechtsdrehende und eine linksdrehende Modification; durch Vereinigung beider entsteht die optisch unwirksame Paracamphersäure. Es wiederholt sich also bei den Camphersäuren dasselbe Verhalten, welches früher gelegentlich der verschiedenen Modificationen der Weinsäure ausführlich besprochen wurde.

1) Rechtscamphersäure entsteht durch Oxydation des rechtsdrehenden Laurineencamphers (gewöhnlichen Camphers); $[\alpha] = + 38^0$ bis 39^0.

2) Linkscamphersäure wird erhalten bei Oxydation des linksdrehenden Camphers aus Matricaria: $[\alpha] = - 38^0$ bis 39^0.

3) Die optisch unwirksame Paracamphersäure bildet sich wenn die beiden wirksamen Modificationen in äquivalenten Mengen gemischt werden.

Die für die Campherarten und die aus ihnen entstehende Camphersäure beobachtete Eigenschaft der Circularpolarisation findet sich in verschiedenen Abkömmlingen dieser Verbindungen wieder; man hat bis jetzt diesen Gegenstand nicht weiter verfolgt und man weiss daher nicht bis zu welchen Derivaten diese optische Eigenschaft erhalten bleibt und bei welchen Zersetzungsproducten sie verschwindet, so dass aus physikalisch verschiedenen Modificationen vollständig identische Producte entstehen.

Auch der Menthencampher ist optisch wirksam, er dreht die Polarisationsebene nach links: $[\alpha] = 59^0,6$. Man kennt bis jetzt keine optisch verschiedene Modification. Die Essigsäure- und die Buttersäureverbindung des Menthols sind ebenfalls optisch wirksam. Für das entsprechende Chlorid, Bromid und Jodid dagegen konnte kein Rotationsvermögen beobachtet werden. Das aus dem Menthencampher durch Chlorzink entstehende Menthen ist optisch unwirksam, während das aus Menthyljodid durch Ammoniak oder Schwefelkalium erzeugte Menthen rechtsdrehend ist.

Menthencampher, Menthol, Pfeffermünzcampher *): 1546. $\Theta_{10}H_{20}O$. Das durch Destillation der Pfeffermünze (Mentha piperita) mit Wasser dargestellte Pfeffermünzelöl enthält neben einem Kohlenwasserstoff von der Zusammensetzung des Terpentinöls den Menthencampher. Das amerikanische und das japanesische Pfeffermünzöl sind besonders reich an Menthencampher. Nach Völckel **) findet sich der Menthencampher bisweilen im Wurmsamenöl.

---

*) Dumas. Ann. Chem. Pharm. VI. 252; Blanchet und Sell. ibid. VI. 291; Walter, ibid. XXVIII. 312; XXXII 288; Kane, ibid. XXXII. 285 u. bes. Oppenheim. ibid. CXX. 350 und Compt. rend. 1863. LVII. 360.

**) Ann. Chem. Pharm. LXXXVII. 316.

Darstellung. Das amerikanische und das japanesische Pfeffermünzöl erstarren bei 0°. Europäisches Pfeffermünzöl liefert erst bei — 20° Krystalle; es wird daher zweckmässiger der fractionirten Destillation unterworfen. Die Krystalle können durch Auspressen von dem flüssigen Kohlenwasserstoff getrennt werden; vollständige Reinigung gelingt am besten durch fractionelle Destillation.

Der Menthencampher bildet farblose Prismen, er riecht stark nach Pfeffermünze, schmilzt bei 36° und siedet bei 210°. Er löst sich kaum in Wasser, leicht in Alkohol, Aether, Schwefelkohlenstoff, ätherischen Oelen und in concentrirten Säuren. Er dreht die Polarisationsebene nach links (vgl. §. 1545).

Von Chlor oder Brom wird er leicht angegriffen unter Bildung von Substitutionsproducten; von kochender Salpetersäure wird er oxydirt; die entstehende Säure ist bis jetzt nicht näher untersucht. Beim Erhitzen mit concentrirter Schwefelsäure oder mit Phosphorsäure-anhydrid zerfällt er in Wasser und **Menthen** (§. 1547).

$$\underset{\text{Menthol.}}{\Theta_{10}H_{20}O} = \underset{\text{Menthen.}}{\Theta_{10}H_{18}} + H_2\Theta$$

Der Menthencampher zeigt, bis zu einem gewissen Grad, das Verhalten eines einatomigen Alkohols (vgl. §. 1543). Er löst Kalium oder Natrium unter Entwicklung von Wasserstoff auf und bildet glasartige Massen, die sich in Alkohol lösen und von Wasser zersetzt werden. Mit Säuren erzeugt er leicht Aetherarten. Wird er z. B. mit Salzsäure auf 100° erhitzt, so entsteht **Menthylchlorid**.

$$\underset{\text{Menthol.}}{\Theta_{10}H_{20}O} + HCl = \underset{\text{Menthylchlorid.}}{\Theta_{10}H_{19}Cl} + H_2\Theta$$

Dieselbe Verbindung entsteht auch bei Einwirkung von Phosphorchlorid. Das **Menthylbromid**: $\Theta_{10}H_{19}Br$ wird durch Einwirkung von Phosphorbromür auf Menthol erhalten; das **Menthyljodid**: $\Theta_{10}H_{19}J$ durch Behandeln von Menthol mit Phosphorjodür und Jod. Aus dem Menthylchlorid und dem Menthylbromid entstehen durch Einwirkung von Brom krystallisirbare Substitutionsproducte: $\Theta_{10}H_{14}Br_5Cl$ und $\Theta_{10}H_{14}Br_6$.

Erhitzt man Menthol mit Essigsäurehydrat oder Essigsäureanhydrid auf 150°, so entsteht **Essigsäure-menthol**:

$$\underset{\text{Menthol.}}{\Theta_{10}H_{20}O} + \underset{\text{Essigsäure.}}{\Theta_2H_4O_2} = \underset{\text{Essigsäure-menthol.}}{\left.\begin{matrix}\Theta_{10}H_{19}\\ \Theta_2H_3O\end{matrix}\right\}O} + H_2\Theta$$

Buttersäure erzeugt eine entsprechende Verbindung.

Das **Menthylchlorid** ist flüssig, es siedet unter theilweiser Zersetzung bei 204°. Auch das Menthylbromid und Menthyljodid werden durch Hitze zersetzt.

Das Essigsäure-Menthol ist eine zähe Flüssigkeit, die bei 222° — 224° siedet; es regenerirt beim Erhitzen mit alkoholischer Kalilösung Menthol. Das Buttersäure-Menthol siedet zwischen 230° und 240°.

Das Menthylchlorid ist verhältnissmässig beständig und es zeigt namentlich keine doppelte Zersetzung. Von Schwefelsilber und von Schwefelcyankalium wird es selbst beim Erhitzen nicht angegriffen; von Schwefelkalium oder von Ammoniak wird es bei etwa 140° zersetzt; dabei entstehen indessen nicht durch doppelte Zersetzung Menthylverbindungen, man erhält vielmehr, durch Spaltung, Menthen:

$$\underset{\text{Menthylchlorid.}}{\Theta_{10}H_{19}Cl} = \underset{\text{Menthen.}}{\Theta_{10}H_{18}} + HCl$$

Das Menthyljodid zeigt dasselbe Verhalten. Lässt man Menthylchlorid auf Zinkäthyl einwirken, oder behandelt man die Natriumverbindung des Menthols mit Menthylchlorid, so entsteht ebenfalls Menthen. Erhitzt man Menthylchlorid mit Natrium auf 150°, so wird eine Flüssigkeit erhalten, welche ein Gemenge von Menthen und Menthylwasserstoff (Diamylen?) zu sein scheint, die der nahe übereinstimmenden Siedepunkte wegen nicht getrennt werden können.

$$\underset{\text{Menthylchlorid.}}{2\Theta_{10}H_{19}Cl} + Na_2 = 2NaCl + \underset{\text{Menthen.}}{\Theta_{10}H_{18}} + \underset{\text{Menthenhydrür.}}{\Theta_{10}H_{20}}$$

Die zuletzt angeführten Thatsachen zeigen, dass das Menthol in seinem chemischen Verhalten von den wahren Alkoholen wesentlich verschieden ist; es zeigt eine grössere Aehnlichkeit mit den Pseudo-alkoholen, z. B. mit dem aus Amylen dargestellten Amylenhydrat.

Menthen*): $\Theta_{10}H_{18}$. Dieser mit Camphin (§. 1547) und Sebacin 1547. (§. 1412) isomere Kohlenwasserstoff entsteht wenn Menthencampher mit concentrirter Schwefelsäure erwärmt, oder mit Phosphorsäureanhydrid oder Chlorzink destillirt wird. Er bildet sich ferner bei den eben erwähnten Zersetzungen des Menthylchlorids. Das aus Menthylchlorid oder Menthyljodid dargestellte Menthen unterscheidet sich übrigens, nach Oppenheim, von dem aus Menthencampher direct dargestellten durch sein Verhalten gegen polarisirtes Licht (vgl. §. 1545).

Das Menthen ist eine angenehm riechende bei 163° siedende Flüssigkeit (spec. Gew. 0,851 bei 21°); es löst sich nicht in Wasser, wenig in Alkohol, Holzgeist und Aether, leicht in Terpentinöl, etc.

Es ist bis jetzt sehr wenig untersucht, man weiss z. B. nicht ob es sich direct mit Salzsäure vereinigt und so Menthylchlorid erzeugt. Bei Einwirkung von Chlor oder von Brom erzeugt es Substitutionsproducte.

---

*) Walter. Ann. Chem. Pharm. XXXII. 289. — Oppenheim. Compt. rend. LVII. 362.

Das einfach gebromte Menthen: $\Theta_{10}H_{17}Br$ liefert mit Silberoxyd oder mit alkoholischer Kalilösung kein Borneol, sondern einen Kohlenwasserstoff von der Zusammensetzung des Terpentinöls: $\Theta_{10}H_{16}$. Von Salpetersäure wird das Menthen beim Erhitzen oxydirt; es entsteht eine eigenthümliche, bis jetzt nicht näher untersuchte Säure.

Wird Pfeffermünzöl (Menthencampher) mit concentrirter Schwefelsäure erwärmt, so entsteht neben Menthen, noch Menthenschwefelsäure oder Menthylschwefelsäure: $\Theta_{10}H_{19}.H.SO_4$ (Walter).

1548. Borneol, Borneocampher, Camphol*): $\Theta_{10}H_{18}\Theta$. Es wurde oben (§. 1545) schon erwähnt, dass vier in ihrem optischen Verhalten verschiedene Modificationen des Borneols existiren. Das gewöhnliche Borneol findet sich in einem auf Sumatra und Borneo wachsenden Baume, dem Dryobalanops camphora. In allen Stämmen finden sich Krystalle von Borneol; aus jungen Stämmen fliesst ein ätherisches Oel aus, welches neben Borneol noch Kohlenwasserstoffe enthält. Nach Gerhardt findet sich Borneol im Baldrianöl, oder es entsteht vielleicht aus dem im Baldrianöl vorkommenden Borneen wenn dieses längere Zeit mit wässriger oder besser alkoholischer Kalilösung in Berührung bleibt.

Das Borneol bildet kleine zerreibliche Krystalle, die dem gewöhnlichen Campher ähnlich aber zugleich nach Pfeffer riechen, es schmeckt brennend, schmilzt bei 198° und siedet bei 212°; es sublimirt schon weit unter seinem Schmelzpunkt, aber weniger leicht als gewöhnlicher Campher. Es ist unlöslich in Wasser, löslich in Alkohol und Aether. Es dreht die Polarisationsebene nach rechts: $[\alpha] = + 33^0,4$.

Das Borneol verhält sich bis zu einem gewissen Grad wie ein einatomiger Alkohol. Es erzeugt z. B. mit Säuren ätherartige Verbindungen (Berthelot).

Das salzsaure Borneol oder Borneolchlorid: $\Theta_{10}H_{17}Cl$ erhält man durch 8—10stündiges Erhitzen von Borneol mit kalt gesättigter wässriger Salzsäure auf 100°, und Umkrystallisiren des mit Kali gewaschenen Productes aus Alkohol. Es gleicht sehr dem salzsauren Terpentinöl (§. 1577), hat aber ein anderes Drehungsvermögen. Es schmilzt und sublimirt unter theilweiser Zersetzung; beim Erhitzen mit Kalk regenerirt es Borneol.

Stearinsäure-Borneol: $\left.\begin{matrix}\Theta_{10}H_{17}\\ \Theta_{18}H_{35}\Theta\end{matrix}\right\}\Theta$. Man erhitzt mehrere Stunden mit Stearinsäure auf 180°—200°; entfernt aus dem Product die überschüssige Stearinsäure durch Schütteln mit Kalkhydrat und Aether, und erhitzt dann noch mehrere Stunden in einer offenen Schale auf 150°—

*) Vgl. bes. Pelouze. Ann. Chem. Pharm. XL. 326; Gerhardt. ibid. XLV. 38; Berthelot. ibid. CX. 367; CXII. 363 und Traité I. 150.

160° um unverbundenes Borneol zu verflüchtigen. Das Stearinsäure-Borneol ist frisch bereitet eine zähe Flüssigkeit, die erst nach Wochen oder Monaten krystallinisch erstarrt; es ist unlöslich in Wasser, wenig löslich in kaltem Alkohol, leicht löslich in siedendem Alkohol und in Aether. Beim Erhitzen mit Natronkalk regenerirt es Borneol. Mit Benzoesäure erzeugt das Borneol eine entsprechende Verbindung.

Von mässig concentrirter Salpetersäure wird das Borneol in der Kälte sehr langsam, beim Erhitzen rasch zu gewöhnlichem Campher oxydirt (Pelouze). Bei Destillation mit Phosphorsäureanhydrid gibt es Borneen: $\Theta_{10}H_{16}$.

Modificationen des Borneols.

Borneol aus Krappfuselöl*). Bei Darstellung von Weingeist aus Krappwurzel wird ein übelriechendes Fuselöl erhalten, welches bisweilen schon beim Stehen Krystalle von Borneol absetzt. Wird dieses Fuselöl der fractionirten Destillation unterworfen, so sublimirt bei 220° Borneol. Das so dargestellte Borneol hat mit dem gewöhnlichen Borneol alle chemischen und fast alle physikalischen Eigenschaften gemein, aber es dreht die Polarisationsebene nach links und zwar genau ebensoviel als das gewöhnliche Borneol nach rechts dreht; $[\alpha] = -33^\circ,4$. 1549.

Borneol aus Campher**). Wenn gewöhnlicher Campher (2 Th.) mit Kalihydrat (1 Th.) und Alkohol (5—6 Th.) acht bis zehn Stunden auf 180°—200° erhitzt wird, so zerfällt er in Borneol und Camphinsäure (vgl. §. 1552).

Wird das Product mit Wasser vermischt, so bleiben Borneol und unzersetzter Campher ungelöst. Um beide zu trennen muss aus dem Borneol der oben beschriebene Stearinsäureäther dargestellt werden. Man erhitzt also einige Stunden mit Stearinsäure auf 180° — 200°, reinigt das Stearinsäure-Borneol wie oben angegeben und zersetzt es durch Erhitzen mit Natronkalk auf 120°. Man kann auch das durch Einwirkung von Stearinsäure erhaltene Product mehrere Tage lang zuerst in einer Retorte dann in einer offenen Schale auf 160° — 180° erhitzen; der Campher und das ungebundene Borneol entweichen, während Stearinsäure-Borneol und freie Stearinsäure zurückbleiben. Man trägt dann das halbe Gewicht Natronkalk ein und erhitzt einige Zeit auf 120°, wodurch das gebildete Borneol sublimirt.

Das aus Campher dargestellte Borneol stimmt in allen Eigenschaften mit dem aus Dryobalanops dargestellten fast vollständig überein, aber es besitzt ein stärkeres Drehungsvermögen; $[\alpha] = +44^\circ,9$.

Borneol aus Bernstein***). Wird Bernstein mit $^1/_4$ seines Gewichtes Kali und viel Wasser destillirt, so geht mit den Wasserdämpfen

*) Jeanjean. Ann. Chem. Pharm. CI. 94.
**) Berthelot. ibid. und Traité I. 147.
***) Vgl. bes. Berthelot und Buignet. Ann. Chem. Pharm. CXV. 244.

Borneol über. 1 Kilogr. Bernstein liefert 3 Gr. Borneol. Das so dargestellte Borneol unterscheidet sich von dem gewöhnlichen Borneol wesentlich durch sein weit geringeres Drehungsvermögen: $[\alpha] = + 4^{\circ},5$. Es erzeugt wie das gewöhnliche Borneol bei Einwirkung von Salzsäure Borneolchlorid und beim Erhitzen mit Stearinsäure Stearinsäure-Borneol. Die letztere Verbindung regenerirt beim Erhitzen mit Natronkalk ein Borneol, welches dasselbe Drehungsvermögen besitzt, wie das Berustein-Borneol, aus welchem es erhalten wurde.

1550. Campher *) (Laurineencampher, gewöhnlicher Campher): $\Theta_{10}H_{16}\Theta$. Der Campher findet sich in allen Theilen des in China und Japan einheimischen Campherbaums (Laurus camphora). Er entsteht bei gemässigter Oxydation des Borneols (§ 1548). Die §. 1545 schon erwähnten, durch ihr Verhalten gegen polarisirtes Licht von Laurineencampher abweichenden Modificationen sind weiter unten zusammengestellt (§. 1551). Ebenso einige Bildungsweisen des Camphers für welche bis jetzt nicht nachgewiesen ist, welche Modification sie erzeugen.

Darstellung. Holz und Rinde des Campherbaums werden mit Wasser in einem Destillirapparat dessen Helm mit Reisstroh ausgelegt ist erhitzt; der am Stroh sich absetzende Campher wird durch Sublimation für sich oder mit Kreide oder Kalk raffinirt.

Der Campher bildet gewöhnlich weisse halbdurchsichtige krystallinische Massen; isolirte Krystalle erscheinen als sechseitige Tafeln oder als Pyramiden des hexagonalen Systems. Er ist sehr zähe und kann daher für sich nicht pulverisirt werden, leicht dagegen nach Befeuchten mit Alkohol. Er riecht eigenthümlich und besitzt einen brennenden Geschmack. Er löst sich sehr wenig in Wasser, leicht in Alkohol, Aether, in ätherischen Oelen und in concentrirten Säuren. Er verdampft und sublimirt schon bei gewöhnlicher Temperatur, schmilzt bei 175° und siedet bei 204°. Seine alkoholische Lösung ist rechtsdrehend: $[\alpha] = + 47^{\circ},4$.

Umwandlungen und Zersetzungen. Der Campher löst sich in wässrigen Alkalien ohne Zersetzung. Wird er mit alkoholischer Kalilösung längere Zeit auf 180° — 200° erhitzt, so zerfällt er in Borneol (§. 1549) und Camphinsäure (§. 1552) (Berthelot). Bei stärkerem Erhitzen mit Natronkalk entsteht Campholsäure (§. 1553). Leitet man Campherdampf über rothglühenden Kalk, so tritt tiefer gehende Zersetzung ein, deren Producte bis jetzt nicht näher untersucht sind **).

*) Vgl. bes. Dumas. Ann. Chem. Pharm. VI. 246; Blanchet und Sell. ibid. VI. 302; Laurent, ibid. XXII. 135; Dumas und Stas, ibid. XXXVIII. 183; Delalande, ibid. XXXVIII. 337; Gerhardt, ibid. XLV. 40, XLVIII. 234; Pelouze, ibid. XL. 328; Berthelot, ibid. CX. 368.

**) Vgl. Fremy. Ann. Chem. Pharm. XV. 286.

Kocht man Campher mit Salpetersäure oder übermangansaurem Kali so wird er zu Camphersäure (§. 1554) oxydirt; bei Einwirkung von Salpetersäure entstehen gleichzeitig andere in Wasser löslichere Säuren (vgl. §. 1559).

Wird Campher mit Phosphorsäureanhydrid oder mit Chlorzink destillirt, so zerfällt er zu Wasser und Cymol (Delalande, Gerhardt). Durch längeres Erhitzen mit concentrirter Schwefelsäure wird das mit Phoron isomere Camphren (§. 1164) erzeugt (Limpricht, Schwanert).

Salzsäure, schweflige Säure und Untersalpetersäure werden von Campher absorbirt; die entstehenden flüssigen Verbindungen sind noch nicht näher untersucht.

Lässt man Phosphorchlorid auf Campher einwirken so entsteht entweder das Chlorid: $\Theta_{10}H_{16}Cl_2$ oder die Verbindung: $\Theta_{10}H_{15}Cl$ *).

Wendet man auf 1 Mol Campher 2 Mol. Phosphorchlorid an, so verschwindet das letztere erst über 100°; Wasser fällt aus dem Product ein Oel, welches nach einiger Zeit krystallinisch erstarrt. Der so erhaltene Körper kann aus heissem Alkohol umkrystallisirt werden: er hat die Zusammensetzung: $\Theta_{10}H_{16}Cl_2$; er schmilzt bei etwa 70°, sublimirt leicht und zersetzt sich bei höherer Temperatur und schon beim Aufbewahren über Schwefelsäure, indem er Salzsäure abgiebt und wahrscheinlich das Chlorid $\Theta_{10}H_{15}Cl$ erzeugt. Er dreht die Polarisationsebene nach links.

Bringt man 1 Mol. Campher mit 1 Mol. Phosphorchlorid zusammen, so findet schon in der Kälte Einwirkung statt; bei 60° entweicht viel Salzsäure und durch Wasser werden dann weisse Flocken gefällt, die aus siedendem Alkohol umkrystallisirt werden können. Sie sind das Chlorid: $\Theta_{10}H_{15}Cl$; sie schmelzen bei etwa 60°, sublimiren leicht und verlieren bei höherer Temperatur Salzsäure, indem sie wahrscheinlich den Kohlenwasserstoff: $\Theta_{10}H_{14}$ erzeugen. Ihre Lösung ist optisch inactiv.

Die Bildung beider Chloride erklärt sich wohl durch die Gleichungen:

$$\Theta_{10}H_{16}\Theta + PCl_5 = \Theta_{10}H_{16}Cl_2 + P\Theta Cl_3$$
$$\Theta_{10}H_{16}Cl_2 = \Theta_{10}H_{15}Cl + HCl.$$

Chlor wirkt selbst im Sonnenlicht nur langsam auf Campher; leitet man dagegen Chlor in eine Lösung von Campher in Phosphorchlorür, so entstehen leicht chlorhaltige Körper, die nach Claus **), Chlorsubstitutionsproducte des Camphers sind ($\Theta_{10}H_{12}Cl_4\Theta, \Theta_{10}H_{10}Cl_6\Theta$).

Brom löst den Campher leicht auf, nach einiger Zeit setzen sich rothe Krystalle einer durch Addition gebildeten Verbindung: $\Theta_{10}H_{16}\Theta,Br_2$ ab (Laurent) ***). Dieselbe Verbindung entsteht leichter wenn man einer Lösung von Campher in Chloroform Brom zufügt (Swarts); sie bildet

*) Gerhardt. Traité. III. 694; Pfaundler. Ann. Chem. Pharm. CXV. 29.

**) Ann. Chem. Pharm. XLIV. 301.

***) Laurent, ibid. XLVIII. 251; Swarts, Jahresb. 1862. 462.

schöne orangefarbene Prismen, die an der Luft rasch Brom verlieren. Wird sie in einer zugeschmolzenen Röhre auf 100° erhitzt, so zerfällt sie in Bromwasserstoff und Monobromcampher: $\Theta_{10}H_{15}Br\Theta$. Dieser kann auch direct durch dreistündiges Erhitzen von Brom und Campher auf 100° erhalten werden. Er bildet farblose lange Prismen, die bei etwa 64° schmelzen und bei 264° sieden. Er ist unlöslich in Wasser, leicht löslich in Alkohol und Aether (Swarts). — Lässt man Brom auf eine Lösung von Campher in Phosphorbromür einwirken, so entstehen nach Claus ölartige Bromsubstitutionsproducte des Camphers. Destillirt man Campher mit Jod so geht Wasser und Jodwasserstoff über und ausserdem Camphin (§. 1561, nach Claus Θ_8H_{16}), Colophen (§. 1575) und eine sauerstoffhaltige Substanz die Claus als Camphokreosot bezeichnet und die nach Schweizer *) mit Carvacrol identisch ist.

1551. Isomere Modificationen des Camphers. Es wurde oben schon erwähnt (§. 1545), dass verschiedene Modificationen des Camphers existiren, die sich von dem Laurineencampher nur durch das Verhalten gegen polarisirtes Licht unterscheiden.

Linksdrehender Campher **). Man gewinnt ihn aus dem Oel von Matricaria Parthenium durch Abkühlen des bei 200° — 220° siedenden Theils auf — 5° (Dessaignes und Chautard). Er entsteht auch durch Oxydation des linksdrehenden Borneols aus Krappfuselöl (§. 1549) (Jeanjean). Er gleicht in allen Eigenschaften dem gewöhnlichen Laurineencampher, nur dreht er die Polarisationsebene nach links; $[\alpha] = -47°,4$ und erzeugt bei Oxydation mit Salpetersäure linksdrehende Camphersäure (§. 1554). Er schmilzt bei 175° und siedet bei 204°.

Optisch inactiver Campher scheidet sich aus den ätherischen Oelen mehrerer zur Familie der Labiaten gehörigen Pflanzen, namentlich aus Lavendelöl (Lavandula angustifolia) ab (Proust, Biot).

Campher aus Bernstein. Der durch gemässigte Oxydation des aus Bernstein dargestellten Borneols (§. 1549) entstehende Campher ist rechtsdrehend, aber sein Drehungsvermögen ist nur $^1/_5$ von dem des Laurineencamphers: $[\alpha] = +9°$ (Berthelot und Buignet).

Der von Döpping ***) durch Destillation von Bernstein mit Salpetersäure erhaltene Campher ist offenbar dieselbe Modification.

Bis jetzt nicht näher untersucht sind die folgenden Modificationen des Camphers.

1) Der von Berthelot †) künstlich aus Terpentinöl dargestellte Campher.

---

*) Journ. f. pr. Chemie XXVI 118.

**) Dessaignes u. Chautard. Jahresb. 1853. 430. Jeanjean. Jahresb. 1856 625.

***) Ann. Chem. Pharm. XLIX. 350.

†) Jahresb. 1858. 441.

Er entsteht, wenn das aus dem festen Chlorhydrat des Terpentinöls bereitete Camphen (§ 1576 II. 1.) durch Vermittlung von Platinmohr oxydirt wird.

2) Durch Einwirkung von Salpetersäure auf Baldrianöl und auf Salviaöl entsteht Campher (Rochleder) *); wahrscheinlich durch Oxydation des in diesen Oelen enthaltenen Borneols (vgl. §. 1549).

3) Wird Rainfarnöl (Tanacetum vulgare) mit chromsaurem Kali und Schwefelsäure destillirt, so entsteht Campher (Persoz, Vohl) **).

4) Behandelt man Sassafrasöl (Laurus sassafras) zuerst mit Chlor und dann mit Kalk, so erhält man Campher (Faltin) ***).

5) Durch Erhitzen von Campheröl mit Salpetersäure erhielt Macfarlane †) Campher der wohl fertig gebildet in dem Oel enthalten war.

Camphinsäure. Wenn man Campher mit alkoholischer Kalilösung erhitzt, so entsteht, wie oben erwähnt, Borneol; gleichzeitig wird eine Säure gebildet für welche Berthelot ††) ihrer Entstehung nach die Formel: $\Theta_{10}H_{16}O_2$ für wahrscheinlich hält und die er als Camphinsäure bezeichnet. Sie ist bis jetzt nicht näher untersucht. 1552.

$$2\Theta_{10}H_{16}\Theta + KH\Theta = \Theta_{10}H_{18}O + \Theta_{10}H_{15}K\Theta_2$$

Campher. Borneol. Camphinsaures Kali.

Man erhitzt Campher mit alkoholischer Kalilösung mehrere Stunden auf 180°, fällt das gebildete Borneol und den unzersetzten Campher mit Wasser, verjagt den Alkohol durch Eindampfen, setzt Schwefelsäure zu bis die Masse nur noch schwach alkalisch reagirt, entfernt die grösste Menge des schwefelsauren Kalis durch Krystallisation und zieht zuletzt den Rückstand mit Alkohol aus. Beim Verdunsten des alkoholischen Auszugs bleibt camphinsaures Kali als zerfliesslicher Syrup, aus welchem durch Schwefelsäure die Camphinsäure ausgeschieden wird. Sie bildet eine fast feste Masse, die sich nicht in Wasser, leicht in Alkohol und Aether löst. Bei Einwirkung von Salpetersäure entsteht eine Nitroverbindung aber keine Camphersäure. Die Lösung des Kalisalzes wird von Silber-, Kupfer-, Blei-, Zink- und Eisensalzen gefällt.

Campholsäure †††): $\Theta_{10}H_{18}\Theta_2$. Die Campholsäure entsteht wenn Campher mit Natronkalk erhitzt wird. 1553.

Delalande bringt Campher mit Natronkalk in eine Röhre, schmilzt zu, erhitzt den Natronkalk auf 300°—400° und treibt den Campher mehrmals durch Erhitzen von dem einen Ende der Röhre in das andere. Zweckmässiger ist es Campher mit Natronkalk, dem man noch Kalihydrat zugesetzt hat, in zugeschmolzenen

*) Ann. Chem. Pharm. XLIV. 1.

**) Jahresb. 1853, 517.

***) ibid. 1853. 517.

†) Ann. Chem. Pharm. XXXI. 72. Anmerk.

††) Berthelot. Ann. Chem. Pharm. CXII. 364.

†††) Delalande, ibid. XXXVIII. 337; Barth, ibid. CVII. 249.

Röhren längere Zeit auf 250°—300° zu erhitzen (Kekulé). Man zieht das Product mit heissem Wasser aus, fällt die gebildete Campholsäure durch Zusatz einer Säure, und krystallisirt aus Alkohol oder Aether um. Die Ausbeute ist sehr wechselnd und selbst bei günstigen Operationen gering.

Die Campholsäure bildet kleine, in Wasser unlösliche, in Alkohol und Aether leicht lösliche Krystalle. Sie schmilzt bei 80° und siedet bei 250°. Beim Schmelzen mit Kalihydrat wird sie zersetzt, es entsteht weder Essigsäure noch Caprinsäure (Barth). Bei Destillation mit Phosphorsäureanhydrid liefert sie Campholen (§. 1560. Delalande); vielleicht nach der Gleichung:

$$\Theta_{10}H_{18}\Theta_2 = \Theta_9H_{16} + \Theta\Theta + H_2\Theta$$

Campholsäure. Campholen.

Bei trockner Destillation des Kalksalzes entsteht das bis jetzt nicht näher untersuchte Campholon: $\Theta_{19}H_{34}\Theta$.

Die Campholsäure ist einbasisch.

Das Kalksalz: $\Theta_{10}H_{17}Ca\Theta_2, {}^1/_2 H_2\Theta$ wird aus der wässrigen Lösung des Ammoniaksalzes durch Zusatz von Chlorcalcium als weisses Krystallpulver gefällt. Das Silbersalz: $\Theta_{10}H_{17}Ag\Theta_2$ ist ein flockiger Niederschlag.

1554. Camphersäure*): $\Theta_{10}H_{16}\Theta_4$. Die Camphersäure wurde 1785 von Kosegarten entdeckt; sie entsteht, neben andern Producten (vgl. §. 1550. 1559), bei Oxydation des Camphers durch Salpetersäure. Es wurde oben bereits erwähnt, dass drei optisch verschiedene Modificationen der Camphersäure existiren, die zu einander in derselben Beziehung stehen wie die Rechtsweinsäure, die Linksweinsäure und die Paraweinsäure (vgl. 1316). Diese drei Modificationen sind:

Rechts-camphersäure, gewöhnliche Camphersäure; sie entsteht bei Oxydation des gewöhnlichen, rechtsdrehenden Laurineencamphers: $[\alpha] = + 38°$ bis $39°$.

Linkscamphersäure**); sie bildet sich durch Oxydation des linksdrehenden Camphers aus Matricaria Parthenium. Sie stimmt in allen Eigenschaften mit der gewöhnlichen Camphersäure überein, nur dreht sie die Polarisationsebene nach links; ihr Drehungsvermögen ist übrigens genau ebensogross wie das der Rechtscamphersäure: $[\alpha] = - 38°$ bis $39°$.

Paracamphersäure, inactive Camphersäure; sie erzeugt sich wenn die beiden optisch wirksamen Modificationen zu gleichen Mengen gemischt werden.

Genauer untersucht ist nur die Rechtscamphersäure.

*) Vgl. bes. Malaguti. Ann. Chem. Pharm. XXII. 32; Laurent. ibid. XXII. 135.

**) Dessaignes und Chautard. Jahresb. 1858. 430; Ann. Chem. Pharm. CXXVII. 121.

Darstellung. Man kocht Campher in einer Retorte mit etwa 10 Th. concentrirter Salpetersäure und giesst das Ueberdestillirende öfters zurück, bis alles Oel gelöst ist. Oder man erhitzt Campher mit 4 – 5 Th. concentrirter Salpetersäure und giesst von Zeit zu Zeit rauchende Salpetersäure nach. Man dampft dann wiederholt ein und krystallisirt die beim Erkalten ausfallende Camphersäure aus siedendem Wasser um.

Die Camphersäure bildet weisse, meist kleine Krystalle; sie schmilzt bei 62°,5 und erstarrt beim Erkalten krystallinisch. Sie löst sich wenig in kaltem, leicht in siedendem Wasser, in Alkohol und in Aether.

Die Camphersäure zerfällt leicht in Wasser und Camphersäureanhydrid (§. 1556).

$$\Theta_{10}H_{16}\Theta_4 = H_2\Theta + \Theta_{10}H_{14}\Theta_3$$

Camphersäure. Camphersäure-anhydrid.

Diese Zersetzung tritt leicht ein wenn man Camphersäure für sich erhitzt, es sublimirt dann Camphersäureanhydrid. Sie erfolgt ferner wenn man Camphersäure kalt in concentrirter Schwefelsäure löst; Wasser fällt dann das Anhydrid. Sie findet weiter statt wenn man Camphersäure mit Phosphorchlorid destillirt (vgl. Bernsteinsäure §. 1108) (Gerhardt und Chiozza).

$$\Theta_{10}H_{16}\Theta_4 + PCl_5 = \Theta_{10}H_{14}\Theta_3 + 2HCl + P\Theta Cl_3$$

Camphersäure. Camphersäure-anhydrid.

Wird Camphersäure mit syrupdicker Phosphorsäure auf etwa 200° erhitzt, so entweicht Kohlenoxyd und es destilliren: Campholen: Θ_9H_{16} (§. 1560) und Camphyl: $\Theta_{18}H_{30}$ (§. 1560) (Gille)*). Erwärmt man Camphersäure oder Camphersäureanhydrid mit rauchender Schwefelsäure, so entsteht, unter Entweichen von Kohlenoxyd, Sulfocamphylsäure: $\Theta_9H_{16}S\Theta_6$ (§. 1562) Walter.

Bei trockener Destillation von camphersaurem Kalk entsteht Phoron: $\Theta_9H_{14}\Theta$ (§. 1563) (Gerhardt und Liès-Bodart).

Camphersaure Salze. Die Camphersäure ist zweibasisch: bis jetzt sind indess nur neutrale Salze dargestellt; Doppelsalze konnten nicht erhalten werden. Die aus Camphersäureanhydrid dargestellten Salze scheinen von den aus Camphersäure erhaltenen verschieden zu sein (vgl. §. 1556).

---

*) Gmelin. Lehrb. der Chemie VII. Abt. 1. S. 411.

Das **Ammoniaksalz**: $\Theta_{10}H_{14}(NH_4)_2\Theta_4$, das **Kalisalz**: $\Theta_{10}H_{14}K_2\Theta_4$ und das **Natronsalz**: $\Theta_{10}H_{14}Na_2\Theta_4$ sind sehr löslich und schwer krystallisirbar. Auch das **Kalksalz**: $\Theta_{10}H_{14}Ca_2\Theta_4.8H_2\Theta$ und das **Barytsalz**: $\Theta_{10}H_{14}Ba_2\Theta_4.5H_2\Theta$ sind in Wasser sehr löslich, krystallisiren aber leicht. Das letztere verliert bei 150° $4H_2\Theta$ und wird bei 200° wasserfrei. Das **saure Barytsalz**: $\Theta_{10}H_{15}Ba\Theta_4$ konnte nicht erhalten werden; ein **übersaures Salz**: $\Theta_{10}H_{15}Ba\Theta_4.\Theta_{10}H_{16}\Theta_4$ bildet in kaltem Wasser schwer lösliche Krystalle. Das **Bleisalz**: $\Theta_{10}H_{14}Pb_2\Theta_4$ und das **Silbersalz**: $\Theta_{10}H_{14}Ag_2\Theta_4$ sind weisse Niederschläge; auch das **Kupfersalz** ist fast unlöslich in Wasser. Die meisten camphersauren Salze geben bei trockener Destillation wesentlich **Phoron**; das Bleisalz liefert wenig Phoron neben viel **Camphersäureanhydrid**.

1555. **Aether der Camphersäure.** Die Camphersäure bildet, als zweibasische Säure, saure und neutrale Aether; z. B.:

$$\left.\begin{matrix}\Theta_{10}\overset{\prime\prime}{H}_{14}O_2\\ H.(\Theta_2H_5)\end{matrix}\right\}O_2 \qquad \left.\begin{matrix}\Theta_{10}\overset{\prime\prime}{H}_{14}O_2\\ (\Theta_2H_5)_2\end{matrix}\right\}\Theta_2$$

Aethylcamphersäure. Camphersäure-äthyläther.

In den gewöhnlichen Bedingungen der Aetherbildung, also bei Digestion eines Alkohols mit Camphersäure und Schwefelsäure oder Salzsäure entstehen nur die sauren Aether; diese zerfallen bei der Destillation in die neutralen Aether und Camphersäureanhydrid; z. B.:

$$2\left.\begin{matrix}\Theta_{10}\overset{\prime\prime}{H}_{14}O_2\\ H.(\Theta_2H_5)\end{matrix}\right\}O_2 = \left.\begin{matrix}\Theta_{10}\overset{\prime\prime}{H}_{14}O_2\\ (\Theta_2H_5)_2\end{matrix}\right\}O_2 + \Theta_{10}\overset{\prime\prime}{H}_{14}O_2.O + H_2O$$

Aethylcamphersäure. Camphersäure-äthyläther.

Methylcamphersäure: $\Theta_{10}H_{15}(\Theta H_3)\Theta_4$, wurde von Loir *) dargestellt; sie krystallisirt leicht, löst sich in Alkohol und Aether, nicht in Wasser; sie schmilzt bei 65° und zersetzt sich bei höherer Temperatur.

Sie dreht die Polarisationsebene nach rechts: $[\alpha] = + 51°,4$.

Aethylcamphersäure: $\Theta_{10}H_{15}(\Theta_2H_5)\Theta_4$. Malaguti **) erhielt diese Verbindung indem er Camphersäure (2 Th.) mit absolutem Alkohol (4 Th.) und Schwefelsäure (1 Th.) destillirte, bis etwa die Hälfte übergegangen war; das Destillat wurde zurückgegossen und durch Zusatz von Wasser die Aethylcamphersäure gefällt. Zu weiterer Reinigung wurde in Kalilauge gelöst, mit Salzsäure gefällt, mit Wasser gewaschen, nochmals in Alkohol gelöst und diese Lösung verdunstet.

Die Aethylcamphersäure ist eine wasserhelle, syrupdicke Flüssigkeit; sie löst sich nicht in Wasser, wenig in Alkohol und Aether. Bei etwa 200° wird sie wie oben angegeben zersetzt. Sie bildet mit den Alkalien und alkalischen Erden lösliche Salze; das Silbersalz: $\Theta_{10}H_{14}(\Theta_2H_5)Ag\Theta_4$ ist ein gallertartiger Niederschlag.

*) Ann. Chem. Pharm. LXXXIV. 307.
**) ibid. XXII. 45. XXXII. 83.

Camphersäure-äthyläther: $\Theta_{10}H_{14}(\Theta_2H_5)_2\Theta_4$. Der neutrale Aether der Camphersäure entsteht, wie erwähnt, bei Destillation der Aethylcamphersäure. Man löst das Destillat in siedendem Weingeist, giesst von dem beim Erkalten auskrystallisirenden Camphersäureanhydrid ab, fällt mit Wasser, wascht das sich abscheidende Oel mit verdünnter Kalilauge, trocknet im Vacuum und destillirt.

Der Camphersäure-äthyläther ist ein bernsteingelbes Oel von unangenehmem Geruch; er siedet bei 285°—287°; er ist unlöslich in Wasser, löslich in Alkohol und in Aether. Er löst sich in der Kälte in concentrirter Schwefelsäure und wird durch Wasser wieder gefüllt. Kalilauge zersetzt ihn erst bei anhaltendem Kochen; von Ammoniakgas wird er nicht angegriffen.

Durch Einwirkung von Chlor erhielt Malaguti ein ölförmiges Substitutionsproduct: $\Theta_{10}H_{14}(\Theta_2H_3Cl_2)_2O_4$.

Camphersäure-Glycerinäther. Campherin, entsteht wenn Camphersäure mit Glycerin auf 200° erhitzt wird (Berthelot) *).

Camphersäureanhydrid, wasserfreie Camphersäure **): 1556.
$\Theta_{10}H_{14}\Theta_2.\Theta$. Diese Verbindung entsteht bei der Destillation der Camphersäure oder der Aethylcamphersäure; ferner wenn Camphersäure in concentrirter Schwefelsäure gelöst, oder mit Phosphorchlorid erhitzt wird.

Das Camphersäureanhydrid krystallisirt aus Alkohol in farblosen Nadeln oder Prismen. Es schmilzt bei 217°, siedet bei 270°, sublimirt aber schon bei 130° in schönen Nadeln. Es wird von kaltem Wasser sehr wenig, von siedendem Wasser leichter gelöst. In Alkohol ist es, namentlich in der Siedhitze, leicht löslich; von Aether wird es leicht gelöst.

Beim Kochen mit Wasser geht es langsam in Camphersäure über; beim Kochen mit Alkalien erzeugt es camphersaure Salze; die so dargestellten Salze scheinen indess von den gewöhnlichen camphersauren Salzen verschieden zu sein (Malaguti, Laurent ***).

Diese Salze sind bis jetzt nicht näher untersucht; sie entsprechen vielleicht der Dicamphylsäure: $\Theta_{20}H_{30}O_7 = \left.\begin{matrix}\Theta_{10}H_{14}O_2\\ \Theta_{10}H_{14}O_2\\ H_2\end{matrix}\right\} O_3$.

Erwärmt man Camphersäureanhydrid mit rauchender Schwefelsäure so entsteht Sulfocamphylsäure (§. 1562); durch Ammoniak werden amidartige Verbindungen erzeugt (vgl. §. 1558).

Camphorylchlorid, Camphersäure-chlorid †): $\Theta_{10}H_{14}O_2.Cl_2$. 1557.
Es entsteht bei Einwirkung von Phosphorchlorid auf Camphersäureanhydrid:

*) Ann. Chem. Pharm. LXXXVIII. 311.
**) Malaguti. ibid. XXII. 41. Laurent, ibid. XXII. 141.
***) ibid. LX. 330.
†) Moitessier. ibid. CXX. 252.

$$\Theta_{10}H_{14}\Theta_2.\Theta + PCl_5 = \Theta_{10}H_{14}\Theta_2.Cl_2 + P\Theta Cl_3,$$

Camphersäure-anhydrid. Camphorylchlorid.

und es wird daher auch erhalten wenn man Camphersäure mit 2 Mol. Phosphorchlorid destillirt.

Das Camphorylchlorid kann nicht destillirt werden; es zersetzt sich bei etwa 200° in Salzsäure, Camphersäureanhydrid und in ein schweres dem Citronenöl ähnlich riechendes Oel. Bei Darstellung des Camphorylchlorids verjagt man daher das Phosphoroxychlorid durch längeres Erhitzen auf 150°—170°. Es erzeugt mit kaltem Wasser langsam, mit siedendem Wasser rasch Camphersäure; bei Einwirkung von Ammoniak oder kohlensaurem Ammoniak liefert es Campheramid.

1558. **Amide der Camphersäure.** Die einfachsten von der Theorie angedeuteten Amide der Camphersäure sind die folgenden:

$$\left.\begin{matrix}\Theta_{10}\overset{''}{H}_{14}\Theta_2\\ H\end{matrix}\right\}N \qquad \left.\begin{matrix}\Theta_{10}\overset{''}{H}_{14}O_2\\ H_2\\ H_2\end{matrix}\right\}N_2 \qquad \begin{matrix}\left.H_2\right\}N\\ \Theta_{10}\overset{'}{H}_{14}\Theta_2\\ \left.H\right\}\Theta\end{matrix}$$

Campherimid. Campheramid. Campheraminsäure.

Das **Campheramid**: $\Theta_{10}H_{14}O_2.H_4N_2$ ist bis jetzt nicht näher untersucht. Es scheint neben campheraminsaurem Ammoniak gebildet zu werden, wenn man in eine alkoholische Lösung von Camphersäureanhydrid in Wasser Ammoniak leitet; es hinterbleibt dann beim Verdunsten der letzten alkoholischen Lösung als amorphe Masse (Laurent). Nach Moitessier *) erhält man es bei Einwirkung von Camphorylchlorid auf Ammoniak oder kohlensaures Ammoniak als eine zähe langsam krystallinisch werdende Substanz.

Campheraminsäure: $\Theta_{10}H_{14}\Theta_2.H_2N.H\Theta$. Wenn man durch eine heisse Lösung von Camphersäureanhydrid in absolutem Alkohol Ammoniak leitet so scheidet sich krystallinisches campheraminsaures Ammoniak aus. Man zersetzt die wässrige Lösung dieses Salzes durch Salzsäure und krystallisirt die sich abscheidende Campheraminsäure aus wässrigem Alkohol um.

Die Campheraminsäure bildet durchsichtige wohlausgebildete Prismen, die in kaltem Wasser schwer, in siedendem Wasser und in Alkohol leicht löslich sind. Sie zerfällt beim Erhitzen in Wasser und Campherimid (Laurent) **).

Das **campheraminsaure Ammoniak**: $\Theta_{10}H_{14}O_2.H_2N.NH_4\Theta,H_2\Theta$ ist krystallisirbar. Das **Bleisalz** scheidet sich beim Erkalten eines Gemisches hei-

*) Ann. Chem. Pharm. CXX. 252.

**) Ibid. LX. 326.

ser concentrirter Lösungen von campheraminsaurem Ammoniak und essigsaurem Blei in kleinen Nadeln aus, die in Wasser leicht löslich sind. Das Silbersalz erhält man durch Vermischen heisser alkoholischer Lösungen von campheraminsaurem Ammoniak und salpetersaurem Silber; es scheidet sich beim Erkalten in mikroskopischen Nadeln aus.

Campherimid: $Θ_{10}H_{14}Θ_2.HN$; man erhält es beim Erhitzen der Campheraminsäure oder des campheraminsauren Ammoniaks auf 150°—160°. Es krystallisirt aus siedendem Alkohol, schmilzt leicht und destillirt bei starker Hitze unzersetzt. Es löst sich in warmer concentrirter Schwefelsäure und wird durch Wasser aus dieser Lösung gefällt. Beim Kochen mit Kalilauge nimmt es Wasser auf und erzeugt Camphersäure und Ammoniak (Laurent).

Camphresinsäure: $Θ_{10}H_{14}O_7$. Bei Oxydation des Camphers mit 1559.
Salpetersäure entstehen neben Camphersäure noch Camphresinsäure und zwei andere bis jetzt nicht näher untersuchte Säuren. Die Bildung dieser Nebenproducte war schon 1847 von Laurent und 1848 von Blumenau beobachtet worden; sie wurden vor Kurzem von Schwanert *) näher untersucht.

Dampft man die bei Darstellung der Camphersäure erhaltene Mutterlauge weiter ein, so entweichen noch rothe Dämpfe und es bleibt zuletzt eine dem venetianischen Terpentin ähnliche Masse, die wesentlich aus Camphresinsäure besteht.

Die wässrige Lösung der rohen Camphresinsäure setzt häufig kleine, weisse, zu Rinden vereinigte Krystallkörner ab. Dieselben Krystallrinden bilden sich bisweilen aus der bei der Darstellung der Camphersäure erhaltenen Mutterlauge. Die Analysen dieser krystallisirten Säure entsprechen annähernd der Formel: $Θ_{10}H_{16}Θ_5$.

Setzt man zur Mutterlauge der Camphersäure Wasser, so scheidet sich ein zähes Oel aus, dessen ätherische Lösung beim Verdunsten eine dicke Flüssigkeit hinterlässt, die bei längerem Stehen über Schwefelsäure krystallinisch erstarrt. Der so dargestellten Säure scheint die Formel $Θ_{10}H_{16}Θ_6$ zuzukommen. Sollten sich diese Formeln bestätigen so stünden beide Säuren in einfacher Beziehung zu der gleichzeitig gebildeten Camphersäure. Man hat:

Campher . . .	$Θ_{10}H_{16}Θ$
—	—
Camphersäure .	$Θ_{10}H_{16}O_4$
Neue Säure . .	$Θ_{10}H_{16}Θ_5$
„ „ . . .	$Θ_{10}H_{16}O_6$

*) Ann. Chem. Pharm. CXXVIII. 77.

Beide Säuren müssten danach zweibasisch sein. Die Camphresinsäure ihrerseits ist ein Product weiter gehender Oxydation; bei ihrer Bildung wird Wasserstoff entzogen und durch Sauerstoff ersetzt. Sie ist in der That dreibasisch: $\Theta_{10}H_{14}O_7$.

Die Camphresinsäure entsteht nicht nur bei Oxydation des Camphers, sie wird auch bei Oxydation von Menthencampher (§. 1546) und Pfeffermünzöl und von Borneol (§. 1448) erhalten; sie bildet sich ferner bei Oxydation von Cajeputöl, Campheröl, Wermuthöl, von Terpentinöl (§. 1574) und Citronenöl (§. 1582) und selbst bei Oxydation vieler Harze, z. B. Ozokerit (§. 941) Bernstein, Ammoniakgummi, Galbanum, Caoutschouc, etc. Sie entsteht endlich bei anhaltendem Kochen von Camphersäure mit Salpetersäure.

Zur Darstellung der Camphresinsäure dient am zweckmässigsten die Mutterlauge von der Bereitung der Camphersäure Man dampft zur Syrupconsistenz ein, entfernt durch wiederholtes Lösen und Eindampfen die Salpetersäure so weit als möglich, löst dann in Wasser, neutralisirt mit Ammoniak und setzt etwas Bleizucker zu. Der zuerst entstehende Niederschlag enthält wesentlich Camphersäure und die oben erwähnte Säure: $\Theta_{10}H_{16}\Theta_5$; aus dem Filtrat wird durch weiteren Zusatz von Bleizucker camphresinsaures Blei gefällt. Man suspendirt in Wasser, zersetzt durch Schwefelwasserstoff, filtrirt und dampft ein.

Die Camphresinsäure bleibt bei starkem Eindampfen ihrer Lösungen als zähflüssiger, fadenziehender Syrup; durch langsames Verdunsten einer weniger weit eingedampften Lösung wird eine weisse körnige Masse erhalten. Sie ist dreibasisch; ihre Salze sind sämmtlich amorph.

Das neutrale Kalksalz: $\Theta_{10}H_{11}Ca_3O_7$ und das neutrale Barytsalz: $\Theta_{10}H_{11}Ba_3O_7$ werden aus wässriger Lösung durch Alkohol gefällt. Das Bleisalz: $\Theta_{10}H_{11}Pb_3O_7$ und das Silbersalz: $\Theta_{10}H_{11}Ag_3O_7$ sind weisse, in Wasser nur wenig lösliche Niederschläge.

Die Camphresinsäure bildet drei Aether. Die Aethylcamphresinsäure: $\Theta_{10}H_{13}(\Theta_2H_5)O_7$ wurde durch Kochen von Camphresinsäure mit absolutem Alkohol erhalten; die Diäthylcamphresinsäure: $\Theta_{10}H_{12}(\Theta_2H_5)_2O_7$ durch Einleiten von Salzsäure in eine alkoholische Lösung von Camphresinsäure. Der Camphresinsäure-Aethyläther: $\Theta_{10}H_{11}(\Theta_2H_5)_3O_7$ entsteht ebenfalls bei Einwirkung von Salzsäure auf eine alkoholische Lösung von Camphresinsäure; man erhält ihn ferner wenn man eine alkoholische Lösung von Camphresinsäure mit Schwefelsäure erhitzt, oder wenn man Jodäthyl bei 100° auf camphresinsaures Silber einwirken lässt.

Wird Camphresinsäure der trockenen Destillation unterworfen, so sublimirt eine krystallinische Substanz und man erhält ausserdem ein Destillat, welches sich in zwei Schichten trennt. Die sublimirten Krystalle sind Camphersäureanhydrid. Die wässrige Schicht des Destillats enthält Essigsäure und Aceton; die ölige Schicht setzt, besonders wenn die Destillation langsam geleitet war, tafelförmige Krystalle von Metacamphresinsäure: $\Theta_{10}H_{16}O_8$ ab; sie enthält weiter eine flüssige bei 206° — 210° siedende Säure, die Pyrocamphresinsäure: $\Theta_{10}H_{14}O_4$.

Die Metacamphresinsäure bildet rhombische Tafeln, die bei 89° schmelzen; sie löst sich wenig in kaltem, leicht in heissem Wasser, in Alkohol und in Aether. Sie ist dreibasisch wie die Camphresinsäure, von welcher sie sich durch den Mindergehalt von 2 Mol H_2O unterscheidet.

Die Pyrocamphresinsäure ist ein blassgelbes etwas dickflüssiges Oel. Sie siedet bei 206° — 210°; sie löst sich leicht in Alkohol und in Aether, nicht in Wasser. Sie ist ebenfalls dreibasisch. Sie entsteht aus der Camphresinsäure, wie es scheint, durch Reduction und sie unterscheidet sich von der Camphersäure durch den Mindergehalt von 2 At. H.

Durch Einwirkung von Schwefelsäure, von Phosphorchlorid, von Jodwasserstoff und von Brom wurden schlecht charakterisirte Producte erhalten. Bei Einwirkung von Brom auf camphresinsaures Natron entsteht Bromoform. Bei trockener Destillation des camphresinsauren Kalks erhält man Phoron (§. 1563) und eine bei 110° — 112° siedende Substanz: $\Theta_8H_{14}O$, die mit dem Metaceton (§. 929) homolog zu sein scheint.

Campholen: Θ_8H_{16} und Camphyl: $\Theta_{16}H_{30}$. Durch Destillation 1560.
von Camphersäure mit syrupdicker Phosphorsäure erhielt Gille *), unter Entwicklung von Kohlenoxyd, ein öliges Destillat, aus welchem durch fractionirte Destillation zwei Kohlenwasserstoffe isolirt werden konnten, von welchen der eine bei 123° der andre bei 250° siedet. Der erstere, das Campholen, kann als Hydrür eines Radicals, der zweite, das Camphyl, als dasselbe Radical in isolirtem Zustand angesehen werden (vgl. §. 1544).

Das Campholen ist eine farblose leicht bewegliche Flüssigkeit, die dem Terpentinöl ähnlich riecht. Es siedet bei 123°. Es absorbirt Salzsäuregas und erzeugt eine dunkelgefärbte, campherartig riechende Flüssigkeit.

Das Camphyl siedet bei 250°; es ist ein gelblich gefärbtes, aromatisch riechendes Oel.

Einen mit dem eben erwähnten Campholen gleich zusammengesetzten Kohlenwasserstoff erhielt Delalande **) bei Destillation der Campholsäure mit Phosphorsäureanhydrid. Die so erhaltene Substanz, die ebenfalls als Campholen bezeichnet worden ist, siedet bei 135°.

Camphin. Es wurde oben erwähnt, dass bei Destillation von 1561.

---

*) Gmelin. Lehrb. VII. Abt. 1. S. 411. — vgl. auch Walter. Ann. Chem. Pharm. XXXVII. 175.

**) Ann. Chem. Pharm. XXXVIII. 340.

Campher mit Jod und Rectification des Productes ein bei 167° — 170° siedender Kohlenwasserstoff erhalten wird. Claus *) nennt den so dargestellten Körper Camphin und betrachtet ihn als C_9H_{16}, wonach er isomer mit Campholen wäre; er ist vielleicht $\Theta_{10}H_{18}$ und könnte dann als Hydrür des Radicals des Borneocamphers angesehen werden (§. 1543).

Das Camphin ist eine farblose nach Muscatblüthen und Terpentin riechende, in Wasser unlösliche, mit Alkohol, Aether und ätherischen Oelen mischbare Flüssigkeit. Es wird von Salpetersäure leicht oxydirt und beim Erwärmen mit Schwefelsäure zersetzt. Mit Brom und mit Chlor scheint es Substitutionsproducte zu bilden.

1562. Sulfocamphylsäure, Sulfocamphersäure: $\Theta_9H_{16}S\Theta_6$. Diese merkwürdige Verbindung wurde von Walter **) 1840 entdeckt. Man erhält sie indem man Camphersäureanhydrid (oder auch Camphersäure) mit rauchender Schwefelsäure auf 45°—60° erhitzt. Es entweicht reines Kohlenoxyd, ohne Beimengung von Kohlensäure oder von schwefliger Säure, und es entsteht eine braune Flüssigkeit, die neben überschüssiger Schwefelsäure nur Sulfocamphylsäure enthält. Man stellt zweckmässig das Baryt- oder das Bleisalz dar und zersetzt durch Schwefelsäure oder Schwefelwasserstoff.

Die Sulfocamphylsäure bildet farblose Säulen: $\Theta_9H_{16}S\Theta_6, H_2\Theta$, die ihr Krystallwasser im Vacuum verlieren, bei 160° unter Zersetzung schmelzen und sich in Wasser, Alkohol und selbst in Aether lösen. Sie ist zweibasisch; ihre Salze sind sämmtlich in Wasser löslich.

Das Kalisalz: $\Theta_9H_{14}K_2S\Theta_6$ bildet feine in Alkohol wenig lösliche Nadeln. Das Barytsalz, das Kalksalz und das Bleisalz konnten nicht krystallisirt erhalten werden. Das Silbersalz besteht aus farblosen in Wasser schwer löslichen Krystallkrusten.

Die Constitution der Sulfocamphylsäure ist bis jetzt nicht ermittelt. Ihre Bildung bietet gewisse Anomalien dar. Man kennt zunächst wenig Fälle, in welchen durch Einwirkung von Schwefelsäure oder Schwefelsäureanhydrid auf organische Substanzen eine s. g. Sulfosäure erzeugt wird, während gleichzeitig Kohlenstoff austritt. Bei den bis jetzt bekannten Fällen aber, z. B. bei Bildung der Disulfometholsäure aus Sulfoessigsäure etc. (vgl. §. 998), tritt der Kohlenstoff in Form von Kohlensäure aus, während bei Bildung der Sulfocamphylsäure reines Kohlenoxyd entweicht:

$$\Theta_{10}H_{14}\Theta_3 + H_2SO_4 = \Theta_9H_{16}S\Theta_6 + \Theta\Theta$$

Camphersäure-anhydrid. — Sulfocamphylsäure.

*) Ann. Chem. Pharm. XLIV. 301.
**) ibid. XXXVI. 59; XLVIII. 248.

Phoron, Camphoron*): $\Theta_9H_{14}O$. Das Phoron wurde 1849 von Gerhardt und Liès-Bodart durch Destillation des camphersauren Kalkes erhalten; Fittig fand es unter den Producten der Einwirkung von gebranntem Kalk auf Aceton, Liès-Bodart erhielt es bei Destillation von Glycose mit Kalk. 1563.

Die Bildung aus camphersaurem Kalk erklärt sich leicht aus der Gleichung:

$$\Theta_{10}H_{14}Ca_2O_4 = \Theta_9H_{14}\Theta + Ca_2\Theta O_3$$

Camphersaurer Kalk. Phoron.

Man destillirt camphersauren Kalk, zweckmässig in kleinen Mengen; man destillirt eine concentrirte Lösung von Glycose mit gebranntem Kalk; oder man lässt Aceton längere Zeit mit gebranntem Kalk in Berührung und destillirt dann ab (vgl §. 926). Aus dem Destillat scheidet man das Phoron durch fractionirte Destillation

Das Phoron ist eine gelbliche, allmälig dunkler werdende Flüssigkeit; es siedet bei 208°; sp. Gew. = 0,93. Es löst sich nicht in Wasser, leicht in Alkohol und Aether.

Es zeigt, bis zu einem gewissen Grad, das Verhalten eines einatomigen Alkohols (vgl. §. 1544). Bei Einwirkung von Phosphorchlorid erzeugt es Phorylchlorid (Liès-Bodart), bei Destillation mit Phosphorsäureanhydrid liefert es bei 152° siedendes Cumol:

$$\Theta_9H_{14}\Theta + PCl_5 = \Theta_9H_{13}Cl + HCl + P\Theta Cl_3$$

Phoron. Phorylchlorid.

$$\Theta_9H_{14}\Theta = \Theta_9H_{12} + H_2\Theta$$

Phoron. Cumol.

Von Salpetersäure wird das Phoron oxydirt unter Bildung einer harzartigen Substanz; bei Destillation mit Natronkalk liefert es ein bei etwa 240° siedendes Oel. Es löst sich mit rother Farbe in concentrirter Schwefelsäure und wird durch Wasser zum grössten Theil wieder gefällt

Das Phorylchlorid: $\Theta_9H_{13}Cl$ ist eine angenehm riechende in Wasser unlösliche Flüssigkeit; es siedet bei 175° und ist leichter als Wasser. Wird seine alkoholische Lösung mit Ammoniak erhitzt, so bilden sich Krystalle, die wie es scheint die salzsaure Verbindung des Phorylamins: $\Theta_9H_{13}.H_2N$ sind.

Camphren**): $\Theta_9H_{14}\Theta$. Delalande (1839) und Chautard hatten 1564.

*) Gerhardt und Liès-Bodard. Ann. Chem. Pharm. LXXII. 293; Fittig. ibid. CX. 32; CXII. 311; Liès-Bodart, ibid. C. 352.

**) Vgl. bes Schwanert. Ann. Chem. Pharm. CXXIII. 298.

schon beobachtet, dass der Campher bei längerem Erhitzen mit überschüssiger Schwefelsäure Veränderung erleidet; Chautard fand für das Product die Formel $\Theta_8H_{12}O$ und nannte es Camphren. Nach neueren Versuchen von Schwanert ist das Camphren $\Theta_9H_{14}O$; es ist also isomer mit Phoron und zeigt mit demselben überhaupt viel Aehnlichkeit, unterscheidet sich aber durch seinen höheren Siedepunkt.

Man erhitzt Campher (1 Th.) mit concentrirter Schwefelsäure (4 Th.) 5 bis 6 Stunden im Wasserbad, fällt mit Wasser und erhitzt dann zur Entfernung des Camphers, der durch fractionirte Destillation nicht abgeschieden werden kann, 3 bis 4 Tage bis nahe zum Siedpunkt. Man reinigt zuletzt durch Destillation.

Das Camphren ist eine farblose oder schwach gelbliche Flüssigkeit; es siedet bei 230°—235°; sp. Gew. = 0,96. Es ist unlöslich in Wasser, leicht löslich in Alkohol und in Aether.

Bei Einwirkung von Phosphorchlorid erzeugt es das mit Phorylchlorid isomere, aber bei 250° siedende und in Wasser untersinkende Camphrenchlorid (sp. Gew. 1,038). Bei Destillation mit Phosphorsäureanhydrid liefert es bei 170°—175° siedendes Cumol, welches demnach mit dem aus Phoron erhaltenen und mit dem gewöhnlichen Cumol (Siedep. 148°) nur isomer zu sein scheint.

Natrium löst sich in Camphren unter Entwicklung von Wasserstoffgas auf; lässt man auf das Product Methyljodid einwirken, so entsteht das bei 225° — 230° siedende Methyl-camphren: $\Theta_9H_{13}(\Theta H_3)O$. Behandelt man Camphren erst mit Natrium und dann mit Acetylchlorid, so wird das bei 230°—240° siedende Acetyl-camphren: $\Theta_9H_{13}(\Theta_2H_3O)\Theta$, $\Theta_9H_{14}\Theta$, gebildet.

Gegen Schwefelsäure verhält sich das Camphren wie das Phoron. Von Salpetersäure wird es oxydirt unter Bildung von Camphrensäure.

Die Camphrensäure: $\Theta_9H_8O_4$ ist eine weisse, undeutlich krystallinische Masse. Das Silbersalz: $\Theta_9H_6Ag_2O_4$ ist ein in Wasser und Alkohol, das Bleisalz: $\Theta_9H_6Pb_2O_4$ ein in Alkohol unlöslicher Niederschlag. Wird Camphrensäure erhitzt, so liefert sie bei etwa 250° ein krystallinisches Sublimat, wahrscheinlich Camphrensäureanhydrid.

Terpene: $\Theta_{10}H_{16}$.

1565. Mit dem Namen Terpene bezeichnen wir im Allgemeinen die nach der Formel $\Theta_{10}H_{16}$ zusammengesetzten Kohlenwasserstoffe (vgl. §. 1540).

Viele Chemiker fassen die Kohlenwasserstoffe von der Formel $\Theta_{10}H_{16}$ unter dem allgemeinen Namen Camphene zusammen. Der Name scheint ungeeignet, weil ein bestimmter Körper dieser Gruppe als Camphen bezeichnet worden ist. Ueberhaupt herrscht in der Bezeichnung der hierher gehörigen Substanzen eine grosse Verwirrung. Viele, offenbar verschiedene Kohlenwasserstoffe sind lange Zeit nicht unterschieden und mit demselben Namen belegt worden, während andererseits wahrscheinlich identische Substanzen von verschiedener Herkunft oft unter verschiedenen Namen aufgeführt werden. Um diese Verwirrung möglichst zu vermeiden ist im Folgenden die von Berthelot *) vorgeschlagene Nomenclatur so weit als thunlich adoptirt worden. Den nach diesem Nomenclatur-princip gebildeten Namen sind die gewöhnlichsten Synonyme stets beigefügt.

Die Terpene enthalten 4 At. H weniger als der in die homologe Reihe des Aethylens gehörige Kohlenwasserstoff von gleichem Kohlenstoffgehalt, es ist indessen bis jetzt nicht gelungen sie in irgend eine einfachere Verbindung aus der Klasse der Fettkörper überzuführen und man hat sie ebenso wenig aus einer dieser Körperklasse zugehörigen Substanz durch eine einfache Reaction darstellen können.

In thatsächlicher Beziehung stehen die Terpene nur zu den im vorigen Kapitel abgehandelten Campherarten, und auch diese Beziehungen sind bis jetzt sehr wenig erforscht.

Zunächst kann aus dem Camphol (Borneo-campher) durch Destillation mit Phosphorsäure ein Terpen erhalten werden, d. h. ein Kohlenwasserstoff von der Formel: $\Theta_{10}H_{16}$. Das so dargestellte Borneen ist indess bis jetzt nicht näher untersucht (vgl. §. 1585).

$$\underset{\text{Camphol.}}{\Theta_{10}H_{18}\Theta} = \underset{\text{Borneen.}}{\Theta_{10}H_{16}} + H_2\Theta$$

Andererseits kann, nach vorläufigen Mittheilungen von Berthelot, das Camphen (§. 1576 II. 3), ein aus dem gewöhnlichen Terpentinöl dargestelltes Terpen, durch Oxydation in Campher übergeführt werden (vgl. §. 1551):

$$\underset{\text{Camphen.}}{\Theta_{10}H_{16}} + \Theta = \underset{\text{Campher.}}{\Theta_{10}H_{16}\Theta}$$

Man kennt eine ungemein grosse Anzahl von Kohlenwasserstoffen, 1566.
die durch die gemeinsame Formel $\Theta_{10}H_{16}$ ausgedrückt werden, die aber, trotz dieser Uebereinstimmung der Zusammensetzung, sich durch ihre Eigenschaften wesentlich von einander unterscheiden.

Viele dieser Kohlenwasserstoffe finden sich fertig gebildet in der Natur und namentlich in den aus den verschiedensten Pflanzen darstellbaren ätherischen Oelen. Häufig enthält dasselbe ätherische Oel gleichzeitig verschiedene dieser Kohlenwasserstoffe.

Die natürlich vorkommenden Terpene können unter den verschiedensten Einflüssen in andre Modificationen übergehen; sie besitzen also die Eigenschaft sich in Substanzen umzuwandeln, die zwar dieselbe Zusammensetzung besitzen aber in ihren Eigenschaften von der angewandten Substanz abweichen.

*) Traité de Chim. org. II. 731.

Einzelne Terpene endlich werden als Zersetzungsproducte aus Körpern von andrer Zusammensetzung erhalten.

1567. Aus den Eigenschaften der verschiedenen Terpene lässt sich schliessen, dass die Ursache der Verschiedenheit in einzelnen Fällen auf Polymerie, meistens dagegen auf wahrer Isomerie, also wahrscheinlich auf Metamerie beruht. In einzelnen Fällen also hat man Grund zu der Annahme, dass das Molecül dieselben Elemente in demselben Verhältniss aber in grösserer Anzahl enthalte. Bei der Bildung solcher polymerer Modificationen treten demnach mehrere Molecüle der einfacheren Modification zu Einem Molecül zusammen. In den meisten Fällen liegt kein Grund zu dieser Annahme vor, und man kann sich die Verschiedenheit dieser isomeren oder metameren Modificationen nur dadurch erklären, dass man annimmt, die Atome seien innerhalb des Molecüls in anderer Weise untereinander verbunden.

Das Vorhandensein einer polymeren Modification kann nur dann als mit voller Sicherheit festgestellt angesehen werden, wenn die Dampfdichte bekannt und wenn sie ein Multiplum der Dampfdichte der einfacheren Terpene ist. Mit einiger Wahrscheinlichkeit zeigt auch ein beträchtlich höherer Siedepunkt das Vorhandensein einer polymeren Modification an. Als isomer müssen alle diejenigen Terpene angesehen werden deren Dampfdichte gleich ist; selbst wenn ihre sonstigen Eigenschaften die grössten Verschiedenheiten zeigen.

Die isomeren Terpene unterscheiden sich in ihren physikalischen und chemischen Eigenschaften. Bisweilen sind physikalisch verschiedene Modificationen in ihren chemischen Eigenschaften identisch.

Die Unterschiede der physikalischen Eigenschaften zeigen sich namentlich im specifischen Gewicht und im Siedepunkt. Das erstere wechselt von 0,84—0,87; die Siedpunkte schwanken von 160°—180°. Die bemerkenswerthesten Verschiedenheiten finden sich im optischen Verhalten. Die meisten Terpene sind optisch wirksam, d. h. sie wirken drehend auf die Schwingungsebene des polarisirten Lichtes. Einzelne sind optisch inactiv. Von den optisch wirksamen Modificationen sind einzelne rechtsdrehend, andere linksdrehend; die specifische Drehkraft ist häufig verschieden gross, selbst wenn die Drehung nach derselben Seite hin stattfindet. In einzelnen Fällen sind sonst in allen Eigenschaften identische Modificationen nur durch ihr Verhalten gegen polarisirtes Licht verschieden. Bisweilen finden beträchtliche Verschiedenheiten der physikalischen Eigenschaften statt; so sind z. B. die Camphene (§. 1576. II. 3) bei gewöhnlicher Temperatur fest, während alle übrigen Terpene flüssig sind. Auch im Geruch zeigen die verschiedenen Terpene beträchtliche Unterschiede.

Die Verschiedenheiten der chemischen Eigenschaften zeigen sich wesentlich in den Verhältnissen, nach welchen sich die verschiedenen Terpene mit Wasser und namentlich mit Salzsäure (oder Bromwasserstoffsäure und Jodwasserstoffsäure) verbinden. Mehr noch in den Bedingungen unter welchen diese Verbindungen entstehen und in den Eigenschaften der so erzeugten Verbindungen.

Es scheint geeignet diese Verschiedenheiten des chemischen Verhaltens hier etwas näher zu besprechen.

Verbindungen der Terpene mit Wasser und mit Salzsäure.

Die meisten Terpene verbinden sich in gewissen, später näher zu 1568.
besprechenden Bedingungen mit Wasser (§. 1578). Man kann auf directem oder indirectem Weg die folgenden Hydrate darstellen:

$\Theta_{10}H_{16}.3H_2\Theta$	$\Theta_{10}H_{16}.2H_2\Theta$	$\Theta_{10}H_{16}.H_2O$	$2\Theta_{10}H_{16}.H_2O$
Terpinhydrat.	Terpin.	Terpentinöl-hydrat.	Terpinol.

Das Terpinhydrat kann direct aus den meisten Terpenen erhalten werden; es geht durch Verlust von Wasser in Terpin über; beide Verbindungen sind optisch inactiv. Bei Darstellung des Terpinhydrats erhält man häufig neben demselben, bisweilen ausschliesslich, die Verbindung $\Theta_{10}H_{16}.H_2\Theta$ (Terpentinöl-hydrat); sie ist optisch wirksam. Das Terpinol ist ein Zersetzungsproduct des Terpins.

Die aus den verschiedensten Terpenen dargestellten Terpine und Terpinhydrate sind sämmtlich inactiv und stimmen in fast allen Eigenschaften vollständig überein, zeigen aber, nach Berthelot, verschiedene Löslichkeit.

Die verschiedenen Terpene verbinden sich mit Salzsäure und ebenso mit Bromwasserstoffsäure und Jodwasserstoffsäure in verschiedenen Verhältnissen (§. 1577). Die Salzsäureverbindungen können durch folgende Formeln ausgedrückt werden:

$2\Theta_{10}H_{16}.HCl$	$\Theta_{10}H_{16}.HCl$	$\Theta_{10}H_{16}.2HCl$
Hemi-chlorhydrat.	Monochlorhydrat.	Dichlorhydrat.

Für das Monochlorhydrat sind wesentlich noch eine feste und eine flüssige Modification zu unterscheiden.

Manche Terpene erzeugen selbst in den verschiedensten Bedingungen nur ein Chlorhydrat. So entsteht aus Tereben stets die Verbindung $2\Theta_{10}H_{16}.HCl$. Ebenso erzeugen die Camphene nur die feste Modification des Monochlorhydrats: $\Theta_{10}H_{16}.HCl$. Andere Terpene liefern, je nach den Bedingungen des Versuchs, das eine oder das andere Chlorhydrat. Häufig entstehen gleichzeitig verschiedene Verbindungen. Aus den verschiedenen Terpenen erhält man bald das eine, bald das andere Chlorhydrat mit besonderer Leichtigkeit. So liefert z. B. das Terebenten (aus Terpentinöl) leicht die feste und die flüssige Modification des Monochlorhydrats, und man erhält nur in besonderen Bedingungen das Bichlorhydrat. Das Citren (aus Citronenöl) dagegen erzeugt leichter das

Bichlorhydrat und es bedarf besonderer Bedingungen, wenn das Monochlorhydrat hervorgebracht werden soll.

Man glaubte früher aus den Verhältnissen nach welchen die verschiedenen Terpene sich mit Salzsäure verbinden einen Schluss auf die Moleculargrösse dieser Kohlenwasserstoffe ziehen zu können. Da man für das Terpentinöl nur die Monochlorhydrate, für das Citronenöl nur das Dichlorhydrat kannte, so hielt man beide Kohlenwasserstoffe für polymer und drückte sie durch die Formeln $\Theta_{10}H_{16}$ und $\Theta_{20}H_{32}$ aus. Seitdem man für beide Kohlenwasserstoffe die Existenz der verschiedenen Chlorhydrate nachgewiesen hat, ist diese Argumentation nicht mehr zulässig. Sie ist aber auch für diejenigen Terpene nicht zulässig, für welche nur ein Chlorhydrat bekannt ist; und man kann z. B. aus der Thatsache, dass das Tereben mit Salzsäure nur die Verbindung $2\Theta_{10}H_{16}.HCl$ bildet, nicht den Schluss ziehen, dieser Kohlenwasserstoff sei eine polymere Modification der einfacheren Terpene, er sei durch die Formel: $\Theta_{20}H_{32}$ auszudrücken. Dieser Schluss ist deshalb nicht statthaft, weil die Dampfdichte des Terebens zur Molecularformel $\Theta_{10}H_{16}$ führt.

Die aus den verschiedenen Terpenen dargestellten Monochlorhydrate zeigen, obgleich ihre Zusammensetzung dieselbe ist, doch bemerkenswerthe Verschiedenheiten der physikalischen und namentlich der optischen Eigenschaften. Sie sind bisweilen optisch inactiv, häufiger optisch wirksam; im letzteren Fall sind sie bald rechts- bald links-drehend und ihre specifische Drehkraft ist verschieden selbst wenn die Drehung in demselben Sinne erfolgt.

Die Dichlorhydrate sind sämmtlich optisch inactiv und sie zeigen überhaupt in ihren Eigenschaften eine grosse Uebereinstimmung. Sie entsprechen in dieser Hinsicht den Terpinen und sie können in der That in Terpine übergeführt und aus diesen dargestellt werden.

Bei der Bildung der Chlorhydrate erleidet das angewandte Terpen in den meisten Fällen isomere Umwandlung. Man erhält demnach bei Zersetzung dieser Chlorhydrate in den meisten Fällen Kohlenwasserstoffe, die von den angewandten Terpenen verschieden sind. Die aus den Chlorhydraten abgeschiedenen Kohlenwasserstoffe sind überdiess noch je nach der Art des Abscheidens verschieden, weil häufig durch das angewandte Reagens noch weitere Umwandlungen hervorgebracht werden können.

Aus der Thatsache, dass aus demselben Terpen häufig gleichzeitig verschiedene Chlorhydrate erhalten werden, kann nicht der Schluss gezogen werden, das angewandte Terpen sei ein Gemenge verschiedener isomerer Kohlenwasserstoffe. Die verschiedenen Chlorhydrate entstehen nämlich in, je nach den Bedingungen des Versuches, wechselnden Mengen; und dasselbe Terpen erzeugt in anderen Bedingungen ein anderes Chlorhydrat. So liefert z. B. das Terebenten (aus Terpentinöl) bei Einleiten von Salzsäuregas die feste und die flüssige Modification des Monochlorhydrats; und zwar entsteht die feste Modification in um so grösserer Menge je kälter die Substanz gehalten wird, während die flüssige

Modification in um so grösserer Menge erhalten wird, je mehr das Gemisch sich erwärmt. Dasselbe Terebenten erzeugt Dichlorhydrat, wenn man es längere Zeit mit rauchender Salzsäure zusammenstellt, oder wenn man seine Lösung in Alkohol oder Aether mit Salzsäuregas sättigt, dann mit Wasser vermischt und an der Luft stehen lässt. Die Bildung der verschiedenen Chlorhydrate aus demselben Terpen findet ihre Erklärung wohl darin, dass der angewandte Kohlenwasserstoff zunächst moleculare Umwandlung erleidet und dass erst das Umwandlungsproduct sich mit Salzsäure vereinigt. Man könnte sagen, das Terpen selbst habe noch keinen bestimmten Charakter, derselbe werde ihm erst durch die in gewissen Bedingungen erfolgende Einwirkung der Salzsäure ertheilt.

Isomere Umwandlungen der Terpene.

Es wurde oben schon erwähnt, dass die natürlichen Terpene in 1569.
den verschiedenartigsten Bedingungen in andre, polymere oder metamere Modificationen überzugehen im Stande sind.

Solche Umwandlungen erfolgen wesentlich:

1) Durch Hitze.
2) Durch Einwirkung der verschiedensten Reagentien.
3) Durch Abscheidung der Terpene aus ihren Verbindungen mit Wasser oder mit Salzsäure.

Besonders bemerkenswerth ist, dass durch solche moleculare Umwandlungen bisweilen Producte erhalten werden, die selbst bei weiterer Einwirkung der umwandelnden Mittel keine Veränderung mehr erleiden und die überdiess in manchen Fällen identisch zu sein scheinen, gleichgültig aus welchem natürlichen Terpen sie dargestellt wurden.

So entsteht z. B. bei Einwirkung von Schwefelsäure auf die verschiedenen Arten von Terpentinöl ein inactiver Kohlenwasserstoff, der als Tereben bezeichnet wird. Er wird durch weitere Einwirkung von Schwefelsäure nicht verändert und die aus den verschiedenen Arten von Terpentinöl dargestellten Terebene scheinen in allen Eigenschaften identisch zu sein.

Eine ähnliche Tendenz zum Auftreten beständiger Modificationen zeigt sich in Folgendem. Die verschiedenen Terebentene (aus Terpentinöl) erzeugen mit Salzsäure verschiedene Modificationen des festen Monochlorhydrats. Werden diese durch möglichst gelind wirkende Reagentien zersetzt, so entstehen feste, optisch wirksame Kohlenwasserstoffe, die man als Camphene bezeichnet. Jedem Terebenten scheint ein optisch wirksames Camphen zu entsprechen. Das Camphen verbindet sich mit Salzsäure und erzeugt als einziges Product ein festes Monochlorhydrat, welches von dem aus Terebenten dargestellten Monochlorhydrat verschieden ist. Wird dieses Camphenchlorhydrat von Neuem zerlegt, so entsteht dasselbe Camphen, mit allen seinen Eigenschaften, und es kann jetzt nochmals mit Salzsäure verbunden und aus der Verbindung abgeschieden werden, ohne weitere Veränderung zu erleiden. Bemerkenswerth ist dabei weiter, dass aus dem aus Terpentinöl dargestellten festen Monochlorhydrat durch etwas stärker wirkende Reagentien ein ebenfalls festes aber optisch inactives Camphen erhalten wird; und es scheint sehr wahrscheinlich, dass die verschiedenen Terebentene bei dieser Art von Behandlung ein und dasselbe optisch inactive Camphen liefern.

1570. Moleculare Umwandlungen des Terebentens. Zum besseren Verständniss der mannigfachen Veränderungen, welche die Terpene im Allgemeinen erleiden, sind im Folgenden die molecularen Umwandlungen zusammengestellt, die man für den am genausten untersuchten Kohlenwasserstoff dieser Gruppe, für das aus französischem Terpentinöl (aus pinus maritima) dargestellte Terebenten beobachtet hat. In dieser Zusammenstellung sind zunächst nur die wichtigsten Thatsachen berücksichtigt; weitere Details sind gelegentlich der speciellen Beschreibung der einzelnen Verbindungen beigefügt. Die in dieser Zusammenstellung gebrauchten Namen zeigen zugleich das Princip der von Berthelot für die Umwandlungsproducte der Terebentene vorgeschlagenen Nomenclatur.

I. Verhalten des Terebentens gegen Hitze*). Das Terebenten aus Pinus maritima (Siedep. 161°; spec. Drehkraft $[\alpha] = -42°,3$; spec. Gew. 0,864) kann, wenn mit der nöthigen Vorsicht dargestellt, destillirt und selbst weit über seinen Siedpunkt erhitzt werden ohne Veränderung zu erleiden. Die Umwandlung beginnt bei 250°; sie findet um so rascher statt je höher die Temperatur. Der Siedpunkt steigt, das Rotationsvermögen nimmt ab und auch die chemischen Eigenschaften werden etwas verändert, insofern das Product durch den Sauerstoff der Luft leichter oxydirt wird.

Es entsteht eine isomere, und eine oder mehrere polymere Modificationen.

Die isomere Modification wird als Terepyrolen bezeichnet. Das Hauptproduct ist das polymere Metaterebenten: $\Theta_{20}H_{32}$. Es ist eine zähe gelbliche Flüssigkeit, die bei etwa 360° siedet; spec. Gew.: 0,913. Es erzeugt mit Salzsäure ein flüssiges Chlorid: $\Theta_{20}H_{32}.HCl$.

Das mit dem Terebenten isomere, aus pinus austriaca dargestellte Australen (oder Austra-terebenten) ist in dieser Richtung genauer untersucht. Es siedet bei 161°; spec. Gew. 0,864; spec. Drehkraft $[\alpha] = +28°,5$; Drehkraft des festen Monochlorhydrats ($\Theta_{10}H_{16}.HCl$) $[\alpha] = +11°,7$.

---

*) Die Angaben über die specifische Drehkraft der Terpene, ihrer Verbindungen und ihrer Umwandlungsproducte sind fast sämmtlich aus Berthelot's Abhandlungen oder aus dessen Traité de Chim. org. entnommen. Sie beziehen sich sämmtlich auf die Uebergangsfarbe oder den gelben Strahl.

Durch mehrstündiges Erhitzen auf 250° entsteht das isomere Austra-pyrolen Siedep.: 177°; sp. Gew.: 0,847; sp. Drehkraft [α] = — 19°; sp. Drehkraft des festen Monochlorhydrats [α] = — 14°,6.

Bei längerem Erhitzen entsteht ein dem Metaterebenten sehr ähnliches Metaustraterebenten; spec. Gew. 0,91; Siedep. 360° circa; sp. Drehkraft kleiner als die des Australens und von umgekehrtem Zeichen.

II. Verhalten des Terebentens gegen Reagentien. Sehr viele Substanzen besitzen die Eigenschaft das Terebenten in isomere oder in polymere Modificationen umzuwandeln. Einige wirken schon in der Kälte, andre erst beim Erhitzen. Manche bewirken die Umwandlung in sehr kurzer Zeit, andre wirken langsam und die Umwandlung bleibt stets unvollständig. Bisweilen veranlassen selbst sehr geringe Mengen eine vollständige Veränderung; häufig sind grosse Mengen der einwirkenden Substanz nöthig, wenn überhaupt Umwandlung eintreten soll.

Die Producte dieser Umwandlungen sind übrigens dieselben; es sind die folgenden:

1) Eine isomere Modification, das Tereben. Leicht bewegliche Flüssigkeit, Siedep. 156°—160°; optisch inactiv; erzeugt mit Salzsäure nur ein flüssiges Chlorhydrat von der Formel: $2\Theta_{10}H_{16},HCl$.

2) Ein flüssiger, gegen 250° siedender, optisch inactiver Kohlenwasserstoff, der wahrscheinlich Sesquitereben: $\Theta_{15}H_{24}$ ist.

3) Di-tereben (Meta-tereben, Colophen): $\Theta_{20}H_{32}$. Optisch inactiv; spec. Gew. 0,94; Siedepunct: 310°—315°; Dampfdichte doppelt so gross als diejenige des Terebens und der Terebentene.

4) Verschiedene Poly-terebene: $(\Theta_{10}H_{16})_n$. Flüssigkeiten von immer zunehmender Zähigkeit; ohne Rotationsvermögen; Siedep. zwischen 360° und der Dunkelrothglühhitze.

In Betreff der Wirksamkeit der verschiedenen Reagentien genügen die folgenden Angaben.

Am energischsten wirkt Fluorbor; 1 Th. wandelt 160 Th. Terebenten unter starker Erhitzung augenblicklich in inaktive über 300° siedende polymere Modificationen um.

Schwefelsäure wirkt ebenfalls schon in der Kälte, aber weniger energisch. 1 Th. verwandelt 4 Th. Terebenten in das isomere Tereben und das polymere Di-tereben.

Schwache Mineralsäuren (wie Borsäure) und verschiedene organische Säuren (z. B. Essigsäure, Oxalsäure, Weinsäure, Citronensäure) wirken bei 100° modificirend, aber die Wirkung ist langsam und bleibt selbst bei 50 — 60stündigem Erhitzen unvollständig. Chlorzink wirkt ähnlich; ebenfalls bei 100°. Fluorcalcium, Chlorcalcium und selbst Chloralkalien wirken ebenfalls, jedoch sehr schwach; bei Anwesenheit dieser Substanzen wird das Terebenten indessen rascher verändert als durch Hitze allein.

III. Umwandlung des Terebentens durch Binden an Salzsäure oder Wasser und durch Zersetzen dieser Verbindungen.

A. Das Terebenten bildet, wie schon erwähnt, mit Salzsäure drei Verbindungen.

1) festes Monochlorhydrat: $\Theta_{10}H_{16}.HCl$ . . $[\alpha] = - 32°,2$

2) flüssiges Monochlorhydrat: $\Theta_{10}H_{16}.HCl$

3) festes Bichlorhydrat: $\Theta_{10}H_{16}.2HCl$ . . inactiv.

Aus dem festen Monochlorhydrat entsteht, wenn es durch möglichst schwach wirkende Reagentien zersetzt wird, Terecamphen. Das flüssige Monochlorhydrat erzeugt das bis jetzt nicht näher untersuchte Camphilen. Aus dem Bichlorhydrat erhält man inactives Terpilen.

Die Zersetzungen des festen Monochlorhydrats verdienen nähere Besprechung.

a) Wird festes Terebenten-Monochlorhydrat mit stearinsaurem Kali oder trockner Seife auf 200—220° erhitzt, so entsteht Terecamphen. Dieses unterscheidet sich wesentlich von dem ursprünglich angewandten Terebenten. Es ist fest, krystallisirbar, campherartig; es schmilzt bei 45° und siedet bei 160°. $[\alpha] = - 63°$.

Mit Salzsäure erzeugt es als einziges Product ein festes Monochlorhydrat, welches von dem aus Terebenten dargestellten Monochlorhydrat, aus welchem das Terecamphen erhalten wurde, wesentlich verschieden ist.

Camphen-Monochlorhydrat: $\Theta_{10}H_{16}.HCl$ . . $[\alpha] = + 32°$.

Dass aus diesem Chlorhydrat durch Zersetzen mit Seife wieder dasselbe Terecamphen erhalten wird, wurde oben schon erwähnt.

b) Wird das feste Monochlorhydrat des Terebentens mit stearinsaurem Baryt zersetzt, so erhält man wechselnde Mengen von Terecamphen und inactivem Camphen. Benzoësaures Natron erzeugt wesentlich inactives Camphen mit kleinen Mengen von Terecamphen und Tereben.

Das inactive Camphen gleicht in allen Eigenschaften dem Terecamphen; nur ist es optisch unwirksam. Es erzeugt mit Salzsäure als einziges Product ein optisch inactives Monochlorhydrat.

c) Zersetzt man das feste Monochlorhydrat des Terebentens mit Aetzkalk, so entsteht etwas inactives Camphen, wesentlich Tereben und polymere Terebene. Wendet man essigsaures Natron zur Zersetzung an, so besteht das Product hauptsächlich aus Tereben und dessen polymeren Modificationen.

Aus diesen Thatsachen ergibt sich, dass das feste Terebenten-Monochlorhydrat bei Zersetzung durch möglichst gelinde wirkende Reagentien actives Terecamphen erzeugt. Werden etwas stärker wirkende Mittel angewandt, so erhält man, offenbar durch Umwandlung dieses activen Kohlenwasserstoffs, das inactive Camphen. Bei Zersetzung durch noch stärker wirkende Reagentien werden dieselben Umwandlungsproducte erhalten, die auch direct aus Terebenten entstehen können, nämlich Tereben und dessen polymere Modificationen.

Das dem Terebenten (aus pinus maritima) analoge Australen oder Austraterebenten (aus pinus australis) zeigt ein völlig analoges Verhalten. Das Australen, $[\alpha] = + 31°,5$, liefert ein festes Monochlorhydrat: $[\alpha] = + 12°$; aus diesem kann actives Austra-camphen erhalten werden: $[\alpha] = + 22°$, welches ein actives Chlorhydrat erzeugt: $[\alpha] = - 5°$, etc.

B. Die Umwandlungen, welche das Terebenten dadurch erleidet, dass es erst mit Wasser in Verbindung tritt und dann aus dieser Verbindung wieder abgeschieden wird, sind bis jetzt nicht näher untersucht. Das Eine kann als feststehend angenommen werden, dass die verschiedenen Terebentenhydrate, die selbst optisch inactiv sind, durch Zersetzung nur inactive Terpene liefern können. Bei der nahen Beziehung, welche zwischen den aus dem Terebenten erhaltenen Hydraten und dem Bichlorhydrat stattfinden (vgl. §. 1571), scheint es wahrscheinlich, dass aus den Hydraten derselbe Kohlenwasserstoff (Terpilen) wird erhalten werden können, wie aus dem Bichlorhydrat. Wird das als Terpin bezeichnete Hydrat mit Phosphorsäureanhydrid destillirt, so erhält man Tereben und Di-tereben.

Beziehungen der Hydrate der Terpene zu den Bichlorhydraten. Es wurde oben schon erwähnt (§. 1568), dass das Terebenten und wie es scheint die meisten natürlichen Terpene, mit Wasser die folgenden Verbindungen zu erzeugen im Stande ist: 1571.

$\Theta_{10}H_{16}.3H_2\Theta$	$\Theta_{10}H_{16}.2H_2O$	$\Theta_{10}H_{16}.H_2O$	$2\Theta_{10}H_{16}.H_2O$
Terpinhydrat.	Terpin.	Terpentinöl-hydrat.	Terpinol.

Den dort mitgetheilten Thatsachen muss hier noch Folgendes beigefügt werden. Das Terpinhydrat ist offenbar eine Verbindung des Terpins mit Krystallwasser. Das Terpinol entsteht aus dem Terpin durch Einwirkung der verschiedensten Reagentien, z B. durch Erhitzen mit wenig Salzsäure oder Schwefelsäure, mit vielen Metallchloriden, etc. Es geht umgekehrt, wenn man es mit wässrigem Alkohol und etwas Salpetersäure längere Zeit stehen lässt, wieder in Terpin und resp. Terpinhydrat über. Es steht also offenbar zum Terpin in einfacher Beziehung.

Diese drei Hydrate stehen nun in thatsächlicher Beziehung zu dem Bichlorhydrat: $\Theta_{10}H_{16}.2HCl$ und zu den entsprechenden Bromwasserstoff- und Jodwasserstoff-verbindungen.

Bei Einwirkung von Salzsäure und ebenso bei Einwirkung von Phosphorchlorür und von Phosphorchlorid auf Terpin oder Terpinhydrat entsteht das Bichlorhydrat: $\Theta_{10}H_{16}.2HCl$. In entsprechender Weise erzeugen Phosphorbromür und Phosphorjodür (PJ_3) das Bibromhydrat: $\Theta_{10}H_{16}.2HBr$ und das Bijodhydrat: $\Theta_{10}H_{16}.2HJ$.

Auch das Terpinol liefert bei Einwirkung von Salzsäure das Bichlorhydrat: $\Theta_{10}H_{16}.2HCl$.

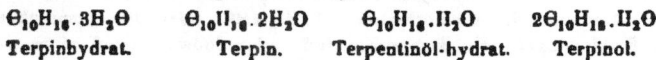

Umgekehrt erzeugt das Bichlorhydrat: $\Theta_{10}H_{16}.2HCl$, wenn man es mit Kalilauge erhitzt, Terpinol. Durch eine ähnliche Zersetzung liefert das Dibromhydrat, wenn es mit essigsaurem Silber zersetzt wird, ebenfalls Terpinol.

1572. **Chemischer Charakter der Hydrate und Chlorhydrate der Terpene.** Man könnte die Hydrate der Kohlenwasserstoffe $\Theta_{10}H_{16}$ mit den Alkoholen und den Aethern vergleichen; man könnte namentlich annehmen, das Terpinol stehe zum Terpin in ähnlicher Beziehung wie ein Aether zum entsprechenden Alkohol. Dieselbe Auffassung müsste die Chlorhydrate mit den Chloriden der Alkoholradicale vergleichen; sie stünden zu den Kohlenwasserstoffen: $\Theta_{10}H_{16}$ in ähnlicher Beziehung, wie etwa das Aethylchlorid zum Aethylen.

Das Gesammtverhalten dieser Körper lässt es wahrscheinlicher erscheinen, dass sie nur moleculare Aneinanderlagerungen, also additionelle Verbindungen der Kohlenwasserstoffe: $\Theta_{10}H_{16}$ mit Wasser oder mit Salzsäure, etc. sind.

Es ergibt sich dies namentlich aus den Versuchen, welche Oppenheim *) in neuester Zeit veröffentlicht hat. Bei den meisten Reactionen nämlich, durch welche ätherartige Verbindungen hätten erhalten werden müssen, entstehen Kohlenwasserstoffe, oder es wird Terpinol gebildet.

Erhitzt man z. B. Terpin mit Essigsäure oder Buttersäure, so erhält man Tereben und polymere Terebene. Dieselben Producte entstehen bei Einwirkung von Benzoylchlorid auf Terpin.

Lässt man das Bichlorhydrat: $\Theta_{10}H_{16}.2HCl$ oder die entsprechenden Verbindungen mit Bromwasserstoff- oder Jodwasserstoff-säure auf essigsaures Silber einwirken, so wird Terpinol erzeugt.

Die Thatsache, dass bei Einwirkung von Salzsäure oder von den Chlor-, Brom- oder Jod-verbindungen des Phosphors auf Terpin das Bichlorhydrat, Bi-bromhydrat oder Bi-jodhydrat erhalten wird, steht mit der Ansicht, dass die in Rede stehenden Verbindungen moleculare Aneinanderlagerungen sind, ebenso gut in Uebereinstimmung als mit der Annahme sie seien wahre chemische Molecüle.

Bemerkenswerth ist die folgende Beobachtung von Oppenheim. Wenn Terpin mit Essigsäureanhydrid nicht zu lange auf 140° erhitzt wird, so entsteht eine Verbindung, die Oppenheim als Essigsäure-terpinäther beschreibt; sie ist wohl als Addition des Kohlenwasserstoffs: $\Theta_{10}H_{16}$ mit Essigsäure und Wasser anzusehen:

$$\left.\begin{matrix}\Theta_{10}H_{16}\\ \Theta_2H_3\Theta\\ H\end{matrix}\right\}\Theta_2 = \Theta_{10}H_{16}, \Theta_2H_4\Theta_2, H_2\Theta.$$

Dass einzelne **Monochlorhydrate**, namentlich das Camphenmonochlorhydrat, vielleicht als Chloride desselben Radicals anzusehen

*) Ann. Chem. Pharm. CXXIX. 149. 157.

sind, dessen dem Wassertyp zugehörige Verbindung möglicherweise der Borneocampher ist, wurde früher schon erwähnt. Es muss indess besonders darauf aufmerksam gemacht werden, dass das Camphenmonochlorhydrat nicht etwa durch doppelte Zersetzung in Borneocampher übergeführt werden konnte (Erhitzen mit alkoholischer Natronlösung gab negatives Resultat), dass vielmehr das Camphen selbst (wenn anders die vorläufigen Angaben in weiteren Versuchen ihre Bestätigung finden) durch directe Oxydation gewöhnlichen Campher erzeugt.

Zersetzungsproducte der Terpene. Die Zersetzungsproducte 1573. der Terpene sind noch sehr wenig untersucht; man kennt namentlich keine einfache Reaction, durch welche diese Kohlenwasserstoffe in andre dem System mit Sicherheit eingeordnete Verbindungen übergeführt werden könnten. Am genausten untersucht sind noch die Oxydationsproducte; aber selbst für diese hat man keine näheren Beziehungen zu den sie erzeugenden Kohlenwasserstoffen nachweisen können. Die bis jetzt bekannten Thatsachen sind gelegentlich der einzelnen Substanzen aufgeführt (vgl. bes. Terpentinöl §. 1580).

Specielle Beschreibung der wichtigsten Terpene.

Es wurde oben schon erwähnt, dass die Kohlenwasserstoffe von 1574. der Formel $\Theta_{10}H_{16}$ im Pflanzenreich sehr weit verbreitet sind. Sie finden sich in besonders reichlicher Menge in fast allen der Familie der Coniferen zugehörigen Bäumen und Sträuchern und dann in den Schalen der Früchte fast aller Citrus-arten. Man hat sie ferner, neben anderen Substanzen in fast allen ätherischen Oelen aufgefunden und so ihre weite Verbreitung im Pflanzenreich nachgewiesen.

Terpene der Coniferen. Terpentinöl *).

Fast alle Bäume und Sträucher aus der Familie der Coniferen enthalten in Wurzeln, Holz, Rinde, Nadeln und Früchten eine reichliche Menge von harzartigen Substanzen und von flüchtigen Kohlenwasserstoffen, die durch Destillation der verschiedenen Pflanzentheile mit Wasser gewonnen werden können. Man erhält dieselben Producte, wenn man die verschiedenen Arten von Terpentin, d. h. den aus den verschiedenen Coniferen-arten freiwillig oder aus in die Rinde gemachten Einschnitten ausfliessenden Harzsaft, für sich oder mit Wasser oder Wasserdampf destillirt.

Die so dargestellten flüssigen Kohlenwasserstoffe werden im Allge-

---

*) Vgl. bes. Berthelot. Ann. Chem. Pharm. LXXXIII. 105; LXXXVIII. 345; CX. 367; Suppl. II. 226 und ferner Traité de Chim. org. II. 692. 716—753. — Aeltere Angaben andrer Chemiker, soweit dieselben jetzt noch wissenschaftlichen Werth besitzen, sind gelegentlich einzelner Verbindungen erwähnt.

meinen als **Terpentinöl** bezeichnet. Man hielt früher die verschiedenen Arten von Terpentinöl für identisch; neuere Versuche und namentlich ausführliche Untersuchungen von Berthelot haben gezeigt, dass sie in ihren physikalischen Eigenschaften und ganz besonders in ihrem optischen Verhalten verschieden sind. Sie haben ausserdem festgestellt, dass die meisten Arten von Terpentinöl aus mehreren in ihren physikalischen und bisweilen auch in ihren chemischen Eigenschaften verschiedenen Kohlenwasserstoffen bestehen, die sämmtlich durch die allgemeine Formel $Θ_{10}H_{16}$ ausgedrückt werden.

Man unterscheidet wesentlich die folgenden Arten von Terpentinöl.

1) Französisches Terpentinöl, aus französischem Terpentin, von pinus maritima.

2) Englisches Terpentinöl, aus amerikanischem Terpentin, wesentlich von pinus australis.

3) Deutsches Terpentinöl, aus deutschem Terpentin, wesentlich von Pinus sylvestris, P. nigra und P. Abies.

4) Venetianisches Terpentinöl, aus venetianischem Terpentin, von Larix europaea.

5) Templinöl oder Tannenzapfenöl, welches in der Schweiz durch Destillation der Tannenzapfen, wesentlich von Pinus Pumilio (bisweilen von Pinus picea) gewonnen wird.

An die eigentlichen Terpentinöle schliessen sich dann noch zwei ätherische Oele an, welche ebenfalls aus Pflanzen gewonnen werden, die der Familie der Coniferen angehören; es sind:

Das Wachholderbeeröl, von Juniperus communis, und das Sadebaumöl, von Juniperus sabina.

1575. Die verschiedenen Arten von Terpentinöl zeigen in ihren äusseren Eigenschaften und auch in ihrem chemischen Verhalten eine grosse Aehnlichkeit. Sie bestehen offenbar sämmtlich aus mehreren Bestandtheilen; der Hauptbestandtheil scheint ein chemisch identischer oder fast identischer, durch seine physikalischen Eigenschaften aber je nach der Herkunft verschiedener Kohlenwasserstoff zu sein, der im Allgemeinen als **Terebenten** bezeichnet wird. Genauer untersucht sind bis jetzt nur die Hauptbestandtheile des französischen und des englischen Terpentinöls; des **Terebenten** und des **Austra-terebenten**.

Die verschiedenen Arten von Terpentinöl sind farblose, leicht bewegliche Flüssigkeiten, von eigenthümlichem, unangenehm aromatischem Geruch. Sie sind unlöslich in Wasser, wenig löslich in wässrigem Alkohol, mischbar mit absolutem Alkohol, Aether, Schwefelkohlenstoff, etc. Sie lösen Jod, Schwefel, Phosphor, viele organische in Wasser unlösliche Substanzen, z. B. Oele und Harze und dienen desshalb zur Fabrication von Firniss, etc. Die Verschiedenheiten der Terpentinöle von verschiedener Herkunft zeigen sich wesentlich im specifischen Gewicht.

im Siedepunct und in dem Rotationsvermögen. Dabei muss aber berücksichtigt werden, dass die als Terpentinöl bezeichneten Substanzen Gemenge verschiedener Körper sind, so dass diese Eigenschaften selbst für Terpentinöle von derselben Herkunft verschieden sind, je nach den zur Darstellung und zur Reinigung angewandten Methoden.

Das sp. Gew. ist gewöhnlich: 0,86—0,88. Der Siedepunct der Hauptmenge liegt stets annähernd bei 160°. Das Rotationsvermögen ist nur für wenige Arten von Terpentinöl bestimmt; es ist beispielsweise:

Für englisches Terpentinöl	$[\alpha] = + 18°,6$
„ französisches Terpentinöl	$[\alpha] = - 35°,4$
„ venetianisches Terpentinöl	$[\alpha] = - 5°,2$
„ Templinöl . . .	$[\alpha] = - 76°,9$.

Das Rotationsvermögen der Terpentinöle ist unabhängig von dem der Terpentine, aus welchen dieselben dargestellt wurden. So dreht z. B. englisches Terpentinöl nach rechts, der zu seiner Darstellung dienende Terpentin nach links; der venetianische Terpentin ist rechtsdrehend, das aus ihm gewonnene Terpentinöl dreht nach links, etc.

Die verschiedenen Arten von Terpentinöl zeigen annähernd dasselbe chemische Verhalten, offenbar weil sie der Hauptmenge nach aus annähernd identischen Substanzen bestehen. Sie erzeugen mit Salzsäure Verbindungen von derselben Zusammensetzung (vgl. §§. 1568. 1577). Man erhält besonders leicht das feste und das flüssige Monochlorhydrat: $\Theta_{10}H_{16}$ HCl; in besonderen Bedingungen das feste Bichlorhydrat: $\Theta_{10}H_{16}.2HCl$. Die letztere Verbindung ist optisch inactiv, und scheint vollständig identisch, gleichgültig aus welchem Terpentinöl sie dargestellt wurde. Die Monochlorhydrate dagegen sind optisch activ, ihre spec. Drehkraft ist verschieden je nach der Herkunft und Natur des Terpentinöls, aus welchem sie erhalten wurden.

Die verschiedenen Terpentinöle verbinden sich in geeigneten Bedingungen mit Wasser (vgl. §§. 1568. 1578). Die so erhaltenen Verbindungen: Terpin, Terpinhydrat und Terpinol, sind optisch inactiv; sie sind identisch oder nahezu identisch, gleichgültig aus welchem Terpentinöl sie erzeugt wurden.

Die verschiedenen Terpentinöle werden durch Hitze, durch Reagentien, oder auch dadurch, dass man sie erst an Salzsäure oder an Wasser bindet und dann aus diesen Verbindungen wieder abscheidet, in andre Modificationen umgewandelt (vgl. §§. 1569. 1570). Die in derselben Weise dargestellten Modificationen sind bisweilen je nach der Natur des angewandten Terpentinöls verschieden (z. B. Pyroterebenten und Pyraustralen, Terecamphen und Austracamphen). In andern Fällen sind sie identisch, gleichgültig welche Art von Terpentinöl zu ihrer Darstellung verwendet wurde (z. B. Tereben).

Gegen oxydirend wirkende Substanzen zeigen die verschiedenen

Arten von Terpentinöl im Allgemeinen dasselbe Verhalten; ob dabei geringe Verschiedenheiten stattfinden, ist bis jetzt nicht ermittelt.

Da viele Beobachtungen über das chemische Verhalten und namentlich über die bei Einwirkung von Oxydationsmitteln, etc. eintretenden Zersetzungen sich nicht auf reine chemische Substanzen, sondern auf rohes Terpentinöl beziehen, und da zudem in den meisten Fällen keine speciellen Angaben über die Herkunft des angewandten Materials vorliegen, scheint es geeignet zunächst die als chemische Individuen charakterisirten Substanzen zu besprechen und dann alle derartigen allgemeineren Angaben besonders zusammenzustellen.

Terpene. Kohlenwasserstoffe: $\Theta_{10}H_{16}$.

1576. I. Natürliche Terpene. — Terebentene *): $\Theta_{10}H_{16}$.

Terebenten. Das Terebenten bildet den Hauptbestandtheil des französischen Terpentinöls (aus pinus maritima); es gelingt indessen nicht es aus dem käuflichen Terpentinöl, in welchem es mit zahlreichen Umwandlungsproducten verunreinigt ist, rein abzuscheiden. Man erhält es rein, indem man französischen Terpentin mit einem kohlensauren Alkali neutralisirt und dann im Wasserbad und im Vacuum destillirt. Es werden so alle Umwandlungen, durch Hitze, durch Reagentien, etc. vermieden und man erhält einen physikalisch homogenen Kohlenwasserstoff von constanten Eigenschaften.

Das Terebenten ist flüssig; es siedet bei 161°; sp. Gew. 0,864; sp. Drehkraft $[\alpha] = -42°,3$. Mit Salzsäuregas erzeugt es das feste und das flüssige Monochlorhydrat: $\Theta_{10}H_{16}$.HCl in je nach der Temperatur wechselnden Mengen. Wird eine alkoholische oder ätherische Lösung mit Salzsäuregas behandelt, so entsteht eine wenig beständige Verbindung des krystallisirbaren Bichlorhydrats: $\Theta_{10}H_{16}$, 2HCl und des flüssigen Monochlorhydrats: $\Theta_{10}H_{16}$ HCl. Wird eine Lösung in Essigsäure angewandt, so bildet sich eine ähnliche Verbindung des krystallisirbaren Bichlorhydrats und des krystallisirbaren Monochlorhydrats.

Australen. Austra-terebenten. Hauptbestandtheil des englischen Terpentinöls (Pinus australis). Man erhält es rein aus dem entsprechenden Terpentin nach dem bei Terebenten angegebenen Verfahren. Es ist flüssig, siedet bei 161°; sp. Gew. 0,864; sp. Drehkraft $[\alpha] = +21°5$. Gegen Salzsäure verhält es sich wie Terebenten.

Das französische Terpentinöl enthält neben Terebenten noch einen isomeren Kohlenwasserstoff des Terepentilen und einen polymeren, des Para-terebenten. Der erstere siedet unter 180°; der letztere bei etwa 250°. Im englischen Terpentinöl findet sich neben Australen noch das isomere Austrilen.

*) Vgl. bes. Berthelot loc. cit.

II. Umwandlungsproducte der natürlichen Terpene.

1) Durch Hitze (Pyrolene).

Das Verhalten des Terebentens und des Australens gegen Hitze wurde §. 1570. I. beschrieben. Die Producte sind:

Terepyrolen. Nicht näher untersucht, dem Austrapyrolen sehr ähnlich.

Metaterebenten: $\Theta_{20}H_{32}$. Gelbliche, zähe Flüssigkeit, die bei etwa 360° siedet, sp. Gew. 0,913. Erzeugt mit Salzsäure ein Chlorhydrat: $\Theta_{20}H_{32}$,HCl.

Austrapyrolen Sp. Gew. 0,847; Siedep. 177°; sp. Drehkraft: $[\alpha] = -11°$. Es riecht dem Citronenöl sehr ähnlich; ist leichter oxydirbar wie Australen und erzeugt mit Salzsäure ein Chlorhydrat: $2\Theta_{10}H_{16}$.3HCl.

Metaustralen. Dem Metaterebenten sehr ähnlich.

2) Durch Reagentien (Terebene).

Die Umwandlungen, welche die Terebentene bei Einwirkung von Reagentien erleiden, wurden §. 1570. II. besprochen. In Betreff der Darstellung und Eigenschaften der Producte ist noch Folgendes beizufügen.

Tereben: $\Theta_{10}H_{16}$ *). Es entsteht bei Einwirkung der verschiedensten Reagentien und namentlich der concentrirten Schwefelsäure auf die Terebentene und folglich auf Terpentinöl.

Man mischt Terpentinöl mit $^1/_{20}$ concentrirter Schwefelsäure, giesst nach 24 Stunden vom Bodensatz ab und destillirt. Man wiederholt dies Verfahren bis das Product die Polarisationsebene nicht mehr ablenkt; wascht zuletzt mit Wasser und kohlensaurem Natron, trocknet über Chlorcalcium und rectificirt.

Das Tereben ist eine nach Thymian riechende Flüssigkeit; sp. Gew. 0,864; Siedep. 156°. Es ist optisch unwirksam. Mit Salzsäure gibt es ein flüssiges Chlorhydrat: $2\Theta_{10}H_{16}$ HCl. Hydrate des Terebens konnten bis jetzt nicht erhalten werden.

Ditereben, Metatereben, Colophen: $\Theta_{20}H_{32}$. Entsteht neben Tereben. Es ist ein gewürzhaft riechendes, blau schimmerndes Oel. Sp. Gew. 0,94; Siedep. 310°—315°. Es ist optisch unwirksam. Es absorbirt Chlorwasserstoff, scheint aber damit keine chemische Verbindung zu erzeugen. Bei Einwirkung von Chlor erzeugt es eine harzartige Masse, aus welcher durch absoluten Alkohol gelbe Nadeln erhalten werden können, die wie es scheint ein Substitutionsproduct sind: $(\Theta_{20}H_{28}Cl_4)$.

Der Colophen entsteht auch bei rascher Destillation des Colophoniums. Es bildet sich, nach Claus, auch bei Destillation von Campher mit Jod (§. 1561).

---

*) Vgl. auch Deville. Ann. Chem. Pharm. XXXVII. 178. LXXI. 350.

Sesquitereben, vgl. §. 1570. II. Bis jetzt nicht näher untersucht. Siedet gegen 250°.

Polyterebene, vgl. §. 1570. II. Zähe, optisch inactive Flüssigkeiten, die zwischen 360° und der Dunkelrothglühhitze sieden.

3) Durch Zersetzung der Chlorhydrate.

Camphene nennt man im Allgemeinen die festen Kohlenwasserstoffe von der Formel $\Theta_{10}H_{16}$, welche bei möglichst gemässigter Zersetzung der krystallisirbaren Monochlorhydrate: $\Theta_{10}H_{16}$,HCl erhalten werden (§. 1570. II.). Man muss bis jetzt die folgenden drei Camphene unterscheiden.

Tere-camphen. Es entsteht wenn das aus französischem Terpentinöl (Terebenten) dargestellte feste Monochlorhydrat mit stearinsaurem Kali oder mit trockner Seife längere Zeit auf 200° — 220° erhitzt wird. Das Product wird durch Umkrystallisiren aus Alkohol vereinigt.

Es ist fest, krystallisirbar, in seinen physikalischen Eigenschaften dem Campher ähnlich. Es schmilzt bei 45° und siedet gegen 160°. Sp. Drehkraft: $[\alpha] = -63°$. Mit Salzsäure gibt es als einziges Product ein krystallisirbares Monochlorhydrat: $\Theta_{10}H_{16}$.HCl.

Austra-camphen. Man erhält es aus dem englischen Terpentinöl (Australen) genau auf dieselbe Weise wie das Tere-camphen aus dem französischen. Es gleicht in allen Eigenschaften dem Tere-camphen, nur das optische Verhalten ist verschieden; sp. Drehkraft: $[\alpha] = +22°$.

Inactives Camphen. Wenn bei Zersetzung des aus Terpentinöl dargestellten festen Monochlorhydrats statt des stearinsauren Kali's stearinsaurer Baryt oder besser benzoësaures Natron angewandt wird, so erhält man statt des optisch-wirksamen Tere-camphens (oder neben diesem) einen optisch inactiven, aber sonst in allen Eigenschaften mit dem Tere-camphen übereinstimmenden festen Kohlenwasserstoff.

Camphilen, nennt Berthelot den durch möglichst gemässigte Zersetzung aus dem flüssigen Monochlorhydrat abgeschiedenen, bis jetzt nicht näher untersuchten Kohlenwasserstoff.

Terpilen soll nach Berthelot der durch gemässigte Zersetzung aus dem krystallisirbaren Bichlorhydrat $\Theta_{10}H_{16}$,2HCl abscheidbare Kohlenwasserstoff genannt werden.

Als Camphilen oder Dadyl*) wird dermalen ein Kohlenwasserstoff bezeichnet, der offenbar ein Umwandlungsproduct der eben als Camphen beschriebenen Substanzen ist. Man erhält diesen Kohlenwasserstoff indem man das feste Monochlorhydrat des Terpentinöls mehrmals über Aetzkalk destillirt, oder in Dampfform über auf 190° — 195°

*) Vgl. bes. Blanchet u. Sell. Ann. Chem. Pharm. VI. 276; Dumas, ibid. IX. 56; Soubeiran und Capitaine, ibid. XXXIV. 311; Deville, ibid. XXXVII. 195.

www.ingramcontent.com/pod-product-compliance
Lightning Source LLC
Chambersburg PA
CBHW031811270326
41932CB00008B/383
* 9 7 8 3 7 4 3 3 9 4 4 2 1 *